Marius Tongendorff

Beichtgeheimnis als Täterschutz?

ReligionsRecht im Dialog
Law and Religion

herausgegeben von / edited by

Prof. Dr. Adrian Loretan
(Universität Luzern
University of Lucerne, Switzerland)

Band / Volume 34

LIT

Marius Tongendorff

Beichtgeheimnis als Täterschutz?

Ein theologisch-kirchenrechtlicher
und staatlich-rechtswissenschaftlicher Vergleich,
zugleich ein Beitrag
zur Verständigung zwischen Staat und Kirche

LIT

∞

Gedruckt auf alterungsbeständigem Werkdruckpapier entsprechend
ANSI Z3948 DIN ISO 9706

Bibliografische Information der Deutschen Nationalbibliothek
Die Deutsche Nationalbibliothek verzeichnet diese Publikation in der Deutschen Nationalbibliografie; detaillierte bibliografische Daten sind im Internet über https://dnb.dnb.de abrufbar.

ISBN 978-3-643-80408-2 (br.)
ISBN 978-3-643-85408-7 (PDF)

Flössergasse 10
CH-8001 Zürich
Tel. +41 (0) 78-307 91 24
E-Mail: zuerich@lit-verlag.ch https://www.lit-verlag.ch

Auslieferung:
Deutschland: LIT Verlag, Fresnostr. 2, D-48159 Münster
Tel. +49 (0) 2 51-620 32 22, E-Mail: vertrieb@lit-verlag.de

Vorwort

Das Beichtgeheimnis scheint die Öffentlichkeit einerseits zu faszinieren und andererseits zu irritieren. Die Beichte wird, in der weniger wohlwollenden Betrachtungsweise, als reines Zweiergeschehen zwischen Büsser – oder Täter – und Priester und der Beichtstuhl als Dunkelkammer gesehen; mit wohlwollendem Blick wird die Einzelbeichte als Mittel erkannt, um den schuldbeladenen Menschen mit Gott und der Kirche zu versöhnen. Angesichts des sexuellen Missbrauchs in der Katholischen Kirche ist das Beichtgeheimnis wohl noch mehr als früher rechtfertigungsbedürftig geworden. So ist auch der gedankliche Ausgangspunkt der vorliegenden Abhandlung ein politischer Vorstoss im Nationalrat, der vor dem Hintergrund des sexuellen Missbrauchs die Geheimhaltungspflicht 2010 aufheben wollte. Auch wenn der Vorstoss scheiterte, gibt es Stimmen in der (juristischen) Literatur, die mit derselben Stossrichtung Anzeigepflichten für Geistliche im staatlichen Recht einführen wollen, auch wenn dies mit dem kirchlichen Recht nicht vereinbar wäre. Der Beichtvater als Geheimnisträger droht so, zwischen den Hammer des staatlichen und dem Amboss des kirchlichen Rechts zu geraten. Gleichzeitig fragt sich kirchenrechtlicherseits, wie einem Missbrauchsopfer Gerechtigkeit widerfahren kann, denn an der sakramentalen Feier der Einzelbeichte sind nur Beichtvater und Beichtender physisch anwesend. Es stehen sich folglich zwei Rechtsordnungen gegenüber, die staatliche und die kirchliche, und nicht selten entsteht der Eindruck, als seien sie nicht miteinander vereinbar. Die vorliegende Abhandlung beweist, dass dies nicht der Fall ist. Es finden sich Lösungswege, die den vermeintlichen Widerspruch auflösen können – vorausgesetzt ist aber, dass sich Rechtswissenschaften und Kanonistik miteinander verständigen können.

Bei der vorliegenden Abhandlung handelt es sich um eine erweiterte, ergänzte, entfaltete und teils auch überarbeitete Fassung einer Masterarbeit, die am Tag der Auferstehung des Herrn (Ostersonntag, 31. März) 2024 an der Theologischen Fakultät der Universität Luzern eingereicht wurde, und die einen durchaus sperrigen, dafür alle Aspekte beinhaltenden Titel trug: «Das Seelsorgegeheimnis als Beichtsiegel und Beichtgeheimnis nach cc. 983 f. CIC 1983 und als Teil einer Einzelbeichte, eingebettet in die Feier des Busssakraments, einerseits sowie als Berufsgeheimnis nach Art. 321 StGB und als Teil eines Seelsorgegesprächs andererseits, Ein Rechtsvergleich zwischen kanonischem und schweizerischem Recht, zugleich ein Beitrag zur Verständigung zwischen Staat und Kirche». Der Stand der Gesetzgebung und Rechtsprechung der vorliegenden Abhandlung ist, nach besagter Überarbeitung, der 1. August 2024.

Der Mensch – und so auch der Verfasser – lebt nicht im luftleeren Raum, und so entstand auch die vorliegende Abhandlung nicht in einer weltabgewandten Einsiedelei. Der Verfasser dankt allen, die in irgendeiner Weise bei seinen Theologie- und Kirchenrechtsstudien und insbesondere bei der Erstellung dieser Abhandlung behilflich waren, sei dies mittelbar oder unmittelbar. Zuallererst danke ich herzlich Herrn Prof. Dr. iur. can. et lic. theol. Adrian Loretan, Professor für Kirchenrecht und Staatskirchenrecht an der Universität Luzern, für den langjährigen Austausch. Er war nicht nur Erstgutachter besagter Abhandlung, sondern erklärte sich auch bereit, diese in seine Reihe aufzunehmen. Sodann danke ich ebenso herzlich Frau Prof. Dr. theol. Birgit Jeggle-Merz, Professorin für Liturgiewissenschaft an der Universität Luzern, die sich als Zweitgutachterin der Thematik annahm. Ferner danke ich Frau RAin MLaw Fabienne Bieri, Aktuarin am Regionalgericht Chur, einerseits für ihre Geduld, andererseits für ihr gründliches wie zeitraubendes Lektorat, und schliesslich Wuli Trülliker für die steten Aufheiterungen und Aufhellungen.

Wädenswil ZH, am 1. Sonntag im Advent (1. Dezember) 2024

Der Verfasser

Inhaltsverzeichnis

Abkürzungsverzeichnis

(Biblische Bücher werden aufgeführt, da die Kenntnis derer Abkürzungen bei Juristen nicht zwingend vorausgesetzt werden kann.)

1 Joh	Erster Brief des Johannes
1 Kön	Erstes Buch der Könige
1 Kor	Erster Brief an die Korinther
1 Petr	Erster Brief des Petrus
1 Tim	Erster Brief an Timotheus
2 Kor	Zweiter Brief an die Korinther
2 Tim	Zweiter Brief an Timotheus
a...	alt/e/r/s (z.B. aArt. = alter Artikel)
A.	Auflage
AB	Amtliches Bulletin der Bundesversammlung (N = Nationalrat, S = Ständerat)
ABl	Amtsblatt (des Kantons Zürich)
Abs.	Absatz
aBV	[alte] Bundesverfassung der Schweizerischen Eidgenossenschaft vom 29. Mai 1874
a.E.	am Ende
a.F.	alte (nicht mehr in Kraft stehende) Fassung
AFGP	Bundesgesetz vom 16. Dezember 2022 über die Förderung der Ausbildung im Bereich der Pflege (Ausbildungsfördergesetz Pflege, AFGP; SR 811.22; kein offizieller Kurztitel und keine offizielle Abkürzung)
AHVG	Bundesgesetz vom 20. Dezember 1946 über die Alters- und Hinterlassenenversicherung (SR 831.10)
AIG	Bundesgesetz vom 16. Dezember 2005 über die Ausländerinnen und Ausländer und über die Integration (Ausländer- und Integrationsgesetz; SR 142.20)

AO	Anstellungsordnung der Römisch-katholischen Körperschaft des Kantons Zürich vom 22. März 2007 (LS 182.41)
Apg	Apostelgeschichte
ArG	Bundesgesetz vom 13. März 1964 über die Arbeit in Industrie, Gewerbe und Handel (Arbeitsgesetz; SR 822.11)
Art.	Artikel
AS	Amtliche Sammlung (des Bundesrechts)
BankG	Bundesgesetz vom 8. November 1934 über die Banken und Sparkassen (Bankengesetz; SR 952.0)
BBl	Bundesblatt
BetmG	Bundesgesetz vom 3. Oktober 1951 über die Betäubungsmittel und die psychotropen Stoffe (Betäubungsmittelgesetz; SR 812.121)
BetrV-EJPD	Verordnung des Eidgenössischen Justiz- und Polizeidepartements (EJPD) vom 4. Dezember 2018 über den Betrieb von Zentren des Bundes und Unterkünften an den Flughäfen (SR 142.311.23; keine offizielle Abkürzung)
BGE	Bundesgerichtsentscheid (in der amtlichen Sammlung veröffentlicht)
BGer	Bundesgerichtsentscheid (nicht in der amtlichen Sammlung veröffentlicht)
BGFA	Bundesgesetz vom 23. Juni 2000 über die Freizügigkeit der Anwältinnen und Anwälte (Anwaltsgesetz; SR 935.61)
BGG	Bundesgesetz vom 17. Juni 2005 über das Bundesgericht (Bundesgerichtsgesetz; SR 173.110)
BV	Bundesverfassung der Schweizerischen Eidgenossenschaft vom 18. April 1999 (SR 101)
bzw.	beziehungsweise
c.	canon
cc.	canones

CCEO	Codex Canonum Ecclesiarum Orientalium, promulgiert am 18. Oktober 1990
CEDAW	Übereinkommen zur Beseitigung jeder Form von Diskriminierung der Frau, abgeschlossen am 18. Dezember 1979, von der Bundesversammlung genehmigt am 4. Oktober 1996, in Kraft getreten für die Schweiz am 26. April 1997 (SR 0.108)
CIC	Codex Iuris Canonici, promulgiert am 25. Januar 1983
CIC 1917	Codex Iuris Canonici, promulgiert am 27. Mai 1917 (ausser Kraft)
DBK	Deutsche Bischofskonferenz
DenzH	Denzinger/Hünermann (vgl. Quellen- und Materialenverzeichnis, dort: Hilfsmittel)
ders.	derselbe
dies.	dieselbe/n
DRA	Dienstreglement der Armee vom 22. Juni 1994 (SR 510.107.0)
DSG	Bundesgesetz vom 25. September 2020 über den Datenschutz (Datenschutzgesetz; SR 235.1)
Dtn	Buch Deuteronomium (*Devarim*, 5. Buch Mose)
E.	Erwägung
ebd.	ebenda
EMRK	Konvention zum Schutze der Menschenrechte und Grundfreiheiten, abgeschlossen in Rom am 4. November 1950, von der Bundesversammlung genehmigt am 3. Oktober 1974, in Kraft getreten für die Schweiz am 28. November 1974 (Europäische Menschenrechtskonvention; SR 0.101)
EpG	Bundesgesetz vom 28. September 2012 über die Bekämpfung übertragbarer Krankheiten des Menschen (Epidemiengesetz; SR 818.101)
Eph	Brief an die Epheser
Ex	Buch Exodus (*Schemot*, 2. Buch Mose)
Ez	Buch Ezechiel

f.	folgende/r/s
ff.	fortfolgende
Fn.	Fussnote
GA I	Genfer Abkommen zur Verbesserung des Loses der Verwundeten und Kranken der bewaffneten Kräfte im Felde, abgeschlossen in Genf am 12. August 1949, von der Bundesversammlung genehmigt am 17. März 1950, in Kraft getreten für die Schweiz am 21. Oktober 1950 (SR 0.518.12)
GA II	Genfer Abkommen zur Verbesserung des Loses der Verwundeten, Kranken und Schiffbrüchigen der bewaffneten Kräfte zur See, abgeschlossen in Genf am 12. August 1949, von der Bundesversammlung genehmigt am 17. März 1950, in Kraft getreten für die Schweiz am 21. Oktober 1950 (SR 0.518.23)
GA III	Genfer Abkommen über die Behandlung der Kriegsgefangenen, abgeschlossen in Genf am 12. August 1949, von der Bundesversammlung genehmigt am 17. März 1950, in Kraft getreten für die Schweiz am 21. Oktober 1950 (SR 0.518.42)
GA IV	Genfer Abkommen über den Schutz von Zivilpersonen in Kriegszeiten, abgeschlossen in Genf am 12. August 1949, von der Bundesversammlung genehmigt am 17. März 1950, in Kraft getreten für die Schweiz am 21. Oktober 1950 (SR 0.518.51)
GA P I	Zusatzprotokoll zu den Genfer Abkommen vom 12. August 1949 über den Schutz der Opfer internationaler bewaffneter Konflikte, angenommen in Genf am 8. Juni 1977, von der Bundesversammlung genehmigt am 9. Oktober 1981, in Kraft getreten für die Schweiz am 17. August 1982 (Protokoll I; SR 0.518.521; keine offizielle Abkürzung)
GA P II	Zusatzprotokoll zu den Genfer Abkommen vom 12. August 1949 über den Schutz der Opfer nicht internationaler bewaffneter Konflikte, angenommen in Genf am 8. Juni 1977, von der Bundesversammlung genehmigt am 9. Oktober 1981, in Kraft getreten für die Schweiz am 17. August 1982 (Protokoll II; SR 0.518.522; keine offizielle Abkürzung)

GA P III	Zusatzprotokoll zu den Genfer Abkommen vom 12. August 1949 über die Annahme eines zusätzlichen Schutzzeichens, abgeschlossen in Genf am 8. Dezember 2005, von der Bundesversammlung genehmigt am 24. März 2006, in Kraft getreten für die Schweiz am 14. Januar 2007 (Protokoll III; SR 0.518.523; keine offizielle Abkürzung)
Gal	Brief an die Galater
Gen	Buch Genesis (*Bereschit*, 1. Buch Mose)
g.F.	geltende (in Kraft stehende) Fassung
GjG	Gesetz über die anerkannten jüdischen Gemeinden (des Kantons Zürich) vom 9. Juli 2007 (LS 184.1)
GOG	Gesetz über die Gerichts- und Behördenorganisation im Zivil- und Strafprozess (des Kantons Zürich) vom 10. Mai 2010 (LS 211.1)
GwG	Bundesgesetz vom 10. Oktober 1997 über die Bekämpfung der Geldwäscherei und der Terrorismusfinanzierung (Geldwäschereigesetz; SR 955.0)
Hebr	Brief an die Hebräer
Ip.	Interpellation
IVG	Bundesgesetz vom 19. Juni 1959 über die Invalidenversicherung (SR 831.20)
Jak	Brief des Jakobus
Jes	Buch Jesaja
Joël	Prophet Joël
Joh	Evangelium nach Johannes
Jona	Prophet Jona
Jos	Buch Josua
JStPO	Schweizerische Jugendstrafprozessordnung vom 20. März 2009 (SR 312.1)

JusG	Gesetz über die Organisation der Gerichte und Behörden in Zivil-, Straf- und verwaltungsgerichtlichen Verfahren (des Kantons Luzern) vom 10. Mai 2010 (Justizgesetz; SRL Nr. 260)
JVV	Justizvollzugsverordnung (des Kantons Zürich) vom 6. Dezember 2006 (LS 331.1)
KiG	Kirchengesetz (des Kantons Zürich) vom 9. Juli 2007 (LS 180.1)
Klgl	Klagelieder
Kol	Brief an die Kolosser
KV BS	Verfassung des Kantons Basel-Stadt vom 23. März 2005 (SR 131.222.1)
KV ZH	Verfassung des Kantons Zürich vom 27. Februar 2005 (SR 131.211 bzw. LS 101)
Lev	Buch Levitikus (*Wajikra*; 3. Buch Mose)
Lk	Evangelium nach Lukas
LS	Loseblattsammlung (des Kantons Zürich)
MG	Bundesgesetz vom 3. Februar 1995 über die Armee und die Militärverwaltung (Militärgesetz; SR 510.10)
Mil-IdV	Verordnung des Eidgenössischen Departements für Verteidigung, Bevölkerungsschutz und Sport (VBS) vom 29. November 2013 über die militärische Identifikation (SR 518.01; keine offizielle Abkürzung)
Mk	Evangelium nach Markus
Mo.	Motion
MStG	Militärstrafgesetz vom 13. Juni 1927 (SR 321.0)
MStP	Militärstrafprozess vom 23. März 1979 (SR 322.1)
Mt	Evangelium nach Matthäus
ÖBK	Österreichische Bischofskonferenz
Offb	Offenbarung (des Johannes)
OHG	Bundesgesetz vom 23. März 2007 über die Hilfe an Opfer von Straftaten (Opferhilfegesetz; SR 312.5)

OR	Bundesgesetz vom 30. März 1911 betreffend die Ergänzung des Schweizerischen Zivilgesetzbuches (Fünfter Teil: Obligationenrecht; SR 220)
OS	Offizielle Gesetzessammlung (des Kantons Zürich)
ParlG	Bundesgesetz vom 13. Dezember 2002 über die Bundesversammlung (Parlamentsgesetz; SR 171.10)
parr.	und Parallelstellen (in anderen Evangelien)
PartG	Bundesgesetz vom 18. Juni 2004 über die eingetragene Partnerschaft gleichgeschlechtlicher Paare (Partnerschaftsgesetz; SR 211.231)
PatG	Patientinnen- und Patientengesetz (des Kantons Zürich) vom 5. April 2004 (LS 813.13; keine offizielle Abkürzung)
Phil	Brief an die Philipper
PI	Parlamentarische Initiative
Ps	Psalm/en
RES	Reglement über die Entbindung vom Seelsorgegeheimnis (der Römisch-katholischen Körperschaft des Kantons Zürich) vom 26. Oktober 2020 (LS 182.43; keine offizielle Abkürzung)
RKK	Römisch-katholische Körperschaft (des Kantons Zürich)
Röm	Brief an die Römer
S.	Seite/n
SBK	Schweizerische Bischofskonferenz
Sir	Buch Jesus Sirach
sog.	sogenannt/e/r/s
SR	Systematische Rechtssammlung (des Bundes)
SRL	Systematische Rechtssammlung des Kantons Luzern
StGB	Schweizerisches Strafgesetzbuch vom 21. Dezember 1937 (SR 311.0)
StJVG	Straf- und Justizvollzugsgesetz (des Kantons Zürich) vom 19. Juni 2006 (LS 331)

StPO	Schweizerische Strafprozessordnung vom 5. Oktober 2007 (SR 312.0)
StReG	Bundesgesetz vom 17. Juni 2016 über das Strafregister-Informationssystem VOSTRA (Strafregistergesetz; SR 330)
Tit	Brief an Titus
Tob	Buch Tobit
SVG	Strassenverkehrsgesetz vom 19. Dezember 1958 (SR 741.01)
u.a.	und andere unter anderem
URG	Bundesgesetz vom 9. Oktober 1992 über das Urheberrecht und verwandte Schutzrechte (Urheberrechtsgesetz; SR 231.1)
Vat. I	Erstes Vatikanisches Konzil
Vat. II	Zweites Vatikanisches Konzil
V-KiG-GjG	Verordnung zum Kirchengesetz und zum Gesetz über die anerkannten jüdischen Gemeinden (des Kantons Zürich) vom 8. Juli 2009 (LS 180.11; keine offizielle Abkürzung)
VMDP	Verordnung vom 22. November 2017 über die Militärdienstpflicht (SR 512.21)
VNAVE	Verordnung vom 16. Januar 1985 über den Normalarbeitsvertrag für die Erzieher in Heimen und Internaten (SR 221.215.324.1; keine offizielle Abkürzung)
VStrR	Bundesgesetz vom 22. März 1974 über das Verwaltungsstrafrecht (SR 313.0)
VVA	Verordnung vom 21. Februar 2018 über die Verwaltung der Armee (SR 510.301)
ZGB	Schweizerisches Zivilgesetzbuch vom 10. Dezember 1907 (SR 210)
ZPO	Schweizerische Zivilprozessordnung vom 19. Dezember 2008 (SR 272)

1. Einleitung

1.1 Schlaglichter

Busse, Umkehr und Versöhnung sind grundlegende Dimensionen des christlichen Lebens; in der öffentlichen Wahrnehmung verengen sich diese Dimensionen aber regelmässig auf die vorösterliche Fastenzeit und die Einzelbeichte.[1] Diese Engführung auf die Einzelbeichte ist sogar kirchlicherseits zu beobachten.[2] Das Busse-Tun wird von der Gesellschaft teils argwöhnisch beäugt und mit düsteren Phantasien über Selbstgeisselungen und ähnlichen Ritualen verbunden,[3] teils, etwa während des vorösterlichen Fastens, als Spleen. Anekdotisch sagten schon Nichtkatholiken, als Katholik habe man es doch gut, man könne machen, was man wolle, denn man könne seine Sünden beichten, und alles sei wieder gut.[4] Eine «Sünde» wird als eine «Handlung aus Unvernunft» wahrgenommen,[5] d.h. als Lappalie. In den Schlagzeilen der

---

1 Ausführlicher hierzu unten, 2.3.

2 MEẞNER, S. 18 f., spricht von einer «nachtridentinischen Blickverengung auf die Beichte, der – faktischen – weitgehenden Identifizierung von Sündenvergebung und Bußsakrament», wobei er festhält, «daß Umkehr und Buße als existentielle Haltungen das ganze unter dem Anspruch des neuen Lebens in der Herrschaft Gottes stehende Leben eines Christenmenschen umspannen.» Vgl. auch JEGGLE-MERZ, S. 119 («die für den christlichen Glauben so zentrale Dimension von Umkehr und Versöhnung»).

3 Vgl. zu den traditionellen Bussübungen in gewissen Orden, wie Geisselhiebe, Tragen juckender Kleider, Bussgürtel, Reduzierung des Schlafs und Schlafen auf Holzpritschen oder auf dem Boden, sowie auf den Wunsch frommer Gläubiger, «auch äußerlich am Leiden Jesu Anteil nehmen zu dürfen, vor allem durch geduldiges Tragen des Leidens», PESCH, S. 11–17.

4 So äusserte man sich schon gegenüber dem Verfasser, halb im Scherz, halb im Ernst.

5 DUDEN, Lemma «Sünde» S. 1726, nennt drei Bedeutungen: a) «Übertretung eines göttlichen Gebots», b) «Zustand, in dem sich j[emand] durch eine Sünde od[er] durch die Erbsünde befindet», c) «Handlung der Unvernunft, die nicht zu verantworten ist; Verfehlung gegen bestehende [moralische] Normen». Vgl.

Gratispresse begegnen dem Leser «Licht-Sünder»,[6] «Plastik-Sünder»,[7] «Klimasünder»,[8] «CO2-Sünder» (sic),[9] «Kerosin-Sünder»,[10] «Cannabis-Sünder»,[11] «Zigi-Sünder» (im Artikel ebenfalls als «Litteringsünder» bezeichnet), [12]

daneben DUDEN, Lemma «Sündenregister» S. 1726: «(u[mgangssprachlich] scherzh[aft]) Anzahl von Sünden (c), die jmd. begangen hat» b) kath. Kirche (früher) Verzeichnis einzelner Sünden für die Beichte».

6 «Die Licht-Sünder entschuldigen sich» (20 MINUTEN, 10. März 2014, über «[z]wei Telekommunikationsfirmen, ein[en] Kleiderladen und eine Bäckerei», die während des Morgestraichs der Stadtbasler Fasnacht 2014 nicht die Lichter gelöscht hatten). Ebenso waren am Morgestraich 2015 «Licht-Sünder» zu beklagen (20 MINUTEN, 23. Februar 2015). Auch ausserhalb der Fasnacht finden sich «Licht-Sünder», nämlich solche, die als Auto- oder Töfffahrer das Licht nicht tagsüber einschalten. Nachdem die Gesetzesänderung am 1. Januar 2014 eingeführt worden war, ermahnten die Polizeibehörden Fehlbare nicht mehr, sondern büssten sie (20 MINUTEN, 4. April 2014).

7 «Diese Händler sind die grössten Plastik-Sünder» (20 MINUTEN, 12. Oktober 2018, wonach Schweizer Detailhändler jährlich über 600 000 Tonnen Verpackungsmaterial wegwürfen).

8 «Die Liste der grössten Klimasünder» (20 MINUTEN, 28. April 2011, wonach eine britische Umweltorganisation erstmals ein CO_2-Ranking der 300 grössten europäischen Unternehmen erstellt habe; auch die Schweiz habe einen «CO2-Sünder»).

9 «Datenbank zeigt grösste CO2-Sünder» (20 MINUTEN, 17. November 2007).

10 ««Solche Kerosin-Sünder sollen eine Strafe zahlen»» (20 MINUTEN, 28. März 2016, die Meinung einer Jungpolitikerin wiedergebend, welche Konsequenzen forderte – ein Flugzeug hatte während des Flugs schwerwiegende technische Probleme und musste über der Schweiz, genauer zwischen den italienischen Alpen und dem Schweizer Jura, 70 Tonnen Kerosin ablassen, damit es sicher in Paris notlanden konnte).

11 «Cannabis-Sünder in zwei Minuten überführt» (20 MINUTEN, 2. März 2018, über einen neuen Schnelltest, mit dem die Polizei «illegalen von legalem Hanf», mithin THC- von CBD-haltigem Gras, unterscheiden kann; der Test dauert zwei Minuten.

12 «Polizist will Zigi-Sünder im Nachhinein büssen» (20 MINUTEN, 20. Mai 2014, über einen Polizisten, der in seiner Freizeit den Autofahrer und «Litteringsünder» Max M. sah, der einen Zigarettenstummel auf die Strasse weggeworfen hatte).

«Tankstellensünder», [13] «Fahrverbots-Sünder» [14] und «Rollstopp-Sünder», [15] wobei auch «Sünder» ist, wer im öffentlichen Verkehr schwarz[16] oder in der Tempo-30-Zone mit überhöhter Geschwindigkeit fährt. [17] Die Obrigkeit «jagt» (sic), so die Gratispresse, besagte «Zigi-Sünder», [18] daneben jagt sie «Unterhosen-Sünder» (im Fliesstext kommen «Hygienesünder» dazu)[19] und «Hundekot-Sünder».[20] Auch die Küche scheint ein sündenversunkener Ort zu sein: Die französische Apfeltarte (*tarte aux pommes*) begegnet als «Süße Sonn-

---

13 «Tankstellensünder stehlen jährlich Benzin und Diesel in Millionenhöhe» (20 MINUTEN, 13. März 2024, über Autofahrer, die ohne bezahlt zu haben nach dem Tanken weiterfahren).

14 «Auto filmt Fahrverbots-Sünder» (20 MINUTEN, 24. März 2017, über ein gerichtliches Fahrverbot, das zu wenig eingehalten wurde, weswegen die Anwohnerschaft mittels einer in einem Smart befindlichen Kamera fehlbare Autofahrer aufnimmt). Auf dem Uetliberg konnten 2016 binnen einen Jahres sogar «1600 Fahrverbots-Sünder dank Kameras überführt» werden (20 MINUTEN, 27. April 2017). Eine weitere «Kamera ertappt Hunderte Fahrverbot-Sünder» im Sommer 2017 im Stadtzürcher Langstrassenquartier, und dies binnen einer Woche. Die Kameras (hier im Plural) wurden von der Stadt installiert, um das Nachtfahrverbot durchzusetzen. Es war die Rede von einer regelrechten «Bussenflut im Kreis 4»; zumindest konnten 25 000 Franken Bussgeld «kassiert» werden (20 MINUTEN, 30. Juni 2017).

15 «Neuer Radar blitzt Rollstopp-Sünder» (20 MINUTEN, 25. Februar 2016, über Yerres nahe Paris, die als erste französische Gemeinde einen Radar an Stoppstrassen aufgestellt hat, und sich fragt, ob dies «bald auch in der Schweiz?» möglich sei.)

16 «1 Million Schwarzfahrer – nun soll es für Sünder echt teuer werden» (20 MINUTEN, 5. Februar 2024, wonach die Verkehrsbetriebe «die Schraube anziehen» wollten, weil sich «[i]mmer mehr Passagiere […] ohne gültigen Ausweis in den ÖV [setzen], viele davon notorisch.»).

17 «Mehr Sünder in den Tempo-30-Zonen» (20 MINUTEN, 4. Februar 2004, über Verkehrsteilnehmer in der Stadt Basel).

18 «Zivile Fahnder auf der Jagd nach Zigi-Sündern» (20 MINUTEN, 21. Januar 2014), so zumindest im Kanton Zug, nachdem auf Littering Bussen bis zu 100 Franken eingeführt worden waren.

19 «Bademeister jagen Unterhosen-Sünder» (20 MINUTEN, 17. Juli 2015; «Unterhosen-Sünder» ist, wer unter der Bade- eine Unterhose trägt, «Hygienesünder», wer ohne vorgängig zu duschen in das Becken steigt).

20 «Südtirol jagt Hundekot-Sünder mit DNA-Proben: Vorbild für die Schweiz?» (20 MINUTEN, 17. Januar 2024, Titelseite, und auf S. 8 das Vorgehen gegen die «Kot-Litterer» schildernd).

tags Sünde»,[21] selbst Osterküchlein werden zusammen mit einer «Morgensünde» gereicht.[22]

Betrachtet man näherhin die Einzelbeichte, wird innerkirchlich von einer «Krise des Sakramentes der Versöhnung für Einzelne» gesprochen.[23] Die Einzelbeichte ist selbst in ansonsten lebendigen Pfarreien «praktisch tot»,[24] die vorhandenen Beichtstühle werden als Abstellkammern zweckentfremdet.[25] Die Umsetzung der Einzelbeichte wird hinterfragt,[26] sie scheint als Überbleibsel einer vergangenen Zeit.[27] Gleichzeitig hat (bzw. hatte) die Einzel-

---

21 «Französische Apfeltarte – oder ‹Süße Sonntags Sünde›» (vgl. REZEPT Apfeltarte).

22 «Osterküchlein mit Morgensünde, Mit wunderbarer Füllung» (REZEPT Osterküchlein – bei der «Morgensünde» handelt es sich um eine kleine Hüppe, d.h. um ein röhrenförmiges, dünnes, gerolltes Gebäck mit Nougat- oder ähnlicher Füllung).

23 VOLGGER, Wesen, S. 126; ähnlich auch DANNECKER, S. 161.

24 LENZ, S. 170. VOLGGER, Dienst, S. 11, spricht von einer «allgemein geschwundene[n] Praxis» und davon, dass die Einzelbeichte zu einem «nicht mehr existenten liturgisch-sakramentalen Bereich des Gemeindelebens geworden» ist. Ähnlich auch JEGGLE-MERZ, S. 119.

25 Vgl. BAUMGARTNER, S. 46 («Dass viele, nicht mehr benötigte Beichtstühle inzwischen als Abstellräume für Putzmittel und Kirchenzugehör missbraucht werden, kann nur beklagt werden!»). Die Zweckentfremdung lässt sich, anekdotisch, auch für Schweizer Kirchen bestätigen.

26 LENZ, S. 171–173, nennt folgende Kritikpunkte, die gegen die Einzelbeichte vorgebracht werden: «Die Beichte nur als Überweisung zur Kommunion und nicht als Sakrament der Versöhnung», «Die Beichte für die Vergebung jeglicher Schuld, ganz egal ob schwerer oder leichter Schuld», «Die Beichte dauert ein/zwei Minuten, beinhaltet aber Umkehr, Buße und Versöhnung; Umkehr, Buße und Versöhnung brauchen Zeit», und «Die Beichte ist Privatliturgie – Der Gemeinschaftscharakter kommt zu kurz». DANNECKER, S. 161, verweist darauf, dass vor dem starken Rückgang der Beichthäufigkeit in den 1970er Jahren die «sakramentale Beichte und die häufige Kommunion Markenzeichen des gelebten Katholizismus gewesen» seien; aber: «Darüber hinaus darf man nicht vergessen, dass viele dieser Beichten schematisch und routinehaft abgelaufen sind. Man durchlief einen Ritus, wollte die Absolution, setzte sich allerdings dort nicht existenziell und ernsthaft mit sich und seinem Leben auseinander.»

27 BENEDIKT XVI., Ansprache, schreibt zur Ursache des Schwundes: «Vielleicht auch deshalb, weil in einer Zeit des Relativismus und des daraus folgenden geschwächten Selbstbewußtseins die sakramentale Praxis geschwächt wurde.» Anders sieht es VOLGGER, Dienst, S. 28, der nicht bestreitet, «dass diese Form des Sakramentes für viele Gläubige heilsstiftende Erfahrung war und ist. Dennoch hat sich die Form überlebt bedingt durch: die Entwicklung des modernen Menschen- und Weltverständnisses, die zunehmende Autonomisierung des Subjektes, einen je höheren Bildungsgrad bei den Gläubigen, das Schwinden von geeigneten Priestern für den Dienst der Versöhnung, die liturgiewissen-

beichte auch vorteilhafte Seiten an sich.[28] Ihre befreiende Wirkung wird hervorgehoben,[29] denn die «Sehnsucht nach versöhntem Leben als Grundkonstante menschlicher Existenz» besteht weiterhin.[30] Das Lehramt versucht, die Einzelbeichte zu fördern,[31] und auch die Theologie fragt, wie die Feier der Einzelbeichte belebt werden könnte.[32] Ausserkirchlich scheint ein zwiespältiges Bild der Einzelbeichte zu herrschen. Einerseits wird der Beichtstuhl als verschrobene Örtlichkeit wahrgenommen; so befahl eine Gratiszeitung ihren

---

schaftlichen Erkenntnisse von der Wandelbarkeit des Bußsakramentes, die subjektiven Bedürfnisse der in Schuld und Sünde verstrickten Menschen, das gleichzeitige Aufkeimen und Entfalten von vielen außerkirchlichen Angeboten, um Leben gestalten und bestehen zu können, und schließlich die vielen wissenschaftlichen Erkenntnisse über den Menschen in den anthropologischen und therapeutischen Wissenschaften.»

28 DANNECKER, S. 161: «Sicher hatte die hohe Beichtfrequenz [bis in die 1970er Jahre] auch ihre guten Seiten: Die Menschen sind ins Gespräch mit dem Seelsorger gekommen. Bei diesen Gesprächen war dann manchmal der Schritt zu einer größeren Tiefe möglich. Und: Man wusste, wo man einen kompetenten Gesprächspartner bei Lebensfragen fand.»

29 So etwa FRANZISKUS, Misericordia et Misera, Nr. 9 («Ich habe viele Zeugnisse der Freude über die erneuerte Begegnung mit dem Herrn im Sakrament der Beichte erhalten.»); VOLGGER, Dienst, S. 12 f.

30 VOLGGER, Dienst, S. 12.

31 BENEDIKT XVI. rief anlässlich des Weltjugendtags 2007 in Köln zu einer Renaissance der Beichtpraxis auf: VOLGGER, Dienst, S. 11. FRANZISKUS führte die Initiative «24 Stunden für den Herrn» unmittelbar vor dem 4. Fastensonntag ein; «[s]ie findet bereits eine breite Zustimmung in den Diözesen und bleibt ein starker pastoraler Aufruf, um das Sakrament der Beichte intensiv zu erleben» (DERS., Misericordia et Misera, Nr. 11). «Mit Überzeugung stellen wir das Sakrament der Versöhnung erneut ins Zentrum, denn darin können wir mit Händen die Größe der Barmherzigkeit greifen. Das Sakrament wird für jeden Bußfertigen eine Quelle wahren inneren Friedens sein»: DERS., Misericordiae Vultus. Auch LEDERHILGER, S. 328 (mit Hinweis auf Misericordia et Misera), geht auf FRANZISKUS' Wunsch ein, «dass das heilsame Sakrament der Versöhnung seinen zentralen Platz im christlichen Leben wiederfinden möge.» Vgl. auch OHLY, S. 1187 f. (über die Bemühungen des Lehramts und kirchlicher Erneuerungsbewegungen, um das Busssakrament wieder zu verlebendigen), und zur Generalabsolution, die zugunsten der Einzelbeichte geschwächt wurde, unten, 2.3.2.2.

32 So etwa DANNECKER, S. 161: «Die seit vielen Jahrhunderten bewährte, durch Überlastung kraftlos gewordene Einzelbeichte bedarf in der Zukunft einer neuen Belebung. Aber gerade nicht durch den ohnehin vergeblichen Versuch der Wiederherstellung des alten Systems, vielmehr, indem der Einzelbeichte als einem Element im Rahmen einer vielfältigen Bußpraxis die angemessene Funktion als Instrument der Seelenführung zugeordnet wird.»

Lesern 2016: «Umweltsünder, ab zum [recte: in den] Öko-Beichtstuhl!»[33] Andererseits erscheint der Beichtstuhl vor dem Hintergrund der systematischen Missbräuche in der Katholischen Kirche als Dunkelkammer, in der ein katholischer Amtsträger (Beichtvater) einen Täter deckt und dadurch dessen Komplize wird, wenn er es nicht schon von Anfang an ist.[34] Mit dem Vertrauensverlust in die Katholische Kirche sinkt damit auch das Vertrauen in die Beichte.

---

33 «Umweltsünder, ab zum Ökobeichtstuhl!» (20 MINUTEN, 25. März 2016, wonach «Umweltsünder» bis zum 10. April 2016 «in der Umwelt-Arena Spreitenbach ihre Vergehen beichten» konnten; die Besucher hatten ihr Gewissen zu erforschen anhand solcher Fragen wie: «Zu lange geduscht? Zu Hause wieder einmal das Licht brennen lassen?» Dadurch soll es diesen Personen möglich geworden sein, «ihre Umweltsünden auf humorvolle Art zu beichten – in einer begehbaren Box». Zu den «Vorschlägen zur Wiedergutmachung» für die «Umweltsünden» habe der Beichtstuhl «verschiedene gute Taten» vorgeschlagen, «zum Beispiel den täglichen Arbeitsweg für einmal mit dem Velo anstatt dem Auto zu absolvieren. Auf Wunsch erinnert einen die Umwelt-Arena später auch noch per Mail daran.» In einer Mitteilung der Umwelt-Arena habe es diesbezüglich geheissen: «Der Öko-Beichtstuhl ist nicht moralisierend, sondern gibt spassige Empfehlungen, wie sich ökologische Entscheidungen in den Alltag integrieren lassen».).

34 So ist es etwa kein Zufall, dass die PI SOMMARUGA (10.540, «Berufsgeheimnis von Geistlichen») vom 17. Dezember 2010 u.a. auf die Ip. SOMMARUGA (10.3246, «Aggiornamento oder Aufarbeitung in der katholischen Kirche in Zusammenhang mit sexuellem Missbrauch») vom 19. März 2010 verweist, denn beide sind in einem Zusammenhang zu sehen. Ähnlich auch KUMRAL, etwa S. 49–52, die den sexuellen Missbrauch in der Katholischen Kirche zum Ausgangspunkt nimmt, um zu besprechen, ob eine Anzeigepflicht von Geistlichen einzuführen ist bzw. eingeführt werden kann. LÜDECKE, S. 353, pointiert: Wenn Kirche auf andere zeige, entstehe der «zynischen Eindruck, man habe in der katholischen Kirche mit Kindesmissbrauch nun einmal zu leben – wie mit Montagsautos. Dagegen wurde und wird sexueller Missbrauch eben doch und zu Recht als etwas sehr Anderes wahrgenommen, wenn er an Kindern und Jugendlichen von Repräsentanten einer Religionsgemeinschaft begangen und verharmlost oder vertuscht wird, die sich wie keine andere für die Verkörperung des Christentums hält.» Kritisch DERS., S. 354 f., auch zur Katholischen Kirche, die sich als Expertin für Menschlichkeit hält und «moralisch[e] Allkompetenz» verbreitet.

1.2 Reibungsflächen zwischen zwei Rechtsordnungen

Zwei Rechtsordnungen kennen bestimmte Arten des Seelsorgegeheimnisses:

- Das Kirchenrecht schützt das Beichtsiegel (hinsichtlich des Beichtvaters) und das Beichtgeheimnis (hinsichtlich Dritter, die vom Beichtgespräch Kenntnis erlangen);
- das staatliche Recht schützt das Berufsgeheimnis, das u.a. Gespräche mit einem Geistlichen beinhaltet.

Aus der zweifachen Regelung eines einzigen Regelungsgegenstandes können Reibungen entstehen,[35] womit auch das Verhältnis zwischen Kirche und Staat betroffen ist.[36] Das kirchliche Beichtsiegel und -geheimnis wird teilweise nicht als Schutz der Beichtenden (Pönitenten) wahrgenommen, die sich gegenüber dem Priester (Beichtvater) öffnen und Innerstes preisgeben, sondern (auch) als pervertiertes Instrument des Täterschutzes, womit die Forderung naheliegt, dieses aufzuheben.[37] Ausserhalb der Schweiz wurde die Aufhebung in Fällen sexuellen Missbrauchs bereits gefordert und teils auch umgesetzt.[38] Einige Bekanntheit erlangte der Fall des Bischofs von Bayeux und

---

35 Ähnlich KUMRAL, S. 6, die hinsichtlich einer (in der Schweiz für Geistliche nicht bestehenden) Anzeigepflicht schreibt, eine solche «würde einen Grenzbereich zwischen Religion und Staat reglementieren»; daneben SCHMOECKEL, S. 246 («Staatliches und kirchliches Recht stehen in einem spannungsreichen Beziehungsgeflecht.»).

36 SCHMOECKEL, S. 228 f., weist überdies darauf hin, dass «[d]as Beichtgeheimnis [...] die Weitergabe des Geständnisses in der Beichte an säkulare Gerichte [verhindert]. Beichtgeheimnis und die Sorge um die Sachverhaltsaufklärung, letztlich Wahrheit, konkurrieren hier miteinander, letztlich die kirchliche Aufgabe der Seelsorge und die staatliche Aufgabe der Sachverhaltsaufklärung und Friedenssicherung.» Daran ändert nichts, wenn SUTER, Artikel, S. 55, zutreffend schreibt, dass das Beichtgeheimnis «im Gegensatz zum strafrechtlichen Berufsgeheimnis vorab eine innerkirchliche Angelegenheit» ist.

37 Auf die PI SOMMARUGA ist unten, 4.4.1, einzugehen; neben dieser gab es z.B. in Basel-Stadt eine Motion, die eine Änderung des dortigen Kirchengesetzes forderte, bei der das Berufsgeheimnis eingeschränkt und eine Anzeigepflicht eingeführt werden sollte; hierzu KUMRAL, S. 3 Fn. 6 und S. 7. Vgl. daneben auch DIES., S. 4 («In der Vergangenheit konnten sich allerdings Geistliche, die von Kindesmisshandlungen erfuhren, wohl auch hinter dieser Bestimmung [Berufsgeheimnis, Art. 321 StGB] verbergen.»).

38 BERNHARD, S. 105, weist auf solche Forderungen in Australien und dem US-Bundesstaat Kalifornien hin, und führt aus, dass im australischen Hauptstadtterritorium (ACT) Priester seit dem 1. April 2019 von Gesetzes wegen verpflichtet sind, «Missbrauchsanschuldigungen den staatlichen Behörden zu melden –

Lisieux in der Normandie, Pierre Pican SDB, der sexuellen Kindsmissbrauch durch einen seiner Priester nicht anzeigte und 2001 hierfür zu drei Monaten bedingte Freiheitsstrafe verurteilt wurde.[39] Auch ausserhalb der Fälle von sexuellem Missbrauch scheint das Beichtgeheimnis ein süssliches Schaudern bei säkularen Betrachtern auszulösen.[40] Einerseits erweist sich das Geheimnis «in der Praxis als Ernstfall des menschlichen Grundrechts auf Wahrung der Intimsphäre und des guten Rufes»,[41] gleichzeitig wird sogar bei Strafverfolgungsbehörden vergessen, dass es überhaupt ein Beicht- bzw. Seelsorgegeheimnis gibt.[42]

1.3 Verflochtenheit der Beteiligten

Das landläufige Verständnis sieht die Einzelbeichte als Zweierverhältnis zwischen dem Beichtvater und dem Pönitenten (Beichtenden), womit die Beichte als Privatgeschehen erscheint. Aus diesem Bild entstehen Aussagen wie diejenige, als Katholik habe man es gut, man könne machen, was man wolle, weil man könne ja beichten, und dann sei alles vergeben und wieder gut. Auch unter Katholiken herrscht bisweilen das Bild vor, die Einzelbeichte sei die ausgestreckte Hand, die dem Sünder entgegengestreckt wird und entgegengestreckt bleibt. Indem die Einzelbeichte auch im Zusammenhang mit sexuellem und Machtmissbrauch in der Katholischen Kirche begegnet, erhält die

---

auch wenn sie in der Beichte davon erfahren haben. Eine Missachtung dieser Vorschrift soll mit bis zu zwei Jahren Gefängnis bestraft werden».

39 Pican berief sich erfolglos auf das Beichtsiegel, das in Frankreich staatlicherseits nicht von der Anzeigepflicht hinsichtlich sexuellem Kindsmissbrauch entbindet; der damalige Präfekt der Kongregation für den Klerus, Kardinal Dario Castrillón Hoyos, bedankte sich bei Pican immerhin für dessen Schweigen: SCHMOECKEL, S. 229.

40 Vgl. BERNHARD, S. 105 Fn. 1: «Nicht selten werden Extrembeispiele konstruiert und literarisch oder in Filmen verarbeitet, bei denen ein Beichtender einen Mord gesteht und den Priester so in Gewissensnöte bringt.»

41 BERNHARD, S. 112.

42 SUTER, Buch, S. 9, konstatiert, dass «zum Teil auch bei Justizbehörden [hinsichtlich des Berufsgeheimnisses Geistlicher] zu wenig vertieftes Wissen vorhanden ist. So bestritt zum Beispiel vor einiger Zeit eine Untersuchungsrichterin während eines Verhörs, dass es das Berufsgeheimnis für Geistliche überhaupt gebe. In einem weiteren Fall haben zwei Pfarrherren der beiden grossen christlichen Konfessionen ein Gesuch um Entbindung vom Berufsgeheimnis gegenüber einer Seelsorgerin ohne weitere Abklärungen mündlich bewilligt und damit eine Strafanzeige und Verurteilung einer Person ermöglicht, die sich gegenüber der Seelsorgerin geöffnet hatte.»

Vertraulichkeit durch Beichtstuhl und Beichtgeheimnis den Ruch von Täterschutz. Dabei gilt jedoch hinsichtlich des Beichtvaters zu bedenken, dass er nicht an der Tat beteiligt war.[43] Er erfährt unverschuldet von Missbrauch und muss mit dem Bekenntnis umgehen.

Das Zweierverhältnis wird in Missbrauchsfällen, bei Licht betrachtet, aufgebrochen, denn das Opfer ist ebenso Mensch. Ihm kommt die unveräusserliche Menschenwürde zu,[44] welche durch den Täter verletzt wurde.[45] Es ist aber während der Einzelbeichte nicht anwesend.[46] Daraus ergibt sich ein Dreiecksverhältnis, das von verschiedenen Interessenslagen geprägt ist:

- Der Pönitent hat sich offensichtlich nicht den Strafverfolgungsbehörden gestellt. Er will zwar die sakramentale Lossprechung, aber nicht durch staatliche Behörden verurteilt werden. Es besteht die Gefahr des Täterschutzes unter allen Umständen.
- Das Opfer darf Genugtuung beanspruchen. Indem sich in der Einzelbeichte nur Pönitent und Beichtvater begegnen, wird über das Opfer

---

43 Hiervon ist die Konstellation zu unterscheiden, in welcher ein Beichtvater den Pönitenten aushorcht, in Abhängigkeit zieht oder behält, oder aber sexuelle Handlungen an diesem vollzieht. Hierauf bzw. auf cc. 977 und 1385 CIC wird unten einzugehen sein (3.1.6.2 f.).

44 Vgl. statt vieler bereits Gen 1,27; VAT. II, NA 5; daneben LORETAN/TOLLKÜHN, S. 173 f. («Die Konzilsväter betonten, dass alle Menschen nach dem Ebenbild Gottes [mit Hinweis auf Gen 1,26 f. und VAT. II, NA 5] als Personen mit Verstand und eigenem Willen gleich geschaffen sind [u.a. VAT. II, GS 29] und ihnen als Personen die Menschenwürde inhärent ist [VAT. II, DH 1]. Auf der Grundlage der Menschenwürde [FRANZISKUS, Fratelli tutti, Nr. 107] kommen jeder Person unverlierbare Rechte und Pflichten zu [VAT. II, NA 5]. [...] Die allgemeinen Rechte und Pflichten einer Person werden durch die Taufe nicht etwa negiert, sondern vielmehr ergänzt.»).

45 Diese Formen von Missbrauch stellen bei genauer Betrachtung sogar einen Verstoss gegen das fünfte (in katholischer Zählung) bzw. sechste Gebot (in jüdischer Zählung) dar, לֹא תִרְצָח (*lo tirzach*), «du sollst nicht morden» (Ex 20,13; Dtn 5,17). Die Wortwurzel רצח (*razach*) bezeichnete, soweit der Verfasser weiss, nicht nur «morden» im Sinne einer besonders verwerflichen Form der vorsätzlichen Tötung, sondern konnte auch für «vergewaltigen» verwendet werden, weil auch hier der andere Mensch in besonders skrupelloser Weise faktisch vernichtet wird. Vgl. hierzu FRANZISKUS, Schreiben an das Volk Gottes, Nr. 1, der – ohne diesen Gedankengang zu spinnen – von einer «Kultur des Todes» (*questa cultura di morte*) spricht.

46 Das Opfer wird nicht persönlich angehört, sondern ist höchstens mittelbar beteiligt, nämlich als Gegenstand (sic) im Bekenntnis des Pönitenten, und nicht als Mensch.

wenn, dann nur in der dritten Person gesprochen. Es droht, verdinglicht und damit zum blossen Verfahrensobjekt degradiert zu werden. Damit würde es mitsamt seinen Bedürfnissen vernachlässigt, wenn nicht sogar, in letzter Konsequenz, entmenschlicht.[47]

- Der Beichtvater war an der Tat nicht, d.h. weder als Mittäter noch als Anstifter oder als Gehilfe, beteiligt. Er gerät ohne eigenes Verschulden in die Situation, in der ein Täter ihm eine Tat bekennt und zugleich die Lossprechung dafür verlangt. Damit besteht die Gefahr, dass der Beichtvater zwischen Hammer und Amboss gerät und von den verschiedenen Interessen zerrieben wird. Sein Interesse muss sein, einerseits irgendwie für Gerechtigkeit zu sorgen, andererseits irgendwie heil aus der Situation zu kommen.[48]

Dieses Dreiecksverhältnis ist eingebettet in zwei weitaus grössere Beziehungsgeflechte:

- Die in der Einzelbeichte bekannte Tat kann, auch wenn sie (noch) nicht öffentlich geworden ist, die kirchliche Gemeinschaft vergiften und Menschen dazu bringen, aus der Kirche auszutreten.[49]

---

47 Auch das Opfer ist ein Glied am Leib Christi (vgl. 1 Kor 12,12–27), das genauso unverzichtbar und unersetzbar ist wie die anderen Glieder (1 Kor 12,22!). Vgl. zur korinthischen Leib-Metapher auch FRANZISKUS, Schreiben an das Volk Gottes.

48 Ein strukturell gleichgelagertes Dilemma schilderte der dänische Philosoph und evangelisch-lutherische Theologe Søren Aabye Kierkegaard (1813–1855) in seinem 1843 veröffentlichten Werk «Entweder – Oder» (*Enten – Eller*; nachfolgend Übersetzung des Verfassers): «Erhänge dich, du wirst es bereuen; erhänge dich nicht, du wirst es auch bereuen; erhänge dich oder erhänge dich nicht, du wirst beides bereuen; entweder du erhängst dich, oder du erhängst dich nicht, du wirst beides bereuen. Dies, meine [Damen und] Herren, ist der Inbegriff aller Lebensweisheit.» (*Hæng Dig, Du vil fortryde det; hæng Dig ikke, Du vil ogsaa fortryde det; hæng Dig eller hæng Dig ikke, Du vil fortryde begge Dele; enten Du hænger Dig, eller Du ikke hænger Dig, Du vil fortryde begge Dele. Dette, mine Herrer, er Indbegrebet af al Leve-Viisdom.*) Vorgängig verglich Kierkegaard noch die Möglichkeiten, sich zu verheiraten oder sich nicht zu verheiraten (*Gift Dig, Du vil fortryde det; gift Dig ikke, Du vil ogsaa fortryde det*), über die Torheiten der Welt zu lachen oder über sie zu weinen (*Lee ad Verdens Daarskaber, Du vil fortryde det; græd over dem, Du vil ogsaa fortryde det*), und einem Mädchen bzw. einer jungen Frau zu (ver)trauen oder ihm bzw. ihr nicht zu (ver)trauen (*Troe en Pige, Du vil fortryde det; troe hende ikke, Du vil ogsaa fortryde det*) – man werde, egal wie man(n) entscheide, es immer bereuen.

49 Es geht hier nicht um den Grundsatz *semel catholicus, semper catholicus* («einmal katholisch, immer katholisch»; vgl. zur Taufe als unauslöschlichem Prägemal

- Die Gesellschaft will nicht, dass Straftaten unentdeckt und ungesühnt bleiben. Gewinnt sie den Eindruck, Beichtväter hülfen systematisch mit, Täter zu schützen und Taten zu verheimlichen, verlieren sie das Vertrauen nicht nur in die kirchlichen Amtsträger, sondern auch dasjenige in die Angehörigen einer Glaubensgemeinschaft.[50] Damit entsteht das Bild einer Parallelgesellschaft, die nach eigenen – kirchenrechtlichen – Regeln funktioniert. Die Kirche, die Priester, die Einzelbeichte und insbesondere das Beichtsiegel bzw. -geheimnis werden zum Zeichen des Unheils.

---

c. 845 § 1 CIC) und ebenso wenig um den sog. partiellen Kirchenaustritt (hierzu unten, 2.2.1.1); hierzu ALTHAUS, Zugehörigkeit, S. 279–281. Vielmehr gilt VAT. II, LG 6 f., zu bedenken, wo die Kirche (ἐκκλησία) mittels verschiedener Bilder beschrieben wird: Als Leib Christi (u.a. mit Hinweis auf Röm 12,5; 1 Kor 12,1–27; Gal 4,19; Eph 4,11–16; Kol 1,15–18) – der durch das metastasierende Krebsgeschwür des Missbrauchs zersetzt wird und seine Glieder verliert. Als Gottes Bauwerk (1 Kor 3,9) und Haus Gottes (1 Tim 3,15) – das Bauwerk zerbröselt, und die Gläubigen, die schon auf Erden als lebendige Steine eingefügt werden (1 Petr 2,5), fallen haltlos heraus. Als Zelt Gottes unter den Menschen (Offb 21,3) – das in jedem Sturm, der durch Missbrauchsstudien entsteht, weiter zerfleddert. Als Wohnstatt Gottes im Geiste (Eph 2,19–22) – und es entsteht der Eindruck grösster Gottesferne. Als Herde Gottes (Jes 40,11; Ez 34,11–16; Joh 10,11–15; 1 Petr 5,4) – in welcher Hirten zulassen, dass die ihnen von Gott anvertrauten (!) Schafe von Wölfen zerbissen und zerrissen werden, wodurch andere Schafe die schlechten Hirten und damit die gesamte Herde verlassen (vgl. 1 Petr 5,2 f.!). Als Pflanzung und Acker Gottes (vgl. Mt 21,33–43 *parr.*; Joh 15,1–5; Röm 11,16–24; 1 Kor 3,9) – auf dessen Boden die Saat der frohen Botschaft (*εὐαγγέλιον*) nicht aufgeht und bestehende Gewächse verdorren. Als pilgerndes Volk Gottes (2 Kor 5,6; Hebr 11,13 f.) – und Menschen entfernen sich auf diesem Pilgerweg von Christus, weil sie der christlichen Botschaft aufgrund des Fehlverhaltens von Amtsträgern nicht mehr vertrauen. Als Jerusalem und unsere Mutter (Gal 4,26), aber kaum eine Mutter lässt ihre Kinder im Stich. Etc.

50 Überspitzt kann man sagen, dass man sich heute nicht rechtfertigen muss, wenn man aus der Kirche ausgetreten ist, sondern vielmehr, warum man ihr noch angehört.

1.4 Zielsetzungen

Will man zwei Wissenschaften miteinander in ein Gespräch bringen, müssen auch Dinge beleuchtet werden, die den Vertreterinnen und Vertretern der einen Wissenschaft bekannt sind, den Vertreterinnen und Vertretern der anderen aber nicht in dieser Tiefe,[51] und gleichzeitig müssen die Ausführungen aus sich selbst heraus verständlich sein.[52] Auch die jeweiligen Verständnisse von Begrifflichkeiten und Rechtsinstitutionen müssen vor- und gegenübergestellt werden, denn weiss die eine Seite nicht, von was genau die andere spricht, kann ein Gespräch kaum gelingen.[53] Die erste Zielsetzung der

---

51 Ein Theologe wird zumindest ungefähr wissen, was eine Sünde ist und wann sie als schwer zu werten ist; ein Jurist hat vielleicht eher den Eindruck, eine Sünde sei lediglich eine nicht sonderlich schwer wiegende «Handlung der Unvernunft» (DUDEN, S. 1726 Lemma «Sünde», Bedeutung c.). Auch wird einem Juristen wenig bekannt sein, was genau der theologische Gehalt des Busssakraments ist, d.h., was das Mehr der Einzelbeichte für Gläubige in geistiger Hinsicht darstellt, im Vergleich z.B. zu einem therapeutischen Gespräch mit Fachleuten aus Psychologie und Psychiatrie. Während ein Staatsanwalt ermüdet, liest er den Ablauf eines Strafverfahrens, kann dieser einem Seelsorger gänzlich unbekannt sein, womit er sich davor fürchtet. Verbleibt ein Seelsorger oder einem Beichtvater jedoch – steht er vor der Wahl zwischen Scylla und Charybdis, d.h. Verletzung des Geheimnisses oder Vertuschung von Taten eines Triebtäters – in Ungewissheit, ist ihm nicht geholfen. Ihm muss ermöglicht sein, in Kenntnis aller jeweiligen Folgen zu entscheiden. Damit ist nicht nur der Tatbestand (was fällt unter das Geheimnis und wie wird es verletzt?) zu behandeln, sondern auch die Rechtsfolgen (was passiert danach?), in staatlich-rechtlicher wie in kirchenrechtlicher Sicht.

52 Aus diesem Grund fallen die Fussnoten und die wörtlichen Zitate eher ausführlich aus.

53 Staatlicherseits kann es z.B. für Verwunderung bis Befremden sorgen, wenn die Kirche ein eigenes Strafrecht hat und Strafgewalt beansprucht, und sie zudem vorschreibt, der Beichtvater nehme in der Einzelbeichte in gleicher Weise die Stelle eines Richters wie die eines Arztes ein (c. 978 § 1 CIC). Der Staat kann hierdurch den Eindruck gewinnen, als wolle die Katholische Kirche ihn und seine Strafgerichtsbarkeit in Frage stellen. Ähnliches gilt auch, wenn der Staat beispielsweise den Eindruck gewinnt, eine Einzelbeichte sei vollkommen unreguliert und habe als einzigen Zweck, Missbrauchstäter zu schützen. Zumindest unterbewusst schwingt damit das Bild mit, die Katholische Kirche bekämpfe den Staat oder sehe sich zumindest in Gegensatz zu ihm. Wie wenig weit das gegenseitige Verständnis geht, zeigt sich z.B. bei KUMRAL, S. 128, die schreibt: «Auf die Religionsfreiheit berufen könnten sich sowohl Beichtende als auch einzelne Geistliche, die eine Beichte empfangen.» Freilich können auch Geistliche die sakramentale Absolution empfangen, aber nur, wenn sich diese in der Rolle des Pönitenten (Beichtenden) befinden. Ansonsten spendet der

vorliegenden Abhandlung ist somit, eine Brücke zwischen den Wissenschaften zu schlagen und dieses Gespräch zu ermöglichen.

In theologischer Hinsicht gilt zu bedenken, dass das Busssakrament ein Sakrament ist, und Sakramente (*sacramenta*) sind Zeichen und Mittel (*signa ac media*) des Heils (vgl. c. 840 CIC). Ähnliches gilt für die Kirche (*Ecclesia*), die in Christus gleichsam das Sakrament ist, d.h. Zeichen und Werkzeug (*seu signum et instrumentum*) für die innigste Vereinigung mit Gott wie für die Einheit der ganzen Menschheit.[54] Damit sind auch die Einzelbeichte und ebenso das Handeln des Beichtvaters Zeichen und Werkzeug bzw. Mittel des Heils. Das Beichtsiegel darf folglich nicht als Werkzeug dem Unheil dienen und dessen Mittel sein, weil dadurch das Sakrament der Busse zum Zeichen des Unheils würde und letztlich das Gegenteil dessen versinnbildlichte, was es seinem Wesen nach ist bzw. sein sollte.[55] Würde folglich nur auf das Beichtsiegel bzw. -geheimnis geblickt, würde das grosse Ganze vernachlässigt, in welches es eingebettet ist. Es gilt folglich zu fragen, was – je aus staatlich-rechtswissenschaftlicher und theologisch-kirchenrechtlicher Sicht – genau eine Einzelbeichte bzw. ein Seelsorgegespräch ist und wie es sich mit den jeweiligen Geheimhaltungspflichten verhält. Die zweite Zielsetzung lautet folglich, den Gehalt sowohl des Gesprächs zwischen dem Ratsuchenden und dem Funktionsträger als auch des Geheimnisses herauszuschälen und die staatlich-rechtswissenschaftliche und die theologisch-kirchenrechtliche Auffassung miteinander zu vergleichen.

In praktischer Sicht sind Beichtväter, aber auch andere (katholische) Seelsorgende, zwei Rechtsordnungen unterworfen, der staatlichen und der kirchlichen, und die Grenzen der Verschwiegenheitspflichten können bisweilen verschwimmen.[56] Es besteht die Gefahr, dass Beichtväter zwischen diese Rechts-

---

Beichtvater bzw. Geistliche, und der Pönitent bzw. Beichtende empfängt das Busssakrament.

54 VAT. II, LG 1. FRANZISKUS, Schreiben an das Volk Gottes, nimmt im Zusammenhang mit «sexuellem wie Macht- und Gewissensmissbrauch» ebenfalls Bezug auf EBD.

55 Mit einem dem Unheil dienenden Beichtsiegel und einem das Unheil versinnbildlichenden Busssakrament würde nicht nur die Kirche als Institution beschädigt, sondern auch als Gemeinschaft der Glaubenden zerrüttet.

56 Vgl. SUTER, Artikel, S. 51: «Wendet man sich z.B. an einen Pfarrer einer christlichen Kirche, kann dieses Gespräch sowohl das Beicht- als auch das staatliche Berufsgeheimnis tangieren. Das kirchliche Beichtgeheimnis ist in den Konfessionen unterschiedlich gestaltet. Das staatliche Berufsgeheimnis stattdessen hat

ordnungen und damit zwischen Hammer und Amboss geraten. Vor diesem Hintergrund will die vorliegende Abhandlung einen praktischen Nutzen stiften. Die dritte Zielsetzung ist folglich, auf die geschilderten Problemanzeigen kirchen- und staatlich-rechtlich Antwort zu geben, und zwar so, dass eine tragfähige Lösung entwickelt wird, die möglichst allen Betroffenen gerecht wird, insbesondere dem Beichtvater und dem Opfer.

1.5 Aufbau der Abhandlung

Das erste Ziel ist, ein Gespräch zwischen zwei Rechtsordnungen zu ermöglichen. Deswegen werden im Kapitel 2 Begriffe bestimmt, das Verhältnis zwischen Staat und Kirche beschrieben, das staatliche wie das kirchliche Strafrecht beleuchtet und schliesslich dargelegt, in welchen Glaubensgehalt Beichtsiegel und -geheimnis eingebettet sind.

Das zweite Ziel ist, das staatlich-rechtswissenschaftliche und das theologisch-kirchenrechtliche Verständnis dieses Gesprächs (Einzelbeichte bzw. Seelsorgegespräch; Kapitel 3) und der Geheimnisse (Kapitel 4) zuerst je für sich und dann je in einer Zusammenschau gegenüberzustellen.

Das dritte Ziel besteht darin, Lösungen zu entwickeln, ohne dass Menschen unverschuldet unter die Räder geraten. Dies ist Gegenstand von Kapitel 5.

Kapitel 6 fasst die Ergebnisse zusammen.

Anzumerken bleibt zweierlei: Inhalte von Rechtserlassen werden nicht in Anführungszeichen gesetzt, wie dies der juristischen Praxis und dem Urheberrecht (Art. 5 Abs. 1 lit. a URG) entspricht. Um die Abhandlung nicht übermässig zu verlängern, wird die männliche Form verwendet, die – mit Ausnahme von Ämtern, die die Weihe voraussetzen (vgl. c. 1024 CIC) – alle Geschlechter meint.

---

nicht nur für die Geistlichen, sondern überhaupt für alle dem Berufsgeheimnis unterliegenden Berufe, naheliegenderweise dieselben Grundlagen.»

2. Grundlegung

2.1 Begriffsbestimmungen

Damit staatliche Rechtswissenschaft und Kanonistik in ein Gespräch kommen können, sind zunächst gewisse Begriffe zu klären: Was «Kirche» ist, welche Hauptbeteiligten bestehen, welche «Geheimnisse» untersucht werden, wie sich *forum internum* und *forum externum* voneinander unterscheiden und, was überhaupt mit «Sünde» im theologischen bzw. kirchenrechtlichen Sinn[57] gemeint ist.

2.1.1 Kirche und Körperschaft

Der Begriff «Kirche» (*ecclesia*) kann auf verschiedene Weise verstanden werden. Im Nachfolgenden wird er so verwendet:

- «Kirche (ἐκκλησία)» betont die ekklesiale, d.h. gesamtkirchliche Dimension.[58] Gewöhnlich versteht der Verfasser hierunter die Gemeinschaft der zur Christusnachfolge Herausgerufenen, d.h. sämtlicher auf Christi Jesu Tod und Auferweckung Getauften und aller Menschen, die sich in Christi Jesu Nachfolge befinden, selbst wenn sie (noch) nicht äusserlich mit Wasser getauft worden sind, unabhängig von ihrer jeweiligen konfessionellen Zugehörigkeit.[59] Da die vorliegende Abhandlung jedoch, neben dem staatlichen Recht, das katholische Kirchenrecht beleuchtet,

---

[57] Oben, 1.1, wurde bereits geschildert, was die Gratispresse alles unter «Sünde» versteht.

[58] Mit dem neutestamentlichen, koiné-griechischen Begriff *ἐκκλησία* (*ekklēsía*; vgl. lateinisch *ecclēsia*) ist ursprünglich gemeint: «Versammlung (politisch oder religiös); Gemeinde; Gemeindeversammlung» (KASSÜHLKE, Lemma «ἐκκλησία» S. 57).

[59] Dies geschieht ohne (Be-) Wertung der anderen Konfessionen, d.h., ohne die lehramtliche Unterscheidung zwischen «Kirchen» und «kirchlichen Gemeinschaften» (*Ecclesiae et Communitates ecclesiales*) aufzugreifen (vgl. hierzu VAT. II, LG 15 und UR 19; GLAUBENSKONGREGATION, Dominus Iesus, Nr. 17; DIES., Responsa, Nr. 5; AMANN, Auftrag, S. 949 f.).

erscheint es sachgerecht, in diesem Rahmen den Begriff «Kirche (ἐκκλησία)» auf die Gemeinschaft aller Katholiken (vgl. c. 204 § 1 CIC) einzuengen, d.h. derjenigen getauften (vgl. cc. 842 § 1 und 849 CIC) Christen (vgl. c. 96 CIC), die aufgrund der drei Bande (*tria vincula*; vgl. c. 205 CIC[60]) in voller Gemeinschaft (*plena communio*) mit der Katholischen Kirche stehen. Sie zählen zur «Kirche (ἐκκλησία)» im Sinne der vorliegenden Abhandlung, seien sie Kleriker oder Laien (vgl. c. 207 § 1 CIC), gehören sie dem lateinischen Ritus oder einem Ritus der katholischen Ostkirchen an. Sie unterstehen dem katholischen Kirchenrecht (vgl. cc. 1 und 11 CIC).

- «Kirche (Amtskirche)» oder «Amtskirche» meint die Institution und betont damit das Band der kirchlichen Leitung (*vinculum hierarchicum*) und folglich die hierarchische Verfasstheit.[61]
- Unter «Kirche (Gebäude)» fällt die Sakralbaute.[62]

Die «Körperschaft» ist die demokratisch verfasste, öffentlich-rechtliche Struktur, und als solche Hauptansprechpartner des jeweiligen Kantons; sie besteht einzig im staatlichen Recht und ist nicht zu verwechseln mit den Diözesen nach katholischem Eigenrecht.[63] Aus kirchenrechtlicher Sicht handelt es sich bei der Körperschaft um eine apostolische Tätigkeit von Laien (c. 216 CIC).

2.1.2 Hauptbeteiligte

In kirchenrechtlicher Hinsicht ist zu unterscheiden zwischen

- dem Beichtvater (*confessarius*), als «herkömmliche[n] Begriff»,[64] mithin einem Priester (*sacerdos*) mit Beichtbefugnis (*facultas*), dem die Spendung des Busssakraments aufgetragen ist;[65] und

---

60 Das sind die Bande des Glaubensbekenntnisses (*vinculum symbolicum*), der Sakramente (*vinculum liturgicum*) und der kirchlichen Leitung (*vinculum hierarchicum*). Vgl. hierzu auch VAT. II, LG 14.

61 Vgl. KATECHISMUS, Nr. 874–896; c. 330–572 CIC.

62 D.h. ein heiliges, für den Gottesdienst bestimmtes Gebäude, zu dem die Gläubigen das Recht freien Zugangs haben, um Gottesdienst vornehmlich öffentlich auszuüben (c. 1214 CIC).

63 Hierzu unten, 2.2.1.1.

64 ALTHAUS, N. 2b zur Einführung vor c. 959 CIC.

65 Ausführlich unten, 3.1.3.

- dem Pönitenten (*paenitens*),[66] auch als «Büsser» bezeichnet,[67] d.h. dem Sünder, der um Empfang der Absolution (Lossprechung) nachsucht.[68]

In staatlich-rechtlicher Hinsicht findet sich ein ähnliches Begriffspaar:

- Der Geheimnisträger ist derjenige, dem ein Geheimnis offenbart worden ist;[69]
- ein Geheimnisherr ist, wer dieses Geheimnis anvertraut hat.[70]

Zurecht kann bei diesen Begriffspaaren bemängelt werden, dass das Opfer vergessen zu gehen droht – dies soll vorliegend nicht geschehen.

Der Pönitent ist zwingend getauft (vgl. c. 849 CIC zur Taufe als Eingangspforte zu den Sakramenten [*ianua sacramentorum*]).[71] Pönitent und Beichtvater sind aber nicht zwingend beide katholisch: Grundsätzlich spenden katholische Spender zwar die Sakramente erlaubt nur katholischen Gläubigen, und ebenso empfangen diese die Sakramente erlaubt nur von katholischen Spendern (c. 844 § 1 CIC). Dieser Grundsatz wird aber für die Sakramente der Busse, der Eucharistie und der Krankensalbung dreifach durchbrochen:

---

66 SLEUMER, S. 577, verwies 1926 unter dem Lemma «paenă» auf «poena» und gab bei Lemma «paenĭtentĭă» die Nebenform «poenitentia» an, dies mit «Reue» übersetzend. Der CIC spricht nunmehr bei der Busse nicht mehr von *poenitentia* (mit «oe») sondern von *paenitentia* (mit «ae»). Die deutsche Übersetzung hat diesen Vokalwechsel nicht mitgemacht, sondern bleibt beim «traditionelle[n] Begriff Pönitent»: ALTHAUS, N. 2b zur Einführung vor c. 959 CIC. Dadurch ist freilich die Assoziation zur *poena*, Strafe, statt zur Busse, im Deutschen weiterhin vorhanden. Betrachtet man aber Mk 1,4 ([so trat Johannes der Täufer in der Wüste auf und] verkündete eine Taufe der Umkehr zur Vergebung der Sünden) in der lateinischen Übersetzung ([*Fuit Iohannes in deserto baptizans et*] *praedicans baptismum paenitentiae in remissionem peccatorum*), kann *paenitentia* treffend mit «Umkehr» – und nicht mit Reue wie damals noch SLEUMER – übersetzt werden, womit der Pönitent eigentlich ein «Umkehrer» bzw. ein «Umkehrwilliger» darstellt. Betrachtet man Sinn und Zweck der Busse (unten, 2.3), wäre diese Übersetzung inhaltlich wohl passender.

67 Den Pönitenten als «Büßer» bezeichnen etwa ALTHAUS, u.a. Titel zu Vor c. 987 CIC oder N. 2 zu c. 987 CIC; LÜDICKE, N. 3 zu c. 1388 a.F. CIC.

68 Ausführlich unten, 3.1.4.

69 Ausführlich unten, 3.2.2.

70 Ausführlich zum Geheimnisherrn unten, 3.2.4, zum Geheimnis 2.1.3.3.

71 Bei einem Nichtgetauften kann folglich nicht das Busssakrament gefeiert werden. Dies hindert einen Priester – verfüge er über eine Beichtbefugnis oder nicht – aber nicht daran, ggf. den Nichtchristen zu segnen oder sich anderweitig ihm zuzuwenden, wie es letztlich jedem Christen wegen des Grundvollzugs der *diakonia* (*διακονία*) aufgetragen ist.

- Katholischen Gläubigen ist erlaubt, in Ausnahmefällen von nichtkatholischen Spendern besagte Sakramente zu empfangen (c. 844 § 2 CIC).[72]
- Katholische Spender dürfen besagte Sakramente orthodoxen Christen und solchen spenden, die diesen gleichgestellt sind (§ 3).[73]
- Bei Todesgefahr und ähnlicher Notlage spenden katholische Spender besagte Sakramente auch allen übrigen Christen[74] erlaubt, insofern diese das katholische Sakramentenverständnis haben (§ 4).[75]

---

72 Dabei muss erstens eine Notwendigkeit dies erfordern oder ein wirklicher geistlicher Nutzen dazu raten, zweitens die Gefahr des Irrtums oder des Indifferentismus vermieden werden, drittens den Gläubigen physisch oder moralisch unmöglich sein, einen katholischen Spender aufzusuchen, und viertens muss in der Kirche des nichtkatholischen Spenders das Sakrament gültig gespendet werden. AMANN (Auftrag, S. 959, und Gemeinschaft, S. 1101) weist darauf hin, dass sich der nichtkatholische Spender in apostolischer Sukzession befinden muss, was namentlich bei den orthodoxen Kirchen der Fall ist.

73 Katholische Spender spenden diese Sakramente erlaubt Angehörigen orientalischer Kirchen, die nicht die volle Gemeinschaft mit der Katholischen Kirche haben – d.h. nicht ostkatholisch sind –, wenn diese von sich aus darum bitten und in rechter Weise disponiert sind; dasselbe gilt für Angehörige anderer Kirchen, die nach dem Urteil des Apostolischen Stuhles hinsichtlich der Sakramente in der gleichen Lage sind wie die genannten orientalischen Kirchen.

74 Diese werden aber getauft sein müssen, denn sonst zählen sie, aus katholischer Sicht, nicht zu den Christen (vgl. AMANN, Gemeinschaft, S. 1095, der die Taufe «in rechter Intention mit Wasser und unter Anwendung der trinitarischen Formel» als «das sakramentale Band der Einheit zwischen allen Christen und die Grundlage für die ökumenische Gemeinschaft» bezeichnet).

75 Wenn Todesgefahr besteht oder wenn nach dem Urteil des Diözesanbischofs bzw. der Bischofskonferenz eine andere schwere Notlage dazu drängt, spenden katholische Spender diese Sakramente erlaubt auch den übrigen nicht in der vollen Gemeinschaft mit der Katholischen Kirche stehenden Christen, die einen Spender der eigenen Gemeinschaft nicht aufsuchen können und von sich aus darum bitten, sofern sie bezüglich dieser Sakramente den katholischen Glauben bekunden und in rechter Weise disponiert sind. Nach AMANN, Gemeinschaft, S. 1102, gehört zu solch einer Notlage Verfolgung, Gefängnis oder das Vorliegen einer Diasporasituation.

2.1.3 Geheimnisse und ihr Umfang

2.1.3.1 Übersicht

Grundsätzlich werden in der vorliegenden Abhandlung folgende Begriffe verwendet:

- Kirchenrechtlich wird zwischen «Beichtsiegel» und «Beichtgeheimnis» unterschieden, weil gemäss cc. 983 und 1386 CIC Beichtväter dem Beichtsiegel (*sacramentale sigillum*; je § 1) und Dritte dem Beichtgeheimnis (*secretum*; je § 2) unterstehen. Diese Unterscheidung spielt zwar hinsichtlich des Täters einer Geheimnisverletzung und damit dem Strafmass eine Rolle (vgl. c. 1386 CIC), ansonsten aber kaum.[76]
- Staatlich-rechtlich ist «Berufsgeheimnis» ein Geheimnis, das durch Art. 321 StGB geschützt wird, und das «Amtsgeheimnis» eines, das durch Art. 320 StGB strafbewehrt ist.
- Der Begriff «Seelsorgegeheimnis» bildet in der vorliegenden Abhandlung grundsätzlich den Gattungsbegriff über die kirchen- und staatlich-rechtlichen Arten der soeben geschilderten Geheimnisse. Diese Begriffsverwendung kann bemängelt werden, weil man «Seelsorgegeheimnis» auch als eine Art unter dem Gattungsbegriff des Berufsgeheimnisses einordnen kann (neben den Arten Anwalts-, Arzt- etc. -geheimnis). Man könnte sich folglich fragen, ob als Gattungsbegriffe «Beichtgeheimnis», «Berufsgeheimnis» oder andere Bezeichnungen vorzuziehen wären:
  Der Begriff «Beichtgeheimnis» als Gattungsbegriff wurde vorliegend verworfen, denn aufseiten des Kirchenrechts hätte dann das Beichtgeheimnis sowohl das Beichtgeheimnis im engeren Sinn (c. 983 § 2 CIC) als auch das Beichtsiegel (§ 1) umfasst, womit im Einzelfall nicht immer klar gewesen wäre, ob mit «Beichtgeheimnis» nur dasjenige nach c. 983 § 2 CIC gemeint gewesen wäre, oder aber alle Geheimnisse nach c. 983 CIC, die durch c. 1386 CIC kirchenstrafrechtlich geschützt sind. Aufseiten des staatlichen Rechts ist grundsätzlich ein Geistlicher Geheimnisträ-

---

[76] Wie wenig die Unterscheidung bedeutsam ist, zeigt sich in der lateinisch-deutschen Ausgabe des CIC (Kevelaer, 10. A. 2021), wo *sacramentale sigillum* (cc. 983 § 1 und 1386 § 1 CIC) und *secretum* (jeweils § 2) beidemale jeweils als «Beichtgeheimnis» bzw. «Geheimnis» übersetzt werden. Die Diskussionen in der Codex-Reformkommission betreffend *sigillum* und *secretum* wird bei ALTHAUS, N. 1b zu c. 983 CIC, dargestellt – sie hat für die vorliegende Abhandlung keine weitere Bedeutung.

ger; dieser kann zwar Geheimnisse im Rahmen einer Einzelbeichte erfahren, womit der Begriff «Beichtgeheimnis» hier gepasst hätte. In den weitaus meisten Fällen erfahren Geistliche jedoch ausserhalb einer Einzelbeichte – insbesondere, aber nicht nur im Rahmen eines Seelsorgegesprächs – von Geheimnissen, die unter das Berufsgeheimnis nach Art. 321 StGB fallen, womit der Begriff «Beichtgeheimnis» viel zu eng gefasst wäre.
Wollte man «Berufsgeheimnis» als Gattungsbegriff für besagte Geheimnisse nehmen, würde dies aus staatlich-rechtlicher Sicht passen. Aus kirchenrechtlicher Sicht ist das Geschehen, das sich im Rahmen einer durch das Geheimnis geschützten Einzelbeichte ereignet, aber nicht bloss rein beruflicher, sondern sakramentaler und ekklesialer Art, und der Beichtvater handelt nicht als profaner Berufsträger, sondern er handelt «sowohl *in persona Christi capitis* (und das heißt mit sakramental bevollmächtigter geistlicher Vollmacht) als auch im amtlichen Auftrag der Kirche (und das heißt in Konkretisierung ihrer heilsvermittelnden Funktion)»[77]. Der Begriff «Berufsgeheimnis» träfe somit kirchenrechtlich nicht ansatzweise zu, sondern führte in die Irre.
Andere Begriffe wie «geistliches Geheimnis», «spirituelles Geheimnis» o.Ä. scheinen nicht oder kaum verbreitet zu sein und dadurch keinen offensichtlichen Mehrwert zu bieten, denn dann wäre zusätzlich zu klären, was genau unter «geistlich», «spirituell» o.Ä. zu verstehen ist. Folglich erscheint es wenig zielgerichtet, solche Begriffe im vorliegenden Rahmen einzuführen, auch, weil dadurch die Lesbarkeit leiden würde.
Demnach ist – wissend um die Unzulänglichkeiten – der Begriff «Seelsorgegeheimnis» als Gattungsbegriff vorzuziehen.

2.1.3.2 *forum internum* und *forum externum* im Kirchenrecht

Die kirchenrechtlichen Ausführungen zur Einzelbeichte, aber auch zum Beichtsiegel und -geheimnis, gründen wesentlich auf der Unterscheidung zwischen

- dem sakramentalen «inneren Bereich» (*forum internum*), mithin der Einzelbeichte selbst, und

---

77 OHLY, S. 1188.

- dem nichtsakramentalen «äusseren Bereich» (*forum externum*), ausserhalb einer Einzelbeichte.[78]

Dem Beichtsiegel und -geheimnis unterstehen nur Inhalte, die «im inneren Bereich» (*in foro interno*) erfahren wurden; diese dürfen «im äusseren Bereich» (*in foro externo*) nicht preisgegeben werden. Wissen, das der Beichtvater *in foro externo*, ausserhalb der Beichte, erwirbt, darf er folglich aus kirchenrechtlicher Sicht mitteilen – aus staatlich-rechtlicher Sicht jedoch nicht (immer), weil er sich sonst einer Verletzung des Berufsgeheimnisses strafbar machen kann.[79]

Im staatlichen Recht wird der Begriff *forum internum* abweichend verwendet, nämlich als den inneren Gewissens- oder Glaubensbereich des Menschen, der sich nicht zwingend im äusseren Bereich niederschlägt.[80]

In der vorliegenden Abhandlung werden die Begriffe *forum internum* und *forum externum* ausschliesslich im kirchenrechtlichen Sinn verstanden, d.h., ob etwas innerhalb der Feier der Einzelbeichte – d.h. regelmässig im Beichtstuhl – erfahren wird (*internum*) oder nicht (*externum*).

2.1.3.3 Geheimnis im staatlichen Recht

Ein Geheimnis ist «jede Tatsache, die nur einem beschränkten Personenkreis bekannt ist, und an deren Geheimhaltung für den Geheimnisherrn ein berechtigtes Interesse besteht, das er gewahrt wissen will».[81] Der Gegenstand des Geheimnisses muss sich dabei nicht auf den Fachbereich des ausgeübten Berufs beziehen.[82] Der Geheimnisbegriff ist damit, auch angesichts der Be-

---

78 Die Unterscheidung zwischen Sünde (hierzu sogleich) und Straftat entwickelte sich aus dem altkirchlichen und iro-schottischen Verfahren, und führte im Hochmittelalter zur eindeutigeren Unterscheidung zwischen einerseits dem Bussverfahren *in foro interno* und andererseits dem Gerichtsverfahren *in foro externo*: OHLY, S. 1187.

79 Dazu unten, 4.2.

80 So z.B. ENGI, Neutralität, S. 86 f., der die religiöse Neutralität des Staats als Spezialfall der ethischen Neutralität ansieht, indem die religiösen Überzeugungen grundsätzlich vornehmlich den inneren Bereich (*forum internum*) des Menschen betreffen und deswegen die ethische Ausformung im äusseren Bereich für den Staat bedeutsam wird.

81 OBERHOLZER, N. 14 zu Art. 321 StGB.

82 Vgl. BGE 101 Ia 10 E. 5c S. 11 f. (betreffend einen Arzt): «Der Inhalt der geheimzuhaltenden Tatsachen ist nicht streng auf das Medizinische beschränkt. Dem Arzt werden oft eheliche, berufliche oder andere persönliche Schwierigkeiten offenbart. Sie gehören ebenfalls zu den geheimzuhaltenden Gegenständen.»

deutung der Verschwiegenheitspflicht, weit auszulegen und umfasst selbst den Umstand, dass eine bestimmte Person sich überhaupt an den besagten Berufsangehörigen gewendet hat.[83] Ein Geheimnis ist damit bereits die Tatsache, dass eine berufliche Beziehung zwischen dem Berufsangehörigen und einem Klienten besteht.[84] Kein Geheimnis stellen demgegenüber Tatsachen dar, die allgemein bekannt oder offensichtlich sind, denn diesfalls hat der Klient kein schützenswertes Interesse an einer Geheimhaltung.[85]

Die Römisch-katholische Körperschaft des Kantons Zürich (RKK) umschreibt das Seelsorgegeheimnis als Verschwiegenheitspflicht bei Geheimnissen, die Seelsorgern und ihren Hilfspersonen aufgrund ihres Berufs anvertraut worden sind (§ 40a Abs. 1 Satz 1 AO).

---

83 Im ärztlichen Bereich umfasst das Berufsgeheimnis «Anamnese, Untersuchungsergebnisse, Diagnose, Therapiemassnahmen, Prognose, physische oder psychische Besonderheiten und ebenso sämtliche Angaben über persönliche, familiäre, berufliche, wirtschaftliche oder finanzielle Umstände [...]. Selbst die Identität des Patienten und die Tatsache, dass er sich in ärztlicher Behandlung befindet, unterliegen der ärztlichen Schweigepflicht»: OBERHOLZER, N. 14 zu Art. 321 StGB. Vgl. auch KUMRAL, S. 198 f.

84 Vgl. KUMRAL, S. 199, und für das Anwaltsgeheimnis BGer 2C_439/2017 E. 3.2; 2C_704/2016 E. 3.1; 6B_545/2016 E. 2.3; 2C_1127/2013 E. 3.1.

85 OBERHOLZER, N. 15 zu Art. 321 StGB.

2.1.4 Sünde

Der Lohn der Sünde ist der Tod, die Gabe Gottes aber ist das ewige Leben in Christus Jesus, unserem Herrn (Röm 6,23).[86] Gott will nicht den Tod des Sünders, sondern dass er lebt (vgl. Ez 18,23; 33,11; 1 Tim 2,4).[87] Er hat deswegen Erbarmen mit dem Sünder und ist ihm gegenüber barmherzig.[88]

Das kirchenrechtliche Verständnis von Sünde (*peccatum*) folgt demjenigen von Lehramt und Tradition und entspricht ihm dadurch.[89] Das Wesen der Sünde wird lehramtlich u.a. umschrieben als «Verstoß gegen die Vernunft,

---

86 Vgl. JOHANNES PAUL II., Reconciliatio et Paenitentia, Nr. 17 («Wenn man den *Gegenstand der Sünde* betrachtet, so verbindet sich der Gedanke des Todes, des radikalen Bruches mit Gott, dem höchsten Gut, der Abkehr vom Weg, der zu Gott führt, oder der Unterbrechung des Weges zu ihm»; Hervorhebung wie im Original); daneben SCHWINDT, S. 90 f.

87 Vgl. zur «alttestamentliche[n] Sühne und Buße im Kontext göttlichen Versöhnungswillens», auch aus liturgiewissenschaftlicher Sicht, OBERFORCHER, S. 23–40; daneben SCHWINDT, S. 80–90; für die gemeinschaftliche Feier der Versöhnung mit allgemeinem Bekenntnis und Generalabsolution ferner FEIER DER BUSSE, Nr. 62, wo ein Gebet des Priesters unmittelbar vor der Lossprechung lautet: «Gott, unser Vater, will nicht den Tod des Sünders, sondern daß er sich bekehre und lebe; er hat uns zuerst geliebt und seinen Sohn in die Welt gesandt, damit sie durch ihn gerettet werde; er sei euch barmherzig und schenke euch Frieden.»

88 KATECHISMUS, Nr. 1846, mit Hinweis auf Mt 1,21; 26,28. Vgl. auch Jes 55,7; BENEDIKT XVI., Deus caritas est, Nr. 10 («Die leidenschaftliche Liebe Gottes zu seinem Volk – zum Menschen – ist zugleich vergebende Liebe.»); FRANZISKUS, Misericordia et Misera, Einleitung («*Misericordia et misera – die Barmherzigkeit und die Erbärmliche*, das sind die beiden Worte, die der heilige Augustinus gebraucht, um die Begegnung zwischen Jesus und der Ehebrecherin zu beschreiben [vgl. Joh 8,1–11]. Eine schönere und schlüssigere Formulierung als diese konnte er nicht finden, um das Geheimnis der Liebe Gottes verständlich zu machen, wenn diese dem Sünder begegnet: ‹Es blieben nur zwei: die Erbärmliche und die Barmherzigkeit.›»); DERS., Misericordiae Vultus («Barmherzigkeit – in diesem Wort offenbart sich das Geheimnis der Allerheiligsten Dreifaltigkeit. Barmherzigkeit ist der letzte und endgültige Akt, mit dem Gott uns entgegentritt.»); KLÖCKENER, S. 159–162 und 165 («Das Handeln Gottes aus Barmherzigkeit ist Ausdruck seiner bleibenden Liebe zu den Menschen, auch in der Sünde.»).

89 Vgl. OHLY, S. 1204, der bei seinen Ausführungen auf den KATECHISMUS, Nr. 1854–1864, und auf JOHANNES PAUL II., Reconciliatio et Paenitentia, Nr. 17, verweist. Die Tradition, insbesondere Augustinus und Thomas von Aquin, beleuchtet ALTHAUS, N. 1g zur Einführung vor c. 959 CIC.

die Wahrheit und das rechte Gewissen»,[90] bisweilen auch als «Beleidigung Gottes».[91] «Die Sünde lehnt sich gegen die Liebe Gottes zu uns auf und wendet unsere Herzen von ihm ab».[92] Sie verdunkelt das Gewissen und führt zu weiteren Sünden (Ausbreitung der Sünde; *peccati multiplicatio*).[93] «Die Sünde ist eine persönliche Handlung. Wir haben aber auch eine Verantwortung für die Sünden anderer Menschen, wenn wir daran mitwirken».[94] Gleichwohl

---

90 Daneben auch als «Verfehlung gegen die wahre Liebe zu Gott und zum Nächsten aufgrund einer abartigen Anhänglichkeit an gewisse Güter», und, dass sie «die Natur des Menschen und die menschliche Solidarität» verletzt: KATECHISMUS, Nr. 1849 und 1872.

91 VAT. II, SC 109b; KATECHISMUS, Nr. 1850 («Die Sünde ist eine Beleidigung Gottes»), mit Hinweis auf Ps 51,6, und Nr. 1871; GLAUBENSKONGREGATION, Sacramentum paenitentiae, Einleitung (mit Hinweis auf TRIDENTINUM, 14. Sitzung [DENZH 1704 und 1706–1709]); FEIER DER BUSSE, Nr. 4. Vgl. daneben ALTHAUS, N. 1g zur Einführung vor c. 959 CIC, der es bei der Beurteilung der Sünde als bedeutsam ansieht, «weshalb und in welchem Maße die Sünde als Beleidigung Gottes und in ihrer Rückwirkung auf den Menschen schwerwiegend ist.» Es kann offengelassen werden, ob die Bezeichnung als «Beleidigung Gottes» sachgerecht ist, denn dies würde voraussetzen, dass das Geschöpf gegenüber dem allmächtigen Schöpfer von Himmel und Erde derart stark wäre, ihn beleidigen zu können. REISER, S. 113, schliesst bei der Frage, ob ein Geschöpf den Schöpfer beleidigen kann, auf das dahinterstehende Gottesbild und die Beziehungserfahrungen. Er zitiert Heribert Wahl, wonach beim Bild der «Beleidigung» Gottes die Sünde undifferenziert mit Aggression gleichgesetzt wird; damit «übertragen wir leidvolle Kindheitserfahrungen, dass Eltern beleidigt reagieren und verletzt zurückschlagen, diabolisch auf das Bild eines Gottes, dessen Liebe so zerbrechlich ist, dass er sich beleidigt zurückzieht bzw. den Sünder unnachsichtig für seine böse Aggression bestrafen muss. Angst vor Liebesverlust und Strafangst werden zum wichtigsten Mittel auch religiöser Erziehung [...].»

92 KATECHISMUS, Nr. 1850. Vgl. REISER, S. 112 f.

93 KATECHISMUS, Nr. 1865 («Die Sünde schafft einen Hang zur Sünde; Wiederholung der gleichen bösen Taten erzeugt das Laster. Es kommt zu verkehrten Neigungen, die das Gewissen verdunkeln und das konkrete Urteil über Gut und Böse beeinträchtigen. Die Sünde neigt dazu, sich zu wiederholen und sich zu verstärken; sie kann jedoch das sittliche Empfinden nicht völlig zerstören.»). Die einzelnen Laster lassen sich Tugenden (*virtutes*) zuordnen, als ihren Gegensatz, oder sich mit Hauptsünden (*peccata capitalia*) verbinden. Der Begriff «Hauptsünde» gründet sich gemäss Lehramt darin, dass sie weitere Sünden bzw. Laster erzeugen. Hauptsünden werden aufgeteilt in «Stolz [*superbia*], Habsucht [*avaritia*], Neid [*invidia*], Zorn [*ira*], Unkeuschheit [*luxuria*], Unmäßigkeit [*gula*], Trägheit [*pigritia*] oder Überdruß [*acedia*]»: KATECHISMUS, Nr. 1866. Auch lässliche Sünden führen bei ihrer Wiederholung zu Lastern und Hauptsünden: KATECHISMUS, Nr. 1876.

94 Die Mitwirkung geschieht, «[a.] indem wir uns direkt und willentlich daran beteiligen, [b.] indem wir sie befehlen, zu ihnen raten, sie loben oder gutheißen,

kann nicht jede Sünde voll angerechnet werden.[95] Dies ändert aber nichts daran, dass die Sünde den Menschen vereinsamen lässt[96] und soziale Folgen zeitigt,[97] die bis hin zu «sündigen Strukturen» reichen können.[98]

[c.] indem wir sie decken oder nicht verhindern, obwohl wir dazu verpflichtet sind und [d.] indem wir Übeltäter schützen»: KATECHISMUS, Nr. 1868.

95 FRANZISKUS, Evangelii Gaudium, Nr. 44, ruft in Erinnerung: «Andererseits dürfen sowohl die Hirten als auch alle Gläubigen, die ihre Brüder im Glauben oder auf einem Weg der Öffnung auf Gott hin begleiten, nicht vergessen, was der *Katechismus der Katholischen Kirche* [Nr. 1735] mit großer Klarheit lehrt: ‹Die Anrechenbarkeit einer Tat und die Verantwortung für sie können durch Unkenntnis, Unachtsamkeit, Gewalt, Furcht, Gewohnheiten, übermäßige Affekte sowie weitere psychische oder gesellschaftliche Faktoren vermindert, ja sogar aufgehoben sein.›»

96 Vgl. bereits PAUL VI., Gaudete in Domino, Nr. V («In der Tat, welche Last drückt mehr zu Boden als die der Sünde? Welches Elend vereinsamt mehr als das des verlorenen Sohnes [Lk 15,11–32], wie der hl. Lukas es so eindrucksvoll beschreibt? Welche Begegnung hinterläßt dagegen einen tieferen Eindruck als die zwischen dem geduldigen und erbarmungsvollen Vater und dem Sohn, der zum Leben zurückgefunden hat? ‹Es wird mehr Freude im Himmel sein über einen Sünder, der Buße tut, als über neunundneunzig Gerechte, die der Buße nicht bedürfen› [Lk 15,7].»); daneben FRANZISKUS, Misericordia et Misera, Nr. 8 («Wie viel Traurigkeit, wenn wir in uns selbst verschlossen bleiben und unfähig sind, zu verzeihen [= versöhnen]! Dann gewinnen Groll, Wut und Rache die Oberhand; sie machen das Leben unglücklich und vereiteln den frohen Einsatz für die Barmherzigkeit.»).

97 VAT. II, SC 109b; FEIER DER BUSSE, Nr. 7; daneben JOHANNES PAUL II., Reconciliatio et Paenitentia, Nr. 15 («Das Geheimnis der Sünde besteht in dieser doppelten Verwundung, die der Sünder sich selbst und seiner Beziehung zum Nächsten zufügt. Deshalb kann man von *personaler* und von *sozialer* Sünde sprechen: Jede Sünde ist in einer Hinsicht *personal*; in anderer Hinsicht aber ist sie *sozial*, insofern sie auch soziale Folgen hat.»); DANNECKER, S. 166 f. («Die Sünde des Einzelnen hat Auswirkungen auf die ganze [kirchliche] Gemeinschaft. Der Umgang der Kirche mit den Ereignissen beim Holocaust und bei sexuellem Missbrauch in kirchlichen Einrichtungen macht die Richtigkeit dieser Aussage deutlich.»).

98 KATECHISMUS, Nr. 1869, mit Hinweis auf JOHANNES PAUL II., Reconciliatio et Paenitentia, Nr. 16: «So macht die Sünde die Menschen zu Komplizen und läßt unter ihnen Gier, Gewalttaten und Ungerechtigkeit herrschen. Die Sünden führen in der Gesellschaft zu Situationen und Institutionen, die zur Güte Gottes im Gegensatz stehen. ‹Sündige Strukturen› sind Ausdruck und Wirkung persönlicher Sünden. Sie verleiten ihre Opfer dazu, ebenfalls Böses zu begehen. In einem analogen Sinn stellen sie eine ‹soziale Sünde› dar.»

Die Sünde bemisst sich nach ihrer Schwere (*gravitas*).[99] Der CIC unterscheidet zwischen schweren Sünden (*peccata gravia*)[100] und lässlichen Sünden (*peccata venialia*)[101]; weitere Formen kennt er nicht.[102]

- Die «schweren Sünden» (*peccata gravia*) im Sinne des CIC sind deckungsgleich mit den «Todsünden» (*peccata mortalia*) der Moraltheologie.[103] Die Todsünde «zerstört die Liebe im Herzen des Menschen durch einen schweren Verstoß gegen das Gesetz Gottes. In ihr wendet sich der Mensch von Gott, seinem letzten Ziel und seiner Seligkeit, ab und zieht ihm ein minderes Gut vor.»[104] Damit eine Tat eine Todsünde darstellt,

---

99 Vgl. 1 Joh 5,17 (Jedes Unrecht ist Sünde, aber es gibt Sünde, die nicht zum Tod führt.); KATECHISMUS, Nr. 1852–1854.

100 So wird die schwere Sünde aufgeführt im Zusammenhang mit dem Eucharistieempfang (cc. 915 f. CIC: Ausschluss von der Kommunion), mit dem Busssakrament (cc. 960, 962 § 1, 963, 988 § 1 und 989 CIC), der Krankensalbung (c. 1007 CIC) und dem Nachlass der Exkommunikation (c. 1357 CIC).

101 Die lässliche Sünde ist nur Gegenstand von c. 988 § 2 CIC.

102 Die Tradition kennt ferner die «himmelschreiende Sünde» (*peccata quae ad coelum clamant*), so das zum Himmel schreiende Blut Abels (Gen 4,10), die Sünden der Sodomiten (Gen 18,20; 19,13), die laute Klage des unterdrückten Volkes in Ägypten (Ex 3,7–10), die Klagen der Fremden, Witwen und Waisen (Ex 22,20–22) und der den Arbeitern vorenthaltene Lohn (Dtn 24,14 f.; Jak 5,4): KATECHISMUS, Nr. 1867. Vgl. zur Sünde des Apostels Paulus, die zum Himmel schrie, als er die frühe Kirche Gottes verfolgte, bevor er umkehrte, VOLGGER, Dienst, S. 13 f.

103 JOHANNES PAUL II., Reconciliatio et Paenitentia, Nr. 17, wonach «in Lehre und Pastoral der Kirche die *schwere Sünde* praktisch mit der *Todsünde* gleichgesetzt» wird (Hervorhebung hier und nachfolgend wie im Original); ähnlich GLAUBENSKONGREGATION, Sacramentum paenitentiae, Nr. 1, die auf tridentinischen Spuren für die Beichtpflicht hinsichtlich Todsünden (*peccata mortalia*) hinweist. So auch ALTHAUS, N. 3 zu c. 988 CIC, der schreibt: «*peccata gravia* (v.a. früher als *peccata mortalia* bezeichnet)», und OHLY, S. 1204, der schwere Sünden als «*peccata gravia* (*mortalia*)» aufführt. Vgl. auch TRIDENTINUM, wonach «von den Büßenden alle Todsünden, derer sie sich nach gewissenhafter Selbsterforschung bewußt sind, im Bekenntnis aufgeführt werden müssen» (zit. nach ALTHAUS, N. 1d zur Einführung vor c. 959 CIC) und Gläubige nach cc. 988 § 1 und 989 CIC verpflichtet sind, ihre schweren Sünden zu bekennen.

104 KATECHISMUS, Nr. 1855. Vgl. JOHANNES PAUL II., Reconciliatio et Paenitentia, Nr. 17: «Mit der ganzen Tradition der Kirche nennen wir denjenigen Akt eine *Todsünde*, durch den ein Mensch bewußt und frei Gott und sein Gesetz sowie den Bund der Liebe, den dieser ihm anbietet, zurückweist, indem er es vorzieht, sich selbst zuzuwenden oder irgendeiner geschaffenen und endlichen Wirklichkeit, irgendeiner Sache, die im Widerspruch zum göttlichen Willen steht (*conversio ad creaturam* – Hinwendung zum Geschaffenen). Dies kann auf direkte und formale Weise geschehen, wie bei den Sünden der Götzenver-

müssen drei Voraussetzungen kumulativ (gleichzeitig, gemeinsam) erfüllt sein: Erstens eine schwerwiegende Materie (*materia gravis*) zum Gegenstand haben, begangen zweitens mit vollem Bewusstsein (*plena cognitio*) und drittens mit voller Zustimmung (*plenus consensus*).[105] Die schwerwiegende Materie ergibt sich aus einem Verstoss gegen den Dekalog (Ex 20,2–17; Dtn 5,6–21) bzw. in der Eigenschaft der geschädigten Personen.[106] Ein Verstoss gegen den Dekalog muss dabei schwerwiegend sein.[107] Volle Erkenntnis und volle Zustimmung setzen «das Wissen um die Sündhaftigkeit einer Handlung, ihren Gegensatz zum Gesetz Gottes, voraus. Die Todsünde schließt auch eine genügend überlegte Zustimmung ein, um persönliche Willensentscheidung zu sein. Selbstverschul-

---

ehrung, des Abfalles von Gott und der Gottlosigkeit, oder auf gleichwertige Weise, wie in jedem Ungehorsam gegenüber den Geboten Gottes bei schwerwiegender Materie. Der Mensch spürt, daß dieser Ungehorsam Gott gegenüber die Verbindung mit seinem Lebensprinzip abschneidet: Es ist eine *Todsünde*, das heißt ein Akt, der Gott schwer beleidigt und sich schließlich gegen den Menschen selbst richtet mit einer dunklen und mächtigen Gewalt der Zerstörung.» Vgl. ebenfalls ALTHAUS, N. 1g zur Einführung vor c. 959 CIC; OHLY, S. 1204; VOLGGER, Wege, S. 236 f.; DERS., Wesen, S. 133 («Die Todsünde nimmt faktisch und objektiv die Taufentscheidung zurück und beansprucht darum den Weg des Versöhnungssakramentes.»).

105 JOHANNES PAUL II., Reconciliatio et Paenitentia, Nr. 17; KATECHISMUS, Nr. 1857. Vgl. auch ALTHAUS, N. 1g zur Einführung vor c. 959 CIC; OHLY, S. 1204, mit Hinweis auf JOHANNES PAUL II., ebd.

106 KATECHISMUS, Nr. 1858: «Was eine schwerwiegende Materie ist, wird durch die zehn Gebote erläutert, entsprechend der Antwort Jesu an den reichen Jüngling: ‹Du sollst nicht töten, du sollst nicht die Ehe brechen, du sollst nicht stehlen, du sollst nicht falsch aussagen ... ehre deinen Vater und deine Mutter› (Mk 10,19). Sünden können mehr oder weniger schwer sein: ein Mord wiegt schwerer als ein Diebstahl. Auch die Eigenschaft der Personen, gegen die man sich verfehlt, ist zu berücksichtigen: eine Gewalttat gegen die Eltern wiegt schwerer als die gegen einen Fremden.» Vgl. auch OHLY, S. 1204.

107 Zu denken ist insbesondere an die Heiligung des Schabbats bzw. des Sonntags (Ex 20,8–11; Dtn 5,12–15). Wer als Christ an einem Sonntag arbeitet, begeht kaum eine Todsünde im eigentlichen Sinn, womöglich nicht einmal eine lässliche Sünde. Bei anderen Geboten hingegen, etwa dem Mordverbot, ist ohne weiteres eine schwerwiegende Materie betroffen. ALTHAUS, N. 1g zur Einführung vor c. 959 CIC, schreibt zwar: «Als Todsünde bezeichnet man eine Sünde, die eine schwerwiegende Materie zum Gegenstand hat (zum Teil schon unabhängig von den konkreten Umständen) und die mit vollem Bewußtsein und überlegter Zustimmung begangen wird.» Der Ausführung zur schwerwiegenden Materie aber, «zum Teil schon unabhängig von den konkreten Umständen», kann vor diesem Hintergrund nicht gefolgt werden. Vgl. zur Sonntagspflicht in der Liturgie, die heute kein Thema mehr ist, auch JEGGLE-MERZ, S. 116 f.

dete Unwissenheit und Verhärtung des Herzens mindern die Freiwilligkeit der Sünde nicht, sondern steigern sie».[108] Die Sünde «aus Bosheit, aus überlegter Entscheidung für das Böse, wiegt am schwersten.»[109] Damit gibt es verhältnismässig wenige schwere Sünden.[110] Den Gläubigen ist dringend angeraten, eine Todsünde durch Reue und göttliche Vergebung wiedergutzumachen, weil mit ihr ansonsten der Stand der Gnade verlorengeht.[111]

---

108 KATECHISMUS, Nr. 1859, hinsichtlich der Verhärtung des Herzens mit Hinweis auf Mk 3,5–6; Lk 16,19–31. Unverschuldete Unkenntnis kann die Verantwortung für schwere Verfehlung vermindern, sogar aufheben, wobei «[a]ber von niemandem [...] angenommen [wird], daß er die sittlichen Grundsätze nicht kennt, die in das Gewissen jedes Menschen eingeschrieben sind». Vermindert werden kann die Freiheit und damit die Willentlichkeit daneben durch «Triebimpulse, Leidenschaften sowie von außen ausgeübte[n] Druck oder krankhafte Störung»: KATECHISMUS, Nr. 1860.

109 KATECHISMUS, Nr. 1860.

110 Klassisch sind die Triassünden (Götzendienst, Ehebruch bzw. Unzucht und Mord); Tertullian nennt in Rückgriff auf 1 Joh 5,16 als «Sünden zum Tod» Mord, Götzendienst, Betrug, Verleugnung, Lästerung, Ehebruch und Hurerei: MEßNER, S. 88 f. Auch ALTHAUS, N. 1g zur Einführung vor c. 959 CIC, verweist neutestamentlich auf den Abfall von Gott sowie Götzendienst («d.h. Ablehnung der geoffenbarten Wahrheit bzw. Erhebung geschaffener Wirklichkeiten zu falschen Göttern: 1 Joh 5,16–21»), daneben auf die Lästerungen gegen den Hl. Geist («d.h. hartnäckige Weigerung, sich zur Liebe des barmherzigen Vaters zu bekehren: Mt 12,31–32»). Zur Lästerung wider den Hl. Geist (Mt 12,31) führt KATECHISMUS, Nr. 1864, aus: «Die Barmherzigkeit Gottes ist grenzenlos; wer sich aber absichtlich weigert, durch Reue das Erbarmen Gottes anzunehmen, weist die Vergebung seiner Sünden und das vom Heiligen Geist angebotene Heil zurück. Eine solche Verhärtung kann zur Unbußfertigkeit bis zum Tod und zum ewigen Verderben führen.» Vgl. daneben KATECHISMUS, Nr. 1852 f., mit Hinweis auf den Katalog nach Gal 5,19–21. Etwas zu allgemein ist FEIER DER BUSSE, Nr. 5, wenn dort ohne Unterscheidung der Schwere steht: «Die Sünde ist eine Gott zugefügte Beleidigung, die die Gemeinschaft mit ihm zerstört.» Dies gilt nur für Todsünden (Moraltheologie) bzw. schwere Sünden (CIC).

111 KATECHISMUS, Nr. 1861: «Die Todsünde ist wie auch die Liebe eine radikale Möglichkeit, die der Mensch in Freiheit wählen kann. Sie zieht den Verlust der göttlichen Tugend der Liebe und der heiligmachenden Gnade, das heißt des Standes der Gnade, nach sich. Wenn sie nicht durch Reue und göttliche Vergebung wieder gutgemacht wird, verursacht sie den Ausschluß aus dem Reiche Christi und den ewigen Tod in der Hölle, da es in der Macht unseres Willens steht, endgültige und unwiderrufliche Entscheidungen zu treffen. Doch wenn wir auch beurteilen können, daß eine Handlung in sich ein schweres Vergehen darstellt, müssen wir das Urteil über die Menschen der Gerechtigkeit und der Barmherzigkeit Gottes überlassen.» Vgl. auch EBD., Nr. 1874.

- Die «lässlichen Sünden» (*peccata venialia*) werden auch als *peccata quotidiana*,[112] d.h. «[all]tägliche, gewöhnliche Sünden»[113], oder als «leichte Sünden»[114] bezeichnet. Eine lässliche Sünde liegt vor, wenn nicht alle drei Voraussetzungen einer schweren Sünde kumulativ erfüllt sind.[115] Die lässliche Sünde führt von den Tugenden weg, sie schwächt und verletzt die Liebe, zerstört diese aber nicht.[116]

Eine Sonderform der Sünde dürfte das Sakrileg (*sacrilegium*) darstellen; dieses «begeht, wer Sakramente oder andere liturgische Handlungen, gottgeweihte Personen, Dinge oder Orte entweiht oder verunehrt.»[117]

Hinsichtlich schwerer Sünden besteht eine Beichtpflicht, hinsichtlich lässlicher nicht (vgl. cc. 988 f. CIC).[118] Die Frage, ob eine bestimmte Sünde schwer oder lässlich ist, beantwortet sich aus einer Gesamtwürdigung, die der ein-

---

112 ALTHAUS, N. 3 zu c. 988 CIC; OHLY, S. 1204.

113 KATECHISMUS, Nr. 1458, bezeichnet die lässlichen Sünden als «alltägliche Fehler».

114 FEIER DER BUSSE, Nr. 7b. Vgl. auch ALTHAUS, N. 1a zu c. 988 CIC.

115 Wenn ihre Materie nicht schwerwiegend ist oder, wenn ihre Materie zwar schwerwiegend ist, aber ohne volle Kenntnis oder ohne volle Zustimmung begangen wird: KATECHISMUS, Nr. 1862.

116 «Die läßliche Sünde schwächt die göttliche Tugend der Liebe; in ihr verrät sich eine ungeordnete Neigung zu geschaffenen Gütern; sie verhindert, daß die Seele in der Übung der Tugenden und im Tun des sittlich Guten Fortschritte macht; sie zieht zeitliche Strafen nach sich. Falls die läßliche Sünde mit Bedacht geschieht und nicht bereut wird, macht sie uns allmählich bereit, Todsünden zu begehen. Die läßliche Sünde bricht den Bund mit Gott nicht. Sie läßt sich mit der Gnade Gottes menschlich wiedergutmachen. Sie ‹entzieht nicht die heiligmachende, vergöttlichende Gnade, die Liebe und so auch nicht die ewige Seligkeit› [...]»: KATECHISMUS, Nr. 1863, mit Hinweis auf JOHANNES PAUL II., Reconciliatio et Paenitentia, Nr. 17. Vgl. auch KATECHISMUS, Nr. 1855 und 1875; OHLY, S. 1204; VOLGGER, Wesen, S. 133 (wonach bei der lässlichen Sünde «die Taufberufung und die Grundorientierung christlichen Lebens nicht aufgegeben» werden).

117 KATECHISMUS, Nr. 2120, der fortfährt, «[e]ine besonders schwere Sünde ist das Sakrileg dann, wenn es sich gegen die Eucharistie richtet, denn in diesem Sakrament ist der Leib Christi substantiell gegenwärtig», und auf cc. 1367 und 1376 a.F. CIC, d.h. cc. 1382 und 1369 g.F. CIC, verweist.

118 So auch ausdrücklich KATECHISMUS, Nr. 1458, wonach das «Bekenntnis der alltäglichen Fehler, der läßlichen Sünden, [...] genaugenommen nicht notwendig» ist, «aber von der Kirche nachdrücklich empfohlen» wird, und hierbei auf TRIDENTINUM (14. Sitzung [DENZH 1680]) und c. 988 § 2 CIC verweist; ähnlich auch FEIER DER BUSSE, Nr. 7, mit Hinweis auf TRIDENTINUM, 14. Sitzung (DENZH 1707 f.). LENZ, S. 175, betont diese Unterscheidung.

zelne Gläubige in seinem Gewissen vorzunehmen hat.[119] Hierbei kann er, zumindest in der Theorie, auf die kirchliche Lehre und auf den Rat seiner geistlichen Begleitung (namentlich Beichtvater) zurückgreifen.[120] In der pastoralen Praxis fragt sich, ob dies tatsächlich so gelebt wird.[121] Empfohlen wird jedenfalls, die Facetten von Schuld und Sünde im Gemeindeleben zu enttabuisieren und zu besprechen.[122]

Der Staat kennt keinen Begriff von «Sünde», denn die Sünde hat einen Transzendenzbezug, welchen der rein auf die Immanenz sich beziehende Staat jedoch aufgrund seiner religiösen, weltanschaulichen und ethischen Neutralität[123] nicht haben kann, darf und soll. Die mediale Verwendung des Begriffs «Sünde»[124] hat wenig mit den theologischen Dimensionen zu tun.

---

119 ALTHAUS, N. 1g zur Einführung vor c. 959 CIC, N. 3 zu c. 960 CIC und N. 3 zu c. 988 CIC; OHLY, S. 1204. Vgl. auch DANNECKER, S. 162 f. («Viele Menschen haben kein oder nur ein sehr schwach ausgeprägtes Bewusstsein für Schuld und Sühne, geschweige denn eine Gabe zur Unterscheidung verschiedener Sündengrade», woraus eine «Gratwanderung zwischen Verharmlosung und Überbetonung» folgen kann); REISER, S. 107 f.; VOLGGER, Wesen, S. 133 (wonach die Unterscheidung vielen Gläubigen nicht deutlich genug ist, womit eine «unsichere Haltung bezüglich Sündenerkenntnis und Sündenbewusstsein» entsteht).

120 Vgl. zu den Gewissens- oder Beichtspiegeln unten, 3.1.5.2, daneben ALTHAUS, N. 1g zur Einführung vor c. 959 CIC, N. 3 zu c. 960 CIC und N. 3 zu c. 988 CIC; OHLY, S. 1204.

121 So schreibt BAUMGARTNER, S. 46: «Die systematisch-theologische Begründung der Sinnhaftigkeit der Einzelbeichte (bei lässlichen Sünden) bzw. deren unbedingter Notwendigkeit (bei schwerer Schuld) trifft in der Praxis auf etwas andere Zusammenhänge. Zum einen wird schwere Schuld heute kaum gebeichtet, zum anderen gibt es viele Wege der Versöhnung für alltägliche Sünden. Beichthindernd ist vor allem die ‹Not und Notwendigkeit› des Bekenntnisses; viele Umkehrwillige meiden wegen dieser Not die Beichtsituation und nehmen lieber ‹Zuflucht› zu Bußgottesdiensten (mit oder ohne den Wunsch nach einer allgemeinen Lossprechung). Die ‹not-wendende› Antwort auf das versöhnende Bekenntnis ist für den Beichtenden nicht so sehr die Pflicht dazu angesichts schwerer Schuld, sondern vielmehr die lösend-befreiende Kraft des Aussprechens von Schuld im Lichte der Barmherzigkeit Gottes und des existentiellen Zuspruchs von Vergebung und Versöhnung.»

122 DANNECKER, S. 163.

123 Unten, 2.2.1.1.

124 Vgl. die Schlaglichter namentlich aus der Gratispresse oben, 1.1.

2.2 Staat und Kirche, Kirche und Staat

Wird ein Gegenstand von zwei Institutionen unabhängig voneinander geregelt, fragt sich, wie diese beiden Institutionen zueinander stehen. Deswegen ist zuerst das Verhältnis zwischen Staat und Kirche aus der jeweiligen, eigenen Sicht zu beleuchten (2.2.1). Sodann sind im vorliegenden Zusammenhang Strafbestimmungen bedeutsam (2.2.2). Anders als beim staatlichen Strafrecht und den staatlichen Strafen und Massnahmen (2.2.2.1) kann der Anspruch der Katholischen Kirche, ebenfalls ein Strafrecht zu haben, Anstoss erregen – dann nämlich, wenn der Eindruck entsteht, die Amtskirche wolle eine Paralleljustiz ausüben. Daneben sind die kirchlichen Strafarten nur wenigen wirklich bekannt.[125] Deswegen ist hierauf – auch im Hinblick der anschliessenden Ausführungen zur Beichtsiegel- bzw. -geheimnisverletzung – ausführlicher einzugehen (2.2.2.2).

2.2.1 Verhältnis im Allgemeinen

2.2.1.1 Aus Sicht des Staates

Bereits die Bundesverfassung von 1874 sah ausdrücklich den Vorrang (Primat) des staatlichen vor dem kirchlichen (bzw. binnenreligiösen) Recht vor.[126] Auch wenn dies nicht ausdrücklich in der jetzigen Bundesverfassung verankert ist, gilt dieser Grundsatz weiterhin.[127] Staatliche Normen haben jedoch die Glaubens- und Gewissensfreiheit (Art. 15 BV) zu beachten.[128] Im Zusammenhang mit einem Beicht- oder Seelsorgegespräch ist zudem zu berücksichtigen, dass sowohl der individuelle Schutz des Ratsuchenden, ggf. auch des Beichtvaters oder Seelsorgers,[129] als auch der korporative Schutz der

---

125 Vgl. z.B. KUMRAL, S. 85–91, die u.a. darauf verweist, dass bei der direkten Verletzung des Beichtsiegels (durch den Beichtvater) die Tatstrafe der Exkommunikation eintritt, und schreibt, dies sei die «schwerste Strafe des kanonischen Rechts». Die Ausführungen bleiben jedoch deskriptiv und erschreckend blass, weil weder die Strafen eingeordnet werden noch die Strafzumessung erwähnt wird. Die Strafzumessung wird unten, 4.1.4.3.5, beleuchtet.

126 Die Ausübung bürgerlicher oder politischer Rechte darf durch keinerlei Vorschriften oder Bedingungen kirchlicher oder religiöser Natur beschränkt werden (Art. 49 Abs. 4 aBV). Die Glaubensansichten entbinden nicht von der Erfüllung der bürgerlichen Pflichten (Abs. 5). Vgl. KUMRAL, S. 54 und 56.

127 KUMRAL, S. 54 und 98 f.

128 Ausführlich HÄFELIN ET AL., Rz. 403–446; KUMRAL, S. 99 und 109–129.

129 Vgl. hierzu KUMRAL, S. 110–116.

Religionsgemeinschaft betroffen sind,[130] genauso wie das Recht auf Privatsphäre (Art. 13 BV),[131] welches das Recht auf Persönlichkeitsentfaltung (Art. 10 Abs. 2 BV) konkretisiert.[132] Zudem haben staatliche Eingriffe als Grundrechtseinschränkungen die Voraussetzungen von Art. 36 BV zu erfüllen.[133] Bei dieser Gelegenheit könnte man sich sogar fragen, ob das sich in der Einzelbeichte ereignende, sakramentale Versöhnungsgeschehen zwischen Pönitent, Kirche (ἐκκλησία) und Gott mitsamt der eigentlich[134] vorhandenen Heilsdynamik dem unverletzlichen Kerngehalt (Art. 36 Abs. 4 BV) der Glaubens- und Gewissensfreiheit (Art. 15 BV) und des Rechts auf Privatsphäre (Art. 13 BV) zuzurechnen ist.[135]

Während die Katholische Kirche – wie bei Religionsgemeinschaften nicht unüblich – einen Wahrheitsanspruch geltend macht,[136] ist der Staat religiös,

---

130 KUMRAL, S. 116–128, v.a. mit dem Hinweis auf die Kantone Genf und Neuenburg, wo es keine öffentlich-rechtliche Anerkennung gibt.

131 Hinsichtlich einer (abzulehnenden; vgl. unten, 4.4.2) Anzeigepflicht Geistlicher KUMRAL, S. 178–193.

132 Vgl. KUMRAL, S. 179.

133 Nach Art. 36 BV gilt hinsichtlich von Grundrechtseinschränkungen: Einschränkungen von Grundrechten bedürfen einer gesetzlichen Grundlage; schwerwiegende Einschränkungen müssen im Gesetz selbst vorgesehen sein; ausgenommen sind Fälle ernster, unmittelbarer und nicht anders abwendbarer Gefahr (Abs. 1). Einschränkungen von Grundrechten müssen durch ein öffentliches Interesse oder durch den Schutz von Grundrechten Dritter gerechtfertigt sein (Abs. 2). Einschränkungen von Grundrechten müssen verhältnismässig sein (Abs. 3). Der Kerngehalt der Grundrechte ist unantastbar (Abs. 4). Zur Verhältnismässigkeit einer (abzulehnenden; vgl. unten, 4.4.2) Anzeigepflicht Geistlicher KUMRAL, S. 101 f. und 129–173.

134 Sofern die Einzelbeichte nicht pervertiert wird, namentlich durch Pönitenten, die eigentlich nicht recht disponiert sind und die sakramentale Absolution lediglich als Freibrief für weitere Taten sehen.

135 Diese Frage kann im vorliegenden Rahmen offengelassen werden. Der Verfasser bejaht aufgrund dieser sakramentalen Dimensionen hier die Anwendbarkeit von Art. 36 Abs. 4 BV, denn die Beichte berührt den Menschen in seinem Innersten (dazu etwa oben, 2.1.4, und unten, 2.3, 3.1, dort namentlich 3.1.5.1, daneben 4.1.2.1). KUMRAL, S. 169–171 (hier S. 171), versteht das Busssakrament mechanistisch-äusserlich und bar jeglicher sakramentalen oder wenigstens spirituellen Dimension, so, als sei das Geschehen gänzlich ungeeignet, einen Menschen ansatzweise auch emotional berühren zu können. Die Beichte sei nämlich, KUMRAL zufolge, lediglich eine «in ritueller Form geäussert[e] Glaubensbezeugung» und damit «als äussere Manifestation des Glaubens» zu verstehen, womit das Busssakrament nicht unter den Schutz der Kerngehaltsgarantie falle.

136 KATECHISMUS, Nr. 2032, führt aus, dass die Katholische Kirche Säule und Fundament der Wahrheit ist (vgl. 1 Tim 3,15), sie von den Aposteln den feierlichen

weltanschaulich und ethisch neutral.[137] Die religiöse Neutralität ist dabei ein Spezialfall der ethischen Neutralität,[138] indem die religiösen Überzeugungen grundsätzlich vornehmlich den inneren Bereich (*forum internum*) des Menschen betreffen und deswegen erst die ethische Ausformung im äusseren Bereich für den Staat bedeutsam wird.[139] Der Neutralitätsgrundsatz ergibt sich u.a. aus der Glaubens- und Gewissensfreiheit (Art. 15 BV), der persönlichen Freiheit (Art. 10 Abs. 2 BV), dem Rechtsgleichheitsgebot und dem Diskriminierungsverbot (Art. 8 Abs. 2 BV).[140] Aus ihm ergibt sich namentlich

- die Begründungsneutralität, womit staatliches Handeln nicht durch religiöse oder ethische Begründungen legitimiert werden darf;[141]
- das Identifikationsverbot bzw. Abstandsgebot, womit der Staat hinreichende Distanz zu religiösen und ethischen Gruppen bzw. Überzeugungen zu wahren hat, d.h., er darf sich nicht gemein machen mit ihnen, er darf sie weder bewerten (Bewertungsverbot) noch sich in religionsgemeinschaftliche Dinge einmischen.[142]

Auftrag Christi zur Verkündigung der Heilswahrheit erhalten hat (vgl. VAT. II, LG 17, und c. 747 § 1 CIC), und es ihr von daher zukommt, immer und überall die sittlichen Grundsätze auch über die soziale Ordnung zu verkündigen wie auch über menschliche Dinge jedweder Art zu urteilen, insoweit die Grundrechte der menschlichen Person oder das Heil der Seelen dies erfordern (c. 747 § 2 CIC).

137 Vgl. insbesondere ENGI, Neutralität, S. 120–137, daneben HÄFELIN ET AL., Rz. 407.

138 «Das Oberthema wäre demnach, dass der Staat kein Bild des guten und richtigen Lebens vertritt – die religiösen Konzepte wären als Spezialfälle dieser Lebensmodelle aufzufassen, und die Gesamtthematik liesse sich als die der ethischen Neutralität verstehen»: ENGI, Neutralität, S. 86. Vgl. hierzu auch MÜCKL, S. 1799–1802, wonach es für den freiheitlichen Verfassungsstaat charakteristisch ist, dass er die Wahrheitsfrage nicht stellt und sich keiner Wahrheit verpflichtet fühlt. Anders verhält es sich in Staaten, die eine Wahrheit als Grundlage für ihre Verfassungs- und Gesellschaftsordnung sehen. Dies geschieht in Staaten mit einer identitären Einheit von Staat und Religion (z.B. viele islamische Staaten) oder in Staaten mit weltanschaulich-ideologischer Grundlage (namentlich im Kommunismus, wo teilweise auch alles Religiöse bekämpft, die Religion in den engsten Privatbereich gedrängt oder aber versucht wird, die Religion als Mittel zur Infiltration zu verwenden).

139 ENGI, Neutralität, S. 86 f. Vgl. auch BRÄGGER, S. 316 f.

140 Ausführlich ENGI, Neutralität, S. 163–188; vgl. auch CAVELTI/KLEY, N. 4 zu Art. 72 BV; HÄFELIN ET AL., Rz. 407; HÄNNI, S. 3 f.

141 ENGI, Neutralität, S. 189 f. und 349 f.

142 ENGI, Neutralität, S. 190 f. und 350; KUMRAL, S. 55.

Der freiheitliche Verfassungsstaat kann sein Verhältnis zu Kirche(n) bzw. Religionsgemeinschaften idealtypisch auf drei Weisen ausgestalten:[143]

- Staatskirchenrechtliches Modell mit Privilegierung einer Religionsgemeinschaft.[144]
- Trennungsmodell,[145] sei es distanzierend (Leitidee: «Befreiung des Staates von der Kirche»),[146] freundschaftlich («Befreiung der Kirche vom Staat»)[147] oder feindschaftlich («Kampf gegen Kirche und Religion»).[148]
- Kooperationsmodell mit grundsätzlicher Trennung, aber Elementen wechselseitiger Zusammenarbeit.[149] Trotz des Neutralitätsgrundsatzes

---

143 Abweichend WINZELER, S. 69–76, der zwei Modelle sieht: Einerseits dasjenige der Subordination, bei der sich entweder die Staatsgewalt einer Religion unterordnet oder umgekehrt (mit Verweis auf das Staatskirchentum bzw. auf der anderen Seite den Kirchenstaat und islamische Staaten). Andererseits dasjenige der Koordination, bei dem Staat und Religionsgemeinschaften als «gleichberechtigte, voneinander unabhängige, selbständige Daseinsmächte» auftreten (mit beispielhaftem Verweis auf Deutschland oder Italien).

144 Ausführlich MÜCKL, S. 1793 f., mit Hinweis auf den Prototyp England, aber auch auf orthodox geprägte Staaten. Hier wirkt die staatliche Sphäre in die kirchliche Sphäre hinein und umgekehrt; die übrigen Religionsgemeinschaften sind eingeschränkt.

145 MÜCKL, S. 1795. Abweichend WINZELER, S. 68 f., der die Trennungsidee eher als religionspolitisches Programm bzw. Motiv hinter verschiedenen Rechtsprinzipien sieht, aber nicht als Rechtsprinzip bzw. juristisches Modell als solches.

146 Bei der distanzierenden Trennung ist die Glaubens- und Gewissensfreiheit genauso wie die freie Ausübung des Kultus für den Einzelnen garantiert, jedoch ist die Anerkennung, Finanzierung oder Subventionierung jeden Kultus verboten (Laizität, *laïcité*). Ausführlich MÜCKL, S. 1795–1797, mit Hinweis auf Frankreich, aber u.a. auch auf Mexiko, Portugal und Luxemburg. Vgl. auch ENGI, Neutralität, S. 196 f.

147 Bei der freundschaftlichen Trennung ist die institutionelle Verbindung zwischen Kirche und Staat verboten, aber die Glaubens- und Gewissensfreiheit gewährleistet. Der einzelne Mensch ist vor der Staatsgewalt geschützt, welche historisch auch die Staatskirche miteinschliesst. Hierzu MÜCKL, S. 1797 f.; WINZELER, S. 19 f.; je mit Hinweis auf die Vereinigten Staaten.

148 Die feindliche Trennung findet sich historisch, heute aber im Westen nicht mehr. Vgl. MÜCKL, S. 1795, mit Hinweis auf das nachrevolutionäre Frankreich. LORETAN, Vernunft, S. 11, weist darauf hin, dass die Französischen Revolution sich, «nach anfänglichem Zusammengehen mit dem niederen Klerus, radikal antireligiös entwickelt [hatte]. Nur so sah sie eine Möglichkeit, die Demokratie gegen das Königtum zu legitimieren, welches mit dem christlichen Gottesgnadentum theologisch begründet wurde».

149 Der säkulare Staat weist die Kirche nicht völlig ins Privatrecht, sondern gewährt ihr umfassende Autonomie in ihren eigenen Angelegenheiten. Staat und Religionsgemeinschaften wirken zusammen, obschon nach Verantwortungssphären

kann der Staat folglich «der Religion eine gesellschaftliche Relevanz zu[gestehen], ohne aber eine lenkende Religionspolitik zu betreiben.»[150]

Die Kantone sind zuständig, das Verhältnis zwischen Kirche[151] und Staat zu regeln (Art. 3 und 72 Abs. 1 BV).[152] In den Kantonen herrscht das Kooperationsmodell vor, wobei selbstverständlich ist, dass der Staat, insofern er mit Religionsgemeinschaften kooperiert, an die verfassungsmässige Ordnung gebunden ist (vgl. bereits Art. 5 Abs. 1 BV).[153] Für das Kooperationsmodell ist das System der sogenannten öffentlich-rechtlichen (grossen) Anerkennung zentral.[154] Mittels dieser Anerkennung geht der Staat eine besondere und enge Beziehung mit einzelnen Religionsgemeinschaften ein,[155] wodurch diese nicht mehr juristische Person des Privatrechts[156] sind, sondern eine Kör-

---

getrennt, in Angelegenheiten, die beide betreffen (z.B. Bildungs- oder Sozialbereich), oder er ermöglicht den Religionsgemeinschaften den Zugang zu Einrichtungen, in denen der Staat infolge seiner Neutralitätsverpflichtung nicht wirken kann (Anstaltsseelsorge, Religionsunterricht etc.). Ausführlich MÜCKL, S. 1798 f. mit Hinweis auf Deutschland, Österreich und überwiegend die Schweiz. Vgl. hierzu auch ENGI, Neutralität, S. 82–85, der bevorzugt, von einer «Unterscheidung zwischen Staat und Religion» denn von einer Trennung zu sprechen.

150 CAVELTI/KLEY, N. 5 zu Art. 72 BV; vgl. ENGI, Neutralität, S. 161.

151 Die Bestimmung spricht zwar von «Kirche», gemeint sind indes «Religionsgemeinschaften». Vgl. CAVELTI/KLEY, N. 4 zu Art. 72 BV; daneben HANGARTNER, S. 96, der von einem «terminologische[n] Anachronismus» spricht.

152 Die grundsätzliche kantonale Zuständigkeit ergibt sich aus Art. 3 und Art. 42 Abs. 1 BV, womit Art. 72 Abs. 1 BV keine selbständige Bedeutung hat, sondern lediglich deklaratorisch ist: CAVELTI/KLEY, N. 3 zu Art. 72 BV. Indem es den Kantonen obliegt, ihre Beziehung zu Religionsgemeinschaften zu regeln, ergibt sich die Folge, dass der Bund keine Religionsgemeinschaft anerkennt bzw. anerkennen kann; vgl. BROSI, S. 254; KUMRAL, S. 58. Daneben können Bund und Kantone im Rahmen ihrer Zuständigkeit Massnahmen treffen, um den öffentlichen Frieden zwischen den Angehörigen der verschiedenen Religionsgemeinschaften zu wahren (Art. 72 Abs. 2 BV), und der Bau von Minaretten ist verboten (Abs. 3).

153 Vgl. CAVELTI/KLEY, N. 4 zu Art. 72 BV; HANGARTNER, S. 96; KUMRAL, S. 60.

154 ENGI, Herausforderung, S. 223; KUMRAL, S. 60; REBER, S. 168 f.; WINZELER, S. 77.

155 ENGI, Herausforderung, S. 224; REBER, S. 168 f.

156 Regelmässig ein Verein (Art. 60 ff. ZGB). Sollte sich die Religionsgemeinschaft nicht mittels Statuten konstituiert haben, wäre sie keine juristische Person, sondern lediglich eine einfache Gesellschaft (Art. 530 ff. OR), mit dementsprechenden Folgen für die Haftung (Solidarhaftung aller Angehörigen bzw. Gesellschafter gegenüber einem Gläubiger; vgl. Art. 144 OR).

perschaft des öffentlichen Rechts.[157] Die Gründung der Körperschaft ist nicht als staatliche Übergriffigkeit einer Religionsgemeinschaft gegenüber zu verstehen,[158] und die Körperschaft ist nicht zu verwechseln mit einer Staatskirche.[159] Der Kanton verleiht mit der öffentlich-rechtlichen Anerkennung neue Rechte bzw. Privilegien,[160] auferlegt aber auch neue Pflichten.[161] Aufseiten

---

157 CAVELTI/KLEY, N. 7 zu Art. 72 BV; ENGI, Neutralität, S. 212; HANGARTNER, S. 93 («besondere rechtliche Klassifikation bestimmter privatrechtlich organisierter Religionsgemeinschaften im Sinn einer rechtlich privilegierten Ausgangslage für die Beziehungen mit dem Staat»); REBER, S. 169. Ausführlich, auch hinsichtlich der Voraussetzungen und Wirkungen, BROSI, S. 261–267.

158 Es bedarf mindestens der stillschweigenden Zustimmung der Diözesanleitung, womit die öffentlich-rechtliche Anerkennung ein zweiseitiges Rechtsverhältnis darstellt und die Glaubens- und Gewissensfreiheit im Sinne von Art. 15 BV nicht verletzt ist: WINZELER, S. 52–57. Vgl. CAVELTI/KLEY, N. 10 zu Art. 72 BV; KUMRAL, S. 61 (mit dem Hinweis, dass der Kanton namentlich das Selbstbestimmungsrecht der Religionsgemeinschaften zu beachten hat) und S. 83.

159 Mit der öffentlich-rechtlichen Anerkennung ist regelmässig die Schaffung einer besonderen Körperschaftsform verbunden (Dualismus), während beim ursprünglichen Staatskirchentum Staat und Kirche zusammenfallen (Monismus): CAVELTI/KLEY, N. 7 zu Art. 72 BV; ENGI, Neutralität, S. 220 f.; WINZELER, S. 77. Zur historisch engen Verschränkung von Kirche und Staat etwa im reformiert geprägten Zürich: RÖHL, S. 202 f.; WINZELER, S. 105 f.

160 Öffentlich-rechtlich anerkannten Religionsgemeinschaften kommen grundsätzlich – mit geringfügigen Unterschieden zwischen den Kantonen – das Besteuerungsrecht, finanzielle Unterstützung durch den Kanton, das Recht, in staatlichen Institutionen Seelsorge zu betreiben (Anstaltsseelsorge) und gegebenenfalls das Recht, in öffentlichen Schulen Religionsunterricht zu erteilen, zu: ENGI, Herausforderung, S. 224; DERS., Neutralität, S. 212 f. Hinsichtlich der Steuern gilt, dass sie rechtsstaatlich ausgestaltet und erhoben werden müssen, wobei sich die öffentlich-rechtlich anerkannte Religionsgemeinschaft des staatlichen Instrumentariums bedient: WINZELER, S. 58. Durch die Gewährung von Anstaltsseelsorge und Religionsunterricht bindet der Staat öffentlich-rechtlich anerkannte Religionsgemeinschaften in die staatliche Aufgabenerfüllungen ein: MÜLLER M., S. 67.

161 Zu den Pflichten gehören Auflagen und Bedingungen, namentlich hinsichtlich der organisatorischen Struktur (demokratische Verfasstheit), des Datenschutzes und ihrer Unterstellung unter eine staatliche Oberaufsicht: CAVELTI/KLEY, N. 13 zu Art. 72 BV; ENGI, Herausforderung, S. 224; DERS., Neutralität, S. 213; KUMRAL, S. 62; MÜLLER M., S. 67; REBER, S. 170; WINZELER, S. 57 f. Während die öffentlich-rechtlichen Körperschaften grundsätzlich die Geschlechter gleich zu behandeln haben (BUSER, S. 122 f., mit Hinweis auf das CEDAW-Abkommen, der jedoch bei genauer Betrachtung nicht notwendig ist), wird die rechtliche Gleichstellung hinsichtlich binnenreligiöser Tatbestände nur zurückhaltend bejaht, namentlich bei der Frage, ob Frauen zu geistlichen Ämtern zuzulassen sind. Vgl. BUSER, S. 112–115; ENGI, Neutralität, S. 219 f. und

der Katholischen Kirche führt dies zu einer der Schweiz eigentümlichen Doppelstruktur (Dualismus) zwischen einerseits der Katholischen Kirche mit ihrem Eigenrecht[162] und andererseits der kantonalen Körperschaft staatlichen öffentlichen Rechts.[163] Bei Licht betrachtet anerkennt der Kanton somit nicht die Katholische Kirche gemäss Eigenrecht bzw. die Diözese an, sondern nur die «parakirchliche Zweitorganisation», d.h. die jeweilige kantonale, öffentlich-rechtliche Körperschaft. [164] Dieser Dualismus kann spannungsreich sein.[165] Von dieser öffentlich-rechtlichen Anerkennung ist sodann die öffentliche (kleine) Anerkennung zu unterscheiden, bei der eine Religionsgemeinschaft im Privatrecht verbleibt, der Staat ihr aber bestimmte Befugnisse übertragen kann, etwa Anstaltsseelsorge (Spitäler, Schulen, Strafanstalten) oder

---

260 f.; zum Thema Gleichstellung der Geschlechter und Religionsfreiheit ausführlich LORETAN, Grundrechte, S. 182–192; vgl. auch WINZELER, S. 162–164.

162 Religionsgemeinschaftliches Eigenrecht, woraus sich auch die Institutionen des kanonischen Rechts ergeben, d.h. Bischofskonferenz, Diözesen und Pfarreien.

163 Die Kirchengemeinden sind dabei «zusätzliche, demokratisch verfasste Körperschaften des öffentlichen Rechts» (WINZELER, S. 51) und rein administrative Gebilde staatlich-säkularen Rechts: ENGI, Neutralität, S. 220–222 und 258–260; HANGARTNER, S. 99 f.; WINZELER, S. 51. Vgl. zur Doppelstruktur auf nationaler Ebene mit der Schweizerischen Bischofskonferenz (SBK) und dem Schweizerischen Evangelischen Kirchenbund (SEK), auf kantonaler Ebene mit den Körperschaften (Organe: Synode und Synodalrat) sowie auf kommunaler Ebene mit den Kirchgemeinden (Organe: Kirchgemeinderat und Kirchgemeindeversammlung) MÜLLER M., S. 70.

164 WINZELER, S. 51. Vgl. CAVELTI/KLEY, N. 9 zu Art. 72 BV; ENGI, Neutralität, S. 221 f. (mit dem Hinweis, dass Obwalden keine staatskirchenrechtliche Parallelstruktur geschaffen hat, sondern direkt die Katholische Kirche nach Eigenrecht anerkennt); HANGARTNER, S. 99; KUMRAL, S. 82 f.; REBER, S. 169. Bei genauer Betrachtung haben folglich auch nicht die Diözesanbischöfe Besteuerungsrecht, sondern die Körperschaften: WINZELER, S. 51. Ebenfalls ermöglicht die Doppelstruktur den sogenannten «partiellen Kirchenaustritt», bei dem ein Katholik nicht aus der Katholischen Kirche bzw. Pfarrei oder Diözese austritt, sondern aus der staatlichen, öffentlich-rechtlichen Körperschaft: HÄFELIN ET AL., Rz. 414a («Beim Austritt aus der römisch-katholischen Landeskirche darf vom Austrittswilligen nicht die gleichzeitige Aufgabe der römisch-katholischen Konfession verlangt werden. Der Austritt aus der Landeskirche erweist sich als aureichend».), mit Hinweis auf BGE 134 I 75. Vgl. hierzu auch ENGI, Neutralität, S. 262–264.

165 So kritisierte HANGARTNER, S. 99 f., bereits 2005, dass sich kantonale Körperschaften «in Verkennung ihrer Stellung und Aufgaben immer wieder – gerade auch in jüngerer Zeit – in innerkirchliche, religiöse Angelegenheiten eingemischt haben».

Religionsunterricht an öffentlichen Schulen.[166] Alle übrigen Religionsgemeinschaften, d.h. die weder öffentlich-rechtlich noch öffentlich anerkannten, befinden sich zumeist[167] in keiner (rechtlich geregelten) Beziehung zum Staat,[168] weswegen die Anerkennungsmodelle auch kritisiert werden.[169]

2.2.1.2 Aus Sicht der Katholischen Kirche

Die Katholische Kirche vertrat gegenüber der Reformation und dem neuzeitlichen Staat die *societas perfecta*-Lehre, in welcher sie sich als der säkularen Staatlichkeit eigenständige, staatsgleiche Struktur sah.[170] Rückgriff nahm die

---

166 CAVELTI/KLEY, N. 14 zu Art. 72 BV; ENGI, Neutralität, S. 215–219; KUMRAL, S. 59 und 64 f. (welche zwischen der öffentlichen Anerkennung und der «kantonale[n] Anerkennung anderer Religionsgemeinschaften» als der christlichen Konfessionen unterscheidet, obschon beide vollumfänglich deckungsgleich sind); REBER, S. 169.

167 Es wird vermehrt geprüft, auf welche Weise der Staat sich mit den übrigen Religionsgemeinschaften austauschen und gegebenenfalls mit ihnen zusammenarbeiten kann, in einem rechtlich geregelten Rahmen: ENGI, Neutralität, S. 351–354; für den Kanton Zürich RÖHL, S. 215–217.

168 REBER, S. 168 f.; RÖHL, S. 215–217.

169 Namentlich wird bemängelt, dass die öffentlich-rechtliche Anerkennung grundsätzlich auf Grosskirchen ausgerichtet ist, was tendenziell anders strukturierte Religionsgemeinschaften ungleich behandelt: REBER, S. 174; ausführlich dazu ENGI, Neutralität, S. 226–236. Nichtsdestotrotz handelt es sich bei der öffentlich-rechtlichen Anerkennung grundsätzlich nicht um eine Privilegierung der anerkannten und um eine Diskriminierung der übrigen Religionsgemeinschaften, denn auch Vereine, Stiftungen etc. sind vom Staat geschaffene Rechtsformen: WINZELER, S. 77; vgl. auch ENGI, Neutralität, S. 197 f. Zudem ist in einer steigenden Anzahl von Kantonen die Anerkennung weiterer Religionsgemeinschaften ausser den christlichen Kirchen und jüdischen Gemeinden möglich, insofern die betreffende Religionsgemeinschaft die entsprechenden Voraussetzungen erfüllt: BROSI, S. 261; CAVELTI/KLEY, N. 11 f. zu Art. 72 BV; ENGI, Herausforderung, S. 224; DERS., Neutralität, S. 214–216; REBER, S. 171; für Zürich zudem RÖHL, S. 204; überdies ausführlich zu den Kantonen Aargau, Basel-Stadt und Basel-Landschaft, Bern, Freiburg, Luzern, Obwalden, Tessin, Thurgau, Waadt und Zürich WINZELER, S. 78–117.

170 GRAULICH, S. 156; LÜDICKE, N. 2 zur Einleitung vor c. 1311 CIC (mit dem Hinweis, dass die «juridische Vollständigkeit und Unabhängigkeit» der Kirche als *societas perfecta* «sich gerade an der von ihr beanspruchten Strafgewalt zeigt»); LUF, S. 44 f.; MAIER, S. 213; MÜLLER L., S. 19 f. (mit einem Kurzabriss der Entwicklung und dem Hinweis, dass *perfecta* nicht meinte, dass die betreffende Gemeinschaft vollkommen in jeder Hinsicht sei, auch nicht in sittlicher Hinsicht, sondern lediglich die rechtliche Vollkommenheit, weswegen treffender von einer *societas iuridice perfecta* gesprochen werden müsste – eine solche *societas iuridice perfecta* setzt voraus erstens «eine Vielzahl von Menschen, die miteinan-

Kirche dabei auf scholastische und neoscholastische Naturrechtsmodelle,[171] ohne eine eigene, theologische Begründung.[172] Aus der *societas perfecta*-Lehre erwuchs das *ius publicum ecclesiasticum* als «besonders verrechtlichte Form kirchlichen Selbstverständnisses» mit Höhepunkt im 19. Jahrhundert und Fortwirkung bis zum Zweiten Vatikanischen Konzil (VAT. II; 1962–1965).[173] Nach der Lehre des *ius publicum ecclesiasticum* gibt es «nur zwei rechtlich vollkommene Gestalten: Kirche und Staat», wobei der Staat seine Ziele im natürlichen Bereich habe (Gemeinwohl der Bürger), die Kirche demgegenüber ein übernatürliches Ziel habe (Seelenheil der Menschen).[174] Damit lässt sich das vorkonziliare Verhältnis, aus kirchlicher Sicht, zusammengefasst als Gegeneinander beschreiben.[175]

Mit dem VAT. II folgte ein Umdenken, indem (gegen innen) eine ekklesiologische Neuorientierung stattfand und das Konzil (gegen aussen) die Lehren der *societas perfecta* und des *ius publicum ecclesiasticum* überwand.[176] Das Konzil

---

der in Verbindung stehen», zweitens «ein Ziel, das in seiner Art das höchste ist», und drittens «die Mittel, die zur Erreichung dieses Zieles notwendig sind»); PUZA, S. 445.

171 LUF, S. 45; MAIER, S. 212; MÜLLER L., S. 19.

172 LUF, S. 44. Vgl. auch MÜLLER L., S. 19 Fn. 25. «Die Lehre von der *societas perfecta* ist im Grunde philosophisch und rein rational. Dagegen hilft auch die zahlreiche Anführung von Bibeltexten nicht. Im IPE [= *ius publicum ecclesiasticum*] war zuerst die Theorie der *societas perfecta* da, die dann im Nachhinein mit theologischen Zitaten ‹ausgeschmückt› wurde.»

173 MAIER, S. 213; MÜLLER L., S. 19 f., mit dem Hinweis, dass dadurch die Kirche als «politisches Gebilde erfasst» wurde, womit der «übernatürliche Aspekt der Kirche» aus dem Blick geriet. Zur Beratung des VAT. I über das Verhältnis zum Staat PUZA, S. 441–445, unter Leo XIII. bis zum Inkrafttreten des CIC 1917 EBD., S. 445–451.

174 Die Kirche verfüge über die notwendigen Mittel, die für das Seelenheil notwendig sind, «nämlich insbesondere die Heilsmittel in Wortverkündigung und Sakramentenspendung, aber auch äußerliche Zwangsmittel», wofür sich die Kirche des weltlichen Arms (*brachium saeculare*) bedienen dürfe: MÜLLER L., S. 20. Vgl. hinsichtlich des Strafrechts LÜDICKE, N. 2 zur Einleitung vor c. 1311 CIC; daneben PUZA, S. 445.

175 Schlaglichtartig kann in diesem Zusammenhang auf PIUS IX., Quanta cura (DENZH 2893–2896), verwiesen werden, daneben auf DERS., Syllabus, §§ 5 f. (DENZH 2919–2955). Der Kulturkampf und der Ultramontanismus sind aus dem Geschichtsunterricht bekannt.

176 LORETAN/TOLLKÜHN, S. 172 («Änderung des Selbstverständnisses der Kirche weg von der societas perfecta hin zum Volk Gottes und der Gemeinschaft der Gläubigen»; mit Hinweis auf VAT. II, AA 2 sowie LG 10 und 12), S. 174 («Gleichheit aller Getauften mit den daraus entstehenden Rechten und Pflichten

hielt fest, dass die Kirche keinen irdischen Machtwillen hat.[177] Zwar sind Staat und Kirche voneinander unabhängig und haben je eigene Betätigungsfelder, aber beide dienen den Menschen aus je ihrem Blickwinkel, und dem Wohl der Menschen ist am besten mittels Zusammenarbeit (*sana cooperatio*) gedient.[178] Damit trat das «Recht der Person an [die] Stelle des Rechts der Wahrheit».[179]

Nachkonziliar hielt das Lehramt u.a. fest, dass die Kirche, «ohne sich mit der Welt gleichzusetzen oder *von der Welt* zu sein, doch *in der Welt* lebt und *im Dialog mit der Welt* steht».[180] Damit lässt sich das konziliare und nachkonzilia-

---

vor jeder Unterscheidung oder condicio», mit Hinweis auf c. 208 CIC und, diesem vorgelagert, VAT. II, LG 32, bzw. Eph 4,5) und S. 175 (wonach das VAT. II sich abkehrte «von der Zuschreibung der Laien als hörender und gehorchender Teil der Gläubigen»); LUF, S. 46; MAIER, S. 213; MÜLLER L., S. 20. Vgl. insbesondere auch VAT. II, GS 2, daneben LORETAN, Würde, S. 15, mit Hinweis auf die menschenrechtliche Argumentation im Konzil hinsichtlich des Innenlebens der Kirche und auf VAT. II, LG 32 und GS 29.

177 VAT. II, GS 3, wonach die Kirche vielmehr will, «unter Führung des Geistes, des Trösters, das Werk Christi selbst weiterzuführen, der in die Welt kam, um der Wahrheit Zeugnis zu geben [vgl. Joh 18,37]; zu retten, nicht zu richten; zu dienen, nicht sich bedienen zu lassen [vgl. Joh 3,17; Mt 20,28; Mk 10,45].»

178 So VAT. II, GS 76: «Die politische Gemeinschaft und die Kirche sind auf je ihrem Gebiet voneinander unabhängig und autonom. Beide aber dienen, wenn auch in verschiedener Begründung, der persönlichen und gesellschaftlichen Berufung der gleichen Menschen. Diesen Dienst können beide zum Wohl aller um so wirksamer leisten, je mehr und besser sie rechtes Zusammenwirken miteinander pflegen; dabei sind jeweils die Umstände von Ort und Zeit zu berücksichtigen. Der Mensch ist ja nicht auf die zeitliche Ordnung beschränkt, sondern inmitten der menschlichen Geschichte vollzieht er ungeschmälert seine ewige Berufung.» Vgl. auch BENEDIKT XVI., Deus caritas est, Nr. 28a, mit Hinweis auf VAT. II, GS 36. Daneben ist auf VAT. II, DH, zu verweisen, vgl. hierzu LORETAN, Würde, S. 15–30, namentlich S. 20–22. Indem das VAT. II den einzelnen Menschen mitsamt seiner Würde und seinen Rechten in den Blick nimmt, kann damit auch von Religionsverfassungsrecht (Ebene des Individuums und seiner Rechte) gesprochen werden, nicht mehr nur von Staatskirchenrecht (Ebene der Institutionen und deren Rechts).

179 LORETAN, Würde, S. 17 f., hier S. 17. Daneben wurde das Recht freiheitsfunktional konzipiert: EBD., S. 18–20. Mit LORETAN/TOLLKÜHN, S. 184–186 (mit Hinweis auf VAT. II, LG 47–52, sowie cc. 208 und 1135 CIC), ist zu folgern, dass nun die Diskriminierung begründungspflichtig ist.

180 JOHANNES PAUL II., Reconciliatio et Paenitentia, Nr. 2, mit Hinweis auf VAT. II, GS 43 f. und PO 12. Vgl. auch DERS., Centesimus annus, Nr. 47 («Die Kirche achtet die berechtigte Autonomie der demokratischen Ordnung. Es steht ihr nicht zu, sich zu Gunsten der einen oder anderen institutionellen oder verfassungsmäßigen Lösung zu äußern. Der Beitrag, den sie zu dieser Ordnung anbie-

re Verhältnis, aus kirchlicher Sicht, zusammengefasst als Miteinander beschreiben.[181]

2.2.2 Strafrecht im Besonderen

2.2.2.1 Staatliches Strafrecht

Dass der Staat ein Strafrecht benötigt, dürfte unbestritten sein und auch nicht als anstössig erscheinen.[182] Die vom Staat verhängten Strafarten sind landläufig bekannt: Geldstrafe (Art. 34–36 StGB), Freiheitsstrafe (Art. 40 f. StGB), Bussen (Art. 106 StGB). Andere Strafen als diese sind verboten.[183]

---

tet, ist die Sicht von der Würde der Person, die sich im Geheimnis des Menschen gewordenen Wortes in ihrer ganzen Fülle offenbart.»); MUCKEL, S. 1784 Fn. 106.

181 Beispielsweise bestimmte das Konzil das Verhältnis der Katholischen Kirche zu den anderen christlichen Konfessionen und zur Ökumene (VAT. II, UR) und zu nichtchristlichen Religionen (VAT. II, NA) neu, und bejahte die Religionsfreiheit und die Würde der menschlichen Person (VAT. II, DH); vgl. hierzu LORETAN, Würde, S. 16 f. DERS., Vernunft, S. 12, weist auf den amerikanischen Theologen John Courtney Murray SJ und den französischen Philosophen Jacques Maritain hin, die vorkonziliar «diese Entwicklung in der Lehre initiiert [haben]. Von strategischer Bedeutung war dabei folgende These: Die ablehnende Haltung der Kirche habe sich vor allem auf die französische Tradition des Liberalismus bezogen, der durch eine Feindschaft gegenüber Religion und Kirche charakterisiert sei. Dagegen gehe der angloamerikanische Liberalismus von der öffentlichen Bedeutung der Religion aus. So konnte Murray die Bischöfe überzeugen, dass die Anerkennung der Religionsfreiheit keinen Bruch mit der Tradition der Kirche bedeutet, sondern eine Antwort auf veränderte gesellschaftliche Bedingungen darstellt. Auch in Europa hatten die Katholiken inzwischen positive Erfahrungen mit Demokratie und Menschenrechten gesammelt.»

182 Weiterführende (rechts-) philosophische Begründungen des staatlichen Strafprimats sprengten den Rahmen dieser Abhandlung völlig.

183 Dies ergibt sich aus dem Rechtsstaatlichkeitsprinzip (Art. 5 Abs. 1 BV) und dem Grundsatz «Keine Strafe ohne Gesetz» (*nulla poena sine lege*; Art. 7 EMRK und Art. 1 StGB). Daneben sind die Todesstrafe (Art. 10 Abs. 1 BV – die EMRK, lässt man die Zusatzprotokolle ausser Acht, erlaubt die Todesstrafe in den gesetzlich vorgesehenen Fällen gemäss ihrem Art. 2 Abs. 1) sowie Folter und jede andere Art grausamer, unmenschlicher oder erniedrigender Behandlung oder Bestrafung verboten (Art. 10 Abs. 3 BV; Art. 3 EMRK). Zudem darf niemand in einen Staat ausgeschafft werden, in dem ihm Folter oder eine andere Art grausamer und unmenschlicher Behandlung oder Bestrafung droht (Art. 25 Abs. 3 BV). Die letztgenannten Bestimmungen sind im Kontext der Menschenwürde zu sehen (Art. 7 BV; vgl. Art. 1 EMRK).

2.2.2.2 Kirchliches Strafrecht

Die Sünde bezieht sich eher auf das Versagen vor Gott, worauf Busse folgt, und die Strafe auf das Versagen vor der Gemeinschaft, worauf eine Strafe folgt.[184] Damit sind *paenitentia* mit «ae», Busse, und *poena* mit «oe», Strafe, voneinander zu unterscheiden,[185] insbesondere auch, weil kirchliches Straf- und kirchliches Bussrecht je eigene Zwecke und Ziele verfolgen.[186]

Es ist das angeborene und eigene Recht der Kirche (*nativum et proprium Ecclesiae ius est*), Gläubige (*christifideles*), die Straftaten begangen haben, durch

---

184 Vgl. LÜDICKE, N. 1 zur Einleitung vor c. 1311 a.F. CIC: «Ein geschichtliches Faktum, dessen zeitliche Fixierung allerdings kaum möglich ist, weil es sich um einen langdauernden Prozeß handelt, ist das Auseinandertreten von Sünde und Straftat, von Buße und Strafe. Vorbereitet durch die *paenitentia secunda*, eine zweite Bußmöglichkeit nach der Taufe, durchgeführt letztlich durch die Einführung der Privatbuße, gerät der Umgang der Kirche mit dem Versagen des Gläubigen vor Gott auf eine andere Ebene als der mit dem Versagen vor der Gemeinschaft. Das betrifft zunächst die Wiederversöhnung. Das Beichtsakrament wird vorrangig zum Weg der Versöhnung mit Gott, die bei weniger gravierenden Taten, vor allem solchen, die die Öffentlichkeit der Kirche nicht bewegt haben, die Versöhnung mit der Kirche umfaßt. Die Gemeinschaft dagegen schwer verletzende Taten erfahren eine Reaktion anderer Art. Sie führen zu Rechtsminderungen, die durch einen Spruch der kirchlichen Oberen verhängt und gegebenenfalls widerrufen werden. Ermöglicht durch ein relativ geschlossenes kirchliches Gepräge der Gesellschaft wird auch die Anordnung eines Eintritts von Kirchenstrafen allein durch die Tat üblich, der *poenae latae sententiae*».

185 Vgl. LÜDICKE, Terminologische Einführung vor c. 1311 a.F. CIC, Lemmata «paenitentia» und «poena». Anders jedoch z.B. 1926 noch SLEUMER, S. 577, der unter dem Lemma «paenă» auf «poena» verwies sowie unter dem Lemma «paenĭtentĭă» die Nebenform «poenitentia» angab und dies mit «Reue» übersetzte; «poenă» wiederum übersetzte SLEUMER, S. 615, mit der Hauptbedeutung «Strafe, Buße», ohne hier eine Unterscheidung zu machen, daneben mit «Rache, Bestrafung» und «Mühseligkeit, Marter».

186 LÜDICKE, N. 23 zur Einleitung vor c. 1311 a.F. CIC: Der kirchenrechtliche Strafzweck ist, zusammengefasst, «der Schutz der *communio*, und zwar unter ihrem doppelten Aspekt, dem der *communio fidei* [d.i. Gemeinschaft des Glaubens] und der *communio fidelium* [Gemeinschaft der Gläubigen]», d.h. nicht vorrangig ihn zu bessern, wofür die *via paenitentialis*, der Weg der Busse, zuständig ist, «sondern ihn so lange aus der Gemeinschaft auszugrenzen oder ihn wenigstens in seinem Rechten zu mindern, bis er sein gemeinschaftswidriges Verhalten aufgibt. Diese Rückkehr zu gemeinschaftskonformem Verhalten ist keineswegs gleichbedeutend mit der Umkehr im Sinne einer Bekehrung; diese muß vielmehr auf der Ebene des Bußsakraments vollzogen werden – wenn der Täter mit seinem Verhalten zugleich Sünder geworden ist.» Vgl. hierzu auch LÜDICKE, N. 8 zur Einführung vor c. 1321 a.F. CIC.

Strafmittel zurechtzuweisen (c. 1311 § 1 CIC). Das Recht zu strafen kommt damit der Kirche von sich aus und unabhängig von einer weltlichen Autorität zu.[187] Die theologische Begründung einer nachkonziliaren Theorie des kirchlichen Strafrechts muss im vorliegenden Zusammenhang ausgeklammert werden.[188] Der Strafanspruch erstreckt sich indes, weil rein kirchliches Recht, nur auf Katholiken (vgl. cc. 1 und 11 CIC), unabhängig davon, ob sie sich selbst als Teil der Kirche sehen.[189] Wer formal zwar dem kirchlichen Strafrecht unterworfen ist, aber nicht gläubig ist, wird folglich von kirchlichen Sanktionen nicht sonderlich getroffen.[190] Wichtig ist dabei hervorzuheben, dass es sich beim kirchlichen Strafrecht, entgegen seiner Bezeichnung, eher um ein Disziplinarrecht handelt.[191] Papst FRANZISKUS setzte das erneuerte (totalrevidierte) kirchliche Strafrecht auf den 8. Dezember 2021 in Kraft.[192]

Kirchliche Strafen müssen mit dem übernatürlichen Ziel der Kirche vereinbar sein, d.h. sie dürfen weder unmoralisch sein noch Ziele anstreben, die ausserhalb des geistlichen Anspruchs der Kirche liegen.[193] Kirchliches Strafrecht darf zudem nicht mittels Strafen einen Menschen dazu bringen, gegen sein Gewissen und seine Glaubensüberzeugung zu handeln; vielmehr muss die Gemeinschaft ihn gegebenenfalls ausschliessen.[194] Stark zusammengefasst,

---

[187] HALLERMANN, Kommentar zu c. 1311 § 1 CIC; LÜDICKE, N. 3 f. zu c. 1311 a.F. CIC.

[188] Hierzu ausführlich LÜDICKE, N. 11–23 zur Einleitung vor c. 1311 a.F. CIC. Zur Begründung, fliessend aus VAT. II, LG 8, LÜDICKE, N. 7–9 zu c. 1311 a.F. CIC. Interessant ist, dass FEIER DER BUSSE, Nr. 3, ebenfalls VAT. II, LG 8, zitiert, um zu begründen, dass die Kirche zugleich heilig ist und stets der Reinigung bedarf, weil sie auch Sünder umfasst, womit sie «immerfort den Weg der Buße und der Erneuerung» geht.

[189] HALLERMANN, Kommentar zu c. 1311 § 1 CIC; LÜDICKE, N. 5 zu c. 1311 a.F. CIC. Vgl. für die Ostkatholiken c. 1 CCEO.

[190] Vgl. LÜDICKE, N. 5 zu c. 1311 a.F. CIC, der darauf hinweist, «daß kirchliche Strafen dort wirkungslos bleiben, wo das vorwiegend geistliche Gut, das durch die Strafe entzogen wird, nicht mehr als Wert empfunden wird.»

[191] LÜDICKE, N. 3 und 8 zur Einleitung vor c. 1311 a.F. CIC, mit Hinweisen.

[192] FRANZISKUS, Pascite Gregem Dei. GRAULICH, Weg, S. 13–17, zeichnet den Erneuerungsprozess nach. Vgl. auch HALLERMANN, Kontinuität, S. 19 f., der auf S. 23 darauf hinweist, dass insgesamt ca. zwei Drittel des Normbestands durch die Erneuerung verändert wurden, und die einzelnen Reformen auf S. 31–51 schildert.

[193] LÜDICKE, N. 19 zu c. 1312 a.F. CIC.

[194] LÜDICKE, N. 5 zur Einführung vor c. 1321 a.F. CIC, mit dem Hinweis, dass ein Ausschluss nicht Strafe ist, sondern dem «Bedürfnis der Gemeinschaft nach Klarstellung» entspricht. Besteht kein Bedürfnis an Klarstellung, weil die Tat

besteht der Strafzweck in der Zurechtweisung des Täters entweder «um seiner selbst willen (herrschende Theorie)», mithin um ihn zu bessern, oder «um der Gemeinschaft willen (neuere Theorie [...])», was den ekklesialen Charakter aufzeigt.[195] Die Unschuldsvermutung ist mit der Erneuerung nun ausdrücklich in c. 1321 § 1 CIC verankert.[196]

Strafmittel der Kirche (*sanctiones poenales*) sind einerseits Besserungs- und Beugestrafen, andererseits Sühnestrafen (c. 1312 § 1 CIC). Daneben werden Strafsicherungsmittel und Bussen angewandt, wobei Strafsicherungsmittel v.a. Straftaten vorzubeugen sollen, Bussen aber eine Strafe ersetzen oder verschärfen (§ 3).[197] Im Einzelnen:

- Zu den Besserungs- und Beugestrafen (*poenae medicinales seu censura*)[198] gehören

---

diese nicht infragestellt, mindert oder schliesst dies das Interesse an einem Ausschluss aus.

195 LÜDICKE, N. 6 zu c. 1323 a.F. CIC, mit Hinweis auf EBD., N. 4, sowie DERS., N. 13 f. (betreffend die herkömmliche Strafzwecktheorie) und N. 15–24, insb. N. 23 (betreffend die neuere Theorie) zur Einleitung vor c. 1311 a.F. CIC. Daneben bezwecken Strafen nach herrschender Auffassung auch, das Ärgernis zu beheben und die Ordnung wiederherzustellen: LÜDICKE, N. 10 zu c. 1326 a.F. CIC, mit Hinweis auf c. 1341 a.F. CIC. GRAULICH, Weg, S. 13, nennt als «die drei großen Ziele des kirchlichen Strafrechts» «die Besserung des Täters, die Wiederherstellung der Gerechtigkeit sowie die Beseitigung des Ärgernisses (die Wiedergutmachung entstandenen Schadens eingeschlossen)»; ähnlich HALLERMANN, Kontinuität, S. 37–39.

196 HALLERMANN, Kommentar zu c. 1321 § 1 CIC, und Kontinuität, S. 50 f., der jedoch einschränkt, dass die Unschuldsvermutung auch vorher, aufgrund von VAT. II, GS 41.3 (Bekenntnis zu den Menschenrechten), in Verbindung mit Art. 6 Abs. 2 EMRK (Unschuldsvermutung) schon galt, womit die jetzige Festschreibung auch eine Verheutigung (*aggiornamento*) des Strafrechts darstellt. LÜDICKE, N. 1–3 zur Einführung vor c. 1321 a.F. CIC, würdigte die kodifikatorische Umsetzung im alten Recht kritisch und hielt fest, dass das kirchliche Strafrecht grundsätzlich ein Schuldstrafrecht darstellt, womit wegen des Grundsatzes *nulla poena sine lege* (keine Strafe ohne Gesetz) ein Täter straffrei ausgeht, dem kein Vorwurf gemacht werden kann.

197 Eine kritische Würdigung der Konzeption und des Strafzwecks der kirchlichen Strafmittel findet sich bei LÜDICKE, N. 10–19 zu c. 1312 a.F. CIC.

198 Mit dem Begriff der Besserungsstrafen (*poenae medicinales*), auch «Medizinal-» oder «heilende Strafen» genannt (vgl. LÜDICKE, Terminologische Einführung vor c. 1311 a.F. CIC, Lemma «poena medicinalis»), wird «[d]er Blick [...] auf den Täter gelenkt, die Strafe als Mittel betont, die Verfehlung und Verhärtung des Täters zu beenden und ihn zur Rückkehr in die Ordnung der Kirche zu

- die Exkommunikation (*excommunicatio*; c. 1331 CIC),[199]
- das Interdikt (*interdictum*; c. 1332 CIC),[200] und
- die Suspension (*suspensio*; cc. 1333 f. CIC).[201]

---

bewegen»: LÜDICKE, N. 4 zu c. 1312 a.F. CIC. Die Medizinalstrafen werden auch als «Zensuren» bezeichnet: LÜDICKE, N. 9 zu Vor c. 1331 a.F. CIC.

199 Der CIC definiert die Exkommunikation nicht, sondern regelt nur ihre Rechtsfolgen. So ist dem Exkommunizierten untersagt, das eucharistische Opfer und andere Sakramente zu feiern (c. 1331 § 1, 1° CIC), Sakramente zu empfangen (2°), Sakramentalien zu spenden und andere Zeremonien des liturgischen Kults zu feiern (3°), irgendeinen aktiven Anteil an den vorgenannten Zelebrationen zu haben (4°), kirchliche Ämter, Aufgaben, Dienste und Funktionen auszuüben (5°) sowie Akte der Leitungsgewalt zu setzen (6°). Ist die Exkommunikation als Spruchstrafe verhängt oder als Tatstrafe festgestellt worden, muss der Täter (§ 2 Einleitungssatz) ferngehalten oder es muss von der liturgischen Handlung abgesehen werden, wenn der Täter den sakramentenrechtlichen Verboten nach § 1, 1°–4°, zuwiderhandeln will, es sei denn, es steht ein schwerwiegender Grund dagegen (1°), setzt er ungültig Akte der Leitungsgewalt, die nach § 1, 6°, unerlaubt sind (2°), ist ihm der Gebrauch vorher gewährter Privilegien untersagt (3°), erwirbt er die Bezahlung aufgrund eines rein kirchlichen Titels nicht zu eigen (4°) und zudem ist er unfähig, Ämter, Aufgaben, Dienste, Funktionen, Rechte, Privilegien und Ehrentitel zu erwerben (5°). Ausführlich zur Exkommunikation nach der g.F. HALLERMANN, Kommentar zu c. 1331 CIC; DERS., Kontinuität, S. 31 f.; daneben, mit biblischen und historischen Hinweisen zur a.F., LÜDICKE, N. 1–8 zu Vor c. 1331 a.F. CIC und N. 1–19 zu c. 1331 a.F. CIC.

200 Der Rechtsverlust des Interdizierten geht weniger weit als dasjenige des Exkommunizierten. Er hat die sakramentenrechtlichen Verbote der Exkommunikation nach c. 1331 § 1, 1°–4° CIC, zu beachten (c. 1332 § 1 CIC), wobei das Gesetz oder der Befehl das Interdikt in einer Weise umschreiben kann, dass es nur einzelne besagter Verbote umfasst, oder dem Täter andere bestimmte Rechte entzogen werden (§ 2). Auch im Fall des Interdikts muss der Täter ferngehalten oder es muss von der liturgischen Handlung abgesehen werden, wenn er den sakramentenrechtlichen Verboten zuwiderhandeln will, analog c. 1331 § 2, 1° CIC (§ 3). Ausführlich zum Interdikt HALLERMANN, Kommentar zu c. 1332 CIC, daneben LÜDICKE, N. 1–5 zu c. 1332 a.F. CIC, mit einer kritischen Würdigung der Strafe (N. 5).

201 Ausführlich zur Suspension als solcher (c. 1333 CIC) HALLERMANN, Kommentar zu c. 1333 CIC; LÜDICKE, N. 1–15 zu c. 1333 a.F. CIC; zu ihrem – durch die Erneuerung des VI. Buches nicht veränderten – Umfang (c. 1334 CIC) HALLERMANN, Kommentar zu c. 1334 CIC; LÜDICKE, N. 1–7 zu c. 1334 a.F. CIC. Die Suspension verbietet (c. 1333 § 1 Einleitungssatz CIC) alle oder einige Akte der Weihegewalt (1° – nur gegen Kleriker verhängbar), alle oder einige Akte der Leitungsgewalt (2° – gegen Kleriker oder Laien verhängbar, insofern sie bei der Ausübung von Leitungsgewalt mitwirken, vgl. c. 129 §§ 1 und 2 CIC), bzw. die Ausübung aller oder einiger der mit einem Amt verbundenen Rechte oder Aufgaben (3° – gegen Kleriker und Laien verhängbar). Im Gesetz oder im Verwaltungsbefehl kann festgelegt werden, dass nach dem Urteil oder dem De-

Die zuständige Autorität kann zu einer Beugestrafe auch jene Sühnestrafen (dazu sogleich) verhängen, welche als notwendig angesehen werden, um die Gerechtigkeit wiederherzustellen oder das Ärgernis (*scandalum*)[202] zu beheben (c. 1335 § 1 CIC).[203] Jedoch werden Beugestrafen immer dann ausgesetzt, wenn dies für das Seelenheil des Bestraften zwingend erforderlich ist (§ 2).[204] Beugestrafen (*censurae*), insbesondere die Exkommunikation (*praesertim excommunicatio*), dürfen nur mit allergrösster Zurückhaltung (*maxima cum moderatione*) und nur für Straftaten besonderer Schwere (*in sola delicta specialis gravitatis*) aufgestellt werden (c. 1318, 2. Halbsatz CIC). Exkommunikation und Interdikt können da-

---

kret, welche die Strafe verhängen oder feststellen, der Suspendierte Akte der Leitungsgewalt nicht gültig setzen kann (§ 2). Das Verbot betrifft aber niemals (§ 3 Einleitungssatz) Ämter oder Leitungsgewalt, die nicht unter der Verfügungsgewalt des Oberen stehen, der die Strafe festsetzt (1°), das Wohnrecht des Täters, wenn er es aufgrund eines Amtes hat (2°), oder das Recht, Güter zu verwalten, die etwa zum Amt des Suspendierten selbst gehören, wenn die Strafe eine Tatstrafe ist (3°). Eine Suspension, die den Empfang von Erträgen, Gehalt, Pensionen oder von anderen derartigen Einkünften verbietet, hat Restitutionspflicht für dasjenige zur Folge, was unrechtmässig angenommen wurde, sei es auch guten Glaubens (§ 4). Der Umfang der Suspension wird innerhalb der Grenzen, die durch c. 1333 CIC festgelegt sind, entweder durch Gesetz selbst oder durch Verwaltungsbefehl umschrieben oder aber durch das Strafurteil oder Dekret, mit dem die Strafe verhängt wird (c. 1334 § 1 CIC). Ein Gesetz, nicht aber ein Verwaltungsbefehl, kann eine Suspension als Tatstrafe festlegen, ohne Angabe des Umfangs oder der Begrenzung, wobei eine Strafe dieser Art alle in c. 1333 § 1 CIC erwähnten Wirkungen hat (§ 2).

202 Beim Ärgernis handelt es sich um «eine Haltung oder ein Verhalten, das den Anderen zum Bösen verleitet. Wer Ärgernis gibt, wird zum Versucher seines Nächsten. [...] Besonders schlimm ist das Ärgernis, wenn es von Respektspersonen gegeben wird oder wenn Schwache dadurch gefährdet werden»: KATECHISMUS, Nr. 2284–2287, hier 2284 f.

203 Dieser Regelungsgehalt wurde neu in den CIC aufgenommen. Ausführlicher zu dieser Bestimmung HALLERMANN, Kommentar zu c. 1335 § 1 CIC.

204 Genauerhin: Wenn eine Beugestrafe untersagt, Sakramente oder Sakramentalien zu spenden oder einen Akt der Leitungsgewalt zu setzen, wird das Verbot ausgesetzt, sooft es für das Heil der Gläubigen notwendig ist, die sich in Todesgefahr befinden; wenn eine als Tatstrafe verwirkte Beugestrafe nicht festgestellt ist, wird das Verbot ausserdem ausgesetzt, sooft ein Gläubiger um die Spendung eines Sakraments oder Sakramentale oder um einen Akt der Leitungsgewalt nachsucht; das aber zu erbitten, ist aus jedwedem gerechten Grund erlaubt (c. 1335 § 2 g.F. bzw. c. 1335 a.F. CIC). In besonderen Fällen bzw. aus wichtigem Grund geht damit das Seelenheil und die geistlichen Bedürfnisse eines Gläubigen der Strafwirkung vor. Ausführlich hierzu HALLERMANN, Kommentar zu c. 1335 § 2 CIC; LÜDICKE, N. 1–7 zu c. 1335 a.F. CIC.

bei auch als Selbstausschluss (und nicht als eigentliche Strafe) verstanden werden.[205]

- Sühne- bzw. Reinigungsstrafen (*poenae expiatoriae*; cc. 1336–1338 CIC)[206] treffen den Täter entweder auf Dauer oder für eine bestimmte oder unbestimmte Zeit (c. 1336 § 1 CIC) und stellen dar ein bestimmtes Gebot (*praescriptio*; § 2), ein Verbot (*prohibitio*; § 3), einen Rechtsentzug (*privatio*; § 4) oder die Entlassung aus dem Klerikerstand (*dimissio e statu clericali*; § 5);[207] wobei der Entzug von Rechten u.ä. begegrenzt ist (c. 1338 CIC).[208] Daneben können Sühnestrafen in Aufenthaltsver- und -geboten bestehen (c. 1337 CIC).[209] Das Gesetz kann dabei andere Sühnestrafen aufstellen, die einem Gläubigen ein geistliches oder zeitliches Gut entziehen und mit dem übernatürlichen Ziel der Kirche vereinbar sind (c. 1312 § 2 CIC).[210] Bei den Sühnestrafen steht mehr der reinigende, entsündigende Charakter im Vordergrund.[211]

---

205 Vgl. HALLERMANN, Kommentar zu c. 1331 § 1 CIC; LÜDICKE, N. 7 und 18 zur Einleitung vor c. 1311 a.F. CIC und N. 2 zu Vor c. 1331 a.F. CIC, mit weiteren Hinweisen.

206 Der vorherrschende deutschsprachige Begriff «Sühnestrafen» entspricht eigentlich der *poena vindicativa* gemäss CIC 1917. Die sprachliche Anpassung im lateinischen Text von *poena vindicativa* zu *poena expiatoria* wird deshalb passender auch als «Reinigungs-» oder «reinigende Strafen» wiedergegeben: LÜDICKE, Terminologische Einführung vor c. 1311 a.F. CIC, Lemma «poena expiatoria». Während LÜDICKE konsequent den (passenderen) Begriff «Reinigungsstrafe» verwendet (vgl. DERS., N. 2 zu c. 1336 a.F. CIC), wird in den vorliegenden Ausführungen – wie auch in den gängigen deutschsprachigen Übersetzungen – der herkömmliche, wenn auch weniger passende Begriff «Sühnestrafen» verwendet.

207 Ausführlich HALLERMANN, Kommentar zu c. 1336 CIC; vgl. auch LÜDICKE, N. 1–12 zu c. 1336 a.F. CIC. Die Geldstrafe (c. 1336 § 2, 2° CIC) ist mit der Erneuerung eingeführt worden und setzt eine entsprechende Partikularnorm durch die Bischofskonferenz voraus: HALLERMANN, Kontinuität, S. 39 f.

208 Ausführlich c. 1338 CIC sowie HALLERMANNs Kommentar hierzu, daneben auch LÜDICKE, N. 1–6 zu c. 1338 a.F. CIC.

209 Ausführlich HALLERMANN, Kommentar zu c. 1337 CIC, und, weil die g.F. der a.F. entspricht, LÜDICKE, N. 1–7 zu c. 1337 a.F. CIC.

210 Damit ist die Aufzählung der Sühne- bzw. Reinigungsstrafen in c. 1336 §§ 2–5 CIC nicht abschliessend, insofern sie durch Gesetz aufgestellt werden; bei einem Verwaltungsbefehl ist das Aufstellen weiterer Sühnestrafen ausgeschlossen: HALLERMANN, Kommentar zu c. 1336 § 1 CIC.

211 LÜDICKE, N. 5 f. zu c. 1312 a.F. CIC.

- Strafsicherungsmittel (*remedia poenalia*)[212] sind Verwarnung (*monitio*[213]) und Verweis (*correptio*;[214] c. 1339 §§ 1–4 CIC) sowie die Aufsicht bzw. Überwachung (*vigilantia*; § 5).[215] Der Verwarnung oder dem Verweis können Bussen hinzugefügt werden (c. 1340 § 3 CIC).[216] Die Strafsicherungsmittel sind keine Strafen im eigentlichen Sinn, sondern sollen Straftaten vorbeugen und spezialpräventiv wirken.[217]
- Bussen (*paenitentiae*), die im äusseren Bereich (*in foro externo*) auferlegt werden können, bestehen in der Auflage, irgendein Werk der Religion, der Frömmigkeit oder der Caritas zu verrichten (*aliquod religionis vel pietatis vel caritatis opus peragendum*; c. 1340 § 1 CIC); um den guten Ruf eines Täters zu schützen (vgl. c. 220 CIC), darf eine öffentliche Busse (*paenitentia publica*) niemals (*numquam*) auferlegt werden für eine geheime Übertretung (*transgressio occulta*; § 2).[218] Bussen bezwecken, eine Strafe zu ersetzen oder zu vergrössern;[219] sie stehen dem Bussrecht nahe.[220]

---

212 LÜDICKE, Terminologische Einführung vor c. 1311 a.F. CIC, Lemma «remedium poenale», bezeichnet «Strafsicherungsmittel» als «unverständlichen, wenn auch herkömmlichen» Begriff, und zieht die «unschöne Fassung Straf-Abhilfe» vor, weil sich der lateinische Begriff «eigentlich weder wörtlich übersetzen noch anhand seiner materiellen Bedeutung richtig formulieren» lässt.

213 Das Wort *monitio* lässt sich auch mit «Mahnung», *monere* mit «mahnen» und *admonere* mit «ermahnen» übersetzen: LÜDICKE, Terminologische Einführung vor c. 1311 a.F. CIC, Lemma «monere/admonere/monitio».

214 Das Wort *correptio* lässt sich auch mit «Tadel» übersetzen: LÜDICKE, Terminologische Einführung vor c. 1311 a.F. CIC, Lemma «correptio».

215 Ausführlich zu den Strafsicherungsmittel bzw. Straf-Abhilfen HALLERMANN, Kommentar zu c. 1339 CIC; vgl. auch LÜDICKE, N. 1–8 zu c. 1339 a.F. CIC. Dabei ist zu berücksichtigen, dass die Überwachung (§ 5) nicht in der a.F. von c. 1339 CIC vorkam, womit ein Institut aus dem CIC 1917 (dortiger c. 2311 §§ 1 f.) wiedereingeführt wurde: HALLERMANN, Kommentar zu c. 1339 § 5 CIC; DERS., Kontinuität, S. 40.

216 Damit können Bussen nicht zusätzlich zur Überwachung verhängt werden (vgl. c. 18 CIC). Ansonsten entspricht die g.F. von c. 1340 § 3 CIC der a.F.: HALLERMANN, Kommentar zu c. 1340 § 3 CIC. Vgl. zu § 3 auch LÜDICKE, N. 4 zu c. 1340 a.F. CIC.

217 HALLERMANN, Kommentar zu Vor c. 1339 CIC; LÜDICKE, N. 7 zu c. 1312 a.F. CIC und N. 8 zu c. 1339 a.F. CIC.

218 Ausführlich hierzu HALLERMANN, Kommentar zu c. 1340 §§ 1 f. CIC und, weil die g.F. unverändert der a.F. entspricht, LÜDICKE, N. 1–3 zu c. 1340 a.F. CIC.

219 HALLERMANN, Kommentar zu c. 1340 § 1 CIC; LÜDICKE, N. 8 zu c. 1312 a.F. CIC.

220 LÜDICKE, N. 15 zu c. 1312 a.F. CIC, bezweifelt, dass äusserliche «Werke der Gottesverehrung oder der Frömmigkeit am Platze sind, also Werke, deren Sinn

Hinsichtlich des Strafeintritts unterscheidet der CIC zwischen Tatstrafe und Spruchstrafe:

- Die Strafe (*poena*) ist für gewöhnlich (*ordinarie*) eine Spruchstrafe (*ferendae sententiae*)[221], sodass sie den Täter (*reus*) nur dann trifft, wenn sie verhängt (*irrogata*) ist (c. 1314, 1. Halbsatz CIC). Eine Spruchstrafe wird verhängt entweder auf dem Verwaltungsweg (d.h. ein Strafdekretsverfahren [cc. 1342 und 1720 CIC] und anschliessendes Verwaltungsdekret) oder aber auf dem Gerichtsweg (Strafprozess [cc. 1341 f. und 1721–1728 CIC] und anschliessendes Urteil).[222]
- Die Strafe ist jedoch eine Tatstrafe (*latae sententiae*)[223], wenn das Gesetz oder das Strafgebot das ausdrücklich festlegt (*si lex vel praeceptum id expresse statuat*), sodass sie von selbst (*ipso facto*) durch Begehen der Straftat eintritt (c. 1314, 2. Halbsatz CIC). Tatstrafen (*latae sententiae poenae*) sollen nicht aufgestellt werden, es sei denn etwa für einzelne, arglistig begangene Straftaten (*singularia delicta dolosa*), die ein schwereres Ärgernis (*graviori scandalo*) hervorrufen können oder denen durch Spruchstrafe (*poenae ferendae sententiae*) nicht wirksam begegnet werden kann (c. 1318, 1. Halbsatz CIC). Tatstrafen treten somit ein, auch wenn sie nicht hoheitlich verhängt worden sind, einzig kraft gesetzlicher Anordnung,[224] womit ein Täter sich auch ohne äusserliche Feststellung wie ein Bestrafter verhalten muss.[225]

---

nur erfüllt sein kann, wenn sie gerade nicht nur *in foro externo* vollzogen werden». Eine Nähe der strafrechtlichen Bussen zum Vorwurf der Werkgerechtigkeit scheint tatsächlich nicht unberechtigt.

221 Man kann Spruchstrafe näher auch als «Strafe des zu fällenden Spruches» übersetzen: LÜDICKE, Übersetzung von c. 1314 a.F. CIC.

222 HALLERMANN, Kontinuität, S. 326 f.; LÜDICKE, N. 6f zur Einleitung vor c. 1311 a.F. CIC (Überschrift «Verfahrensarten», mit dem Hinweis, dass cc. 1341–1353 CIC die Massstäbe und den Handlungsspielraum vorgeben) und N. 2 zu c. 1314 a.F. CIC.

223 Wörtlich «Strafe des gefällten Spruches»: LÜDICKE, Übersetzung von c. 1314 a.F. CIC.

224 LÜDICKE, N. 3 zu c. 1314 a.F. CIC.

225 Ausführlich LÜDICKE, N. 4–7 zu c. 1314 a.F. CIC, der u.a. auf den Anspruch des Kirchenrechts hinweist, «nicht nur ein äußeres, rechtskonformes Verhalten des Christgläubigen erzielen zu wollen, sondern eine Identifikation mit dem Recht auch auf der Ebene des Glaubens und des Gewissens» (N. 4).

Das Institut der Tatstrafe wird in der Kanonistik durchaus auch kritisch betrachtet[226] und ist dem CCEO unbekannt.[227] Der Staat kennt, in kirchenrechtlicher Begrifflichkeit, nur Spruchstrafen, keine Tatstrafen.[228]

2.3 Theologische Dimensionen von Umkehr, Busse und Versöhnung

Der Staat ist religiös und weltanschaulich neutral und kann folglich nicht beurteilen, ob die theologischen Dimensionen von Umkehr, Busse und Versöhnung zutreffen (wahr sind) oder nicht;[229] für ihn sind die nachfolgenden Ausführungen belanglos. Will man jedoch die Rechtswissenschaft und die Theologie bzw. Kanonistik in ein Gespräch bringen, ist das theologische Verständnis für die weiteren Ausführungen zu Beichte und Beichtsiegel bzw. -geheimnis gleichwohl bedeutsam.[230]

2.3.1 Im Allgemeinen

Der Ruf zur Umkehr angesichts der anbrechenden Gottesherrschaft ist biblisch grundgelegt, genauso wie der Ruf zur Versöhnung.[231] In der jungen Kir-

---

226 Ausführlich LÜDICKE, N. 8–16 zu c. 1314 a.F. CIC.

227 Der CCEO kennt nur Spruchstrafen, keine Tatstrafen (c. 1402 §§ 1 und 2 CCEO): ALTHAUS, N. 5c zur Einführung vor c. 959 CIC; HALLERMANN, Kontinuität, S. 25. Vgl. auch LÜDICKE, N. 3 zu c. 1314 a.F. CIC, der bei der Tatstrafe von «Eigengut des kanonischen Rechtes» spricht.

228 Vgl. LÜDICKE, N. 6d zur Einleitung vor c. 1311 a.F. CIC.

229 Oben, 2.2.1.1.

230 Auffällig ist beispielsweise bei KUMRAL, S. 85–91, dass Beichtsiegel und -geheimnis zwar behandelt werden, aber ohne die Beichte oder das Busssakrament in irgendeiner Form einzubetten, womit die (eigentlich kirchenrechtlichen) Ausführungen eher deskriptiv ausfallen und dadurch blutleer wirken.

231 Ausweislich Mk 1,15 betrafen bereits die ersten öffentlichen Worte Christi Jesu die Umkehr: *πεπλήρωται ὁ καιρὸς καὶ ἤγγικεν ἡ βασιλεία τοῦ θεοῦ· μετανοεῖτε καὶ πιστεύετε ἐν τῷ εὐαγγελίῳ* (Erfüllt ist die Zeit, und nahegekommen ist das Reich Gottes; kehrt um und glaubt an die frohe Botschaft!); vgl. hierzu auch Lk 3,3, alttestamtlich daneben Ez 18,23; Joël 2,12 f. Ausführlich zum Ganzen KATECHISMUS, Nr. 1425–1429; FEIER DER BUSSE, Nr. 1; ALTHAUS, N. 1a zur Einführung vor c. 959 CIC (mit Hinweis auf Mt 18,15–18; Mk 1,15; 2,5; Lk 7,34.48; Joh 20,21–23; Apg 2,38; 26,20; 2 Kor 11,18–21; Gal 6,1 f.); KLÖCKENER, S. 164; OHLY, S. 1184 f.; PESCH, S. 25–28; SCHWINDT, S. 90–105; VOLGGER, Dienst, S. 17–20. Vgl. daneben OBERFORCHER, S. 23–48, SCHWINDT, S. 80–90, und VOLGGER, Dienst, S. 15 f., welche die Sühneliturgie und die Bussfeier im Alten Testament und im Frühjudentum beleuchten, wo-

che und in den folgenden Jahrhunderten entfalteten sich die Bussformen, die Busse wurde theologisch reflektiert und auf Konzilen beraten (namentlich IV. Laterankonzil [LATERANENSE IV; 1215], Konzil von Florenz [FLORENTINUM; 1439–1445] und Konzil von Trient [TRIDENTINUM; 1545–1563]), was nur punktuell zu vertiefen sein wird.[232] Die Busstheologie erkannte in der ersten Hälfte des 20. Jh., dass die Versöhnung des Sünders mit Gott im Modus der Versöhnung mit der Kirche (ἐκκλησία) stattfindet, mithin eine ekklesiale Dimension aufweist.[233] Dabei ist die Versöhnung mit der Kirche derjenigen mit Gott vorgelagert.[234] Das Zweite Vatikanische Konzil (VATICANUM II

---

durch namentlich die jesuanische Botschaft eingebettet wird, und JOHANNES PAUL II., Reconciliatio et Paenitentia, Nr. 5, der seinem ersten Teil, «Versöhnung und Buße: Auftrag und Einsatz der Kirche», als dessen ersten Kapitel das Gleichnis vom verlorenen Sohn (Lk 15,11–32) als «Gleichnis der Versöhnung» zugrunde legt. Dieses Gleichnis griff bereits PAUL VI., Gaudete in Domino, Nr. V, auf, und wird im KATECHISMUS, Nr. 1439, besprochen, mit dem Hinweis, dass Christus Jesus damit den Weg der Umkehr und der Busse «eindrucksvoll geschildert» hat. Vgl. zum Gleichnis vom verlorenen Sohn im Zusammenhang mit dem Weg der Umkehr und der Busse auch KATECHISMUS, Nr. 1439. Mit WOLBERT, S. 38–43, ist darauf hinzuweisen, dass besagtes Gleichnis nicht zu falschverstandener Barmherzigkeit führen darf, indem ein Täter absolviert wird, ohne dass dem Opfer Gerechtigkeit widerfährt: Einerseits kann die Beziehung von Gott und Mensch nicht mit derjenigen von Mensch zu Mensch völlig gleichgesetzt werden, andererseits hat «[d]er Sohn […] – im Unterschied zu anderen Tätern – nur sich selbst geschadet und seinen Vater entehrt. Aber dieser ist nicht eigentlich ein Opfer; nur seine Reputation mag Schaden erlitten haben. Hätte derselbe Vater im Fall, dass der Sohn Unrecht oder Verbrechen an Dritten begangen und er davon gewusst hätte, genau so handeln sollen, also ihm um den Hals fallen, die Not der Geschädigten ignorieren, den Sohn aus seiner Verantwortung entlassen sollen?» FRANZISKUS, Misericordia et Misera, Nr. 1, weist auf die Ehebrecherin (Joh 8,1–11) hin, um die Barmherzigkeit Gottes gegenüber den Sündern zu beschreiben. Vgl. schliesslich FEIER DER BUSSE, Nr. 10c, und zur Versöhnung Mt 5,23–25.

232 Ausführlicher ALTHAUS, N. 1b–1d zur Einführung vor c. 959 CIC; DANNECKER, S. 150–156; OHLY, S. 1185–1187; VOLGGER, Dienst, S. 24–28; daneben ausführlich aus liturgiewissenschaftlicher Sicht MEẞNER, S. 54–69 (in der jungen Kirche) und S. 84–186 (betreffend die *paenitentia secunda*).

233 BAUMGARTNER, S. 34; DANNECKER, S. 163–165; MEẞNER, S. 185 f. und 210. Ist die Kirche *sacramentum mundi*, Heilszeichen der Welt, «sind nicht nur die einzelnen Christen und Christinnen, sondern die ganze Kirche gerufen, Umkehr und Buße zu gestalten und Versöhnung zu stiften und zu feiern»: VOLGGER, Dienst, S. 14.

234 Mit ALTHAUS, N. 1b zur Einführung vor c. 959 CIC, und OHLY, S. 1185, ist auf das altkirchliche Rekonziliationsverfahren hinzuweisen, bei der sich in der Wie-

bzw. VAT. II; 1962–1965) griff dies auf, und betonte die ekklesiale Dimension des Bussgeschehens sowie die Verbindung zwischen der *pax cum Deo* (Versöhnung mit Gott) und der *pax cum Ecclesia* (Versöhnung mit der Kirche [ἐκκλησία]).[235] Der Büsser ist damit nicht alleine, sondern die Kirche (ἐκκλησία) bittet für ihn und ist für ihn da.[236] Das Lehramt betonte den gemeinschaftlichen Charakter schon vor Jahrzehnten,[237] gleichwohl ist dieser Aspekt insbesondere in der Einzelbeichte nicht genügend spürbar.[238] Das Konzil sah es als notwendig an, «Ritus und Formeln des Bußsakramentes» so zu revidieren,

---

derversöhnung (*reconciliatio*) mit der Gemeinde (*pax cum Ecclesia*) erst die Wiederversöhnung mit Gott (*pax cum Deo*) ereignete.

235 Vgl. VAT. II, LG 11 («Die aber zum Sakrament der Buße hinzutreten, erhalten für ihre Gott zugefügten Beleidigungen von seiner Barmherzigkeit Verzeihung und werden zugleich mit der Kirche versöhnt [*simul reconciliantur eum Ecclesia*], die sie durch die Sünde verwundet haben und die zu ihrer Bekehrung durch Liebe, Beispiel und Gebet mitwirkt.»); SC 109b und, hinsichtlich der Quadragesima, SC 110; PO 5 («im Sakrament der Buße versöhnen [die Bischöfe und Priester] die Sünder mit Gott und der Kirche [*peccatores cum Deo et Ecclesia reconciliant*]»); KATECHISMUS, Nr. 1445 («Die Versöhnung mit der Kirche läßt sich von der Versöhnung mit Gott nicht trennen.»); ALTHAUS, N. 1e zur Einführung vor c. 959 CIC; AMANN, Beichtbefugnis, S. 551; BAUMGARTNER, S. 34; MEßNER, S. 210; OHLY, S. 1184.

236 VAT. II, LG 11 (die Kirche wirkt «zu ihrer [der Büsser] Bekehrung durch Liebe, Beispiel und Gebet mit[...].»). Vgl. auch FEIER DER BUSSE, Nr. 8, betreffend die Aufgabe der Gemeinde bei der Feier der Busse («Denn sie [die Gemeinde] ruft nicht nur durch die Verkündigung des Wortes Gottes zur Buße, sondern tritt auch für die Sünder ein und kommt dem, der umkehrt, mit mütterlicher Sorge und Aufmerksamkeit zu Hilfe, damit er seine Sünden einsehe und bekenne und von Gott, der allein die Macht hat, Sünden zu vergeben, Barmherzigkeit erlange.»), daneben ALTHAUS, N. 1f zur Einführung vor c. 959 CIC, mit Hinweis auf EBD. VOLGGER, Wege, S. 242–244, bespricht Wege, wie die Gemeinde für die persönliche Begleitung Gläubiger in der Quadragesima sorgen kann, insbesondere für Menschen, die besondere Schulderfahrungen gemacht haben, und dabei die Barmherzigkeit Gottes konkretisieren kann, und sieht auf S. 250 die Umkehr- und Versöhnungspastoral als Aufgabe der ganzen Gemeinde.

237 JOHANNES PAUL II., Redemptor Hominis, Nr. 20, schrieb schon 1979: «In den letzten Jahren ist viel unternommen worden, um – im Einklang übrigens mit der ältesten Tradition der Kirche – den gemeinschaftlichen Aspekt der Buße und vor allem des Bußsakramentes im praktischen Leben der Kirche gebührend herauszustellen.»

238 Dies ist bereits durch die liturgische Feier (Form A) gegeben, in der sich nur Beichtvater und Pönitent anonym im Beichtstuhl begegnen (vgl. FEIER DER BUSSE, Nr. 15–21 und 41–47). Auch für LENZ, S. 173, kommt der Gemeinschaftscharakter bei der Einzelbeichte zu kurz; besser geeignet sei der Bussgottesdienst.

«daß sie Natur und Wirkung des Sakramentes deutlicher ausdrücken.»[239] Die Vorarbeiten und die Ausarbeitung des ORDO PAENITENTIAE von 2. Dezember 1973 sind vorliegend nicht zu vertiefen,[240] ebenso wenig wie die Arbeiten der Codex-Reformkommission 1971/72 und 1977.[241] Der ORDO bzw. seine deutsche Übersetzung, die Studienausgabe «Die Feier der Busse» (nachfolgend: «FEIER DER BUSSE») von 1974, ist weiterhin massgebend.[242] Er betont neben der ekklesiologischen Dimension der Busse auch die soteriologische.[243] In der Liturgiewissenschaft findet man den ORDO nicht vollumfänglich gelungen.[244]

---

239 VAT. II, SC 72. Vgl. ALTHAUS, N. 1e zur Einführung vor c. 959 CIC und N. 1a zu c. 960 CIC; BAUMGARTNER, S. 33 f.; HEINZ, S. 61 f.; MEẞNER, S. 211.

240 Hierzu BAUMGARTNER, S. 34 f.; MEẞNER, S. 211–215; VOLGGER, Wesen, S. 127–129. Vgl. auch ALTHAUS, N. 1a zu c. 960 CIC. Es ist jedoch darauf hinzuweisen, dass die pastoralen Normen Sacramentum paenitentiae der GLAUBENSKONGREGATION von 1972 den Geist des TRIDENTINUM atmen und zeitlich unmittelbar vor dem ORDO PAENITENTIAE erlassen wurden. Die GLAUBENSKONGREGATION, ebd., Nr. I, betonte, dass nach wie vor an der Lehre des TRIDENTINUM festzuhalten ist (*Firmiter tenenda et fideliter in praxi applicanda manet doctrina S. Concilii Tridentini.*). Vgl. zu den pastoralen Normen auch ALTHAUS, N. 1a zu c. 960 CIC.

241 Hierzu ALTHAUS, N. 2a zur Einführung vor c. 959 CIC.

242 ALTHAUS, N. 1f zur Einführung vor c. 959 CIC und N. 1c zu Vor c. 960 CIC; BAUMGARTNER, S. 51–56. Ein Überblick über die FEIER DER BUSSE findet sich bei BAUMGARTNER, S. 36–41, und VOLGGER, Wesen, S. 129–131. Zur Rezeption in den deutschsprachigen Ländern BAUMGARTNER, S. 41–51.

243 FEIER DER BUSSE, Nr. 1 und 7 («Nicht nur der Schaden, den die Sünde im Leben der einzelnen und der Gemeinschaft anrichtet, ist verschiedenartig und vielfältig, sondern auch das Heilmittel der Buße: Wer sich durch schwere Sünde von der Gemeinschaft der Liebe Gottes getrennt hat, wird durch das Bußsakrament zum Leben gerufen, das er verloren hatte. Wer aber in leichte Sünde fällt und täglich seine Schwachheit erfährt, der gewinnt aus der wiederholten Feier der Buße Kraft, um zur vollen Freiheit der Kinder Gottes zu gelangen.»); ALTHAUS, N. 1f zur Einführung vor c. 959 CIC (mit dem Hinweis, dass die heilsvermittelnde Funktion der Kirche auch in der Lossprechungsformel ausgedrückt wird); VOLGGER, Wege, S. 242 («Wer die Beziehung mit Christus, dem Auferstandenen, findet, hat ewiges Leben als Vorweggabe schon im Hier und Jetzt.»).

244 So BAUMGARTNER, S. 35, weil «der biblische, vor allem paulinische Akzent der Theologie der Versöhnung [...] letztlich doch von der klassischen scholastischen Theologie des Bußsakramentes überformt» wird; MEẞNER, S. 217–219 («Die Ambiguität der Pastoralen Einführung»); VOLGGER, Dienst, S. 28 f., wonach der ORDO PAENITENTIAE die Ziele von VAT. II, SC 72, nicht erfüllt, weil er der ekklesialen Dimension nicht genügend Raum gibt.

Umkehr, Busse und Versöhnung sind eng miteinander verbunden.[245] Busse und Versöhnung hängen untrennbar zusammen, und zugleich ist die Versöhnung eine «Frucht der Umkehr».[246] In jüngster Zeit wird auch lehramtlich ver-

---

245 Vgl. JOHANNES PAUL II., Reconciliatio et Paenitentia, Nr. 4: «Der Ausdruck und der Begriff der Buße selbst sind sehr vielschichtig. Sehen wir sie mit der *Metánoia* verbunden, wie die Synoptiker sie darstellen, so bezeichnet Buße die innere Umkehr des Herzens unter dem Einfluß des Wortes Gottes und mit dem Blick auf das Reich Gottes [mit Hinweis auf Mt 4,17; Mk 1,15]. Buße bedeutet aber auch, *das Leben zu ändern* in Übereinstimmung mit der Umkehr des Herzens; in diesem Sinne wird das ‹Buße tun› dadurch ergänzt, daß ‹würdige Früchte der Buße› hervorgebracht werden [vgl. Lk 3,8]: Die ganze Existenz wird in die Buße einbezogen, das heißt, sie ist bereit, beständig zum Besseren voranzuschreiten. Buße tun ist allerdings nur dann echt und wirksam, wenn es sich in *Akten und Taten der Buße* konkretisiert. In diesem Sinne bedeutet Buße im theologischen und geistlichen christlichen Sprachgebrauch *Aszese*, das heißt die *konkrete und tägliche Anstrengung* des Menschen, mit Hilfe der Gnade Gottes sein Leben um Christi willen zu verlieren, als einzige Weise, es wirklich zu gewinnen [vgl. Mt 16,24–26; Mk 8,34–36; Lk 9,23–25]; den *alten Menschen* abzulegen und den *neuen Menschen* anzuziehen [vgl. Eph 4,23 f.]; alles in sich zu überwinden, was *‹fleischlich›* ist, damit das *‹Geistliche›* sich durchsetze [vgl. 1 Kor 3,1–20]; beständig von den irdischen Dingen hinaufzustreben zu den himmlischen, wo Christus ist [vgl. Kol 3,1 f.]. Buße ist also eine Umkehr, die vom Herzen hin zu den Taten geht und daher das gesamte Leben des Christen erfaßt. [*Itaque paenitentia est* conversio, *quae, e* corde erumpens, *transfertur in* opera *ideoque* in totam vitam *christianorum.*] In allen diesen Bedeutungen ist *Buße* eng mit *Versöhnung* verbunden; denn sich mit Gott, mit sich selbst und mit den anderen zu versöhnen, setzt voraus, daß man jenen radikalen Bruch überwindet, den die Sünde darstellt. Dies geschieht nur durch eine innere Wandlung oder *Umkehr*, die sich durch Bußakte im täglichen Leben auswirkt.» Vgl. auch PESCH, S. 7 («Buße ist die Rückseite des Glaubens: Umkehr und Abkehr von den ungläubigen Verhaltensmustern des Sehens und Handelns.») und 29–41.

246 JOHANNES PAUL II., Reconciliatio et Paenitentia, Nr. 4, der auch schreibt: «Versöhnung wird notwendig, weil es einen Bruch durch die Sünde gegeben hat, aus dem sich alle weiteren Formen einer Spaltung im Inneren des Menschen und in seiner Umgebung herleiten. Damit die Versöhnung vollständig sei, muß sie also notwendigerweise die Befreiung von der Sünde bis in ihre tiefsten Wurzeln umfassen. So sind *Umkehr* und *Versöhnung* durch ein inneres Band eng miteinander verbunden: Es ist unmöglich, diese beiden Wirklichkeiten voneinander zu trennen oder von der einen zu sprechen und die andere zu verschweigen.» Vgl. auch SCHWINDT, S. 79 f.

mehrt die Barmherzigkeit Gottes betont, die in der Busse erfahrbar ist.[247] Damit hat die Barmherzigkeit «auch das Gesicht des *Trostes*.»[248]

Die Busse muss innerlich sein, denn ohne Bekehrung des Herzens (*conversio cordis*) bleiben äussere Busswerke «unfruchtbar und unehrlich» (*infructuosa et mendacia*).[249] Die innere Busse besteht in einer «radikale[n] Neuausrichtung des ganzen Lebens, Rückkehr, Umkehr zu Gott aus ganzem Herzen, verbunden mit einer Abneigung gegen die bösen Taten, die wir begangen haben».[250] Die *conversio cordis* ist begleitet von «heilsame[m] Schmerz und heilender Traurigkeit» (Seelenschmerz, *animi cruciatus*, und Herzensreue, *compunctio cordis*[251]).[252] Die Umkehr ist dabei ein Werk der Gnade Gottes, welcher die

247 Z.B. FRANZISKUS, Misericordia et Misera, Nr. 2. Vgl. auch BENEDIKT XVI., Generalaudienz (Beichte als «die Begegnung mit Gott, der für uns zur unendlichen Barmherzigkeit geworden ist»); KLÖCKENER, S. 161 und 164 f.; zur Erfahrung von Barmherzigkeit auch VOLGGER, Wege, S. 243.

248 FRANZISKUS, Misericordia et Misera, Nr. 13 f.

249 «Die innere Umkehr drängt jedoch dazu, diese [innere] Haltung in sichtbaren Zeichen, in Handlungen und Werken der Buße zum Ausdruck zu bringen»: KATECHISMUS, Nr. 1430. Damit ist letztlich eine blosse Werkgerechtigkeit erfolglos. Vgl. auch EBD., Nr. 1873 («Die Wurzel aller Sünden liegt im Herzen des Menschen. Ihre Art und ihre Schwere werden hauptsächlich nach ihrem Objekt bestimmt.») und, zur Läuterung des Herzens (*purificatio cordis*), Nr. 2517–2519.

250 KATECHISMUS, Nr. 1431. SABERSCHINSKY, S. 202, beschreibt «Umkehr» als Kurskorrektur, welche die «Elemente des Sich-gewahr-Werdens des falschen Handelns und die Einsicht in das Fehlgeleitet-Sein» beinhaltet.

251 Der Begriff *compunctio* meint nicht nur die Reue, sondern wörtlicher den «Stich» bzw. «Einstich». Damit meint die Herzensreue (*compunctio cordis*) den Stich bzw. Einstich in das Herz, was den Charakter des Schmerzes und der Traurigkeit im Deutschen treffender wiedergibt.

252 KATECHISMUS, Nr. 1431. Vgl. auch VOLGGER, Wege, S. 236 (mit Hinweis auf Petrus in Mt 26,75 *parr.*): «Scham und Reue können Tränen bewirken, die als besondere Gabe, dem Wasser der Taufe gleich, Sünden abwaschen, weil damit neues Leben in Blick kommt.» KATECHISMUS, Nr. 1429, verweist auf den Hl. Ambrosius, der von den «zwei Arten der Umkehr» sprach; «in der Kirche gebe es ‹das Wasser und die Tränen: das Wasser der Taufe und die Tränen der Buße›»; vgl. zur Wiedergeburt in der Taufe und die Wiedererlangung der Gnade durch die «Tränen der Buße» auch HEINZ, S. 62. Den Aspekt der Barmherzigkeit betont KLÖCKENER, S. 165: «Taufe und Buße sind in ihrer ganzen Komplexität also Ausdruck der Barmherzigkeit Gottes, dem es darum geht, den Menschen die Teilhabe am Pascha-Mysterium, am Erlösungswerk in Christus zu schenken. Dabei ist der Mensch zu radikalen Lebensentscheidungen aufgerufen, zunächst im Blick auf sein irdisches Leben, letztlich aber in eschatologischer Erwartung des Reiches Gottes.»

Kraft zum Neubeginn gibt,[253] und ist pneumatisch gewirkt.[254] Der CIC hält – systematisch jedoch unter den Busstagen (cc. 1249–1253 CIC)[255] – fest, dass alle Gläubigen (*omnes christifideles*), jeder auf seine Weise, aufgrund göttlichen Gesetzes (*ex lege divina*) gehalten sind, Busse zu tun (*paenitentiam agere*; c. 1249, 1. Halbsatz CIC). Die Busse ist dabei nicht individuell, sondern sie hat auch aus Sicht des Kirchenrechts immer eine ekklesiale Dimension.[256]

2.3.2 Formen der Busse

Entgegen den (berechtigten) Anfragen aus der Liturgiewissenschaft[257] wird im Folgenden an der klassischen Einteilung zwischen Busssakrament (als

---

253 KATECHISMUS, Nr. 1432, mit Hinweis auf Klgl 5,12.

254 KATECHISMUS, Nr. 1433. Vgl. auch PAUL VI., Paenitemini, Kp. I; KATECHISMUS, Nr. 1426 («Die Umkehr zu Christus, die Wiedergeburt aus der Taufe, ist Gabe des Heiligen Geistes, der Empfang des Leibes und des Blutes Christi als Nahrung haben uns ‹heilig und untadelig ... vor Gott› (Eph 1,4) gemacht, so wie die Kirche selbst, die Braut Christi, ‹heilig› und ‹makellos› ist (Eph 5,27).»); FEIER DER BUSSE, Nr. 2.

255 Das Buch IV, Heiligungsdienst der Kirche (cc. 834–1253 CIC), besteht aus drei Teilen: Teil I (cc. 840–1165 CIC) betrifft die Sakramente, Teil II (cc. 1166–1204 CIC) die sonstigen gottesdienstlichen Handlungen, d.h. die Sakramentalien (Titel I, cc. 1166–1172 CIC), die Feier des Stundengebets (Titel II, cc. 1173–1175 CIC), das kirchliche Begräbnis (Titel III, cc. 1176–1185 CIC), die Heiligen-, Bilder- und Reliquienverehrung (Titel IV, cc. 1186–1190 CIC) sowie Gelübde und Eid (Titel V, cc. 1191–1204 CIC), schliesslich Teil III die heiligen Orte und Zeiten (cc. 1205–1253 CIC), bestehend aus den heiligen Orten (Titel I, cc. 1205–1243 CIC) und den heiligen Zeiten (Titel II, cc. 1244–1253 CIC), d.h. aus den Feiertagen (Kapitel I, cc. 1246–1248 CIC) und den Busstagen (Kapitel II, cc. 1249–1253 CIC).

256 So werden, damit sich alle Gläubigen durch eine bestimmte gemeinsame Beachtung der Busse miteinander verbinden (*inter se coniungantur*), Busstage vorgeschrieben, an welchen sich die Gläubigen in besonderer Weise dem Gebet widmen, Werke der Frömmigkeit und der Caritas verrichten, sich selbst verleugnen, indem sie die ihnen eigenen Pflichten getreuer erfüllen und besonders Fasten und Abstinenz halten (c. 1249, 2. Halbsatz CIC). Vgl. auch KATECHISMUS, Nr. 1429; SEBOTT, S. 1117 f.

257 DANNECKER, S. 161 f.; LENZ, S. 171 («Auch wenn sie vielleicht nicht ganz in das scholastische Sakramentenschema passen und keine Sakramente sind, aber sakramental (im Sinne der Sakramentalien) sind diese verschiedenen Riten sicher.»); MEẞNER, S. 20 («Ob solche Riten» – d.h. die «Realisierungsweisen von Buße und Vergebung im Leben der Kirche, besonders in deren liturgischen Feiern» – «als ‹sakramental› zu betrachten sind oder nicht, ist eine anachronistische Frage, deren Beantwortung von einer recht willkürlichen Bestimmung eines Begriffs von ‹Sakramentalität› abhängt.»); VOLGGER, Wege, S. 250. Ähn-

Sakrament) und den aussersakramentalen Bussformen (als Sakramentalien[258]) unterschieden, weil dies der Regelung im CIC entspricht.[259]

2.3.2.1 Das Busssakrament im Allgemeinen (c. 959 CIC)

Liturgische Handlungen sind nie Privatgeschehen, sondern immer Feiern der gesamten Kirche (ἐκκλησία; c. 837 CIC).[260] Dies gilt insbesondere auch für

---

lich auch JEGGLE-MERZ, S. 122 («[l]iturgisches Leben der Einzelnen und der Gemeinschaft der Kirche, spirituelles Tun der Gläubigen erschöpft sich nicht in der Feier der Sakramente»). Wie schwierig es ist, aus liturgietheologischer Sicht Sakramente und Sakramentalien eindeutig zu unterscheiden, zeigt sich in VAT. II, SC 59–61. Vgl. REINHARDT, S. 1433, zur Unterscheidung von Sakrament und Sakramentalie.

258 Zu den Sakramentalien VAT. II, SC 59–61; cc. 1166–1172 CIC; REINHARDT, S. 1433–1436.

259 OHLY, S. 1185 Fn. 4 (mit Hinweis auf KATECHISMUS, Nr. 1430–1439, und cc. 1249–1253 CIC), schreibt von vielfältigen Formen der Busse, «die innere und äußere Grundhaltung des Christen im Leben mit Gott, ohne jedoch das Bußsakrament zu ersetzen», womit auch hier klar wird, dass das Kirchenrecht vom liturgiewissenschaftlichen Standpunkt abweicht.

260 Die liturgischen Handlungen sind nicht private Handlungen, sondern Feiern der Kirche selbst, die das «Sakrament der Einheit» ist (*actiones liturgicae non sunt actiones privatae, sed celebrationes Ecclesiae ipsius, quae est «unitatis sacramentum»*), als das unter den Bischöfen geeinte und geordnete heilige Volk (*plebs sancta*); die liturgischen Handlungen gehen daher den ganzen Leib der Kirche (*universum corpus Ecclesiae*) an, stellen ihn dar und erfüllen ihn; seine einzelnen Glieder aber berühren sie in unterschiedlicher Weise gemäss der Verschiedenheit der Weihen, der Aufgaben und der tatsächlichen Teilnahme (c. 837 § 1 CIC). Da die liturgischen Handlungen ihrer Natur nach eine gemeinsame Feier verlangen, sind sie nach Möglichkeit unter zahlreicher und tätiger Beteiligung (*participatio frequentia et actuosa*) der Gläubigen zu vollziehen (§ 2). Vgl. hierzu auch VAT. II, SC 26 und LG 11; DANNECKER, S. 149 (der auf die gemeinschaftliche Dimension von Schuld, Busse und Versöhnung hinweist); JEGGLE-MERZ, S. 96 (mit Hinweis auf VAT. II, SC 14 und 48); OHLY, S. 1188 («Missverständnis der Einzelbeichte als rein privates Geschehen») und 1895 f.; VOLGGER, Wege, S. 240 («Es kann an dieser Stelle auch daran erinnert werden, dass alles Geschehen der Liturgie Tun Christi und seiner Kirche ist, Zuwendung seiner lebendigen Gegenwart. Insofern Christus selbst handelt und wirkt, ist die im Einzel- wie im Gesamtereignis der Liturgie erfahrene Christusbeziehung der je neue Impuls, sich versöhnend und liebend, wohlwollend und in Treue auf die Verwirklichung des Gebotes der Gottes- und Nächstenliebe sowie auf die Liebe zu sich selbst einzulassen.»). Vgl. daneben auch VAT. II, SC 7, mit Hinweis auf Mt 18,20 (Wo zwei oder drei versammelt sind in meinem Namen, da bin ich mitten unter ihnen) – auch bei einer Feier der Einzelbeichte sind zwei im Namen Christi versammelt, womit Christus mitten unter ihnen ist.

die Feier des Busssakraments.[261] Durch die Initiationssakramente (Taufe, Firmung, Eucharistie) erhält ein Mensch das neue Leben in Christus.[262] Mit den beiden Sakramenten der Heilung, dem Busssakrament und der Krankensalbung, wird das Heilswerk angesichts von Sünde, Krankheit und Tod fortgesetzt.[263]

---

261 So OHLY, S. 1200, wonach das Busssakrament «mehr als alle anderen sakramentalen Feiern der Kirche durch die persönliche Begegnung zwischen Christus und dem einzelnen Menschen geprägt ist». Vgl. auch JOHANNES PAUL II., Reconciliatio et Paenitentia, Nr. 31, III (das persönliche Bekenntnis als «Zeichen der Begegnung des Sünders mit der vermittelnden Kirche in der Person des Beichtvaters, Zeichen seiner Selbsterkenntnis als Sünder im Angesicht Gottes und der Kirche sowie Zeichen dafür, daß er vor Gott mit sich selbst ins klare kommt.»); DERS., Redemptor Hominis, Nr. 20 (das Recht auf individueller Beichte als «das Recht zu einer mehr persönlichen Begegnung des Menschen mit dem gekreuzigten Christus, der verzeiht, mit Christus, der durch den Spender des Sakramentes der Versöhnung sagt: ‹Deine Sünden sind dir vergeben›; ‹Geh und sündige von jetzt an nicht mehr›. Offenkundig ist es gleichzeitig auch das Recht Christi selbst hinsichtlich eines jeden Menschen, der von ihm erlöst worden ist. Es ist das Recht, jedem von uns in jenem entscheidenden Augenblick des Lebens der Seele, nämlich dem der Bekehrung und des Verzeihens, zu begegnen.»); FRANZISKUS, Misericordia et Misera, Nr. 8 («Im Sakrament der Vergebung zeigt Gott den Weg der Umkehr zu ihm und lädt dazu ein, wieder seine Nähe zu erfahren.»); OHLY, S. 1190, mit Hinweis auf JOHANNES PAUL II., ebd.

262 KATECHISMUS, Nr. 1420; OHLY, S. 1184 (mit Hinweis auf Gal 2,19 f. und c. 842 § 2 CIC). «Taufe, Firmung und Erstkommunion sind in der römisch-katholischen Kirche schon seit langem in einzelne Initiationssakramente getrennt. Ihre Einheit wird kaum mehr verstanden. Noch weniger wird erfahren, dass nicht die Firmung den Abschluss der Eingliederung in die Kirche darstellt, sondern die Eucharistie, also die Eingliederung in die Altargemeinschaft, den Höhepunkt im Prozess der Christwerdung»: JEGGLE-MERZ, S. 110.

263 KATECHISMUS, Nr. 1421, führt aus: «Der Herr Jesus Christus, der Arzt unserer Seelen und unserer Leiber, der dem Gelähmten die Sünden vergeben und ihm wieder die Gesundheit geschenkt hat [vgl. Mk 2,1–12], will, daß seine Kirche in der Kraft des Heiligen Geistes sein Heilungs- und Heilswerk fortsetzt. Dessen bedürfen auch ihre eigenen Glieder. Dazu sind die beiden Sakramente der Heilung da: das Bußsakrament und die Krankensalbung.» Vgl. hierzu auch die Systematik des Kapitels über die Sakramente der Heilung (KATECHISMUS, Nr. 1420–1531, daneben Nr. 1420 f.) wo das «Sakrament der Buße und der Versöhnung» (*sacramentum poenitentiae* [sic, mit «oe»] *et reconciliationis*) unter den «Sakramenten der Heilung» (*sacramenta sanationis*) behandelt wird, bestehend aus dem Busssakrament (*sacramentum poenitentiae*, mit «oe») und der Krankensalbung (*unctio infirmorum*). Vgl. ebenfalls FRANZISKUS, Misericordia et Misera, Nr. 5 («Im gesamten sakramentalen Leben wird uns die Barmherzigkeit reichlich geschenkt. Es ist durchaus nicht bedeutungslos, dass die Kirche in der

Im Busssakrament («Sakrament der Versöhnung» bzw. «Sakrament der Vergebung») wird der Moment gefeiert, «in dem wir die Umarmung des Vaters spüren, der uns entgegenkommt, um uns die Gnade zurückzugeben, wieder seine Kinder zu sein.»[264] In ihm (*in sacramento paenitentiae*) erlangen die Gläubigen, die ihre Sünden (*peccata*) bereuen und mit dem Vorsatz zur Besserung dem rechtmässigen Spender bekennen, durch die von diesem [Spender] erteilte Absolution von Gott die Verzeihung ihrer Sünden, die sie nach der Taufe begangen haben; zugleich (*simul*) werden sie mit der Kirche versöhnt, die sie durch ihr Sündigen verletzt haben (c. 959 CIC). In dieser Einleitungsbestimmung (c. 959 CIC) werden vorrangig theologische Aussagen getroffen, ohne sie theologisch zu definieren.[265] Daneben spricht sie verschiedene rechtliche Sachverhalte und Umstände an, die später entfaltet werden.[266] Eine vergleichbare Grundsatzbestimmung fand sich bereits im alten Recht,[267] jedoch ohne

---

Formulierung der beiden Sakramente der ‹Heilung›, also der *Versöhnung* und der *Krankensalbung*, einen ausdrücklichen Verweis auf die Barmherzigkeit machen wollte.»); DERS., Misericordiae Vultus; FEIER DER BUSSE, Nr. 1; JEGGLE-MERZ, S. 120–122 (mit dem Hinweis, dass die Krankensalbung als «Ort der Begegnung mit Christus» und als «Dienst am Leben» zu verstehen ist, während das eigentliche Sterbesakrament weiterhin das Viaticum ist); OHLY, S. 1184.

264 FRANZISKUS, Misericordia et Misera, Nr. 8. Vgl. DERS., Evangelii Gaudium, Nr. 44: «Die Priester erinnere ich daran, dass der Beichtstuhl keine Folterkammer sein darf, sondern ein Ort der Barmherzigkeit des Herrn, die uns anregt, das mögliche Gute zu tun. Ein kleiner Schritt inmitten großer menschlicher Begrenzungen kann Gott wohlgefälliger sein als das äußerlich korrekte Leben dessen, der seine Tage verbringt, ohne auf nennenswerte Schwierigkeiten zu stoßen. Alle müssen von dem Trost und dem Ansporn der heilbringenden Liebe Gottes erreicht werden, der geheimnisvoll in jedem Menschen wirkt, jenseits seiner Mängel und Verfehlungen.» Vgl. auch KLÖCKENER, S. 164 f., der die Barmherzigkeit Gottes in der Busse betont.

265 Ähnlich, wie dies bei den Einleitungsbestimmungen anderer Sakramente geschieht (vgl. cc. 849, 879, 897–899, 998, 1008 und 1055 CIC): ALTHAUS, N. 2 zu c. 959 CIC.

266 Das Bekenntnis der Sünden (cc. 960 f. CIC) gegenüber einem rechtmässigen Spender (cc. 965–976 und 991 CIC); die Pflicht, schwere Sünden zu bekennen, die noch nicht sakramental vergeben sind, und eine Empfehlung hinsichtlich leichter Sünden (c. 988 CIC); die richtige Disposition, d.h. Reue und Vorsatz zur Besserung (c. 987 CIC): ALTHAUS, N. 2 zu c. 959 CIC. Bemerkenswert ist dabei, dass c. 959 CIC von «Sünden» (*peccata*) spricht, ohne sie als schwer oder lässlich zu werten (anders als cc. 960, 962 § 1, 963, 988 § 1 und 989 CIC, die sich auf die schweren Sünden beziehen, und c. 988 § 2 CIC betreffend die lässlichen Sünden).

267 «Im Sakrament der Buße werden dem richtig disponierten Gläubigen durch richterliche Lossprechung, vom rechtmäßigen Spender erteilt, die nach der

die ekklesiale Dimension aufzunehmen.[268] Das heutige Recht spricht zudem nicht mehr heilsindividualistisch einen Gerichtscharakter an.[269] Vor diesem Hintergrund kann der liturgiewissenschaftliche Standpunkt, wonach die Versöhnung mit Gott im Modus der Versöhnung mit der Kirche stattfindet, nun auch kirchenrechtlich bejaht werden. Wenn aber die Versöhnung mit der Kirche (*pax cum Ecclesia*) auch die Versöhnung mit Gott (*pax cum Deo*) bewirkt, ist für den Pönitenten so lange keine Versöhnung mit Gott möglich, wie er sich mit der Kirche (ἐκκλησία) nicht versöhnt hat.

Der CCEO kennt eine sprachlich wie theologisch-inhaltlich ausführlichere Fassung,[270] die das Wirken des Hl. Geistes, den Dienst des Priesters (statt des rechtmässigen Spenders) und die Annahme der Genugtuung bezeichnet, und daneben auf das ekklesiale und moralische Ziel des Busssakraments hinweist.[271]

Taufe begangenen Sünden nachgelassen» (c. 870 CIC 1917, zit. nach ALTHAUS, N. 1a zu c. 959 CIC).

268 Die Codex-Reformkommission war sich 1971/72 einig, die ekklesiale Dimension gemäss VAT. II, LG 11, auszudrücken. Sie ersetzte die Wendung *reconciliatio cum Ecclesia* durch *pax cum Ecclesia*, «weil die Versöhnung durch die Vermischung mit der *reconciliatio* Exkommunizierter zu vermeiden sei»: ALTHAUS, N. 1b zu c. 959 CIC.

269 ALTHAUS, N. 1a und 2 zu c. 959 CIC, mit Hinweis auf c. 870 CIC 1917. Vgl. auch DERS., N. 3 zu c. 966 CIC, wonach die Notwendigkeit einer Beichtbefugnis früher mit der Absolution als einen Akt richterlicher Gewalt begründet wurde, während heute mit der Befugnis die Eignung als Seelsorger im Vordergrund steht.

270 Im Sakrament der Busse erlangen die Christgläubigen (*christifideles*), die, wenn sie nach der Taufe Sünden begangen haben, vom Heiligen Geist zu Gott geführt, sich im Herzen wandeln (*ad Deum a Spiritu Sancto ducti corde convertuntur*) und, vom Schmerz über die Sünden bewegt, den Vorsatz zu einem neuen Leben fassen (*dolore de peccatis moti propositum novae vitae ineunt*), durch den Dienst des Priesters nach dem ihm abgelegten Bekenntnis und der Annahme einer angemessenen Genugtuung die Verzeihung von Gott und werden zugleich mit der Kirche versöhnt, die sie durch das Sündigen verletzt haben; auf diese Weise trägt das Sakrament sehr viel zur Förderung des christlichen Lebens bei und disponiert zum Empfang der Göttlichen Eucharistie (c. 718 CCEO).

271 ALTHAUS, N. 2 zu c. 959 CIC. Vgl. auch FEIER DER BUSSE, Nr. 6d («der Heilige Geist heiligt von neuem seinen [d.h. des Pönitenten] Tempel oder wohnt in größerer Fülle in ihm [dem Pönitenten]»).

2.3.2.2 Kodifikatorische Formen des Busssakraments

Der CIC kennt das Busssakrament zufolge seiner Systematik in drei Ausgestaltungen:

- Die Einzelbeichte (c. 960 CIC). Sie stellt bei schweren Sünden (*peccata gravia*) den einzigen ordentlichen Weg (*unicus modus ordinarius*) dar, auf dem ein Gläubiger mit Gott und der Kirche (ἐκκλησία) versöhnt wird (*cum Deo et Ecclesia reconciliatur*; c. 960 CIC).[272]
- Die Generalabsolution (cc. 961–963 CIC), die im Mittelalter sehr verbreitet war und vornehmlich für lässliche Sünden gesprochen wurde.[273] Sie wurde durch das VAT. II wiederentdeckt[274] und hernach in den CIC aufgenommen.[275] Sie stellt den ausserordentlichen Weg zur Versöhnung mit Gott und der Kirche (ἐκκλησία) dar.[276] In ihr erteilt ein Beichtvater (*sacerdos* mit *facultas*)[277] mehreren Pönitenten gleichzeitig, ohne vorangegangenes persönliches Bekenntnis, die Absolution in allgemeiner Weise (c. 961 § 1, Einleitungssatz CIC). Ihre Spendung unterliegt hohen Hürden und ist an Todesgefahr (*periculum mortis*) oder eine schwere Notlage (*gravis necessitas*) gebunden.[278] Keine Notlage liegt vor, wenn zu wenige

---

272 Auf die Einzelbeichte ist unten (3.) ausführlich einzugehen.

273 MEßNER, S. 81.

274 Der CIC 1917 hatte weder Bestimmungen über die Generalabsolution noch inhaltlich vergleichbaren Kapitel: ALTHAUS, N. 2 zu Vor c. 960 CIC. Vgl. auch MEßNER, S. 82, wonach die «faktische Monopolisierung des Bußsakramentes [...] erst in der nachtridentinisch-gegenreformatorischen Epoche der Kirchengeschichte [erfolgte].»

275 Die Codex-Reformkommission sah bereits im November 1971 die Notwendigkeit, die Generalabsolution einschlägig zu regeln, «jedoch unter Wahrung der Vorgaben des Konzils von Trient, daß alle Todsünden zu beichten seien»: ALTHAUS, N. 1b zu Vor c. 960 CIC.

276 Vgl. c. 960 CIC, wonach die Einzelbeichte den einzigen ordentlichen Weg darstellt (*unicus modus ordinarius*), und OHLY, S. 1190. Eine andere Blickrichtung wählt VOLGGER, Wege, S. 246, wenn er schreibt, die Einzelbeichte sei «der erklärte Modus der Versöhnung des in schwere Schuld und Sünde verstrickten Menschen mit Gott.»

277 Hierzu unten, 3.1.3.1.

278 Entweder, wenn Todesgefahr besteht und für den oder die Priester die Zeit, die Bekenntnisse der einzelnen Pönitenten zu hören, nicht ausreicht (c. 961 § 1, 1° CIC), oder, wenn eine schwere Notlage besteht, d.h., wenn unter Berücksichtigung der Zahl der Pönitenten nicht genügend Beichtväter vorhanden sind, um die Bekenntnisse der einzelnen innerhalb einer angemessenen Zeit ordnungsgemäss zu hören, sodass die Pönitenten ohne eigene Schuld gezwungen wären, die sakramentale Gnade oder die heilige Kommunion längere Zeit zu

Priester und zu viele Beichtwillige vorhanden sind wie namentlich bei einer Wallfahrt.[279] Das höchste Lehramt hat den Gebrauch der Generalabsolution zugunsten der Einzelbeichte stark eingeschränkt.[280] Damit ein Gläubiger im Rahmen einer Generalabsolution die sakramentale Absolution gültig (!) empfängt (*valide fruatur*), ist nicht nur erforderlich, dass er recht disponiert (*apte dispositus*) ist; er muss sich vielmehr gleichzeitig auch vornehmen, seine schweren Sünden (*peccata gravia*), die er gegenwärtig nicht auf diese Weise bekennen kann, zu gebotener Zeit einzeln zu beichten (c. 962 § 1 CIC).[281] Derjenige, dem durch die Generalabsolution schwere Sünden (*gravia peccata*) vergeben werden, hat – unabhängig von seiner Pflicht, schweren Sünden wenigstens einmal im Jahr aufrichtig zu bekennen (c. 989 CIC) – bei nächstmöglicher Gelegenheit, so-

---

entbehren; als ausreichend begründete Notlage gilt aber nicht, wenn allein aufgrund eines grossen Andrangs von Pönitenten, wie er bei einem großen Fest oder einer Wallfahrt vorkommen kann, nicht genügend Beichtväter zur Verfügung stehen können (2°). Das Urteil darüber, ob die für eine schwere Notlage erforderlichen Voraussetzungen gegeben sind, steht dem Diözesanbischof zu; dieser kann unter Berücksichtigung der Kriterien, die mit den übrigen Mitgliedern der Bischofskonferenz abgestimmt sind, feststellen, wann solche Notfälle gegeben sind (§ 2). Vgl. hierzu bereits GLAUBENSKONGREGATION, Sacramentum paenitentiae, Nr. II f.; daneben JOHANNES PAUL II., Misericordia Dei; BAUMGARTNER, S. 48 f.; JEGGLE-MERZ, S. 119; OHLY, S. 1191 f.

279 GLAUBENSKONGREGATION, Sacramentum paenitentiae, Nr. III; vgl. auch BAUMGARTNER, S. 41 f.

280 Vgl. bereits JOHANNES PAUL II., Reconciliatio et Paenitentia (1984), Nr. 33; daneben DERS., Misericordia Dei (2002), Einleitung, dem die Einschränkung als «besonders notwendig [schien], da in einigen Gegenden die Tendenz sichtbar wird, die persönliche Beichte fallen zu lassen, und gleichzeitig unerlaubterweise auf die ‹Generalabsolution› bzw. die ‹kollektive Absolution› zurückzugreifen, so daß diese nicht mehr als außerordentliches Mittel in ganz außergewöhnlichen Situationen erkennbar ist. Aufgrund einer willkürlichen Ausweitung der Bedingung einer *schweren Notlage* verliert man praktisch die Treue zum göttlichen Charakter des Sakramentes aus den Augen, und konkret die Notwendigkeit der Einzelbeichte, was zu schweren Schäden für das geistliche Leben der Gläubigen und für die Heiligkeit der Kirche führt.» Demnach ist es (ebd., Nr. 4, 2°, lit. e) «nicht zulässig, Situationen einer scheinbaren *schweren Notlage* zu erzeugen oder entstehen zu lassen, die sich aus der wegen Nichtbeachtung der oben angeführten Normen versäumten ordentlichen Spendung des Sakramentes ergeben, und noch weniger solche, die aus der Option der Gläubigen für die Generalabsolution entstehen, so als handele es sich um eine normale und den beiden im Rituale beschriebenen ordentlichen Formen gleichwertige Möglichkeit.» Vgl. hierzu auch BAUMGARTNER, S. 41 f. und 48 f.; JEGGLE-MERZ, S. 118 f.; OHLY, S. 1193.

281 Hierüber sind die Gläubigen, soweit möglich, zu belehren (c. 962 § 2 CIC).

fern nicht ein gerechter Grund (*iusta causa*) dem entgegensteht, ein persönliches Bekenntnis (*confessio individualis*) abzulegen, bevor er eine weitere Generalabsolution empfängt (c. 963 CIC). Die Besonderheit bei der Generalabsolution ist, dass die Absolution von den schweren Sünden vor dem Bekenntnis erfolgt,[282] genau umgekehrt als in der Einzelbeichte. Soweit die Pflicht bestehen bleibt, die schweren Sünden nach der gemeinschaftlich erteilten Absolution noch einzeln zu beichten (vgl. cc. 962 § 1 und 963 CIC),[283] kann auf die nachfolgenden Ausführungen verwiesen werden. Im Übrigen wird die Generalabsolution nicht weiter vertieft, weil sie das Beichtsiegel bzw. -geheimnis nicht berührt.

- Der Ablass (*indulgentia*; cc. 992–997 CIC), der sich systematisch ebenfalls unter dem Sakrament der Busse befindet.[284] Er ist der Ostkirche und damit auch dem CCEO unbekannt.[285] Bei ihm handelt es sich um den Nachlass zeitlicher Strafe vor Gott für Sünden, deren Schuld schon getilgt ist (*remissio coram Deo poenae temporalis pro peccatis, ad culpam quod attinet iam deletis*; c. 992, 1. Halbsatz CIC).[286]

---

282 ALTHAUS, N. 2 zu c. 959 CIC; OHLY, S. 1190.

283 «Umgeht der Pönitent mit Absicht diese Vorschriften zur Nachholung der Einzelbeichte, wird die Wiederversöhnung mit Gott und der Kirche, die in der Generalabsolution empfangen wurde, zwar nicht ungültig, doch lädt der Pönitent neue Schuld auf sich»: OHLY, S. 1193 f.

284 Kapitel IV, Ablässe (*de indulgentiis*), vom Titel IV, Sakrament der Busse (*de sacramento paenitentiae*).

285 ALTHAUS, N. 4 zur Einführung vor c. 959 CIC; HENSELER, S. 1206.

286 Der Begriff «Strafe» ist dabei analog zu verstehen. «Die ewige Sündenstrafe ist in ihrem Kern die Sünde selbst, und da diese unumkehrbar und endgültig ist, wenn der Mensch in dieser totalen Entscheidung gegen Gott gestorben ist, ist umgekehrt mit der Vergebung einer schweren Sünde immer auch die entsprechende ewige Strafe aufgehoben, die in dem Zustand des tiefen Getrenntseins des Menschen von Gott besteht. Anders die zeitlichen Sündenstrafen [..., die] nicht nur und nicht erst nach dem Tod des Menschen ‹ausgebüßt› werden, sondern dass sie sich schon hier als diesseitige Straffolgen der Sünde auswirken, sofern nämlich der Mensch die sich aus seiner Schuld ergebende ‹Strafsituation› in diesem Leben noch nicht ‹aufgearbeitet› hat. Es handelt sich somit bei den zeitlichen Sündenstrafen nicht um rein positiv von Gott auferlegte Strafen; sie stehen vielmehr ‹als objektivierter Niederschlag der sündigen Entscheidung in engem Zusammenhang mit der Sünde, die sich in ihnen selbst straft›»: Ausführlich HENSELER, S. 1207–1211, hier S. 1207 f.

In diesem Zusammenhang ist zu erwähnen, dass die FEIER DER BUSSE ebenfalls drei Formen der sakramentalen Busse aufführt,[287] dabei aber teilweise vom kirchenrechtlichen Verständnis abweicht:

- Die Feier der Versöhnung für Einzelne (Form A) entspricht kirchenrechtlich der ordentlichen Einzelbeichte (vgl. c. 960 CIC);
- die gemeinschaftliche Feier der Versöhnung mit Bekenntnis und Lossprechung der Einzelnen (Form B) entspricht kirchenrechtlich ebenfalls einer gewöhnlichen Einzelbeichte (c. 960 CIC), die jedoch liturgisch aus einer gemeinschaftlichen Feier heraus gefeiert wird und dadurch die – auch in der Einzelbeichte vorhandene (!) – ekklesiale Dimension augenfälliger werden lässt;
- die gemeinschaftliche Feier der Versöhnung mit allgemeinem Bekenntnis und Generalabsolution (Form C) entspricht kirchenrechtlich der für ausserordentliche Fälle vorgesehenen Generalabsolution (vgl. c. 961–963 CIC).[288]

Der Ablass, der nach CIC zum Busssakrament zählt, ist nicht im ORDO PAENITENTIAE geregelt. Massgebend ist vielmehr das Verzeichnis der Ablässe (*Enchiridion indulgentiarum*) vom 29. Juni 1968 (4. A. Juli 1999), herausgegeben von der Apostolischen Pönitentiarie.[289]

---

287 Ausführlich zu den Formen FEIER DER BUSSE, Nr. 15–35 und 41–66, besprochen bei MEßNER, S. 219–226. Die auf Papst PAUL VI. zurückgehende Form B zeigt zwar deutlich den ekklesialen Charakter der Busse, Wortgottesdienst und Einzelbeichte sind aber nur oberflächlich miteinander verbunden, zudem wurde die Form B auf Stufe der Gemeinden kaum rezipiert: BAUMGARTNER, S. 36 und 47. Die Form C ist der eigenständigste Ansatz des ORDO PAENITENTIAE: BAUMGARTNER, S. 35.

288 Vgl. hierzu FEIER DER BUSSE, Nr. 15–35; ALTHAUS, N. 1f zur Einführung vor c. 959 CIC; BAUMGARTNER, S. 35 f.; JEGGLE-MERZ, S. 119; OHLY, S. 1190.

289 ALTHAUS, N. 3b zur Einführung vor c. 959 CIC; HENSELER, S. 1206.

2.3.2.3 Weitere Sakramente der Umkehr und Busse

Zwar nicht als Busssakrament im engeren Sinn, aber eng mit Umkehr und Versöhnung stehend,[290] sind zwei weitere Sakramente zu nennen:

- Die Taufe (*baptismus*; cc. 849–878 CIC), als Eingangspforte zu den Sakramenten (*ianua sacramentorum*), durch welche die Menschen von den Sünden befreit werden (*quo homines a peccatis liberantur*), zudem zu Kindern Gottes neu geschaffen und, durch ein untilgbares Prägemal (*character indelebilis*) Christus gleichgestaltet, der Kirche eingegliedert werden (c. 849 CIC). Sie stellt die *paenitentia prima* dar, vergibt die Sünden und liegt der täglichen Umkehr zugrunde.[291]

---

[290] Bei Licht betrachtet ist SABERSCHINSKY, S. 202, zuzustimmen, wenn er schreibt: «Jede Sakramentenfeier ist insofern sündenvergebend, als sich in ihr Christus den Menschen in seiner Heilstat des Paschamysteriums, also erlösend und errettend, zuwendet.» Vgl. auch FRANZISKUS, Misericordia et Misera, Nr. 5: «Im gesamten sakramentalen Leben wird uns die Barmherzigkeit reichlich geschenkt.»

[291] Ausführlich DANNECKER, S. 146–149 und 159 f. («Die im Akt der Taufe realisierte Abwendung vom Bösen und Zuwendung zum Herrn und Schöpfer des Lebens, die darin vollzogene Versöhnung mit Gott bleibt eine lebenslange und täglich neue Aufgabe für jeden Christen.»); HEINZ, S. 62–68 (über das Leitmotiv der Taufe in der Quadragesima – hierzu aber auch VAT. II, SC 109 f.); KLÖCKENER, S. 162–164 (hinsichtlich der Erfahrung von Barmherzigkeit in der Taufe als *paenitentia prima*); MEẞNER, S. 49–53; SCHWINDT, S. 97–100; VOLGGER, Dienst, S. 20–22; DERS., Wege, S. 242 (mit Hinweis auf den fünften Sonntag der Quadragesima, der «Lazarus vor Augen [stellt], der aus dem Grab des Todes geholt wird. Damit wird der Blick auf das Wassergrab der Taufe gelenkt, der den leiblichen Tod der Getauften vorwegnimmt und Auferstehung als Vorweggabe endgültiger und bleibender Beziehung im Herrn des Lebens über den Tod hinaus.»); DERS., Wesen, S. 126 (Taufe, die als «das eigentliche Versöhnungssakrament» «in der Feier der Osternacht ihre Aufgipfelung erfährt») und S. 133 f. Vgl. im Weiteren KATECHISMUS, Nr. 1426; FEIER DER BUSSE, Nr. 2 («Durch sie [die Taufe] wird der alte Mensch mit Christus gekreuzigt, ‹damit der Leib der Sünde vernichtet wird und wir nicht Sklaven der Sünde bleiben›, sondern mit Christus auferstehen und fortan mit Gott leben [vgl. Röm 6,4–10].»); ALTHAUS, N. 1b zur Einführung vor c. 959 CIC (Taufe bereits in der Alten Kirche das eigentliche Sakrament der Sündenvergebung) und N. 4 zu c. 988 CIC. Vgl. zur Taufe, welche die Vergebung der Sünden bewirkt, ebenfalls Mk 1,4; Lk 3,3 (Taufe der Umkehr zur Vergebung der Sünden [*βάπτισμα μετανοίας εἰς ἄφεσιν ἁμαρτιῶν*]); Apg 2,38; kirchenrechtlich daneben c. 959 CIC, der sich über Sünden ausspricht, die die Gläubigen nach der Taufe begangen haben (*peccatorum quae post baptismum commiserint*) – auch hierdurch wird die sündenvergebende Kraft der Taufe deutlich. VOLGGER, Wege, S. 245, weist zudem

- Die heiligste Eucharistie (*sanctissima Eucharistia*; cc. 897–958 CIC) als das erhabenste Sakrament (*augustissimum Sacramentum*), für den gesamten Gottesdienst und das gesamte christliche Leben Gipfelpunkt und Quelle (*culmen et fons*), und mit dem alle anderen Sakramente – auch das Busssakrament! – und alle kirchlichen Werke des Apostolats zusammenhängen und auf welches sie hingeordnet sind (c. 897 CIC).[292] Die Eucharistie hat sündenvergebende Kraft, stellt den «bedeutendste[n] Ort der Vergebung der täglichen Sünden dar»[293] und ihre Feier kann mit besonderen Bussriten verbunden werden.[294]

darauf hin, dass sich Eltern im Rahmen der Taufe ihrer Kinder wieder mit der Kirche versöhnen können, was liturgisch aufgenommen werden sollte.

292 Vgl. auch VAT. II, LG 11 («In der Teilnahme am eucharistischen Opfer, der Quelle und dem Höhepunkt des ganzen christlichen Lebens, bringen sie [die Gläubigen] das göttliche Opferlamm Gott dar und sich selbst mit ihm».); PO 5 («Mit der Eucharistie stehen die übrigen Sakramente im Zusammenhang; auf die Eucharistie sind sie hingeordnet; das gilt auch für die anderen kirchlichen Dienste und für die Apostolatswerke.»); SC 10 («Aus der Liturgie, besonders aus der Eucharistie, fließt uns wie aus einer Quelle die Gnade zu; in höchstem Maß werden in Christus die Heiligung der Menschen und die Verherrlichung Gottes verwirklicht, auf die alles Tun der Kirche als auf sein Ziel hinstrebt.»). FRANZISKUS, Evangelii gaudium, Nr. 47, verweist darauf, dass die Eucharistie, «obwohl sie die Fülle des sakramentalen Lebens darstellt, nicht eine Belohnung für die Vollkommenen, sondern ein großzügiges Heilmittel und eine Nahrung für die Schwachen» ist. Auf einen Widerspruch zwischen Wunsch und Wirklichkeit bzw. Lehramt und Codex einerseits und gelebter Liturgie in der Schweiz andererseits weist demgegenüber JEGGLE-MERZ, S. 114–116, hin. Sie spricht von einer Verarmung des liturgischen Lebens infolge «einer Verengung des liturgischen Lebens auf die Feier der Eucharistie als den zentralen Ort des Begegnungsgeschehens zwischen Gott und Mensch.» Vielmehr sei eine Neubesinnung nötig, wonach «[g]ottesdienstliche Feiern […] in Zukunft stärker vom Kontext und den Feiernden her gedacht werden» müssen.

293 MEẞNER, S. 71. Vgl. auch KATECHISMUS, Nr. 1436; FRANZISKUS, Misericordia et Misera, Nr. 5 (bei der Eucharistiefeier kommt von Anfang bis Ende die Barmherzigkeit Gottes zum Ausdruck); FEIER DER BUSSE, Nr. 2; KLÖCKENER, S. 166–179 (der «die Rede von der Barmherzigkeit Gottes im Zusammenhang mit der Eucharistiefeier» ausführlich beleuchtet); LENZ, S. 172 (der bedauert, dass in der Praxis jedenfalls die sündenvergebende Kraft der Eucharistie vergessen wird); VOLGGER, Wege, S. 239.

294 Ausführlich MEẞNER, S. 70–77, der die Eucharistie jedoch zur *paenitentia quotidiana* zählt (zu dieser sogleich, 2.3.2.4). Vgl. auch KATECHISMUS, Nr. 1846, der die Eucharistie als Sakrament der Erlösung bezeichnet, sowie EBD., Nr. 1436.

2.3.2.4 Weitere Bussformen (*paenitentia quotidiana*)

Blickt man nur in die Bestimmungen zum Busssakrament (cc. 959–997 CIC), bleiben die nichtsakramentalen Bussformen verborgen, die jedoch ebenso bedeutsam für das christliche Leben sind.[295] Sie entstanden in der Alten Kirche und werden gemeinhin als *paenitentia quotidiana*, tägliche Busse, bezeichnet,[296] und sie wurden durch das VAT. II auch lehramtlich wiederentdeckt:[297]

- Die Feier der Eucharistie, worauf schon eingegangen wurde,[298] auch verbunden mit einem Bussakt im Rahmen des Gottesdienstes oder als eigentlicher Bussgottesdienst.[299]

---

[295] So schreibt JOHANNES PAUL II., Reconciliatio et Paenitentia, Nr. 28: «Gewiß schöpft dieses Sakrament [der Busse] für sich allein nicht aus, was mit Bekehrung und Versöhnung gemeint ist. In der Tat kennt und schätzt die Kirche von ihren ersten Anfängen her zahlreiche und vielfältige Formen der Buße: einige von liturgischer oder paraliturgischer Art, vom Bußakt der hl. Messe bis zu Sühneandachten und Pilgerfahrten, andere von aszetischer Art wie das Fasten.» Schon im nächsten Satz schränkt JOHANNES PAUL II. aber ein: «Doch ist unter all diesen Akten keiner bedeutsamer, von Gott her wirksamer, erhabener und in seiner Vollzugsform so leicht zugänglich wie das Bußsakrament.» Vgl. hierzu auch FEIER DER BUSSE, Nr. 7; ALTHAUS, N. 2 zu c. 959 CIC, mit Hinweis auf JOHANNES PAUL II.; KLÖCKENER, S. 165; LENZ, S. 172 (wonach die *paenitentia quotidiana* «[l]eider [...] in Vergessenheit geraten» ist).

[296] MEẞNER, S. 70.

[297] ALTHAUS, N. 2 zu c. 960 CIC.

[298] Soeben, 2.3.2.3, und MEẞNER, S. 70–77.

[299] FEIER DER BUSSE, Nr. 4 und 36 f.; ALTHAUS, N. 2 zu c. 960 CIC; BAUMGARTNER, S. 49 f.; MEẞNER, S. 73–77, hinsichtlich der Bussliturgie während der Quadragesima auch S. 80 f.; VOLGGER, Wesen, S. 131 f. und 134–145. BAUMGARTNER, S. 50, hält den pastoralen Wert der Bussgottesdienste fest: «Den allermeisten ist es mit diesem Vollzug sehr ernst, ihre Besinnung ist vielfach tiefer als bei der Vorbereitung zur persönlichen Beichte, die Gewissenserforschung bei rechter Hilfe durch den Leiter des Gottesdienstes oft intensiver, weniger von Angst und Aufregung verstellt, die Bereitschaft zur Buße und Lebensänderung nicht geringer als in der persönlichen Beichte. Das Bewusstsein, in der Situation des Sünders und in der Hoffnung auf Gottes Vergebung nicht allein zu sein, trägt zur konkreten Erfahrung der Gemeinschaft des Glaubens bei.» Ähnlich äussert sich VOLGGER, Wesen, S. 134, abwägender aus praktischer Sicht jedoch LENZ, S. 173. Beim Bussgottesdienst ist zu beachten, dass dieser nicht mit der Feier des Busssakraments verwechselt wird: GLAUBENSKONGREGATION, Sacramentum paenitentiae, Nr. X; FEIER DER BUSSE, Nr. 37; ALTHAUS, N. 1f zur Einführung vor c. 959 CIC. VOLGGER, Wesen, S. 134–138, bespricht die Frage, ob es sich beim Bussgottesdienst nicht doch um eine Feier mit sakramentalem Charakter handelt.

- Das Wort Gottes, sei es durch Schriftlesung oder Predigt, denn im Evangelium wird «Gottes versöhnendes Handeln in Christus» je neu vergegenwärtigt und der Gläubige «durch das Hören, durch die Annahme des Predigtwortes in die schon geschehene Versöhnung hineingezogen».[300] Das Wort Gottes kann dabei auch als Medizin für den Sünder gesehen werden.[301]
- Die Feier der Tagzeitenliturgie,[302] welche auch in cc. 1173–1175 CIC unter den sonstigen gottesdienstlichen Handlungen (cc. 1166–1204 CIC) begegnet. In der Feier des Stundengebets (*liturgia horarum*) hört die Kirche dabei, in Erfüllung des priesterlichen Dienstes Christi, auf Gott, der zu seinem Volk spricht, und begeht das Gedächtnis des Heilsmysteriums; sie lobt ihn ohne Unterlass in Gesang und Gebet und tritt bei ihm ein für das Heil der ganzen Welt (*pro totius mundi salute*; c. 1173 CIC).
- Die Quadragesima oder Quadragese, d.h. die 40-tägige Vorbereitungszeit auf Ostern, beginnend mit dem Aschermittwoch,[303] sowie die übri-

300 MEßNER, S. 77 f., hier S. 78. Vgl. auch FRANZISKUS, Misericordia et Misera, Nr. 6 f.; KATECHISMUS, Nr. 1437; FEIER DER BUSSE, Nr. 4; KLÖCKENER, S. 165; VOLGGER, Dienst, S. 16 f.; DERS., Wege, S. 239.

301 Vgl. MEßNER, S. 139 und 144.

302 Ausführlicher MEßNER, S. 78–80. Vgl. auch KATECHISMUS, Nr. 1437; FRANZISKUS, Misericordia et Misera, Nr. 5 (viele Tagesgebete erinnern «an das große Geschenk der Barmherzigkeit»); VOLGGER, Wege, S. 239 («das Verweilen beim Herrn in der Tagzeitenliturgie ist eine stets neue Form der versöhnten und versöhnenden Beziehungspflege im Rhythmus des Tages»). Ausführlich zur abendlichen Gewissenserforschung, die mit dem Nachtgebet verknüpft sein kann (Komplet), SABERSCHINSKY, S. 204–215.

303 Ausführlicher HEINZ, S. 59–78; MEßNER, S. 80 f.; VOLGGER, Wege, S. 240–244. Vgl. lehramtlich auch VAT. II, SC 109 («Die vierzigtägige Fastenzeit hat die doppelte Aufgabe, vor allem einerseits durch Tauferinnerung oder Taufvorbereitung, andererseits durch Buße die Gläubigen, die in dieser Zeit mit größerem Eifer das Wort Gottes hören und dem Gebet obliegen sollen, auf die Feier des Pascha-Mysteriums vorzubereiten. Dieser Doppelcharakter soll sowohl in der Liturgie wie auch in der Liturgiekatechese in helles Licht gerückt werden.»); FRANZISKUS, Misericordiae Vultus. LENZ, S. 176, betont die Zeitdimension der Quadragesima bzw. den Wegcharakter von Umkehr, Busse und Versöhnung, ähnlich auch HEINZ, S. 74 («Umkehr braucht Zeit. Es ist nicht getan mit den 30 Minuten eines Bußgottesdienstes oder mit den fünf bis zehn Minuten einer Beichte.»), und VOLGGER, Wege, S. 40. Die Quadragesima wird im Anschluss an die Oration des 1. Fastensonntags gemäss Missale Romanum 1970 auch als «Sakrament der 40 Tage» (*sacramentum quadragesimale*) bezeichnet. «Diese Zeit ist als Sakrament, als eine von Gott geschenkte Heilszeit der Veränderung und des Neubeginns, neu zu entdecken und will deutlich machen, wie liturgische Weg-Zeiten sakramentale Bedeutung und Charakter haben»: VOLGGER, Wege,

gen Busszeiten und -tage (*dies et tempora paenitentialia*) im Jahreskreis,[304] d.h. für die ganze Kirche (*in universa Ecclesia*) alle Freitage des ganzen Jahres (*singulae feriae sextae totius anni*) und die österliche Busszeit (*tempus quadragesimae*; c. 1250 CIC).[305]

- Die Feier der Osternacht als die «große Versöhnungsnacht (Leo der Große)».[306]
- Die Generalabsolution (vgl. cc. 961–963 CIC) wird bisweilen auch zur *paenitentia quotidiana* gezählt;[307] sie darf aber aufgrund lehramtlichen, bislang nicht revidierten Entscheids praktisch nicht gefeiert bzw. gespendet werden.[308]
- Wallfahrten können eine «besondere Chance zur Umkehr» darstellen.[309]

S. 240 f. Die 40 Tage lassen erinnern an die 40 Tage des Fasten Jesu in der Wüste (Lk 4,1–12), des Aufenthalts Mosches (Moses) auf dem Berg Sinaj (Ex 24,18), der Wanderung Elijas zum Gottesberg Horeb (1 Kön 19,8) sowie des Fastens und Büssens Ninives nach Jonas Busspredigt (Jona 3,1–10); daneben wanderte das Volk Jisrael 40 Jahre durch die Wüste (Jos 5,6): HEINZ, S. 37 f.

304 KATECHISMUS, Nr. 1438, mit dem Hinweis, dass «[d]iese Zeiten [...] sich ganz besonders zu Exerzitien, Bußliturgien und Bußwallfahrten [eignen], zu freiwilligen Verzichten etwa durch Fasten und Almosengeben, und zum Teilen mit den Mitmenschen (karitative und missionarische Werke)»; daneben SEBOTT, S. 1115 («Das von Christus endgültig erworbene Heil muss durch die Kirche in dauernder Anamnese in alle Dimensionen menschlichen Seins und also auch in die Zeit hineingewoben werden.»). Vgl. auch HEINZ, S. 57 f.

305 Ausführlich zu den geheiligten Zeiten SEBOTT, S. 1115–1119.

306 VOLGGER, Wege, S. 239 («die Texte der Osternacht, insbesondere das Exsultet, sprechen von der versöhnenden Dimension der Osternachtfeier. Daher kann diese Nacht auch als ein ‹Versöhnungssakrament› betrachtet werden»).

307 So bei MEßNER, S. 81 f.

308 Vgl. oben, 2.3.2.2; daneben JOHANNES PAUL II., Reconciliatio et Paenitentia, Nr. 33; DERS., Misericordia Dei; ferner BAUMGARTNER, S. 41 f.; JEGGLE-MERZ, S. 119; OHLY, S. 1194.

309 Menschen steigen hier «aus den Alltagserfahrungen [aus] und [reflektieren] diese auf dem Weg in Begleitung oder alleine [...]. Das längere Unterwegssein ermöglicht ein ergiebiges Bedenken von Erfahrungen, von Verstrickungen, von Gegebenheiten, die Menschen prägen. Mitunter entsteht die Wallfahrt auch aus dem Bedürfnis heraus, Leben neu zu ordnen und Unversöhntes zur Versöhnung zu bringen»: VOLGGER, Wege, S. 250. Vgl. auch FRANZISKUS, Misericordiae Vultus (die Pilgerfahrt als «Symbol für den Weg, den ein jeder Mensch in seinem Dasein zurückzulegen hat. Das Leben selbst ist eine Pilgerreise und der Mensch ist *viator,* ein Pilger auf der Straße nach dem ersehnten Ziel. [...] Diese soll ein Zeichen dafür sein, dass auch die Barmherzigkeit ein Ziel ist, zu dem es aufzubrechen gilt und das Einsatz und Opfer verlangt. Die Pilgerfahrt soll darum Anreiz zur Umkehr sein.»).

- Im täglichen Leben eines Christen, insbesondere durch die Trias Fasten, Beten und Almosengeben,[310] aber auch durch die Ausführung von Werken der Barmherzigkeit.[311] Der CIC spricht in c. 839 § 1 diese Aspekte an, ohne den Begriff der *paenitentia quotidiana* zu nennen.[312]

Wie erwähnt, werden die lässlichen Sünden, *peccata venialia*, auch *peccata quotidiana*, (all-) tägliche Sünden, genannt.[313] Ihr Gegenstück ist damit die *paenitentia quotidiana*, die (all-) tägliche Umkehr und Busse. Besondere, d.h. nicht

---

310 FLORENTINUM (DENZH 1323); FRANZISKUS, Misericordiae Vultus; KATECHISMUS, Nr. 1434, mit Hinweis auf Tob 12,8; Mt 6,1–18 («*Fasten, Beten und Almosengeben* als Äußerungen der Buße gegenüber sich selbst, gegenüber Gott und gegenüber den Mitmenschen»); KLÖCKENER, S. 165; MEẞNER, S. 82 f. Etwas allgemeiner könnte man auch von «rein privaten Haltungen und Übungen der Buße» (OHLY, S. 1194) sprechen. Das Gebet betonen FEIER DER BUSSE, Nr. 4, und SABERSCHINSKY, S. 203 («So darf der Gläubige etwa beim aufrichtigen Gebet des Vaterunsers durch die Bitte ‹Vergib uns unsere Schuld, wie auch wir vergeben unseren Schuldigern› auf die Vergebung seiner Sünden hoffen.»). Mit VOLGGER, Wege, S. 239, ist auf das fürbittende Gebet in der Gemeinde hinzuweisen.

311 Vgl. FRANZISKUS, Misericordia et Misera, Nr. 16 («Wenn man Christus nahe sein möchte, muss man den Mitmenschen ein Nächster sein, denn nichts ist dem Vater wohlgefälliger, als ein konkretes Zeichen der Barmherzigkeit. Von ihrer Natur her macht sich die Barmherzigkeit in einer konkreten dynamischen Handlung sichtbar und greifbar.»); DERS., Misericordiae Vultus; KATECHISMUS, Nr. 1434 f.; FEIER DER BUSSE, Nr. 4. Der KATECHISMUS, Nr. 2447, umschreibt die Werke der Barmherzigkeit (*opera misericordiae*) als «Liebestaten [*actiones caritativae*], durch die wir unserem Nächsten in seinen leiblichen und geistigen Bedürfnissen zuhilfe kommen [mit Hinweis auf Jes 58,6 f.; Hebr 13,3]. Belehren, raten, trösten, ermutigen sowie vergeben und geduldig ertragen sind geistliche Werke der Barmherzigkeit. Leibliche Werke der Barmherzigkeit sind vor allem: die Hungrigen speisen, Obdachlose beherbergen, Nackte bekleiden, Kranke und Gefangene besuchen und Tote begraben [vgl. Mt 25,31–46]. Unter diesen Werken ist das Almosenspenden an Arme [vgl. Tob 4,5–11; Sir 17,22] eines der Hauptzeugnisse der Bruderliebe; es ist auch eine Gott wohlgefällige Tat der Gerechtigkeit [vgl. Mt 6,2–4].» Vgl. zum letztgenannten FRANZISKUS, Misericordia et Misera, Nr. 19.

312 Die Bestimmung lautet: Auch mit anderen Mitteln vollzieht die Kirche den Heiligungsdienst, so durch Gebete, in denen sie Gott anruft, damit die Gläubigen in Wahrheit geheiligt seien, wie auch durch Werke der Busse und der Caritas, die in hohem Masse helfen, das Reich Christi in den Herzen zu verwurzeln und zu bestärken, und die zum Heil der Welt beitragen. Freilich schränkt der CIC in § 2 sogleich ein: Die Ortsordinarien haben dafür zu sorgen, dass die Gebete sowie die frommen und heiligen Übungen des christlichen Volks mit den Normen der Kirche voll übereinstimmen.

313 Vgl. oben, 2.1.4, sowie ALTHAUS, N. 3 zu c. 988 CIC, und OHLY, S. 1204.

alltägliche Bussriten – wie die sakramentale Feier der Einzelbeichte – sind ihrem Sinn nach folglich für die nicht alltäglichen Sünden bestimmt, d.h. für die schweren bzw. Todsünden (vgl. cc. 960, 988 § 1 und 989 CIC).[314]

Im Nachfolgenden ist der Blick wieder einzuengen: Auf das Gespräch, d.h. die Einzelbeichte bzw. das Seelsorgegespräch (Kapitel 3), und auf deren Geheimhaltungspflicht (Kapitel 4).

2.4 Erste Zusammenschau

Beim Verhältnis zwischen Staat und Kirche ist zunächst zu bedenken, dass wir nicht mehr im Kulturkampf des 19. Jahrhunderts leben, sondern im 21. Jahrhundert, auch wenn bisweilen der Eindruck entsteht, gewisse Vorwürfe stammten aus dem Kulturkampf. Der Staat ist religiös neutral und beurteilt nicht die Wahrheitsgehalte von Religionsgemeinschaften, und er ist den Religionsgemeinschaften gegenüber grundsätzlich wohlwollend eingestellt. Auch die Katholische Kirche sieht sich nicht als Gegenstück oder Konkurrenz zum Staat, sondern als dessen Partnerin, zur Verwirklichung je ihrer Ziele. Indem sich die Katholische Kirche nicht als Gegnerin des Staates sieht, kann ihr auch nicht unterstellt werden, die Einzelbeichte oder das Beichtsiegel bzw. -geheimnis dienten vorrangig dem Ziel, dem Staat zu schaden oder die Gesellschaft zu unterwandern.

Das kirchliche Strafrecht entspricht (aus staatlicher Sicht) einem Disziplinarrecht, womit die Kirche dem Staat keineswegs den (Straf-) Rechtsprimat streitig macht. Folglich ist der staatliche Grundsatz zu berücksichtigen, dass die (aus staatlicher Sicht) unrichtige Bezeichnung nichts am Inhalt ändert.[315] Die kirchenrechtlichen Strafen treffen nur denjenigen, dem es wichtig ist, Teil der Kirche zu sein, und sie können auch nur Katholiken treffen, niemanden anderes. Mit anderen Worten: Staatliche Strafen tun ausnahmslos jedem Tä-

---

314 Zum Begriff der schweren Sünden oben, 2.1.4, zur Beichtpflicht unten, 3.1.4.2. Vgl. auch ALTHAUS, N. 2 zu c. 960 CIC, wonach diese Formen der Busse «nicht geeignet [sind], schwere Sünden zu vergeben», mit Hinweis auf JOHANNES PAUL II., Reconciliatio et Paenitentia, Nr. 31 f. Vgl. daneben GLAUBENSKONGREGATION, Sacramentum paenitentiae, Nr. I.

315 Dem Juristen ist ähnliches aus Art. 18 Abs. 1 OR bekannt, wonach bei der Beurteilung eines Vertrages sowohl nach Form als nach Inhalt der übereinstimmende wirkliche Wille und nicht die unrichtige Bezeichnung oder Ausdrucksweise zu beachten ist, die von den Parteien aus Irrtum oder in der Absicht gebraucht wird, die wahre Beschaffenheit des Vertrages zu verbergen.

ter weh, sei er gläubig oder nicht, und falls er gläubig ist, welcher Konfession oder Religion auch immer er angehört; kirchliche Strafen tun demgegenüber nur demjenigen Gläubigen weh, dem es wichtig ist, in voller Gemeinschaft mit der Katholischen Kirche zu stehen (vgl. c. 205 CIC). Von daher besteht aus staatlicher Sicht kein nennenswerter Unterschied zum Vereinsrecht.[316] Auch Vereine können Mitglieder ausschliessen (exkommunizieren) oder anderweitig massregeln, insofern sie der Gemeinschaft schaden; ist dies nicht in Statuten ausdrücklich festgeschrieben (analog dem Buch VI des CIC), dann kommt ihnen dies kraft Art. 65 Abs. 1, 68 und 72 ZGB zu. Man könnte sich nun fragen, ob der CIC mit der neu eingeführten Geldstrafe (c. 1336 § 2, 2° CIC) die Geldstrafe des staatlichen Rechts (Art. 34 StGB) nachahmt oder auf diese Weise den staatlichen Primat in Frage stellt. Bei Licht betrachtet ist dies nicht der Fall: Erstens sind dem Verfasser auch Vereinsstatuten bekannt, die Geldstrafen vorsehen, womit hier kein nennenswerter Unterschied zwischen CIC und Statuten nach ZGB erkennbar ist. Zweitens handelt es sich bei den Geldstrafen nach CIC eher um eine moralisch-appellative denn um eine rechtliche Verpflichtung, denn vollzieh- oder durchsetzbar sind Geldstrafen nach CIC nicht, anders als staatliche Geldstrafen (vgl. Art. 35 StGB), die nötigenfalls in Form der Ersatzfreiheitsstrafe (Art. 36 StGB) vollstreckbar sind. Wer folglich der Katholischen Kirche vorwirft, sie habe ein eigenes Strafrecht und sehe eigene Strafmittel vor, handelt solange inkonsequent, als er nicht die Abschaffung derselben Mittel im Vereinsrecht nach ZGB fordert.

In der Öffentlichkeit wird bisweilen die Einzelbeichte beinahe als Instrument des Täterschutzes gesehen, bei dem ein katholischer Amtsträger einen katholischen Straftäter deckt und ihn, einem Richter gleich, von der Schuld losspricht. Es ist aber nicht zwingend, dass nur Katholiken an der Einzelbeichte beteiligt sind (c. 844 CIC), d.h. der Anwurf, es handle sich um eine rein binnenkatholische Paralleljustiz, trifft nicht zu. Betrachtet man zudem den theologischen Gehalt, treffen auch die übrigen Vorwürfe nicht ansatzweise zu. Aus staatlicher Sicht handelt es sich um eine bestimmte Kultushandlung. Aus theologischer Sicht ist die Einzelbeichte im Glauben einer Religionsgemeinschaft verankert und hat eine jahrhundertelange Tradition. Sie ist eine bestimmte Art aus einem ganzen Kranz von Formen, wie Katholiken den grundchristlichen Vollzug von Umkehr und Versöhnung, Busse und Heilung leben, und sie weist eine gesamtkirchliche (ekklesiale) Dimension auf, denn

---

316 Die meisten Religionsgemeinschaften sind denn auch tatsächlich als Vereine im Sinne von Art. 60–79 ZGB konstituiert.

jede Feier ist immer eine Feier der gesamten Kirche. Folglich wird die sehr breite Dimension von Busse unzulässig verengt, wenn nur auf die Einzelbeichte geblickt wird. Als richtiggehendes Ärgernis muss zudem die Verwendung der Begriffe «Sünde» und «Beichtstuhl» im landläufig-medialen Zusammenhang bezeichnet werden («Cannabis-Sünder», «Zigi-Sünder», «Öko-Beichtstuhl»)[317]. Insbesondere bei schweren Sünden geht es – bei richtiger Betrachtung – nicht um trivialen Unfug und saloppen Schabernack, sondern um tiefe, letztlich tödlich wirkende[318] Verletzungen, die geheilt werden müssen; die Einzelbeichte ist nach Kirchenrecht der einzige ordentliche Weg, um diese Verletzungen zu heilen (c. 960 CIC, dazu sogleich).

---

317 Oben, 1.1.

318 Röm 6,23.

3. Die Einzelbeichte bzw. das Seelsorgegespräch

3.1 Kirchenrechtliche Sicht

Das Beichtsiegel bzw. -geheimnis ist zwar Kern der vorliegenden Abhandlung; die Geheimnisse hängen jedoch nicht im luftleeren Raum, sondern sie sind eingebettet in die sakramentale Feier der Einzelbeichte. Diese ist – anders, als man vielleicht aus staatlich-rechtlicher Sicht vermuten könnte – nicht unreguliert oder unreglementiert, d.h. der Beichtvater ist nicht irgendein Priester, der Pönitent erhält nicht einfach so die Lossprechung, und auch der Ort der Einzelbeichte, der Beichtstuhl, kann nicht irgendwie beschaffen sein. Dies ist nachfolgend zu vertiefen, auch, um allenfalls vorhandenes Misstrauen gegen die Einzelbeichte abzubauen.

3.1.1 Grundnorm (c. 960 CIC)

Das persönliche und vollständige Bekenntnis (*individualis et integra confessio*) und die Absolution bilden den einzigen ordentlichen Weg (*unicus modus ordinarius*), auf dem ein Gläubiger, der sich einer schweren Sünde bewusst ist (*quo fidelis peccati gravis sibi conscius*), mit Gott und der Kirche versöhnt wird (*cum Deo et Ecclesia reconciliatur*); allein (*solummodo*) physische oder moralische Unmöglichkeit (*impossibilitas physica vel moralis*) entschuldigt von einem solchen Bekenntnis; in diesem Fall kann die Versöhnung auch auf andere Weisen erlangt werden (c. 960 CIC).[319]

---

[319] Diese Bestimmung entspricht im Wesentlichen GLAUBENSKONGREGATION, Sacramentum paenitentiae, Nr. I. Der CIC 1917 regelte allein die Einzelbeichte (dort v.a. in c. 901): ALTHAUS, N. 1a zu c. 960 CIC. Der CCEO kennt in c. 720 § 1 eine beinahe wörtlich übereinstimmende Regelung: DERS., N. 7 zu c. 960 CIC. Neben dem Bekenntnis sind freilich auch Reue und Genugtuung als weitere Akte des Pönitenten vorausgesetzt, auch wenn dies in c. 960 CIC nicht ausdrücklich erwähnt wird: DERS., N. 3 zu c. 960 CIC.

Normadressat ist ein Gläubiger, der sich einer schweren (!)[320] Sünde bewusst ist. Nur für ihn ist damit eine Einzelbeichte verpflichtend (vgl. hierzu cc. 988 § 1 und 989 CIC),[321] denn für ihn ist die Einzelbeichte der einzige ordentliche Weg zur Versöhnung.[322] Im Umkehrschluss sind Gläubige, die lässliche Sünden begangen haben, nicht verpflichtet, eine Einzelbeichte zu besuchen. In diesen Fällen ist auch jede andere Bussformen zulässig.[323] Dies ist wichtig zu betonen.[324]

Vom Bekenntnis schwerer Sünden kann alleine bei Unmöglichkeit (*impossibilitas*) abgesehen werden, die indes nicht leichtfertig anzunehmen ist.[325] Die Unmöglichkeit ist

---

320 Ausführlich zur Unterscheidung zwischen schweren und lässlichen Sünden oben, 2.1.4.

321 Vgl. KATECHISMUS, Nr. 1856: «Da die Todsünde in uns das Lebensprinzip, die Liebe, angreift, erfordert sie einen neuen Einsatz der Barmherzigkeit Gottes und eine Bekehrung des Herzens, die normalerweise im Rahmen des Sakramentes der Versöhnung erfolgt [*quae normali modo intra sacramentum Reconciliationis perficitur*].»

322 So schon TRIDENTINUM, 14. Sitzung (DENZH 1669 f.), auf welches ALTHAUS, N. 1d zur Einführung vor c. 959 CIC, hinweist. Damit gibt der Gesetzgeber auch deutlich zu verstehen, dass er von den beiden Formen des Busssakraments (Einzelbeichte und Generalabsolution) die Einzelbeichte bevorzugt: ALTHAUS, N. 2 zu c. 960 CIC, mit Hinweis auf JOHANNES PAUL II., Misericordia Dei, Nr. 1a. Vgl. daneben GLAUBENSKONGREGATION, Sacramentum paenitentiae, Nr. I; OHLY, S. 1190.

323 Vgl. ALTHAUS, N. 2 zu c. 960 CIC, mit dem Hinweis auf JOHANNES PAUL II., Reconciliatio et Paenitentiae, Nr. 31 f., und darauf, dass diese «nicht geeignet [sind], schwere Sünden zu vergeben»; BAUMGARTNER, S. 35. Zu diesen Formen oben, 2.3.2.3.

324 Vgl. LENZ, S. 171: «Ein großes Problem bei der Beichte scheint mir die Tatsache zu sein, dass mit dieser Form jegliche Schuld vergeben wird, ganz egal welche ‹Schwere›. Ob schwere Schuld, die die Beziehung zu Gott und zu den Menschen gravierend belastet, oder leichte Schuld, es gibt beim Sakrament der Versöhnung nur die Beichte.»

325 Keine Unmöglichkeit stellt eine blosse Erschwernis dar, ebenso wenig andere Gründe wie namentlich pastorale Zweckmässigkeit, und auch das Recht auf freie Beichtvaterwahl (c. 991 CIC) stellt keinen hinreichenden Ausnahmegrund dar, um auf eine Einzelbeichte verzichten zu können: ALTHAUS, N. 5 zu c. 960 CIC. OHLY, S. 1190, spricht von einer auf den ersten Blick offenen Formulierung, die gleichwohl keine ausufernde Anwendung erlaubt, denn allein (*solummodo*) diese beiden Gründe erlauben, auf eine Einzelbeichte zu verzichten, und sie liegen in der Person selbst begründet. Vgl. auch GLAUBENSKONGREGATION, Sacramentum paenitentiae, Nr. I, wonach nur physische oder moralische

- physisch (*impossibilitas physica*), «wenn der Gläubige wegen der räumlichen Entfernung keinen (oder im Falle des c. 977 [CIC[326]] einen konkreten Beichtvater nicht) angehen oder dieser aufgrund einer übergroßen Zahl von Pönitenten nicht das Bekenntnis der Einzelnen entgegennehmen kann», daneben, «wenn jemand aufgrund einer Beeinträchtigung der Verstandestätigkeit nicht in der Lage ist, sein Gewissen überhaupt oder hinreichend zu erforschen, um sich schwerer Sünden bewußt zu werden»;[327]
- moralisch (*impossibilitas moralis*), «wenn es dem Gläubigen nicht zugemutet werden kann, bei einem bestimmten Priester das Bekenntnis abzulegen (z.B. einem nahen Verwandten) oder aufgrund der örtlichen Umstände das Beichtgeheimnis nicht sichergestellt ist (z.B. in Kliniken oder Alten- und Pflegeheimen)», daneben, «wenn ein Gläubiger aufgrund psychischer Ursachen nicht in der Lage ist, ein persönliches und vollständiges Bekenntnis abzulegen.»[328]

Liegt Unmöglichkeit vor, ist die Versöhnung auf andere, vom Gesetzgeber nicht genauer ausgeführte Weise möglich.[329] Ist überhaupt kein Beichtvater

---

Unmöglichkeit von einer solchen Beichte entschuldigt (*nisi impossibilitas physica vel moralis ab huiusmodi confessione excuset*).

326 Dies betrifft die Absolution eines Mitschuldigen an einer Sünde gegen das sechste Gebot des Dekalogs (Ehebruch bzw., allgemeiner, sexuelle Handlungen), die ausser in Todesgefahr ungültig ist.

327 ALTHAUS, N. 5 zu c. 960 CIC, mit dem Hinweis, dass bei beeinträchtigter Verstandestätigkeit lediglich die Beichtempfehlung für lässliche Sünden (c. 988 § 2 CIC) greift «bzw. ein[e] allgemein[e] Vorsicht, die aber nicht mit Skrupelhaftigkeit zu verwechseln ist.»

328 ALTHAUS, N. 5 zu c. 960 CIC, der fortfährt, dass die «genaue Abgrenzung der beiden Ursachen für die Unmöglichkeit eines persönlichen und vollständigen Bekenntnisses [...] der Moraltheologie zu[kommt]».

329 Indem lediglich vom Einzelbekenntnis abgesehen werden kann, bleibt die sakramentale Lossprechung durch einen dazu befugten Priester, d.h. einen Beichtvater, nötig. Geschehen kann dies entweder im Rahmen einer Generalabsolution (cc. 961–963 CIC) als einem Gläubigen unter mehreren, oder als Einzelperson, «dem das persönliche Bekenntnis gegenüber dem Beichtvater nicht möglich ist; diesem obliegt die Entscheidung über das Vorgehen. Unbeschadet der Notwendigkeit vorbereitender Worte des Beichtvaters [vgl. c. 962 § 2 CIC] sollte das Einzelbekenntnis durch eine andere, den Umständen angemessene, allgemein gehaltene Bekenntnisformel (z.B. Schuldbekenntnis der Messe) oder einen Gewissensspiegel (z.B. 10 Gebote und Kirchengebote) ersetzt werden, in die bzw. in den sich der Gläubige, soweit es ihm möglich ist, mit seinen persönlichen Sünden einbringen kann»: ALTHAUS, N. 6 zu c. 960 CIC.

greifbar, genügt zur Versöhnung, in Analogie zu c. 916 CIC, «die Erweckung vollkommener Reue, die den Vorsatz einschließt, baldmöglichst die schweren Sünden zu bekennen».[330]

Die Einzelbeichte ist im Wesentlichen ein Gespräch und eine Begegnung mit Gott im Angesicht der Kirche (ἐκκλησία), die durch die Amtskirche (Beichtvater) vertreten wird.[331] Die Formulierung *cum Deo et Ecclesia reconciliatur* konkretisiert cc. 837 und 959 CIC, womit eine Einzelbeichte kein rein privates Geschehen ist, sondern eine Feier der gesamten Kirche (ἐκκλησία).[332] Aufgrund ihrer zeitlichen Kürze vermag die Einzelbeichte jedoch eher den Versöhnungs- und Heilungsprozess anzustossen als wiederzugeben.[333] Die Einzelbeichte hat zudem, gemäss Lehramt, sowohl für den Beichtvater als auch für den Pönitenten einen «pädagogischen» bzw. «erzieherische[n] Wert»,[334]

---

330 ALTHAUS, N. 6 zu c. 960 CIC.

331 BENEDIKT XVI., Generalaudienz («Zielpunkt der Beichte ist die Begegnung mit Gott, der für uns zur unendlichen Barmherzigkeit geworden ist.»); JOHANNES PAUL II., Reconciliatio et Paenitentia, Nr. 31, III.; DERS., Redemptor Hominis, Nr. 20; BERNHARD, S. 112 («Die Beichte ist mehr als ein Gespräch von Mensch zu Mensch. In der Beichte ist der eigentliche Zuhörer Gott. Das individuelle Bekenntnis des Beichtenden ist eine Art der Selbsterkenntnis im Angesicht Gottes und der Kirche (hier des Beichtvaters). Die Beichte ist in der katholischen Kirche in Sakrament. Das heißt, der Vorgang des Schuldbekennens und der Vergebung ist letztlich ein Vorgang zwischen Gott und Mensch, wenn er im Glaubenszusammenhang vollzogen wird.»); LEDERHILGER, S. 326 (wonach in der Einzelbeichte die Barmherzigkeit Gottes und die Versöhnung deutlich werden sollen); OHLY, S. 1190.

332 Vgl. VAT. II, LG 11 sowie SC 26 und 109b; FEIER DER BUSSE, Nr. 22–30; ALTHAUS, N. 2 zu c. 960 CIC; AMANN, Beichtbefugnis, S. 551; OHLY, S. 1188 (der von einem «Missverständnis» spricht, sähe man die Beichte als privates Geschehen, und darauf hinweist, dass auch die Sünde eine ekklesiale, d.h. die Gemeinschaft betreffende, Dimension aufweist). LENZ, S. 173, weist darauf hin, dass der Gemeinschaftscharakter gleichwohl zu kurz kommt, und zieht den Bussgottesdienst vor – dieser ist aber für die Vergebung schwerer Sünden nicht geeignet.

333 LENZ, S. 172, gibt zu bedenken, dass der Wegcharakter des Prozesses von Umkehr und Versöhnung bei der Beichte, wegen ihrer Kürze, verlorengeht, mithin die «Bußzeit, die Zeit zwischen Bekenntnis und Wiederversöhnung, in der ja Umkehr, Buße und Versöhnung stattfinden sollten. Umkehr, Buße und Versöhnung brauchen Zeit. Natürlich kann das auch im Zusammenhang mit der Beichte erfolgen, aber: Wer nimmt sich die Zeit? Wer macht sich die Mühe?»

334 BENEDIKT XVI., Ansprache, der zudem festhält, dass ein «korrekter, den Normen des Bußritus entsprechender Vollzug immer gewahrt werden [muss]», dabei «ist es nicht unangebracht, darüber nachzudenken, wie es zur Glaubenserziehung sowohl des Priesters als auch des Pönitenten beitragen kann.»

und sie soll ebenfalls der «geistliche[n] Führung» des Pönitenten dienen.[335] Vor diesem Hintergrund droht die Einzelbeichte, mit verschiedensten Anliegen überfrachtet zu werden.[336]

3.1.2 Ort

Der für die Entgegennahme sakramentaler Beichten eigene Ort ist eine Kirche (Gebäude) oder eine Kapelle (*locus proprius est ecclesia aut oratorium*; c. 964 § 1 CIC). Damit macht bereits der Ort selbst deutlich, dass es sich bei einer Einzelbeichte «nicht um ein privates Geschehen zwischen Beichtvater und Büßer handelt, sondern um einen Akt mit sakraler und ekklesialer Bedeutung: Vergebung der Sünden durch Gott und Versöhnung mit der Kirche».[337]

Über den Beichtstuhl hat die Bischofskonferenz Normen zu erlassen, wobei sicherzustellen ist, dass sich immer an offen zugänglichem Ort Beichtstühle befinden, die mit einem festen Gitter zwischen Pönitent und Beichtvater versehen sind, damit die Gläubigen, die dies wünschen, frei davon Gebrauch machen können (c. 964 § 2 CIC).[338] Der Beichtstuhl muss jedenfalls einla-

---

335 BENEDIKT XVI., Generalaudienz.

336 DANNECKER, S. 162: «Ein Großteil der Problematik des scholastisch-tridentinischen Bußsystems liegt in der Überforderung der Beichte, die zweierlei leisten muss: einerseits Seelenführung und geistliche Begleitung, wo sie eigentlich beheimatet ist, und andererseits Rekonziliation der Büßer, die sich durch ihre Sünde von der Gemeinde getrennt haben. Dabei geht es um deren Wiederversöhnung mit der Kirche, die allerdings die Beichte nicht zum Ausdruck und damit zur Erfahrung bringen kann. [...] Dennoch hat die Beichte über viele Jahrhunderte hinweg und bis heute immer noch eine wichtige und leider unterbewertete Funktion als Instrument der geistlichen Begleitung. Um die notwendige Entflechtung von geistlicher Begleitung und Rekonziliation mit der Kirche zu erreichen, gilt es, die zwei Grundsituationen des getauften Sünders vor Gott klar zu unterscheiden. Da ist erstens die Situation des gerechtfertigten Sünders, der auch als solcher täglich Umkehr und Buße zu realisieren hat und täglich des verzeihenden Wortes Gottes bedarf. Dann haben wir die Situation dessen, der aus der Rechtfertigungsgnade und damit aus der Heilserfahrung der Gemeinschaft der Kirche herausgefallen ist und einer neuerlichen Aufnahme bedarf.»

337 ALTHAUS, N. 2 zu c. 964 CIC, mit Hinweis auf c. 959 CIC. Vgl. auch OHLY, S. 1194.

338 Unter die durch die jeweilige Bischofskonferenz näher zu regelnde Konstruktion des Beichtstuhls fällt namentlich die Schallisolierung (ALTHAUS, N. 4 zu c. 964 CIC), die in der Praxis nicht immer zufriedenstellt: Dem Verfasser fiel in einem Beichtstuhl, Abteil des Beichtvaters, einmal ein aufgehängter, handgeschriebener Zettel auf, anscheinend von einer Gläubigen an den Priester gerichtet: «Bitte leise sprechen, sonst hören wir draussen alles – danke – Pace e

dend sein.[339] Das Gitter hat sicherzustellen, dass Beichtvater und Pönitent so voneinander getrennt sind, dass «der Büßende unerkannt und die Gefahr jedweder physischer Berührung ausgeschlossen bleibt»,[340] auch wenn dies liturgisch bewirkt, dass der Beichtvater seine Hände nicht über dem Kopf des Pönitenten «zum Zeichen der Rekonziliation ausbreiten, sondern nur seine rechte Hand erheben kann».[341] Denkbar ist anstelle eines Beichtstuhls auch ein Beichtzimmer, in welchem der Pönitent dem Beichtvater während eines Beichtgesprächs gegenübersitzt und so das Sündenbekenntnis ablegt, wobei dem Pönitenten die Wahl bleiben muss, ob er lieber unerkannt beichtet.[342] Um sich selbst zu schützen, darf der Beichtvater – ausser im Fall von Notwendigkeit – aus gerechtem Grund auch gegen den Willen des Pönitenten darauf bestehen, die Beichte in einem Beichtstuhl mit einem festen Gitter entgegenzunehmen.[343]

Ausserhalb des Beichtstuhls dürfen Beichten nur aus gerechtem Grund (*iusta causa*) entgegengenommen werden (c. 964 § 3 CIC). Damit hat die Beichte grundsätzlich immer im Beichtstuhl – oder Beichtzimmer – zu erfolgen.[344] Als gerechter Grund, um von diesem Grundsatz abzuweichen, zählen insbesondere Krankheit oder Inhaftierung eines Pönitenten.[345]

---

bene»... Zu den Partikularnormen der DBK ALTHAUS, N. 5 zu c. 964 CIC, und OHLY, S. 1194, zu denjenigen der ÖBK ALTHAUS, N. 6 zu c. 964 CIC, und OHLY, S. 1194. Der CCEO regelt den Beichtstuhl nicht, was der ostkirchlichen Tradition gerecht wird: ALTHAUS, N. 3 zu Vor c. 960 CIC.

339 VOLGGER, Wege, S. 247, führt aus: «Die in vielen Kirchen verfügbaren Beichtstühle taugen nicht für das Wesen und die Würde des Sakramentes als Begegnungs- und Beziehungsereignis zwischen Menschen, in dem die Begegnung Christi mit den Sündern zum Ausdruck kommt. Leider gibt es immer noch offene Beichtstühle oder im Winter ungeheizte Kirchen etc. Jede Gemeinde muss sich überlegen, wo und wie geeignete Orte vorgesehen und geschaffen werden können, um das Umkehrsakrament gebührend gestalten zu können.»

340 ALTHAUS, N. 4 zu c. 964 CIC. Vgl. auch OHLY, S. 1194: «Das Gitter dient folglich dem Schutz des Priesters und der Beichtenden, nicht zuletzt im Hinblick auf die öffentliche Reputation.»

341 ALTHAUS, N. 4 zu c. 964 CIC, mit Hinweis auf FEIER DER BUSSE, Nr. 19. Vgl. auch EBD., Nr. 46.

342 ALTHAUS, N. 4 zu c. 964 CIC; BAUMGARTNER, S. 46.

343 ALTHAUS, N. 4 zu c. 964 CIC, und OHLY, S. 1195, je mit Hinweis auf RAT GESETZESINTERPRETATION.

344 ALTHAUS, N. 7 zu c. 964 CIC. Im CIC 1917 bestand dieser Grundsatz nur für Pönitentinnen, d.h. für Frauen (EBD., N. 1a und 7 zu c. 964 CIC).

345 ALTHAUS, N. 1a zu c. 964 CIC. Vgl. auch OHLY, S. 1194.

3.1.3 Beichtvater (Spender)

Das umfangreichste Kapitel des Busssakraments, Kapitel II, behandelt den Spender, mithin den Beichtvater (*de sacramenti paenitentiae ministro*; cc. 965–986 CIC).

3.1.3.1 Befähigung zur Sakramentenspendung

3.1.3.1.1 Voraussetzungen im Allgemeinen

Spender des Busssakraments ist allein der Priester (*Minister sacramenti paenitentiae est solus sacerdos*; c. 965 CIC). Diese Regelung ist unbestritten.[346] Der Begriff *sacerdos* umfasst den Bischof (*episcopus*) und den Priester (*presbyter*), womit die Spendung des Busssakraments den vorgängigen Empfang der Priesterweihe voraussetzt (vgl. hierzu c. 1009 § 3 CIC).[347] Begründet wird die Voraussetzung der Priesterweihe damit, dass «die Kirche [...] von Christus die Vollmacht erhalten [hat], Sünden zu vergeben (Joh 20,23; Mt 18,18). Da diese in Stellvertretung Christi ausgeübt wird, muß eine Person dazu befähigt werden, *in persona Christi* zu handeln. Dies geschieht durch die Priesterweihe.»[348] Im Umkehrschluss nicht zur Spendung befähigt sind Laien (beider-

[346] Sie entspricht dem CIC 1917 und wurde vom VAT. II und im ORDO PAENITENTIAE bestätigt: ALTHAUS, N. 1a zu c. 965 CIC, mit Hinweis auf c. 871 CIC 1917; VAT. II, PO 5; FEIER DER BUSSE, Nr. 9a. Sie unterlag auch in der Codex-Reformkommission keinerlei Diskussion: ALTHAUS, N. 1b zu c. 965 CIC.

[347] ALTHAUS, N. 1d zur Einführung vor c. 959 CIC, mit Hinweis auf TRIDENTINUM, 14. Sitzung (DENZH 1684 und 1710), und N. 3 zu c. 965 CIC («sakramentale Grundzurüstung»); AMANN, Beichtbefugnis, S. 538; OHLY, S. 1196; vgl. auch FEIER DER BUSSE, Nr. 9a. Nur der *sacerdos* kann folglich «wirkmächtig die Lossprechungsformel aussprechen [...], sei es den Gläubigen einzeln oder ausnahmsweise gemeinsam»: ALTHAUS, N. 2 zu c. 965 CIC. Dass nur der *sacerdos* Spender sein kann, hielt schon das FLORENTINUM fest (DENZH 1323).

[348] ALTHAUS, N. 2 zu c. 965 CIC. Ähnlich äussert sich BENEDIKT XVI., Ansprache («Niemals könnten wir [Priester] allein kraft unserer Menschlichkeit die Beichten der Brüder und Schwestern hören! Sie kommen deshalb zu uns, weil wir Priester dem ewigen Hohenpriester Christus gleichgestaltet und dazu befähigt sind, in seinem Namen und in seiner Person zu handeln und Gott, der vergibt, erneuert und verwandelt, wirklich gegenwärtig zu machen.»). Folgerichtig ist, bei abweichender Formulierung, dieselbe Regelung in c. 722 § 1 CCEO enthalten: ALTHAUS, N. 5 zu c. 965 CIC. Vgl. zu Mt 18,18 auch DANNECKER, S. 149 f.; SCHWINDT, S. 101.

lei Geschlechts) und Diakone.[349] Versuchen sie es gleichwohl, folgt Ungültigkeit, d.h. Nichtigkeit (untauglicher Versuch einer Absolution).[350]

Zur gültigen Absolution von Sünden (*ad validam peccatorum absolutionem*) ist erforderlich, dass der Spender (*minister*) ausser der Weihegewalt (*potestas ordinis*) die Befugnis (*facultas*) besitzt, sie gegenüber den Gläubigen, denen er die Absolution erteilt, auszuüben (c. 966 § 1 CIC). Damit genügt die Priesterweihe allein noch nicht, denn zur Gültigkeit (*ad validitatem* [!]) der Sakramentenspendung und damit der Sündenvergebung gegenüber Gläubigen muss die Beichtbefugnis (*facultas confessandi*) hinzutreten,[351] als «hoheitlich gesetztes Ordnungsinstrument».[352] Begründet wurde die Notwendigkeit einer zusätzlichen Befugnis früher damit, dass die Lossprechung einen Akt richterlicher Gewalt darstellt, heute «liegt ein wesentlicher Grund darin, daß diesen sensiblen Bereich der Seelsorge zuverlässige Priester ausüben sollen».[353]

3.1.3.1.2 Erlangung der Befugnis

Die Befugnis (*facultas*) kann ein Priester (*sacerdos*) von Rechts wegen (*ipso iure*) oder durch Verleihung von der zuständigen Autorität (*concessione ab auctoritate competenti*) erhalten (c. 966 § 2 CIC):

- Von Rechts wegen (*ipso iure*) kommt die Beichtbefugnis einem *sacerdos* aufgrund eines Kirchenamtes zu (kraft Amtes, *vi officii*), das untrennbar mit seelsorgerischer Tätigkeit verbunden ist.[354] Hierzu gehören für ihren

---

349 Die heilige Weihe empfängt gültig nur ein getaufter Mann (*sacram ordinationem valide recipit solus vir baptizatus*; c. 1024 CIC). Vgl. hierzu JOHANNES PAUL II., Ordinatio Sacerdotalis, Nr. 4, wonach «die Kirche keinerlei Vollmacht hat, Frauen die Priesterweihe zu spenden, und dass sich alle Gläubigen der Kirche endgültig an diese Entscheidung zu halten haben».

350 ALTHAUS, N. 2 zu c. 965 CIC, mit Hinweis auf das TRIDENTINUM und c. 966 § 1 CIC. Eine versuchte Absolution führt für einen Laien zur Tatstrafe des Interdikts, für den Diakon zu einer Suspension (mit Hinweis auf c. 1378 § 2, 2° a.F. = c. 1379 § 2, 2° g.F. CIC) und die Irregularität für den Empfang der Priesterweihe (c. 1041, 6° CIC): EBD. Von dieser Regelung nicht betroffen sind nichtsakramentale Bussfeiern, in deren Rahmen auch ein Nichtpriester eine Vergebungsbitte sprechen kann und darf: ALTHAUS, N. 4 zu c. 965 CIC.

351 ALTHAUS, N. 3 zu c. 965 CIC und N. 2 zu c. 966 CIC; AMANN, Beichtbefugnis, S. 538; OHLY, S. 1196.

352 OHLY, S. 1196.

353 ALTHAUS, N. 3 zu c. 966 CIC.

354 ALTHAUS, N. 4 zu c. 966 CIC; AMANN, Beichtbefugnis, S. 538; OHLY, S. 1197. Indem die Beichtbefugnis hier *ipso iure* mit dem Amt verbunden ist, genügt die

Bereich der Ortsordinarius[355], der Busskanoniker[356], der Pfarrer[357] und andere, die an Stelle des Pfarrers stehen[358] (c. 968 § 1 CIC). Ähnliches gilt für den Ordensoberen[359] für Beichten seiner Untergebenen und an-

---

Übertragung des Kirchenamtes; die Beichtbefugnis besteht ab kanonischer Besitzergreifung für die Dauer, in welcher die Amtsträger das Amt ausüben: ALTHAUS, N. 2 zu c. 968 CIC.

355 Unter der Bezeichnung Ortsordinarius (*Ordinarius loci*) versteht man ausser dem Papst die Diözesanbischöfe wie auch andere, die, wenn auch nur für eine Übergangszeit, Vorsteher einer Teilkirche oder einer dieser gleichgestellten Gemeinschaft (nach c. 368 CIC: Gebietsprälatur, Gebietsabtei, Apostolisches Vikariat, Apostolische Präfektur oder Apostolische Administration) sind, und diejenigen, die in diesen allgemeine ordentliche ausführende Gewalt besitzen, nämlich die Generalvikare und die Bischofsvikare (c. 134 § 2 in Verbindung mit § 1 CIC). Vgl. hierzu auch ALTHAUS, N. 2 zu c. 968 CIC; AMANN, Beichtbefugnis, S. 539; OHLY, S. 1197.

356 Der Busskanoniker (*paenitentiarius canonicus*) einer Kathedral- oder einer Kollegiatkirche hat kraft seines Amtes die ordentliche Befugnis, die er aber anderen nicht delegieren kann, im sakramentalen Bereich von Beugestrafen loszusprechen, die nicht festgestellte Tatstrafen und nicht dem Apostolischen Stuhl vorbehalten sind; diese Befugnis bezieht sich innerhalb der Diözese auch auf Diözesanfremde und auf Diözesane auch ausserhalb des Gebietes der Diözese (c. 508 § 1 CIC). Wo kein Kapitel vorhanden ist, hat der Diözesanbischof einen Priester zu bestellen, der diese Aufgabe wahrnimmt (§ 2). Vgl. zum Kanonikerkapitel STOFFEL, N. 1–5 zur Einführung vor c. 503 CIC; zur Befugnis des Busskanonikers ALTHAUS, N. 6 zu c. 966 CIC; AMANN, Beichtbefugnis, S. 539; OHLY, S. 1197; STOFFEL, N. 1 zu c. 508 CIC.

357 Der Pfarrer (*parochus*) ist der eigene Hirte der ihm übertragenen Pfarrei (ausführlich c. 519 CIC). Er hat u.a. dafür Sorge zu tragen, dass seine Gläubigen häufig die Sakramente der heiligsten Eucharistie und der Busse empfangen (c. 528 § 2 CIC).

358 Zu diesen gehört der priesterliche Leiter einer Quasipfarrei (c. 516 § 1 CIC), der Teampriester (c. 517 § 1 CIC), der (priesterliche) Pfarrmoderator (c. 517 § 2 CIC), der Pfarradministrator (c. 539 CIC), bei Behinderung oder Vakanz der erste Leiter (c. 541 § 1 CIC), schliesslich der Sonderseelsorger im Range eines Kaplans (*cappellanus*), d.h. ein Priester, dem auf Dauer die Hirtensorge für irgendeine Gemeinschaft oder für einen besonderen Kreis von Gläubigen wenigstens zum Teil anvertraut wird (c. 564 CIC). Er hat kraft Amtes die Befugnis, die Beichte der seiner Sorge anvertrauten Gläubigen zu hören (c. 566 § 1 CIC). Nicht darunter fallen als «Kapläne» bezeichnete pfarrliche Vikare: ALTHAUS, N. 2 zu c. 968 CIC; AMANN, Beichtbefugnis, S. 539; OHLY, S. 1197.

359 Dies sind die Oberen (*Superiores*) eines klerikalen Ordensinstituts bzw. einer klerikalen Gesellschaft des apostolischen Lebens päpstlichen Rechts (vgl. c. 968 § 2 CIC).

derer, die Tag und Nacht in seinem Haus leben[360] (c. 968 § 2 CIC).[361] Ebenfalls von Rechts wegen kommt die Beichtbefugnis dem Papst (*Romanus Pontifex*) kraft göttlichen Rechts zu[362] und, kraft positiver Rechtsetzung, den Kardinälen (*Cardinales*) und den Bischöfen (*Episcopi*; c. 967 § 1 CIC),[363] sowie bei Todesgefahr (*in periculo mortis*) eines Pönitenten sogar jedem Priester (*quilibet sacerdos*), selbst wenn ein Priester mit entsprechender Befugnis (*sacerdos approbatus*) zugegen ist (c. 976 CIC).[364] Da den Vorgenannten die Beichtbefugnis von Rechts wegen zukommt, sind sie Inhaber einer Beichtbefugnis.[365]

- Demgegenüber Empfänger (und nicht Inhaber) einer Beichtbefugnis sind die mittels Verleihung bzw. Übertragung (*concessio*) zur Sakramentenspendung Befugten,[366] mithin alle übrigen Beichtväter.[367] Die Verleihung

---

360 Zu den «Untergebenen» gehören «alle Angehörigen (Professen, Novizen, Postulanten o.ä. genannt) der Provinz, Niederlassung etc., der sie vorstehen»; unter «diejenigen, die Tag und Nacht sich dort aufhalten», fallen «Personal, Zöglinge, Patienten, Gäste»: ALTHAUS, N. 3 zu c. 968 CIC.

361 Dabei haben die Oberen jedoch gemäss c. 968 § 2 CIC ausdrücklich c. 630 § 4 CIC zu beachten, wonach sie die Beichte Untergebener nicht hören dürfen, ausser, Mitglieder bitten von sich aus darum. Damit sollen *forum internum* und *forum externum* (oben, 2.1.3.2) klar voneinander getrennt sein. Gemäss c. 967 § 3 CIC haben die Ordensoberen überdies eine über den eigenen Amtsbereich gehende Beichtbefugnis, jedoch nur hinsichtlich des eigenen Instituts: ALTHAUS, N. 3 zu c. 968 CIC; vgl. daneben AMANN, Beichtbefugnis, S. 556. Vergleichbares gilt auch für den Novizenmeister und seinen Gehilfen sowie für den Rektor eines Seminars oder einer anderen Erziehungseinrichtung. Diese dürfen sakramentale Beichten ihrer Alumnen, die sich im selben Haus aufhalten, nur hören, wenn die Alumnen in Einzelfällen von sich aus darum bitten (c. 985 CIC).

362 ALTHAUS, N. 3 zu c. 967 CIC: «Weil Jesus Christus dem Apostel Petrus die Schlüsselgewalt der Kirche anvertraut hat (Mt 16,19), besitzt dessen Nachfolger die Vollmacht zur Sündenvergebung kraft göttlichen Rechts.»

363 ALTHAUS, N. 4 zu c. 966 CIC; AMANN, Beichtbefugnis, S. 538 f. und 556; OHLY, S. 1197.

364 Damit sind auch Priester befugt, die keine Beichtbefugnis (mehr) haben, selbst diejenigen, die nicht mehr dem Klerikerstand angehören (Entlassung aus dem Klerikerstand, Laisierung) oder exkommuniziert wurden. Sie handeln diesfalls sowohl gültig als auch erlaubt. Ausführlicher ALTHAUS, N. 4 zu c. 966 CIC; AMANN, Beichtbefugnis, S. 540; LÜDICKE, N. 4 zu c. 1357 a.F. CIC; OHLY, S. 1197. Bei Todesgefahr ist jeder Priester (*quilibet sacerdos*) überdies verpflichtet, die Beichte entgegenzunehmen (c. 986 § 2 CIC).

365 ALTHAUS, N. 2 zur Übersicht vor c. 967 CIC.

366 ALTHAUS, N. 2 zur Übersicht vor c. 967 CIC.

367 AMANN, Beichtbefugnis, S. 556.

erfolgt mittels eines besonderen Verwaltungsakts[368] und ist in c. 969 CIC je für die territoriale Kirchenverfassung (§ 1) und den ordensrechtlichen Bereich (§ 2) geregelt.[369] Allein der Ortsordinarius ist zuständig (*solus loci Ordinarius competens est*), jeglichen Priestern (*presbyteris quibuslibet*) die Befugnis zur Entgegennahme der Beichten jedweder Gläubigen zu verleihen, Priester aber, die Mitglieder eines Ordensinstituts sind, dürfen von dieser Befugnis nicht ohne die wenigstens vermutete Erlaubnis ihres Oberen Gebrauch machen (c. 966 § 2 in Verbindung mit c. 969 § 1 CIC).[370] Der Ordensobere gemäss c. 968 § 2 CIC ist zuständig, jeglichen Priestern die Befugnis zur Entgegennahme der Beichten seiner Untergebenen und anderer, die Tag und Nacht in einem Haus des Instituts bzw. der Gesellschaft leben, zu verleihen (c. 966 § 2 in Verbindung mit c. 969 § 2 CIC).[371] Die Vorkehrungen, die besagte Ordinarien zu beachten haben, sind unter 3.1.3.2 darzustellen.

3.1.3.1.3 Reichweite der Befugnis

Der Papst, die Kardinäle und die Bischöfe können überall auf der ganzen Welt Beichten entgegennehmen, wobei ein Diözesanbischof – nicht aber der Generalvikar oder Pfarrer – einem anderen Bischof in einem Einzelfall – und damit nicht generell – die Erlaubtheit verwehren kann (c. 967 § 1 CIC).[372]

---

368 OHLY, S. 1197. Vgl. auch ALTHAUS, N. 2 zu c. 973 CIC, mit dem Hinweis, dass es sich um ein Dekret gemäss c. 51 CIC handelt, wobei hier nur die Erlaubtheit, nicht aber die Gültigkeit betroffen ist.

369 ALTHAUS, N. 2 zu c. 969 CIC. Vgl. AMANN, Beichtbefugnis, S. 539; OHLY, S. 1197.

370 Ausführlicher ALTHAUS, N. 3 zu c. 969 CIC; daneben AMANN, Beichtbefugnis, S. 539 (mit dem Hinweis, dass die Erlaubnis zu vermuten ist).

371 Ausführlicher ALTHAUS, N. 4 zu c. 969 CIC.

372 Damit gilt die Befugnis von Papst (kraft göttlichen Rechts) und Kardinälen (kraft kirchlichen Rechts; unabhängig ihrer Klasse, vgl. hierzu c. 350 CIC) uneingeschränkt, was bei den Kardinälen – selbst wenn sie keine Bischofsweihe empfangen haben (c. 351 § 1 CIC) – ihrer Würde entspricht. Für die Bischöfe ist nicht geregelt, ob ihre Befugnis bereits mit ihrer Ernennung oder erst mit der Bischofsweihe oder Besitzergreifung beginnt. PAUL VI., Pastorale munus, stellt auf die Ernennung ab, was weiterhin haltbar ist, da «diese Befugnis nicht an den Empfang der Bischofsweihe, an die Mitgliedschaft im Bischofskollegium oder die Besitzergreifung gekoppelt ist» (ALTHAUS, N. 5 zu c. 967 CIC – zudem ist ein zum Bischof Ernannter bereits Priester, mithin *sacerdos*). Falls ein Bischof zugleich Kardinal ist, gilt für ihn die Beichtbefugnis der Kardinäle. Ausführlich ALTHAUS, N. 3–5 zu c. 967 CIC; daneben AMANN, Beichtbefugnis, S. 539; OHLY, S. 1197 f.

Dies beschränkt aber weder die Gültigkeit noch betrifft es die Erlaubtheit bei Todesgefahr des Pönitenten (c. 976 CIC).[373] Im Gegensatz zum alten Recht[374] gilt eine Beichtbefugnis von Priestern (*presbyteri*) grundsätzlich weltweit, insofern die betreffenden Voraussetzungen erfüllt sind.[375] Im Bereich der territorialen Kirchenverfassung hat der Priester zwei Voraussetzungen zu erfüllen (c. 967 § 2 CIC): Erstens muss er[376] die Beichtbefugnis kraft Amtes (vgl. c. 968 § 1 CIC) oder aufgrund Verleihung durch den Ortsordinarius entweder des Inkardinationsorts (vgl. c. 265 CIC) oder des Wohnorts (cc. 102 § 1 und 107 § 1 CIC) besitzen.[377] Der Wohnortordinarius hat bei Verleihung einer ständigen Beichtbefugnis vorgängig möglichst den Inkardinationsordinarius anzuhören (c. 971 CIC), auch, um allfällige Bedenken zu erfahren.[378] Zweitens muss es sich um eine ständige (*habitualiter*) Befugnis handeln, mithin nicht um eine für den Einzelfall erteilte, wobei bedeutungslos ist, ob sie befristet oder unbefristet (vgl. cc. 972 f. CIC) erteilt wurde.[379] Sind beide Voraussetzungen erfüllt, hat der Priester die weltweite Beichtbefugnis, d.h. territorial über seinen amtlichen Wirkungskreis und über denjenigen seines Ordinarius hinaus, und dies auch hinsichtlich von Ordenschristen, wobei die Sakramentenspendung in der Kirche eines Ordensinstituts vom Hausoberen zu erlauben ist.[380] «Der Priester kann also ohne weiteres diese Befugnis über längere Zeit in einem fremden Territorium ausüben, ohne daß er verpflichtet wäre, den Ortsordinarius davon in Kenntnis zu setzen.»[381] Der Ortsordinarius kann

---

373 ALTHAUS, N. 5 zu c. 967 CIC; OHLY, S. 1194.

374 Hierzu ALTHAUS, N. 1 zu c. 967 CIC.

375 ALTHAUS, N. 6 zu c. 967 CIC; OHLY, S. 1198.

376 Unbeachtlich ist, ob es sich bei besagtem Priester um einen Welt- oder einen Ordenspriester handelt: ALTHAUS, N. 7 zu c. 967 CIC.

377 Nicht genügt demgegenüber, wenn der Ortsordinarius des Quasidomizils oder des Dienstortes (insofern dieser vom Wohnort abweicht) die Beichtbefugnis erteilt: ALTHAUS, N. 7 zu c. 967 CIC.

378 ALTHAUS, N. 7 zu c. 967 CIC.

379 ALTHAUS, N. 7 zu c. 967 CIC: «Der Ortsordinarius kann also dem Automatismus der Ausweitung der Beichtbefugnis nur dadurch begegnen, daß er die Beichtbefugnis für einen Einzelfall überträgt.» Für den Einzelfall kann z.B. eine Befugnis übertragen werden, wenn «in Anbetracht eines Mangels an Beichtvätern (z.B. bei einer Großveranstaltung oder Wallfahrt) ein Priester hinzugezogen werden soll, der sonst keine Beichtbefugnis besitzt; eine solche Übertragung für den Einzelfall bezieht sich nicht nur auf einen einzelnen Pönitenten, sondern auf einen bestimmten Anlaß»: DERS., N. 2 zu c. 973 CIC. Vgl. auch DERS., N. 2 zu c. 971 CIC.

380 ALTHAUS, N. 7 zu c. 967 CIC.

381 ALTHAUS, N. 7 zu c. 967 CIC.

zwar im Einzelfall die Ausübung der Beichtbefugnis verbieten, jedoch betrifft dies nur die Erlaubtheit, nicht die Gültigkeit (vgl. c. 967 §§ 2 f. CIC).[382] (Zum Widerruf, der die Gültigkeit betrifft, sogleich.) Im Ordensbereich gilt eine ähnliche Regelung, jedoch bezieht sich die Beichtbefugnis nur auf die Angehörigen des betreffenden Instituts und diejenigen, die sich Tag und Nacht im Haus aufhalten (c. 967 § 3 CIC), nicht aber auf andere Institute oder auf den Bereich der territorialen Kirchenverfassung.[383]

3.1.3.1.4 Erlöschen der Befugnis

Die Beichtbefugnis erlischt von Rechts wegen oder durch Widerruf:

- Von Rechts wegen, d.h. *eo ipso* durch Eintreten des Tatbestands und ohne dass ein weiterer Rechtsakt notwendig ist,[384] erlischt die Befugnis bei Verlust des Amtes, durch Exkardination[385] und durch Verlust des Wohnsitzes[386] (c. 975 CIC). Der Grund des Amtsverlusts, mit welchem die Befugnis verbunden war, ist unerheblich.[387] Bei Exkardination und Wohnsitzverlust verlässt der Priester den Zuständigkeitsbereich des

---

382 ALTHAUS, N. 7 zu c. 967 CIC; vgl. AMANN, Beichtbefugnis, S. 539; OHLY, S. 1198.

383 Ausführlich ALTHAUS, N. 8 zu c. 967 CIC, mit dem Hinweis, dass ein Priester mit einer solchen Beichtbefugnis zusätzlich der Beichtbefugnis des Ortsordinarius bedarf, soll er in der Pfarreiseelsorge aushelfen. Vgl. auch DERS., N. 3 zur Übersicht vor c. 967 CIC; OHLY, S. 1198. Bei Irrtum suppliert die Kirche (c. 144 § 2 CIC).

384 ALTHAUS, N. 2 zu c. 975 CIC.

385 Ausführlich zur Exkardination cc. 267–270 CIC. Exkardination kommt namentlich vor, wenn ein bereits inkardinierter Kleriker in einer anderen Teilkirche gültig inkardiniert werden soll (vgl. c. 267 § 1 CIC). Sie darf erlaubt nur aus gerechten Gründen zugestanden werden (c. 270 CIC). Ansonsten muss jeder Kleriker entweder einer Teilkirche, einer Personalprälatur oder einer Ordensgemeinschaft inkardiniert sein, sodass es Kleriker ohne Inkardination in keiner Weise geben darf (c. 265 CIC; zur Inkardination selbst vgl. c. 266 CIC).

386 Wohnsitz und Nebenwohnsitz gehen verloren durch den Wegzug vom Ort mit der Absicht, nicht zurückzukehren (c. 106 CIC).

387 ALTHAUS, N. 5 zu c. 966 CIC und N. 2 zu c. 975 CIC, dort mit Hinweis auf c. 184 § 1 CIC, wonach ein Kirchenamt verloren geht durch Ablauf der vorher festgesetzten Zeit, durch Erreichen der im Recht bestimmten Altersgrenze, durch Verzicht, Versetzung, Amtsenthebung und Absetzung. Im Zusammenhang mit der Beichtbefugnis ist insbesondere zu denken an eine Amtsenthebung infolge fehlender Eignung (c. 1740 CIC; hierzu ausführlicher ALTHAUS, N. 4 zu c. 974 CIC) oder an den Ruhestand (c. 538 § 3 CIC). Vgl. hierzu auch AMANN, Beichtbefugnis, S. 540.

Ortsordinarius.[388] Zwei weitere Arten des Erlöschens können zum Erlöschen von Rechts wegen gezählt werden: Der Ortsordinarius bzw. Ordensobere kann eine Befugnis auf unbestimmte oder auf bestimmte Zeit verleihen (c. 972 CIC); eine befristete, d.h. zeitlich begrenzt verliehene Befugnis erlischt begriffsnotwendig mit Ablauf der Zeit.[389] Ähnliches gilt für die einzelfallweise verliehene Befugnis;[390] diese erlischt mit bzw. nach ihrer Verwendung im Einzelfall. Nicht mehr ausdrücklich geregelt ist der Verlust der Befugnis infolge einer Kirchenstrafe.[391]

- Durch förmlichen Widerruf erlischt eine auf Dauer, d.h. unbefristet verliehene, Befugnis; hierfür zuständig ist der Ortsordinarius bzw. der zuständige Ordensobere (nach Massgabe von c. 969 CIC[392]), der dies jedoch nur aus schwerwiegendem Grund (*causa gravis*) tun darf (c. 974 § 1 CIC). Ein schwerwiegender Grund liegt namentlich vor, wenn der Priester untauglich ist, das Sakrament würdig zu feiern.[393] Ziel ist, die Gläubigen wie das Sakrament zu schützen, unter dem Blickwinkel, dass

---

388 Damit muss dem Priester die Befugnis neu vermittelt werden, kraft Amtes oder kraft Verleihung, wenn er ein neues Amt übernimmt, uminkardiniert wird oder einen neuen Wohnsitz begründet: OHLY, S. 1198. Vgl. auch AMANN, Beichtbefugnis, S. 540; daneben ALTHAUS, N. 2 zu c. 975 CIC, und DERS., N. 6 zur Übersicht vor c. 967 und N. 5 zu c. 966 CIC, letztgenannte Note mit dem Hinweis auf den Fall, dass ein Pfarrer mit seiner Pensionierung (und damit nach Verlust des Pfarreramtes) seine Beichtbefugnis verliert; wolle er weiterhin das Busssakrament spenden, benötige er eine erneute Beichtbefugnis, insofern er über keine aufgrund eines anderen Rechtstitels verfügt.

389 Vgl. AMANN, Beichtbefugnis, S. 540.

390 Unter «Einzelfall» versteht man nicht nur den Fall eines einzelnen Pönitenten, sondern auch einzelne, bestimmte Anlässe, etwa, wenn bei einer Grossveranstaltung oder einer Wallfahrt zu wenige ordentliche Beichtväter vorhanden sind und deswegen Priester, die ansonsten über keine Beichtbefugnis verfügen, hierfür zugezogen werden: ALTHAUS, N. 2 zu c. 973 CIC. Vgl. auch AMANN, Beichtbefugnis, S. 539; OHLY, S. 1197.

391 Anders, als dies im CIC 1917 und in den ersten Entwürfen des CIC noch vorgesehen war. Nunmehr sind die Bestimmungen des kirchlichen Strafrechts massgebend: ALTHAUS, N. 3 zu c. 975 CIC (mit Hinweis auf cc. 1331–1333 CIC).

392 ALTHAUS, N. 2 zu c. 974 CIC.

393 ALTHAUS, N. 3 zu c. 974 CIC, nennt als schwerwiegende Gründe «mangelnde Diskretion» (vgl. cc. 979 und 983 f. CIC, d.h. namentlich auch die Verletzung des Beichtsiegels), «fehlende Fähigkeit zur geistlichen Begleitung der Gläubigen» (c. 978 CIC), «Rigorismus bzw. Skrupelhaftigkeit oder [die] Nichtbeachtung der Bestimmungen über die sog. Generalabsolution» (cc. 961 f. CIC). Vgl. hierzu auch AMANN, Beichtbefugnis, S. 540; OHLY, S. 1198 (mit Hinweis auf die Verletzung des Beichtsiegels als schwerwiegenden Grund).

das Busssakrament dem Seelenheil der Gläubigen dient.[394] Der Widerruf kann mittels hierarchischen Rekurses überprüft werden, wobei der Widerruf gültig bleibt, selbst wenn kein schwerwiegender Grund vorgelegen haben sollte.[395] Wird die Befugnis des betroffenen Priesters widerrufen, kann dieser – anders als beim Widerspruch gegen die einzelfallweise Ausübung, wo er lediglich unerlaubt handelt (c. 967 §§ 2 f. CIC) – die Absolution nicht mehr gültig spenden.[396] Hinsichtlich der Reichweite des Widerrufs gilt zu unterscheiden, von welchem Ordinarius dieser ausgesprochen wird (c. 974 § 2 CIC): Widerruft der Ortsordinarius des Inkardinations- oder der Wohnorts die Befugnis, erlischt sie gänzlich und kann nirgendwo auf der Welt mehr gültig ausgeübt werden.[397] Alle anderen Ortsordinarien können die Befugnis nur für ihr eigenes Gebiet widerrufen, womit aber die weltweite Befugnis – mit Ausnahme jenen besagten Gebiets – bestehen bleibt.[398] Jeder Ortsordinarius, der die Befugnis irgendeines Priesters widerrufen hat, hat dies dem Inkardinationsordinarius bzw. dem zuständigem Ordensoberen mitzuteilen (c. 974 § 3

394 ALTHAUS, N. 3 zu c. 974 CIC: Die Einschränkung auf schwerwiegende Fälle bezweckt, sowohl den Priester als auch die Gläubigen vor Willkür zu schützen (mit Hinweis auf c. 880 § 3 CIC 1917), denn die «Beichtbefugnis [bedeutet] keine persönliche Auszeichnung eines Priesters, ein Privileg o.ä.». Vielmehr «liegt [es] nicht zuletzt im Interesse der Gläubigen, einen Beichtvater zu haben, dem sie ihr Vertrauen schenken, und im Interesse des Priesters, den sakramentalen Dienst der Versöhnung ausüben zu können.»

395 ALTHAUS, N. 3 zu c. 974 CIC.

396 ALTHAUS, N. 3 zu c. 974 CIC.

397 ALTHAUS, N. 5 zu c. 974 CIC; AMANN, Beichtbefugnis, S. 540; OHLY, S. 1198. Eine Ausnahme besteht, wenn ein Priester eine zweifach verliehene, weltweite Beichtbefugnis hat, nämlich sowohl durch den Inkardinations- als auch durch den Wohnortordinarius. Da beide Befugnisse formal auf zwei voneinander unabhängigen Rechtsakten beruhen, hebt der Widerruf der einen Befugnis die andere Befugnis nicht auf. Indem der Wohnortordinarius verpflichtet ist, dem Inkardinationsordinarius den Widerruf mitzuteilen (c. 974 § 3 CIC), wird sich dieser ggf. veranlasst sehen, seinerseits die Beichtbefugnis zu widerrufen; hierfür hat er jedoch sinnvollerweise die Gründe zu erfahren. Der Wohnortordinarius erfährt nur dann davon, dass der Inkardinationsordinarius die Befugnis widerrufen hat, wenn er eine Anfrage im Sinne von c. 971 CIC stellt; teilt der Inkardinationsordinarius einen später erfolgten Widerruf nicht mit, erfährt der Wohnortordinarius nichts: ALTHAUS, N. 7 zu c. 974 CIC.

398 ALTHAUS, N. 6 zu c. 974 CIC; AMANN, Beichtbefugnis, S. 540; OHLY, S. 1198.

CIC),[399] damit dieser allenfalls seinerseits tätig werden kann.[400] Auch im ordensrechtlichen Bereich ist ein Widerruf möglich (c. 974 § 4 CIC).[401] Wenn auch nicht ausdrücklich erwähnt, gilt die Regelung über den Widerruf einer unbefristeten (*habitualiter*) Befugnis auch für eine befristete Befugnis, die vor Ablauf der Frist widerrufen werden soll.[402] Im Ganzen gilt zu berücksichtigen, dass c. 969 CIC einzig den Priester (*presbyter*) betrifft.[403]

Es ist möglich, dass ein *sacerdos* eine Befugnis aus mehreren Rechtsgründen und ggf. auch mit je unterschiedlicher Reichweite innehat.[404] Diesfalls besteht, trotz Widerruf der einen (übertragenen) Beichtbefugnis, weiterhin eine andere Beichtbefugnis, ggf. mit örtlicher Überschneidung, selbst wenn diese ebenfalls eine übertragene ist.[405]

---

399 Diese Mitteilung hat, der Beweisbarkeit wegen, von Vorteil schriftlich zu erfolgen, und ist unabhängig vom territorialen Ausmass des Widerrufs und der Frage, ob der widerrufende Ortsordinarius vorgängig den Inkardinationsordinarius angehört hat (vgl. c. 971 CIC): ALTHAUS, N. 7 zu c. 967 CIC und N. 8 zu c. 974 CIC. Vgl. auch AMANN, Beichtbefugnis, S. 540; OHLY, S. 1198.

400 Zu denken ist einerseits daran, dass der Inkardinationsordinarius seine (weltweit gültige) Befugnis entziehen kann, was jedoch sinnvollerweise voraussetzt, dass der andere Ortsordinarius die schwerwiegenden Gründe präzise genug umschreibt. Andererseits kann der Inkardinationsordinarius spätere Anfragen anderer Ordinarien (vgl. c. 971 CIC) besser beurteilen: ALTHAUS, N. 9 zu c. 974 CIC.

401 Ausführlich und unter kritischer Würdigung der Formulierungen im Codex ALTHAUS, N. 10–12 zu c. 974 CIC; AMANN, Beichtbefugnis, S. 540. Vgl. daneben OHLY, S. 1198.

402 ALTHAUS, N. 2 zu c. 974 CIC.

403 Die Befugnis eines Bischofs kann – vorbehältlich des Widerspruchs im Einzelfall durch den zuständigen Bischof (c. 967 § 1 CIC) – nur durch den Apostolischen Stuhl widerrufen werden: ALTHAUS, N. 2 zu c. 974 CIC.

404 So etwa der Diözesanbischof nach Besitzergreifung kraft Amtes innerhalb der Grenzen seiner Diözese (vgl. c. 968 § 1 CIC), daneben kraft positiver kirchlicher Rechtsetzung weltweit (c. 967 § 1 CIC): ALTHAUS, N. 5 zu c. 967 CIC.

405 Grundsätzlich gilt, dass eine übertragene Befugnis durch Widerruf in demjenigen Umfang erlischt, wie sie übertragen worden ist, wobei das Ordensrecht einen Teilwiderruf kennt, dann nämlich, «wenn ein anderer Oberer widerruft als der Befugnisgeber». «Probleme entstehen, wenn mehrere übertragene Befugnisse bestehen. Der Widerruf einer Befugnis betrifft nur diese, nicht aber andere, die auch im Bereich des Widerrufenden gelten. Entzieht z.B. der Bischof des Wohnsitzes einem Priester die von ihm übertragene Befugnis, kann dieser trotzdem weiter Beichte hören, wenn er die Befugnis von seinem Inkardinationsordinarius hat. Der Wohnsitzbischof müßte in einem solchen Fall als ‹anderer

Besteht ein allgemeiner Irrtum oder ein positiver und begründeter Rechts- oder Tatsachenzweifel hinsichtlich des Innehabens einer Beichtbefugnis, ersetzt die Kirche die (eigentlich fehlende) Beichtbefugnis von Rechts wegen (*Ecclesia supplet*; c. 144 § 2 in Verbindung mit § 1 und c. 966 CIC).[406]

3.1.3.1.5 Strafweiser Wegfall der Befugnis

Bei Exkommunikation und Interdikt ist es dem Exkommunizierten bzw. Interdizierten u.a. untersagt, das eucharistische Opfer und andere Sakramente zu feiern (cc. 1331 § 1, 1° und 1332 § 1 CIC), worunter auch die Feier des Busssakraments fällt. Der betroffene Priester ist damit nicht mehr befugt, «Handlungen Christi und der Kirche» nach c. 840 CIC «zu setzen»,[407] und folglich auch nicht mehr in der Lage, gültig das Busssakrament zu feiern (vgl. c. 966 § 1 CIC). Die Suspension verbietet (c. 1333 § 1 Einleitungssatz CIC) alle oder einige Akte der Weihegewalt (1°), alle oder einige Akte der Leitungsgewalt (2°), die Ausübung aller oder einiger der mit einem Amt verbundenen Rechte oder Aufgaben (3°). Das Ausübungsverbot für Akte der Weihegewalt (1°) – seien es alle oder einige – betrifft «Handlungen, die gemäß ihrer Natur den Empfang einer Weihe voraussetzen»,[408] worunter auch das Hören der Beichte fällt. Das Ausübungsverbot für mit einem Amt verbundene Rechte oder Aufgaben (3°) betrifft solche, die mit einem Kirchenamt (*officium*; c. 145 CIC) verbunden sind,[409] worunter ebenfalls die Entgegennahme von Beichten fallen kann. Neu in das Strafrecht aufgenommen ist die ausdrückliche Nennung, dass als Sühnestrafe der Rechtsentzug der Vollmacht, Beichten entgegenzunehmen oder zu predigen, möglich ist (c. 1336 § 4, 2° CIC). Der Rechtsentzug betrifft die Gültigkeit (vgl. c. 966 § 1 CIC).[410] Dies alles ändert jedoch nichts an der Beichtbefugnis von Priestern bei Todesgefahr eines Pönitenten (vgl. c. 976 CIC).

Ortsordinarius› nach 974 § 2 zusätzlich einen Widerruf der Befugnis für seine Diözese aussprechen. Um Mißhelligkeiten auszuschließen, besteht eine Mitteilungspflicht an den Inkardinationsordinarius (974 § 3)»: ALTHAUS, N. 5 zur Übersicht vor c. 967 CIC.

406 ALTHAUS, N. 5 zu c. 966 CIC; AMANN, Beichtbefugnis, S. 539 f.; OHLY, S. 1197.

407 HALLERMANN, Kommentar zu c. 1331 § 1 CIC. Vgl. auch LEDERHILGER, S. 340.

408 HALLERMANN, Kommentar zu c. 1333 § 1 CIC.

409 HALLERMANN, Kommentar zu c. 1333 § 1 CIC.

410 HALLERMANN, Kommentar zu c. 1336 § 4 CIC.

3.1.3.2 Vorkehrungen des verleihenden Ordinarius

Die nachfolgenden Vorkehrungen[411] betreffen nur Befugnisse, die durch Verleihung (c. 969 CIC) erteilt worden sind: Feststellung der Eignung (c. 970 CIC), Anhörung des Inkardinationsordinarius (c. 971 CIC), Befristung der Beichtbefugnis (c. 972 CIC) und Beachtung des Schriftlichkeitserfordernisses (c. 973 CIC). Für den Widerruf der Beichtbefugnis (c. 974 CIC), der auch zu den Vorkehren eines Ordinarius gezählt werden kann, und die weiteren Möglichkeiten, die zum Verlust der Beichtbefugnis führen (c. 975 CIC), ist auf die bereits gemachten Ausführungen zu verweisen.

Die Befugnis zur Entgegennahme von Beichten darf nur Priestern (*presbyteri*) verliehen werden, die in einer Prüfung für geeignet befunden wurden oder deren Eignung auf andere Weise feststeht (c. 970 CIC),[412] unabhängig davon, ob die Befugnis auf Dauer (*habitualiter*) erteilt werden soll oder nicht.[413] Die besondere Eignung, die der Gesetzgeber verlangt, geht über die «gewöhnliche Befähigung zum pastoralen Dienst» hinaus und liegt darin begründet, dass es sich bei der Einzelbeichte «um einen pastoral äußerst sensiblen Bereich handelt».[414] Der Gesetzgeber bevorzugt eine eigene Prüfung, deren Inhalt das Partikularrecht zu regeln hat, sich aber nicht «auf ein rein akademisches Examen beschränken läßt».[415] Möglich ist, die Eignungsprüfung in mehreren

---

411 Vgl. hierzu ALTHAUS, N. 1 zu Vor c. 965 CIC und N. 3 f. zu c. 969 CIC.

412 Eine ähnliche Regelung kannte bereits der CIC 1917: ALTHAUS, N. 1a zu c. 970 CIC, mit Hinweis auf c. 877 CIC 1917.

413 ALTHAUS, N. 2 zu c. 970 CIC.

414 Die Eignung besteht in der «Rechtgläubigkeit, echte[n] Frömmigkeit, einwandfreie[m] Lebenswandel, physische[r] und psychischer Gesundheit» (mit Hinweis auf c. 1051, 1° CIC), der «theologische[n] Bildung, v.a. in Dogmatik, Moraltheologie, Kirchenrecht» (c. 978 § 2 CIC), der «geistliche[n] Eignung, um als Richter und Arzt die Gerechtigkeit und das Erbarmen Gottes zu vermitteln» (c. 978 § 1 CIC) und «eine heilsame Genugtuung (‹Buße›) aufzuerlegen» (c. 981 CIC) sowie im «Einführungsvermögen und [in der] Verschwiegenheit» (cc. 979, 981 und 983 f. CIC): ALTHAUS, N. 3 zu c. 970 CIC.

415 Daneben kann «ersatzweise» die Eignung auch auf anderer Weise feststehen, etwa durch «weiterführende theologische Studien» oder «Erfahrung in geistlicher Begleitung», wobei stets zu beachten ist, dass «das gesamte Eignungsprofil im Blick stehen muß». Überdies steht es dem verleihenden Ordinarius frei, eine andernorts abgelegte Prüfung anzuerkennen, wobei er indes abzuklären hat, ob deren Anforderungen den eigenen gleichwertig sind: ALTHAUS, N. 4 zu c. 970 CIC, mit Hinweis auf JOHANNES PAUL II., Reconciliatio et Paenitentiae, Nr. 29.

Schritten abzunehmen oder sie wiederholen zu lassen.[416] Treten nachträglich Zweifel an der Eignung auf, kommt der Ordinarius seiner Sorgfaltspflicht nach, wenn er den Zweifeln nachgeht, den Priester abermals prüft und gegebenenfalls Massnahmen ergreift.[417]

Die Befugnis, ständig (*habitualiter*) Beichten entgegenzunehmen, darf der Ortsordinarius einem Priester, auch wenn dieser seinen Wohnsitz oder Nebenwohnsitz in seinem Amtsbereich hat, nur verleihen, wenn er vorher, soweit möglich, den Ordinarius dieses Priesters gehört hat (c. 971 CIC). Anzufragen ist der Inkardinationsordinarius, der als «zentrale Stelle» über die Befugnis bzw. Eignung auskunftsfähig sein soll.[418] Die Konsultationspflicht trifft den Ortsordinarius (vgl. c. 134 § 2 CIC),[419] und gilt hinsichtlich einer Befugnis, die dauernd (*habitualiter*, unabhängig von einer allfälligen Befristung) und nicht bloss für den Einzelfall erteilt werden soll.[420] Der Inkardinationsordinarius hat zwar kein Vetorecht gegen die Erteilung der Befugnis, der

416 ALTHAUS, N. 4 zu c. 970 CIC, mit dem Hinweis, dass «[i]n den Diözesen des deutschen Sprachraumes [...] zumeist üblich [ist], eine erste Prüfung vor der Priesterweihe abzuhalten (Presbyteratsexamen, Cura-Examen o.ä.) mit anschließend zeitlich befristeter Beichtbefugnis, eine zweite Prüfung nach ca. 4–6 Dienstjahren (Pfarrexamen, Pfarrkonkurs o.ä.) mit nachfolgender, unbefristet erteilter Beichtbefugnis».

417 Stellt sich heraus, dass die Zweifel berechtigt sind, ist die Beichtbefugnis zu widerrufen (c. 974 CIC); sollte der Pfarrer gänzlich unfähig sein, ist er seines Amtes zu entheben (c. 1741, 2° CIC): ALTHAUS, N. 5 zu c. 970 CIC.

418 Ausführlicher ALTHAUS, N. 3 zu c. 971 CIC. Durch die Anhörung des Inkardinationsordinarius soll der Ortsordinarius nachprüfen, dass jener weder Einwände gegen diese Tätigkeit ausserhalb seines eigenen Jurisdiktionsbereichs erhebt noch Bedenken hinsichtlich der Eignung des Priesters hegt. Damit «soll verhindert werden, daß ein Priester sich nach Ablehnung der Beichtbefugnis durch den einen Ortsordinarius (auch durch den Inkardinationsordinarius) an einen anderen Ortsordinarius wendet; denn die vom Ordinarius seines Wohnortes übertragene Beichtbefugnis hätte *eo ipso* zur Folge, daß diese auch im Gebiet dessen gelten würde, der die Übertragung zuvor abgelehnt hatte» (c. 967 § 1 CIC): ALTHAUS, N. 4 zu c. 971 CIC.

419 Auch wenn damit nur die territoriale Kirchenverfassung betroffen ist und der höhere Ordensobere dieser Pflicht nicht unterliegt, ist auch dem Ordensordinarius zumindest zu empfehlen, den Inkardinationsordinarius anzufragen: ALTHAUS, N. 2 f. zu c. 971 CIC.

420 ALTHAUS, N. 2 zu c. 971 CIC.

Ortsordinarius sollte aber die Äusserungen und insbesondere die allfälligen Bedenken ernsthaft erwägen (vgl. c. 127 § 2, 2° CIC).[421]

Die Befugnis kann vom zuständigen Ortsordinarius bzw. Ordensoberen (gemäss c. 969 CIC) auf unbestimmte oder auf bestimmte Zeit verliehen werden (c. 972 CIC). Die Verleihung auf bestimmte Zeit, d.h. die befristete, bietet sich an, «wenn der Priester nochmals hinsichtlich seiner Eignung geprüft werden soll (c. 970 [CIC]), er nur für bestimmte Zeit in der Diözese tätig sein wird oder der Beichtdienst an eine zeitlich befristete seelsorgliche Verpflichtung gebunden ist».[422] Die Befugnis, ständig (*habitualiter*) Beichten entgegenzunehmen, ist schriftlich zu erteilen (c. 973 CIC). Diese Pflicht trifft den Orts- wie den Ordensordinarius (vgl. c. 969 CIC) und soll die Nachprüfbarkeit sicherstellen.[423] Es ist ein Dekret gemäss c. 51 CIC auszufertigen, wobei die Missachtung des Schriftlichkeitserfordernisses nur die Erlaubtheit, nicht aber die Gültigkeit betrifft.[424]

3.1.3.3 Pflichten

Grundpflicht[425] ist, dass jedem, dem von Amtes wegen die Seelsorge (*animarum cura*) aufgetragen ist, zur Vorsorge dazu verpflichtet ist (*obligatione tenetur*), dass die Beichten der ihm anvertrauten Gläubigen gehört werden, die in vernünftiger Weise (*rationabiliter*) darum bitten; im Weiteren, dass ihnen an festgesetzten Tagen und Stunden, die ihnen genehm sind, Gelegenheit gebo-

---

421 ALTHAUS, N. 4 zu c. 971 CIC; vgl. AMANN, Beichtbefugnis, S. 539. Diese Anhörungspflicht des Ortsordinarius gilt auch hinsichtlich von Ordenspriestern. Will der Ortsordinarius dem Ordenspriester ein Kirchenamt übertragen, «auch als ständiger Beichtvater in einer bestimmten Kirche», bedarf er überdies der Zustimmung des Ordensoberen (c. 682 § 1 CIC): ALTHAUS, N. 5 zu c. 971 CIC.

422 ALTHAUS, N. 2 zu c. 972 CIC.

423 ALTHAUS, N. 2 zu c. 973 CIC.

424 Bedeutungslos ist, ob die Befugnis befristet ist oder nicht; einzig einzelfallweise verliehene Befugnisse fallen nicht unter das Schriftlichkeitserfordernis: ALTHAUS, N. 2 zu c. 973 CIC.

425 Die Pflicht der in der Seelsorge tätigen Beichtväter, für Gelegenheit zur Beichte zu sorgen, widerspiegelt und ermöglicht die Pflicht der Gläubigen, wenigstens einmal jährlich ihre schweren Sünden zu bekennen (c. 989 CIC), insbesondere bei Bewusstsein einer schweren Sünde vor dem Kommunionempfang (c. 916 CIC), die Empfehlung, auch lässliche Sünden zu bekennen (c. 988 § 2 CIC), und ihren Rechtsanspruch auf Empfang des Busssakraments, insofern sie recht disponiert sind (cc. 843 § 1 und 980 CIC), um von Gott die Verzeihung der Sünden und die Versöhnung mit der Kirche zu erlangen (cc. 959 f. CIC): ALTHAUS, N. 2 zu c. 986 CIC.

ten wird, zu einer persönlichen Beichte zu kommen (c. 986 § 1 CIC). Normadressaten sind diejenigen, denen kraft Amtes die Seelsorge übertragen ist (vgl. c. 986 CIC).[426] Sie haben vorrangig zu ermöglichen, dass das Busssakrament gespendet wird, wobei es um die Koordination, nicht um die höchstpersönliche Spendung geht.[427] Dazu gehört, vorgängig Termine bekanntzugeben, mit welchen den Gläubigen gezeigt wird, dass «die Feier dieses Sakramentes einen Sitz im Leben der Gemeinschaft hat und hierzu ohne weiteres Gelegenheit besteht».[428] In einer dringenden Notlage (*urgente necessitate*) ist jeder Beichtvater (*quilibet confessarius*) verpflichtet, die Beichten von Gläubigen entgegenzunehmen, und in Todesgefahr jeder Priester (*quilibet sacerdos*; c. 986 § 2 CIC); in diesen Situationen wird der Kreis der Verpflichteten erweitert.[429]

Eine weitere Pflicht des Beichtvaters besteht darin, ein bestimmtes Verhalten gegenüber dem Pönitenten an den Tag zu legen, die eher die Pastoral betreffen:[430]

- Der Priester soll beim Beichthören dessen eingedenk sein, dass er in gleicher Weise (*pariter*) die Stelle eines Richters wie die eines Arztes einnimmt und von Gott zugleich zum Diener der göttlichen Gerechtigkeit wie auch Barmherzigkeit bestellt ist, der der Ehre Gottes und dem Heil der Seelen dient (c. 978 § 1 CIC). Diese Bestimmung kannte bereits das

---

426 ALTHAUS, N. 3 zu c. 986 CIC, mit Hinweis auf den Ortsordinarius (vgl. c. 134 § 2 CIC), den Busskanoniker (c. 508 CIC), den Pfarrer (c. 528 § 2 CIC) und die ihm rechtlich Gleichgestellten (cc. 516 § 1, 540 § 1 und 541 CIC), die Kapläne (c. 566 § 1 CIC), die Seminarregenten (c. 240 § 1 CIC, jedoch unter dem Vorbehalt von c. 985 CIC) und die Ordensoberen (c. 630 §§ 2 f., jedoch unter dem Vorbehalt von c. 630 § 4 CIC).

427 ALTHAUS, N. 4 zu c. 986 CIC. Entgegen dem Wortlaut der Bestimmung geht es nicht nur um das Hören der Beichte, sondern um die Sakramentenspendung nach individuellem Sündenbekenntnis: ALTHAUS, N. 2 zu c. 986 CIC.

428 ALTHAUS, N. 5 zu c. 986 CIC, mit Hinweis auf JOHANNES PAUL II., Misericordia Dei, Nr. 2. Vgl. auch OHLY, S. 1194.

429 Ausführlich hierzu ALTHAUS, N. 6 f. zu c. 986 CIC.

430 «Unter Würdigung der hohen Verantwortung, die dem Priester als Spender des Bußsakraments und Beichtvater zukommt, erinnert der Gesetzgeber im Stile pastoraler Weisungen an einschlägige Grundhaltungen, die der Würde und der Fruchtbarkeit des Sakraments dienen wollen»: OHLY, S. 1199 (unter Einbezug der cc. 978–981 CIC). Vgl. auch ALTHAUS, N. 1b zu c. 978 CIC («[p]astorale Gesinnung»).

alte Recht[431] und geht auf das LATERANENSE IV zurück.[432] Der Beichtstuhl soll keine «Folterkammer» sein, sondern ein «Ort der Barmherzigkeit des Herrn.»[433] Bei der Feier des Busssakraments geht es nicht um eine psychologische oder formalistische Tätigkeit, sondern um eine sakramentale Versöhnung, d.h., der Beichtvater handelt «nicht nur rein formal *in persona Christi*», sondern er muss «die Gesinnung Gottes den Büßenden gegenüber erfahrbar werden» lassen.[434] Mithin sollen Beichtväter

---

431 ALTHAUS, N. 1a zu c. 978 CIC, mit Hinweis auf c. 888 § 1 CIC 1917 und FEIER DER BUSSE, Nr. 10c. Der CCEO kennt eine parallele Bestimmung, die aber andere Akzente setzt: Der Priester soll dessen eingedenk sein, dass er von Gott als Diener der göttlichen Barmherzigkeit und Gerechtigkeit eingesetzt ist; gleichsam als geistlicher Vater soll er auch geeignete Ratschläge erteilen, damit jemand in seiner Berufung zur Heiligkeit voranschreiten kann (c. 732 § 2 CCEO). Beim Beichtvater entfällt damit der Hinweis auf seine Stellung als Richter und Arzt; vielmehr ist er geistlicher Vater. Zudem betont der CCEO, dass der Beichtvater Ratschläge zu erteilen hat, die dem Pönitenten in seiner Berufung voranschreiten lassen. Ebenfalls fällt auf, dass die Formulierung, wonach der Beichtvater von Gott als Diener der göttlichen Barmherzigkeit und Gerechtigkeit eingesetzt bzw. bestellt worden ist, im CIC am Schluss, im CCEO aber am Anfang der Bestimmung steht. Vgl. hierzu auch ALTHAUS, N. 5 zu c. 978 CIC.

432 Das LATERANENSE IV trug dem Priester auf, «besonnen und vorsichtig [zu sein], damit er nach Art eines erfahrenen Arztes Wein und Öl über die Wunden des Verletzten gieße; er erforsche sorgsam die Umstände sowohl des Sünders als auch der Sünde, damit er durch sie klug erkenne, welchen Rat er ihm geben und was für ein Heilmittel er anwenden muß» (DENZH 813). Vgl. ALTHAUS, N. 1c zur Einführung vor c. 959 CIC, mit Hinweis auf EBD.

433 FRANZISKUS, Evangelii Gaudium, Nr. 44. Vgl. ähnlich BENEDIKT XVI., Ansprache («Die gläubige und großzügige Bereitschaft der Priester, nach dem Vorbild der großen Heiligen der Geschichte […] Beichte zu hören, zeigt uns allen, daß der Beichtstuhl ein wirklicher ‹Ort› der Heiligung sein kann.»).

434 ALTHAUS, N. 2 zu c. 978 CIC, u.a. mit Hinweis auf FEIER DER BUSSE, Nr. 10 und 18. Vgl. auch BENEDIKT XVI., Ansprache («Liebe Priester, versäumt nicht, der Ausübung des Bußdienstes im Beichtstuhl genügend Raum zu geben: Angenommen und angehört zu werden, ist auch ein menschliches Zeichen für die Annahme und Güte Gottes gegenüber seinen Kindern»); FRANZISKUS, Misericordia et Misera, Nr. 10 («Die Priester fordere ich erneut auf, sich mit großer Sorgfalt auf den Dienst der Beichte vorzubereiten, der eine wirklich priesterliche Aufgabe ist. Ich danke euch herzlich für euren Einsatz und bitte euch, für alle *offen und aufnahmebereit* zu sein; *Zeugen* der väterlichen Zärtlichkeit zu sein trotz der Schwere der Sünde; *fürsorglich* zu helfen, über das getane Böse nachzudenken; *unmissverständlich* die moralischen Prinzipien darzulegen; *verfügbar* zu sein, um die Gläubigen auf ihrem Weg der Buße zu begleiten und dabei geduldig ihr Tempo zu berücksichtigen; *weitsichtig* zu sein in der Unterscheidung jedes einzelnen Falles und *großherzig* in der Gewährung der Vergebung Gottes. Wie Jesus vor der Ehebrecherin [vgl. Joh 8,1–11] die Wahl traf, im Schweigen zu verhar-

in Demut Zeichen der göttlichen Barmherzigkeit sein.[435] In klassischer Begrifflichkeit geschieht dies in den nicht voneinander trennbaren Funktionen eines Richters und eines Arztes, wobei «Richter» (*iudex*) nicht juristisch bzw. strafprozessrechtlich zu verstehen ist, sondern nur in analoger Weise.[436] Die Funktion als «Arzt» (*medicus*) hebt den Aspekt der Heilung durch die beichtväterliche Hilfestellung und die Besserung in der künftigen Lebensführung hervor.[437] Die Verherrlichung Gottes und das Heil des Menschen bzw. der Seelen, wie in c. 978 § 1 a.E. CIC aufgeführt, sind Konstitutiva des kirchlichen Heiligungsdienstes und damit auch der Sakramentenspendung (vgl. c. 834 § 1 CIC).[438]

---

ren, um sie vor dem Todesurteil zu bewahren, so möge auch der Priester im Beichtstuhl weitherzig sein, in dem Bewusstsein, dass jeder Beichtende ihn an seine eigene persönliche Lage erinnert: Sünder, aber Diener der Barmherzigkeit.»).

435 FRANZISKUS, Misericordiae Vultus: «Ich werde nicht müde zu wiederholen, dass die Beichtväter ein wahres Zeichen der göttlichen Barmherzigkeit sein sollen. Beichtvater ist man nicht einfach so. Man wird es, und zwar besonders dadurch, dass wir zunächst für uns selbst bußfertig Vergebung suchen. Vergessen wir nie, dass Beichtvater zu sein bedeutet, an der Sendung Jesu teilzuhaben und ein greifbares Zeichen der bleibenden göttlichen Liebe zu sein, die verzeiht und rettet. Wir haben die Gabe des Heiligen Geistes empfangen, um Sünden zu vergeben. Dafür sind wir verantwortlich. Wir sind nicht Herren dieses Sakramentes, sondern treue Verwalter der Vergebung Gottes. Jeder Beichtvater soll die Gläubigen aufnehmen, wie der Vater im Gleichnis den verlorenen Sohn: Es ist ein Vater, der dem Sohn entgegen kommt, obwohl dieser ja seine Güter verschwendet hat. Die Beichtväter sollen den reumütigen Sohn, der nach Hause zurückkehrt, umarmen und ihre Freude darüber zum Ausdruck bringen, dass sie ihn wiedergefunden haben. Sie werden auch nicht müde zum anderen Sohn zu gehen, der draußen geblieben ist und dem es nicht gelingt, sich zu freuen. Ihm erklären sie, dass sein hartes Urteil ungerecht ist und dass es vor der grenzenlosen Barmherzigkeit des Vaters nicht bestehen kann. Sie stellen keine aufdringlichen Fragen, vielmehr unterbrechen sie – wie der Vater im Gleichnis – die vorbereitete Rede des verlorenen Sohnes, denn sie verstehen es, im Herzen eines jeden Beichtenden den Ruf um Hilfe und das Verlangen nach Vergebung zu lesen. Die Beichtväter sind also berufen immer, überall, in jeder Situation und egal in welchen Umständen, Zeichen des Primates der Barmherzigkeit zu sein.»

436 Ausführlich AYMANS/MÖRSDORF, S. 294–296; daneben ALTHAUS, N. 2 zu c. 978 CIC, mit Hinweis auf JOHANNES PAUL II., Reconciliatio et Paenitentia, Nr. 31, II. Vgl. auch OHLY, S. 1199.

437 ALTHAUS, N. 2 zu c. 978 CIC, mit Hinweis auf JOHANNES PAUL II., Reconciliatio et Paenitentia, Nr. 31, III.

438 ALTHAUS, N. 2 zu c. 978 CIC. Vgl. zum Seelenheil auch c. 1752 CIC.

- Der Beichtvater hat sich als Diener der Kirche (*minister Ecclesiae*) bei der Spendung des Sakramentes getreu (*fideliter*) an die Aussagen des Lehramtes und an die von der zuständigen Autorität erlassenen Normen zu halten (c. 978 § 2 CIC). Da liturgische Handlungen nicht Privatgeschehen sind, sondern immer Feiern der gesamten Kirche (ἐκκλησία; c. 837 § 1 CIC),[439] darf der Beichtvater, als Diener der Kirche (ἐκκλησία), auch nicht private, persönliche Massstäbe anlegen.[440] Vielmehr hat er einerseits die Lehre der verschiedenen Träger des Lehramtes gemäss ihrer jeweiligen Verbindlichkeit (vgl. cc. 749 f. und 752–754 CIC) zu befolgen, insbesondere in moraltheologischer Hinsicht, und diese auf die konkrete Situation des Pönitenten passend anzuwenden.[441] Andererseits hat er die Normen über das Busssakrament zu beachten, seien sie im Codex, seien sie im Partikularrecht erlassen worden (vgl. für die Bischofskonferenzen cc. 961 § 2 und 964 § 2 CIC).[442] Hält sich der Beichtvater nicht an diese Vorgaben, sondern verfällt er schwerwiegend in Rigorismus, Laxheit oder subjektivistischer Willkür, ist seine Beichtbefugnis zu widerrufen (c. 974 § 1 CIC) oder er seines Amtes zu entheben (c. 1740 CIC).[443]
- Der Priester hat, sofern Fragen zu stellen sind, mit Klugheit und Behutsamkeit vorzugehen, dabei sind Verfassung und Alter des Pönitenten zu berücksichtigen, nach dem Namen eines Mitschuldigen darf er nicht fragen (c. 979 CIC). Für den Zweck der Beichte notwendige Fragen darf der Beichtvater folglich stellen.[444] Nicht notwendige Fragen, bei welchen

---

439 Oben, 2.3.2.1 und 3.1.1.

440 «[D]er Beichtvater handelt dabei im Namen Gottes und der Kirche. Daher darf der Priester seinen Dienst nicht nach subjektivem Ermessen ausüben, sei es im Sinne einer Unverbindlichkeit oder eines Rigorismus. Einem Büßenden kann nur dann wirklich geholfen werden, wenn eine Sünde als solche erkannt (Unterscheidung der Geister), er aber zugleich nicht verängstigt wird (durch übergroße Strenge)»: ALTHAUS, N. 3 zu c. 978 CIC. Vgl. auch FEIER DER BUSSE, Nr. 10a.

441 ALTHAUS, N. 3 zu c. 978 CIC; OHLY, S. 1199.

442 ALTHAUS, N. 3 zu c. 978 CIC.

443 Vgl. ALTHAUS, N. 3 zu c. 978 CIC.

444 Notwendig sind namentlich Fragen, mit welchen sich der Beichtvater Kenntnis über die Lebensumstände des Pönitenten verschafft («v.a. Alter, Personenstand, letzte Beichte») und um «nähere Umstände der Sünden zu erfahren (z.B. wenn rein numerisch die Vergehen gegen jedes der 10 Gebote genannt werden)», Fragen, die dem Pönitenten «zu einem aufrichtigen und vollständigen Bekenntnis [...] verhelfen (v.a. Sünden als solche zu erkennen, z.B. wenn bestimmte Lebensbereiche auffallend völlig ausgeblendet werden)», und solche, die dem Beichtvater ermöglichen, dem Pönitenten «überhaupt oder bessere Ratschläge

der Pönitent vielleicht sogar das Gefühl gewinnt, einer nassforschen, voyeuristischen Neugier des Beichtvaters ausgeliefert zu sein, sind verboten,[445] genauso wie das Ausfragen des Pönitenten nach Mitschuldigen.[446]

- Schliesslich hat sich der Beichtvater weiterzubilden.[447]

Wenn der Beichtvater keinen Zweifel an der Disposition des Pönitenten hat und dieser um die Absolution bittet, darf diese weder verweigert noch aufgeschoben werden (c. 980 CIC; vgl. allgemeiner auch c. 843 § 1 CIC).[448] Die Pflicht des Beichtvaters, die sakramentale Absolution zu spenden, d.h. die autoritative Sündenvergebung zuzusprechen, spiegelt das Recht der Gläubigen, aus den geistlichen Gütern der Kirche, insbesondere dem Wort Gottes und den Sakramenten, Hilfe zu erfahren (c. 213 CIC; vgl. auch hierzu c. 843 § 1 CIC).[449] Die Pflicht, die Absolution zu spenden, besteht jedoch bedingt und steht unter dem zweifachen Vorbehalt, dass erstens der Beichtvater keinerlei Zweifel an der Disposition (hierzu 3.1.4.4) des Pönitenten hat (c. 987 CIC) und zweitens dieser um Absolution bittet, was auch stillschweigend ge-

---

geben zu können, damit dieser seiner Berufung als Christ im Leben besser gerecht werden kann»: ALTHAUS, N. 2 zu c. 979 CIC. Vgl. OHLY, S. 1199.

445 Dies liegt insbesondere daran, dass ein sich ausgefragt fühlender Pönitent künftig Einzelbeichten meiden könnte: Ausführlich ALTHAUS, N. 3 zu c. 979 CIC. Vgl. auch FRANZISKUS, Evangelii Gaudium, Nr. 44, der die Priester daran erinnert, «dass der Beichtstuhl keine Folterkammer sein darf, sondern ein Ort der Barmherzigkeit des Herrn, die uns anregt, das mögliche Gute zu tun.»

446 Dies betrifft Mitschuldige an jeglichen Sünden, nicht nur an denjenigen *contra sextum* (Ehebruch u.ä.), «gleiches gilt für solche Umstände, die zur Identifizierung des Mitschuldigen führen. Denn dies hilft dem Pönitenten nicht, persönliche Schuld (besser) zu erkennen; zudem muß verhindert werden, daß bei einem späteren Bekanntwerden des Mittäters auch nur der Anschein einer Verletzung des Beichtgeheimnisses entsteht (c. 983 [CIC])»: ALTHAUS, N. 3 zu c. 979 CIC. Vgl. OHLY, S. 1199.

447 VOLGGER, Wege, S. 248, zutreffend: «Es sollte für die Priester, die Menschen in schwerer Schulderfahrung begleiten, selbstverständlich sein, sich in den Erkenntnissen der dazu berufenen Wissenschaften weiterzubilden und sich die Fähigkeit je mehr zu erwerben, menschliche Erfahrungen gut beurteilen und bewerten zu können, da auch das ein Ausdruck der Güte und Barmherzigkeit ist.»

448 Eine ähnliche Bestimmung befand sich bereits in c. 886 CIC 1917: ALTHAUS, N. 1 zu c. 980 CIC.

449 ALTHAUS, N. 2 zu c. 980 CIC.

schehen kann.[450] Diesfalls ist die Absolution sofort zu spenden,[451] insofern auch die übrigen Voraussetzungen für eine gültige und erlaubte Absolution erfüllt sind.[452]

Die Pflichten des Beichtvaters, eine heilsame und angemessene Busse aufzuerlegen (c. 981 CIC), wird bei der Absolution genauer beleuchtet (3.1.5.4), diejenigen betreffend das Beichtsiegel (cc. 983 f. CIC) unter 4.1.

---

450 Stillschweigend (implizit) geschieht die Bitte und sie kann vorausgesetzt werden, «wenn ein Gläubiger zum Empfang des Bußsakramentes (z.B. in den Beichtstuhl) kommt und die nötige Disposition feststeht. Diese Bitte liegt nicht vor, wenn jemand nur von seinen Taten berichtet, um z.B. etwas Neues zu erzählen»: ALTHAUS, N. 3 zu c. 980 CIC; daneben OHLY, S. 1199.

451 Ausführlich ALTHAUS, N. 4 zu c. 980 CIC.

452 ALTHAUS, N. 5 zu c. 980 CIC, nennt folgende Voraussetzungen: «[D]er Pönitent muß eine ‹Materie› nennen, d.h. zumindest läßliche oder bereits vergebene Sünden» (mit Hinweis auf c. 988 CIC), «der angegangene Priester muß Beichtbefugnis besitzen» (cc. 966–969 CIC), «die Voraussetzungen hinsichtlich des Ortes werden beachtet, was bereits vor dem Bekenntnis klarzustellen wäre» (c. 964 CIC), «die Voraussetzungen für die Erteilung der Generalabsolution» sind erfüllt (c. 961 CIC), «den Mitschuldigen bei einer Sünde gegen das Sechste Gebot kann ein Beichtvater nur in Todesgefahr gültig absolvieren» (c. 977 CIC), «derjenige, der einen Beichtvater fälschlich wegen einer Sünde gegen das Sechste Gebot angezeigt hat, muß vor der Lossprechung seine Anzeige zurückziehen» (c. 982 CIC) und die «Zuständigkeit bzw. Rekurspflicht bei Vorliegen einer Kirchenstrafe» ist beachtet worden (c. 966 CIC).

3.1.4 Pönitent (Beichtender, Büsser)

Kapitel III behandelt den Pönitenten in fünf Bestimmungen (*de ipso paenitente*; cc. 987–991 CIC).[453]

3.1.4.1 Rechte

3.1.4.1.1 Recht auf Dolmetscher

Niemand darf daran gehindert werden, mit Hilfe eines Dolmetschers zu beichten; dabei sind aber Missbräuche und Ärgernisse zu vermeiden und das Beichtgeheimnis zu beachten (c. 990 CIC). Dieses Recht kannte bereits der CIC 1917.[454] Der Dolmetscher ist, wenn sein Dienst aufgrund fehlender oder nicht hinreichend gemeinsamer Sprache erforderlich ist, für die gesamte Feier bedeutsam (Sündenbekenntnis, Ratschläge nach c. 978 § 1 CIC, Busse nach c. 981 CIC).[455] Er ist nur funktional an der Feier beteiligt, weswegen seine Konfessions- oder Religionsangehörigkeit bedeutungslos ist.[456] Der Beichtvater darf den Dolmetscher nicht ohne Weiteres ablehnen, auch wenn dann das Gespräch kaum noch im Beichtstuhl möglich ist.[457] Das Recht auf freie Beichtvaterwahl (c. 991 CIC, sogleich) verpflichtet den Pönitenten nicht dazu, einen Beichtvater gleicher Sprache anzugehen.[458]

---

453 Der CCEO kennt nur eine Bestimmung (c. 719) hinsichtlich des Empfängers. Nicht geregelt werden die Disposition des Pönitenten (c. 987 CIC) sowie das Recht auf einen Dolmetscher (c. 990 CIC) und auf freie Wahl des Beichtvaters (c. 991 CIC): ALTHAUS, N. 3 zu Vor c. 987 CIC. DERS., N. 1 zu Vor c. 987 CIC, teilt die Bestimmungen des CIC unter zwei Aspekte ein: Inhaltliche Aspekte: Die Disposition des Pönitenten (c. 987 CIC) sowie das Bekenntnis von schweren und lässlichen Sünden (c. 988 CIC); formale und äusserliche Aspekte: Pflicht, jährlich die schweren Sünden zu bekennen (c. 989 CIC), Recht auf einen Dolmetscher (c. 990 CIC), Recht auf freie Wahl des Beichtvaters (c. 991 CIC).

454 ALTHAUS, N. 1 zu c. 990 CIC, mit Hinweis auf c. 903 CIC 1917 und auf VAT. II, CD 30.

455 ALTHAUS, N. 2 zu c. 990 CIC; OHLY, S. 1205.

456 Gleichwohl hat er über seine Verschwiegenheitspflicht (c. 983 § 2 CIC) unterrichtet zu sein und er muss dieser auch zustimmen: ALTHAUS, N. 2 zu c. 990 CIC; vgl. OHLY, S. 1205.

457 Ausführlich ALTHAUS, N. 3 zu c. 990 CIC.

458 ALTHAUS, N. 4 zu c. 990 CIC.

3.1.4.1.2 Recht auf freie Beichtvaterwahl

Jedem Gläubigen steht es frei, die Sünden einem rechtmässig bestellten (*legitime approbatus*), auch einem anderen Ritus zugehörigen, Beichtvater seiner Wahl zu bekennen (c. 991 CIC). Damit besteht keine Pflicht, bei einem bestimmten Beichtvater zu beichten.[459] Ausdrücklich erlaubt ist dem Pönitenten, auch einen ritusfremden katholischen Beichtvater anzugehen, wobei ihn – sooft eine Notwendigkeit es erfordert oder ein wirklicher geistlicher Nutzen dazu rät und sofern die Gefahr des Irrtums oder des Indifferentismus vermieden wird – selbst nichtkatholische Beichtväter gültig lossprechen können (c. 844 § 2 CIC).[460] Die freie Beichtwahl ist eingeschränkt von Rechts wegen, um das *forum internum* zu schützen und die Würde des Busssakraments zu bewahren.[461]

3.1.4.2 Beichtpflicht

3.1.4.2.1 Allgemeine Beichtpflicht

Der Gläubige ist verpflichtet, alle nach der Taufe begangenen schweren (!) Sünden, deren er sich nach einer sorgfältigen Gewissenserforschung bewusst ist, nach Art und Zahl zu bekennen, sofern sie noch nicht durch die Schlüsselgewalt der Kirche direkt nachgelassen sind und er sich ihrer noch nicht in einem persönlichen Bekenntnis angeklagt hat (c. 988 § 1 CIC). Die Pflicht besteht genauer für schwere (!) Sünden, die kumulativ folgende Eigenschaften erfüllen:

---

459 Anders, als das LATERANENSE IV vorschrieb, wonach dem eigenen Priester zu beichten war (DENZH 812). Der CIC 1917 kannte in c. 905 ebenfalls die freie Beichtvaterwahl: ALTHAUS, N. 1 zu c. 991 CIC; OHLY, S. 1204. Diese Freiheit gilt selbst dann, wenn für bestimmte Einrichtungen eigens Beichtväter bestellt worden sind (vgl. für Priesterseminare c. 240 § 1 CIC, für Orden c. 630 §§ 2 und 3 CIC) oder der Beichtvater die Muttersprache des Pönitenten spricht: ALTHAUS, N. 2 zu c. 991 CIC; OHLY, S. 1204 f.

460 ALTHAUS, N. 2 zu c. 991 CIC.

461 So stehen der Novizenmeister und sein Gehilfe sowie der Rektor eines Seminars oder einer anderen Erziehungseinrichtung für ihre Alumnen, die sich im selben Haus aufhalten, grundsätzlich als Beichtväter nicht zur Verfügung, ausser, die Alumnen bitten in Einzelfällen von sich aus darum (c. 985 CIC). Ausserdem ist derjenige Priester, der mit dem Pönitenten gegen das sechste Gebot des Dekalogs verstossen hat (*peccatum contra sextum*), – ausser in Todesgefahr – nicht als Beichtvater wählbar, da die Absolution ungültig wäre (c. 977 CIC): ALTHAUS, N. 3 zu c. 991 CIC; OHLY, S. 1205.

- Sie wurden nach der Taufe begangen, denn die Taufe bewirkt die Sündenvergebung (c. 849 CIC),
- der Pönitent hat sie noch nicht in einer Einzelbeichte benannt, wobei diese Pflicht auch hinsichtlich von (schweren) Sünden gilt, die in einer Generalabsolution nachgelassen worden sind (vgl. cc. 962 § 1 und 963 CIC),
- der Pönitent «ist sich ihrer nach sorgfältiger Gewissenserforschung bewußt, d.h. nach einer Betrachtung des eigenen Lebens(abschnittes) vor dem Hintergrund der Gebote Gottes und der Kirche»,
- sie sind noch nicht durch die Schlüsselgewalt der Kirche direkt, mithin nach Bekenntnis derselben, nachgelassen worden.[462]

Jeder Gläubige ist nach Erreichen des Unterscheidungsalters (*ad annos discretionis*) verpflichtet, seine schweren Sünden wenigstens einmal im Jahr aufrichtig (*fideliter*) zu bekennen (c. 989 CIC).[463] Die jährliche Beichtpflicht gilt, anders als im alten Recht, nur noch für die schweren Sünden.[464] Von Rechts wegen liegt das Unterscheidungsalter bei sieben Jahren (c. 97 § 2 CIC), wobei

---

462 ALTHAUS, N. 4 zu c. 988 CIC, mit dem Hinweis, dass «*indirekt*, d.h. guten Glaubens nicht bekannte – vergessene – und somit ‹einschlußweise› nachgelassene Sünden [...] also noch zu bekennen» sind. Vgl. auch den Hinweis in c. 989 CIC, wonach das Bekenntnis *fideliter* zu erfolgen hat, «was sich zum einen auf eine vorausgehende sorgfältige Gewissenserforschung bezieht, zum anderen auf wirkliche Reue (cc. 959, 987)»: ALTHAUS, N. 3 zu c. 989 CIC. Vgl. auch OHLY, S. 1203.

463 Bereits das LATERANENSE IV (DENZH 812) verpflichtete jeden Gläubigen nach Erreichen des Unterscheidungsalters, «wenigstens einmal im Jahr alle seine Sünden dem eigenen Priester getreu [zu] beichten, die ihm auferlegte Buße nach Kräften [zu] erfüllen und zumindest an Ostern ehrfürchtig das Sakrament der Eucharistie [zu] empfangen»: ALTHAUS, N. 1c zur Einführung vor c. 959 CIC. SCHMOECKEL, S. 230, schreibt, im LATERANENSE IV «wurde die längst etablierte Praxis zur jährlichen Pflicht aller Christen, mindestens einmal zu Ostern zur Beichte zu gehen, zur Rechtspflicht», womit sich die Frage nach der Reichweite des Beichtgeheimnis gestellt habe; «[h]ieraus ergibt sich das klassische Paradox zwischen Beichtsiegel und den Kenntnissen von Straftaten aus dem Beichtstuhl.» Vgl. auch KATECHISMUS, Nr. 1457, mit Hinweis auf c. 989 CIC und TRIDENTINUM, 14. Sitzung (DENZH 1683 und 1708), der die jährliche Beichtpflicht nach Erreichen des Unterscheidungsalters als «Vorschrift der Kirche» bezeichnet.

464 ALTHAUS, N. 1 und 3 zu c. 989 CIC, mit Hinweis auf c. 906 CIC 1917. OHLY, S. 1203, verbindet die Pflicht, einmal jährlich schwere Sünden zu beichten (c. 989 CIC), mit der Pflicht, einmal jährlich die heilige Kommunion zu empfangen (c. 920 § 1 CIC), vornehmlich in der österlichen Zeit (§ 2).

weniger das Alter massgebend ist, als vielmehr der vermutete Vernunftgebrauch und die «Fähigkeit, Gut und Böse zu unterscheiden und somit eigenes Fehlverhalten als solches zu erkennen».[465] Die jährliche Pflicht stellt ein Mindesterfordernis dar, angesichts des «Ruf[s] zur stets gebotenen Umkehr und [der] Pflicht zur Heiligung des eigenen Lebens» (c. 210 CIC).[466] Einen genauen Zeitpunkt nennt der CIC nicht,[467] es bietet sich jedoch die vorösterliche Zeit an.[468] Der CCEO kennt in c. 719 keine jährliche Pflicht, das Busssakrament zu empfangen, sondern möglichst bald (*quam primum fieri potest*), wenn ein Gläubiger sich einer schweren Sünde bewusst ist.[469]

---

465 ALTHAUS, N. 2 zu c. 989 CIC: Folglich kann ein Kind bereits vor Vollendung des siebten Altersjahrs (vgl. c. 97 § 2 CIC) den Vernunftgebrauch erlangt haben, womit es auch in der Lage ist, schwere Sünden zu erkennen und damit beichtpflichtig zu werden. Demgegenüber kann ein Gläubiger «aufgrund unzureichender geistiger Entwicklung, Geisteskrankheit oder -trübung sein Verhalten nicht moralisch [...] bewerten, also Fehlverhalten nicht als schwere Sünde zu erkennen vermögen (unbeschadet des c. 99 [CIC])», womit er nicht der Beichtpflicht unterliegt. «[F]ehlt gar jegliche Einsicht in Schuld, kann er aufgrund unzureichender Disposition das Bußsakrament nicht gültig empfangen» (vgl. c. 987 CIC).

466 ALTHAUS, N. 4 zu c. 989 CIC.

467 Es kann folglich ein Jahr im Sinne eines Zeitraums von 365 Tagen meinen (vgl. c. 202 § 1 CIC), jedoch auch das liturgische Jahr. «In praktischer Hinsicht ist ein Zeitraum von einem Jahr gerade noch geeignet, die eigene Lebensführung im Blick auf ihre moralische Qualität zu reflektieren»: ALTHAUS, N. 4 zu c. 989 CIC.

468 Dies erstens wegen der Tradition der Osterkommunion, zweitens, weil ebenfalls der vorgeschriebene, jährliche Kommunionsempfang möglichst in der Osterzeit zu erfolgen hat (c. 920 § 2 CIC), und drittens «legt sich die Erfüllung der Beichtpflicht vor diesem [Kommunionsempfang] nahe, weil ihm eine Selbstprüfung vorausgehen soll»: ALTHAUS, N. 4 zu c. 989 CIC. Vgl. auch FEIER DER BUSSE, Nr. 13 («Die österliche Bußzeit ist für die Feier des Bußsakramentes besonders geeignet, weil schon am Aschermittwoch das Volk Gottes feierlich eingeladen wird: ‹Bekehrt euch und glaubt an das Evangelium!›»), und den Beichtspiegel in EBD., Anhang III, dortige Nr. I/4: «Habe ich das Gebot der österlichen Beichte und Kommunion erfüllt?»

469 Vgl. ALTHAUS, N. 5 zu c. 989 CIC.

3.1.4.2.2 Besondere Beichtpflicht

Kinder haben vor ihrer Erstkommunion[470] die Erstbeichte abzulegen (c. 914 CIC),[471] was vor dem Hintergrund zu sehen ist, dass Gläubige ab dem Unterscheidungsalter, d.h. der Vollendung des siebten Altersjahrs (c. 97 § 2 CIC), verpflichtet sind zu beichten (c. 989 CIC).[472] Befürwortend wird vorgebracht, «[d]ie gängige und bewährte Praxis ist nicht zuletzt Ausdruck dafür, dem Kind, das zum Vernunftgebrauch gelangt ist, zum Recht auf Empfang des Bußsakraments zu verhelfen» (c. 213 in Verbindung mit c. 842 § 1 CIC).[473] Ablehnend ist dem zu entgegnen, dass diese Beichtpflicht nur für schwere Sünden gilt, und Kinder diesen Alters kaum in der Lage sein werden, schwere Sünden im Rechtssinn, d.h. Todsünden, zu begehen.[474] Vielmehr werden die Kinder überfordert,[475] womit diese Erstbeichte keinen eigenständigen Wert hat, sondern der «Überweisung zur Kommunion und nicht als Sakrament der Versöhnung» dient.[476] Immerhin kann mittels geeigneter Pädagogik bzw. Katechetik ein Kind zur Christusbegegnung hingeführt werden, um ihm die

---

470 Kritisch zum Begriff «Erstkommunion» JEGGLE-MERZ, S. 111: «Die Bezeichnung der Ersteucharistie als ‹Erstkommunion› fokussiert in erster Linie auf den Empfang des Leibes Christi und fördert damit ein verdinglichtes Eucharistieverständnis, das man eigentlich mit dem II. Vatikanum und der Liturgiereform überwinden wollte. Kinder müssten sich gerade angesichts häufig fehlender Feierpraxis eingebunden erleben in die Communio, in die Kirche vor Ort, sie müssten erfahren können, dass Kommunion nicht nur Begegnung zwischen dem/der Einzelnen mit Christus bedeutet, sondern sich ebenso – und nicht erst nachrangig – als Communio untereinander aktualisiert.»

471 Vgl. auch KATECHISMUS, Nr. 1457 («Die Kinder müssen, bevor sie zum ersten Mal die heilige Kommunion empfangen, zur Beichte gehen [vgl. c. 914 CIC].»); ALTHAUS, N. 1a zu c. 989 CIC; OHLY, S. 1204.

472 OHLY, S. 1204; vgl. ALTHAUS, N. 2 zu c. 989 CIC.

473 OHLY, S. 1204.

474 Nach VOLGGER, Wege, S. 248 f., ist diese Beichtpflicht «sicherlich vor einem größeren pädagogischen Rahmen in Frage zu stellen. Fraglich ist die notwendige Verbindung zwischen der Beichte mit der Erstkommunion, fraglich ist weiters die Notwendigkeit der Beichte von Kindern, die noch nicht zur schweren Sünde fähig sind. Obwohl Kinder fähig sind, zwischen Gut und Böse zu unterscheiden und auch für sich zu entscheiden, wie gutes Handeln aussieht, bliebt diese Fähigkeit und Herausforderung begrenzt.»

475 Vgl. DANNECKER, S. 162: «So gut dies gemeint und vielleicht auch theologisch begründet und richtig war: Für Erstkommunionkinder ist eine solche Unterscheidung eine hoffnungslose Überforderung.»

476 LENZ, S. 171.

«Sinnhaftigkeit des Versöhnungssakramentes als ein sinnstiftendes Angebot für das spätere Leben vorwegnehmend zu vermitteln».[477]

3.1.4.2.3 Folgen bei Nichtbeachtung

Die Pflicht zur baldestmöglichen Beichte schwerer Sünden besteht im CIC einerseits in geistlicher Hinsicht,[478] andererseits kraft gesetzlicher Regelung im Hinblick auf die Eucharistie:

Wer sich einer schweren Sünde bewusst ist, darf ohne vorherige sakramentale Beichte die Messe nicht feiern und den Leib des Herrn nicht empfangen, ausser es liegt ein schwerwiegender Grund vor und es besteht keine Gelegenheit zur Beichte; in diesem Fall muss er sich der Verpflichtung bewusst sein, einen Akt der vollkommenen Reue zu erwecken, der den Vorsatz miteinschliesst, sobald wie möglich zu beichten (c. 916 CIC).[479] Normadressaten sind ein Priester (*sacerdos*), der eine Messe feiern will, und ein Gläubiger, der die Kommunion empfangen will; ihnen ist dies untersagt, solange sie ihre schwere Sünde, soweit möglich, nicht gebeichtet und das Busssakrament nicht empfangen haben.[480] Ein schwerwiegender Grund, der diese Pflicht aufheben kann, ist nicht leichthin anzunehmen.[481] Damit ist ein solcher Priester oder Gläubige nicht recht disponiert, da er rechtlich daran gehindert ist (vgl.

---

477 Ausführlich VOLGGER, Wege, S. 249, der auch darauf hinweist, mit den Eltern in das «Gespräch über dieses Angebot der Kirche» zu kommen, «das versöhnende und heilende Zuwendung bedeutet», und auch die «Frage der alltäglichen Formen der Versöhnung, die für die Kinder vonseiten der Eltern im Hinblick auf versöhnendes Miteinander und versöhntes Leben wichtig sind», entgegenzunehmen.

478 «Aus geistlicher Sicht hätte dies möglichst bald nach Erkennen einer schweren Sünde zu erfolgen, was der Pflicht zur Heiligung des eigenen Lebens entspricht» (c. 210 CIC): ALTHAUS, N. 6 zu c. 988 CIC.

479 Vgl. KATECHISMUS, Nr. 1457, mit Hinweis auf TRIDENTINUM, 13. Sitzung (DENZH 1647 und 1661), c. 916 CIC und c. 711 CCEO. Nach VOLGGER, Wege, S. 237, verliert der Gläubige durch eine schwere Sünde «die volle Gemeinschaft mit der Kirche. Er kann daher nicht mehr an den Tisch der Eucharistie herantreten, die ein Bild der versöhnten Gemeinschaft und Vorausverkostung eschatologischer Existenz ist.»

480 ALTHAUS, N. 4 zu c. 989 CIC; OHLY, S. 1203.

481 Eine Gelegenheit zur Beichte ist, vor diesem Hintergrund, eher leicht zu ergreifen, insbesondere im Hinblick auf c. 986 § 1 CIC, wonach jeder, dem von Amtes wegen die Seelsorge aufgetragen ist, Gelegenheit zur persönlichen Beichte bieten muss.

c. 843 § 1 CIC), weswegen die Eucharistie – selbst wenn er sie physisch einnähme – weder fruchtbringend ist noch fruchtbar wirken kann.[482]

Daneben ist auf Exkommunizierte und Interdizierte hinzuweisen, die nach Verhängung oder Feststellung der Strafe zur heiligen Kommunion nicht zugelassen werden dürfen, genauso wie andere, die hartnäckig in einer offenkundigen schweren Sünde verharren (c. 915 CIC). Dies ergibt sich ebenfalls aus c. 1331 § 1, 1° CIC, wonach es Exkommunizierten verboten ist, das eucharistische Opfer und andere Sakramente zu feiern, und 2°, wonach ihnen verboten ist, Sakramente zu empfangen. Dasselbe gilt für Interdizierte (c. 1332 § 1 CIC).[483] Es ist darauf hinzuweisen, dass gewisse Straftatbestände als Tatstrafe die Exkommunikation oder das Interdikt vorsehen, unabhängig davon, ob sie äusserlich festgestellt wurden.[484] Dieses Verbot ist jedoch bei Todesgefahr ausgesetzt (c. 1335 § 2 CIC).[485]

3.1.4.3 Beichtempfehlung

Den Gläubigen wird empfohlen, auch ihre lässlichen Sünden zu bekennen (c. 988 § 2 CIC).[486] Eine ähnliche Regelung kennt der CCEO.[487] Damit

---

482 Vgl. KATECHISMUS, Nr. 1131 («Die Sakramente sind von Christus eingesetzte und der Kirche anvertraute wirksame Zeichen der Gnade, durch die uns das göttliche Leben gespendet wird. Die sichtbaren Riten, unter denen die Sakramente gefeiert werden, bezeichnen und bewirken die Gnaden, die jedem Sakrament zu eigen sind. In Gläubigen, die sie mit der erforderlichen inneren Haltung empfangen, bringen sie Frucht.») und Nr. 1134 («Das sakramentale Leben bringt Frucht sowohl für den Einzelnen als auch für die Kirche. Diese Frucht besteht für jeden Gläubigen darin, dass er in Jesus Christus für Gott lebt; für die Kirche darin, dass sie in der Liebe und in ihrer Sendung zum Zeugnis wächst.»); daneben ALTHAUS, N. 3 zu c. 987 CIC.

483 Hierauf weist auch LEDERHILGER, S. 336, hin.

484 HALLERMANN, Kommentar zu c. 1332 § 1 CIC.

485 Vgl. LEDERHILGER, S. 340 f.; OHLY, S. 1194.

486 ALTHAUS, N. 1b zu c. 988 CIC, schildert die diesbezüglichen Diskussionen in der Codex-Reformkommission.

487 Der 1. Teilsatz von c. 719 CCEO handelt von schweren Sünden (Wer sich einer schweren Sünde bewusst ist, soll möglichst bald das Sakrament der Busse empfangen), der 2. Teilsatz von den lässlichen (allen Christgläubigen aber wird eindringlich empfohlen, dass sie häufig und besonders zu den Fasten- und Busszeiten, die in der jeweiligen eigenberechtigten Kirche zu halten sind, dieses Sakrament empfangen). Vgl. hierzu auch ALTHAUS, N. 5 zu 989 CIC, der darauf hinweist, dass die Beichte lässlicher Sünden «nicht ausdrücklich empfohlen [ist], wohl aber – mit Rücksicht auf die Gepflogenheiten der jeweiligen Rituskirche – der Empfang dieses Sakramentes in den Buß- und Fastenzeiten».

unterliegen lässliche Sünden zwar keiner Pflicht, gebeichtet zu werden,[488] womit sie – anders als dies bei den schweren Sünden der Fall ist – nicht vollständig nach Art und Zahl bekannt werden müssen.[489] Der Empfang des Busssakraments wird allen Gläubigen jedoch auch bei lässlichen Sünden aufgrund ihres geistlichen Nutzens (vgl. c. 210 CIC) empfohlen (sog. «Andachtsbeichte»).[490] Dies ändert aber nichts daran, dass lässliche Sünden auch

---

488 Das Bekenntnis lässlicher Sünden «kann erfolgen [a.] im Zusammenhang mit dem Bekenntnis noch nicht bekannter schwerer Sünden; [b.] im Zusammenhang mit dem (möglichst vollständigen) Bekenntnis bereits gebeichteter und nachgelassener schwerer Sünden (sog. General- oder Lebensbeichte); [c.] ohne daß sich der Gläubige einer schweren Sünde bewußt ist (sog. Andachtsbeichte)»: ALTHAUS, N. 7 zu c. 988 CIC. Vgl. auch KATECHISMUS, Nr. 1458, wonach das Bekenntnis lässlicher Sünden «genaugenommen nicht notwendig» ist, jedoch «von der Kirche nachdrücklich empfohlen» wird, daneben ALTHAUS, N. 1 zu c. 989 CIC, mit Hinweis auf c. 906 CIC 1917 und die Codex-Reformkommission, wonach lässliche Sünden nicht Gegenstand einer Beichtpflicht sein können, und N. 7 zu c. 988 CIC, wonach der CIC 1917 «das Bekenntnis bereits nachgelassener und läßlicher Sünden als hinreichende Materie des Bußsakramentes bezeichnet» hatte; OHLY, S. 1203 f.

489 Damit ist «eine exemplarische oder schwerpunktartige Aufzählung (z.B. um eine Grundhaltung oder einen bestimmten Lebensbereich darzustellen) durchaus möglich, mitunter gar angeraten»: ALTHAUS, N. 7 zu c. 988 CIC.

490 «Die regelmäßige Beichte in überschaubaren Zeitabständen gewinnt dabei den Charakter einer ‹Schule der göttlichen Barmherzigkeit›, die dem Gläubigen für den Glaubensweg der Heiligkeit eine unersetzbare Hilfe darstellt»: OHLY, S. 1204; ähnlich ALTHAUS, N. 3 zu c. 989 CIC («Interesse einer Erneuerung des Lebens»). Vgl. hierzu auch VAT. II, LG 39–42; KATECHISMUS, Nr. 1458, hier mit Hinweis auf TRIDENTINUM, 14. Sitzung (DENZH 1680), und c. 988 § 2 CIC; FEIER DER BUSSE, Nr. 7b («Der häufige und gewissenhafte Empfang dieses Sakramentes ist außerdem auch für jene, die leichte Sünden begangen haben, sehr nützlich. Es geht nämlich nicht nur um die Wiederholung des Ritus oder um irgendeine psychologische Übung, sondern um das ständige Bemühen, die Taufgnade zu vervollkommnen, damit in uns, die wir das Todesleiden Jesu Christi an unserem Leib tragen, mehr und mehr das Leben Jesu sichtbar werde [vgl. 2 Kor 4,10]. Bei diesen ‹Andachtsbeichten› sollen die Gläubigen, wenn sie sich leichter Sünden anklagen, vor allem danach trachten, Christus gleichförmiger zu werden und sorgfältiger dem Anruf des Geistes zu folgen.»); ALTHAUS, N. 1a zu c. 988 CIC und N. 8 zu c. 988 CIC (dort mit dem Hinweis auf c. 528 § 2 CIC, wonach Pfarrer u.a. Sorge dafür zu tragen haben, dass die Gläubigen häufig das Busssakrament empfangen); OHLY, S. 1203 f. (mit Hinweis auf VAT. II, LG 39–42, wonach sich Gläubige auch in den kleinen Alltäglichkeiten des Lebens um eine der Berufung als Kind Gottes entsprechende Heiligkeit bemühen sollen); VOLGGER, Wesen, S. 132 f.

durch die *paenitentia quotidiana* vergeben werden können.[491] Zu erwähnen ist, dass Primarschulkinder, die ihre Erstbeichte vor der Erstkommunion feiern, in der Regel (nur) eine Andachtsbeichte ablegen werden (können),[492] für welche aber keine Pflicht besteht (cc. 988 § 1 und 989 *e contrario* CIC).

Gewissem Personengruppen wie namentlich Priestern wird der häufige Empfang des Busssakraments besonders empfohlen.[493] Daneben wird auch Brautleuten dringend empfohlen (*enixe ... commendatur*), zur Beichte und zur Kommunion zu gehen, damit sie das Sakrament der Ehe fruchtbringend empfangen (*ut fructuose recipiatur*, c. 1065 § 2 CIC).

3.1.4.4 Disposition

Allgemein gilt, dass die Gläubigen das Recht haben, aus den geistlichen Gütern der Kirche, insbesondere dem Wort Gottes und den Sakramenten, Hilfe von den geistlichen Hirten zu empfangen (c. 213 CIC). Geistliche Amtsträger dürfen die Sakramente denen nicht verweigern, die erstens gelegen darum bitten (*iis qui opportune eadem petant*), zweitens in rechter Weise disponiert, d.h. vorbereitet, sind (*rite sint dispositi*), und drittens rechtlich an ihrem Empfang nicht gehindert sind (*nec iure ab iis recipiendis prohibeantur*, c. 843 § 1 CIC). Die richtige Disposition wird für das Busssakrament in c. 987 CIC konkre-

---

491 Vgl. ALTHAUS, N. 7 zu c. 988 CIC, mit Hinweis auf die «Lehre der Kirche», dass diese auch durch «Empfang der Eucharistie, Lesen der Hl. Schrift, Fasten, Gebet und Almosen» vergeben werden können.

492 So auch ALTHAUS, N. 8 zu c. 988 CIC; vgl. im Übrigen oben, 3.1.4.2.2.

493 Als Ausdruck der Christusnachfolge sind dies Alumnen (c. 246 § 4 CIC), Kleriker (c. 276 § 2, 5° CIC), Ordenschristen (c. 664 CIC) und Angehörige von Säkularinstituten (c. 719 § 3 CIC). Verschiedene nachkonziliare Dokumente heben hervor, dass für Priester der Empfang des Busssakraments für ihren eigenen priesterlichen Dienst bedeutsam ist: ALTHAUS, N. 8 zu c. 988 CIC, mit weiteren Hinweisen, namentlich auf JOHANNES PAUL II., Reconciliatio et Paenitentia, Nr. 31, VI. Vgl. hierzu auch OHLY, S. 1199, wonach JOHANNES PAUL II. mehrfach darauf hingewiesen hat, dass den pastoralen Weisungen «auch der dringende Ratschlag hinzugefügt werden muss, dass der Priester nicht nur der Verwalter des Sakraments, sondern zugleich dessen regelmäßiger Empfänger sein soll, um den Dienst des Beichtvaters auf fruchtbringende Weise ausüben zu können»; daneben ALTHAUS, N. 1e zur Einführung vor c. 959 CIC, mit Hinweis auf VAT. II, PO 13; ferner VOLGGER, Wege, S. 246, wonach das Sakrament der Versöhnung zur geistlichen Vervollkommnung beiträgt, auch als «ritualisierte Form der regelmäßigen Rechenschaft auf dem Weg der Berufung und der Christusbeziehung.»

tisiert.[494] Damit ein Gläubiger die heilbringende Hilfe des Busssakraments empfängt, muss er so disponiert sein, dass er sich unter Reue über seine begangenen Sünden und mit dem Vorsatz zur Besserung Gott zuwendet (*ad Deum convertatur*, c. 987 CIC). Der Beichtvater darf an der rechten Disposition nicht zweifeln (vgl. c. 980 CIC). Zur Reue sogleich (3.1.5.1).

Die Bitte um Sakramentenspendung kann stillschweigend (konkludent) erfolgen, etwa bereits durch Betreten des Beichtstuhls oder -zimmers, denn wollte der Pönitent nicht das Busssakrament empfangen, ginge er nicht dorthin.[495] Ein Hinderungsgrund kann – ausser in Todesgefahr – z.B. in einem erfolgten und nicht widerrufenen Kirchenaustritt liegen.[496] Eine richtige Disposition ist

---

[494] Diese Umschreibung der Disposition gilt für die Einzelbeichte, die Generalabsolution (cc. 962 § 1 und 963 CIC) und ebenso bei interkonfessionellem Sakramentenempfang (c. 844 §§ 2–4 CIC): ALTHAUS, N. 3 zu c. 987 CIC. Bei c. 987 CIC handelt es sich um eine Besonderheit des CIC, denn weder der CIC 1917 noch der CCEO weisen eine vergleichbare Bestimmung auf (ALTHAUS, N. 1a und 4 zu c. 987 CIC), und auch die Codex-Reformkommission fügte c. 987 CIC erst im Anschluss an das Schema (= Entwurf) ein, «damit etwas über die für den heilbringenden Empfang notwendige Disposition des Büßers gesagt werde» (ALTHAUS, N. 1b zu c. 987 CIC).

[495] Vgl. ALTHAUS, N. 3 zu c. 980 CIC.

[496] Insofern freilich der Kirchenaustritt einen «öffentlichen Akt der willentlichen und wissentlichen Distanzierung von der Kirche und damit eine schwere Verfehlung gegenüber der kirchlichen Gemeinschaft» darstellt, kann der Pönitent das Busssakrament nicht empfangen. «Der Empfang setzt vielmehr stets voraus, dass der Betreffende wieder in die volle Gemeinschaft der Kirche zurückkehrt; im Falle der Todesgefahr genügt indes der entsprechende Wille»: ALTHAUS, N. 3 zu c. 987 CIC. Die Ausführungen ALTHAUS' leuchten ein: Wenn jemand nicht in die volle Gemeinschaft mit der Kirche – wohl nicht nur der Amtskirche, sondern auch der ἐκκλησία – zurückkehren will, kann das Ziel des Busssakraments – die Versöhnung mit Gott, aber auch mit der Kirche (ἐκκλησία; vgl. cc. 959 f. CIC) – gar nicht erreicht werden, weswegen von einer auf solcher Weise simulierten Busse Abstand zu nehmen ist. Aus schweizerischer Sicht ist dabei zu ergänzen, dass nicht jeder Austritt aus der «Kirche» – hier, aufgrund des Dualismus, aus der öffentlich-rechtlichen Körperschaft – eine «willentlichen und wissentlichen Distanzierung von der Kirche» – darstellt. Vielmehr kann, trotz Austritts aus der öffentlich-rechtlichen Körperschaft, weiterhin der Wille bestehen, der Kirche (ἐκκλησία) anzugehören und in voller Gemeinschaft (*plena communio*) mit ihr zu stehen, insbesondere, weil die drei Bande (*tria vincula*) weiterhin bestehen (vgl. c. 205 CIC: die Bande des Glaubensbekenntnisses [*vinculum symbolicum*], der Sakramente [*vinculum liturgicum*] und der kirchlichen Leitung [*vinculum hierarchicum*]). Bei einem solcherweise gelagerten Kirchenaustritt fehlt es folglich mindestens an der «schweren Verfehlung gegenüber der kirchlichen Gemeinschaft».

grundsätzlich zu vermuten und ergibt sich vielfach aus der Art des Sündenbekenntnisses selbst.[497] Gegebenenfalls hat der Beichtvater nachzufragen, auch, um dem Pönitenten dahin zu führen, aufrichtig bekennen und wirklich bereuen zu können.[498] Damit müssen vielmehr Gründe darauf hindeuten, dass der Pönitent nicht richtig disponiert ist.[499] Im Umkehrschluss bedeutet c. 980 CIC dann: Hat der Beichtvater Zweifel an der richtigen Disposition – insbesondere hinsichtlich Reue und Besserungsvorsatz – und kann der Pönitent diese Zweifel nicht entkräften, hat der Beichtvater die Absolution entweder aufzuschieben oder zu verweigern:[500] Fehlt offenkundig[501] die innere Bekehrung oder wird das Sakrament nicht aufrichtig erbeten, kann das Busssakrament als Sakrament der Versöhnung mit Gott und der Kirche (ἐκκλησία; vgl. c. 960 CIC) nicht gespendet werden.[502] Der Beichtvater hat Aufschub oder Verweigerung nachvollziehbar zu begründen, damit einerseits nicht der Eindruck von Willkür entsteht und andererseits dem Pönitenten ermöglicht wird, zu einem späteren Zeitpunkt die (noch) nicht gegebenen Anforderungen zu erfüllen.[503] Zwar ist der Pönitent nicht verpflichtet, bei einer späteren Beichte denselben oder einen anderen Beichtvater über Aufschub oder Verweigerung zu unterrichten; unterlässt er dies aber, kann dies auf mangelnde Aufrichtigkeit hindeuten.[504]

Der Gläubige muss damit so disponiert sein, «daß er innerlich zu Gott umgekehrt ist» (sic!), was zwei Elemente beinhaltet: Erstens die Reue (dazu so-

---

497 ALTHAUS, N. 3 zu c. 980 CIC; zum Bekenntnis sogleich, 3.1.5.2.

498 Dabei kann sich «[i]n außergewöhnlichen Fällen [...] ein Aufschub der Absolution nahelegen (z.B. um sich der Aufrichtigkeit der Disposition zu vergewissern), jedoch nicht über Gebühr»: ALTHAUS, N. 4 zu c. 980 CIC; daneben OHLY, S. 1199.

499 Fehlende Disposition liegt vor, «wenn der Pönitent zu erkennen gibt, daß er [a.] wider besseren Wissens kein vollständiges Bekenntnis abgeben will, [b.] seine Sünden nicht bereut oder [c.] er nicht den Vorsatz hat, sich zu bessern»: ALTHAUS, N. 3 zu c. 980 CIC.

500 «Ein Hinausschieben der Lossprechung bedeutet, daß deren Erteilung erst zu einem späteren (bestimmten oder unbestimmten) Zeitpunkt in Aussicht gestellt wird, eine Verweigerung, daß der Beichtvater sie dem Pönitenten überhaupt nicht geben wird; letzteres ist nicht unbedingt zulässig, weil bei Fortfall des Verweigerungsgrundes diese erteilt werden muß»: ALTHAUS, N. 4 zu c. 980 CIC.

501 ALTHAUS, N. 4 zu c. 980 CIC: «Kleinlichkeit ist nicht am Platz.»

502 ALTHAUS, N. 4 zu c. 980 CIC.

503 «Ein willkürliches oder überaus skrupelhaftes Verhalten des Beichtvaters wäre ein hinreichender Grund für den Widerruf der Beichtbefugnis» (c. 974 § 1 CIC): ALTHAUS, N. 4 zu c. 980 CIC.

504 ALTHAUS, N. 4 zu c. 980 CIC.

gleich) über die begangenen Sünden, zweitens den Vorsatz, sich zu bessern.[505] Fehlt es an der rechten Disposition, ist beim Busssakrament unmittelbar die Gültigkeit betroffen und nicht die Erlaubtheit, wie bei den anderen Sakramenten,[506] denn sonst bereute der Pönitent seine Tat nicht (fehlende Reue) oder er hätte vor, sich weiterhin gleich zu verhalten (fehlender Besserungsvorsatz).[507] Der von ALTHAUS gewählte Perfekt («innerlich zu Gott umgekehrt ist») muss hierbei in seiner Kausalität bzw. zeitlichen Abfolge zutreffen: Zuerst muss der mit Sünde Beladene erkennen, dass es nicht so gehandelt hat, wie er als Mensch und damit als Gottes, d.h. seines Schöpfers, Ab- bzw. Ebenbild und ebenso angesichts Christi Jesu Proexistenz hätte handeln sollen, sogar müssen. Diese Erkenntnis ist gottgewirkt,[508] wobei nicht der CIC,[509] wohl aber das Lehramt,[510] der ORDO PAENITENTIAE[511] und der

---

505 ALTHAUS, N. 2 zu c. 987 CIC, mit dem Hinweis auf das TRIDENTINUM.

506 Bei fehlender Disposition können jedoch die anderen Sakramente nicht fruchtbar werden: ALTHAUS, N. 3 zu c. 987 CIC. Ähnlich wohl auch FEIER DER BUSSE, Nr. 11, womit ein nicht recht disponierter Gläubiger keinen Anteil am sakramentalen Geschehen hat. Zumindest steht dort: «Der Gläubige, der Buße tut, wirkt entscheidend am Sakrament mit. Wenn er nämlich in der richtigen Verfassung dieses von Christus eingesetzte Heilmittel gebraucht und seine Sünden bekennt, hat er Anteil am sakramentalen Geschehen selbst, das der Priester durch die im Namen Christi erteilte Lossprechung vollendet.»

507 ALTHAUS, N. 3 zu c. 987 CIC: «Denn eine unzureichende Disposition bedeutet, daß ein Gläubiger: [a.] sein Handeln nicht bereut, d.h. dieses nicht als Sünde oder schuldhaft ansieht und sich nicht davon als im Widerspruch zu Gottes Gebot stehend distanziert; [b.] sich weiterhin wie bisher verhalten will (zu unterscheiden von einem erneuten Sündigen trotz aufrichtigen Vorsatzes), so daß er sich nicht vornimmt, künftig sein Tun an Gottes Gebot auszurichten.»

508 Vgl. PAUL VI., Paenitemini, Kp. I (zit. nach ALTHAUS, N. 1a zu c. 987 CIC): «In das Reich Christi darf man nur eintreten durch Metanoia, das heißt durch eine tiefgreifende Wandlung des ganzen Menschen, kraft derer er neu zu denken, zu urteilen und sein Leben zu gestalten beginnt, ergriffen von der Heiligkeit und Liebe Gottes, die zuletzt durch seinen Sohn offenbart und in ihrer Fülle zuteil geworden sind. Die Einladung des Sohnes Gottes zum Vollzug dieser Metanoia wirkt umso drängender, weil er nicht nur dazu ermahnt, sondern auch selbst ein Beispiel der Buße gibt. […] Vor das Angesicht Christi gestellt, wird der Mensch mit neuem Licht erfüllt und erkennt so die Heiligkeit Gottes und zugleich die Bosheit der Sünde.»

509 Im Übrigen spricht sich auch GLAUBENSKONGREGATION, Sacramentum paenitentiae, nicht über die pneumatische Dimension aus.

510 So z.B. KATECHISMUS, Nr. 1098, 1426 und 1433, zuletzt mit Hinweis auf Apg 2,36–38 und JOHANNES PAUL II., Dominum et Vivificantem, Nr. 27–43.

511 FEIER DER BUSSE, Nr. 6: «Kommt der sündig gewordene Christ, vom Heiligen Geist geführt, zum Empfang des Bußsakramentes, muß er sich vor allem von Herzen zu Gott bekehren. Diese innere Umkehr schließt die Reue über die Sün-

CCEO[512] ausdrücklich auf die pneumatische Dimension des dreieinen Gottes hinweisen, die diese Wandlung bzw. Umkehr ermöglicht. Dieser Vergleich zwischen dem eigenen Sein und dem höchstpersönlich zu verantwortenden Tun, Dulden oder Unterlassen einerseits und dem Sollen andererseits, zu welchem der Mensch als Abbild Gottes berufen ist bzw. wäre, insbesondere der klaffende Unterschied zwischen beidem, führt den Pönitenten dann unweigerlich zu einer echten Reue im Sinne des Seelenschmerzes.[513] Dieser Seelenschmerz aber führt wiederum unmittelbar zum Vorsatz, sich inskünftig besser zu verhalten, und ebenso zum Bedürfnis, sich mit Gott und der Kirche (ἐκκλησία) zu versöhnen und begangene Verletzungen so weit zu heilen, wie es vor dem Eschaton (vor der jenseitigen Vollendung) möglich ist. Im Umkehrschluss bedeutet dies: Einen echten Besserungsvorsatz, der auf echter Reue beruht, kann ohne bereits – wenigstens ansatzweise – erfolgter Umkehr zu Gott nicht möglich sein. Diese aber setzt eine ansatzweise vorhandene Umkehrbereitschaft voraus. Fehlt es hieran, kann das Busssakrament als Sakrament der Umkehr, Versöhnung und Heilung nicht gültig (!) gespendet werden, womit die Disposition im Sinne von c. 987 CIC verneint werden muss und der Beichtvater gemäss c. 980 *e contrario* CIC die Absolution nicht spenden darf, mithin verweigern muss.

Es fragt sich nun, ob überhaupt ein Gläubiger mit fehlender Disposition den Beichtvater um Absolution angeht, trotz fehlender «Einsicht in die Falschheit seines Verhaltens».[514] ALTHAUS hält für

---

de und den Vorsatz zu einem neuen Leben ein und kommt durch das Bekenntnis vor der Kirche [aufgrund der ekklesialen Dimension gemeint: ἐκκλησία], durch eine angemessene Genugtuung und durch die Besserung des Lebens zum Ausdruck. Gott aber schenkt die Vergebung der Sünden durch die Kirche [ἐκκλησία], die durch den Dienst der Priester handelt [mit Hinweis auf TRIDENTINUM, 14. Sitzung {DENZH 1673–1675}]». Vgl. hierzu auch ALTHAUS, N. 1a zu c. 987 CIC, der dies zitiert.

512 Vgl. c. 718 CCEO («[...] vom Heiligen Geist zu Gott geführt, sich im Herzen wandeln (*ad Deum a Spiritu Sancto ducti corde convertuntur*) und, vom Schmerz über die Sünden bewegt, den Vorsatz zu einem neuen Leben fassen (*dolore de peccatis moti propositum novae vitae ineunt*), [...]»).

513 Vgl. FEIER DER BUSSE, Nr. 6a («Von dieser inneren Reue hängt die Echtheit der Buße ab. Die Bekehrung muß nämlich den Menschen innerlich erfassen, um ihn zu immer tieferer Einsicht zu führen und ihn Christus immer mehr gleichzugestalten.»); ALTHAUS, N. 1a zu c. 987 CIC.

514 ALTHAUS, N. 3 zu c. 987 CIC.

«denkbar, daß jemand sein Verhalten unter dem Schutz des Beichtgeheimnisses (c. 983) einfach aussprechen oder rechtfertigen möchte (auch zur Beruhigung seines Gewissens). In einer solchen Situation wird der Beichtvater zunächst erkunden, was die Absicht dieses Gläubigen ist. Will dieser nicht das Bußsakrament empfangen, kann der Beichtvater lediglich versuchen, den Gläubigen (behutsam, vgl. auch die Weisungen an den Beichtvater in 978 § 1, 979) zu der Erkenntnis zu führen, daß er eine Sünde begangen hat. Bittet der Gläubige um dieses Sakrament, muß ihn der Beichtvater zur notwendigen Disposition hinführen. Gelingt ihm dies nicht, darf er das Sakrament nicht spenden, d.h. die Lossprechung erteilen, weil diese nur simuliert würde. Blieben dem Beichtvater Zweifel an der Disposition des Pönitenten, kann er ihn lediglich vor Erteilen der Lossprechung darauf aufmerksam zu machen, daß ihm bei fehlender Disposition die Sünde nicht vergeben werden, muß ihm aber wegen des Rechts auf Sakramentenempfang (c. 213) die Absolution erteilen.»[515]

Neben Aussprache und Rechtfertigungsversuchen unter dem Schutz des Beichtsiegels dürfen jedoch weitere Fallkonstellationen vermutet werden: Bei schweren Sünden, die nicht losgesprochen sind, hindert die Tatstrafe der Exkommunikation oder des Interdikts namentlich die Feier der Sakramente und insbesondere den Empfang der Eucharistie (vgl. cc. 1331 § 1, 1° und 1332 § 1 CIC, daneben c. 916 CIC). Es wäre angesichts dieser Einschränkungen nicht abwegig, wenn ein Pönitent trotz fehlender Disposition um Absolution ersucht. Dabei gilt jedoch zu bedenken

- hinsichtlich des Beichtvaters: Auch wenn der Pönitent – insbesondere, wenn es sich um einen Gewohnheitsdelinquenten handelt (etwa Kindesmissbrauchstäter) – hier seine Reue nur vorgaukelt bzw. den Besserungsvorsatz heuchelt, könnte ein laxer Beichtvater oder ein Beichtvater, der den Bedrängungsversuchen des Pönitenten nachgibt, eine Absolution erteilen. Diesfalls verstiesse der Beichtvater aber schwerstwiegend gegen seine Pflichten (insbesondere cc. 978 und 980 CIC), womit seine Befugnis wegen einer *causa gravis* zu widerrufen (c. 974 § 1 CIC)[516] bzw. er seines Amtes zu entheben wäre (c. 1741, 1° CIC: Verhaltensweisen, die für die kirchliche Gemeinschaft schweren Schaden oder Verwirrung verursachen).

---

515 ALTHAUS, N. 3 zu c. 987 CIC.

516 Oben, 3.1.3.1.4.

- hinsichtlich des Pönitenten: Die Disposition betrifft nicht bloss die Erlaubtheit, sondern unmittelbar die Gültigkeit.[517] Die Absolution ist somit gar nicht gültig, sondern nichtig. Der Pönitent bleibt von Gott und der Kirche (ἐκκλησία) getrennt, weil es an den Voraussetzungen für Versöhnung und Heilung – der Disposition – fehlt. Folglich kann der Empfang der Eucharistie – trotz der nichtigen Pseudo-Absolution – gar nicht fruchtbar werden (!).[518] Vielmehr beginge ein solcherweise vorgehender Pönitent in mehrfacher Weise Sakrilegien im Rechtssinn,[519] nämlich hinsichtlich der Sakramente der Busse und der Eucharistie eine Verunehrung von Sakramenten und hinsichtlich der Feier der Busse und der Feier der Eucharistie (Teilnahme am Gottesdienst) eine Verunehrung liturgischer Handlungen, und damit weitere Sünden, die nicht mehr ganz leicht wiegen, sondern alsbald als schwere Sünden im Rechtssinn zu werten sind.[520] Bei Bekanntwerden liegt ohne weiteres zudem ein schwerwiegendes Ärgernis vor.[521]

Dies leuchtet zweifach ein: Einerseits ist das Busssakrament als Sakrament Zeichen und Mittel bzw. Werkzeug des Heils,[522] genauerhin eines von Versöhnung und Heilung.[523] Andererseits wirkt der Pönitent entscheidend mit am sakramentalen Geschehen[524] – infolge Arglist und mangels Disposition vereitelt er aber faktisch seine Mitwirkung, insbesondere am Versöhnungsgeschehen.

Vor diesem Hintergrund und angesichts des Umstands, dass er barmherzig zu sein hat (c. 978 § 1 CIC), muss ein Beichtvater sich bewusst sein, dass es

---

517 Weiter oben in diesem Unterkapitel, daneben ALTHAUS, N. 3 zu c. 987 CIC; ähnlich wohl auch FEIER DER BUSSE, Nr. 11.

518 Oben, 3.1.4.2.3; daneben KATECHISMUS, Nr. 1131 und 1134.

519 Oben, 2.1.4, und KATECHISMUS, Nr. 2120.

520 Oben, 2.1.4.

521 Zum Ärgernis oben, 2.2.2.2, und KATECHISMUS, Nr. 2284–2287.

522 Vgl. oben, 1.4, daneben c. 840 CIC.

523 Ausführlich oben, 2.3.

524 Vgl. FEIER DER BUSSE, Nr. 11 («Wenn [der Pönitent] nämlich in der richtigen Verfassung [= Disposition] dieses von Christus eingesetzte Heilmittel gebraucht und seine Sünden bekennt, hat er Anteil am sakramentalen Geschehen selbst, das der Priester durch die im Namen Christi erteilte Lossprechung vollendet. So feiert der Gläubige, der die Barmherzigkeit Gottes an sich erfährt und für sie Zeugnis ablegt, zusammen mit dem Priester den Gottesdienst der sich ständig erneuernden Kirche.»); ALTHAUS, N. 1a zu c. 987 CIC, mit Hinweis auf EBD.; OHLY, S. 1202 f.

«Barmherzigkeitsfallen» (WOLBERT) gibt, wenn nämlich die Ausübung scheinbarer Barmherzigkeit in Wirklichkeit verhindert, dass ein Täter sich verantworten muss, was letztlich das Unrecht verharmlost, das der Täter seinem Opfer zugefügt hat.[525]

3.1.5 Florentinische bzw. tridentinische Bestandteile

Das VAT. II (1962–1965) wollte die Liturgie fördern und erneuern (*de fovenda atque instauranda Liturgia*; SC 3) und insbesondere «Ritus und Formeln des Bußsakramentes» so revidieren, «daß sie Natur und Wirkung des Sakramentes deutlicher ausdrücken» (SC 72). Klassisch aber nach den Vorgaben des FLORENTINUM (1439–1445) und v.a. des TRIDENTINUM (1545–1563) müssen gemäss CIC für die vollkommene Sündenvergebung beim Pönitenten drei Akte vorliegen – Reue, Bekenntnis, Besserungsvorsatz bzw. Genugtuung

---

525 Ausführlich hierzu, namentlich auch angesichts des sexuellen Missbrauchs in der Katholischen Kirche und dem teilweisen Decken der Täter, WOLBERT, S. 35–63, der eingangs auf die sog. «Rattenlinien» verweist (insbesondere im Südtirol halfen Priester und Ordenschristen gegen Ende des 2. Weltkriegs Nationalsozialisten, nach Südamerika oder in den Nahen Osten zu fliehen). Einer dieser Priester habe sich für seine Taten gerechtfertigt, «er habe Menschen in Not geholfen, unabhängig vom Grund dieser Not», was sich tatsächlich «zunächst gut christlich an[hört], im Sinne eines exemplarischen Beispiels von Barmherzigkeit». WOLBERT (S. 35 f.) fragt sich dabei, wie er selbst gehandelt hätte und schliesst nicht aus, dass er «zwar widerwillig – ähnlich gehandelt hätte, da eine den Christ*innen [sic] vermittelte Standardbotschaft lautet: Man muss Menschen in Not helfen, man muss verzeihen, Barmherzigkeit üben. Die Verweigerung der Hilfe gerade durch mich als Priester hätte bei mir vermutlich einige Skrupel ausgelöst, zumal ich auf eine solche Situation nicht vorbereitet gewesen wäre». An anderer Stelle (S. 46 f.) verweist WOLBERT auf die Ehefrauen von nationalsozialistischen Verbrechern, die «in der Regel auf die positiven Qualitäten der Täter als Gatten und Väter verwiesen und deren Schuld abgestritten oder ignoriert [hatten…]. Theologische Stimmen haben solche Haltung unterstützt mit dem Hinweis, das Evangelium stelle die Liebe über die Gerechtigkeit, und Seelsorger haben die Frauen in dieser Weise bestärkt und einige Täter wieder in die Kirche aufgenommen, ohne dass diese sich von ihrer Ideologie und ihren Verbrechen distanziert hatten, und ohne dass Seelsorger sie dazu ermahnt hätten.» WOLBERT (S. 47) kommt zum Schluss: «Diese Art von ‹bedingungsloser Vergebung› bedeutet in Wirklichkeit Verharmlosung von Unrecht und Verbrechen, und damit eine Missachtung der Opfer.» Soweit der Verfasser der vorliegenden Abhandlung den Hl. Thomas von Aquin im Gedächtnis hat, sagte dieser, Gerechtigkeit ohne Barmherzigkeit sei Grausamkeit, Barmherzigkeit ohne Gerechtigkeit aber sei die Mutter der Auflösung. Dies kommt der «Barmherzigkeitsfalle» WOLBERTs sehr nahe.

– und beim Beichtvater als rechtmässig bevollmächtigten Spender ein Akt, die Absolution.[526] Dies steht vor dem Hintergrund des florentinischen bzw. tridentinischen Verständnisses, wonach

- die Form des Sakraments das Aussprechen der Absolutionsformel (‹Ich spreche dich los› etc.) ist,
- die Materie des Sakraments die Akte des Pönitenten sind, d.h. Reue, Bekenntnis und Genugtuung, und
- der Gehalt und die Wirkung des Sakraments in der Wiederversöhnung mit Gott bestehen, bisweilen in «Friede und Heiterkeit des Gewissens, verbunden mit starker Tröstung des Geistes».[527]

Das kodifikarische Verständnis der Akte entspricht damit demjenigen des FLORENTINUM und TRIDENTINUM bzw. demjenigen des Lehramts.[528]

---

526 GLAUBENSKONGREGATION, Sacramentum paenitentiae, Einleitung, mit Hinweis auf TRIDENTINUM, 14. Sitzung (DENZH 1704, 1706–1709), und dem Umstand, dass an dieser Lehre festzuhalten ist (Nr. I). Der KATECHISMUS, Nr. 1450, leitet seine Ausführungen zu den Akten des Pönitenten mit einem wörtlichen Zitat des TRIDENTINUM, 14. Sitzung (DENZH 1673) ein: «Die Buße treibt den Sünder dazu an, alles willig auf sich zu nehmen: in seinem Herzen ist Reue, im Munde das Bekenntnis, im Tun ganze Demut oder fruchtbringende Genugtuung.» Vgl. auch OHLY, S. 1189 und 1196, für den im Zentrum des Busssakraments das persönliche Sündenbekenntnis und die Absolution des Priesters stehen; BERNHARD, S. 107, wonach diese vier Elemente konstitutiv für die Beichte sind.

527 TRIDENTINUM, 14. Sitzung (DENZH 1673 f.). Eine ähnliche Definition von Materie und Form hatte bereits das FLORENTINUM (DENZH 1323): «Das vierte Sakrament ist die Buße, deren Materie gleichsam die Akte des Büßenden sind, bei denen drei Teile unterschieden werden. Von diesen ist der erste die Reue des Herzens; dazu gehört, daß man über die begangene Sünde Schmerz empfindet, mit dem Vorsatz, fortan nicht mehr zu sündigen. Der zweite ist das Bekenntnis des Mundes; dazu gehört, daß der Sünder alle Sünden, deren er sich erinnert, seinem Priester vollständig bekennt. Der dritte ist die Genugtuung für die Sünden nach dem Ermessen des Priesters; sie geschieht freilich vor allem durch Beten, Fasten und Almosen. Die Form dieses Sakramentes sind die Worte der Lossprechung, die der Priester [*sacerdos*] vorträgt, wenn er sagt: ‹Ich spreche Dich los›. Der Spender dieses Sakramentes ist der Priester, der entweder von Amts wegen oder aufgrund des Auftrags seines Vorgesetzten die Vollmacht hat, loszusprechen. Die Wirkung dieses Sakramentes ist die Lossprechung von den Sünden.» Vgl. auch ALTHAUS, N. 1d zur Einführung vor c. 959 CIC, mit Hinweis auf beide Konzilien; OHLY, S. 1189.

528 Vgl. die nachfolgenden Verweise, bei welchen die Literatur auf das TRIDENTINUM verweist. Die Ausführungen im KATECHISMUS, Nr. 1451–1460, zu Reue, Bekenntnis und Genugtuung entsprechen teilweise bis auf das Wort denjenigen

3.1.5.1 Reue

Unter den Akten des Pönitenten ist zunächst die Reue zu nennen, die umschrieben ist als «der Seelenschmerz [*animi dolor*] und die Abscheu [*detestatio*] über die begangene Sünde, verbunden mit dem Vorsatz [*cum proposito*], fortan nicht zu sündigen» (Besserungsvorsatz).[529] Die Reue kann unterschieden werden in

- «vollkommene» oder «Liebesreue» (*contritio*), die aus der Liebe zu Gott hervorgeht; lässliche Sünden lässt sie nach und bei schweren Sünden wird Vergebung erlangt, «wenn sie [die Liebesreue] mit dem festen Entschluß verbunden ist, sobald als möglich das sakramentale Bekenntnis nachzuholen»;[530] und
- «unvollkommene Reue» (*attritio*), die eine Entwicklung einleitet und dadurch zur rechten Disposition führen kann.[531]

Reue setzt eine Gewissenserforschung voraus, die zur Sündenerkenntnis führt.[532] Die sorgfältige Gewissenserforschung führt die Pflicht zur Heiligung des Lebens (c. 210 CIC) näher aus.[533] Als Hilfestellung zur Gewissenserfor-

---

in FEIER DER BUSSE, Nr. 6, und beide verweisen ebenfalls auf das TRIDENTINUM.

529 KATECHISMUS, Nr. 1451, mit Hinweis auf TRIDENTINUM, 14. Sitzung (DENZH 1676). Vgl. auch FEIER DER BUSSE, Nr. 6a; ALTHAUS, N. 1d zur Einführung vor c. 959 CIC; OHLY, S. 1203.

530 KATECHISMUS, Nr. 1452, mit Hinweis auf TRIDENTINUM, 14. Sitzung (DENZH 1677). Vgl. auch ALTHAUS, N. 1d zur Einführung vor c. 959 CIC.

531 Die *attricio* ist «ebenfalls ein Geschenk Gottes, ein Anstoß des Heiligen Geistes. Sie erwächst aus der Betrachtung der Abscheulichkeit der Sünde oder aus der Furcht vor der ewigen Verdammnis und weiteren Strafen, die dem Sünder drohen [Furchtreue]. Eine solche Erschütterung des Gewissens kann eine innere Entwicklung einleiten, die unter dem Wirken der Gnade durch die sakramentale Lossprechung vollendet wird. Die unvollkommene Reue allein erlangt noch nicht die Vergebung der schweren Sünden; sie disponiert jedoch dazu, sie im Bußsakrament zu erlangen»: KATECHISMUS, Nr. 1453, mit Hinweis auf TRIDENTINUM, 14. Sitzung (DENZH 1678 und 1705).

532 OHLY, S. 1203; SABERSCHINSKY, S. 209–215, stellt seine Ausführungen zur Gewissenserforschung unter den Titel «Frei werden für den größeren Gott».

533 ALTHAUS, N. 3 zu c. 960 CIC und N. 3 zu c. 988 CIC. Die Gewissenserforschung ist das «sakramentale Zeichen, das zu einer solchen Klarheit des Gewissens führt», und «sollte keineswegs eine ängstliche psychologische Selbstbeobachtung sein, sondern eine aufrichtige und ruhige Konfrontation mit dem inneren sittlichen Gesetz, mit den Normen des Evangeliums, wie sie von der Kirche vorgelegt werden, ja mit Jesus Christus selbst, der für uns Meister und Vorbild des Lebens ist, und mit dem himmlischen Vater, der uns zum Heil und zur

schung kann sich der Pönitent sog. Beicht- oder Gewissensspiegel bedienen und den Beichtvater um Rat fragen.[534] Von der inneren Reue hängt die Echt-

Vollkommenheit beruft»: JOHANNES PAUL II., Reconciliatio et Paenitentia, Nr. 31, III. Vgl. hierzu auch ALTHAUS, N. 5 zu c. 988 CIC.

534 Oben, 2.1.4; daneben ALTHAUS, N. 3 zu c. 960 CIC und N. 4 zu c. 988 CIC. Ein Gewissensspiegel kann «dem Pönitenten im Licht des Glaubens und der Heiligkeit ‹den Spiegel vorhalten› mit dem Ziel, die Sünden als Mangel in der Liebe zu erkennen»: OHLY, S. 1203 Fn. 73. Vgl. auch KATECHISMUS, Nr. 1454 («Es ist angemessen, sich durch eine Gewissenserforschung im Licht des Wortes Gottes auf den Empfang des Bußsakramentes vorzubereiten. Die passendsten Texte finden sich in den sittlichen Weisungen der Evangelien und der Apostelbriefe: in der Bergpredigt und den Mahnungen der Apostel [vgl. z. B. Röm 12–15; 1 Kor 12–13; Gal 5; Eph 4–6].»). In FEIER DER BUSSE, Anhang III (S. 129–134), findet sich ein solches «Schema für die Gewissenserforschung». Lobend ist hervorzuheben, dass das «Schema» anhand der wichtigsten Gebote Fragen in der Ich-Form stellt, die ein Pönitent nach seinem Gewissen beantworten muss, was ihn hinlänglich vorbereitet. Weil die Studienausgabe aber von 1974 stammt, ist dieses «Schema» nicht mehr zeitgemäss: Sprachlich (2/1., «Empfang des Bußsakramentes» mit Genitivendung auf «-es»; 3/I/4., «ehrfurchtlos» in «War ich ehrfurchtlos gegenüber der Jungfrau Maria und den Heiligen?»; 3/II/3., «[...] mißachte ich meinen Nächsten, besonders [...] Angehörige anderer Völker und Rassen?»; 3/III/6., «[...] lasse ich mich von meinen Leidenschaften knechten?»), theologisch (3/I/4., «[...] habe ich Gott beleidigt [...]?»; 3/III/3., «Bringe ich es fertig, Schmerzen und Widerwärtigkeiten geduldig zu ertragen, damit in meinem irdischen Leben ‹das Maß der Leiden Christi erfüllt› wird?»; 3/III/4., «Habe ich [...] meinen Leib und meine Sinne schamhaft und keusch bewahrt?») und gesellschaftlich (3/I/5., «Habe ich an Sonn- und Feiertagen lebendig, aufmerksam und mit Andacht am Gottesdienst [...] teilgenommen?»; 3/II/7., «Habe ich der rechtmäßigen Autorität Gehorsam und Achtung erwiesen?»). Zudem zielen die Fragen letzten Endes nicht auf schwere Sünden, sondern auf lässliche, und dienen damit dem Vollzug einer Andachtsbeichte, für welche aber keine Beichtpflicht besteht. Rückblickend erstaunt es weniger, wenn der Gewissensspiegel heute altbacken wirkt. Der Zeitraum, als die FEIER DER BUSSE und damit auch ihr Gewissensspiegel herausgegeben wurde – und auch die Synode 72 stattfand –, war eine Zeit «deutlicher mentalitätsgeschichtlicher Veränderungsprozesse», zudem löste sich in den 1960er und 1970er Jahre die katholische Subgesellschaft auf, ferner verloren auf Tradition beruhende Argumente ihre Plausibilität, und so «ist es nicht sehr verwunderlich, dass die Liturgie ihre Prägekraft für das Leben der Katholikinnen und Katholiken verlustig wurde»: JEGGLE-MERZ, S. 97. Die Sonntagspflicht in der Liturgie ist zudem heute kein Thema mehr: EBD., S. 116 f.

heit der Busse ab,[535] und sie ist zentraler Bestandteil der Disposition (c. 987 CIC).[536]

3.1.5.2 Bekenntnis

Das Bekenntnis schwerer Sünden muss persönlich und vollständig sein (*individualis et integra confessio*; c. 960 CIC). Der Gläubige ist verpflichtet, alle nach der Taufe begangenen schweren Sünden, deren er sich nach einer sorgfältigen Gewissenserforschung bewusst ist, nach Art und Zahl zu bekennen, sofern sie noch nicht durch die Schlüsselgewalt der Kirche direkt nachgelassen sind und er sich ihrer noch nicht in einem persönlichen Bekenntnis angeklagt hat (c. 988 § 1 CIC).

Um Erbarmen zu empfangen, muss man seine Verfehlungen bekennen, denn «Umkehr erfordert, daß die Sünde ans Licht gebracht wird».[537] Aus kirchenrechtlicher Sicht hängt das Sündenbekenntnis nicht von der liturgischen Form der Feier ab.[538] Es fusst auf Sündenerkenntnis und Reue.[539] Voraus-

---

535 KATECHISMUS, Nr. 1430 («Wie schon die Aufforderung der Propheten zielt auch der Ruf Jesu zu Umkehr und Buße zunächst nicht auf äußere Werke, ‹Sack und Asche›, Fasten und Abtötungen, sondern auf die Bekehrung des Herzens, die innere Buße. Ohne sie bleiben Bußwerke unfruchtbar und unehrlich. Die innere Umkehr drängt jedoch dazu, diese Haltung in sichtbaren Zeichen, in Handlungen und Werken der Buße [mit Hinweis auf Joël 2,12 f.; Jes 1,16 f.; Mt 6,1–6.16–18] zum Ausdruck zu bringen»); FEIER DER BUSSE, Nr. 6a («Die Bekehrung muß nämlich den Menschen innerlich erfassen, um ihn zu immer tieferer Einsicht zu führen und ihn Christus immer mehr gleichzugestalten.»), mit Hinweis auf PAUL VI., Paenitemini, Kp. I.

536 Soeben, 3.1.4.4.

537 KATECHISMUS, Nr. 1847 (mit Hinweis auf 1 Joh 1,8 f.) und 1848 («Wie der Arzt die Wunde untersucht, bevor er sie verbindet, so wirft Gott durch sein Wort und seinen Geist ein helles Licht auf die Sünde»), mit Hinweis auf JOHANNES PAUL II., Dominum et Vivificantem, Nr. 31. Vgl. auch KATECHISMUS, Nr. 1455, wonach «[s]chon rein menschlich gesehen […] das Bekenntnis oder Geständnis der Sünden [befreit] und […] unsere Versöhnung mit den anderen [erleichtert]», daneben FEIER DER BUSSE, Nr. 6b, wonach «[d]er Beichtende […] im Lichte der Barmherzigkeit Gottes sein Gewissen erforschen und sich seiner Sünden anklagen [soll].»

538 Das Bekenntnis kann liturgisch sowohl im Rahmen einer Einzelbeichte (liturgische Form A) erfolgen als auch eingebettet sein in einer gemeinschaftlichen Bussfeier mit anschliessender Einzelbeichte (liturgische Form B): ALTHAUS, N. 3 zu c. 960 CIC.

539 FEIER DER BUSSE, Nr. 6b («Schuldbekenntnis, das aus der vor Gott gewonnenen Selbsterkenntnis und aus der Reue über die Sünden hervorgeht»); OHLY, S. 1203 («Sündenerkenntnis und Reue finden ihren Ausdruck im Sünden-

gesetzt ist beim Pönitenten der Wille, sich dem Beichtvater zu öffnen, beim Beichtvater die «geistliche Urteilsfähigkeit, kraft deren er als Stellvertreter Christi die Schlüsselgewalt ausübt und über Erlassen oder Nichterlassen der Sünden entscheidet.»[540] Das persönliche Bekenntnis (*individualis ... confessio*) meint die Selbstanklage (vgl. c. 988 § 1 a.E. CIC) des Pönitenten vor dem Beichtvater als «Vertreter Gottes und der Kirche» (der ἐκκλησία, nicht in erster Linie der Amtskirche), geschützt durch das Beichtsiegel (c. 983 CIC).[541] Damit muss der Pönitent «einzeln sein Fehlverhalten konkret und detailliert benenn[en]; allgemeine Formulierungen (z.B. des Schuldbekenntnisses) genügen dem nicht».[542] Das Bekenntnis muss hinsichtlich der schweren Sünden überdies vollständig (*integra*) sein.[543] Der Pönitent hat sie folglich

---

bekenntnis, das der Pönitent vor dem Priester als dem Forum der Kirche ablegt.»). Vgl. auch KATECHISMUS, Nr. 1454.

540 FEIER DER BUSSE, Nr. 6b, mit Hinweis auf TRIDENTINUM, 14. Sitzung (DENZH 1679).

541 ALTHAUS, N. 3 zu c. 960 CIC, mit Hinweis auf JOHANNES PAUL II., Reconciliatio et Paenitentia, Nr. 31, III, wonach das persönliche Bekenntnis «Zeichen der Begegnung des Sünders mit der vermittelnden Kirche in der Person des Beichtvaters, Zeichen seiner Selbsterkenntnis als Sünder im Angesicht Gottes und der Kirche sowie Zeichen dafür [ist], daß er vor Gott mit sich selbst ins klare kommt.» Damit entreisse das persönliche Bekenntnis die Sünde «dem Geheimnis des Herzens und somit dem Bereich der reinen Individualität und macht ihren sozialen Charakter offenbar, weil in der Person des Beichtvaters die kirchliche Gemeinschaft, die durch die Sünde verletzt worden ist, den reuigen Sünder durch die Vergebung wieder aufnimmt.» Zudem liege die Bedeutung des Bekenntnisses darin, dass «der Spender des Sakramentes, insofern er Richter ist, den Sünder kennen sowie die Schwere der Sünden und die Ernsthaftigkeit der Reue beurteilen muß, so wie er in seiner Funktion als Arzt den Zustand des Kranken kennen muß, um ihn behandeln und heilen zu können». Ähnlich BERNHARD, S. 112 («Das individuelle Bekenntnis des Beichtenden ist eine Art der Selbsterkenntnis im Angesicht Gottes und der Kirche (hier des Beichtvaters).»). Vgl. auch KATECHISMUS, Nr. 1456, mit Hinweis auf TRIDENTINUM, 14. Sitzung (DENZH 1680); ALTHAUS, N. 2 zu c. 988 CIC. Am treffendsten umschreibt es wohl BAUMGARTNER, S. 46 Fn. 38: «Beim persönlichen Bekenntnis geht es vorrangig um die personale Dimension der Begegnung des Sünders mit dem verzeihenden Gott. Das Bekenntnis hat aber auch aszetisch-spirituelle Wirkungen (Förderung der Gewissenserforschung, Überprüfung der Grundeinstellungen, Umorientierung: von einer bloßen Symptom- zu einer Wurzeltherapie, Förderung einer existentiell-personalen Glaubenshaltung).»

542 ALTHAUS, N. 3 zu c. 960 CIC. Vgl. KATECHISMUS, Nr. 1456, mit Hinweis auf TRIDENTINUM, 14. Sitzung (DENZH 1680).

543 Lässliche Sünden, die dem Pönitenten trotz sorgfältiger Gewissenserforschung nicht einfallen, sind im Bekenntnis eingeschlossen: ALTHAUS, N. 1d zur Ein-

nach Art und Zahl (*in specie et numero*) zu bekennen (vgl. c. 988 § 1 CIC), d.h. gemäss ihrer Schwere (Art) und ihrer Häufigkeit (Zahl).[544] Beim Bekenntnis der Sünden nach Art und Zahl dürfte es sich um eine Tradition handeln, die über 1000-jährig und damit unvordenklich ist.[545]

Das Bekenntnis der schweren Sünden, für die eine Beichtpflicht besteht (c. 988 § 1 CIC), muss folgenden Anforderungen genügen:

- Erstens müssen zumindest die schweren Sünden vollständig bekannt werden.[546]
- Zweitens müssen die schweren Sünden nach Art und Anzahl benannt werden, damit der Beichtvater seiner Funktion als Arzt nachkommen (c. 978 § 1 CIC) und er eine je nach Art und Anzahl heilsame und angemessene Busse auferlegen kann (c. 981 CIC).[547] Nicht mehr verpflichtend ist, auch die Umstände anzugeben, was gleichwohl hilfreich wäre.[548]

---

führung vor c. 959 CIC, mit Hinweis auf TRIDENTINUM, 14. Sitzung (DENZH 1679–1683 und 1704–1707).

544 ALTHAUS, N. 1d zur Einführung vor c. 959 CIC, und OHLY, S. 1203, je mit Hinweis auf TRIDENTINUM, 14. Sitzung (DENZH 1679–1683 und 1704–1707). Vgl. KATECHISMUS, Nr. 1456, ebenfalls mit Hinweis auf TRIDENTINUM, 14. Sitzung (DENZH 1680); ALTHAUS, N. 3 zu c. 960 CIC.

545 Aufschlussreich sind die Ausführungen bei ALTHAUS, N. 1c zur Einführung vor c. 959 CIC, MEẞNER, S. 163–172, und OHLY, S. 1186 f., zur sog. Tarifbusse, die sich aus dem iro-schottischen Bereich und aus den geistlichen Gesprächen mit anschliessendem Sündennachlass im 7. und 8. Jahrhundert entwickelte. Bei den Tarifbussen war «für jede Tat [...] eine genau bestimmte Buße festgesetzt. Daher mußte der Sünder alle Sünden nach Art und Zahl bekennen, damit der Priester anhand eines Bußbuches die zu leistende Buße errechnen konnte. Erst wenn diese geleistet war, gab der Priester die Lossprechung» (ALTHAUS, ebd.).

546 ALTHAUS, N. 5 zu c. 988 CIC: «*bona fide* nicht bekannte Sünden (weil trotz Gewissenserforschung nicht als schwere Sünden erkannt oder beim Bekenntnis selbst vergessen) sind einschlußweise – indirekt – nachgelassen und machen die Beichte weder ungültig noch unerlaubt; leichte Sünden können bekannt werden, ersetzen aber nicht die genannte Vollständigkeit.» Es fragt sich freilich, ob schwere (!) Sünden, d.h. Todsünden, «beim Bekenntnis selbst vergessen» gehen können, denn nur diese unterstehen der Beichtpflicht.

547 TRIDENTINUM, 14. Sitzung (DENZH 1680); ALTHAUS, N. 5 zu c. 988 CIC, mit Hinweis auf EBD., und JOHANNES PAUL II., Reconciliatio et Paenitentia, Nr. 31, III.

548 ALTHAUS, N. 5 zu c. 988 CIC, mit Hinweis auf c. 901 CIC 1917.

3.1.5.3 Genugtuung (Busswerk)

Je nach Art und Zahl der Sünden hat der Beichtvater unter Berücksichtigung der Verfassung (*condiciones*) des Pönitenten heilsame und angemessene Bussen (*salutares et convenientes satisfactiones*, d.h. Genugtuungen) aufzuerlegen; der Pönitent ist verpflichtet, diese persönlich (*per se ipse*) zu verrichten (c. 981 CIC). Das alte Recht kannte eine vergleichbare Bestimmung.[549] Die Codex-Reformkommission lehnte es bewusst ab, die Formulierung des CIC an diejenige des ORDO PAENITENTIAE anzugleichen,[550] und der CCEO setzt andere Akzente als der CIC.[551]

---

549 Nach c. 887 CIC 1917 hatte der Beichtvater «entsprechend der Art und der Zahl der Sünden und den Lebensumständen des Pönitenten eine heilsame und angemessene Genugtuung aufzuerlegen; diese hatte der Gläubige willig anzunehmen und persönlich zu erfüllen»; man verzichtete darauf, die willige Annahme abermals zu erwähnen: ALTHAUS, N. 1 zu c. 981 CIC. Die willige Annahme muss nicht ausdrücklich erwähnt werden, weil die Genugtuung ohne ihr Vorliegen nicht als Hilfsmittel wirken kann. «Das unbegründete Zurückweisen einer bestimmten oder gar jedweder Genugtuung kann auf eine unzureichende Disposition des Büßers hinweisen, so daß die Lossprechung nicht erteilt werden kann [c. 980 CIC]»: ALTHAUS, N. 6 zu c. 981 CIC.

550 ALTHAUS, N. 1b zu c. 981 CIC. Nach FEIER DER BUSSE, Nr. 6c, wird «die Bekehrung abgeschlossen durch die Genugtuung für die Sünden, die Besserung des Lebens und die Wiedergutmachung des Schadens. Das Bußwerk und das Maß der Genugtuung müssen jedem einzelnen so entsprechen, daß er die Ordnung dort wiederherstellt, wo er sie gestört hat, und für seine Krankheit die angemessene Medizin erhält. Die auferlegte Buße soll deshalb wirklich ein Heilmittel für die Sünde sein und zur Erneuerung der Lebens beitragen.» Nach ALTHAUS, N. 1a zu c. 981 CIC, ist hier FEIER DER BUSSE, Nr. 18, hinzuzulesen. Danach soll der Beichtvater, «[w]enn der Beichtende Schaden angerichtet oder Ärgernis erregt hat, [diesen] anleiten, sich eine angemessene Wiedergutmachung vorzunehmen. Dann legt der Priester dem Gläubigen, der gebeichtet hat, die Genugtuung auf. Sie soll nicht nur eine Sühne für vergangene Schuld sein, sondern auch eine Hilfe zu einem neuen Leben und ein Heilmittel gegen seine Schwachheit. Deshalb soll das Bußwerk, soweit dies möglich ist, der Schwere und Eigenart der Sünden entsprechen. Es kann in Gebet, in Selbstverleugnung, vor allem aber im Dienst am Nächsten und in Werken der Barmherzigkeit bestehen, damit der soziale Aspekt von Sünde und Vergebung sichtbar wird.»

551 Entsprechend der Art, Schwere und Anzahl der Sünden soll der Beichtvater unter Berücksichtigung der Verfassung des Pönitenten und seiner Disposition zur Umkehr die der Krankheit entsprechende Medizin anwenden, indem er geeignete Werke der Busse auferlegt (c. 732 § 1 CCEO). Im CCEO ist somit ausdrücklich auch die Schwere der Sünde (und nicht bloss Art und Anzahl) zu berücksichtigen, und es fehlt der Verweis auf die Pflicht des Pönitenten, die Genugtuung persönlich zu verrichten: ALTHAUS, N. 8 zu c. 981 CIC. Daneben fällt

Die Genugtuung ist einerseits Sühne für die begangenen Sünden[552] und andererseits soll sie dem Pönitenten Hilfs- und Heilmittel sein, sich angesichts seines jetzigen Fehlverhaltens langfristig zu bessern.[553] Deswegen hat der Beichtvater die Genugtuung je nach Art und Zahl (sowie Gewichtigkeit) der Sünden zu bemessen, um tatsächlich eine heilsame, d.h. das Fehlverhalten bessernde, Genugtuung auferlegen zu können.[554] Zudem muss die Genug-

---

auf, dass der CIC von «heilsamen Genugtuungen» (*salutares ... satisfactiones*) spricht, während der CCEO mit der Formulierung «die der Krankheit entsprechende Medizin» (*morbo afferat medicinam opportuna*) die ärztliche Tätigkeit des Beichtvaters betont. Dies wird jedoch indirekt in c. 978 § 1 CIC getan, wonach der Beichtvater dessen eingedenk sein soll, dass er in gleicher Weise die Stelle eines Richters wie die eines Arztes einnimmt, welcher Hinweis dafür in der Parallelbestimmung c. 732 § 2 CCEO fehlt.

552 «Das zentrale Geschehen im Sakrament der Buße, das persönliche Bekennen der eigenen Schuld (zumindest der schweren Sünden [c. 988 § 1 CIC]) und die Lossprechung durch einen dazu befähigten Priester – und damit Versöhnung mit Gott und der Kirche –, wird getragen von der Reue und dem Vorsatz zur Besserung des Lebens. Diese soll greifbar werden in der *satisfactio* (deutsch *Genugtuung*, heute oft mit *Buße* übersetzt), d.h. einem Zeichen dafür, die durch die Sünde Gott zugefügte Beleidigung und den im innerkirchlichen und zwischenmenschlichen Bereich angerichteten Schaden wiedergutzumachen, was eine soteriologische, ekklesiale und soziale Dimension erkennen läßt»: ALTHAUS, N. 2 zu c. 981 CIC. Vgl. auch KATECHISMUS, Nr. 1459, wonach die Lossprechung zwar die Sünde wegnimmt, «aber nicht alles Unrecht [behebt], das durch die Sünde verursacht wurde» (mit Hinweis auf TRIDENTINUM, 14. Sitzung [DENZH 1712]).

553 KATECHISMUS, Nr. 1459 («Die Lossprechung nimmt die Sünde weg, behebt aber nicht alles Unrecht, das durch die Sünde verursacht wurde [vgl. TRIDENTINUM, 14. Sitzung {DENZH 1712}]. Nachdem der Sünder sich aus der Sünde erhoben hat, muß er noch die volle geistliche Gesundheit erlangen. Er muß noch etwas tun, um seine Sünden wiedergutzumachen».); FEIER DER BUSSE, Nr. 18; ALTHAUS, N. 2 zu c. 981 CIC; OHLY, S. 1199. Das TRIDENTINUM hielt hinsichtlich der Genugtuung fest, dass sie Ausdruck göttlicher Gerechtigkeit sei, aber auch einen heilsamen Charakter habe, denn Strafen hielten vor weiteren Sünden zurück «und machen den Büßenden für die Zukunft vorsichtiger und wachsamer», sie heilten Überreste der Sünde und schlechten Lebenswandel. Deswegen hat der Priester «mit Rücksicht auf die Beschaffenheit der Vergehen und die Fähigkeit der Büßenden heilsame und angemessene Genugtuung auferlegen», bedenkend, dass die Genugtuung auch Strafe für vergangene Sünden seien: ALTHAUS, N. 1d zur Einführung vor c. 959 CIC, mit Hinweis auf TRIDENTINUM, 14. Sitzung (DENZH 1689–1692).

554 Damit scheidet eine einheitliche Busse für alle Pönitenten aus. Zudem ist «nach Art und Anzahl» nicht im Sinne einer Tarifbusse zu verstehen: ALTHAUS, N. 3 zu c. 981 CIC; zur Tarifbusse DERS., N. 1c zur Einführung vor c. 959 CIC; OHLY, S. 1186. Vgl. auch KATECHISMUS, Nr. 1460 («[...] Bußwerke sind behilflich,

tuung angemessen, d.h. auf die Sünden passend, sein.[555] Die Genugtuung darf den Pönitenten weder unter- noch überfordern, weswegen seine Verfassung (*condiciones*), d.h. «Alter, Familienstand, berufliche und soziale Verhältnisse, Gesundheitszustand (Krankheit, Todesgefahr) etc.», zu berücksichtigen ist.[556] Als Genugtuung kommen, neben Gebeten, auch Werke der Frömmigkeit und der Barmherzigkeit sowie Selbstdisziplin in Frage.[557] Sinnvoll ist, wenn der Beichtvater dem Pönitenten den Sinn vermittelt, der hinter einer Genugtuungsleistung steht,[558] seine Rolle als Richter und Arzt bedenkend (vgl. c. 978 § 1 CIC).[559] Die persönliche Erfüllung der Genugtuung ist selbstredend, ihre Erwähnung hat aber historische Ursachen und berücksichtigt den «menschlichen Einfallsreichtum».[560] Die Umsetzung der Genugtuung ist

---

uns Christus anzugleichen, der allein für unsere Sünden ein für allemal Sühne geleistet hat [vgl. Röm 3,25; 1 Joh 2,1 f.].»); FEIER DER BUSSE, Nr. 6c («So [d.h. durch die auferlegte Busse als Heilmittel] ‹vergißt› der Christ, der Buße tut, ‹was hinter ihm liegt› (Phil 3,13), fügt sich neu in die Heilsordnung ein und richtet sich auf die Vollendung der Heilszeit aus.»); OHLY, S. 1199.

555 «Die Angemessenheit hat Schwere, Art und Zahl der Sünden im Blick zu halten, bedeutet aber auch, daß die Genugtuung weder zu gering (so daß sich der Büßer angesichts schwerer Schuld nicht ernst genommen fühlt) noch zu schwer (so daß das menschliche Werk und nicht die göttliche Barmherzigkeit im Blick steht) sein darf»: ALTHAUS, N. 4 zu c. 981 CIC.

556 ALTHAUS, N. 4 zu c. 981 CIC. Vgl. KATECHISMUS, Nr. 1460; OHLY, S. 1199.

557 ALTHAUS, N. 5 zu c. 981 CIC, erwähnt bei den Werken der Frömmigkeit «z.B. Besuch bestimmter Gottesdienste, Wallfahrt», der Selbstdisziplin «z.B. Demut, Fasten» und der Nächstenliebe den «Dienst am Nächsten, Werk der Barmherzigkeit». Er gibt aber zu bedenken, dass «[d]abei [...] nicht nur das objektive Geschehen im Blick [steht], sondern auch (mitunter besonders) die innere Gesinnung bei der Verrichtung der Genugtuung. Bei Werken ist zu beachten, daß der Büßer diese auch diskret und unter Wahrung seiner Würde erfüllen kann.» KATECHISMUS, Nr. 1460, führt ähnliches aus. Vgl. auch OHLY, S. 1199 («z.B. Gebet, karitativer Dienst, Werk der Barmherzigkeit»). Gemeinsam ist den vom KATECHISMUS sowie von ALTHAUS und OHLY aufgeführten Werken jedenfalls, dass sie denjenigen der *paenitentia quotidiana* entsprechen (oben, 2.3.2.4).

558 Dies, obschon der Beichtvater die Genugtuung auch hoheitlich, d.h. richterlich (vgl. c. 978 § 1 CIC), auferlegt. Dem steht jedoch nicht entgegen, dass er «mit dem Büßer gemeinsam überlegt, wie ihm am besten geholfen werden kann, und ihm den Sinn der Übung verdeutlicht, wobei selbstverständlich bereits jeder Anschein von Handel zu vermeiden ist»: ALTHAUS, N. 6 zu c. 981 CIC.

559 Damit hat der Beichtvater dem Pönitenten Ratschläge zu erteilen, die ihm «Orientierung für den Neuanfang eines besseren Lebens geben sollen»: ALTHAUS, N. 2 zu c. 978 CIC. Vgl. auch OHLY, S. 1199, der den «Neubeginn» ebenfalls betont.

560 Es geht bei der Genugtuung darum, «einem ganz bestimmten Menschen [zu] helfen [...], sein Leben zu bessern», und nicht «um ein gutes Werk [...], das un-

jedoch nicht «als Vorbedingung für das Erteilen oder Wirksamwerden der Lossprechung zu sehen»,[561] und ebenso wenig als Gegenleistung für die Barmherzigkeit Gottes.[562]

3.1.5.4 Absolution (Lossprechung)

3.1.5.4.1 Im Allgemeinen

Gläubige erlangen im Sakrament der Busse durch die vom Beichtvater erteilte Absolution von Gott die Verzeihung ihrer Sünden, die sie nach der Taufe begangen haben; zugleich werden sie mit der Kirche versöhnt, die sie durch ihr Sündigen verletzt haben (c. 959 CIC). Bei der Absolution (Lossprechung) handelt es sich um «hoheitliches Tun kraft geistlicher Vollmacht».[563] Sie erfolgt kirchenrechtlich durch die liturgische Formel[564] und bewirkt:

- Einerseits von Gott die Verzeihung bzw. Vergebung der Sünden, die nach der Taufe begangen (und zudem noch nicht durch früheren Sakramentenempfang vergeben) worden sind, und
- andererseits die Versöhnung mit der Kirche, «deren Erscheinungsbild durch die Sünden verwundet worden ist», womit die *pax cum Deo* mit der

---

abhängig von einer bestimmten Person dazu dient, den *thesaurus Ecclesiae* zu füllen». Ebenso wenig stellt die Genugtuung eine «menschliche Gegenleistung für die göttliche Lossprechung [dar], die als rein formales Geschehen jedwede andere Person stellvertretend erbringen kann»: ALTHAUS, N. 7 zu c. 981 CIC. Vgl. auch OHLY, S. 1203, der darauf hinweist: «Die gewissenhafte und persönliche Verrichtung des Bußwerks gehört [...] zu den Pflichten des Pönitenten, die zugleich die Ernsthaftigkeit seiner Umkehrbereitschaft bezeugt.»

561 ALTHAUS, N. 2 zu c. 981 CIC.

562 ALTHAUS, N. 7 zu c. 981 CIC.

563 AYMANS/MÖRSDORF, S. 295; vgl. ALTHAUS, N. 2 zu c. 980 CIC («autoritative Zusage der Sündenvergebung»); OHLY, S. 1196.

564 FEIER DER BUSSE, Nr. 19, 21 und 46; ALTHAUS, N. 1f zur Einführung vor c. 959 CIC (mit dem Hinweis, dass die heilsvermittelnde Funktion der Kirche auch in der Lossprechungsformel ausgedrückt wird); BERNHARD, S. 112. Vgl. ebenfalls FEIER DER BUSSE, Nr. 6d, worauf auch ALTHAUS, N. 2 zu c. 980 CIC, verweist: «Gott gewährt dem Sünder, der durch das sakramentale Sündenbekenntnis vor dem Diener der Kirche seine Bekehrung zum Ausdruck bringt, Verzeihung durch das Zeichen der Lossprechung. So wird das Bußsakrament vollendet. Denn nach der göttlichen Ordnung des Heils, in der die Güte und Menschenliebe Gottes, unseres Retters, erschienen ist [vgl. Tit 3,4 f.], will uns Gott durch sichtbare Zeichen das Heil mitteilen und seinen Bund mit uns erneuern.»

pax cum Ecclesia verbunden ist, ohne deren Verhältnis theologisch zu bestimmen.[565]

Besteht beim Beichtvater kein Zweifel, dass der Pönitent richtig disponiert ist (*dubium non est de paenitentis dispositione*), ist die Absolution umgehend zu spenden (c. 980 CIC). Dieser «bedingt[e] Rechtsanspruch» auf Erhalt der Absolution setzt zwei Dinge voraus:

- Erstens darf der Beichtvater keinen Zweifel an der Disposition (c. 987 CIC) haben, was «durchaus auch der Art des Sündenbekenntnisses entnommen werden» kann;
- zweitens muss der Pönitent die Absolution erbitten, und sei es nur schon implizit durch Betreten des Beichtstuhls.[566]

Im Busssakrament können grundsätzlich alle Sünden nachgelassen werden,[567] mit zwei Ausnahmen:

- Nicht gültig (*invalida*) ist die Absolution, die ein Beichtvater seinem Mitschuldigen an einer Sünde gegen das sechste Gebot des Dekalogs (*absolutio complicis in peccato contra sextum Decalogi praeceptum*) spenden will, ausser in Todesgefahr (c. 977 CIC).[568]

---

565 ALTHAUS, N. 2 zu c. 959 CIC. Vgl. auch FRANZISKUS, Misericordia et Misera, Nr. 8, wonach allein Gott die Sünden vergibt, und BERNHARD, S. 112, wonach der Priester «dem Pönitenten nicht seine Vergebung zu[spricht], sondern die des dreifaltigen Gottes». Die Wiederversöhnung mit Gott ist klassisch florentinisch und tridentinisch; so FLORENTINUM (DENZH 1323: «Die Wirkung dieses Sakramentes ist die Lossprechung von den Sünden.») und TRIDENTINUM, 14. Sitzung (DENZH 1674). Die Wiederversöhnung mit der Kirche (ἐκκλησία) wurde vom VAT. II wiederentdeckt (oben, 2.3.1).

566 Das Vorliegen der Disposition ist zu vermuten, ausser, «positive Argumente» weisen auf deren Fehlen hin, so, «wenn der Pönitent zu erkennen gibt, daß er [a.] wider besseren Wissens kein vollständiges Bekenntnis abgeben will, [b.] seine Sünden nicht bereut oder [c.] er nicht den Vorsatz hat, sich zu bessern.» Keine Bitte liegt im Übrigen vor, «wenn jemand nur von seinen Taten berichtet, um z.B. etwas Neues zu erzählen»: ALTHAUS, N. 3 zu c. 980 CIC. Im Übrigen zur Disposition oben, 3.1.4.4, wobei insbesondere auf die «Barmherzigkeitsfallen» hinzuweisen ist (dazu ausführlich WOLBERT, S. 35–63), aufgrund derer ein Beichtvater aus falschverstandener Barmherzigkeit einen Täter absolvieren könnte und dadurch das Leid des Opfers verharmloste.

567 ALTHAUS, N. 3 zu c. 966 CIC.

568 Damit soll verhindert werden, «daß das Bußsakrament [...] zu einer nachträglichen ‹Sanierung› eines ehewidrigen Verhältnisses mißbraucht wird»: ALTHAUS, N. 2 zu c. 977 CIC; ausführlich zur kanonistischen Diskussion EBD., N. 3. Überdies zieht sich der Beichtvater – erfüllt er die Kriterien – die dem Apostoli-

- Ein Pönitent, der bekennt, fälschlich einen unschuldigen Beichtvater bei der kirchlichen Autorität des Vergehens der im Zusammenhang mit der Beichte geschehenen Verführung zu einer Sünde gegen das sechste Gebot des Dekalogs (*peccatum contra sextum Decalogi praeceptum*)[569] bezichtigt zu haben, darf erst absolviert werden, wenn er vorher in aller Form die falsche Anzeige zurückgezogen hat und bereit ist, angerichteten Schaden wiedergutzumachen.[570]

3.1.5.4.2 Reservierte Sünden

Im Gegensatz zum alten Recht[571] und zum CCEO[572] kennt der CIC nicht mehr das Rechtsinstitut der «reservierten Sünden» (*peccata reservata*), bei welchen die Absolution einer höheren Autorität vorbehalten ist.[573] Der CCEO –

---

schen Stuhl zur Lösung vorbehaltene Tatstrafe der Exkommunikation zu: ALTHAUS, N. 2 zu c. 977 CIC, und OHLY, S. 1197, je mit Hinweis auf c. 1378 § 1 a.F. CIC, entsprechend c. 1384 g.F. CIC. Vgl. hierzu auch GRAULICH, Kommentar zu c. 1384 CIC.

569 Der CCEO spricht in seinem, ansonsten fast wortgleichen, c. 731 zutreffender von der Sünde gegen die Keuschheit (*peccatum contra castitatem*): ALTHAUS, N. 5 zu c. 982 CIC. Vgl. zur Formulierung im CIC auch HALLERMANN, S. 27–30.

570 Dies dient u.a. dem Schutz des Beichtvaters und seines Rufs, der sich aufgrund des Beichtsiegels (c. 983 CIC) kaum wehren kann: Ausführlich ALTHAUS, N. 2–4 zu c. 982 CIC; OHLY, S. 1199 f.

571 ALTHAUS, N. 5a zur Einführung vor c. 959 CIC, und OHLY, S. 1199, mit Hinweis auf cc. 893–900 in Verbindung mit c. 2246 § 3 CIC 1917.

572 ALTHAUS, N. 4 und 5c zur Einführung vor c. 959 CIC, und OHLY, S. 1199, je mit Hinweis auf c. 728 § 1 CCEO (Apostolischer Stuhl, bei unmittelbaren Verletzung des Beichtsiegels [*directae violationis sigilli sacramentalis*], 1°, und für die Lossprechung des Mitschuldigen bei einer Sünde gegen die Keuschheit [*absolutionis complicis in peccato contra castitatem*], 2°) sowie § 2 (Eparchialbischof, bei Sünde der vorgenommenen und vollendeten Abtreibung [*absolvere a peccato procurationis abortus effectu secuto*]), jedoch unter Beachtung der Vorschrift von c. 729 CCEO, wonach jeder Vorbehalt der Lossprechung von einer Sünde jeder Rechtskraft entbehrt, d.h. die Reservation greift nicht (Einleitungssatz), wenn ein Kranker, der das Haus nicht verlassen kann, ein Bekenntnis ablegt, oder ein Verlobter anlässlich der Feier der Ehe (1°), wenn nach klugem Urteil des Beichtvaters die Befugnis der Lossprechung von der zuständigen Autorität nicht eingeholt werden kann, ohne schweren Nachteil für den Pönitenten oder ohne das Beichtsiegel zu verletzen (2°), und ausserhalb des Gebiets, in dem die Autorität, die sich dieses vorbehält, ihre Vollmacht ausübt (3°).

573 ALTHAUS, N. 5a zur Einführung vor c. 959 CIC und N. 3 zu c. 966 CIC; OHLY, S. 1199.

der keine Tatstrafen kennt[574] – begründet die Reservation von Sünden damit, dass es in einigen Fällen (*in nonnullis casibus*) zur Förderung des Seelenheils angemessen (*ad salutem animarum providendam opportunum*) sein kann, die Befugnis, von Sünden loszusprechen, zu begrenzen und einer bestimmten Autorität vorzubehalten (*limitare atque determinatae auctoritati reservare*); dies kann jedoch nur geschehen mit Zustimmung der Bischofssynode einer Patriarchatskirche oder des Rates der Hierarchen oder des Apostolischen Stuhls (c. 727 CCEO).[575] Die Regelung im CIC 1917 war vielschichtig.[576] Die Codex-Reformkommission verzichtete von Anfang an (November 1971) auf die reservierten Sünden, jedoch *ratione sui*, nicht *ratione censurae*, da sie den Nutzen anzweifelte und die strafweise vorhandenen Vorbehalte als ausreichend

---

574 ALTHAUS, N. 5c zur Einführung vor c. 959 CIC; HALLERMANN, Kontinuität, S. 25. Die Tatstrafe tritt von selbst ein, durch Begehung der Straftat (*ipso facto commissi delicti*; c. 1314 a.E. CIC).

575 Vgl. ALTHAUS, N. 5c zur Einführung vor c. 959 CIC; LEDERHILGER, S. 330.

576 Dem Apostolischen Stuhl war die Absolution bei falscher Anzeige des Beichtvaters vorbehalten (c. 894 CIC 1917, entsprechend heute c. 982 CIC). Die Ordinarien durften weitere Reservationen verfügen (cc. 893 und 896 CIC 1917), wobei der Ortsordinarius an enge Grenzen gebunden war. Vorausgesetzt war, «nach Erörterung auf der Diözesansynode oder Anhörung des Kathedralkapitels sowie bewährter Seelsorger, bei wirklicher Notwendigkeit oder Nützlichkeit (c. 895 [CIC 1917]), nur wenige (max. vier) besonders häßliche äußere Sünden und nur so lange es zur Ausrottung des Lasters notwendig war» (c. 897 CIC 1917), «nicht aber solche Sünden, die dem Ap[ostolischen] Stuhl vorbehalten oder mit einer Zensur verbunden waren» (c. 898 CIC 1917). Im Weiteren sollten die Reservationen den Gläubigen zur Kenntnis gebracht werden (c. 899 § 1 CIC). «Absolutionsvollmacht besaßen von Amts wegen der Dompoenitentiar, ferner der Pfarrer in der Osterzeit sowie Missionare während der Volksmission, und sie sollte für ständig wenigstens den Dechanten [ein Priester, der einem Dekanat vorsteht, auch als Dekan oder Erzpriester bezeichnet (vgl. c. 553 § 1 CIC)] übertragen werden» (c. 899 §§ 2 und 3 CIC 1917). «Die Reservierung erlosch u.a. bei der Beichte eines an das Haus gebundenen Kranken und der eines Gläubigen anläßlich der Eheschließung, zudem wenn der Obere die Lossprechungsvollmacht verweigerte oder dieser nicht ohne schweren Nachteil angegangen werden konnte, sowie außerhalb des Gebietes des den Vorbehalt setzenden Ordinarius» (c. 900 CIC 1917): ALTHAUS, N. 5a zur Einführung vor c. 959 CIC.

ansah.[577] Die einzige, faktisch reservierte Sünde im heutigen Recht stellt c. 982 CIC dar betreffend die falsche Anschuldigung des Beichtvaters.[578]

3.1.5.4.3 Kirchenstrafen

Bei der Absolution von Kirchenstrafen[579] gilt, dass diese nur *in foro interno sacramentali* nachgelassen sind, womit der Täter zwar in seinem Gewissen befreit ist, nicht dagegen im äusseren Bereich (*in foro externo*).[580] Ist eine Tatstrafe äusserlich bekannt geworden oder handelt es sich um eine Spruchstrafe, muss sie, ausserhalb der Beichte, auch noch *in foro externo* nachgelassen werden.[581]

---

577 Zufolge der Codex-Reformkommission handelte es sich bei den reservierten Sünden nicht um Strafen. Unter praktischen Gesichtspunkten bestand die Schwierigkeit, dass Unkenntnis kein Entschuldigungsgrund war, und die cc. 899 § 3 und 900 CIC 1917 schränkten «die Reservation so sehr ein, so daß in Strenge und Milde zwei widerstrebende Prinzipien vorhanden seien. Eine Beibehaltung allein der strafweisen Vorbehalte sei ausreichend und zudem die Eingrenzung des Strafrechts auf den äußeren Bereich beabsichtigt. Mit der Maßgabe, daß ein Pönitent von der falschen Anzeige eines Beichtvaters nur nach Rücknahme der Anzeige losgesprochen werden dürfe (c. 892 [CIC]), verzichtete man auf alle übrigen Canones des Caput II [...]. Im Juni 1978 stellte die Reformkommission fest, es hätte aufgrund des SchSacr [Schemas, d.h. CIC-Vorentwurfs] keine Bischofskonferenz nach dieser Materie gefragt; im künftigen Recht sei die falsche Anschuldigung des Beichtvaters quasi die einzige reservierte Sünde *ratione sui* [...]. In der Relatio wurde aufgrund einer Anfrage 1981 nochmals der Wegfall der reservierten Sünden begründet; diese sei v.a. von der Ap[ostolischen] Paenitentiarie erbeten worden, weil diese Reservationen wenig zweckmäßig erschienen und das Strafrecht hinreichend Vorsorge treffe»: ALTHAUS, N. 5b zur Einführung vor c. 959 CIC; vgl. auch DERS., N. 1 zu c. 982 CIC.

578 ALTHAUS, N. 5a zur Einführung vor c. 959 CIC, mit Hinweis auf den entsprechenden c. 894 CIC 1917 (dem Apostolischen Stuhl vorbehaltene Lossprechung).

579 Vgl. zu diesen oben, 2.2.2.2.

580 «Vielfach wird der Strafnachlaß *in foro interno*, der nur für Tatstrafen zulässig ist, die nicht deklariert sind, Strafen betreffen, die niemandem außer dem Täter bekannt sind, so daß er auch niemandem Rechenschaft schuldet für die volle Teilnahme am sakramentalen Leben der Kirche nach der Nachlassung der Strafe»: LÜDICKE, N. 2 zu c. 1357 a.F. CIC. Vgl. auch ALTHAUS, N. 6 zu c. 966 CIC und N. 4 zu c. 976 CIC; AMANN, Beichtbefugnis, S. 540; LEDERHILGER, S. 333 und 339, dort mit dem Hinweis, «[d]a die Dokumente im inneren (sakramentalen) Bereich vernichtet werden, ist ein Strafnachlass im äußeren Bereich schon deshalb nicht nachweisbar».

581 Bis zum Nachlass *in foro externo* hat sich der Pönitent dann «wie ein Bestrafter zu verhalten»: LÜDICKE, N. 2 zu c. 1357 a.F. CIC. Die Nachlassvollmachten *in foro externo* sind weiterhin in cc. 1354–1356 CIC geregelt; ausführlich GRAU-

Dabei sollte grundsätzlich die Lossprechung der Strafe *in foro externo* durch die zuständige Autorität der Absolution der Sünde *in foro interno* durch den Beichtvater vorgehen.[582] Dem Apostolischen Stuhl ist dabei die Lossprechung von der Exkommunikation als Tatstrafe in sechs Fällen vorbehalten.[583] Hinsichtlich der Einzelbeichte sind folgende Bestimmungen massgebend:

- Der Busskanoniker (*paenitentiarius canonicus*) an einer Kathedral- oder Kollegiatkirche hat kraft seines Amtes die ordentliche, nicht delegierbare Befugnis, im sakramentalen Bereich (*in foro sacramentali*) von Beugestrafen loszusprechen, solange sie nicht festgestellte Tatstrafen darstellen und nicht dem Apostolischen Stuhl vorbehalten sind (c. 508 § 1, 1. Halbsatz CIC).[584] Der Nachlass gilt nur *in foro interno*, womit sich der Pönitent nicht *in foro externo* darauf berufen kann.[585] Die Befugnis des Buss-

---

LICH, Kommentare zu cc. 1354–1356 CIC; vgl. daneben LEDERHILGER, S. 338–340; LÜDICKE, N. 2 zu c. 1357 a.F. CIC.

582 Aus Gewissensnot kann, gemäss dem Grundsatz *salus animarium semper suprema lex* (das Seelenheil ist immer oberstes Gesetz; vgl. c. 1752 CIC), von dieser Reihenfolge abgewichen werden: ALTHAUS, N. 6 zu c. 966 CIC; AMANN, Beichtbefugnis, S. 540; OHLY, S. 1200. Im alten Recht musste zuerst die Kirchenstrafe aufgehoben werden, wenn sie der Absolution von Sünden *in foro interno* entgegenstand, was durch den zuständigen Ordinarius *in foro externo* geschah. Bestand ein Vorbehalt, konnte ein untergeordneter Priester, ausser in Todesgefahr, nicht absolvieren: AMANN, Beichtbefugnis, S. 550 f.

583 Bei physischer Gewalt gegen den Papst (c. 1370 § 1 CIC), der versuchten Spendung der heiligen Weihe an eine Frau oder, wer als Frau versucht, eine heilige Weihe zu empfangen (c. 1379 § 3 CIC), der Profanierung der eucharistischen Gestalten (c. 1382 § 1 CIC), versuchter Absolution des Mitschuldigen, mit welchem der Beichtvater *contra sextum* gemäss c. 977 CIC verstossen hat (c. 1384 CIC), direkter Verletzung des Beichtsiegels durch den Beichtvater (c. 1386 § 1 CIC) sowie Spendung oder Empfang der Bischofsweihe ohne päpstlichen Auftrag (c. 1387 CIC). Bei den drei erstgenannten Delikten (Gewalt gegen den Papst, c. 1370 § 1 CIC; versuchte Weihespendung an eine Frau, c. 1379 § 3 CIC; Verunehrung der eucharistischen Gestalten, c. 1382 § 1 CIC) ist ausdrücklich vorgesehen, dass der Täter, wenn er Kleriker ist, zudem aus dem Klerikerstand entlassen wird. Ausführlich zu den einzelnen Bestimmungen GRAULICH, Kommentare zu den genannten Canones. Vgl. zur Rechtslage vor Inkrafttreten des revidierten Strafrechts ALTHAUS, N. 6 zu c. 966 CIC, LEDERHILGER, S. 332, und OHLY, S. 1198, je mit Hinweis auf fünf Tatstrafen: cc. 1367, 1370 § 1, 1378 § 1, 1382 und 1388 § 1 a.F. CIC. Vgl. auch LEDERHILGER, S. 326.

584 Die Regelung von c. 508 § 1 CIC entspricht im Wesentlichen c. 401 § 1 CIC 1917: STOFFEL, N. 1 zu c. 508 CIC.

585 Folglich bedarf der Pönitent eines Strafnachlasses *in foro externo* (cc. 1354–1356 CIC), wenn er der Strafverfolgung entgehen will. Eine Rekurspflicht besteht jedoch nicht, anders als beim Nachlass durch den Beichtvater gemäss c. 1357

kanonikers gilt überall auf der Welt gegenüber Gläubigen, die in seiner Diözese Wohnsitz oder Quasiwohnsitz haben (vgl. c. 107 CIC), und gegenüber diözesanfremden Gläubigen, die sich in seiner Diözese aufhalten, nur innerhalb seiner Diözese (c. 508 § 1, 2. Halbsatz CIC).[586] Wo kein Kapitel vorhanden ist, hat der Diözesanbischof (*Episcopus dioecesanus*) einen Priester zu bestellen, der die Aufgabe (*munus*) eines Busskanonikers wahrnimmt (c. 508 § 2 CIC).[587]

- Der Kaplan (*cappellanus*) hat in Krankenhäusern, Gefängnissen und auf Seereisen die nur an diesen Orten auszuübende Befugnis, von Beugestrafen, die als Tatstrafen nicht vorbehalten und nicht festgestellt sind, zu absolvieren (c. 566 § 2 CIC), womit er an diesen Orten die gleichen Befugnisse wie ein Busskanoniker hat.[588]
- Jeder Priester (*quilibet sacerdos*) absolviert, auch wenn er die Befugnis zur Entgegennahme von Beichten nicht besitzt, jegliche Pönitenten (*quoslibet paenitentes*), die sich in Todesgefahr befinden, gültig und erlaubt (*valide et licite*) von jedweden Beugestrafen und Sünden (*a quibusvis censuris et peccatis*), auch wenn (*etiamsi*) ein Priester mit entsprechender Befugnis zugegen ist (c. 976 CIC). Der Beichtvater kann damit von sämtlichen Beugestrafen absolvieren.[589] Gleichwohl erstreckt sich die Wirkung der Absolution nur auf den Bereich des Gewissens und nicht auf den äusseren Rechtsbereich der Kirche, womit der Pönitent, sollte er genesen und ist die Todesgefahr vorüber, sich binnen Monatsfrist mittels Rekurses an

---

CIC. Damit ist der Nachlass *in foro interno* unabhängig von demjenigen *in foro externo*: LÜDICKE, N. 3 zu c. 1357 a.F. CIC. Vgl. auch LEDERHILGER, S. 333.

586 LÜDICKE, N. 3 zu c. 1357 a.F. CIC; STOFFEL, N. 1 zu c. 508 CIC.

587 § 2 von c. 508 CIC wurde neu eingefügt und zeigt, dass die Funktion des Busskanonikers «als wichtige Aufgabe betrachtet» wird: STOFFEL, N. 2 zu c. 508 CIC.

588 Beim Kaplan im Sinne des *cappellanus* handelt es sich um einen Sonderseelsorger für eine bestimmte Gemeinschaft oder einen besonderen Kreis von Gläubigen (vgl. c. 564 CIC). Da sich Kranke, Gefangene oder Schiffsbesatzungen nicht an einen Busskanoniker wenden können, sondern nur an ihn, bedarf er dessen Befugnisse: LÜDICKE, N. 3 zu c. 1357 a.F. CIC. Vgl. auch LEDERHILGER, S. 333.

589 Die Absolution gilt sogar für festgestellte bzw. verhängte Beugestrafen (Exkommunikation, Interdikt, Suspension) und solche, deren Nachlass dem Apostolischen Stuhl vorbehalten sind: ALTHAUS, N. 4 zu c. 976 CIC; AMANN, Beichtbefugnis, S. 540; LEDERHILGER, S. 333; LÜDICKE, N. 4 zu c. 1357 a.F. CIC.

den zuständigen Oberen auch um die Lösung *in foro externo* bemühen muss, ansonsten die Strafe wiedereintritt (vgl. c. 1357 § 3 CIC).[590]

- Jeder Bischof (*quilibet Episcopus*) kann innerhalb der sakramentalen Beichte (*in actu sacramentalis confessionis*) eine durch Gesetz festgesetzte Tatstrafe erlassen, die noch nicht festgestellt und solange sie nicht dem Apostolischen Stuhl vorbehalten ist (c. 1355 § 2, 3° CIC).[591] In diesem Fall gilt die Absolution nur *in foro interno*.[592]
- Jeder Kardinal hat die ordentliche, nicht delegierbare Befugnis, *in foro interno* von der Tatstrafe der Exkommunikation und des Interdikts loszusprechen, die nicht festgestellt worden ist, auch von solchen, die dem Apostolischen Stuhl vorbehalten ist, mit Ausnahme der Bischofsweihe ohne päpstlichen Auftrag (c. 1387 CIC) und der Verletzung des Beichtsiegels (c. 1386 CIC).[593]
- Ausserhalb des Codex können die von Papst FRANZISKUS ins Leben gerufenen «Missionare der Barmherzigkeit» (*Missionarii Misericordiae*) von Strafen lossprechen, selbst wenn sie dem Apostolischen Stuhl vorbehalten sind.[594]
- Im Weiteren ist c. 1357 CIC zu beachten, der durch die Reform des VI. Buchs keine Veränderungen erfuhr.[595] Vorbehältlich der cc. 508 und 976 CIC, kann der Beichtvater (*confessarius*) die nicht festgestellte Beugestrafe der Exkommunikation oder des Interdikts, insofern sie Tatstrafe ist, im inneren sakramentalen Bereich (*in foro interno sacramentali*) nachlassen, wenn es für den Pönitenten hart (*durum*) ist, für den Zeitraum im Stande schwerer Sünde zu bleiben (*in statu gravis peccati permanere*), der notwendig ist (*per tempus necessarium*), damit der zuständige Obere Vor-

---

590 ALTHAUS, N. 4 zu c. 976 CIC; AMANN, Beichtbefugnis, S. 541; GRAULICH, Kommentar zu c. 1357 § 3 CIC; LÜDICKE, N. 4 und 11 zu c. 1357 a.F. CIC; OHLY, S. 1197.

591 Die a.F. und die g.F. von c. 1355 § 2 CIC entsprechen einander. Der Gesetzgeber verbesserte aber den Text grammatikalisch und teilte ihn, der Übersichtlichkeit und Anwendungsfreundlichkeit wegen, auf Nummern auf: GRAULICH, Kommentar zu c. 1355 § 2 CIC.

592 LÜDICKE, N. 7 zu c. 1355 a.F. CIC.

593 ALTHAUS, N. 6 zu c. 966 CIC, mit weiteren Hinweisen.

594 Ausführlich LEDERHILGER, S. 328–342, mit den Hinweisen, dass es 2019 insgesamt 991 Missionare der Barmherzigkeit gab (S. 341), und auf FRANZISKUS, Misericordia et Miseria, namentlich Nr. 9 f. Vgl. hierzu auch FRANZISKUS, Misericordiae Vultus.

595 GRAULICH, Kommentar zu c. 1357 CIC. Damit ist es zulässig, für diese Bestimmung auch die Literatur zu verwenden, die vor der Reform entstanden ist.

sorge treffen kann (c. 1357 § 1 CIC). Die Exkommunikation bzw. das Interdikt[596] darf nicht *in foro externo* bekannt sein, d.h. weder Spruchstrafe noch äusserlich festgestellte Tatstrafe sein.[597] Der Erlass wirkt *in foro interno* und setzt voraus, dass der Täter die Hartnäckigkeit (*contumacia*; vgl. c. 1347 CIC) aufgegeben hat.[598] Gewährt der Beichtvater den Nachlass, hat er unter Androhung des Wiedereintritts (*sub poena reincidentiae*) der Strafe den Pönitenten zu verpflichten, sich innerhalb eines Monats (*intra mensem*) an den zuständigen Oberen oder an einen mit der Befugnis ausgestatteten Priester zu wenden und dessen Auflagen nachzukommen; inzwischen hat er eine angemessene Busse und, wenn es dringend ist, die Wiedergutmachung des Ärgernisses und des Schadens aufzuerlegen; der Rekurs aber kann ohne Namensnennung auch durch den Beichtvater erfolgen (c. 1357 § 2 CIC). Der Täter verfällt der Strafe folglich erneut, wenn er den Rekurs schuldhaft nicht ergreift.[599] Die Gültigkeit der Absolution ist damit an die Ergreifung des Rekurses gebunden.[600] Der Obere kann mit dem endgültigen Strafnachlass *in foro externo* weitere Auflagen

---

596 Nicht erfasst ist die Suspension, denn diese verbietet – im Gegensatz zu Exkommunikation und Interdikt – nicht, die Heilsmittel der Kirche, Sakramente und Sakramentalien, zu empfangen; bedeutungslos ist, ob die Exkommunikation oder das Interdikt unter dem Vorbehalt der Lossprechung durch den Apostolischen Stuhl steht: ALTHAUS, N. 6 zu c. 966 CIC; LÜDICKE, N. 2 und 5 zu c. 1357 a.F. CIC. Vgl. auch AMANN, Beichtbefugnis, S. 540; GRAULICH, Kommentar zu c. 1357 § 1 CIC; LEDERHILGER, S. 333;OHLY, S. 1200.

597 ALTHAUS, N. 6 zu c. 966 CIC; GRAULICH, Kommentar zu c. 1357 § 1 CIC; LÜDICKE, N. 2 zu c. 1357 a.F. CIC; OHLY, S. 1200.

598 LÜDICKE, N. 5 zu c. 1357 a.F. CIC; vgl. auch AMANN, Beichtbefugnis, S. 540; LEDERHILGER, S. 333. Zur Hartnäckigkeit HALLERMANN, Kommentar zu c. 1347 CIC.

599 Keine Schuldhaftigkeit liegt vor, wenn dem Täter der Rekurs nicht möglich ist, etwa wegen Krankheit oder wenn er nicht herausfinden kann, wie, d.h. auf welche Weise, bzw. an wen er sich mit dem Rekurs wenden muss; in diesem Fall läuft die Frist nicht (vgl. c. 201 § 2 CIC). Dieser in c. 2254 § 1 CIC 1917 ausdrücklich verankerte Grundsatz ergibt sich nicht mehr unmittelbar aus c. 1357 CIC, sondern aus dem Grundsatz *nemo potest ad impossibile obligari* (niemand kann zu Unmöglichem verpflichtet werden): LÜDICKE, N. 6 und 9 zu c. 1357 a.F. CIC. Ebenfalls läuft die Monatsfrist nicht, wenn der Beichtvater unterlässt, den Täter auf den Rekurs hinzuweisen und der Täter nichts von dieser Pflicht weiss. Weiss er trotz fehlendem Hinweis von dieser Pflicht, läuft die Frist: LÜDICKE, N. 5 und 9 zu c. 1357 a.F. CIC. Vgl. auch ALTHAUS, N. 6 zu c. 966 CIC; AMANN, Beichtbefugnis, S. 540; GRAULICH, Kommentar zu c. 1357 § 2 CIC; OHLY, S. 1200.

600 GRAULICH, Kommentar zu c. 1357 § 2 CIC.

verbinden oder Weisungen geben; bis dahin hat der Beichtvater selbst dem Täter Bussen aufzuerlegen und Massnahmen anzuordnen (Wiedergutmachung des Schadens, Behebung des Ärgernisses).[601] Legt der Beichtvater den Rekurs für den Täter ein und erbittet dieser, seinen Namen dabei nicht zu nennen, teilt der Beichtvater den endgültigen Nachlass wiederum innerhalb der Beichte (*in foro interno*) mit und vernichtet das Schriftstück.[602] Keines Rekurses bedarf es, wenn der Beichtvater über die notwendigen Vollmachten verfügt, d.h., wenn er Busskanoniker (c. 508 CIC) oder ein Bischof ist (c. 1355 § 2, 3° CIC).[603]

Die Regelung, wonach auch ein Beichtvater Strafen nachlassen kann, dürfte in der Praxis nicht wenige Priester überfordern, da sie zu wenig Ahnung und Erfahrung in den Feinheiten des kirchlichen Strafrechts haben.[604]

---

601 ALTHAUS, N. 6 zu c. 966 CIC; GRAULICH, Kommentar zu c. 1357 § 2 CIC; LEDERHILGER, S. 334; LÜDICKE, N. 6 und 10 zu c. 1357 a.F. CIC.

602 Weil es sich hierbei um ein Geschehen im *forum internum sacramentale* handelt, kann auf diese Weise kein Strafnachlass *in foro externo* erwirkt werden. Der Beichtvater kann sich hinsichtlich der Durchführung des Rekurses und der erforderlichen Angaben an sein Ordinariat bzw. Generalvikariat wenden: LÜDICKE, N. 6 zu c. 1357 a.F. CIC. Vgl. auch ALTHAUS, N. 6 zu c. 966 CIC; GRAULICH, Kommentar zu c. 1357 § 2 CIC; LEDERHILGER, S. 334; OHLY, S. 1200.

603 ALTHAUS, N. 6 zu c. 966 CIC; AMANN, Beichtbefugnis, S. 540; LEDERHILGER, S. 333; LÜDICKE, N. 7 zu c. 1357 a.F. CIC. Die DBK und die ÖBK haben hinsichtlich der durch Abtreibung eintretenden Tatstrafe der Exkommunikation (c. 1397 § 2 CIC) von der Rekurspflicht befreit. Es genügt, wenn eine angemessene Busse geleistet und ein etwaiges Ärgernis wiedergutmacht wird: ALTHAUS, N. 7 zu c. 966 CIC; AMANN, Beichtbefugnis, S. 541; LÜDICKE, N. 5 zu c. 1357 a.F. CIC; OHLY, S. 1200. Vgl. auch FRANZISKUS, Misericordia et Misera, Nr. 12 («Aufgrund dieser Notwendigkeit und damit dem Wunsch nach Versöhnung und der Vergebung Gottes nichts im Wege stehe, gewähre ich von nun an allen Priestern die Vollmacht, kraft ihres Amtes jene loszusprechen, welche die Sünde der Abtreibung begangen haben. Was ich auf den Zeitraum des Jubeljahres begrenzt gewährt habe, wird nun zeitlich ausgedehnt, unbeachtet gegenteiliger Bestimmungen.»), und hierzu LEDERHILGER, S. 328 f., wonach nun alle Priester die Vollmacht haben, von der Sünde der Abtreibung loszusprechen.

604 Ausführlich LÜDICKE, N. 5 und 12 zu c. 1357 a.F. CIC.

3.1.6 Strafrechtlicher Schutz der Beichte

Auf den strafrechtlichen Schutz von Beichtsiegel und -geheimnis (c. 1386 CIC) ist unten einzugehen (4.1). Diese Bestimmung fällt – wie die nachfolgend zu nennenden cc. 1379 § 1, 2° und 1384 f. CIC – systematisch unter die Straftaten gegen die Sakramente (*De delicitis contra sacramenta*; Titel III, cc. 1379–1388 CIC). Dieser durch die Reform neu geschaffene Titel hebt die «Bedeutung der Sakramente im Leben und für die Sendung der Kirche» hervor.[605]

3.1.6.1 Beichtehören ohne Vollmacht

Die Tatstrafe (*in poenam latae sententiae*) des Interdikts oder, falls es sich um einen Kleriker (*clericus*) handelt, auch der Suspension, zieht sich zu (c. 1379 § 1 Einleitungssatz CIC), wer ohne Priesterweihe das eucharistische Opfer zu feiern versucht (1°) oder, wer ausser bei dem in c. 1384 CIC genannten Fall[606], obwohl er die sakramentale Absolution nicht gültig erteilen kann, diese zu erteilen versucht oder die sakramentale Beichte hört (2°).[607] In diesen Fällen können je nach Schwere des Delikts andere Strafen hinzugefügt werden (*addi possunt*), die Exkommunikation nicht ausgenommen (§ 2).

3.1.6.2 Absolution Mitschuldiger *contra sextum*

Die Absolution des Mitschuldigen an einer Sünde gegen das sechste Gebot des Dekalogs ist ungültig, ausser in Todesgefahr (c. 977 CIC). Ein Priester (*sacerdos*), der gegen diese Vorschrift handelt, zieht sich die dem Apostolischen Stuhl vorbehaltene Exkommunikation als Tatstrafe (*latae sententiae Sedi Apostolicae reservatam*) zu (c. 1384 CIC).[608]

---

605 GRAULICH, Kommentar zu Vor c. 1379 CIC.

606 Betreffend einen Beichtvater, der gegen c. 977 CIC verstösst, d.h. einen Mitschuldigen an einer Sünde *contra sextum* (Ehebruch u.ä.) losspricht, obschon ihm dies verboten ist – vorbehältlich Todesgefahr des Mitschuldigen.

607 Diese Bestimmung entspricht c. 1378 § 2 a.F. CIC: GRAULICH, Kommentar zu c. 1379 § 1 CIC.

608 Diese Bestimmung entspricht c. 1378 a.F. CIC. Zuständig ist das Glaubensdikasterium: GRAULICH, Kommentar zu c. 1384 CIC. Sollte die Regelung in c. 1384 CIC analog derjenigen des direkten Beichtsiegelbruchs (c. 1386 § 1, 1. Variante CIC) zu verstehen sein (hierzu unten, 4.1.2.2), müssten sich GRAULICHs Ausführungen auf das *forum externum* beziehen. Für das *forum internum* wäre dann die Apostolische Pönitentiarie zuständig. Dieser ist gemäss LEDERHILGER, S. 337, Folgendes mitzuteilen: «Alter des Pönitenten; geschätztes Alter und Ge-

3.1.6.3 Verführung zur Sünde *contra sextum* (Sollizitation)

Ein Priester (*sacerdos*), der bei der Spendung des Busssakraments oder bei Gelegenheit oder unter dem Vorwand der Beichte einen Pönitenten zu einer Sünde gegen das sechste Gebot des Dekalogs (*peccatum contra sextum Decalogi praeceptum*) zu verführen versucht (*sollicitat*), soll, je nach Schwere der Straftat, mit Suspension, mit Verboten, mit Entzug von Rechten und in schwereren Fällen mit der Entlassung aus dem Klerikerstand bestraft werden (Sollizitation [*sollicitatio*]; c. 1385 CIC).[609] Hierbei handelt es sich um eine Spruchstrafe (c. 1314 CIC). Die Verführung kann im Rahmen einer echten oder einer simulierten Beichte erfolgen, und es ist bedeutungslos, mit wem die Sünde *contra sextum* erfolgt.[610] Die Strafe erfolgt unabhängig vom Erfolgseintritt und einer allfälligen Zustimmung des Pönitenten.[611]

Von dieser Bestimmung zu unterscheiden sind Kleriker, die ausserhalb der Beichte *contra sextum* verstossen (c. 1395 CIC, eine Straftat gegen besondere Verpflichtungen [*delictum contra speciales obligationes*]), oder eine Straftat *contra sextum* mit einem Minderjährigen oder einer Person begehen, deren Vernunftgebrauch habituell eingeschränkt ist oder der das Recht einen gleichen Schutz zuerkennt (c. 1398 § 1, 1° CIC, eine Straftat gegen die Würde und Freiheit des Menschen[612] [*delictum contra hominis dignitatem et libertatem*]). Die letztgenannte Bestimmung richtet sich auch gegen Ordenschristen oder sonst einen Gläubigen, der in der Kirche eine Würde bekleidet oder ein Amt oder eine

---

schlecht des Mitschuldigen; Lebensstand des Mitschuldigen: unverheiratet (zölibatär), verheiratet, Ordensmitglied, Priester (Diakon); wie oft und wann zuletzt wurde die vermeintliche (weil außer in Todesgefahr ungültige) ‹Absolution› erteilt; wurde die sündhafte Beziehung mit der mitschuldigen Person abgebrochen; führt der Pönitent ein priesterliches Leben: tägliche Feier der heiligen Messe, Verrichtung des Stundengebetes, usw.» Dieser Fragebogen dient gemäss LEDERHILGER der Bestimmung einer angemessenen Busse und weiterer Anweisungen.

609 Diese Bestimmung entspricht c. 1387 a.F. CIC: GRAULICH, Kommentar zu c. 1385 CIC.

610 GRAULICH, Kommentar zu c. 1385 CIC.

611 GRAULICH, Kommentar zu c. 1385 CIC.

612 GRAULICH, Kommentar zu Vor c. 1397 CIC; HALLERMANN, Kontinuität, S. 45 f.

Funktion ausübt (c. 1398 § 3 CIC).[613] Zuständig ist im Fall von c. 1398 § 1 CIC das Glaubensdikasterium, es besteht eine Meldepflicht.[614]

3.1.7 Exkurs: Seelsorge

Die Beichte kann nicht nur, wie bisher geschehen, unter dem Aspekt des Sakramentenrechts betrachtet werden, sondern auch als Teil der Seelsorge.[615] Der CIC verwendet die Begriffe *cura animarum* (Seelsorge) und *cura pastoralis* (Hirtensorge) weitgehend synonym;[616] der Seelsorger wird als *pastor animarum* bezeichnet.[617] Der Begriff «Seelsorge» ist inhaltlich weit gefasst.[618] Die Seel- bzw. Hirtensorge ist insbesondere dem pfarreilichen Leben und dort dem Pfarrer zugeordnet.[619] Während die ordentliche Seelsorge (*cura ordinaria*) den Pfarrern zukommt, kommt die Spezialseelsorge Kaplänen (*cappellani*) zu (cc. 568 f. CIC).[620] Wenn ein Amt, das der umfassenden Seelsorge (*plena cura*

---

613 Ausführlich GRAULICH, Kommentare zu cc. 1395 und 1398 CIC; HALLERMANN, Kontinuität, S. 46.

614 HALLERMANN, Kontinuität, S. 46. Vgl. hierzu ausführlich unten, 5.1.2.

615 Vgl. REHAK, S. 494, wonach seit dem Mittelalter die «Feier des Bußsakraments zu dem bevorzugten Mittel der Seelsorge schlechthin» wurde, und «[n]ach dem Konzil von Trient [...] die Seelsorge neuen Aufschwung durch Reformorden, Volksmissionen und vorbildhafte Einzelpersönlichkeiten [erhielt].»

616 REHAK, S. 495.

617 REHAK, S. 495.

618 «Seelsorge» ist katholischerseits deutlich weiter gefasst als bei den Kirchen der Reformation. Nach REHAK, S. 494, mit Hinweisen, versteht die katholische Theologie unter Seelsorge «herkömmlich das Gesamte der Pastoral [...], die sich in den gemeindlichen Grundfunktionen der Martyria, Leiturgia und Diakonia konkretisiert, während auf protestantischer Seite ‹eher eine cura animarum specialis im Blick ist, also das persönliche Gespräch›.» Ähnlich auch SCHMOECKEL, S. 242, wonach katholischerseits «Seelsorge [...] wesentlich weiter verstanden [wird] und [...] nicht nur das Gespräch [umfasst], sondern jegliche Mahnung, Korrektur, die Erziehung der Kinder, die Führung des Pfarrsiegels und die Sakramentenspendung. Vor allem geht es aber um die Durchführung des kirchlichen Sendungsauftrags. Mit der Seelsorge und der Beichte sollen die Kirche aufgebaut und die Gläubigen angeleitet werden. Die Seelsorge steht damit in einem Verantwortungsverhältnis gegenüber der Kirche und Gott.»

619 REHAK, S. 495, der auf die gehäufte Erwähnung im Pfarreirecht (cc. 515 § 1, 516 § 2, 517 §§ 1 f., 519, 527 § 1, 536 § 1, 542 f., 545 § 1, 548 § 1, daneben 374 § 2 CIC) und auf die Erwähnung des Pfarrers als Träger der Seelsorge (cc. 757, 771 § 1, 861 § 2, 890 CIC) hinweist.

620 Gemeint sind etwa Auswanderer, Vertriebene, Flüchtlinge, Nomaden und Seeleute (c. 568 CIC), und für Militärkapläne gelten besondere Gesetze (c. 569 CIC). Vgl. REHAK, S. 495.

animarum) dient, einzig einem geweihten Priester zukommen kann (vgl. c. 150 CIC), bedeutet dies, dass andere Ämter, die mit seelsorglichen Aufgaben verbunden sind, auch Nichtpriestern – und darunter insbesondere auch Frauen – zukommen kann.[621] Die Tätigkeit als priesterlichen Seelsorger setzt eine hinlängliche Aus- und Weiterbildung in der *praxis pastoralis* voraus.[622] Aber auch Laien dürfen eine hinlängliche Aus- und Weiterbildung beanspruchen (vgl. c. 229 §§ 1 f. CIC).[623] Das Aufgabenfeld der Seelsorger ist weit gefasst.[624] Sogar Laien, die nicht formell in eine Pfarrei eingebunden sind, können seelsorgerisch tätig werden («Laienbeichte»).[625]

---

621 Zum veränderten Amtsbegriff durch das VAT. II und Amtsträgerinnen mit Leitungsvollmacht LORETAN/TOLLKÜHN, S. 175–180; daneben REHAK, S. 495 f.

622 REHAK, S. 496 f., mit Hinweis auf cc. 258 und 279 §§ 2 f. CIC: «Schon Priesteramtskandidaten haben im Rahmen der Priesterbildung seelsorgerliche Kompetenzen zu erwerben und sind durch geeignete Übungen an die seelsorgerliche Praxis heranzuführen; bereits geweihte Priester sind gehalten, auch nach dem Theologiestudium von anderen Wissenschaften für die bessere Ausübung ihres Hirtendienstes zu lernen.» Mit LORETAN/TOLLKÜHN, S. 175 f. und 194 f., ist zudem auf die hauptamtlichen Laien in Seelsorgeämtern (c. 145 § 1 in Verbindung mit cc. 129 § 2 und 228 CIC) und in der Hirtensorge (c. 517 § 2 CIC) hinzuweisen, womit Laien in der Deutschschweiz aufgrund des Priestermangels immer mehr zu Trägern der Seelsorge werden bzw. geworden sind.

623 Vgl. hierzu LORETAN/TOLLKÜHN, S. 175, unter Hinweis auf VAT. II, GS 62, die ausführen: «Es ist sogar wünschenswert, daß einer großen Zahl von Laien eine hinreichende Bildung in der Theologie vermittelt werde und recht viele von ihnen die Theologie auch zum Hauptstudium machen und selber weiter fördern. Zur Ausführung dieser Aufgabe muß aber den Gläubigen, Klerikern wie Laien, die entsprechende Freiheit des Forschens, des Denkens sowie demütiger und entschiedener Meinungsäußerung zuerkannt werden in allen Bereichen ihrer Zuständigkeit [mit Hinweis auf VAT. II, LG 37].»

624 Seelsorgern kommen folgende Aufgaben zu: Verkündigung des Evangeliums an Gläubige und Nichtglaubende (cc. 757 und 771 CIC), Sorge um eine katholische Erziehung (c. 794 § 2 CIC), Hochschulseelsorge für Studenten (c. 813 CIC), Sakramentenkatechese (cc. 843 § 2, 861 § 2, 890 und 898 CIC) und Ehevorbereitung (cc. 1063–1072 CIC). Daneben wird die Seelsorge zusammen mit dem Gottesdienst und anderen Apostolatswerken in cc. 678 und 738 § 2 CIC genannt, wo es um die diözesanbischöfliche Aufsicht über die Institute des geweihten Lebens und die Gesellschaften des Apostolischen Lebens geht: REHAK, S. 496.

625 VOLGGER, Wege, S. 235, versteht unter «Laienbeichte» «ein befreiendes Gespräch im vertrauten Kreis oder mit einem geschätzten bzw. liebenswerten Menschen, welches das Leben radikal zu ändern vermag». Zudem weist er (Wege, S. 251) auf begabte Gläubige hin, welche die «besondere Befähigung haben, Menschen im Leben und im Glauben zu begleiten, die aber weder durch Weihe noch durch einen besonderen Auftrag dazu verpflichtet oder eingebunden sind»,

3.2 Staatlich-rechtliche Sicht

Auf den strafrechtlichen Schutz des Berufsgeheimnisses (Art. 321 StGB) ist unten einzugehen (4.2). Indem soeben Beichtvater, Pönitent und Beichte aus kirchenrechtlicher Sicht ausführlich beleuchtet wurden, sind nun die staatlichen Gegenstücke zu beleuchten.

3.2.1 Seelsorge

Was «Seelsorge» ist bzw. beinhaltet, wird staatlich-rechtlich nicht klar definiert.[626] Die seelsorgerische Tätigkeit eines Geistlichen wird in der Literatur u.a. umschrieben als «eine dem religiösen Selbstverständnis einer Religionsgemeinschaft folgende Glaubensausübung, die sich auf kommunikative Weise helfend einem Dritten zuwendet»,[627] und es wird darauf hingewiesen, «dass ein Seelsorgegespräch nicht rein psychotherapeutisch oder sozial motiviert ist», sondern «das Bemühen um die Seele des Menschen und dessen Beziehung zu Gott» beinhaltet.[628] Damit ist die Seelsorge und die seelsorgerische Tätigkeit grundsätzlich durch die Glaubens- und Gewissensfreiheit gedeckt (Art. 15 Abs. 1 und 2 BV).

---

gleichwohl aber durch Zuhören, Ratschläge und ihre Hinwendung zu «unversöhnte[n] Menschen» Gutes bewirken können. Dies aber ist «auch eine Aufgabe von Getauften, die ihrer spezifischen Berufung in der Taufweihe folgen, ohne dass ich sie in diesem Kontext einfach Laien nennen möchte.» Ähnlich SCHMOECKEL, S. 244, der darauf hinweist, dass Seelsorge in personaler Hinsicht einen Ausfluss des Priestertums aller Gläubigen darstellt und damit Pflicht aller Christen ist, sei dies haupt-, neben- oder ehrenamtlich wahrgenommen.

626 Selbst das Kriegsvölkerrecht umschreibt Seelsorge nicht genauer, wenn man dessen Verständnis von «Seelsorgepersonal» betrachtet. Unter dieses fallen Militär- oder Zivilpersonen, wie beispielsweise Feldgeistliche, die ausschliesslich ihr geistliches Amt ausüben und zugeteilt sind i) den Streitkräften einer am Konflikt beteiligten Partei, ii) Sanitätseinheiten oder Sanitätstransportmitteln einer am Konflikt beteiligten Partei, iii) Sanitätseinheiten oder Sanitätstransportmitteln oder iv) Zivilschutzorganisationen einer am Konflikt beteiligten Partei (Art. 8 lit. d GA P I).

627 KUMRAL, S. 24, mit Hinweisen. Ähnlich REHAK, S. 498 f., für Deutschland, wonach die Seelsorge eine Angelegenheit der Kirche bzw. der betreffenden Religionsgemeinschaft ist und dort dem Kernbereich der Religionsausübung zuzurechnen ist – dies wird in der Schweiz nicht anders sein.

628 SUTER, Buch, S. 32. Ähnlich SCHMOECKEL, S. 243 («Nach Abschaffung der formalisierten Beichte [in den lutherischen Gebieten Deutschlands] wird die Seelsorge damit vorwiegend als Gespräch definiert, in welchem Höchstpersönliches besprochen wird in dem Bewusstsein der Gegenwart Gottes.»).

Anders verhält es sich jedoch, wenn Personen in einem Sonderstatusverhältnis stehen, d.h. in einer besonders engen Beziehung zum Staat oder zu einer öffentlichen Anstalt, woraus ihnen als Betroffenen besondere Pflichten zukommen.[629] Hinsichtlich der Anstaltsseelsorge (Spitäler, Straf- und Massnahmenvollzug etc.) ist damit Folgendes zu unterscheiden: Sie ist «zwar *in organisatorischer Hinsicht* eine *gemeinsame* Angelegenheit des Staates und der beteiligten Kirchen bzw. Religionsgemeinschaften; *in inhaltlicher Hinsicht* handelt es sich um eine *eigene* Angelegenheit der Kirchen bzw. Religionsgemeinschaften.»[630] Aus dem Sonderstatusverhältnis ergibt sich auch eine Finanzierungspflicht für den Bund bzw. den Kanton.[631]

- Im Straf- und Massnahmenvollzug kann Geistlichen, Ärzten, Rechtsanwälten, Notaren und Vormündern sowie Personen mit vergleichbaren Aufgaben innerhalb der allgemeinen Anstaltsordnung der freie Verkehr mit den Gefangenen gestattet werden (Art. 84 Abs. 3 StGB). Im Kanton Zürich erbringt die Direktion der Justiz und des Innern Dienstleistungen mit direktem Kontakt zu verurteilten oder vor der Verurteilung inhaftierten Personen mit eigenem Personal (§ 24 Abs. 1 Einleitungssatz StJVG). Zu diesen Dienstleistungen gehört insbesondere die soziale Beratung und seelsorgerische Hilfe (lit. c; vgl. auch § 113 JVV[632]). Die ein-

[629] Systematisch HÄFELIN ET AL., Rz. 328–333. In einem Sonderstatusverhältnis befinden sich neben Schulkindern auch Beamte, Angehörige der Armee, Benützer von Anstalten und Strafgefangene. Dies kann freiwillig (Beamte) oder unfreiwillig, gestützt auf zwingende gesetzliche Bestimmung (Militärdienst, Freiheitsentzug), geschehen: BRÄGGER, S. 317; HÄFELIN ET AL., Rz. 328; WINZELER, S. 28 und 145–150.

[630] REHAK, S. 499 Fn. 30.

[631] Vgl. § 136 Abs. 1 KV BS, wonach der Dienst von Geistlichen in Spitälern, Gefängnissen und anderen öffentlichen Einrichtungen vom Kanton unterstützt werden kann. Eine Finanzierungspflicht der Gefängnisseelsorge ergibt sich im Kanton Zürich z.B. aus § 24 Abs. 1 lit. c StJVG, weil es die Direktion ist, die mit eigenem Personal die soziale Beratung und seelsorgerische Hilfe sicherzustellen hat.

[632] Den Verurteilten stehen für ihre persönlichen, wirtschaftlichen, sozialen und seelsorgerischen Anliegen das Betreuungs- oder Erziehungsfachpersonal und die zugelassenen Anstaltsseelsorger zur Verfügung; zu diesem Zweck können auch Dienste, die nicht der Anstalt angehören, beigezogen werden, deren Mitarbeiter unbeaufsichtigt mit den Verurteilten verkehren können (§ 113 Abs. 1 JVV). Hat der Verurteilte das Privileg des unbeaufsichtigten Verkehrs missbraucht oder liegen konkrete Anhaltspunkte für einen künftigen Missbrauch vor, kann der betreffende Mitarbeiter eines anstaltsfremden Dienstes vorüberge-

zelnen Einrichtungen haben die seelsorgerische Unterstützung zu gewährleisten.[633]

- Den Angehörigen der Armee stehen Dienste für die medizinische, seelsorgliche, psychologische und soziale Beratung und Betreuung im Zusammenhang mit dem Militärdienst zur Verfügung (Art. 31 Abs. 1 MG). Das Dienstreglement der Armee, eine Verordnung des Bundesrates, entfaltet dies.[634] Der Bund unterhält die entsprechenden Dienste (Art. 31 Abs. 2 Satz 1 MG).[635] Kann für Aufgaben der Armeeseelsorge kein Armeeseelsorger aufgeboten werden, darf ein ziviler Seelsorger beigezogen werden (Art. 98 Abs. 1 VVA).[636] Auch kriegsvölkerrechtlich ist der Zugang von Kriegsgefangenen u.ä. zu Seelsorgern sichergestellt.[637]

---

hend oder dauerhaft von der Betreuungs- und Seelsorgetätigkeit ausgeschlossen werden (Abs. 2 lit. b).

633 So die Justizvollzugseinrichtung Pöschwies (§ 10 Abs. 5 JVV), die Untersuchungsgefängnisse Zürich (§ 11 Abs. 3 JVV), die Vollzugseinrichtungen Zürich (§ 11a Abs. 3 JVV) und das Massnahmenzentrum Uitikon (§ 12 Abs. 2 JVV). Die jeweiligen Hausordnungen der Vollzugseinrichtungen regeln u.a. die Arzt-, Zahnarzt- und Psychiatrievisiten sowie die Seelsorge (§ 127 lit. m JVV).

634 Armeeangehörige haben das Recht auf seelsorgerische Betreuung (Ziff. 64 Abs. 1 DRA). Sie können sich in persönlichen Fragen und Angelegenheiten direkt u.a. an den Armeeseelsorger wenden (Ziff. 20 Abs. 5, 56 Abs. 1 und 100 Abs. 2 DRA), und sie werden bei Bedarf seelsorgerisch, medizinisch, psychologisch und sozial beraten oder betreut (Ziff. 56 Abs. 2 und 100 Abs. 1 DRA). Die seelsorgerische Betreuung liegt in der Verantwortung der Armeeseelsorger, an welche sich die Armeeangehörigen aller Konfessionen und Religionen sowie Konfessionslose direkt wenden können (Ziff. 64 Abs. 2 DRA). Die Armeeseelsorger beraten die Kommandanten in Fragen der seelsorgerischen Betreuung und üben ihre seelsorgerische Tätigkeit ohne Einmischung der Truppenvorgesetzten aus (Ziff. 64 Abs. 3 DRA). Dies gilt grundsätzlich auch im friedensfördernden Dienst (Anhang 2 Ziff. 13 DRA). Zur Armeeseelsorge ausführlich SALADIN (zu den Aufgaben der Armeeseelsorge S. 339, zu den rechtspraktischen Problemfeldern S. 344–354, und zum Hinweis, dass die Einschränkung der Glaubens- und Gewissensfreiheit nur so weit gehen darf, wie es der Auftrag der Armee, des Verbandes und des Einzelnen erfordert, S. 347).

635 Diese Dienste dürfen Personendaten, einschliesslich besonders schützenswerter Personendaten, bearbeiten, soweit und solange es der Vollzug ihrer Aufgaben erfordert (Art. 31 Abs. 2 Satz 2 MG).

636 Zivile Seelsorger, die bei besonderen Militärgottesdiensten mitwirken, werden zu den ortsüblichen Ansätzen zulasten der Dienstkasse entschädigt (Art. 98 Abs. 2 VVA).

637 Es besteht ein Anspruch auf Kontakt mit einem Seelsorger (Art. 33 Abs. 1, 37 und 108 Abs. 3 GA III; Art. 38 Ziff. 3 und 76 Abs. 3 GA IV; Art. 5 Ziff. 1 lit. d GA P II).

- Der Zutritt zu den Asylzentren des Bundes und den Unterkünften an den Flughäfen wird neben anderen Personen auch Seelsorgern gewährt (Art. 3 Abs. 2 lit. f BetrV-EJPD).
- Patienten in Spitälern oder Bewohnern von Alters- und Pflegeheimen ist ebenfalls der Zugang zur Seelsorge zu gewährleisten. Der Kanton Zürich hält hinsichtlich von Patienten in Spitälern und in bewilligten Pflegebetten (vgl. § 1 Abs. 1 PatG) fest, dass sie das Recht haben, sich durch den eigenen Seelsorger betreuen zu lassen, und, dass die Spitalseelsorge die Patienten unaufgefordert besuchen kann (§ 9 Abs. 1 PatG). Die Seelsorger achten aber den Willen der Patienten und nehmen auf den Betrieb der Institution Rücksicht (Abs. 2). Im Weiteren haben Sterbende Anrecht auf angemessene Behandlung und Begleitung (§ 30 Abs. 1 PatG). Den Angehörigen und Bezugspersonen wird eine würdevolle Sterbebegleitung und ein würdevolles Abschiednehmen vom Verstorbenen ermöglicht (Abs. 2). Hierzu gehört ohne Weiteres auch eine seelsorgerische Begleitung.

Soweit Personen, die sich in einem Sonderstatusverhältnis befinden, ein Anspruch auf Seelsorge haben, soweit hat eine Religionsgemeinschaft das Recht, zur seelsorgerischen Tätigkeit auch zugelassen zu werden. Im Kanton Zürich haben die Pfarrer der öffentlich-rechtlich anerkannten kirchlichen Körperschaften[638] Anspruch auf Zulassung zur Seelsorge in Einrichtungen des Kantons und der Gemeinden wie in Spitälern, Pflegeheimen oder Gefängnissen (§ 16 KiG; vgl. § 6 Abs. 1 V-KiG-GjG). Dasselbe gilt für die geistlichen Amtsträger der öffentlich anerkannten jüdischen Gemeinden[639] (§ 10 GjG; vgl. § 6 Abs. 1 V-KiG-GjG). Für die Zulassung zur seelsorgerischen Tätigkeit in einem Gefängnis bedürfen die Pfarrer bzw. Amtsträger zudem einer ausdrücklichen Empfehlung durch die betreffende kantonale kirchliche Körperschaft oder anerkannte jüdische Gemeinde (§ 6 Abs. 2 V-KiG-GjG). Weist eine Einrichtung das Begehren um Zulassung zur seelsorgerischen Tätigkeit ab, erlässt sie eine anfechtbare Verfügung (Abs. 3).

---

[638] Es sind dies die Evangelisch-reformierte Landeskirche, die Römisch-katholische Körperschaft und die Christkatholische Kirchgemeinde (Art. 130 KV ZH; § 2 Ziff. 1 KiG).

[639] Es sind dies die Israelitische Cultusgemeinde Zürich und die Jüdische Liberale Gemeinde (Art. 131 KV ZH; § 2 Ziff. 1 GjG).

3.2.2 Geistlicher

3.2.2.1 Als Geheimnisträger

Der Begriff «Geistliche» (*ecclésiastiques, ecclesiastici*) ist nicht gesetzlich definiert.[640] Er ist jedoch christlich geprägt,[641] was insbesondere im Hinblick auf nichtchristliche Religionen zu schwierigen Abgrenzungen führt. [642] Ein Geistlicher ist im vorliegenden Zusammenhang ein Geheimnisträger (*détenteur du secret, depositario del segreto, purtader dal secret*), mithin eine «Person, der aufgrund ihres Berufs oder in ihrer amtlichen Eigenschaft ein Geheimnis anvertraut worden ist oder die bei der Ausübung ihres Berufs oder Amts ein solches wahrgenommen hat».[643]

3.2.2.2 Grundproblematik

Da der Geistliche das noch genauer zu erläuternde Berufsgeheimnis (Art. 321 StGB) zu wahren hat, sich mithin bei der Geheimnisverletzung strafbar macht, besteht bei der Festlegung, wer überhaupt Geistlicher ist, folgende Problematik:

- Einerseits gilt allgemein das Legalitätsprinzip (vgl. Art. 5 Abs. 1 BV) und damit, strafrechtlich, der Grundsatz *nulla poena sine lege*, wonach eine Strafe oder Massnahme nur wegen einer Tat verhängt werden darf, die das Gesetz ausdrücklich unter Strafe stellt (Art. 1 StGB).[644] Dieser strafrechtliche Grundsatz darf nicht aufgrund von rechtsfremden Überlegungen wie Ökumene oder interreligiöser Dialog verwässert werden, denn Strafrecht bedeutet immer eine «staatliche Übelszufügung nach Erfül-

---

640 Vgl. KUMRAL, S. 23; SUTER, Artikel, S. 53 («unbestimmte[r] Gesetzesbegriff»).

641 Der historische Gesetzgeber hatte insbesondere die Pfarrer der beiden grossen Konfessionen im Auge, beschränkte den Begriff jedoch nicht ausdrücklich auf diese: SUTER, Artikel, S. 53 f.; DERS., Buch, S. 17 und 31. Vgl. auch KUMRAL, S. 34 f. Tatsächlich stammt der Begriff «Seelsorge» ursprünglich von Platon, welcher «der Sorge um leibliches Wohl seine Philosophie als Instrument der Sorge um die Seele der Menschen entgegenstellte». Die christliche Rezeption der Seelsorge (*cura animarum*) erfolgte im 4. Jahrhundert durch Basilius von Caesarea und Gregor dem Grossen: REHAK, S. 493 f.

642 Vgl. SUTER, Buch, S. 32.

643 TERMDAT, Stichwort «Geheimnisträger» (besucht am 28. März 2024). Vgl. zum Begriff des Geheimnisses oben, 2.1.3.3.

644 Vgl. SUTER, Buch, S. 13 und 19.

lung eines klar definierten Straftatbestandes».[645] Damit sind strafrechtliche Bestimmungen eng auszulegen, weil ansonsten das Legalitätsprinzip verletzt wird (vgl. Art. 5 Abs. 1 BV; Art. 1 StGB). Wer nicht Täter sein kann, weil er z.B. nicht Geistlicher ist, darf nicht bestraft werden, selbst wenn er ein Geheimnis preisgibt.[646] Wird der Begriff «Geistlicher» vor diesem Hintergrund zu weit gefasst, fallen unvermittelt zu viele Menschen unter die Strafandrohung eines Sonderdelikts.[647] Dehnte man den Begriff «Geistlicher» zu sehr aus, könnten zudem Personen, die funktional eher Sozialarbeitern entsprechen und sich deswegen nicht auf das Berufsgeheimnis berufen dürften, unter dem Titel «Geistlicher» umfangreiche Aussage- und Mitwirkungsverweigerungsrechte geltend machen,[648] womit das Prozessrecht unterlaufen und das Institut missbraucht würde.

- Andererseits privilegiert der Status als Geistlicher einen Geheimnisträger mit umfangreichen Auskunfts- und Mitwirkungsverweigerungsrechten.[649] So haben sie erleichterten Zugang zu Personen in Anstalten,[650] für sie gelten arbeitsrechtliche Ausnahmen,[651] sie sind grundsätzlich von der

---

645 SUTER, Artikel, S. 52. Vgl. DERS., Buch, S. 13 und 19.

646 Vgl. SUTER, Artikel, S. 52.

647 Vgl. SUTER, Artikel, S. 54; DERS., Buch, S. 13.

648 Hierzu unten, 4.2.3–4.2.5.

649 Unten, 4.2.3–4.2.5.

650 Geistlichen, Ärzten, Rechtsanwälten, Notaren und Vormündern sowie Personen mit vergleichbaren Aufgaben kann innerhalb der allgemeinen Anstaltsordnung der freie Verkehr mit den Gefangenen gestattet werden (Art. 84 Abs. 3 StGB). Seelsorger gehören zu denjenigen Personen, denen der Zutritt zu den Asylzentren des Bundes und den Unterkünften an den Flughäfen gewährt wird (Art. 3 Abs. 2 lit. f BetrV-EJPD). Vgl. auch § 136 Abs. 1 KV BS, wonach der Dienst von Geistlichen in Spitälern, Gefängnissen und anderen öffentlichen Einrichtungen vom Kanton unterstützt werden kann.

651 Das Arbeitsgesetz ist nicht anwendbar auf Personen geistlichen Standes und andere Personen, die im Dienste von Kirchen stehen, sowie auf Angehörige von Ordens- und Mutterhäusern oder anderer religiöser Gemeinschaften (Art. 3 lit. a ArG), unter dem Vorbehalt der Vorschriften über den Gesundheitsschutz (Art. 3a ArG). Durch den Normalarbeitsvertrag werden für einzelne Arten von Arbeitsverhältnissen Bestimmungen über deren Abschluss, Inhalt und Beendigung aufgestellt (Art. 359 Abs. 1 OR); zuständig ist der Kanton oder, wenn mehrere Kantonsgebiete betroffen sind, der Bundesrat (Art. 359a Abs. 1 OR). Der Normalarbeitsvertrag für Erzieher in Heimen und Internaten gilt in der ganzen Schweiz (Art. 1 Abs. 1 VNAVE). Er ist anwendbar auf die Arbeitsverhältnisse zwischen privaten Heimen und Internaten, die der Erziehung und Betreuung von Erziehungsschwierigen oder Behinderten dienen (Arbeitgeber), und

Militärdienstpflicht befreit,[652] wobei sie der Armee jedoch, auf ihr Gesuch hin, zugeteilt oder zugewiesen werden können,[653] und die Seelsorge ist und die Seelsorger sind auch kriegsvölkerrechtlich besonders geschützt.[654] Im Zusammenhang mit Geistlichen tritt aufgrund der Aussage- und Mitwirkungsverweigerungrechte – und nicht etwa aufgrund des Bedürfnisses, möglichst viele Menschen zu bestrafen – die im Strafrecht «einzigartige Konstellation» auf, «dass zu Weilen der Wunsch be-

---

den von ihnen beschäftigten Erziehern (Arbeitnehmer; Abs. 2). Von der Geltung ausgenommen sind ausdrücklich Personen geistlichen Standes und Angehörige von Ordens- und Mutterhäusern (Abs. 3).

652 Für die Dauer ihres Amtes oder ihrer Anstellung werden Geistliche, die nicht der Armeeseelsorge angehören, von der Militärdienstpflicht befreit (Art. 18 Abs. 1 lit. b MG).

653 Personen, die eine Ausbildung oder eine qualifizierte Tätigkeit in der Seelsorge, in einem psychologisch-pädagogischen Bereich oder im Sozialdienst ausweisen, können auf Gesuch hin der Armee zugeteilt oder zugewiesen werden (Art. 6 Abs. 1 lit. a und c MG in Verbindung mit Art. 4 Abs. 1 lit. a VMDP) und leisten als Fachoffiziere ihren Dienst (Art. 6 lit. a VMDP). Sie zählen zu den Spezialisten (Anhang 5 Ziff. 4.25 VMDP). Im Aktivdienst oder auf ausdrückliche Anordnung des Chefs der Armee erhält das Seelsorgepersonal auch die blaue Identitätskarte (Art. 9 Abs. 4 lit. c Mil-IdV), neben den Angehörigen des Sanitätspersonals, anderen Angehörigen der Armee, die in Sanitäts- oder Rotkreuzformationen eingeteilt werden, und den freiwilligen Sanitätshilfen (lit. a, b und d). Alle übrigen Armeeangehörigen sowie alle anderen Personen, die in der Armee eingesetzt werden, erhalten graue Identitätskarten (ausführlich Art. 9 Abs. 2 Mil-IdV). Die Ausweise sind kriegsvölkerrechtlich geregelt (Anhang I Art. 2 f. GA P I).

654 Zur Definition des Seelsorgepersonals, das ständig oder nichtständig sein kann, Art. 8 lit. d GA P I. Sanitätsdienste und Seelsorgepersonal dürfen mit Schutzzeichen gekennzeichnet werden (Art. 8 lit. l, 18, 66 Ziff. 9 und Anhang I Art. 5 GA P I; Art. 12 GA P II; Art. 2 Ziff. 4 und, betreffend Missionen unter dem Dach der Vereinten Nationen, Art. 5 GA P III; zum Aussehen des Schutzzeichens vgl. Anhang I Art. 4 GA P I). Ein Seelsorger bzw. das Seelsorgepersonal ist besonders geschützt (vgl. Art. 4, 6 f. und 9 f. GA I; Art. 15 GA I; Art. 5–7 und 18 Abs. 2 GA II; Art. 17 GA IV; Art. 15 und 43 Ziff. 2 GA P I; Art. 9 GA P II) und bei Internierung privilegiert (Art. 93 GA IV). Kriegsgefangene, die geistliche oder ärztliche Funktionen ausüben, haben einen Entschädigungsanspruch (Art. 62 Abs. 2 GA III). Die seelsorgerische Tätigkeit ist geschützt (vgl. Art. 28 Abs. 2 GA I; Art. 9 GA II; Art. 35 f. GA III; Art. 58 GA IV), und es besteht ein Anspruch auf Seelsorger (Art. 33 Abs. 1, 37 und 108 Abs. 3 GA III; Art. 38 Ziff. 3 und 76 Abs. 3 GA IV; Art. 5 Ziff. 1 lit. d GA P II). Missachtungen sind als schwere Verletzungen zu ahnden (Art. 85 Ziff. 2 GA P I). Ziff. 78 Abs. 3 lit. d DRA gibt zusammengefasst wieder, dass es kriegsvölkerrechtlich u.a. verboten ist, gegnerisches Sanitäts- und Seelsorgepersonal anzugreifen.

steht, möglichst viele Personen unter den Begriff des Geistlichen zu subsumieren».[655] Wird der Begriff «Geistlicher» vor diesem Hintergrund zu eng gefasst, werden gutgläubige Ratsuchende in ihrem Vertrauen nicht geschützt, dass derjenige, dem sie Geheimnisse anvertrauen, diese nicht verbreiten darf, wodurch sie Nachteile erleiden können.[656]

Der religiös und weltanschaulich neutrale Staat kann inhaltlich nicht beurteilen, ob ein bestimmter Glaube eine Weltreligion, eine Religion im engeren Sinn oder aber eine Sekte darstellt.[657] Ein Hinweis kann in der Anzahl Gläubigen und in der Dauer liegen, seit wann die Gemeinschaft besteht, jedoch finden sich Gegenbeispiele, bei denen die Abgrenzung schwieriger wird.[658] Die rein geographische Verbreitung kann ebenfalls Anzeichen sein, ist es aber nicht zwingend.[659] Der Begriff des Geistlichen kann jedenfalls nicht an eine allfällige öffentlich-rechtliche Anerkennung gebunden werden, denn einerseits wird diese in den Kantonen unterschiedlich gehandhabt, während das Bundesrecht (StGB, StPO, ZPO) schweizweit gilt, und andererseits hat die Anerkennung einer Kirche oder Religionsgemeinschaft nichts mit dem Schutzgut des Berufsgeheimnis gemein.[660] Zu fragen ist jedoch, ob die Gläubigen der jeweiligen Glaubensgemeinschaft sich tatsächlich an einen Funktionsträger wenden im Vertrauen darauf, Persönliches unter dem Schutz des

---

655 SUTER, Artikel, S. 52. Vgl. DERS., Buch, S. 13.

656 Vgl. SUTER, Buch, S. 9, der den Fall schildert, dass «zwei Pfarrherren der beiden grossen christlichen Konfessionen ein Gesuch um Entbindung vom Berufsgeheimnis gegenüber einer Seelsorgerin ohne weitere Abklärungen mündlich bewilligt und damit eine Strafanzeige und Verurteilung einer Person ermöglicht [haben], die sich gegenüber der Seelsorgerin geöffnet hatte.» Solche, formal ungeordneten und materiell kaum geprüften, Entbindungen erscheinen rechtsstaatlich bedenklich.

657 Vgl. KUMRAL, S. 25; SUTER, Buch, S. 19 und 33 f.

658 Zu denken ist an mitgliederstarke, aber umstrittene Scientology-Kirche (*Church of Scientology*), die bisweilen nicht als Religionsgemeinschaft im eigentlichen Sinn gesehen wird, sondern eher als Wirtschaftsunternehmen oder als (mindestens in Teilen) kriminelle Organisation, aber auch an Denominationen des Mormonentums wie die Kirche Jesu Christi der Heiligen der Letzten Tage (*The Church of Jesus Christ of Latter-day Saints*), die sich selbst als christlich sieht, von anderen christlichen Konfessionen aber nicht als christlich anerkannt wird. Ähnliches dürfte auch für die koreanische Vereinigungskirche (Familienförderung für Weltfrieden und Vereinigung, *The Holy Spirit Association for the Unification of World Christianity*, auch Moon- oder Mun-Sekte genannt) gelten.

659 Man denke hier an die Kirchen der Orthodoxie, die grundsätzlich national bzw. ethnisch aufgegliedert sind.

660 SUTER, Artikel, S. 54; DERS., Buch, S. 18.

Berufsgeheimnisses offenbaren zu können.[661] Vorausgesetzt sind zudem ein religiöser (spiritueller, theologischer), berufsgebundener Bezug und eine besondere, vertiefte Ausbildung, die derjenigen herkömmlicher Geistlicher entspricht.[662] Diese Ausbildung muss jedoch nicht universitär bzw. akademisch sein.[663] Personen, die nicht seelsorgerisch tätig sind, sondern sozial oder karitativ, sind ähnlich wie Sozialarbeiter – selbst wenn sie im Dienst, im Namen oder im Rahmen einer Religionsgemeinschaft tätig sind – nicht Geistliche im Rechtssinn.[664]

3.2.2.3 Konfessions- bzw. Religionszugehörigkeit

Bei den christlichen Konfessionen ist damit Folgendes hinsichtlich der «Geistlichen» im Sinne des staatlichen Rechts zu bemerken:

- Die **Katholische Kirche** (lateinischer Ritus, **Westkirche**) kennt, neben den Klerikern, auch Laien (vgl. c. 207 § 1 CIC).
  - Bei den Klerikern stellten geweihte und ausgebildete Priester (einschliesslich Bischöfen) ohne Weiteres Geistliche im Sinne des Gesetzes dar.[665] Dasselbe muss auch für Diakone gelten, insofern sie ausgebildet und seelsorgerisch tätig sind.[666] Für die seelsorgerische Tätigkeit an sich ist und kann auch keine Voraussetzung sein, *in*

---

661 Dies ist Teil des Schutzzwecks des Berufsgeheimnisses und bei einem buddhistischen Mönch oder dem «Leiter einer Kleinstsekte nicht von vornherein der Fall»: SUTER, Artikel, S. 54. KUMRAL, S. 26–29 und 33, verweist unter Rückgriff auf die Glaubens- und Gewissensfreiheit (Art. 15 BV) darauf, dass als Geistlicher im Rechtssinn «nur solche Funktionsträger in Betracht [kommen], die sowohl den rechtlichen Vorgaben des Staates als auch dem Selbstverständnis des Grundrechtsträgers entsprechen».

662 DONATSCH/THOMMEN/WOHLERS, S. 588; KUMRAL, S. 33; OBERHOLZER, N. 6 zu Art. 321 StGB; SUTER, Artikel, S. 54; DERS., Buch, S. 20. Vgl. auch KUMRAL, S. 23 f.

663 SUTER, Buch, S. 23, mit dem Hinweis, dass selbst in der Katholischen Kirche ein Priesterseminar nach c. 237 CIC eine genügende Ausbildung darstellt, und die im Westen bestehende Universitätsausbildung weltweit eher die Ausnahme darstellen dürfte. Vgl. dazu auch c. 235 § 1 CIC, daneben KUMRAL, S. 24.

664 DONATSCH/THOMMEN/WOHLERS, S. 588; OBERHOLZER, N. 6 zu Art. 321 StGB; SUTER, Artikel, S. 54. Eine Ungleichbehandlung einzig aufgrund des Arbeitgebers würde sich nicht rechtfertigen, weil nicht sachlich gerechtfertigt: SUTER, Buch, S. 20.

665 DONATSCH/THOMMEN/WOHLERS, S. 588; KUMRAL, S. 30 und 195; SUTER, Buch, S. 17.

666 KUMRAL, S. 197, bejaht dies zurecht.

persona Christi capitis handeln zu können, wie dies nur Priester (*sacerdotes*) in der Lage sind.[667]

- Bei den Laien ist zu unterscheiden zwischen denjenigen, die Theologie studiert haben (z.B. Pastoralassistenten, theologisch ausgebildete Gemeindeleiter), und solchen, die über keine theologische Ausbildung verfügen.[668] Laikale (d.h. nichtklerikale) Theologen unterstehen dem Berufsgeheimnis, wenn sie seelsorgerisch (und nicht bloss sozial) im Dienst der Kirche tätig sind, und zählen deswegen zu den Geistlichen im Rechtssinn.[669] Dies gilt geschlechtsunabhängig, d.h. auch eine Pastoralassistentin, eine Seelsorgerin oder eine theologisch ausgebildete Gemeindeleiterin ist Geistliche im Sinne des Gesetzes.[670] Vor diesem Hintergrund erscheint die Aussage, Laienseelsorger seien keine Geistlichen im Rechtssinn,[671] schwer haltbar, und dies umso mehr, als diese Auffassung unhinterfragt eine Meinung aus den 1940er Jahren weiterführt,[672] wo es mehr Priester gab und wohl kaum seelsorgerisch tätige Laientheologen. Unbestritten nicht Geistliche im Rechtssinn sind demgegenüber sozial oder karitativ Tätige (kirchliche Sozialarbeiter, Sakristane, Kirchenmusiker, Dolmetscher etc.).[673] Dasselbe gilt für Religionspädagogen und Religionslehrer, auch wenn sie didaktisch und theologisch weitreichend ausgebildet sind.[674]
- Anders als in den katholischen Ostkirchen (dazu sogleich) stellen die Ordenschristen im lateinischen Ritus keinen eigenen Stand dar, womit sie entweder Kleriker oder Laien sind (vgl. c. 207 § 2 CIC).
  - Soweit Ordenschristen zugleich Kleriker sind, sind sie Geistliche im Sinne des staatlichen Rechts.[675]

---

667 Vgl. oben, 3.1.7.
668 KUMRAL, S. 30; SUTER, Buch, S. 20.
669 KUMRAL, S. 30 und 195; SUTER, Buch, S. 20.
670 Der Staat würde ungerechtfertigt wegen des Geschlechts diskriminieren, würde er nur männliche Theologen als Geistliche verstehen (vgl. Art. 8 Abs. 2 und 3 BV).
671 DONATSCH/THOMMEN/WOHLERS, S. 588; OBERHOLZER, N. 6 zu Art. 321 StGB. Vgl. hierzu, beschreibend, auch SUTER, Buch, S. 18; daneben KUMRAL, S. 24.
672 Besagte Autoren verweisen auf eine Abhandlung aus dem Jahre 1944 (!).
673 KUMRAL, S. 30; SUTER, Buch, S. 20.
674 SUTER, Buch, S. 20.
675 SUTER, Buch, S. 21.

- Gehören Ordenschristen dem Stand der Laien an, wird die Abgrenzung schwieriger: Grundsätzlich können auch laikale Ordenschristen über eine theologische Ausbildung verfügen, sie müssen es aber nicht, und man kann am Habit (Ordensgewand) weder erkennen, ob ein Mönch Priester oder Laie ist, noch, ob er theologisch ausgebildet ist.[676] Auch die begriffliche Unterscheidung zwischen *pater* (für einen Priester) und *frater* (für einen Laien) kennt nicht jede Ordensgemeinschaft.[677] Damit kann jemand, der einen Mönch um seelsorglichen Rat ansucht, nicht von aussen erkennen, ob dieser Priester oder wenigstens theologisch ausgebildet ist, zugleich schützt das Berufsgeheimnis vorrangig den Ratsuchenden.[678] Damit ist SUTER zuzustimmen, wonach es nahe liegt, habittragende Mönche als Geistliche im Sinne des staatlichen Rechts zu verstehen.[679] Aber nicht nur männliche Ordenschristen haben ihr Leben Gott geweiht, sondern auch die weiblichen. Zwar können Ordenschristinnen nach religiösem Eigenrecht nicht Priester bzw. Kleriker sein,[680] aber auch sie manifestieren mit ihrem «Ordensgewand, die Teilnahme an öffentlichen Chorgebeten etc. [...] ein geistliches Leben, welches nicht nur bewusst gewählt wurde, sondern dem rat- oder seelsorgesuchenden Gläubigen auch Vertrauen auf das Berufsgeheimnis vermittelt.»[681]
- Nur zurückhaltend kann die Eigenschaft des Geistlichen bejaht werden, wenn ein Ordenschrist nicht als solcher erkennbar ist (z.B. Gesellschaft Jesu [Jesuitenorden]) bzw. er nur zufällig von Geheimnissen erfährt; hier wäre von einer ausserdienstlichen

---

676 SUTER, Buch, S. 21.

677 So bezeichnen die Franziskaner (OFM) und die Kapuziner (OFM Cap) auch Mönche, die geweihte Priester sind, als *fratres*: SUTER, Buch, S. 21 f.

678 SUTER, Buch, S. 22.

679 «Der vom Gesetzgeber gewählte Begriff des Geistlichen schliesst jedenfalls Personen, die ihr gesamtes Leben der Religion widmen stärker ein als solche, die etwa nach Abschluss eines Theologiestudiums nur teilweise in der Pastoral tätig sind», was insbesondere für Ordensangehörige gilt, «wenn sie durch ihr Ordensgewand oder ihre Zugehörigkeit zu einem bestimmten Ort und ihre Lebensweise tatsächlich Geistliche sind»: SUTER, Buch, S. 22.

680 Vgl. c. 1024 CIC und JOHANNES PAUL II., Ordinatio Sacerdotalis, Nr. 4.

681 SUTER, Buch, S. 22.

Tätigkeit auszugehen, womit die Eigenschaft als Geistlicher im Rechtssinn zu verneinen ist.[682]

- Die **Katholischen Ostkirchen** (unierte Kirchen, östliche Ritusgemeinschaften) sind von ihrer Tradition und ihrer Liturgie der Orthodoxie nahe, und sie sind zugleich vollumfänglich Teil der einen Katholischen Kirche (*plena communio*); für sie gilt das Nämliche wie für den lateinischen Ritus der Katholischen Kirche.[683] Vorausgesetzt ist freilich, dass der räumliche Geltungsbereich (Art. 3 StGB) erfüllt ist,[684] d.h., dass der betreffende Geistliche in der Schweiz tätig ist.
- Die **Christkatholische** (altkatholische) **Kirche** ist der Katholischen Kirche sehr ähnlich und sie kennt ebenfalls das dreigliedrige Amt (Bischof, Priester, Diakon), auch wenn sich die Christkatholische Kirche gegenüber der Frauenordination geöffnet hat und keine Zölibatsverpflichtung kennt.[685] Für sie bzw. für ihre Geistlichen gilt Ähnliches wie für diejenigen der Katholischen Kirche,[686] wobei hier die Geschlechterproblematik entfällt.
- Die **Orthodoxen Kirchen** haben ebenfalls ein dreigliedriges Amt (Bischof, Priester, Diakon), womit sie über Geistliche im Rechtssinn verfügen.[687] SUTER schreibt, die Orthodoxie kenne keine Laientheologen, womit die Abgrenzung zu den studierten Laientheologen im katholischen Sinn weniger notwendig sei.[688] Insofern es aber solche gäbe und ein Rat- und Seelsorgesuchender einen solchen Laientheologen aufsuchte, unterstünde die Eigenschaft des Geistlichen den nämlichen Vorbehalten wie bei der Katholischen Kirche. Ähnliches wie für katholische Ordenschristen muss auch für die orthodoxen Mönche und Nonnen gelten, dies unter dem Vorbehalt des räumlichen Geltungsbereichs (Art. 3 StGB). Zumindest darf es für den religiös und weltanschaulich neutralen Staat keine Rolle spielen, zu welcher Ritusgemeinschaft eine orthodoxe Kirche zählt und, welchen Status sie hat (z.B. autokephal oder auto-

682 SUTER, Buch, S. 23, mit dem Hinweis, dass andere Berufsträger wie Anwälte oder Ärzte in der Regel strikt Berufliches und Privates trennen, während «gerade Angehörige geistlicher Berufe ihr gesamtes Leben davon umfasst haben möchten.» Vgl. auch KUMRAL, S. 199, mit Verweis auf EBD.

683 SUTER, Buch, S. 24 f.

684 SUTER, Buch, S. 25.

685 SUTER, Buch, S. 30.

686 Vgl. SUTER, Buch, S. 30.

687 SUTER, Buch, S. 30.

688 SUTER, Buch, S. 30.

nom). Auch nicht-kanonische orthodoxe Kirchen müssen hierunter fallen, solange es sich nicht um blosse Splittergruppen handelt.

- Die **Evangelisch-reformierte Kirche** kennt zunächst Pfarrerinnen und Pfarrer, die ohne Weiteres Geistliche im Sinne des Gesetzes darstellen, auch wenn im reformierten Bereich der Begriff «Geistlicher» nicht verbreitet ist.[689] Ebenfalls Geistlicher im Rechtssinn dürfte grundsätzlich ein pensionierter Pfarrer sein, der zwar nicht mehr im Dienst ist, aber seinen Titel noch trägt und dementsprechend angesprochen wird.[690] Ein ausgebildeter, reformierter Theologe fällt unter den Begriff des Geistlichen, wenn er tatsächlich seelsorgerisch und nicht rein sozial oder karitativ tätig ist; eine theologische Ausbildung allein genügt folglich nicht.[691] Ähnlich wie bei der Katholischen Kirche fallen auch bei den Reformierten Sozialarbeiter, Sigriste und Kirchenmusiker nicht unter die Geistlichen, ebenso wenig «wie der Abwart des Gemeindehauses».[692] Demgegenüber Geistlicher ist, wer als nichtdiplomierter Theologe offiziell eine pfarrähnliche Stellung innehat.[693] Die Evangelisch-reformierte Kirche kennt daneben Ordensschwestern (sog. Diakonissen), die einen Habit tragen und ein religiöses Leben führen; sie sind grundsätzlich ebenfalls als Geistliche und damit als Berufsgeheimnisträgerinnen anzusehen.[694]
- Die **Evangelisch-lutherische Kirche** ist episkopal ausgebildet, kennt mithin – im Gegensatz zur Evangelisch-reformierten Kirche – das Bischofsamt; demnach «dürfte die Position des Pfarrers noch stärker dem Begriff des Geistlichen gleichkommen, als es einem reformierten Pfarrer

---

689 KUMRAL, S. 31; SUTER, Buch, S. 26.

690 SUTER, Buch, S. 26, begründet dies dahingehend, dass der «vom Gesetzgeber gewählte Begriff [...] über die reine Berufstätigkeit hinauszugehen [scheint], womit auch ein von den Kirchenbehörden suspendierter Pfarrer je nach Konstellation dem Berufsgeheimnis unterliegt.»

691 KUMRAL, S. 31; SUTER, Buch, S. 25.

692 SUTER, Buch, S. 25. Vgl. KUMRAL, S. 31.

693 KUMRAL, S. 31; SUTER, Buch, S. 25.

694 «Wenn ein Theologe, der nur in einem Teilzeitamt seelsorglich tätig ist, als Berufsgeheimnisträger zu qualifizieren ist, so muss dies viel mehr noch für Diakonissinnen gelten, welche nahezu ihre ganze Lebensgestaltung in den Dienst der Religion stellen. Allerdings ist auch hier der Einzelfall zu prüfen, weil eine Diakonissin, die offensichtlich einem zivilen Beruf nachgeht (z.B. Gärtnerin) nicht ohne weiteres unter den Straftatbestand fallen kann»: SUTER, Buch, S. 25 f., hier S. 26.

entspricht.»[695] Im Übrigen kann auf die Ausführungen zur Evangelisch-reformierten Kirche verwiesen werden.[696]

- Die **Anglikanische Kirche** kennt das dreigliedrige Amt (Bischof, Priester, Diakon) und eine hinlängliche Ausbildung; die Kleriker erfüllen damit die Eigenschaft als Geistliche im Rechtssinn ohne Weiteres.[697] Für theologisch ausgebildete Laien, die in der Seelsorge tätig sind, muss dasselbe gelten wie in der Katholischen Kirche, d.h. auch sie sind Geistliche im Rechtssinn – sollten die Ausbildungen gleichwertig sein, wäre eine Ungleichbehandlung von Anglikanern einzig wegen ihrer Konfessionszugehörigkeit verfassungswidrig (Art. 8 Abs. 2 BV).
- Bei den protestantischen **Freikirchen** ist die Bewertung, ob eine Person Geistlicher im Rechtssinn ist, aufgrund deren unterschiedlichen Strukturen ausserordentlich schwierig.[698] Insbesondere ältere Freikirchen haben ihre Strukturen bewusst in Ablehnung staatlicher Strukturen, mithin auch staatlicher Pfarrämter, ausgebildet.[699]
  - Die Mennoniten sind alttäuferischen Ursprungs und sie verstehen sich als freie Versammlung, auch wenn bestimmten Personen Leitungsfunktionen übertragen werden.[700] Es erscheint überaus fraglich, ob es hierunter ausgebildete Seelsorger und damit Geistliche im Rechtssinn gibt.[701] Die Mennoniten kennen jedoch eine Ausbildung zum Predigeramt, dessen Funktion damit den Geistlichen anderer Konfessionen nahekommt.[702]
  - Die Baptisten lehnen eine kirchliche Hierarchie ab und ihre Gemeinden sind – auch wenn sie sich zu Unionen zusammenschliessen – selbständig.[703] Mangels weltweit einheitlicher, klarer Strukturen ist einzelfallweise zu prüfen, «ob eine Art Geistlicher als Hauptseelsorger überhaupt existiert und sich ein Glaubender im Wissen um ein Berufsgeheimnis diesem Prediger anvertraut».[704] Obschon

---

695 SUTER, Buch, S. 26.
696 Vgl. SUTER, Buch, S. 26 f.
697 SUTER, Buch, S. 30.
698 SUTER, Buch, S. 27.
699 SUTER, Buch, S. 27.
700 SUTER, Buch, S. 27.
701 SUTER, Buch, S. 27.
702 SUTER, Buch, S. 28.
703 SUTER, Buch, S. 28.
704 SUTER, Buch, S. 28.

die Baptisten Pastoren kennen, erscheint zweifelhaft, dass es sich hierbei um Geistliche im Rechtssinn handelt.[705]

- o Bei den Methodisten (methodistische und wesleyanische Kirchen) ist grundsätzlich eine seelsorgliche Leitungsfunktion anzunehmen, jedoch einzelfallweise zu prüfen, ob die notwendige Ausbildung und die Erwartungshaltung der Gläubigen hinsichtlich des Berufsgeheimnisses gegeben sind.[706]
- o Für die Heilsarmee lehnt die Lehre klassisch ab, dass hier Geistliche im Rechtssinn bestehen.[707] Es erscheint jedoch fraglich, ob sich diese Einschätzung stets halten lässt, d.h. auch hinsichtlich zumindest der Leitungsebene.[708]
- o Bei den übrigen Freikirchen (etwa Pilgermission St. Chrischona, Adventisten, Freie Evangelische Gemeinden, Pfingstgemeinden etc.[709]) ist «[i]m Zweifelsfall [...] unter Berücksichtigung des Legalitätsprinzips davon auszugehen, dass das Amt eines Geistlichen entsprechend einem ausgebildeten Pfarrer der evangelisch-reformierten Kirche nicht besteht», womit sich hier keine Geistlichen im Rechtssinn finden.[710]

Damit lässt sich bereits hinsichtlich der christlichen Konfessionen und Denominationen sagen, dass der Begriff des Geistlichen im Rechtssinn nicht einfach zu fassen ist.[711] Ähnliches zeigt sich auch bei den nichtchristlichen Religionsgemeinschaften:

- Im **Judentum** kommt vorrangig der Rabbiner als Geistlicher im Rechtssinn in Frage, obschon er mehr Rechtsgelehrter denn Seelsorger ist.[712] Entscheidend ist, ob sich ein Gläubiger an den Rabbiner wendet, um ein Seelsorgegespräch zu führen und dabei von einem Berufsgeheimnis aus-

---

705 SUTER, Buch, S. 28.
706 SUTER, Buch, S. 28 f.
707 Vgl. DONATSCH/THOMMEN/WOHLERS, S. 588; SUTER, Buch, S. 18; OBERHOLZER, N. 6 zu Art. 321 StGB.
708 SUTER, Buch, S. 18. Vgl. KUMRAL, S. 24.
709 Hierzu ist wohl ebenfalls die Kirche Jesu Christi der Heiligen der Letzten Tage (Mormonen) zu zählen, auch wenn sie von anderen Konfessionen nicht als christlich anerkannt wird.
710 SUTER, Buch, S. 29, mit dem Hinweis, dass «der Leiter einer religiösen Gruppe, selbst ein Bibelinterpretator, noch kein Geistlicher [ist], der automatisch dem Berufsgeheimnis unterliegt».
711 Vgl. SUTER, Buch, S. 31.
712 KUMRAL, S. 32; SUTER, Buch, S. 31.

geht, von welchem – aufgrund des subjektiven Tatbestands[713] – auch der Rabbiner wissen muss.[714] Ist ein Rabbiner tatsächlich seelsorgerisch tätig, ist er Geistlicher im Rechtssinn.[715]

- Im sunnitischen **Islam** ist der Imam grundsätzlich der Vorbeter beim gemeinschaftlichen Gebet und nicht ein Seelsorger.[716] Damit bleibt ein Imam, auch wenn er andere Muslime moralisch unterstützt oder ihnen Ratschläge gibt, diesen gleichgestellt.[717] Der schiitische Islam kennt Kleriker, aber auch sie dienen eher der spirituellen Leitung.[718] Damit genügt die blosse Eigenschaft als sunnitischer Imam oder schiitischer Kleriker nicht, um Geistlicher im Rechtssinn sein zu können.[719] Auch wenn im Islam grundsätzlich bzw. ursprünglich keine Seelsorgegespräche (im christlichen bzw. im Rechtssinn) vorgesehen sind,[720] findet in der Rechtswirklichkeit islamische Spezialseelsorge statt (Spitäler, Strafanstalten, Notfallseelsorge, Asylwesen). Bei den islamischen Seelsorgern ist, ähnlich wie bei den Seelsorgern anderer Religionsgemeinschaften (vgl. zur Gleichbehandlung Art. 8 Abs. 1 BV), einerseits eine hinlängliche Ausbildung und andererseits die Erwartungshaltung der Gläubigen hinsichtlich der beruflichen Geheimhaltung vorauszusetzen.[721] Hinsichtlich der Schaffung und Sicherstellung professioneller Standards sind Projekte wie die im Oktober 2017 in Zürich gegründete «QuaMS» (Qualitätssicherung der Muslimischen Seelsorge in öffentlichen Institutionen im Kanton Zürich) zu begrüssen. Das Schweizerische Zentrum für Islam und Gesellschaft (SZIG) der Universität Freiburg führt zudem ein Weiterbildungsangebot für muslimische Seelsorge. Diese Ausbildung dürfte wohl rechtlich als genügend anzusehen sein, damit eine Person Geistlicher im Rechtssinn ist. Bedeutungslos muss dabei – analog den Geistlichen bei

---

713 Zum subjektiven Tatbestand von Art. 321 StGB unten, 4.2.1.1.5.
714 SUTER, Buch, S. 31 f.
715 KUMRAL, S. 32; SUTER, Buch, S. 31.
716 KUMRAL, S. 32; SUTER, Buch, S. 32.
717 SUTER, Buch, S. 32. Vgl. KUMRAL, S. 32, mit Verweis auf EBD.
718 SUTER, Buch, S. 32.
719 KUMRAL, S. 32, weist zwar darauf hin, dass Imame an grossen Moscheen «über ein Amt als Gemeindeleiter [verfügen] und […] als solche auch für religiöse Fragen zuständig [sind]». Auch wenn dies zutrifft, folgt aber aus dem Amt eines Gemeindeleiters und der Zuständigkeit für verschiedene religiöse Fragen alleine noch nicht, dass besagter Imam auch tatsächlich Seelsorge im Rechtssinn betreibt.
720 SUTER, Buch, S. 32.
721 Vgl. zur Gleichbehandlung auch KUMRAL, S. 35.

der Katholischen Kirche, wegen der religiösen und weltanschaulichen Neutralität des Staates sowie aufgrund des Gleichbehandlungsgebots und des Diskriminierungsverbots (Art. 8 Abs. 1 und 2 BV)[722] – sein, ob diese Person zugleich auch Imam bzw. Kleriker ist oder nicht, womit sowohl muslimische Seelsorgerinnen als auch Seelsorger unter die Geistlichen im Rechtssinn fallen. Ohne hinlängliche Ausbildung ist folglich selbst ein Imam kein Geistlicher.[723] Kumulativ zur Ausbildung ist jedoch vorauszusetzen, dass auch der Gläubige ein Seelsorgegespräch – und nicht bloss ein beratendes Gespräch – wünscht und gleichzeitig von einem Berufsgeheimnis ausgeht. Verneinte man in diesen Fällen ein Berufsgeheimnis, könnte ein solches Seelsorgegespräch kaum seinen Sinn und Zweck erfüllen, weil sich die oder der Gläubige mangels sichergestellter Vertraulichkeit nicht hinlänglich öffnen könnte.

- Der Begriff «**Hinduismus**» wurde im Westen gebildet, um die «traditionellen, religiösen und gesellschaftlichen Strukturen» in Indien zu bezeichnen, wobei Hindus, mangels gemeinsamer dogmatischer Strukturen, «von Aussen betrachtet als Polytheisten, Monotheisten oder sogar Atheisten erscheinen» können, wobei die verschiedenen Glaubensformen allerdings das eine kosmische Sein (Brahma) abbilden.[724] Vor diesem Hintergrund erscheint es – zumindest nach heutiger Lage – kaum möglich, bestimmte Personen als Seelsorger im westlichen bzw. als Geistliche im Rechtssinn bezeichnen zu können.[725]
- Der **Buddhismus** verfügt zwar über ein ausgedehntes Mönchstum, das jedoch nicht in ähnlicher Weise geistlich wie das christliche ist.[726] Seelsorgegespräche im westlichen bzw. christlichen Sinn kennt der Buddhis-

---

722 Vgl. KUMRAL, S. 35.

723 Zwar besteht der Wunsch auch vonseiten der Landeskirchen bzw. kirchlichen Körperschaften, Imame mit christlichen Betreuern gleichzustellen. «Diese Gleichstellung kann aber nicht über eine ausgedehnte Interpretation der Gesetzesbestimmung von Art. 321 StGB erfolgen und zwar deswegen nicht, weil ein Repräsentant des Islams nicht unbesehen unter die Strafandrohung eines Sonderdelikts gestellt werden kann. Das Legalitätsprinzip schützt ihn vor Strafe»: SUTER, Artikel, S. 54. Dann hat, als Kehrseite der Medaille, der Imam indes auch nicht die Privilegien, die das Berufsgeheimnis einräumt.

724 SUTER, Buch, S. 33. Vgl. KUMRAL, S. 32 f.

725 SUTER, Buch, S. 33. Vgl. KUMRAL, S. 33, mit Verweis auf EBD.

726 KUMRAL, S. 33; SUTER, Buch, S. 33.

mus nicht,[727] womit ein buddhistischer Mönch kaum Geistlicher im Rechtssinn sein kann.

- Bei den **übrigen Religionsgemeinschaften** (Shinto, Daoismus, Konfuzianismus, neue religiöse Bewegungen namentlich neopaganer Formen etc.), deren Behandlung jeglichen Rahmen sprengte, ist ebenfalls einerseits eine hinlängliche Ausbildung und andererseits ein Verständnis von Seelsorge und Berufsgeheimnis im westlichen Sinn vorauszusetzen. Hier dürfte bei Funktionsträgern, in Nachachtung des Legalitätsprinzips (Art. 1 StGB) und aufgrund der Rechtssicherheit, kaum von Geistlichen im Rechtssinn auszugehen sein.

Die Kurzdefinition, «zu den Geistlichen zählen die Priester und Prediger aller Weltreligionen»[728], überdehnt somit den Begriff des Geistlichen im Rechtssinn, selbst wenn sie noch auf das jeweilige Eigenrecht der Religionsgemeinschaft verweist («entsprechend deren Gesetzen, Satzungen oder Statuten»[729]). Indem die Stellung als Geistlicher nicht nur Privilegien bringt, sondern insbesondere die Strafbarkeit eines Sonderdelikts, dürfen Funktionsträger von Religionsgemeinschaften nicht vorschnell – und gegebenenfalls sogar entgegen deren eigenen Glaubensüberzeugung und ihren religionsgemeinschaftlichen Grundsätzen – als Geistliche im Sinne des staatlich-weltlichen Rechts der Schweiz angesehen werden.[730]

3.2.2.4 Tätigkeit inner- und ausserhalb des Geheimnisbereichs

Verschärft wird die Problematik dadurch, dass Geistliche – im Gegensatz zu anderen Berufsgruppen wie Anwälte oder Ärzte – beruflich nicht ausschliesslich im Geheimnisbereich tätig sind, sondern neben der Seelsorge ebenfalls administrative oder binnenreligiöse Aufgaben erfüllen (z.B. Gemeindeleitung, Erteilung Religionsunterricht).[731] Damit überlappt sich bisweilen der geschützte Geheimnisbereich mit dem grundsätzlich nicht geschützten

---

727 SUTER, Buch, S. 33. Vgl. KUMRAL, S. 33, mit Hinweis auf EBD.

728 OBERHOLZER, N. 6 zu Art. 321 StGB. Vgl. DONATSCH/THOMMEN/WOHLERS, S. 588; KUMRAL, S. 24.

729 DONATSCH/THOMMEN/WOHLERS, S. 588.

730 Vgl. SUTER, Buch, S. 33 f., mit dem Hinweis, dass überdies «der Wille des Gesetzgebers arg strapaziert würde und [es] zu nicht lösbaren, begrifflichen Schwierigkeiten führt», daneben KUMRAL, S. 26–29, mit einer Bewertung aus grundrechtlicher Sicht (Art. 15 BV).

731 SUTER, Buch, S. 34 f.; vgl. auch SCHMOECKEL, S. 247 («Oft ergibt sich die seelsorgerische Natur erst im Laufe des Gesprächs.»).

Nichtgeheimnisbereich.[732] Zumindest zu eng würde das Geheimnis gefasst, wenn man es auf den Zeitraum zwischen dem offiziellen Beginn und dem ausdrücklichen Ende eines Seelsorgegesprächs begrenzte.[733]

Nicht dem Berufsgeheimnis untersteht ein Geistlicher, wenn er Organ einer reinen Wirtschaftsunternehmung ist (z.B. Verwaltungsrat einer Aktiengesellschaft).[734] Eine solche, rein kommerzielle Tätigkeit dürfte indes zumindest bei hauptberuflichen Geistlichen selten anzutreffen sein. Eher anzutreffen werden Fälle sein, in welchen ein Geistlicher als Organ z.B. eines Handwerksbetriebs amtet, in welchem benachteiligte Menschen zwecks Reintegration beschäftigt sind, oder als Stiftungsrat z.B. einer gemeinnützigen Stiftung, in welcher Funktion er ein Unterstützungsgesuch einer Person zu beurteilen hat, die aufgrund eines Schicksalsschlags in Geldnot geraten ist.[735] In diesen Fällen ist das Berufsgeheimnis des Geistlichen wohl zu bejahen, selbst wenn die anderen Mitglieder des Verwaltungs- bzw. Stiftungsrats keinem Berufsgeheimnis unterstehen.[736] Diese Ungleichbehandlung rechtfertigt sich aufgrund der besonderen Stellung, die ein Geistlicher in einer Religionsgemeinschaft einnimmt, und wegen des besonderen Vertrauens, das ihm deswegen entgegengebracht wird.

3.2.3 Hilfspersonen und Studierende

Der noch zu vertiefenden Geheimhaltungspflicht unterstehen nicht nur Geistliche, sondern auch deren Hilfspersonen (Art. 321 Ziff. 1 Abs. 1 StGB: «sowie ihre Hilfspersonen», *ainsi que leurs auxiliaires*, *come pure gli ausiliari di questi professionisti*) und Studierende (Abs. 2, *les étudiants*, *gli studenti*), wes-

---

732 «Somit besteht die Möglichkeit, dass der Geistliche auch im Rahmen einer administrativen Leitungstätigkeit von vertraulichen Tatsachen Kenntnis erhält, die das Gesetz ausdrücklich dem Berufsgeheimnis zuordnet»: SUTER, Buch, S. 35.

733 SUTER, Buch, S. 35, mit dem Fallbeispiel, wo eine Frau dem Pfarrer unterwegs ihr Leid klagt. Vgl. auch SCHMOECKEL, S. 243 f.: «Das Gespräch kann aus jeder Lebenssituation heraus eine seelsorgerische Qualität annehmen. Es gibt keine Formalien, die dies nach außen oder auch nur den Beteiligten gegenüber verdeutlichen», anders als in der katholischen liturgischen Feier der Einzelbeichte, «wo [sie] durch Anfang und Ende des Beichtgesprächs definiert» wird, mittels formaler Elemente.

734 SUTER, Buch, S. 35, mit dem Hinweis, dass eine solche wirtschaftliche Tätigkeit katholischen Priestern grundsätzlich verboten ist (c. 286 CIC).

735 SUTER, Buch, S. 35.

736 SUTER, Buch, S. 36.

wegen sie sinnvollerweise im Anschluss an den Geistlichen im Rechtssinn zu behandeln sind.

Der Begriff Hilfspersonen ist weit gefasst.[737] Verlangt ist, dass sie unter der Leitung und Aufsicht des Hauptgeheimnisträgers (hier: des Geistlichen) tätig werden,[738] und infolge ihrer Mitwirkung ebenfalls Kenntnis von den dabei wahrgenommenen Tatsachen erhalten.[739] Sie unterliegen dann der gleichen Schweigepflicht wie der Hauptgeheimnisträger.[740] Im Allgemeinen ist bei den Hilfspersonen zu denken an «Sekretärinnen, Buchhalter, Experten und Praktikanten, an Assistenten, Krankenschwestern, Arztgehilfinnen, Laborangestellte etc. und selbst an einen von einem Anwalt beigezogenen Privatdetektiv».[741] Im Besonderen ist bei Geistlichen (neben der Sekretärin, einem Assistenten oder dem Buchhalter) zu denken an Sozialarbeiter, Sakristane oder Sigriste, Kirchenmusiker, Dolmetscher oder an die (evangelische, christkatholische oder ostkatholische) Pfarrersfrau bzw. an den Ehemann der (evangelischen oder christkatholischen) Pfarrerin.[742] Da bereits der blosse Umstand unter das Geheimnis fällt, dass eine bestimmte oder bestimmbare Person um ein Seelsorgegespräch nachgesucht hat,[743] darf der Assistent oder die Sekretärin des Geistlichen nicht offenbaren, wer einen Termin verlangt bzw. für wen sie einen Zeitraum beim Geistlichen gebucht hat.

Wollte man die veraltete Meinung vertreten, Laienseelsorger seien trotz hinlänglicher theologischer Ausbildung nicht (selbst) Geistliche im Rechtssinn, fielen sie unter die Hilfspersonen, womit sie unter Leitung und Aufsicht des Pfarrers tätig würden. Aufgrund der sehr selbständigen Tätigkeit von Laienseelsorgern erscheint ihre Abwertung zur unselbständigen Hilfsperson aber

---

737 OBERHOLZER, N. 10 zu Art. 321 StGB («Der Kreis der Hilfspersonen ist praktisch unbegrenzt.»).

738 OBERHOLZER, N. 10 zu Art. 321 StGB.

739 KUMRAL, S. 31 und 198; OBERHOLZER, N. 10 zu Art. 321 StGB («Entscheidend ist nicht ihre Stellung; vielmehr genügt es, wenn sie den Geheimnisträger in irgendeiner Funktion bei der Erfüllung seiner Aufgabe unterstützt und dabei Kenntnis von Geheimnissen der betreuten Person erhalten.»); SUTER, Buch, S. 37.

740 Vgl. OBERHOLZER, N. 10 zu Art. 321 StGB.

741 OBERHOLZER, N. 10 zu Art. 321 StGB, hinsichtlich des Privatdetektivs mit Hinweis auf BGer 1B_447/2015 vom 25. April 2016 E. 2.2.

742 KUMRAL, S. 30 f.; SUTER, Buch, S. 37.

743 Vgl. oben, 2.1.3.3.

wenig zielführend. Auch aus diesem Grund sind sie als Hauptgeheimnisträger bzw. Geistliche zu betrachten.

Studenten unterstehen dem Berufsgeheimnis, wenn sie ein Geheimnis bei ihrem Studium wahrnehmen. Die Formulierung «bei ihrem Studium» (*à l'occasion de leurs études, nel corso dei loro studi*) lässt eine hinlängliche Einbindung in den regulär stattfindenden Universitätsbetrieb vermuten. Ein Pfarreipraktikum absolviert ein Student indes nicht «bei» seinem Studium (*nel corso*), sondern während seines Studiums, jedoch ausserhalb der Bildungseinrichtung, mitunter sogar mittels Unterbrechung des eigentlichen Studiums. Ein Pfarreipraktikant steht unter der Leitung und Aufsicht einer verantwortlichen Person, die in der Regel Geistlicher im Rechtssinn ist. Damit ist er nicht als Student, sondern als Hilfsperson beschäftigt und fällt folglich unter Art. 321 Ziff. 1 Abs. 1, nicht unter Abs. 2 StGB. Diese Unterscheidung ist indes eher von strafrechtsdogmatischem denn von praktischem Interesse – weder an der Geheimhaltungspflicht noch am Strafmass ändert sich etwas.

3.2.4 Geheimnisherr

Geheimnisherr (*maître du secret, titolare del segreto, titular dal secret*) ist eine «Person oder Institution, die direkt von einem Geheimnis betroffen ist und zumindest bis zu einem gewissen Grad über dessen Wahrung oder Offenbarung bestimmen kann.»[744] Aus staatlicher Sicht ist bedeutungslos, ob der sich anvertrauende Geheimnisherr die gleiche Konfessions- oder Religionszugehörigkeit aufweist wie der Geistliche oder nicht, denn das Berufsgeheimnis soll nicht bloss einen bestimmten Kreis schützen.[745]

---

[744] TERMDAT, Stichwort «Geheimnisherr» (besucht am 28. März 2024).

[745] Dies gilt selbst dann, wenn der Geheimnisherr Atheist ist: SUTER, Buch, S. 34.

3.3 Zweite Zusammenschau

Aus staatlicher Sicht ist die Einzelbeichte (irgend-) eine Form der Seelsorge; für Katholiken ist sie ein Sakrament, das sich von allen anderen, nicht-sakramentalen Formen der Seelsorge (*cura animarum*) abhebt, wie sie in kirchlich-pfarreilichem Rahmen angeboten, aber auch von Laien ausserhalb des engeren Pfarreilebens gelebt wird. Jede Einzelbeichte ist damit (auch) ein Seelsorgegespräch, aber nicht jedes Seelsorgegespräch eine Beichte, mit entsprechenden kirchlichen Rechtsfolgen. Hinsichtlich des Hauptgeheimnisträgers, Beichtvater oder Geistlicher, knüpft die Katholische Kirche an die Weihe an, der Staat indes an die eigentliche Tätigkeit, ohne hier, aufgrund seiner religiösen Neutralität, genauer auf die konfessionellen und religionsgemeinschaftlichen Regelungen eingehen zu können. Demzufolge sind Laien, die beruflich seelsorgerisch tätig sind, Geistliche im staatlichen Sinn, aber nicht im kirchlichen.

In der medialen Öffentlichkeit scheint bisweilen das Bild zu herrschen, die Einzelbeichte sei eine unregulierte und unreglementierte Dunkelkammer, während sonstige Seelsorge – deren Kern ebenfalls ein Seelsorgegespräch ist – eher wohlwollend beurteilt wird. Diese Auffassung erscheint wenig haltbar:

- Wer Geistlicher ist, erfasst das staatliche Recht eher beschreibend – es handelt sich um jemanden, der beruflich seelsorgerisch tätig ist. Im kirchlichen Recht hingegen ist bis in die letzte Verästelung entfaltet, welcher Priester (*sacerdos*) aus welchem Grund, für welchen Zeitraum und für welches Gebiet, bisweilen sogar für welche Situation (namentlich Todesgefahr), eine Befugnis (*facultas*) hat und damit als Beichtvater tätig sein kann. Aus staatlicher Sicht ist selbst dann ein (katholisch geweihter) Priester weiterhin Seelsorger, wenn ihm die Befugnis abhanden kommt – namentlich, wenn er zu einer anderen Konfession übertritt und weiterhin seelsorgerisch tätig ist. Kirchenrechtlich gesehen wäre er nicht mehr Beichtvater, könnte mithin (ausser in Todesgefahr eines Pönitenten) nicht mehr die Beichte hören. Solche binnenreligionsrechtlichen Erwägungen kann der Staat nicht vollziehen, weil er religiös neutral ist. Er kann nur an die äusserliche Tätigkeit anknüpfen, und diese wäre weiterhin seelsorgerisch.
- Ähnliches wie für den Geheimnisträger lässt sich auch für den Geheimnisherrn feststellen: Während das Kirchenrecht ausführlich darauf eingeht, was ein Pönitent tun und in welcher Verfassung er sein muss

(namentlich Reue als Teil der Disposition), äussert sich das staatliche Recht kaum dazu. Ob jemand etwas bereut oder nicht, ist für den Staat grundsätzlich[746] bedeutungslos. Es zeigt sich somit nicht nur hinsichtlich der Busse (oben, 2.3), sondern auch bei der Einzelbeichte, dass das kirchenrechtliche Verständnis viel tiefer greift als das staatliche und den Gläubigen stärker im Innersten berührt, während der Staat eher beim Äusser(lich)en bleiben muss. Ähnlich kann der Staat einen Straftäter, aber auch jeden anderen Privaten, zur Ableistung einer rechtskräftig erkannten Genugtuung zwingen, notfalls mit Zwangsvollstreckung (Pfändung) – demgegenüber setzt kirchlicherseits die Genugtuung als Busswerk letztlich auf innerliche Freiwilligkeit, denn äusserlich erzwingen lässt sich diese nicht.

Dies alles erstaunt indes nicht: Der Staat kann hinsichtlich der Transzendenz keine Aussagen treffen, denn diese wären Wahrheitsaussagen; ihm bleibt damit nur die Immanenz, für welche er den Primat hat. Die Kirche (ἐκκλησία) als pilgerndes Gottesvolk ist demgegenüber zwingend auf die Transzendenz, d.h. auf Gott hin, ausgerichtet. Vor diesem Hintergrund erhält der Ausspruch Christi Jesu gegenüber den Pharisäern in Mt 22,21b[747] in anderem Zusammenhang eine unvermittelte Aktualisierung. Gesamthaft zeigt sich, dass während die Begriffe im Kirchenrecht klar umrissen sind, die Begriffsränder im staatlichen Recht verschwimmen.

Eine weitere Dimension ist zu beleuchten, in welcher sich staatliches und kirchliches Verständnis tiefgreifend unterscheiden. Anders, als mancher Laie vermuten könnte, ist das Seelsorgegespräch nur für das staatliche Recht tatsächlich ein reines Zweiergeschehen zwischen Geheimnisherrn und Geheimnisträger. Demgegenüber ist eine Einzelbeichte aus kirchenrechtlicher Sicht – wie jede liturgische Feier – immer eine Feier der gesamten Kirche (ἐκκλησία), womit eine Einzelbeichte, bei Licht betrachtet, nie und in keinem Fall ein Zweiergeschehen ist bzw., wohl treffender: sein dürfte. Diese ekklesiale Dimension, die bei der Feier der Einzelbeichte zu wenig zutagetritt, wäre ge-

---

746 Zwei Ausnahmen findet sich etwa im Strafrecht, die aber nicht weiter interessieren werden. Art. 23 StGB regelt den Rücktritt und die tätige Reue, die sich strafmildernd bis strafbefreiend auswirken kann. Nach Art. 48 lit. d StGB kann die Strafe des Täters gemildert werden, wenn er nach der Tat aufrichtige Reue betätigt und namentlich den Schaden, soweit zuzumutbar, ersetzt hat.

747 Gebt also dem Kaiser, was des Kaisers ist, und Gott, was Gottes ist (*ἀπόδοτε οὖν τὰ Καίσαρος Καίσαρι καὶ τὰ τοῦ θεοῦ τῷ θεῷ*); die Perikope (Mt 22,15–22) betrifft freilich weder Seelsorge noch Beichte, sondern Steuern.

eignet, auch das Opfer in den Blick und, wenn auch nicht physisch so doch anamnetisch, in die Beichte hineinzunehmen. Es obliegt der Liturgie- und weniger der Kirchenrechtswissenschaft, das Lehramt darauf hinzuweisen, dass diese ekklesiale Dimension in der Feier zu wenig spür- und bemerkbar ist. Der Kirchenrechtswissenschaft hingegen obliegt es indes hervorzuheben, dass sich wirkliche innere Reue auch äusserlich ausdrückt. Einem Täter, der wegen der Reueschmerzen nicht in irgendeiner Form schon Wiedergutmachung geleistet hat, mithin noch nicht zu Gott umgekehrt ist, fehlt die Disposition, womit er keine Absolution erhalten darf. Ebenfalls hat die Kirchenrechtswissenschaft darauf hinzuweisen, dass erschlichene oder anderweitig simulierte Absolutionen nicht denjenigen Erfolg haben, den ein arglistiger Pönitent anstrebt: Solange der Täter zugunsten seines Opfers nichts getan hat, ist er weiterhin von Gott und der Kirche (ἐκκλησία) getrennt, und selbst wenn er äusserlich die Eucharistie empfangen mag, so wirkt sie doch innerlich nicht fruchtbringend. Mit anderen Worten hat ein solcher Pönitent nichts gewonnen, sondern noch mehr verloren, weil er damit Sakramente und liturgische Handlungen verunehrt, mithin Sakrilegien begeht und weitere Sünden anhäuft. Auch dies hat die Kirchenrechtswissenschaft in Erinnerung zu rufen.

Der Staat kann letztlich niemanden dazu verpflichten, seelsorgerische Angebote in Anspruch zu nehmen, denn niemand darf gezwungen werden, eine religiöse Handlung vorzunehmen (Art. 15 Abs. 4 BV). Genau genommen, darf er die Inanspruchnahme von solchen Angeboten nicht einmal empfehlen, denn bereits dann würde er gegen seine religiöse Neutralität verstossen. Die Kirche indes verpflichtet gewisse Gläubige – diejenigen, die sich schwerer Sünden bewusst sind – ausdrücklich, diese im Rahmen einer Einzelbeichte zu bekennen (cc. 988 § 1 und 989 CIC). Darüber hinaus empfiehlt sie, auch die lässlichen Sünden zu bekennen (c. 988 § 2 CIC). Aus oberflächlicher Sicht kann hierin ein Verstoss gegen das Selbstbelastungsverbot (*nemo tenetur*-Grundsatz[748]; Art. 113 Abs. 1 Satz 1 und 2 StPO) gesehen werden. Aus theologischer Sicht bedarf es aber des Bekenntnisses wenigstens der schweren Sünden, damit der Fehlbare sich wieder mit Gott und der Kirche (ἐκκλησία) versöhnen kann. Vor diesem Hintergrund erhalten die Geheimhaltungspflichten, die im nächsten Kapitel zu vertiefen sind, an Schärfe, denn aus Sicht des Staates öffnet sich der Einzelne freiwillig einem Geistlichen – er

---

748 *Nemo tenetur se ipsum (prodere vel) accusare*, niemand ist gehalten, sich selbst (zu verraten oder) anzuklagen.

kann die theologischen Aussagen betreffend die Verbindung von *pax cum Deo* und *pax cum ecclesia* nicht beurteilen. Diese Freiwilligkeit ist einem Pönitenten – hat er den katholischen Glauben – zumindest formal[749] dann nicht zuzusprechen, wenn er schwer gesündigt hat. Diese schweren Sünden sind jedoch oftmals, wenn auch nicht immer, Straftaten im Sinne des staatlichen Rechts. Dadurch entsteht eine Spannung zwischen kirchlicher Pflicht und staatlichem Verbot eines Selbstbelastungszwangs, die umso stärker wird, je stärker der Staat einen Beichtvater zwingen könnte, Beichtwissen den staatlichen Strafverfolgungsbehörden preiszugeben. Selbst wenn der Beichtvater staatlicherseits keiner Strafen unterstünde, müsste er zwischen zwei ihm hoheitlich aufgebürdeten Rollen (s)einen Weg finden: Diener der göttlichen Barmherzigkeit zu sein oder aber Spitzel der Staatsgewalt. Verschärft wird die Spannung vor dem Hintergrund, dass der Pönitent bis zu seiner rechtskräftigen Verurteilung nicht nur kirchenrechtlich (c. 1321 § 1 CIC), sondern auch staatlich-rechtlich als unschuldig gilt (Art. 6 Abs. 2 EMRK; Art. 32 Abs. 1 BV; Art. 10 Abs. 1 StPO). Damit besteht sogar die Gefahr, dass ein Pönitent geltend macht, ihm sie moralisch unmöglich zu beichten (vgl. c. 960 CIC), weil er sich durch das Bekenntnis während der Feier der Einzelbeichte zugleich der Gefahr einer (staatlichen) Strafverfolgung auslieferte. Dies wird nachfolgend genauer auszuleuchten sein.

---

749 Materiell, d.h. inhaltlich, könnte es durchaus freiwillig sein, weil er, von Reue ergriffen, die Trennung von Gott und Kirche (ἐκκλησία) beenden möchte.

4. Die Geheimhaltungspflicht

4.1 Kirchenrechtliche Sicht

4.1.1 Hinführung

1215 mahnte das LATERANENSE IV Beichtväter, «sich aber sehr [davor zu hüten], durch ein Wort, ein Zeichen oder auf eine beliebige andere Weise den Sünder in irgendeiner Hinsicht zu verraten [, ...] denn wer eine ihm im Beichtgericht enthüllte Sünde zu offenbaren wagt, der soll gemäß unserem Beschluß nicht nur vom priesterlichen Amte abgesetzt, sondern auch, um immerwährende Buße zu tun, in ein strenges Kloster verstoßen werden.»[750] Die Geheimhaltungspflicht hängt mit der Einführung der Beichtpflicht zusammen.[751] Der Beschluss des LATERANENSE IV stellt die «älteste Datenschutzvorschrift in der Rechtsgeschichte und ursprünglich auch ein[en] Meilenstein in der Geschichte der christlichen Seelsorge» dar.[752]

Die Geheimhaltungspflicht über Beichtinhalte wird von staatlicher Seite angefragt,[753] von kirch(enrecht)licher Seite jedoch verteidigt, insbesondere auch aus theologischen Gründen,[754] und es wird eingewandt, dass nichts gewon-

---

750 LATERANENSE IV (DENZH 814); ALTHAUS, N. 1c zur Einführung vor c. 959 CIC.

751 ALTHAUS, N. 4 zu c. 983 CIC; OHLY, S. 1200, mit Hinweis auf das LATERANENSE IV (DENZH 814); SCHMOECKEL, S. 228.

752 BERNHARD, S. 106.

753 Vgl. oben, 1.2, und unten, 4.4.

754 Beispielhaft BERNHARD, S. 112 f., mit Hinweis auf einen Text von Klaus Mertens SJ, der den sexuellen Missbrauch am Canisius-Kolleg in Berlin aufgearbeitet hat: Die Vergebung der Sünde durch den dreieinigen Gott heisst nicht, dass den Sündern bzw. Tätern die «Aufarbeitung der Schuld erspart bleiben, wie z.B. die Bereitschaft zur strafrechtlichen Aufarbeitung einer Straftat. Der Sinn des Beichtgeheimnisses liegt darin, dem reuigen Sünder bzw. Täter das Aussprechen seiner Tat zu ermöglichen. Ihm wird zugesagt, dass gerade nicht als letztes Wort auf das Sündenbekenntnis das Gericht wartet, sondern die Barmherzigkeit Gottes, also grundlegendes Wohlwollen. Dieses Wohlwollen bezieht sich aber

nen sei, schützte das staatliche Recht nicht die kirchenrechtliche Geheimhaltung.[755]

4.1.2 Beichtsiegel und Beichtgeheimnis (c. 983 CIC)

4.1.2.1 Zweck

Das Beichtsiegel bezweckt einen zweifachen Schutz:

- Erstens schützt es den Pönitenten, damit er sich unter dem Siegel der absoluten Verschwiegenheit vollständig öffnet, wodurch er einerseits seine Sünden vollständig bekennen (vgl. c. 988 CIC) und der Beichtvater andererseits auch tatsächlich wirksame Hilfen aufzeigen kann (cc. 978 und 981 CIC).[756]
- Zweitens schützt es das Busssakrament insgesamt, insbesondere sein Ansehen und seine Integrität.[757] OHLY begründet dies vor dem Hintergrund, als das Busssakrament «mehr als alle anderen sakramentalen Feiern der Kirche durch die persönliche Begegnung zwischen Christus und dem einzelnen Menschen geprägt ist›»,[758] wobei offengelassen wer-

---

nicht auf die Tat, sondern auf den Menschen, der die Tat gesteht. ‹Die Zusage des schützenden Schweigens ist unverzichtbar, denn nur sie kann das steinerne Schweigen wirklich auflösen, das von Angst vor Strafe diktiert ist› [...]. Hinter dieser Angst steht dann oft die resignative Haltung: ‹Es gibt für meine Tat keine Vergebung, sondern nur Strafe und Pranger. Es stimmt ja: Die Gesellschaft denkt genauso. Das Evangelium allerdings nicht.›»

755 Besagter Klaus Mertens SJ verteidigt gemäss BERNHARD, S. 113, die Geheimhaltungspflicht und kritisiert die Gesetzgebung in Teilen Australiens. Für Mertens gehört die Beichte in besonderer Weise zu den «geschützte[n] Vertrauensräume[n]», die «zur Grundlage einer humanen, nicht-totalitären Gesellschaft [gehören. ...] Gerade wegen ihrer Bedeutung verursacht ihr Missbrauch besonders viel Schaden», aber niemandem sei geholfen, wenn man sie zerstöre – dann gebe es nur noch totale Transparenz im Dienste totaler Kontrolle.

756 ALTHAUS, N. 2 zu c. 983 CIC (die Feier des Busssakraments in Form der Einzelbeichte beruht und wird ermöglicht durch ein Vertrauensverhältnis zwischen Spender und Pönitent, das besonders intensiv ist, wodurch diese Feier zu schützen ist); BERNHARD, S. 107; OHLY, S. 1200.

757 ALTHAUS, N. 2 und 4 zu c. 983 CIC; BERNHARD, S. 107; OHLY, S. 1200.

758 OHLY, S. 1200.

den kann, ob diese Aussage in ihrer Absolutheit zutrifft.[759] Zudem ist dieses Argument nur gegen innen gerichtet und damit zweischneidig.[760]

Daneben ermöglicht das Beichtsiegel durch die geschützte Verschwiegenheit, dass die Einzelbeichte überhaupt seelsorglich wirksam werden kann.[761] Die Verschwiegenheitsverpflichtung leuchtet umso mehr ein, als das Kirchenrecht die einzelnen Gläubigen dazu verpflichtet, ihre schweren Sünden zu beichten (vgl. oben sowie cc. 988 § 1 und 989 CIC), und ihnen verboten ist zu lügen, widrigenfalls die Absolution ungültig ist, womit sie, im Gegenzug, eine besondere Verschwiegenheit einfordern dürfen.[762]

---

759 Auch andere Sakramente sind besonders «durch die persönliche Begegnung zwischen Christus und dem einzelnen Menschen geprägt». Man denke hier an die Taufe, mit welcher die Menschen Christus gleichgestaltet (*conformare*; VAT. II, LG 7) und «in das Pascha-Mysterium Christi eingefügt [werden]. Mit Christus gestorben, werden sie mit ihm begraben und mit ihm auferweckt» (VAT. II, SC 6, mit Hinweis auf Röm 6,4; Eph 2,6; Kol 3,1; 2 Tim 2,11). Man denke daneben an die heiligste Eucharistie, in der Christus der Herr selber enthalten ist, als Opfer dargebracht und genossen wird; die für das gesamte christliche Leben Gipfelpunkt und Quelle ist; und mit der alle anderen Sakramente – so auch das Busssakrament – und alle kirchlichen Werke des Apostolats zusammenhängen und auf sie hingeordnet sind (c. 897 CIC). Die Feier der Eucharistie ist eine Handlung Christi selbst und der Kirche; in ihr bringt Christus der Herr durch den Dienst des Priesters sich selbst, unter den Gestalten von Brot und Wein wesenhaft gegenwärtig, Gott dem Vater dar und gibt sich den Gläubigen, die in seinem Opfer vereint sind, als geistliche Speise (c. 899 § 1 CIC). Eine noch engere Begegnung mit Christus, der sich als Opfer darbringt und von den Gläubigen genossen wird als geistliche Speise, ist schwerlich vorstellbar.

760 Wie der noch zu vertiefende politische Vorstoss (unten, 4.4.1) zeigt, überzeugt dieses Argument gegen aussen nicht vollends. Unter diesem Blickwinkel wäre sogar zu fragen, ob eine Entbindungsmöglichkeit nicht sogar das Ansehen des Busssakraments in Form der Einzelbeichte stärkte.

761 BERNHARD, S. 113 («Wer auf das Beichtgeheimnis und damit auf die Verschwiegenheit und Vertrauenswürdigkeit des Priesters baut, sich ihm öffnet, ‹kann auch von Taten und Verhaltensmustern abgebracht oder jedenfalls auf die Verwerflichkeit seines Tuns aufmerksam gemacht werden›. Von daher besteht auch ein Allgemeininteresse (‹öffentliches Interesse›) am Schutz des Beichtgeheimnisses, auch z.B. in den Kontexten von Mord, Verrat, sexuellem Kindesmissbrauch oder der gesellschaftlichen Forderung nach mehr Transparenz.»); SCHMOECKEL, S. 228; SUTER, Artikel, S. 55.

762 Vgl. SUTER, Artikel, S. 51: «Das Gespräch mit dem Priester ist ein Gespräch mit Gott bzw. eine Sündenbekennung vor Gott, und da ist es naheliegend, dass der mittelnde Priester nicht ausplaudern darf, was er hört.»

4.1.2.2 Beichtsiegel (Beichtvater; § 1)

4.1.2.2.1 Im Allgemeinen

Das Beichtsiegel (*sacramentale sigillum*) ist unverletzlich (*inviolabile est*); dem Beichtvater ist es daher streng verboten (*nefas est confessario*), den Pönitenten durch Worte (*verbis*) oder auf irgendeine andere Weise (*vel alio quovis modo*) und aus irgendeinem Grund (*quavis de causa*) irgendwie zu verraten (*aliquatenus prodere*; c. 983 § 1 CIC). Die heutige Regelung fand sich ähnlich im alten Recht und war in der Codex-Reformkommission unbestritten.[763] Bemerkenswert ist, dass der jüngere c. 733 § 1 CCEO[764] inhaltlich zwar c. 983 § 1 CIC entspricht, sich sprachlich aber an den älteren c. 889 § 1 CIC 1917 anschliesst.[765]

Inhaltlich umfasst das Beichtsiegel vollständig sämtliches Wissen, «das im Blick auf die Spendung des Bußsakramentes über die Person und die Vergehen des Pönitenten erworben wurde», einschliesslich dem Sündenbekenntnis des Pönitenten, die Ratschläge des Beichtvaters und die auferlegten Busswerke, soweit dadurch die Gefahr von Rückschlüssen auf die Identität des Pönitenten besteht.[766] Dabei ist unerheblich, wie das Sündenbekenntnis liturgisch eingebettet ist.[767] Demgegenüber nicht vom Beichtsiegel erfasst ist Wissen, das ausserhalb des Busssakraments (im äusseren Bereich, *in foro externo*) erworben worden ist, sei es in einem seelsorglichen Gespräch oder anderweitig.[768] Will folglich ein Pönitent, dass der Beichtvater «später einen Sachverhalt bestätigen kann, muß er diesen dem Priester außerhalb der Beichte nochmals mitteilen», wobei jedoch – um den Anschein einer Beichtsiegelverletzung zu vermeiden – dem Beichtvater hiervon abgeraten wird.[769]

---

763 ALTHAUS, N. 1a f. zu c. 983 CIC, mit Hinweis auf c. 889 § 1 CIC 1917 und FEIER DER BUSSE, Nr. 10d.

764 Die Bestimmung lautet: Das Beichtsiegel ist unverletzlich; deshalb soll sich der Beichtvater sorgfältig hüten, dass er durch Wort, Zeichen oder auf irgendeine andere Weise und aus irgendeinem Grund irgendwie den Pönitenten verrät.

765 ALTHAUS, N. 9 zu c. 983 CIC.

766 ALTHAUS, N. 3 zu c. 983 CIC; vgl. BERNHARD, S. 107.

767 D.h., ob das Sündenbekenntnis in Form der Einzelbeichte oder nach einer Generalabsolution erfolgt: ALTHAUS, N. 2 zu c. 983 CIC.

768 ALTHAUS, N. 3 zu c. 983 CIC; BERNHARD, S. 107.

769 ALTHAUS, N. 4 zu c. 983 CIC.

4.1.2.2.2 Umfang der Unverletzlichkeit

Das Beichtsiegel ist unverletzlich (*sacramentale sigillum inviolabile est*; c. 983 § 1 CIC). Es heisst «‹das sakramentale Siegel›, denn das, was der Pönitent dem Priester anvertraut hat, bleibt durch das Sakrament ‹versiegelt›.»[770] Dieser Unverletzlichkeit «kommt eine absolute Bedeutung zu»[771], die sich wie folgt äussert:

- Nichts entschuldigt eine Verletzung, weder der Tod des Pönitenten selbst, noch Todesgefahr des Beichtvaters oder eines Dritten,[772] wobei dies wohl nicht zu apodiktisch gesehen werden kann.[773] Nicht wenige Beichtväter starben jedenfalls den Märtyrertod, weil sie das Beichtsiegel gegenüber staatlicher Gewalt nicht verletzen wollten.[774]
- Ausnahmslos niemand kann den Beichtvater vom Beichtsiegel dispensieren.[775] Bei einer Dispens handelt es sich um die Befreiung von einem

---

770 KATECHISMUS, Nr. 1467.
771 ALTHAUS, N. 2 zu c. 983 CIC.
772 ALTHAUS, N. 2 zu c. 983 CIC.
773 Hierzu unten, 4.1.4.3.5.
774 Beispielhaft sind drei Märtyrer zu erwähnen: Zunächst den Hl. Johannes von Nepomuk, gemäss Legende Beichtvater der Sophie von Bayern, der Ehefrau von König Wenzel. Er weigerte sich, diesem zu sagen, was seine Frau gebeichtet hatte, trotz grausamer Folter. Am 20. März 1393 wurde der halbtote Johannes von der Prager Karlsbrücke in die Moldau geworfen; er wird als «Märtyrer des heiligen Schweigens und [...] als Patron der Brücken und des Beichtgeheimnisses verehrt»: BERNHARD, S. 106. Sodann Mateo Correa Magallanes, der sich während des mexikanischen Bürgerkriegs weigerte zu verraten, was ihm gefangengenommene Rebellen gebeichtet hatten; er wurde am 6. Februar 1927 erschossen und am 21. Mai 2000 als «Märtyrer des Beichtgeheimnisses» von Johannes Paul II. heiliggesprochen: BERNHARD, S. 106. Schliesslich Herrmann Joseph Wehrle, der als Zeuge vor dem Volksgerichtshof gegen den Widerstandskämpfer Ludwig Freiherr von Leonrod hätte aussagen sollen, «mit dem er einige Monate zuvor in einem sehr vertraulichen, unter dem Siegel der Verschwiegenheit geführten Gespräch die Frage erörterte, ob das Wissen um die Vorbereitung eines Attentatsplanes bereits eine Sünde sei. Wehrle verneinte dies für die Frage des Tyrannenmordes. Da von Leonrod im Laufe seines Prozesses dieses Beichtgespräch zu seiner Entlastung anführte, kam es zu einer Anklage und gerichtlichen Verhandlung gegen Wehrle, der aber das Beichtgeheimnis wahrte und dafür vom Präsidenten des Volksgerichtshofes, Roland Freisler, am 14. September 1944 zum Tode verurteilt und noch am selben Tag in Berlin-Plötzensee erhängt wurde»: BERNHARD, S. 107.
775 ALTHAUS, N. 2 zu c. 983 CIC («nicht einmal der Papst»); OHLY, S. 1201 («Die Verpflichtung zur Unverletzlichkeit bringt zugleich die Indispensabilität des Beichtgeheimnisses mit sich.»).

rein kirchlichen Gesetz in einem Einzelfall (c. 85 CIC), wobei auch dann von Gesetzen nicht dispensiert werden kann, soweit sie Wesenselemente von Rechtseinrichtungen oder Rechtshandlungen festlegen (c. 86 CIC). Wenn somit, aufgrund der Unverletzlichkeit, nicht vom sakramentalen Siegel dispensiert werden kann, bedeutet dies mindestens, dass es ein Wesenselement ist (vgl. c. 86 CIC).[776] Wenn aber selbst der Papst nicht dispensieren kann, obschon er kraft seines Amtes in der Kirche über höchste, volle, unmittelbare und universale ordentliche Gewalt verfügt, die er immer frei ausüben kann (c. 331 CIC), muss es sich um göttliches Recht handeln.[777] Wenn aber nicht einmal der Papst vom Beichtsiegel dispensieren kann, kann dies erst recht nicht der betreffende Ordinarius – sei es derjenige, der den Beichtvater das Amt verliehen oder die Befugnis erteilt hat, sei es derjenige, in dessen Gebiet das Sakrament gefeiert worden ist – oder Obere, in dessen Zuständigkeitsbereich der Beichtvater Diener der Einzelbeichte war. Damit handelt es sich um ein Siegel, das von Amtes einzuhalten ist.[778]

- Hinsichtlich der Frage, ob der Pönitent selbst den Beichtvater vom Beichtsiegel entbinden kann, scheint die Kommentarlandschaft nicht gänzlich eindeutig zu sein.[779] ALTHAUS schreibt: «Das Beichtgeheimnis darf selbst dann nicht gebrochen werden, wenn dies der Pönitent erlaubt oder verlangt [...], und zwar um des Schutzes des Bußsakramentes willen, dessen Ansehen ansonsten möglicherweise Schaden nehmen könnte.»[780] Etwas offener formuliert OHLY, wenn er schreibt: «Niemand kann den Beichtvater vom Beichtgeheimnis entbinden, außer dem Beichten-

776 Dies ist ohne Weiteres gegeben (vgl. OHLY, S. 1200, der das Beichtsiegel als ein «konstitutives Element im Raum des Bußsakraments» bezeichnet).

777 So schreibt auch ALTHAUS, N. 1b zu c. 983 CIC, die Codex-Reformkommission habe im März 1972 das Beichtsiegel als göttliches Recht begriffen.

778 Vgl. FEIER DER BUSSE, Nr. 10d: «Der Beichtvater muß sich bewußt sein, daß er als Diener Gottes vom Gewissenszustand seines Bruders Kenntnis erhält. Er ist daher von Amtes wegen verpflichtet, das Beichtgeheimnis unverbrüchlich zu bewahren.»

779 Zu einem ähnlichen Schluss kommt BERNHARD, S. 108.

780 ALTHAUS, N. 4 zu c. 983 CIC, der fortfährt: «Sollte der Pönitent Wert darauf legen, daß der Beichtvater später einen Sachverhalt bestätigen kann, muß er diesen dem Priester außerhalb der Beichte nochmals mitteilen. Um jedoch auch hier den Anschein einer Verletzung des Beichtgeheimnisses zu vermeiden, sollte der Priester möglich auch davon Abstand nehmen.» Vgl. BERNHARD, S. 108.

den selbst.»[781] Beide sehen als Möglichkeit, dass der Pönitent im *forum externum* das im *forum internum* Bekannte wiederholt, sie raten jedoch davon ab, weil der Anschein der Beichtsiegelverletzung entstehen könnte. Bei Licht betrachtet stellt sich die Frage zumindest dann nicht, wenn Sünden zugleich nach (wohl auch kirchlichem, v.a. aber) staatlichem Recht strafbar sind: Wollte der Pönitent, dass seine Straftaten im *forum externum* und damit insbesondere Strafverfolgungsbehörden bekannt würden, wäre eine Selbstanzeige oder eine Strafanzeige durch irgendeinen, nicht dem Beichtsiegel oder -geheimnis unterstehenden Dritten bedeutend einfacher zu bewerkstelligen.

Das Beichtsiegel bzw. -geheimnis gilt zudem unabhängig vom Erfolg, d.h. auch dann, wenn es zu keiner Absolution gekommen oder die Spendung selbst ungültig ist.[782]

4.1.2.2.3 Anfragen aus der (Kirchen-) Rechtsgeschichte

Obschon das Beichtsiegel im heutigen Kirchenrecht als unverletzlich gewertet wird (c. 983 § 1 CIC), scheint dies gemäss SCHMOECKEL nicht immer dem vorherrschenden Verständnis entsprochen zu haben:[783] Zwar enthielt das Decretum Gratiani (um 1140) ein Papst Gregor I. (geb. ca. 540, Papst 590–604) zugeschriebenes allgemeines Verbot, irgendwelche Informationen aus

---

781 OHLY, S. 1201, der fortfährt: «Doch sollte sich der Priester auf dieses Ansinnen um des absoluten Schutzes willen nicht einlassen, sondern, sofern notwendig, durch ein weiteres Gespräch mit dem Pönitenten im *forum externum* die zur Weitergabe erbeteten Erkenntnisse einholen.» Vgl. BERNHARD, S. 108.

782 Ursachen für eine fehlende Absolution kann die Verweigerung durch den Beichtvater sein (vgl. c. 980 CIC) oder, dass diese bereits im Rahmen einer Generalabsolution erteilt worden ist (vgl. hierzu cc. 962 § 1 und 963 CIC). Eine Spendung ist ungültig, wenn der Priester mangels Befugnis nicht als Beichtvater hätte tätig werden dürfen (vgl. c. 966 CIC) oder, wenn der Pönitent kein vollständiges Bekenntnis ablegt oder anderweitig unzureichend disponiert ist (vgl. c. 980 CIC). «Ausschlaggebend ist, daß ein Priester (oder vermeintlicher Priester) um die Lossprechung von Sünden angegangen wurde»: ALTHAUS, N. 3 zu c. 983 CIC. Vgl. auch BERNHARD, S. 107 (das Beichtsiegel gilt, «selbst wenn keine Lossprechung erteilt wurde. Ausschlaggebend ist, dass ein Priester für die Lossprechung von Sünden aufgesucht wurde»); SCHMOECKEL, S. 233.

783 SCHMOECKEL, S. 229: «Die Geschichte des Beichtgeheimnisses wurde nicht ohne Grund oft einseitig dargestellt. So wurde das Märchen eines seit Jahrhunderten unantastbaren Beichtsiegels verbreitet, das eine Tradition repräsentiere, die auch heute respektiert werden müsse.»

der Beichte weiterzugeben.[784] Der bedeutendste Kommentar zum Decretum Gratiani, verfasst von Huguccio (ca. 1140–1210), erlaubte dem Beichtvater aber, Beichtwissen ausnahmsweise der kirchlichen Hierarchie zugänglich zu machen.[785] Papst Innozenz III. (geb. 1161, Papst 1198–1216) bezeichnete in einem Einzelfall und aus wichtigem Grund eine Beichte aufgrund der zu absolvierenden Sünden als Blasphemie, wodurch das Beichtsiegel nicht griff.[786] Die Blasphemie im damaligen Sinn dürfte heute einem Sakrileg entsprechen,[787] und der Entscheid Innozenz' III. hing nicht von der spezifischen Beichtkonstellation ab.[788] Papst Honorius III. (geb. ca. 1148, Papst 1216–1227) wog in einer Dekretalen, d.h. einem päpstlichen Einzelfallentscheid, das Beichtsiegel ab; obschon er gegen eine Offenlegung entschied, zeigt sich,

---

784 SCHMOECKEL, S. 230.

785 Ein Beichtvater durfte «erfahrene Geistliche um Rat bitten, sofern es sich um verschwiegene Personen handelt. So sollte nach Huguccio etwa dem vorgesetzten Bischof das Geheimnis enthüllt werden, um Rat erhalten zu können. Doch auch der Bischof sollte dies wiederum unbenannten Personen vortragen dürfen. Kurzum dürften alle informiert werden, die helfen könnten und nicht schaden würden»: SCHMOECKEL, S. 231.

786 Gemäss einer Erzählung Caesarius' von Heisterbach (ca. 1180–ca. 1250), «Dialogi miraculorum», habe ein Zisterziensermönch seinem Abt gebeichtet, «regelmäßig die Messe zu lesen, obwohl er nicht ordiniert war und damit eigentlich keine Messe halten durfte. Der Abt befragte dann die Generalversammlung des Ordens, ob er der unrechtmäßigen Messe Abhilfe schaffen oder das Beichtgeheimnis wahren sollte. Die Generalversammlung legte den Fall Papst Innozenz III. vor, der ihn zunächst von seinen Kardinälen beraten ließ. Diese rieten ihm, das Beichtgeheimnis zu wahren. Doch Innozenz III. entschied, dass eine solche Beichte nur Blasphemie sei. Jeder Beichtvater dürfe sie daher nicht als Beichte behandeln, sondern sei wegen der Gefahr für die gesamte Kirche verpflichtet, den Straftäter zu offenbaren»: SCHMOECKEL, S. 230.

787 Hier als Verunehrung von Sakramenten. Vgl. oben, 2.1.4, und KATECHISMUS, Nr. 2120.

788 Man könnte sich fragen, ob solche Beichtkonstellationen – ein Mönch hatte seinem eigenen Abt gebeichtet – heute noch vorkommen, und verneinendenfalls, ob dies Auswirkungen auf die Beurteilung hat. Zwar stellt sich in der damaligen Fallkonstellation das Problem der Vermischung von *forum internum* (Abt als Beichtvater) und *forum externum* (Abt als Oberer), welche nach heutigem Recht zu vermeiden ist (vgl. c. 630 § 4 CIC). Diese Konstellation ist aber zufällig. Es ist inhaltlich bedeutungslos, dass der Mönch bei seinem eigenen Abt die verbotene Zelebration gebeichtet hat. Er hätte dies bei jedem beliebigen Beichtvater tun können, und das Unrecht seiner Handlungen hätte sich auf keinerlei Weise geändert.

dass er eine Interessensabwägung als zulässig ansah.[789] Gemäss dem Liber Extra (1234) hatte der Beichtvater zwar das Beichtwissen so zu nutzen, dass eine Straftat aufgedeckt werden konnte, aber ohne den Namen des Pönitenten zu verraten.[790] Der Verfasser des Liber Extra, Raimund von Peñafort (ca. 1175–1275), ging 1235 in seiner Beichtsumme weiter und bewertete Häretikerbeichten nicht als Beichten, womit das Beichtsiegel nicht griff.[791] Guido de Baysio (ca. 1250–1313) stellte in seinem Kommentar das Gemeinwohl über das Wohl des Pönitenten, dessen Namen notfalls genannt werden durfte.[792]

SCHMOECKEL schliesst aus diesen Beispielen, dass in der Beichtliteratur «der Grundsatz des Beichtgeheimnisses mit zahlreichen Ausnahmen versehen und in eine partielle Pflicht der Beichtväter umgedeutet [wurde], die gewonnenen Informationen an die zuständigen Stellen weiterzuleiten. Die Beichte

---

789 Abzuwägen hatte Honorius III. den Schutz des Eigentums und das öffentliche Interesse an der Strafverfolgung einerseits mit dem Beichtsiegel andererseits: Die Obrigkeit verlangte von einem Priester, entweder den Namen eines Diebes preiszugeben oder den Wert des Gestohlenen zu ersetzen. Honorius III. entschied für das Beichtsiegel, jedoch ohne eine Abwägung als unzulässig zu werten. Eine ähnliche Güterabwägung befürwortete auch Hostiensis (vor 1200–1271), der «auf den Rang des betroffenen Rechtsguts ab[stellte]. Im Fall einer geplanten Mordtat sah er die Bekanntgabe der geplanten Taten sogar als nötig an, wobei der Pfarrer nur den Namen nicht enthüllen durfte»: SCHMOECKEL, S. 232.

790 Damit nahm das Liber Extra zwar die Lehren Huguccios auf, ohne aber das Beichtsiegel aufzugeben: SCHMOECKEL, S. 232.

791 Raimund betonte nicht nur im Liber Extra, sondern auch in seiner Beichtsumme die Bedeutung des Beichtsiegels. Er ging jedoch einen Schritt weiter, indem er ausführte, wenn ein Pönitent Häresie oder Mord beichtete, der Beichtvater zum Bischof gehen und diesen veranlassen sollte, die Straftaten aufzudecken. Zwar war der Beichtvater vor Gericht zeugnisunfähig, «weil er nicht als Mensch, sondern nur als Pfarrer und damit anstelle von Gott Kenntnis der Sache habe. Gegenüber Ketzern verpflichtete die Beichte jedoch nicht zum Geheimnis, weil diese aufgrund ihrer Häresie nicht als echte Beichte aufzufassen sei»: SCHMOECKEL, S. 232 f.

792 Sollte ein schweres Delikt angekündigt werden, war dieses zuerst unbedingt zu verhindern. Jedoch könne, ohne den Pönitenten zu offenbaren, die Öffentlichkeit informiert werden. Der Pönitent könne aber verraten werden, so Guido von Baysio, weil «die Ankündigung einer künftigen Tat, nicht das Bekenntnis einer begangenen, keine echte Beichte darstelle. Da hierfür keine Absolution erteilt werden könne, sei der Beichtvater auch nicht gebunden. Huguccios allgemeine Formulierung ‹prodesse non obesse› [d.h.: nützlich, nicht hinderlich sein] wurde so zu einer erheblichen Aushöhlung des Beichtgeheimnisses genutzt»: SCHMOECKEL, S. 231 f.

von Ketzern und anderen schweren Straftätern löste nach dieser Ansicht überhaupt nicht mehr das Beichtgeheimnis aus. Insoweit ging die ‹Summa Raimundi› mitsamt ihrer Auslegung weit über die übrigen kanonistischen Lehren hinaus.»[793] Obschon das TRIDENTINUM das Beichtsiegel selbst ohne Absolution betonte und sich die Kommentarliteratur ab dann nicht mehr mit den Ausnahmen vom Beichtsiegel beschäftigte, blieben «[d]ie einschränkenden Normen [...] jedoch bis 1917[[794]] im Kirchenrecht erhalten und wurden zumindest im Zusammenhang mit anderen oder allgemeinen Geheimnisfragen thematisiert. Zum Beichtgeheimnis wurde jedoch ausgeführt, dass es unverletzlich sei.»[795]

Mit SCHMOECKELs (kirchen-) rechtshistorischen Forschungsergebnissen sind Anfragen an das Lehramt und die heutige Kanonistik verbunden, welche die Aussagen des LATERANENSE IV (1215), des FLORENTINUM (1439–1445) und des TRIDENTINUM (1545–1563) bisweilen bis in die Gegenwart starr und unverändert weiterzuschreiben scheinen:[796]

- Ebenfalls in der Rechtsgeschichte befasste man sich z.B. mit der Frage, welche Normativität (Verbindlichkeit) Rechtsnormen vor der Moderne hatten, namentlich, wie die konkrete Rechtsanwendung in der Schwyzer Strafrechtswirklichkeit zwischen 1772 und 1851 aussah. Normative Texte und ihre normierende Wirkung, d.h. Rechtstext und Rechtswirklichkeit, kann man, anders als heute, bis weit in das 19. Jahrhundert nicht gleichsetzen.[797] Obschon es verschriftlichte Rechtsnormen gab, war das Rechtsverständnis und damit die Rechtsanwendung nicht von Schriftlichkeit geprägt, sondern von Mündlichkeit, womit Entscheide gefällt wurden, die auf dem Papier klar dem Rechtstext widersprachen,[798] gleichwohl dem Augenmass und dem gesunden Menschenverstand entsprachen.[799] Schriftrecht hatte bisweilen sogar eher einen Behelfs-

---

793 SCHMOECKEL, S. 233, der jedoch einschränkt, man müsse weitere Beichtsummen untersuchen, um auszuschliessen, dass es sich bei der Summe des Raimund von Peñafort um einen Sonderfall handelte.

794 In diesem Jahr trat der CIC 1917 in Kraft und löste das Corpus Iuris Canonici ab.

795 SCHMOECKEL, S. 233.

796 Vgl. u.a. oben, 3.1.5.

797 TONGENDORFF, Strafrechtspraxis, S. 33–38, 130 f. und 219–230.

798 TONGENDORFF, Einblicke, S. 44–46; DERS., Strafrechtspraxis, S. 181–218 und 286–292.

799 TONGENDORFF, Einblicke, S. 37–39; DERS., Strafrechtspraxis, S. 76–81, 131–138 und 197–218.

charakter.[800] Grundsätzlich zeigt sich sogar, dass je genauer Schriftrecht angewandt und mündliches Recht zurückgedrängt wurde, desto härter – wenn man so will: unbarmherziger – die Rechtsanwendung ausfiel.[801] Es wäre vor diesem Hintergrund erstaunlich, wenn erstens Schwyz europaweit eine völlige Ausnahme dargestellt hätte[802] und zweitens sämtliche Rechtsanwender vom Mittelalter bis in die Moderne hinein ein von Mündlichkeit geprägtes Rechtsverständnis gehabt hätten, ausser Beichtväter und Bischöfe, womit jene eine flexible Rechtsanwendung, diese aber eine beinahe sklavisch buchstabengetreue gehabt hätten, obschon alle in derselben Gesellschaft lebten. Folglich erscheint es nicht abwegig, dass das TRIDENTINUM das Beichtsiegel als unverletzlich ansah (als Grundsatz bzw. Ideal), die Wirklichkeit der Rechtsanwendung und -umsetzung aber Ausnahmen vorsah und in ganz besonderen Fällen erlaubte. Diese Ausnahmen werden, hinsichtlich des Beichtsiegels, von SCHMOECKEL zumindest für das mittelalterliche Lehramt und die scholastische Kanonistik bestätigt. Damit würde die heutige Kanonistik, aber auch das Lehramt des 20. und 21. Jahrhunderts, dem Rechtsverständnis und v.a. den Vorstellungen des TRIDENTINUM, wie verbindlich die Weisungen zum Beichtsiegel zu verstehen sind, mehr Normativität zurechnen, als das Konzil selbst gewollt hatte. Dies wäre dann aber Eisegese (Einlegung der eigenen, heutigen Normativitätsvorstellungen, nach der Prägung durch die Anfragen des absolutistischen Staates, durch das *ius publicum ecclesiasticum* und das VAT. I, in das frühneuzeitliche Normativitätsverständnis, wie es das TRIDENTINUM gehabt haben musste[803]), und nicht umgekehrt Exegese (Auslegung der tridentinischen Lehraussagen vor dem Hintergrund der Normativitätsvorstellungen, welche die Gesellschaft zur Zeit des TRIDENTINUM geprägt hatten, hinsichtlich des heutigen Normativitätsverständnisses, verbunden mit einer Aktualisierung

---

800 TONGENDORFF, Strafrechtspraxis, S. 217 f. und 301–309.

801 TONGENDORFF, Einblicke, S. 50 und 52 f.; DERS., Strafrechtspraxis, S. 340–350 und 388 f.

802 Dagegen spricht nur schon die wissenschaftliche Diskussion über Mündlichkeit und Schriftlichkeit im Allgemeinen sowie das mündliche und schriftliche Recht im Besonderen, die sich nicht auf Schwyz und nur selten auf die Schweiz bezieht (vgl. ausführlich TONGENDORFF, Strafrechtspraxis, S. 13–27).

803 Das TRIDENTINUM fand weder zufällig noch im luftleeren Raum statt, sondern in einem bestimmten Zeitraum, in einem bestimmten geschichtlichen Umfeld (Reformation und Gegenreformation), und hatte sich, vor diesem Hintergrund, mit bestimmten, zeitgebundenen und zeittypischen Anfragen zu beschäftigen.

bzw. Verheutigung [*aggiornamento*] der frühneuzeitlichen Lehren für die Bedürfnisse der im Hier und Jetzt lebenden Menschen).

- Wenn in der heutigen Kanonistik geschrieben wird, die Unverletzlichkeit des Beichtsiegels sei göttliches Recht (*ius divinum*) und damit unveränderlich, weil in Gott gründend und überzeitlich, erscheint dies in historischer Hinsicht fragwürdig, denn zumindest bis zum TRIDENTINUM, vielleicht sogar bis zum CIC 1917, sah man die Unverletzlichkeit nicht absolut, sondern es waren aus wichtigen Gründen Ausnahmen möglich, wobei nur die Reichweite und der Umfang dieser Ausnahmen uneinheitlich beurteilt wurden. Wenn das Rechtsverständnis zum Beichtsiegel jedoch bedeutenden, wesensausmachenden Wandlungen unterworfen war, ist es nicht überzeitlich und damit göttlich, sondern eher dem rein kirchlichen Recht (*ius mere ecclesiasticum*) zuzurechnen. Ist das Beichtsiegel aber *ius mere ecclesiaticum*, ist es durch den Gesetzgeber abänderbar. Damit wäre es – in Rückgriff auf die katholische Tradition bzw. in ihrer Wiederaufnahme – in ganz bestimmten, schweren Fällen zulässig, Ausnahmen vom Beichtsiegel festzulegen, insbesondere bei der Gefährdung des Seelenheils (*salus animarum*) Unschuldiger wie namentlich dasjenige von Opfern, der Einheit der Kirche (ἐκκλησία) und des Gemeinwohls (*bonum commune*), unter Berücksichtigung der kanonischen Billigkeit (*aequitas canonica*) im Einzelfall. Die Frage lautete dann nicht mehr, ob ein Beichtsiegelbruch überhaupt zulässig ist, sondern genauer, wann und auf welche Weise bzw. in welchem Umfang ein Bruch zu billigen oder wenigstens zu dulden ist. Die Richtschnur der *salus animarum* (vgl. c. 1752 CIC: *semper suprema lex esse debet*) wird hierfür Anhaltspunkte geben können.

4.1.2.3 Beichtgeheimnis (Beteiligte und Dritte; § 2)

Zur Wahrung des Geheimnisses (*secretum servandi*) sind auch, falls beteiligt, der Dolmetscher (*interpres*) und alle anderen (*omnes alii*) verpflichtet, die auf irgendeine Weise (*quoquo modo*) aus der Beichte zur Kenntnis von Sünden (*notitia peccatorum*) gelangt sind (c. 983 § 2 CIC).

Auch diese Bestimmung kannte das alte Recht in ähnlicher Weise.[804] Sie richtet sich nicht an den Beichtvater wie § 1, sondern, als dessen Ausfluss, an

[804] ALTHAUS, N. 1a zu c. 983 CIC, mit Hinweis auf c. 889 § 2 CIC 1917, wobei diese Form der Geheimhaltungspflicht, wie bei § 1, als *sacramentale sigillum*

alle anderen Personen (*omnes alii*), auch wenn diese nicht Sakramentenspender sind und deswegen nicht an das Beichtsiegel (*sigillum*) im eigentlichen Sinn gebunden sind.[805] Das Beichtgeheimnis (*secretum*) nach § 2 umfasst, ähnlich wie das Beichtsiegel (*sigillum*) nach § 1, nicht nur die Kenntnis von Sünden (*notitia peccatorum*), sondern sämtliche Angaben über den Pönitenten, die besagte Dritte infolge der Feier der Einzelbeichte erfahren haben.[806] Bedeutungslos ist dabei, auf welcher Weise sie Kenntnis erlangten, «zufällig (weil der Pönitent z.B. laut gesprochen hat) oder vorsätzlich (v.a. aus Neugier), durch unmittelbares Hören oder durch Tonaufzeichnungs- und -übertragungsgeräte.»[807]

Gemäss Literatur untersteht sogar der Pönitent dem Beichtgeheimnis, indem auch er unter die Strafbestimmung der Beichtgeheimnisverletzung fallen soll (c. 1386 § 2 CIC).[808] Diese Auffassung erscheint jedoch fragwürdig.[809] Zudem ist es kaum nachprüfbar, ob der Pönitent bloss behauptet, irgendetwas gebeichtet zu haben, oder ob er es tatsächlich gebeichtet hat, denn alle anderen Beteiligten, die dies bestätigen oder widerlegen könnten, unterstehen ihrer-

---

bezeichnet wurde und nicht, wie heute, als *secretum*. Die damit zusammenhängenden Diskussionen hinsichtlich der Beteiligten und des Unterschieds zwischen *sigillum* und *secretum* im Rahmen der Codex-Reformkommission interessieren vorliegend weniger; es kann auf EBD., N. 1b zu c. 983 CIC, verwiesen werden.

805 Der Dolmetscher ist einzeln genannt, einerseits entsprechend der Vorgängerregelung (c. 889 § 2 CIC 1917), andererseits, weil ihn auch c. 990 CIC ausdrücklich erwähnt: ALTHAUS, N. 6 zu c. 983 CIC. Vgl. BERNHARD, S. 107.

806 OHLY, S. 1201, mit Hinweisen. Vgl. auch ALTHAUS, N. 6 zu c. 983 CIC; BERNHARD, S. 107.

807 ALTHAUS, N. 6 zu c. 983 CIC. Bei letztgenanntem – Tonaufzeichnungs- und -übertragungsgeräte – wäre nach staatlichem Recht Strafbarkeit zu prüfen (vgl. Art. 179bis StGB [Abhören und Aufnehmen fremder Gespräche], Art. 179ter StGB [unbefugtes Aufnehmen von Gesprächen], Art. 179^{quater} StGB [Verletzung des Geheim- oder Privatbereichs durch Aufnahmegeräte]). Vgl. auch BERNHARD, S. 107, mit Hinweis auf «Lauschen, lautes Sprechen des Pönitenten, Lesen des Beichtzettels oder Verletzung des Beichtgeheimnisses».

808 Vgl. unten, 4.1.4.3.3; BERNHARD, S. 109; OHLY, S. 1201.

809 Der Pönitent ist zwar beteiligt, aber weder als Beichtvater (c. 983 § 1 CIC) noch als Dolmetscher (c. 983 § 2 CIC), und er ist auch nicht zu allen anderen (*omnes alii*; ebd.) zu zählen, die auf irgendeine Weise aus der Beichte zur Kenntnis von Sünden (*notitia peccatorum*) gelangt sind – denn der Pönitent ist nicht zur Kenntnis gelangt, wie ggf. die *omnes alii*, sondern er selbst hat Kenntnis gegeben. Deswegen dürfte der Pönitent selbst nicht unter das Beichtgeheimnis fallen, womit er freimütig das *in foro interno* Gesagte *in foro externo* wiederholen und jedwedem Dritten preisgeben dürfte.

seits dem Beichtsiegel (Beichtvater) oder dem Beichtgeheimnis (Dolmetscher, Dritte). Damit bleibt *in foro externo* unklar, ob die Schilderungen des (vermeintlichen?) Pönitenten wahr oder fabuliert sind. Die diesbezügliche Diskussion ist folglich eher akademischer als praktisch bedeutsamer Natur.

4.1.3 Gebrauchsverbot von Beichtwissen (c. 984 CIC)

4.1.3.1 Beichtvater (§ 1)

Ein Gebrauch des aus der Beichte gewonnenen Wissens, der für den Pönitenten belastend (mit Beschwerlichkeit, Schaden, Schädigung, *gravamine*) wäre, ist dem Beichtvater (*confessario*) streng (gänzlich, ganz und gar, *omnino*) verboten, auch wenn jede Gefahr, dass etwas bekannt werden könnte, ausgeschlossen ist (c. 984 § 1 CIC).

Das alte Recht kannte eine beinahe gleichlautende Bestimmung.[810] Geschützt wird das Vertrauensverhältnis zwischen Beichtvater und Pönitent und damit das Beichtsiegel nicht nur vor direkter oder indirekter Verletzung (vgl. c. 983 CIC), denn mit c. 984 § 1 CIC soll «vielmehr jegliche Unannehmlichkeit [vgl. *gravamen*] für den Büßer ausgeschlossen werden und selbst für die Gläubigen der Eindruck einer solchen, um keinen Zweifel an der Grundsätzlichkeit» des Beichtsiegels bzw. -geheimnisses «aufkommen zu lassen und die Bereitschaft der Gläubigen nicht zu beeinträchtigen, ihre Sünden zu bekennen.»[811] Normadressat ist einzig der Beichtvater (*confessarius*), der das *in foro interno* erworbene Wissen nicht gebrauchen darf, «sofern dies für den Pönitenten irgendeinen Nachteil oder auch nur eine Peinlichkeit oder Unannehmlichkeit bedeutet, selbst wenn ausgeschlossen ist, daß der Pönitent dadurch bekannt würde.»[812] Vielmehr muss sich der Beichtvater *in foro externo* so verhalten, als habe er *in foro interno* nie irgendein Wissen erlangt.[813] Dies gilt namentlich bei folgenden Fallkonstellationen:

---

810 ALTHAUS, N. 1a zu c. 984 CIC, mit Hinweis auf den nahezu gleichlautenden c. 890 § 1 CIC 1917 sowie, vorkodifikarisch, auf die Missbilligung des Verhaltens jener Beichtväter durch das Heilige Offizium 1915, «die in privaten Gesprächen oder in Predigten zur vermeintlichen Erbauung der Zuhörer Dinge aus der Beichte erzählen», weil hierdurch der Anschein einer Verletzung des Beichtsiegels gewonnen werden konnte.

811 ALTHAUS, N. 2 zu c. 984 CIC. Vgl. auch BERNHARD, S. 108.

812 ALTHAUS, N. 3 zu c. 984 CIC; vgl. BERNHARD, S. 108; OHLY, S. 1202.

813 ALTHAUS, N. 3 zu c. 984 CIC; BERNHARD, S. 108; OHLY, S. 1202 («Es gilt die Formel: ‹Was ein Beichtvater weiß, weiß er als Mensch nicht.›»).

«- Der Beichtvater darf den Pönitenten außerhalb der Beichte nicht auf das ansprechen, was in der Beichte besprochen worden ist, gleich ob er etwas einschärfen oder sich nach Fortschritten im geistlichen Leben erkundigen möchte.
- Der Priester darf nicht über Vorkommnisse im Beichtstuhl sprechen (z.B. in der Predigt), selbst wenn keine Gefahr der Identifikation des Büßers besteht; sollte er sich zu einer entsprechenden Katechese veranlaßt sehen, hat er diese als abstrakte Fallkonstellationen zu bezeichnen und darzustellen [...].
- Die Spendung eines anderen Sakramentes (z.B. Eucharistie, Eheassistenz) darf der Priester dem Büßer nicht verweigern, weil er in der Beichte Umstände erfahren hat, die dem entgegenstehen, selbst dann nicht, wenn niemand von der Verweigerung erfährt. Dies gilt auch, wenn er ihn wegen fehlender Disposition nicht von seinen Sünden lossprechen konnte (cc. 980, 987).»[814]

Demgegenüber nicht ausgeschlossen und damit erlaubt ist, «daß der Beichtvater das Wissen zum Vorteil des Pönitenten gebraucht (z.B. für ihn betet), solange dessen Anonymität gewahrt bleibt.»[815]

Im vorliegenden Zusammenhang ist schliesslich an c. 979 a.E. CIC zu erinnern, wonach der Beichtvater den Pönitenten nicht nach dem Namen eines Mitschuldigen fragen darf, was jegliche Sünden betrifft, nicht nur *contra sextum*.[816] Dieses Verbot ist nicht nur darin begründet, dass die Namensnennung dem Pönitenten nicht hilft, «persönliche Schuld (besser) zu erkennen», sondern es muss «zudem [...] verhindert werden, daß bei einem späteren Bekanntwerden des Mittäters auch nur der Anschein einer Verletzung des Beichtgeheimnisses entsteht» (c. 983 CIC).[817] Falls ein Pönitent von sich aus Mitschuldige nennt und den Beichtvater bittet, diese anzuzeigen oder ihm bei

814 ALTHAUS, N. 3 zu c. 984 CIC. Vgl. auch BERNHARD, S. 108, mit dem Hinweis, dass der Beichtvater selbst dann einer Eheschliessung assistieren muss, «wenn er in der Beichte von einem geheimen Ehehindernis erfahren hat, das die Nichtigkeit der Ehe nach sich zieht.»

815 ALTHAUS, N. 3 zu c. 984 CIC.

816 ALTHAUS, N. 3 zu c. 979 CIC.

817 ALTHAUS, N. 3 zu c. 979 CIC.

einer Anzeige zu helfen, muss er seine Angaben zwingend *in foro externo* wiederholen, «um des Schutzes des Beichtgeheimnisses willen» (c. 983 CIC).[818]

4.1.3.2 Leitungspersonen (§ 2)

Wer eine leitende Stellung einnimmt (*qui in auctoritate est constitutus*), darf die Kenntnis von Sünden, die er zu irgendeiner Zeit aus der Entgegennahme einer Beichte erlangte, auf keine Weise (*nullo modo*) bei der äusseren Leitung (*ad exteriorem gubernationem*) gebrauchen (c. 984 § 2 CIC).

Normadressat ist damit jeder kirchliche Amtsträger, der aus der Beichte Kenntnis von Sünden eines ihm Untergebenen hat.[819] Unerheblich ist dabei, ob er das Wissen bereits vor oder erst nach Übernahme seines Amtes erworben hat, selbst wenn zwischen beiden Zeitpunkten eine längere Dauer liegt, oder, ob er dieses Wissen in seiner Funktion als Beichtvater oder rein zufällig vernommen hat.[820] Im Gegensatz zu § 1 gilt § 2 grundsätzlich, d.h. auch hinsichtlich allenfalls positiver Angaben über den Untergebenen.[821] Daraus ergibt sich: «Der Betreffende hat das Wissen gänzlich außer Acht zu lassen, sich also so zu verhalten, als besäße er dieses gar nicht, auch bei Entscheidungen, die nicht unbedingt den Büßer betreffen müssen, bei der Zulassung zu Weihen (c. 240 § 2) oder Gelübden oder bei Wahlen.»[822]

Bezweckt ist, «jegliche Vermischung von *forum internum* und *forum externum* zu unterbinden».[823] Um bereits den Anschein zu vermeiden, *in foro interno* erworbenes Beichtwissen könnte *in foro externo* verwendet werden, trifft der CIC zusätzlich folgende Vorkehren:

- Bei Entscheidungen über die Zulassung der Alumnen zu den Weihen oder über ihre Entlassung aus dem Seminar darf niemals (*numquam*) eine Stellungnahme des Spirituals und der Beichtväter eingeholt werden (c. 240 § 2 CIC).

---

818 ALTHAUS, N. 3 zu c. 979 CIC, wonach es sich um «sehr selten[e] Fäll[e]» handeln dürfte.

819 Bei diesen Untergebenen kann es sich um Kleriker, Alumnen, Ordenschristen oder selbst Angestellte handeln: ALTHAUS, N. 4 zu c. 984 CIC.

820 ALTHAUS, N. 4 zu c. 984 CIC.

821 ALTHAUS, N. 4 zu c. 984 CIC.

822 ALTHAUS, N. 4 zu c. 984 CIC.

823 ALTHAUS, N. 4 zu c. 984 CIC.

- Das Amt des Generalvikars und des Bischofsvikars ist unvereinbar mit dem des Busskanonikers (c. 478 § 2, 1. Teilsatz CIC).[824]
- Die Ordensoberen dürfen die Beichte Untergebener nicht hören, ausser Mitglieder (*sua sodales*) bitten von sich aus (*sponte*) darum (c. 630 § 4 CIC).
- Der Novizenmeister und sein Gehilfe sowie der Rektor eines Seminars oder einer anderen Erziehungseinrichtung dürfen sakramentale Beichten ihrer Alumnen, die sich im selben Haus aufhalten, nur hören, wenn die Alumnen in Einzelfällen (*in casibus particularibus*) – d.h. ausnahmsweise, nicht aber als Regelfall – von sich aus (*sponte*) darum bitten (c. 985 CIC).[825]

4.1.4 Schutz von Beichtsiegel und -geheimnis

Beichtsiegel und -geheimnis werden durch die Örtlichkeit der Beichte geschützt, daneben auch im Prozessrecht und strafrechtlich.

4.1.4.1 Örtlichkeit einer Beichte (c. 964 CIC)

Die Örtlichkeit der Einzelbeichte zeigt die ekklesiale Dimension auf (vgl. c. 964 § 1 CIC). Die Vorschriften hinsichtlich des Beichtstuhls (§ 2) sollen dabei nicht nur die Anonymität sicherstellen (festes Gitter zwischen Pönitenten und Beichtvater), sondern die Bischofskonferenzen können weitere Vorkehren treffen, um das Beichtsiegel bzw. -geheimnis und das *in foro interno* Gesagte umso besser zu schützen (Schallisolation etc.).[826]

4.1.4.2 Prozessrecht (c. 1550 CIC)

Im Prozessrecht kann grundsätzlich jeder Zeuge sein, sofern er vom Recht nicht ausdrücklich ganz oder teilweise ausgeschlossen wird (c. 1549 CIC). Zeugnisunfähig (*incapax*) sind – neben Verfahrensbeteiligten[827] – Priester (*sacerdotes*) hinsichtlich jedweder Kenntnis, die sie aus der sakramentalen

---

824 Vgl. STOFFEL, N. 3 zu c. 508 CIC.

825 ALTHAUS, N. 4 zu c. 983 CIC; OHLY, S. 1202 (mit Hinweis auf c. 985 CIC und dem Umstand, dass die Parallelbestimmung in c. 734 § 3 CCEO «schärfer in der Formulierung» ausfällt).

826 Ausführlich hierzu oben, 3.1.2.

827 Das sind die Streitparteien sowie jene, die in ihrem Namen vor Gericht auftreten, ferner der Richter und seine Gehilfen, der Anwalt und wer sonst noch den Parteien in derselben Sache Beistand leistet oder geleistet hat (c. 1550 § 2, 1° CIC).

Beichte gewonnen haben, selbst wenn (*etsi*) der Pönitent deren Offenbarung verlangt hat; sogar das (*immo*), was von irgendwem und auf irgendeine Weise gelegentlich einer Beichte gehört worden ist (*audita a quovis et quoquo modo occasione confessionis*), kann nicht einmal als Anhaltspunkt (*ne ut indicium quidem*) für die Wahrheit (*veritas*) entgegengenommen werden (c. 1550 § 2, 2° CIC). Die Zeugnisunfähigkeit betrifft damit alle, die dem Beichtsiegel oder -geheimnis nach c. 983 CIC unterstehen – Beichtvater (§ 1) wie Hilfspersonen (Dolmetscher) und sogar Personen, die nur zufällig etwas vernommen haben (vgl. § 2) –, und dies sogar dann, wenn der Pönitent im Prozess ausdrücklich die Offenlegung des *in foro interno* Gesagten verlangt.[828] Verschärft wird die Bestimmung dadurch, dass – selbst wenn diese Personen aussagen sollten – ihre Aussage nicht nur keinen Beweis erbringt, sondern auch keinerlei Anhaltspunkt (*indicium*) für die Wahrheit darstellt.[829]

4.1.4.3 Kirchliches Strafrecht (c. 1386 CIC)

4.1.4.3.1 Hinführung

Die Verletzung des Beichtsiegels oder -geheimnisses ist in c. 1386 CIC geregelt.[830] Systematisch gehört die Bestimmung zu den Straftaten gegen die Sakramente (*de delicitis contra sacramenta*; Titel III, cc. 1379–1388 CIC). Geschützt ist damit einerseits im Allgemeinen ein Sakrament und seine Bedeutung «im Leben und für die Sendung der Kirche»[831], andererseits im Besonderen, hinsichtlich der durch das Beichtsiegel und -geheimnis (c. 983 CIC) geschützten Einzelbeichte, die Würde des Busssakraments und der Schutz des Pönitenten.[832] Verletzt der Beichtvater das Beichtsiegel, kommt hinzu, dass er eine mit seinem Dienst verbundene Pflicht verletzt, die ihm von Rechts wegen (vgl. c. 983 § 1 CIC) zukommt,[833] was ähnlich auch für den Dolmetscher gilt (vgl. c. 983 § 2 CIC), weniger aber für diejenigen, die nur zufällig

828 ALTHAUS, N. 5 zu c. 983 CIC; BERNHARD, S. 108; OHLY, S. 1201.

829 ALTHAUS, N. 7 zu c. 983 CIC.

830 Die §§ 1 und 2 von c. 1386 g.F. CIC entsprechen denjenigen des c. 1388 a.F. CIC; § 3 wurde 1988 durch die Glaubenskongregation geschaffen und ist mit der Erneuerung des Strafrechts in den CIC überführt worden: GRAULICH, Kommentar zu c. 1386 CIC; HALLERMANN, Kontinuität, S. 43.

831 GRAULICH, Kommentar zu Vor c. 1379 CIC.

832 Oben, 4.1.2.1.

833 BERNHARD, S. 109; LÜDICKE, N. 2 zu c. 1388 a.F. CIC.

von Beichtinhalt erfahren, aber gleichwohl – d.h. unabhängig von dienstlicher Tätigkeit – das Geheimnis zu wahren haben.

4.1.4.3.2 Verletzung durch den Beichtvater (§ 1)

Ein Beichtvater (*confessarius*), der das Beichtsiegel (*sacramentale sigillum*) direkt verletzt (*directe violat*), zieht sich die dem Apostolischen Stuhl vorbehaltene Exkommunikation als Tatstrafe zu (*incurrit*); verletzt er es aber nur indirekt (*indirecte*), soll er je nach Schwere der Straftat (*pro delicti gravitate*) bestraft werden (*puniatur*, c. 1386 § 1 CIC). Diese Bestimmung geht letztlich auf das LATERANENSE IV zurück.[834]

Täter im Sinne des § 1 ist ausschliesslich ein Priester (*sacerdos*), wobei – abweichend vom Wortlaut (*confessarius*) – nicht erforderlich ist, dass er zusätzlich auch über eine Beichtbefugnis (c. 966 § 1 CIC) verfügt.[835] Ein Nichtpriester (Diakon oder Laie) kann demgegenüber nie Täter im Sinne des § 1 sein, selbst dann nicht, wenn der Pönitent ihn irrig für einen Beichtvater hält.[836] In staatlich-rechtlicher Begrifflichkeit handelt es sich damit bei § 1 um ein echtes Sonderdelikt, denn nur ein Priester (*sacerdos*) kann Täter sein.

Die **Tathandlung** ist die Preisgabe von Wissen *in foro externo* durch den Beichtvater, das er *in foro interno* gewonnen hat, mithin die Verletzung des Beichtsiegels (c. 983 § 1 CIC).[837] Diese kann direkt oder indirekt erfolgen. Sie ist

- direkt (1. Halbsatz), wenn der Beichtvater «Sünder und Sünde» preisgibt,[838] d.h., wenn er die Identität des Pönitenten und seine Sünde unmittelbar mitteilt (etwa: ‹X. hat mir zum Zeitpunkt Y. die Sünde Z. gebeichtet.›);[839]

---

834 Oben, 4.1.1, und DENZH 814.

835 LÜDICKE, N. 5 zu c. 1388 a.F. CIC: «Schutzzweck des Beichtgeheimnisses ist das Interesse des Sünders und der Schutz des Beichtinstituts. Es kommt daher nur darauf an, daß das Wissen in einer Situation erlangt wurde, die der Pönitent als Beichte verstanden hat. Auf die Absolutionsvollmacht des Priesters kommt es nicht an.»

836 LÜDICKE, N. 5 zu c. 1388 a.F. CIC.

837 Vgl. hierzu oben, 4.1.2.2, und LÜDICKE, N. 6 zu c. 1388 a.F. CIC.

838 GRAULICH, Kommentar zu c. 1386 CIC; LÜDICKE, N. 2 zu c. 1388 a.F. CIC.

839 ALTHAUS, N. 5 zu c. 983 CIC; BERNHARD, S. 108 («[u]nmittelbarer Verrat»); OHLY, S. 1201.

- indirekt (2. Halbsatz), wenn der Beichtvater Umstände nennt, die auf die Identität des Pönitenten schliessen lassen (etwa: ‹Zum Zeitpunkt Y. wurde mir die Sünde Z. gebeichtet›, und der Adressat weiss, dass dann X. gebeichtet hat; ähnliches muss auch bei Formulierungen gelten, wie: ‹Der Gemeindepräsident von A. hat die Sünde Z. begangen›, und jeder weiss oder kann leichthin ausfindig machen, dass X. der Gemeindepräsident von A. ist).[840]

Der Übergang von der indirekten zur direkten Preisgabe ist fliessend und bemisst sich an der Deutlichkeit, mit welcher eine Identifikation möglich ist, was bei der Bestrafung zu berücksichtigen ist.[841]

Die Tat ist **vollendet**, wenn Pönitent und Sünde benannt sind, «sei das im Zusammenhang geschehen (direkter Verrat) oder durch das Zusammentreffen mehrerer Informationen (indirekter Verrat)».[842] Der **Erfolg** liegt in der Kenntnisnahme der *in foro interno* wahrgenommenen Information durch mindestens eine Person (vgl. c. 1330 CIC[843]).[844]

Strafbar ist nur die **vorsätzlich**e Tatbegehung (vgl. c. 1321 § 2, 2. Halbsatz CIC).[845] Der Vorsatz muss zweierlei umfassen: Erstens die Tathandlung, d.h. die Preisgabe des *in foro interno* gewonnenen Wissens hinsichtlich Sünder und Sünde *in foro externo*; zweitens den Willen, *in foro interno* gewonnenes Wissen preiszugeben, was ein entsprechendes Bewusstsein voraussetzt.[846] Glaubt folglich der Beichtvater irrig, er habe *in foro interno* gewonnenes Beichtwissen

---

840 ALTHAUS, N. 5 zu c. 983 CIC; BERNHARD, S. 108 («[m]ittelbarer Verrat»); GRAULICH, Kommentar zu c. 1386 § 1 CIC, mit dem Hinweis, dass eine indirekte Verletzung «durch Worte, Handlungen oder Unterlassungen erfolgen» kann; OHLY, S. 1201.

841 GRAULICH, Kommentar zu c. 1386 § 1 CIC.

842 LÜDICKE, N. 3 zu c. 1388 a.F. CIC.

843 Eine Straftat, die in einer Erklärung (*declaratio*) oder in einer anderen Äusserung (*manifestatio*) des Willens, der Lehre oder des Wissens (*voluntatis vel doctrinae vel scientiae*) besteht, ist als unvollendet zu werten (*non consummatum censendum est*), wenn niemand (*nemo*) diese Erklärung oder Äusserung wahrnimmt (*percipiat*; c. 1330 CIC). Vgl. zum Kundgabedelikt (c. 1330 CIC) im Allgemeinen HALLERMANN, Kommentar zu c. 1330 CIC, und, indem die g.F. der a.F. unverändert entspricht, LÜDICKE, N. 2–4 zu c. 1330 a.F. CIC. Die unvollendete Tat ist in c. 1328 CIC geregelt; vgl. hierzu HALLERMANN, Kommentar zu c. 1328 CIC, und, weil die g.F. der a.F. entspricht, LÜDICKE, N. 3–11 zu c. 1328 a.F. CIC.

844 LÜDICKE, N. 3 und 6 zu c. 1388 a.F. CIC.

845 LÜDICKE, N. 4 zu c. 1388 a.F. CIC.

846 LÜDICKE, N. 4 zu c. 1388 a.F. CIC.

in foro externo erworben und gibt er dieses infolge besagten Trugschlusses preis, fehlt es am Vorsatz,[847] womit die Strafbarkeit entfällt. Hierauf ist bei den Strafausschlussgründen einzugehen.

Die «Nachdrücklichkeit», mit welcher das Beichtsiegel strafrechtlich geschützt wird,[848] zeigt das **Strafmass** an:

- Bei direkter Verletzung zieht sich der Priester die dem Apostolischen Stuhl vorbehaltene Exkommunikation als Tatstrafe zu (§ 1, 1. Halbsatz), d.h., die Strafe tritt ein mit Preisgabe des Beichtwissens (Sünder und Sünde) und der Kenntnisnahme durch eine andere Person. Für den Eintritt dieser Tatstrafe ist indes vorausgesetzt, dass weder ein Strafausschluss- noch ein -milderungsgrund (cc. 1323 und 1324 § 3 CIC) vorliegt;[849] dies wird zu vertiefen sein.[850] Für den Strafnachlass der Exkommunikation ist *in foro interno* die Apostolische Pönitentiarie,[851] *in foro externo* das Glaubensdikasterium zuständig.[852]
- Bei indirekter Verletzung erfolgt die Bestrafung nach Schwere der Straftat (§ 1, 2. Halbsatz). Je einfacher es ist, vom preisgegebenen Beichtwissen auf Sünder und Sünde zu schliessen, desto näher kommt die indirekte Verletzung der direkten, und umso höher hat die Strafe auszufallen.[853] Die Strafe tritt bei indirekter Verletzung aber nicht *ipso facto* ein, weil das

---

847 LÜDICKE, N. 4 zu c. 1388 a.F. CIC.

848 ALTHAUS, N. 5 zu c. 983 CIC. Vgl. auch BERNHARD, S. 109, der die direkte Verletzung des Beichtsiegels («Beichtverrat») «zu den schwersten Amtsvergehen eines Priesters» zählt.

849 LÜDICKE, N. 6 zu c. 1388 a.F. CIC.

850 Unten, 4.1.4.3.5.

851 LÜDICKE, N. 8 zu c. 1388 a.F. CIC. Der Apostolischen Pönitentiarie ist gemäss LEDERHILGER, S. 336, bei direktem Beichtsiegelbruch Folgendes zu melden: «Alter des Pönitenten und Zeitpunkt der Tat; Wiederholungsfälle; konkrete Begleitumstände; war es eine absichtliche Verletzung des Beichtgeheimnisses oder wurde die Tat nur aus Unklugheit begangen; gab es Schadensfolgen für die von der Verletzung des Beichtgeheimnisses betroffene Person; verhält sich der Beichtvater normalerweise in diesem Bereich mit mehr Klugheit?»

852 LÜDICKE, N. 8 zu c. 1388 a.F. CIC. Hat ein Ordinarius im Zusammenhang mit dem Verdacht, es sei das Beichtsiegel verletzt worden, Vorermittlungen (c. 1717 CIC) durchgeführt oder durchführen lassen, hat er dies dem Glaubensdikasterium mitzuteilen. Er erhält von ihr üblicherweise die Zuständigkeit, den Strafprozess durch sein Diözesangericht durchführen zu lassen, gemäss den näheren Weisungen des Dikasteriums: LÜDICKE, N. 7 zu c. 1388 a.F. CIC.

853 GRAULICH, Kommentar zu c. 1386 § 1 CIC; vgl. LÜDICKE, N. 6 zu c. 1388 a.F. CIC.

Gesetz sie nicht ausdrücklich als Tatstrafe bezeichnet, womit es sich um eine Spruchstrafe handelt (vgl. c. 1314 CIC).

4.1.4.3.3 Verletzung durch Andere (§ 2)

Ein Dolmetscher (*interpres*) oder andere (*alii*) in c. 983 § 2 CIC genannte Personen, die das Geheimnis verletzen (*secretum violant*), sollen mit einer gerechten Strafe (*iusta poena*) belegt werden (*puniantur*), die Exkommunikation nicht ausgenommen (*non exclusa excommunicatione*; c. 1386 § 2 CIC).

Täter im Sinne des § 2 ist jede Person ausser dem Beichtvater (§ 1), «die durch Beiziehung oder zufällig in die Kenntnis des Pönitenten und der von ihm bekannten Sünden oder anderen in der Beichte geäußerten Wissens gelangt ist».[854] Darunter kann wohl sogar der Pönitent selbst fallen.[855] Der Täter muss jedoch Katholik sein (vgl. c. 11 CIC), um von der Strafbestimmung getroffen zu werden.[856]

Tathandlung ist die Preisgabe von Sünder und Sünde durch Hilfspersonen (Dolmetscher, Pfleger bei gebrechlichen Pönitenten etc.) oder zufällig Anwesende, wobei nicht eigens unterschieden wird, ob das Geheimnis (*secretum*; vgl. c. 983 § 2 CIC) direkt oder indirekt verletzt wird.[857] Im Übrigen kann auf die obigen Ausführungen zu § 1 verwiesen werden.

Die Bestrafung erfolgt je nach Schwere und kann, in schweren Fällen, bis zur Exkommunikation reichen.[858] Es handelt sich auch hier um eine Spruchstrafe, weil das Gesetz die Strafe nicht als Tatstrafe bezeichnet (vgl. c. 1314 CIC).

Auf die Ausschluss- und Strafmilderungsgründe ist unten einzugehen.[859]

---

854 LÜDICKE, N. 5 zu c. 1388 a.F. CIC.

855 BERNHARD, S. 109; OHLY, S. 1201. Vgl. jedoch oben, 4.1.2.3, zur Diskussion, wie diese Auffassung zu werten ist.

856 LÜDICKE, N. 5 zu c. 1388 a.F. CIC.

857 LÜDICKE, N. 2 zu c. 1388 a.F. CIC. Vgl. ALTHAUS, N. 7 zu c. 983 CIC, mit Hinweis auf die «Strenge dieser Pflicht» gemäss c. 983 § 2 CIC.

858 Vgl. ALTHAUS, N. 7 zu c. 983 CIC und N. 2 zu c. 990 CIC; GRAULICH, Kommentar zu c. 1386 § 2 CIC; LÜDICKE, N. 6 zu c. 1388 a.F. CIC; OHLY, S. 1201.

859 Unten, 4.1.4.3.5.

4.1.4.3.4 Verletzung mittels Aufnahmegeräten sowie Veröffentlichung (§ 3)

Unbeschadet der §§ 1 und 2 von c. 1386 CIC soll derjenige, der mit irgendeinem technischen Hilfsmittel (*quovis technico instrumento*) das, was vom Beichtvater oder vom Pönitenten in einer echten oder vorgetäuschten Beichte (*confessione vera vel ficta*) gesagt wurde, aufnimmt oder in übler Weise (*malitiose*) durch soziale Kommunikationsmittel (*in communicationis socialis mediis*) verbreitet, je nach Schwere des Verbrechens (*pro gravitate delicti*) bestraft werden (*puniatur*), wenn es sich um einen Kleriker handelt, die Entlassung aus dem Klerikerstand nicht ausgenommen (c. 1386 § 3 CIC).

Die Glaubenskongregation hatte die Aufnahme einer Beichte bzw. die mediale Verbreitung deren Inhalts bereits durch Dekret vom 23. September 1988 unter Strafe gestellt.[860] Dieser Tatbestand findet sich nun als § 3 von c. 1386 CIC.[861]

Täter kann jeder und nur ein Katholik sein, denn nur er ist dem kirchlichen Strafrecht unterworfen (vgl. c. 11 CIC).[862]

Der Begriff der «echten Beichte» (*confessio vera*) ist nicht weiter erklärungsbedürftig. Unter einer «vorgetäuschten Beichte» (*confessio ficta*) versteht LÜDICKE eine Beichte, «bei der der Pönitent dem Beichtvater nur Bußwilligkeit vorspielt, um dessen Äußerungen aufnehmen zu können».[863] Bei Licht betrachtet – und angesichts des Schutzzwecks des Beichtgeheimnisses, das sowohl den Pönitenten als auch das Sakrament selbst schützt[864] – muss hierunter auch eine «Beichte» fallen, die zum Nachteil ausschliesslich des Pönitenten vorgetäuscht wird. Unbestritten ist, dass unter die *confessio ficta* nicht eine Beichte fällt, bei denen sich die Beteiligten einig sind und wissen, dass hier kein Sakrament gefeiert wird, etwa bei einer Probebeichte im Rahmen der Priesterausbildung.[865]

Die Tathandlung in der ersten Tatbestandsvariante ist das Aufnehmen einer Beichte mittels eines technischen Aufnahmegeräts; nicht tatbestandsmässig,

---

860 ALTHAUS, N. 7 zu c. 983 CIC; GRAULICH, Kommentar zu c. 1386 § 3 CIC; HALLERMANN, Kontinuität, S. 43; LÜDICKE, N. 9 zu c. 1388 a.F. CIC; OHLY, S. 1201.

861 GRAULICH, Kommentar zu c. 1386 CIC; HALLERMANN, Kontinuität, S. 43.

862 LÜDICKE, N. 9 zu c. 1388 a.F. CIC.

863 LÜDICKE, N. 9 zu c. 1388 a.F. CIC.

864 Oben, 4.1.2.1.

865 LÜDICKE, N. 9 zu c. 1388 a.F. CIC.

weil keine Aufnahme der Beichte darstellend, ist ein unmittelbar nach der Beichte verfasstes Gedächtnisprotokoll.[866] Nicht erheblich wird sein, mittels welcher Art von technischem Gerät die Beichte aufgenommen wird.[867] Die Tat ist vollendet, «wenn das Beichtgespräch wenigstens zum Teil festgehalten ist».[868] Unerheblich ist, ob Aussagen des Pönitenten, des Beichtvaters oder von beiden aufgenommen worden sind.[869]

Von der Vollendung unabhängig ist das Verbreiten als zweite Tatbestandsvariante, wobei hier die Täterkreise nicht übereinstimmen müssen.[870] Handeln mehrere Täter zusammen, indem der eine das Beichtgespräch aufnimmt, der andere es verbreitet, wird es sich um Mittäter an einer Straftat handeln (vgl. c. 1329 CIC). Weiss der Beichtvater um die Aufnahme durch einen Dritten zum Nachteil des Pönitenten, wird auch er Mittäter sein.

Nach LÜDICKE muss der Vorsatz «die Aufzeichnung umfassen und die Annahme, jedenfalls der Beichtvater verstehe die Situation als echte Beichte».[871] Gleiches muss aber auch gelten, wenn der Pönitent meint, er sei in einer echten Beichte und durch das Beichtgeheimnis geschützt (vgl. c. 983 CIC), selbst wenn die Beichte vorgetäuscht wäre. Kein Vorsatz liegt vor, wenn die Beichte versehentlich aufgenommen wird.[872] Wird die versehentliche Aufnahme indes verbreitet, ist die zweite Tatbestandsvariante verwirklicht, insofern hier Vorsatz vorliegt.[873]

Im Dekret der Glaubenskongregation von 1988 war, als Tatstrafe, die Exkommunikation angeordnet,[874] wobei deren Nachlass keinem Vorbehalt unterstand.[875] Der geltende § 3 ist als Spruchstrafe ausgestaltet, wobei deren Be-

---

866 LÜDICKE, N. 9 zu c. 1388 a.F. CIC.
867 Vgl. LÜDICKE, N. 9 zu c. 1388 a.F. CIC.
868 LÜDICKE, N. 9 zu c. 1388 a.F. CIC.
869 Vgl. GRAULICH, Kommentar zu c. 1386 § 3 CIC.
870 LÜDICKE, N. 9 zu c. 1388 a.F. CIC.
871 LÜDICKE, N. 9 zu c. 1388 a.F. CIC.
872 LÜDICKE, N. 9 zu c. 1388 a.F. CIC, schildert das Fallbeispiel, dass «bei einer normalen Beichte ein Diktiergerät in der Tasche des Pönitenten versehentlich in Funktion war und das Gespräch aufgenommen hat».
873 LÜDICKE, N. 9 zu c. 1388 a.F. CIC.
874 ALTHAUS, N. 7 zu c. 983 CIC; HALLERMANN, Kontinuität, S. 43; LÜDICKE, N. 9 zu c. 1388 a.F. CIC; OHLY, S. 1201.
875 LÜDICKE, N. 9 zu c. 1388 a.F. CIC.

strafung nach Schwere des Verbrechens zu erfolgen hat, bei Klerikern als Täter die Entlassung aus dem Klerikerstand nicht ausgeschlossen.[876]

4.1.4.3.5 Anwendung der allgemeinen Regeln des Buchs VI

Das Buch VI, die Strafbestimmungen der Kirche, zerfällt in zwei Teile: Die Straftaten und Strafen im Allgemeinen (*de delictis et poenis in genere*; Teil I, cc. 1311–1363 CIC) und die einzelnen Straftaten und die für sie vorgesehenen Strafen (*de singulis delictis deque poenis in eadem constitutis*; Teil II, cc. 1364–1399 CIC).[877] Die Strafe hinsichtlich der Delikte aus dem II. Teil (analog dem Besonderen Teil [BT] des StGB) bemisst sich nach den Bestimmungen des I. Teils (analog dem Allgemeinen Teil [AT] des StGB).

Die direkte Verletzung durch den Beichtvater stellt eine Tatstrafe dar (c. 1386 § 1, 1. Halbsatz CIC), die damit *ipso facto* eintritt (c. 1314 CIC). In allen übrigen Fällen (§ 1, 2. Halbsatz, sowie §§ 2 und 3) ist die Bestrafung verpflichtend (*puniatur* bzw. *puniantur*).[878] Die vollumfängliche Bestrafung einer Verletzung von c. 1386 CIC steht unter dem Vorbehalt, dass keine Ausschluss- oder Milderungsgründe im Sinne des Teils I des Buchs VI vorliegen. Insbesondere ist für den Eintritt der Tatstrafe bei der direkten Verletzung des Beichtsiegels durch den Beichtvater vorausgesetzt, dass weder ein Ausschlussgrund noch ein Strafmilderungsgrund (cc. 1323 und 1324 § 3 CIC) vorliegt.[879] Einzuschränken gilt jedoch, dass grob fahrlässige, sorglose oder gewollte Unkenntnis (*ignorantia crassa vel supina vel affectata*) bei der Anwendung der Vorschriften über Strafbefreiung und Strafmilderung (cc. 1323 f. CIC) niemals (*numquam*) in Betracht gezogen werden kann (*considerari potest*; c. 1325 CIC).

Vorbemerkend ist darauf hinzuweisen, dass wenn ein Dolmetscher oder ein Dritter **kein Katholik** ist (vgl. c. 11 CIC), er nicht dem kirchlichen Strafrecht unterliegt, womit er nicht bestraft werden kann.[880]

Zunächst ist auf c. 1322 CIC[881] betreffend **Deliktsunfähigkeit** hinzuweisen, womit nicht bestraft werden darf. Wer dauernd ohne Vernunftgebrauch ist,

---

876 Vgl. GRAULICH, Kommentar zu c. 1386 § 3 CIC.

877 Die Einteilung des erneuerten Strafrechts ist unverändert geblieben: HALLERMANN, Kommentar zu Buch VI.

878 LÜDICKE, N. 6 zu c. 1388 a.F. CIC.

879 LÜDICKE, N. 6 zu c. 1388 a.F. CIC.

880 Vgl. oben, 3.1.4.1.1, und ALTHAUS, N. 2 zu c. 990 CIC, wonach ein Dolmetscher nicht katholisch sein muss.

881 Die g.F. entspricht wörtlich der a.F.: HALLERMANN, Kommentar zu c. 1322 CIC.

gilt als deliktsunfähig (*delicti incapacis*), auch wenn er gesund schien, als er Gesetz oder Verwaltungsbefehl verletzte. Diese Fiktion ist unwiderlegbar.[882] Ein solcher Täter steht Minderjährigen unter sieben Jahren gleich (c. 99 CIC).[883] Deliktsunfähig dürften höchstens Dritte sein, die zufällig von Inhalten erfahren haben, die dem Beichtgeheimnis unterstehen (vgl. c. 1386 § 2 CIC), wohl kaum aber der Beichtvater (§ 1) oder jemand, der in der Lage ist, eine Beichte mittels technischer Hilfsmittel aufzunehmen bzw. durch soziale Kommunikationsmittel zu verbreiten (§ 3). Eine Deliktsunfähigkeit dürfte somit nur in seltenen Fällen vorliegen.

Sodann ist c. 1323 CIC[884] betreffend **Straffreiheit** erwähnenswert, der sowohl für das Eintreten von Tatstrafen als auch für die Verhängung von Spruchstrafen gilt.[885] Demnach ist in folgenden Konstellationen keiner Strafe unterworfen (*nulli poenae est obnoxius*),[886] wer bei Übertretung eines Gesetzes oder eines Verwaltungsbefehls (*cum legem vel praeceptum violavit*; c. 1323 Einleitungssatz CIC)

- das sechzehnte Lebensjahr noch nicht vollendet hat (1°).[887] Diese Bestimmung ist höchstens dann bedeutsam, wenn ein Kind oder ein Jugendlicher das Beichtgespräch zufällig hörte (vgl. c. 1386 § 2 CIC) und hernach das Gehörte herumerzählt.
- schuldlos (*sine culpa*) nicht gewusst hat (*ignoravit*), ein Gesetz oder einen Verwaltungsbefehl zu übertreten; der Unkenntnis (*ignorantia*) werden Unachtsamkeit (*advertentia*) und Irrtum (*error*) gleichgestellt (*aequiparan-*

---

882 HALLERMANN, Kommentar zu c. 1322 CIC; LÜDICKE, N. 5 zu c. 1322 a.F. CIC.

883 LÜDICKE, N. 4 zu c. 1322 a.F. CIC.

884 Die g.F. ist deckungsgleich mit seiner Vorgängerbestimmung (c. 1323 a.F. CIC) und fasst «Sachverhalte [zusammen], welche die Vorwerfbarkeit oder Zurechenbarkeit einer Straftat so weit reduzieren, dass trotz der objektiven Übertretung eines Gesetzes [...] eine Bestrafung ausgeschlossen ist»: HALLERMANN, Kommentar zu c. 1323 CIC.

885 HALLERMANN, Kommentar zu c. 1323 CIC; LÜDICKE, N. 3 zu c. 1323 a.F. CIC.

886 Der Gesetzgeber will damit eine Bestrafung ausschliessen, weil diese Sachverhalte «auf den Unrechtsgehalt und die Vorwerfbarkeit der Tat einen solchen Einfluß nehmen», ohne dabei jedoch zu unterscheiden, «auf welchen Gesichtspunkten die allen Fällen gemeinsame Rechtsfolge im einzelnen beruht (Schuldminderung, Rechtfertigung, Güterabwägung usw.)»: LÜDICKE, N. 2 zu c. 1323 a.F. CIC.

887 Vor dem Hintergrund der Strafzwecktheorien lässt sich festhalten, dass «[d]er Mangel an Verantwortlichkeit des Täters [...] die Gefährdung der *communio* gering erscheinen» lässt: LÜDICKE, N. 4 zu c. 1323 a.F. CIC.

tur; 2°). Hier fehlen Vorsatz und Fahrlässigkeit und damit der Wille des Täters, sich gegen die Rechtsordnung aufzulehnen.[888] Dieser Strafbefreiungsgrund dürfte bei einem Beichtvater, aufgrund seiner Ausbildung,[889] kaum vorliegen.[890] Auch ist zu erwarten, dass der Beichtvater den Dolmetscher hinlänglich über seine Pflichten aufgeklärt und auf c. 983 § 2 CIC hingewiesen hat.[891] Hätte der Beichtvater dies nicht, würde er gegen seine Pflichten verstossen, womit er zu disziplinieren wäre.[892] Gleichwohl ist nicht auszuschliessen, dass ein Täter schuldlos nichts von seiner Pflicht gemäss c. 983 § 2 CIC weiss; diesfalls geht er straffrei aus.[893]

- gehandelt hat aufgrund physischer Gewalt (*ex vi physica*)[894] oder aufgrund eines Zufalls (*ex casu fortuito*), den er nicht voraussehen oder, soweit vorhergesehen, nicht verhindern konnte (3°). Wer unter dem Einfluss physischer Gewalt handeln muss, handelt nicht frei, womit die Verantwortlichkeit für die Tat fehlt und er nicht zurechtgewiesen werden braucht.[895] Ähnliches gilt für den Zufall.[896] Aufgrund der physischen Gewalt wären aber Märtyrer wie der Hl. Johannes von Nepomuk nach heutigem Recht straffrei ausgegangen, hätten sie unter Folter das Gebeichtete dem Folterer preisgegeben.[897]
- aus schwerer Furcht (*metu gravi*), wenngleich nur relativ schwer (*quamvis relative tantum*), gezwungen (*coactus*) oder aufgrund einer Notlage (*ex necessitate*) oder erheblicher Beschwernis (*vel [ex] gravi incommodo*) gehandelt hat, sofern jedoch nicht (*nisi tamen*) die Tat (*actus*) in sich schlecht (*intrin-*

---

[888] LÜDICKE, N. 5 zu c. 1323 a.F. CIC, mit dem Hinweis, dass Erkenntnismangel ausdrücklich nicht vermutet wird (c. 15 § 2 CIC). Vgl. auch HALLERMANN, Kommentar zu c. 1323 CIC.

[889] Vgl. zur Ausbildung von Weihebewerbern im Allgemeinen c. 1027 CIC, hinsichtlich von Bewerbern für das Presbyterat zusätzlich c. 1032 CIC.

[890] LÜDICKE, N. 4 zu c. 1388 a.F. CIC.

[891] Vgl. zum Dolmetscher oben, 3.1.4.1.1.

[892] Vgl. oben, 3.1.3.1.5 und 3.1.3.3.

[893] LÜDICKE, N. 4 zu c. 1388 a.F. CIC.

[894] Für LÜDICKE, N. 6 zu c. 1323 a.F. CIC, ist nicht ersichtlich, «[w]arum der Strafausschluß auf die *vis physica* beschränkt ist und nicht auch die seelische Gewaltanwendung miteinbezieht», denn «auch in einem solchen Fall läge kein willensgesteuertes Handeln vor und damit kein strafbegründender Vorsatz».

[895] HALLERMANN, Kommentar zu c. 1323 CIC; LÜDICKE, N. 6 zu c. 1323 a.F. CIC.

[896] Ausführlicher LÜDICKE, N. 7 zu c. 1323 a.F. CIC.

[897] Was ihr Martyrium ausdrücklich nicht abwerten soll. Vielmehr kann nicht jedem Beichtvater zugemutet werden, das Martyrium zu erleiden (*ultra posse nemo obligatur*, niemand kann zu mehr gezwungen werden, als er zu tun in der Lage ist).

sece malus) ist oder zum Schaden der Seelen gereicht (*vergat in animarum damnum*; 4°). Dies ist wie folgt aufzuschlüsseln:

- Die Tat darf nicht in sich schlecht sein. Sie ist es namentlich, wenn in ihr der Glaube verachtet wird,[898] und jedenfalls dann, wenn ihr unmoralischer Charakter aus ihrer Natur selbst herrührt.[899] Solche Taten sind ausnahmslos zu vermeiden, und sie können höchstens die Strafe mildern (vgl. c. 1324 § 1, 5° CIC).[900]
- Die Tat darf nicht zum Schaden der Seelen gereichen. Dies tut sie, wenn «sie Gläubige dem Glauben oder der Sittenordnung der Kirche entfremdet», wobei es nicht um die «allgemein mögliche Wirkung von Straftaten [geht], Ärgernis auszulösen [...], sondern um speziell durch diese Tat ausgelöste Folgen».[901] Zu den das Seelenheil schädigenden Taten zählen auch solche, die heilswirksame Handlungen bloss vorspiegeln (vgl. c. 1379 CIC).[902]
- Relativ schwer ist eine Furcht, wenn eine Person anders hätte entscheiden und die Tat hätte unterlassen können, sie aber ihren «eigenen Willen, die Tat nicht zu begehen, aufgrund einer Drohung durch eine andere Person zurückstellt und die Tat deswegen begeht».[903] Bei einer absolut schweren Furcht ist der Täter «nicht mehr

---

898 LÜDICKE, N. 8 zu c. 1323 a.F. CIC.

899 HALLERMANN, Kommentar zu c. 1323 CIC; LÜDICKE, N. 9 zu c. 1323 a.F. CIC, mit dem Hinweis, dass in der Lehre als in sich schlechte Taten bisweilen genannt werden: Apostasie, Häresie und Schisma (c. 1364 a.F. und g.F. CIC; Exkommunikation als Tatstrafe), Verunehrung der eucharistischen Gestalten (c. 1367 a.F. bzw. 1382 g.F. CIC; Exkommunikation als Tatstrafe), Meineid (c. 1368 a.F. bzw. c. 1371 § 3 g.F. CIC; gerechte Strafe), Sich-Wenden an das Konzil oder die Bischofskonferenz gegen eine Massnahme des Papstes (c. 1372 a.F. bzw. c. 1367 g.F. CIC; Beugestrafe), Entweihung einer beweglichen oder unbeweglichen Sache (c. 1376 a.F. bzw. c. 1369 g.F. CIC; gerechte Strafe) und Abtreibung (c. 1398 a.F. bzw. c. 1397 § 2 CIC; Exkommunikation als Tatstrafe). Vgl. die Gegenüberstellung bei GRAULICH/HALLERMANN, S. 235–243 (lateinisch) bzw. S. 267–277 (deutsch). Eine Frau, «die eine Abtreibung begeht, um ihr eigenes Leben zu retten», unterliegt nach einer Meinung in der Kanonistik jedoch der *necessitas*, mithin der Strafbefreiung: LÜDICKE, N. 12 zu c. 1323 a.F. CIC, mit Hinweis.

900 LÜDICKE, N. 9 zu c. 1323 a.F. CIC.

901 LÜDICKE, N. 9 zu c. 1323 a.F. CIC, der beispielhaft die Verbreitung einer verurteilten Lehre nennt (c. 1371, 1° a.F. bzw. c. 1365 g.F. CIC).

902 LÜDICKE, N. 9 zu c. 1323 a.F. CIC, mit ausdrücklichem Hinweis auf die ungültige Beichtabsolution (c. 1378 § 2, 2° a.F. bzw. c. 1379 § 1, 2° g.F. CIC).

903 LÜDICKE, N. 10 zu c. 1323 a.F. CIC.

fähig, seinen Willen gegen die Tat zu realisieren», womit er sich, in diesem Sinne, nicht für die Tat entscheidet.[904]

- Bei der Notlage bzw. Notwendigkeit ist es dem Täter tatsächlich oder moralisch unmöglich, gesetzmässig zu handeln.[905] Dabei unterscheidet die Kanonistik folgende Arten der Notlage:
  - *necessitas absoluta naturalis* – hier ist dem Täter ein rechtmässiges Handeln nicht möglich («Rettung eines Ertrinkenden durch einen Nichtschwimmer»);
  - *necessitas absoluta spiritualis* – ein höherwertiges Gesetz gebietet die Verletzung des geringeren;
  - *necessitas moralis* – etwa bei einem Widerspruch zwischen Strafgesetz und Befehl eines Oberen.[906]
- Eine erhebliche Beschwernis bzw. ein schwerer Nachteil ist nur dann Strafausschlussgrund, wenn zwischen ihr bzw. ihm und der Gesetzesverletzung eine «exklusive Alternativität», mithin kein dritter Weg, besteht.[907]

Dreh- und Angelpunkt ist die Frage, ob die Verletzung des Beichtsiegels oder -geheimnisses ihrem Charakter nach in jedem Fall schlecht ist. Anders als etwa bei der Schändung des Allerheiligsten – wofür unter keinem Gesichtswinkel eine einleuchtende Rechtfertigung zu finden ist[908] – scheint dies nicht zwingend und ausnahmslos der Fall zu sein, auch wenn es unverletzlich (*inviolabilis*) ist, wie sogleich zu erläutern ist. Eine solche Verletzung scheint zumindest dann nicht dem Seelenheil zu schaden, wenn sie die Gläubigen nicht dem Glauben oder der Sittenordnung der Kirche entfremdet. Unter gewissen Umständen folgt viel eher dann eine Entfremdung, wenn das Beichtsiegel oder -geheimnis nicht (!) verletzt wird und dadurch der Eindruck entsteht, als decke der Beichtvater den Täter, was dem Ansehen des Busssakraments schadet. Dies dürfte insbesondere vorliegen, wenn ein Sexualstraftäter seine Taten beichtet und der Beichtvater davon ausgehen muss, dass der Täter weiter

---

904 LÜDICKE, N. 11 zu c. 1323 a.F. CIC, mit dem Hinweis, dass der Gesetzgeber, auch wenn er dies nicht ausdrücklich schreibt, auch hier einen Strafausschluss anordnet.

905 LÜDICKE, N. 12 zu c. 1323 a.F. CIC.

906 LÜDICKE, N. 12 zu c. 1323 a.F. CIC.

907 LÜDICKE, N. 13 zu c. 1323 a.F. CIC.

908 Eine solche Verunehrung wird auch staatlicherseits geahndet (Störung der Glaubens- und Kultusfreiheit, Art. 261 StGB).

delinquieren und weitere Menschenleben zerstören wird, der Beichtvater jedoch nichts unternimmt bzw. unternehmen darf.
Vor diesem Hintergrund ist – in ganz bestimmten, schwerwiegenden Konstellationen – auf Straffreiheit bzw. auf den Nichteintritt einer Tatstrafe zu plädieren, gestützt auf c. 1323, 4° CIC:

- Wenn ein Pönitent während des Beichtgesprächs den Beichtvater eindringlich bedroht und ihm namentlich ankündigt, nächstens eine schwere Straftat gegen ihn zu begehen, versetzt er den Beichtvater in eine schwere Furcht. Es ist dem Beichtvater schwerlich zuzumuten, inskünftig in Todesangst zu leben. Vielmehr muss es ihm erlaubt sein, Polizeibehörden hierüber zu verständigen. Gleichwohl wird es in beweisrechtlicher Hinsicht und gestützt auf die Unschuldsvermutung schwierig sein, den Verdacht gegen den Pönitenten zu erhärten, wie dies bei Aussage-gegen-Aussage-Konstellationen nicht untypisch ist.
- Wenn etwa ein Beichtvater das Beichtsiegel verletzt, um durch eine Meldung an Behörden zu verhindern, dass ein Triebtäter weitere Kinder missbraucht, dürfte eine *necessitas absoluta spiritualis* vorliegen, d.h. ein Normkonflikt zwischen einerseits dem Schutz des Beichtsiegels (c. 1386 § 1 CIC), der grundsätzlich nicht bestritten ist, und andererseits dem Schutz Verletzlicher als Ausfluss ihrer Gottebenbildlichkeit bzw. Menschenwürde (z.B. Gen 1,27; VAT. II, NA 5) und als Ausfluss der Nächstenliebe (z.B. Lev 19,18; Mk 12,28–34 *parr.* [Mt 22,34–40; Lk 10,25–28]; Gal 5,14), mitsamt dem Anrecht Verletzlicher auf den Schutz ihres Seelenheils (vgl. c. 1752 CIC). Die Menschenwürde und die Nächstenliebe, auch als göttliches, unmittelbar (!) in der Offenbarung grundgelegtes Recht, gehen dem Schutz des Beichtsiegels vor, auch wenn dieses in der Kanonistik ebenfalls dem göttlichen Recht zugeordnet wird,[909] welche Wertung jedoch anzufragen ist.[910] Dem stehen auch die Schutzzwecke des Beichtsiegels bzw. -geheimnisses – der Schutz des Pönitenten und der Schutz des Busssakraments – nicht grundsätzlich entgegen: Im Rahmen einer Interessenabwägung hat ein kinderschändender Pönitent ein weniger hohes Rechtsschutzinteresse an der Aufrechterhaltung des Geheimnisses als Kinder an ihrer psychi-

909 Dazu oben, 4.1.2.2.2.
910 Oben, 4.1.2.2.3.

schen und sexuellen Integrität und die Kirche (ἐκκλησία) am Schutz ihrer verletzlichsten Glieder. Dem Ansehen des Busssakraments wird zudem eher gedient, wenn sein Missbrauch verhindert und es dadurch nicht zu einem Zeichen des Unheils wird. Vor diesem Hintergrund ist auch darauf hinzuweisen, dass das kirchliche Strafrecht einen Menschen nicht zu etwas zwingen darf, das er mit seinem Gewissen nicht vereinbaren kann[911] – hier, eine Meldung zu unterlassen, im Wissen, dass einzig dadurch weitere Menschen schwersten Schaden erleiden. Ein Ausschluss aus der Gemeinschaft (Exkommunikation, c. 1331 CIC) ist ebenso wenig erforderlich, denn der Täter will die Rechtsordnung nicht anzweifeln, sondern einzig Opfer schützen, womit diese Tat auch nicht aus Eigennutz erfolgt.[912] Wie Christus Jesus sagte, ist der Schabbat für den Menschen da und nicht der Mensch für den Schabbat (Mk 2,27); dies muss auch in solchen Fällen gelten.

- aus Notwehr (*legitimae tutelae causa*) einen gegen sich oder einen anderen handelnden ungerechten Angreifer (*contra iniustum sui vel alterius aggressorem*) unter Beachtung der gebotenen Verhältnismässigkeit (*debitum servans moderamen*) abgewehrt hat (5°). Dieser Strafbefreiungsgrund betrifft damit nicht nur die Notwehr (Abwehr eines gegen einen selbst erfolgenden Angriffs), sondern auch die Not(wehr)hilfe (Hilfe zugunsten eines angegriffenen Dritten).[913]

---

911 Oben, 2.2.2.2, und LÜDICKE, N. 5 zur Einführung vor c. 1321 a.F. CIC.

912 Anderer Auffassung ist LÜDICKE, N. 5 zu Vor c. 1331 a.F. CIC. Er schreibt: «Die Exkommunikation setzt nicht notwendig die schwere Sünden voraus. Das Verhalten eines Christen kann für die Gemeinschaft unerträglich sein und seine Ausgrenzung erforderlich machen, auch wenn der Täter nicht schwerer Sünder im theologischen Sinne ist. Die Verletzung des Beichtgeheimnisses [gemeint ist die direkte Verletzung gemäss c. 1388 § 1 a.F. bzw. c. 1386 § 1 g.F. CIC] muß um der kirchlichen Disziplin willen hart bestraft werden, auch wenn der Täter in bester Absicht, vielleicht aus einem unlösbaren Zielkonflikt (etwa zur Rettung von Menschenleben) gehandelt hat und von einer schweren Sünde im theologischen Sinn [Hinweis auf JOHANNES PAUL II., Reconciliatio et Paenitentia, insb. Nr. 17] keine Rede sein kann.» Nach der hier vertretenen Auffassung gehen der von LÜDICKE angeführten kirchlichen Disziplin die kanonische Billigkeit (*aequitas canonica*) und das Seelenheil (*salus animarum*) vor (vgl. c. 1752 CIC), womit Straffreiheit folgen muss.

913 HALLERMANN, Kommentar zu c. 1323 CIC; LÜDICKE, N. 14 zu c. 1323 a.F. CIC.

Nach LÜDICKE muss sich die Tat «gegen einen aktuell, unmittelbar geführten und nicht anders abwendbaren und zudem ungerechten Angriff richten.»[914] Dieser Auffassung ist zwar grundsätzlich zuzustimmen, aber sie fasst nach vorliegender Auffassung Notwehr und Nothilfe in gewissen Konstellationen zu eng: Kündigt etwa ein Pönitent in ernstzunehmender Weise an, er wolle nächstens eine schwere Straftat gegen eine bestimmte Person begehen, fehlt es zwar an den Voraussetzungen des aktuellen und unmittelbar geführten Angriffs, jedoch sollte der Beichtvater vor dem Hintergrund der *salus animarum* (c. 1752 CIC) straffrei bleiben, zeigte er dies an oder warnte er das baldige Opfer. Ähnliches gilt, wenn aus dem Beichtgespräch deutlich wird, dass ein Pönitent gewohnheitsmässig schwerwiegend delinquiert, wie es namentlich bei Sexualstraftätern vorkommt. Zum Schutz zukünftiger Opfer und ihrer *salus animarum* sollte es dem Beichtvater ohne Angst vor Strafe möglich sein, dies staatlichen Behörden mitzuteilen. In beiden Fällen lässt sich ein – unzweifelhaft erfolgender, wenn auch später stattfindender – klar ungerechter Angriff nicht sinnvoll anders abwenden.

Bei alledem muss die Abwehr verhältnismässig sein, mithin «nicht schädigender auf den Angreifer einwirken, als zur Abwehr des Angriffs erforderlich ist», widrigenfalls keine Strafbefreiung, sondern nur eine Strafmilderung eintritt (c. 1324 § 1, 6° CIC).[915] Man könnte zwar einwenden, dass die Folge einer Meldung nicht nur die Preisgabe von Persönlichem ist, sondern auch eine mehrjährige Freiheitsstrafe, was unzweifelhaft ein starker Eingriff in das Recht des Täters auf persönliche Freiheit darstellt. Dem ist aber zu entgegnen, dass Missbrauchsopfer ebenfalls langjährig bzw. lebenslang unter den Folgen des Missbrauchs leiden, und der Täter überdies aus rein selbstsüchtigen Gründen in ihr Recht auf sexuelle Integrität eingreift, wohingegen die Opfer nicht schuldhaft handeln, sondern vielmehr schuldlos vergegenständlicht wer-

---

914 LÜDICKE, N. 14 zu c. 1323 a.F. CIC, der fortfährt: «Ist der Angriff nicht gegenwärtig, ist die Autorität zum Schutz der bedrohten Person anzurufen; ist der Angriff nicht aktuell geführt, ist kein Grund zum Gegenangriff gegeben; kann der Angriff anders als durch Verwirklichung eines Straftatbestandes abgewehrt werden, liegt kein Konflikt zwischen widersprechenden Pflichten beim Angegriffenen vor.» Zudem muss der Angriff nicht nur im moralischen Sinn ungerecht sein, sondern auch in einem rechtlichen.

915 LÜDICKE, N. 16 zu c. 1323 a.F. CIC.

den. Wägt man die Interessen von Täter und Opfer ab, ist eine Meldung trotz ihrer Folgen für den Täter verhältnismässig.

- des Vernunftgebrauchs entbehrte (*rationis usu carebat*), unter Beachtung der cc. 1324 § 1, 2° und 1326 § 1, 4° CIC (6°).[916] Anders als bei c. 1322 CIC (Deliktsunfähigkeit) ist hier nicht der dauernde, sondern der nur vorübergehende, d.h. aktuell fehlende Vernunftgebrauch gemeint, wobei dieser unverschuldet eingetreten sein muss.[917] Solch ein Strafbefreiungsgrund dürfte bei der Verletzung von c. 1386 CIC nur selten anzutreffen sein.
- ohne Schuld (*sine culpa*) geglaubt hat, es lägen Umstände (*circumstantiae*) nach 4° (schwere Furcht, Notlage, erhebliche Beschwernis) oder 5° (Notwehr und Nothilfe) vor (7°). Dies lässt sich wie folgt aufschlüsseln:
    - Der Irrtum über die schwere Furcht bezieht sich nicht auf die Furcht als solche, «sondern nur auf die Ausweglosigkeit, die Unvermeidbarkeit der Tat zur Abwehr der Furcht; ferner auf das Gewicht der furchteinflößenden Drohung».[918] Die Tat darf zudem nicht in sich schlecht sein oder dem Seelenheil zum Schaden gereichen, wobei ein diesbezüglicher Irrtum nicht zur Straffreiheit, sondern zur Strafmilderung führt (c. 1324 § 1, 5° CIC).[919]
    - Für den Irrtum über die Notlage kann auf die obigen Ausführungen verwiesen werden,[920] d.h. es wird eine Notlage angenommen, die nicht in dieser Weise vorliegt.
    - Der Irrtum über die drohende erhebliche Beschwernis bzw. den drohenden schweren Nachteil «kann sich auf den Nachteil selbst beziehen oder auf die Unausweichlichkeit der Wahl zwischen Tat und Nachteil.»[921]

---

916 Besagte Canones betreffen die schuldhafte Trunkenheit oder Geistestrübung (*ebrietatem aliamve similem mentis perturbationem*; c. 1324 § 1, 2° CIC; Strafmilderungsgrund) sowie die vorsätzliche Herbeiführung von Trunkenheit oder Geistestrübung, um eine Straftat zu begehen oder zu entschuldigen, und wissentlich herbeigeführte oder genährte Leidenschaft (*passio*; c. 1326 § 1, 4° CIC; Strafschärfungsgrund).

917 HALLERMANN, Kommentar zu c. 1323 CIC; LÜDICKE, N. 17 zu c. 1323 a.F. CIC.

918 LÜDICKE, N. 18 zu c. 1323 a.F. CIC.

919 LÜDICKE, N. 18 zu c. 1323 a.F. CIC.

920 Vgl. LÜDICKE, N. 18 zu c. 1323 a.F. CIC.

921 LÜDICKE, N. 18 zu c. 1323 a.F. CIC.

- Der Irrtum über Notwehr oder Nothilfe bezieht sich nur auf die subjektive Bewertung des Charakters des Angriffs, nicht aber auf die Verhältnismässigkeit als objektive Bedingung des Strafausschlusses, womit diesfalls eine Strafmilderung eintritt (c. 1324 § 1, 6° CIC).[922]

Der Irrtum muss zudem schuldlos (*sine culpa*) sein, d.h. nicht durch den Täter namentlich durch eine falsche Einschätzung der Lage verursacht sein.[923]

Es fragt sich, ob bei der Verletzung von Beichtsiegel und -geheimnis (c. 1386 CIC) ein strafausschliessender Irrtum vorliegen kann. Am ehesten ist dies hinsichtlich der schuldlos irrtümlich angenommenen Notlage in Form der *necessitas absoluta spiritualis* und bei der schuldlos irrtümlich angenommenen Nothilfe anzunehmen. Jedoch ist nach vorliegender Auffassung nicht auf den Behelf des Irrtums (7°) zurückzugreifen, sondern auf unmittelbares Vorliegen einer Notlage (4°) und einer Nothilfesituation (5°) zu plädieren.

Nichtsdestotrotz bietet sich der Verweis auf 7° als Eventualbegründung zur Hauptbegründung (Straffreiheit infolge 4° oder 5°) an.

Bei leichten Fällen, in welchen der Täter nur eingeschränkt in der Lage ist, vernunftgemäss zu handeln, kann ebenfalls auf eine Bestrafung verzichtet werden.[924]

Ebenfalls ist der Katalog von c. 1324 CIC[925] zu prüfen, der zwar für den Urheber der Verletzung (*violationis auctor*) nicht zur Straffreiheit (wie c. 1323 CIC) führt (*non eximitur a poena*), jedoch obligatorisch (verpflichtend) eine

---

922 LÜDICKE, N. 18 zu c. 1323 a.F. CIC.

923 LÜDICKE, N. 19 zu c. 1323 a.F. CIC.

924 Bei unvollkommenem Vernunftgebrauch (c. 1324 § 1, 1° CIC), schuldhafter Trunkenheit und anderer Geistesverwirrung (2°), unfreiwilliger Leidenschaft (3°) sowie bei Furcht, Notlage und erheblicher Beschwernis mit Schlechtigkeit der Tat oder Schädigung der Seelen (5°) kann der Richter auch von jeder Bestrafung absehen, wenn er der Überzeugung ist, auf andere Weise könne die Besserung des Täters eher gefördert werden; der Täter muss jedoch bestraft werden, wenn anders die Gerechtigkeit nicht wiederhergestellt und das ggf. entstandene Ärgernis nicht beseitigt werden kann (c. 1345 CIC). Vgl. hierzu auch LÜDICKE, N. 6 zu c. 1324 a.F. CIC.

925 Die g.F. entspricht dabei im Wesentlichen der a.F. von c. 1324 § 1 CIC: HALLERMANN, Kommentar zu c. 1324 § 1 CIC.

Strafmilderung[926] bewirkt.[927] Liegen solche Umstände vor, muss (*debet*) bei Spruchstrafen die festgesetzte Strafe gemildert (*poena lege … temperari*) werden

---

926 In der kanonistischen Literatur werden die Begriffe «Strafmilderung» und «Strafminderung» anscheinend synonym verwendet, so etwa von HALLERMANN, der im Kommentar zu Vor c. 1321 CIC von «Strafausschluss- und Strafminderungsgründe[n] ebenso wie Strafverschärfungsgründe[n]» spricht, im Kommentar zu c. 1323 CIC bei 6° schreibt, «Strafminderungs- beziehungsweise Strafverschärfungsvorschriften», und dort ausdrücklich auf c. 1324 § 1, 2° CIC verweist, im Kommentar zu c. 1324 § 1 CIC dann aber ausführt, die dort aufgeführten Gründe führten «obligatorisch zu einer milderen Strafe» (daneben «mildere Bestrafung», «mildere Strafe» etc.). LÜDICKE spricht durchgehend von «Strafminderungsgründen» im Plural (so N. 3, 5 und 13 f. zu c. 1324 a.F. CIC) bzw. «Strafminderungsgrund» im Singular (so N. 10, 17 und 19 zu c. 1324 a.F. CIC), von «Strafminderung» (so N. 2, 7 f., 12 und 15 zu c. 1324 a.F. CIC) und «Minderung der Strafe» (so N. 9 zu c. 1324 a.F. CIC) sowie davon, dass eine Strafe «zu mindern ist» (N. 2, ähnlich N. 20 zu c. 1324 a.F. CIC). Will die Kirchenrechtswissenschaft mit der staatlichen Rechtswissenschaft in ein Gespräch kommen, verwirrt die kanonistische Gleichsetzung von Strafmilderung und Strafminderung die juristische Seite. Verwendet man nämlich staatlich-rechtliche Begrifflichkeiten, unterscheiden sich Strafmilderung und Strafminderung, indem bei der Strafminderung die Strafe innerhalb des ordentlichen Strafrahmens reduziert wird (Art. 47 StGB), während das Gericht bei der Strafmilderung aus bestimmten, in Art. 48 StGB aufgeführten Gründen, nicht an die angedrohte Mindeststrafe gebunden ist (Art. 48a Abs. 1 StGB) und auf eine andere als die angedrohte Strafart erkennen kann, aber an das gesetzliche Höchst- und Mindestmass der Strafart gebunden ist (Abs. 2). Während somit bei der Strafminderung (Art. 47 StGB) der ordentliche Strafrahmen bestehen bleibt, wird dieser bei der Strafmilderung (Art. 48a StGB) nach unten hin aufgebrochen. Es fragt sich nun, ob c. 1324 CIC eine Strafminderung (gleicher Strafrahmen) oder eine Strafmilderung (erweiterter Strafrahmen) vorschreibt. Für eine Milderung spricht, dass die Tatstrafe durch eine Spruchstrafe ersetzt wird (§ 3) und eine Tatstrafe als härtere Strafe als die Spruchstrafe ausgestaltet ist (vgl. cc. 1314 und 1318 CIC sowie LÜDICKE, N. 4 zu c. 1324 a.F. CIC), was den Strafrahmen erweitert. LÜDICKE, N. 6 zu c. 1324 a.F. CIC, schreibt, dass der Gestaltungsfreiraum des Richters eingeschränkt sei, wenn die angedrohte Spruchstrafe nicht veränderbar sei, wie beim Interdikt, womit der Richter nur auf eine Busse ausweichen könne. Bei flexiblen Strafen, wie bei der Suspension, aber auch bei den Sühnestrafen (cc. 1336–1338 a.F. und g.F. CIC) könne der Richter gemäss LÜDICKE gestaltend vorgehen, wobei «Zensuren und Reinigungsstrafen» [Beuge- und Besserungsstrafen einerseits und Sühnestrafen andererseits] nicht zueinander in einem Stufenverhältnis stünden, womit z.B. anstelle eines Interdikts nicht eine strafweise Versetzung verhängt werden könne, sondern sie nur durch Bussen ersetzt werden könnten. Auch dies spricht eher für eine Milderung, denn die Strafe wird nicht innerhalb einer bestimmten Strafart (z.B. Interdikt) gemindert (vgl. Art. 47 StGB), sondern auf eine andere als die angedrohte Strafart erkannt (vgl. Art. 48a Abs. 2 StGB). Demnach scheint der Codex von einer – in der Begriff-

oder an ihre Stelle muss eine Busse treten (*in eius locum paenitentia adhiberi*; § 1). Bei einer grundsätzlich mit Tatstrafe bedrohten Tat trifft den Täter, liegt ein solcher Umstand vor, keine (!) Tatstrafe (*poena latae sententiae non tenetur*; § 3, 1. Halbsatz), es können aber gegen ihn mittels Spruchstrafe leichtere Strafen verhängt oder ihm Bussen auferlegt werden (*poenae mitiores irrogari vel poenitentiae* [sic] *applicari possunt*), mit dem Ziel seiner Besserung (*ad resipiscentiam*) oder der Beseitigung des Ärgernisses (*ad scandali reparationem*; 2. Halbsatz).[928] Solche Umstände liegen vor, wenn die Straftat begangen worden ist (*si delictum patratum sit*; § 1 Einleitungssatz)

- von jemandem, der einen nur geminderten Vernunftgebrauch hatte (*rationis usum imperfectum tantum habuerit*; 1°);[929] von jemandem, der schuldhaft (*culpabilis fuerit*) wegen Trunkenheit oder ähnlich gearteter Geistestrübung ohne Vernunftgebrauch war, ohne diese vorsätzlich für die Deliktsbegehung herbeigeführt (c. 1326 § 1, 4° CIC) zu haben (2°);[930] von

lichkeit der staatlichen Rechtswissenschaften gesehen – Strafmilderung auszugehen. Damit den Begriffen in der vorliegenden Abhandlung eine einheitliche Bedeutung zukommt, wird im Folgenden bei c. 1324 CIC von einer Strafmilderung gesprochen.

927 HALLERMANN, Kommentar zu c. 1324 § 1 CIC; LÜDICKE, N. 6 zu c. 1324 a.F. CIC.

928 Dabei nimmt der Gesetzgeber an, der Täter selbst sei in der Lage, anhand der Umstände nach § 1 zu beurteilen, ob eine Tatstrafe eingetreten sei oder nicht. Obschon keine Tatstrafe eintritt, hat die kirchliche Autorität ggf. zu strafen, d.h. entweder eine Spruchstrafe zu verhängen oder eine Busse aufzuerlegen zwecks Besserung des Täters oder Beseitigung des Ärgernisses: HALLERMANN, Kommentar zu c. 1324 § 3 CIC; LÜDICKE, N. 3–5 zu c. 1324 a.F. CIC, mit einer kritischen Würdigung. Der zweite Teilsatz von c. 1324 § 3 wurde durch die Erneuerung eingeführt; der erste Teilsatz ist unverändert. Vgl. GRAULICH/HALLERMANN, S. 221 (lateinisch) und S. 250 (deutsch).

929 Der unvollständige Vernunftgebrauch und damit die eingeschränkte Einsichts- und Entscheidfähigkeit ist abzugrenzen vom dauernden, gänzlichen (c. 1322 CIC; Deliktsunfähigkeit) und dem aktuellen, gänzlichen Fehlen des Vernunftgebrauchs (cc. 1323, 6° und 1324 § 1, 2° CIC), dem herabgesetzten Vernunftgebrauch durch Leidenschaft (c. 1324 § 1, 3° CIC) und dem gezielt herbeigeführten, herabgesetzten Vernunftgebrauch (c. 1325 CIC). Damit liegt der Strafmilderungsgrund nach c. 1324 § 1, 1° CIC vor, «wenn der Vernunftgebrauch des Täters unvollkommen war und die Minderung nicht auf Leidenschaft beruhte, er ist nicht gegeben, wenn die Minderung gezielt vom Täter herbeigeführt war»: LÜDICKE, N. 7 f. zu c. 1324 a.F. CIC (zit. N. 7).

930 Trunkenheit (*ebrietas*) ist Folge von Alkoholkonsum, die ähnlich geartete Geistestrübung Folge von anderen Drogen. Bei 2° ist eine Sorgfaltspflichtverletzung vorausgesetzt, d.h., der Täter hat die Tatbegehung «wenigstens entfernt»

einem Minderjährigen (*a minore*), der das 16. Lebensjahr vollendet hat (4°);[931] oder von jemandem, der ohne volle Zurechenbarkeit (*sine plena imputabilitate*) eine Handlung vorgenommen hat, sofern nur die Zurechenbarkeit schwerwiegend (*gravis*) bleibt (10°).[932] Diese Fälle werden wenn, dann eher einen Beichtgeheimnisbruch durch Dritte betreffen, die zufällig Zeugen von Sünder und Sünde wurden (c. 1386 § 2 CIC).

- aus schwerer Leidenschaft (*ex gravi passionis aestu*), die jedoch die Verstandesüberlegung und die willentliche Zustimmung nicht gänzlich ausschaltete und behinderte, und nur, wenn die Leidenschaft selbst nicht willentlich hervorgerufen oder genährt wurde (3°).[933] Bei einer Verletzung von Beichtsiegel oder -geheimnis wird, aufgrund der Zeit zwischen Kenntnisnahme und Verletzung, kaum schwere Leidenschaft zu bejahen sein. Vielmehr wäre, infolge der verstrichenen Zeit, von einer Nährung der Leidenschaft auszugehen, womit der Richter sogar eine härtere Strafe zu bestimmen hätte (c. 1326 § 1, 4° a.E. CIC) und bei einer Tatstrafe eine andere Strafe oder Busse hinzufügen könnte (§ 2).
- von jemandem, der durch schwere Furcht, wenngleich nur relativ schwer, gezwungen oder aufgrund einer Notlage oder erheblicher Beschwernis gehandelt hat, wenn die Straftat in sich schlecht ist oder zum Schaden der Seelen gereicht (5°). Hinsichtlich der einzelnen Elemente (Furcht, Notlage, erhebliche Beschwernis, innere Schlechtigkeit und Schaden für die Seelen) kann auf die Ausführungen zu c. 1323, 4° CIC verwiesen werden.[934] Der Unterschied zur Straffreiheit liegt bei der Strafmilderung darin, dass die Tat in sich schlecht ist oder sie zum Schaden der Seelen gereicht. Bejahte man – entgegen der hier vertretenen Meinung – bei der Verletzung von Beichtsiegel oder -geheimnis ausnahmslos

---

voraussehen und bedenken müssen. Deswegen hätte ein sorgfältiger Täter den Rausch o.ä. vermeiden können und müssen. «Die Tatsache allein, daß der Täter sich z.B. betrunken hat, weil er mit dem Rausch einverstanden war, begründet noch keine Sorgfaltspflichtverletzung, wenn er gar nicht damit rechnen mußte, im Rausch eine Straftat zu begehen»: LÜDICKE, N. 9 f. zu c. 1324 a.F. CIC (zit. N. 9).

931 Ist der Minderjährige jünger als 16 Jahre, bleibt er straffrei (c. 1323, 1° CIC), ist er über 18 Jahre alt, ist er nicht mehr minderjährig, sondern erwachsen, womit ihn die volle Strafe trifft: LÜDICKE, N. 12 zu c. 1324 a.F. CIC.

932 Hierbei handelt es sich um eine «Generalklausel, die jede Minderung der Vorwerfbarkeit zum Strafminderungsgrund erklärt, sofern diese gravierend bleibt»: LÜDICKE, N. 18 f. zu c. 1324 a.F. CIC (zit. N. 19).

933 Vgl. hierzu LÜDICKE, N. 11 zu c. 1324 a.F. CIC.

934 Vgl. LÜDICKE, N. 13 zu c. 1324 a.F. CIC.

die innere Schlechtigkeit, träte dann zwar nicht Straffreiheit nach c. 1323, 4° CIC ein, aber zwingend eine Strafmilderung nach c. 1324, 5° CIC. Insbesondere träfe den Beichtvater nicht die Tatstrafe der Exkommunikation bei einer direkten Verletzung (c. 1386 § 1 CIC), sondern wenn, dann wäre eine leichtere Strafe zu verhängen (c. 1324 § 3 CIC).

- von jemandem, der aus gerechter Notwehr einen gegen sich oder einen anderen handelnden ungerechten Angreifer abgewehrt und dabei nicht die gebotene Verhältnismässigkeit beachtet hat (*nec tamen debitum servavit moderamen*; 6°). Zu den Elementen (Notwehr, Nothilfe, Verhältnismässigkeit) kann auf die Ausführungen zu c. 1323, 5° CIC verwiesen werden.[935] Der Unterschied zu besagtem Strafbefreiungsgrund liegt darin, dass die Abwehr hier unverhältnismässig ausfällt. Wollte man oben die Verhältnismässigkeit verneinen, wäre die Verletzung von Beichtsiegel oder -geheimnis hierunter zu fassen.
- gegen einen (*adversus aliquem*), der schwer und ungerecht provoziert hat (*graviter et iniuste provocantem*; 7°). Die Provokation muss ungerecht sein und stark ausfallen, sodass «die dadurch erzeugte Erregung des Täters die Minderung des Schuldvorwurfes rechtfertig[t]».[936] Es ist nicht zu erwarten, dass ein Pönitent den eigenen Beichtvater derart provoziert, sodass dieser Beichtwissen mitteilt; bei Dritten ist dies denkbar, aber unwahrscheinlich. Man könnte diskutieren, ob nicht das Geständnis von Missbrauch, verbunden mit dem Verlangen, absolviert zu werden, als schwere und ungerechte Provokation gelten kann, womit auch hier ein Strafmilderungsgrund zu bejahen wäre.
- von jemandem, der irrtümlich (*per errorem*), wenngleich schuldhaft (*ex sua tamen culpa*), geglaubt hat (*putavit*), es läge ein Strafausschlussgrund nach c. 1323, 4° oder 5° CIC vor (8°), d.h. schwere Furcht, Notlage oder erhebliche Beschwernis, ohne dass die Tat in sich schlecht wäre oder zum Schaden der Seelen gereiche (c. 1323, 4° CIC), bzw. auf diese Weise geglaubt hat, er leiste eine verhältnismässige Notwehr und Nothilfe (5°). Es gilt das zu c. 1323, 7° CIC Geschriebene,[937] mit dem Unterschied, dass dort der Irrtum schuldlos ist und damit zur Straffreiheit führt, er hier aber schuldhaft ist, womit die Strafe obligatorisch zu mildern ist.

---

[935] Vgl. LÜDICKE, N. 14 zu c. 1324 a.F. CIC.
[936] LÜDICKE, N. 15 zu c. 1324 a.F. CIC.
[937] Vgl. LÜDICKE, N. 16 zu c. 1324 a.F. CIC.

- von jemandem, der ohne Schuld (*sine culpa*) nicht gewusst hat (*ignoravit*), dass dem Gesetz oder dem Verwaltungsbefehl eine Strafdrohung beigefügt ist (*poenam legi ... esse adnexam*; 9°), mithin schuldlos nicht um die Strafbarkeit weiss.[938] Mindestens in der Parallelwertung in der Laiensphäre dürfte allen dem CIC rechtsunterworfenen und nach CIC deliktsfähigen Personen bekannt sein, dass das Beichtsiegel und -geheimnis gewahrt werden muss und bei einer Verletzung in irgendeiner Form Ärger droht. Dieser Strafmilderungsgrund scheidet somit aus.

Dasselbe kann der Richter tun, wenn ein anderer Umstand gegeben ist (*qua alia adsit circumstantia*), der die Schwere der Straftat mildert (*quae delicti gravitatem deminuat*; § 2). Hierbei handelt es sich um einen Auffangtatbestand, bei welchem die Strafmilderung auch in Fällen möglich ist, die nicht von § 1 erfasst sind.[939] Dies ist namentlich gegeben, wenn der Schaden oder das Ärgernis gering ausfallen, nicht aber, wenn der Täter bereut oder den Schaden wiedergutmacht, denn dies betrifft die Strafzumessung, nicht die Tat.[940]

Bei alledem gilt zu berücksichtigen, dass grob fahrlässige, sorglose oder gewollte Unkenntnis (*ignorantia crassa vel supina vel affectata*) **niemals** zu einer Strafbefreiung (c. 1323 CIC) oder Strafmilderung (c. 1324 CIC) führt (c. 1325 CIC).[941]

Verletzt der Beichtvater das Beichtsiegel, besteht grundsätzlich die Gefahr einer **Strafverschärfung** (c. 1326 CIC), die – im Gegensatz zum alten Recht – nicht mehr fakultativ, sondern verpflichtend ist (*debet*).[942] Eine fakultativ

---

938 LÜDICKE, N. 17 zu c. 1324 a.F. CIC.
939 LÜDICKE, N. 2 zu c. 1324 a.F. CIC.
940 Ausführlich LÜDICKE, N. 20–22 zu c. 1324 a.F. CIC.
941 Grob fahrlässig ist die Unkenntnis «dessen, was jeder durchschnittliche Mensch wissen müsste», sorglos ist sie, wenn die Person «sich nicht für das interessiert, was andere Menschen zu wissen für nötig halten», gewollt schliesslich, wenn sie absichtlich erfolgt, mithin «sich jemand einem möglichen Wissen gegenüber absichtlich verschließt»: HALLERMANN, Kommentar zu c. 1325 CIC. Vgl. hierzu – und zu c. 1325 a.F. CIC, der in seinem zweiten Halbsatz beinhaltete: Trunkenheit und andere Geistesverwirrung, wenn sie absichtlich herbeigeführt worden war, um eine Straftat zu begehen oder zu entschuldigen, sowie eine absichtlich erregte oder unterhaltene Leidenschaft – auch LÜDICKE, N. 2–8 zu c. 1325 a.F. CIC.
942 HALLERMANN, Kommentar zu c. 1326 § 1 CIC. Vgl. zum alten Recht LÜDICKE, N. 2 zu c. 1326 a.F. CIC.

festgelegte Strafe wird dann verpflichtend (§ 3).[943] Ist eine Tatstrafe festgesetzt, kann zudem eine andere Strafe oder Busse hinzugefügt werden (§ 2). Ansonsten sind Strafverschärfungen mangels fester Strafrahmen schwierig umzusetzen.[944] Der Richter muss (*debet*) jedenfalls härter (*gravius*) als Gesetz oder Verwaltungsbefehl es bestimmen, unter anderem[945] denjenigen bestrafen (*puniatur*; c. 1326 § 1 Einleitungssatz CIC), der sich in einer höheren Würde bzw. Ehrenstellung befindet (*in dignitate aliqua constitutus est*) oder der zur Begehung einer Straftat seine Autorität oder sein Amt missbraucht hat (*qui auctoritate aut officio abusus est*; 2°). Erfasst wird damit einerseits eine Person mit einer, gegenüber den anderen Gläubigen, höheren Stellung, andererseits der Amtsmissbrauch:[946]

---

943 § 3 von c. 1326 CIC wurde mit der Erneuerung eingeführt und hat kein altrechtliches Gegenstück, entspricht aber der Zielsetzung des Gesetzgebers, als er das VI. Buch revidierte: HALLERMANN, Kommentar zu c. 1326 § 3 CIC.

944 Reinigungsstrafen, die auf eine bestimmte Zeit angesetzt sind und nicht von der Besserung des Täters abhängen, können durch Strafverschärfung verlängert werden. Jedoch gibt es «keine gesetzlichen Strafandrohungen, die einen Zeitraum überhaupt vorgeben, so daß eine Erweiterung nicht in Betracht kommt. Medizinalstrafen dagegen sind nicht auf bestimmte Zeit verhängt, sondern in ihrem Fortbestehen von der Hartnäckigkeit des Täters bedingt [mit Hinweis auf c. 1358 § 1 CIC]; inhaltlich gestaltbar ist nur die Suspension [cc. 1333 f. CIC], aber auch hier gibt es keine gesetzliche Strafdrohung, die den Umfang der Suspension vorgäbe. Eine Strafverschärfung gegenüber der Androhung kann es also begrifflich nur geben, wenn ein Strafrahmen festgesetzt ist. Das ist vor allem bei einem Strafbefehl denkbar, der sich auf eine konkretere Situation bezieht als das Strafgesetz»: LÜDICKE, N. 2 zu c. 1326 a.F. CIC.

945 Die drei anderen Strafverschärfungsgründe nach c. 1326 § 1 CIC kommen vorliegend nicht in Frage: Sie treffen denjenigen, der nach der Verhängung oder Feststellung einer Strafe weiterhin in seinem strafwürdigen Verhalten verharrt, sodass aus den Umständen vernünftigerweise auf sein Verharren im schlechten Wollen geschlossen werden kann (1°); denjenigen, der, obwohl eine Strafe für eine schuldhafte Straftat festgesetzt ist, den Ausgang vorhergesehen hat und gleichwohl Vorsichtsmassnahmen zu ihrer Vermeidung unterlassen hat, die jeder Gewissenhafte angewendet hätte (3°); und denjenigen, der eine Straftat in Trunkenheit oder anderer Geistestrübungen begangen hat, wenn diese mit Absicht herbeigeführt wurden, um eine Straftat zu begehen oder zu entschuldigen, sowie mit Leidenschaft, die willentlich herbeigeführt oder genährt wurde (4°). Vgl. zu diesen Fällen HALLERMANN, Kommentar zu c. 1326 § 1 CIC, und LÜDICKE, N. 3 f. und 9 f. zu c. 1326 a.F. CIC. Der jetzige 4° entspricht am ehesten dem zweiten Teilsatz von c. 1325 a.F. CIC: GRAULICH/HALLERMANN, S. 222 (lateinisch) und 251 (deutsch).

946 LÜDICKE, N. 5 zu c. 1326 a.F. CIC.

- Aus der höheren Stellung ergeben sich höhere Pflichten für den Täter, womit seine «Auflehnung gegen die Rechtsordnung […] mehr Schaden in der Gemeinschaft [anrichtet], als die Straftat einfacher Gläubiger» (2°, Fall 1).[947]
- Aus dem Amt oder der Autorität erwächst eine besondere Verantwortung; missbraucht der Täter sie, um eine Straftat zu begehen, stiftet er ebenfalls mehr Schaden als einfache Gläubige (2°, Fall 2).[948]

Solange ein Beichtvater Pönitenten nicht arglistig Bekenntnisse entlockt, um sie hernach böswillig direkt oder indirekt zu verbreiten (vgl. c. 1386 § 1 CIC), dürfte ein strafschärfender Amtsmissbrauch nicht vorliegen (2°, Fall 2).

Bei den geschilderten Fällen, in denen nach vorliegender Auffassung Straffreiheit (c. 1323, 3°–5° CIC) oder – selbst wenn man anderer Auffassung wäre – zwingend Strafmilderung (c. 1324 § 1, 5° f. CIC) folgen muss, fragt sich, ob eine Strafschärfung aufgrund der höheren Stellung des Beichtvaters verpflichtend ist (2°, Fall 1). Auf einen ersten, oberflächlichen Blick könnte man dies bejahen, denn der Beichtvater ist formal in einer höheren Stellung. Er handelt aber materiell nicht als Beichtvater, sondern als Mensch, der durch den Pönitenten oder einen Dritten unverschuldet in eine schwerwiegende Notsituation gebracht wird, sei es durch physische Gewalt (c. 1323, 3° CIC), schwere Furcht (c. 1323, 4° bzw. c. 1324 § 1, 5° CIC), Notlage in Form der *necessitas absoluta spiritualis* (Normkonflikt; c. 1323, 4° bzw. c. 1324 § 1, 5° CIC) oder Erforderlichmachen von Massnahmen der Nothilfe (c. 1323, 5° bzw. c. 1324 § 1, 6° CIC), selbst dann, wenn der Beichtvater einem Irrtum unterläge (c. 1323, 7° bzw. c. 1324 § 1, 8° CIC). Aus der Auflistung der strafschärfenden Umstände in c. 1326 § 1, 1°–4° CIC ergibt sich, dass diesen Tätern eine besondere Arglistigkeit, Bosheit, Widersetzlichkeit, Beharrlichkeit oder Rücksichtslosigkeit vorgeworfen werden kann. Dies alles ist einem Beichtvater in einer der geschilderten Notsituationen nicht vorzuhalten. Damit fällt eine Strafschärfung ausser Betracht.

Mit LÜDICKE ist schliesslich darauf hinzuweisen, dass die verpflichtende Bestrafung der Beichtsiegel- oder -geheimnisverletzung (*puniatur* bzw. *puniantur*) nicht ausschliesst, in Anwendung von c. 1341 CIC von einer **Strafverfol-**

---

947 LÜDICKE, N. 6 zu c. 1326 a.F. CIC mit Hinweis auf die Vorgängerbestimmung (c. 2207, 1° CIC 1917) und darauf, dass die ([amts-] kirchliche) Würde des Tatopfers nicht mehr für das Strafmass berücksichtigt wird.

948 LÜDICKE, N. 7 zu c. 1326 a.F. CIC.

gung abzusehen.[949]. Nach geltendem Recht hat *(debet)* der Ordinarius den Gerichts- oder Verwaltungsweg zur Verhängung oder Feststellung von Strafen zu beschreiten, wenn er erkannt hat, dass weder auf den Wegen pastoralen Bemühens, besonders durch brüderliche Ermahnung *(fraterna correctio)*, noch durch Verwarnung *(monitio*; vgl. c. 1339 § 1 CIC) oder durch Verweis *(correptio*; vgl. c. 1339 § 2 CIC) die Gerechtigkeit wiederhergestellt *(satis posse iustitiam restitui)*, der Täter gebessert *(reum emendari)* und das Ärgernis behoben *(scandalum reparari)* werden kann (c. 1341 CIC). Verletzt somit der Beichtvater aufgrund einer schwerwiegenden Notlage das Beichtsiegel – für Dritte gilt das nämliche hinsichtlich des Beichtgeheimnisses – kann folglich gestützt auf c. 1341 CIC auf ein Strafverfahren verzichtet werden. Wird gleichwohl ein Strafverfahren durchgeführt, muss hingegen eine Strafe verhängt werden, unter Berücksichtigung der cc. 1342–1350 CIC.[950]

4.1.5 Exkurs: (Kein?) Seelsorgesiegel oder -geheimnis

Strafrechtliche Bestimmungen sind eng auszulegen (c. 18 CIC). Von daher besteht kein Raum, das Beichtsiegel oder -geheimnis, die für die Beichte und *in foro interno* gelten, auf Gespräche *in foro externo* auszudehnen. Damit sind Gespräche mit einem Priester *(sacerdos)* mit Befugnis *(facultas)* – mithin mit jemandem, der Beichtvater sein kann – ebenso wenig wie Gespräche mit einem Laienseelsorger durch eine kirchenrechtliche Geheimhaltungspflicht gedeckt.[951]

Nicht im eigentlichen Sinn eine Geheimhaltungspflicht betrifft das Vortäuschen einer Beichte. Das Vortäuschen einer Beichte steht unter Strafe, genauso wie der Versuch, eine Absolution zu erteilen, obschon man es nicht kann (c. 1379 § 1, 2° CIC); die Rechtsfolge ist die Tatstrafe des Interdikts oder, falls es sich um einen Kleriker (insbesondere Diakone) handelt, auch der Suspension. Täter kann hier auch ein Laie sein, sei er Seelsorger oder nicht. Die Tat hat zudem die Irregularität für den Empfang der Priesterweihe zur Folge

---

949 LÜDICKE, N. 6 zu c. 1388 a.F. CIC. Diese Bestimmung wurde im Rahmen der Erneuerung des Strafrechts verändert und steht in «erkennbarer Korrespondenz» zu c. 1311 § 2 CIC: HALLERMANN, Kommentar zu c. 1341 CIC.

950 LÜDICKE, N. 6 zu c. 1388 a.F. CIC.

951 Vage und ohne dies zu begründen oder zu belegen, jedoch im Ergebnis zutreffend, KUMRAL, S. 99: «Nicht alle Seelsorgegespräche im kirchlichen Rahmen werden mit dem Beichtgeheimnis im Zusammenhang stehen.»

(c. 1041, 6° CIC).[952] Vorbehalten ist dabei die versuchte Absolution eines Mitschuldigen *contra sextum* durch einen Beichtvater, ohne dass Todesgefahr vorliegt (c. 1379 § 1, 2° in Verbindung mit c. 1384 in Verbindung mit c. 977 CIC).

Es fragt sich, ob der Auffangtatbestand von c. 1399 CIC in Frage kommt, wenn ein Seelsorger – sei er Laie oder Kleriker – Inhalte weitergibt, die ein Ratsuchender preisgegeben hat. Nach dieser Bestimmung kann – ausser den Fällen, die im CIC oder in anderen Gesetzen geregelt sind – die äussere Verletzung eines göttlichen oder eines kanonischen Gesetzes nur dann mit einer gerechten Strafe belegt werden, wenn die besondere Schwere der Rechtsverletzung eine Bestrafung erfordert und die Notwendigkeit drängt, Ärgernissen zuvorzukommen oder sie zu beheben. Besagte Bestimmung ist anzuwenden, wenn «ein Verhalten eine besonders schwere Rechtsverletzung darstellt, aber von der kirchlichen Rechtsordnung noch nicht als solches erfasst ist, [...] um einem Ärgernis zuvorzukommen oder es zu beheben.»[953] Zu unterscheiden ist vorliegend wohl Folgendes: Gibt ein Seelsorger aus reiner Bosheit intime Informationen weiter, namentlich, um sich wichtig zu machen, seine Tratsch-Sucht zu befriedigen oder, um den Ratsuchenden blosszustellen oder anderweitig der Lächerlichkeit preiszugeben, ist das Ärgernis zu bejahen und der Seelsorger ist gestützt auf c. 1399 CIC mit einer gerechten Strafe zu belegen. Gibt der Seelsorger demgegenüber aus wichtigem Grund Informationen weiter, insbesondere, um Dritte zu schützen, liegt kaum ein Ärgernis vor, weswegen der Seelsorger nicht zu bestrafen ist.

---

952 ALTHAUS, N. 2 zu c. 965 CIC.

953 GRAULICH, Kommentar zu c. 1399 CIC.

4.2 Staatlich-rechtliche Sicht

Das staatliche Recht beschäftigt sich in verschiedenen Bereichen mit dem Berufsgeheimnis, dem auch Geistliche unterstehen: Im Straf- und Zivilrecht sowie im Prozessrecht, daneben kennt es Anzeige- und Melderechte sowie -pflichten.

4.2.1 Strafrechtlicher Schutz (Art. 321 StGB)

4.2.1.1 Grundsatz (Ziff. 1)

4.2.1.1.1 Hinführung

Der Verletzung des Berufsgeheimnisses (*violation du secret professionnel, violazione del segreto professionale*) machen sich strafbar Geistliche, Rechtsanwälte, Verteidiger, Notare, Patentanwälte, nach Obligationenrecht zur Verschwiegenheit verpflichtete Revisoren, Ärzte, Zahnärzte, Chiropraktoren, Apotheker, Hebammen, Psychologen, Pflegefachpersonen, Physiotherapeuten, Ergotherapeuten, Ernährungsberater, Optometristen, Osteopathen sowie ihre Hilfspersonen, die ein Geheimnis offenbaren, das ihnen infolge ihres Berufs anvertraut worden ist oder das sie in dessen Ausübung wahrgenommen haben; sie werden, auf Antrag, mit Freiheitsstrafe bis zu drei Jahren oder Geldstrafe bestraft (Art. 321 Ziff. 1 Abs. 1 StGB). Ebenso werden Studenten bestraft, die ein Geheimnis offenbaren, das sie bei ihrem Studium wahrnehmen (Abs. 2). Die Verletzung des Berufsgeheimnisses ist auch nach Beendigung der Berufsausübung oder der Studien strafbar (Abs. 3).

Rechtsgeschichtlich wurzeln alle Berufsgeheimnisse im Beichtgeheimnis.[954] Sämtliche anderen Berufsgeheimnisse – wie diejenigen der Anwälte und Ärzte – sind damit zeitlich jüngere Erscheinungen.[955] Auch aus diesem Grund beginnt die Aufzählung in Art. 321 StGB mit dem Geistlichen.[956] Grundgelegt ist das Berufsgeheimnis heute im Schutz der Privatsphäre

954 BERNHARD, S. 106 («sozusagen die älteste Datenschutzvorschrift in der Rechtsgeschichte und ursprünglich auch ein Meilenstein in der Geschichte der christlichen Seelsorge»); SUTER, Artikel, S. 51; DERS., Buch, S. 9.

955 SUTER, Artikel, S. 51.

956 SUTER, Buch, S. 16.

(Art. 13 BV) bzw. im Recht auf Achtung der Privatsphäre (Art. 8 EMRK).[957] Im Zusammenhang mit einem Geheimnis, das einem Geistlichen anvertraut wurde (Seelsorgegeheimnis), ist zudem die Glaubens- und Gewissensfreiheit (Art. 15 BV) zu beachten.

Das Berufsgeheimnis (Art. 321 StGB) gehört systematisch zum 18. Titel des Besonderen Teils, Strafbare Handlungen gegen die Amts- und Berufspflichten (Art. 312–322bis StGB).[958] Dieser Teil schützt im Allgemeinen das öffentliche Interesse an einer einwandfreien, d.h. rechtsgetreuen und damit nicht missbräuchlichen Ausübung entweder von öffentlich-rechtlichen Befugnissen durch deren Träger oder von Pflichten, die bestimmte Angehörige privater Berufe (vgl. Art. 318, 321 und 322 StGB) zu erfüllen haben.[959] Der Schutz des Berufsgeheimnisses im Besonderen ermöglicht, dass sich ein Ratsuchender im Vertrauen auf Verschwiegenheit vollumfänglich öffnen kann, wodurch erst bestimmte Berufsangehörige ihren Beruf zweckmässig und zielführend ausüben können.[960] Hieraus ergibt sich der zweifache Schutzzweck des Be-

---

957 BGE 141 IV 77 E. 4.4 S. 82; BGer 2C_586/2015 E. 2.3 (nicht publ. in BGE 142 II 307); OBERHOLZER, N. 2 zu Art. 321 StGB, mit Hinweis auf BGE 117 Ia 341 E. 6a S. 348–350 (betreffend das Anwaltsgeheimnis).

958 Unter diesen Titel fallen Amtsmissbrauch (Art. 312 StGB), Gebührenüberforderung (Art. 313 StGB), ungetreue Amtsführung (Art. 314 StGB), Urkundenfälschung im Amt (Art. 317 StGB), nicht strafbare Handlungen (im Zusammenhang mit verdeckten Ermittlungen oder dem ausserprozessualen Zeugenschutz; Art. 317bis StGB), falsches ärztliches Zeugnis (Art. 318 StGB), Entweichenlassen von Gefangenen (Art. 319 StGB), Verletzung des Amtsgeheimnisses (Art. 320 StGB), Verletzung des Berufsgeheimnisses (Art. 321 StGB), Berufsgeheimnis in der Forschung am Menschen (Art. 321bis StGB), Verletzung des Post- und Fernmeldegeheimnisses (Art. 321ter StGB), Verletzung der Auskunftspflicht der Medien (Art. 322 StGB) und Nichtverhinderung einer strafbaren Veröffentlichung (Art. 322bis StGB). Im Zusammenhang mit der Revision des Korruptionsstrafrechts wurden Art. 315 StGB (Sich bestechen lassen) und Art. 316 (Annahme von Geschenken) auf den 1. Mai 2000 aufgehoben und finden sich jetzt, ausgebaut, als 19. Titel des Besonderen Teils, Bestechung, in Art. 322ter–322^{decies} StGB (vgl. AS 2000 1121; BBl 1999 5497).

959 DONATSCH/THOMMEN/WOHLERS, S. 549.

960 BGE 117 Ia 341 E. 6a S. 348 («l'avocat doit pouvoir susciter la confiance absolue de son client, ce dernier devant pouvoir se fier entièrement à la discrétion de son défenseur»); BGer 2C_586/2015 E. 2.1 (das Anwaltsgeheimnis als «unerlässliches Institut» und als «unerlässliche Grundlage für deren [d.h. der Anwälte] Berufsausübung und damit für eine rechtsstaatlichen Anforderungen genügende Justiz»; nicht publ. in BGE 142 II 307); KUMRAL, S. 195; OBERHOLZER, N. 2 zu Art. 321 StGB (mit dem Hinweis, dass diese Berufsangehörigen wegen des Berufsgeheimnisses erst «das absolute Vertrauen ihrer Klienten erlangen

rufsgeheimnisses: In erster Linie geschützt ist der Betreffende, dass seine anvertrauten Geheimnisse nicht an Dritte – namentlich an staatliche Stellen (etwa Strafverfolgungsbehörden) – weitergegeben werden, daneben aber auch das öffentliche Interesse an der einwandfreien Ausübung eines solchen Berufs, was nur durch das Vertrauen auf die Verschwiegenheit sichergestellt ist.[961]

4.2.1.1.2 Täter

Die Aufzählung der Berufsgruppen in Art. 321 StGB ist abschliessend,[962] womit es sich um ein echtes Sonderdelikt handelt.[963] Auf den Geistlichen, hier als Täter, wurde bereits eingegangen.[964] Andere Berufsgruppen wie Tier-

können, indem sich diese ganz auf die Diskretion verlassen können»); SUTER, Artikel, S. 51; DERS., Buch, S. 15 f. (mit Hinweis auf «Therapie, gerichtliches Verfahren, Heilung etc.» als zu erreichendes Ziel).

961 BGE 112 Ib 606 E. b S. 606 f. («Diese Bestimmung wurde erlassen, um die Ausübung der darin aufgezählten Berufe im öffentlichen Interesse zu erleichtern, und findet ihre Rechtfertigung in der Überlegung, dass diese Berufe nur dann richtig und einwandfrei ausgeübt werden können, wenn das Publikum auf Grund einer unbedingten Garantie der Verschwiegenheit das unentbehrliche Vertrauen zum Inhaber des Berufes hat [...]. Bei der Beziehung zwischen Anwalt und Klient muss vorausgesetzt werden dürfen, dass der Klient voll auf die Verschwiegenheit des Anwalts vertrauen darf. Wenn der Klient sich ihm nicht rückhaltslos anvertraut und ihm nicht Einblick in alle erheblichen Verhältnisse gewährt, so ist es für den Anwalt schwer, ja unmöglich, den Klienten richtig zu beraten und ihn im Prozess wirksam zu vertreten.»); 87 IV 105 E. 2b S. 108; BGer 2C_586/2015 E. 2.1 (nicht publ. in BGE 142 II 307); OBERHOLZER, N. 2 zu Art. 321 StGB; SUTER, Buch, S. 15. Vgl. auch KUMRAL, S. 99 f. und 195 f. SCHMOECKEL, S. 240 f., nennt für den Schutz des Seelsorgegeheimnisses ein «Bündel von Motiven»: a. «Schutz der Individuen (Beichtender, Beichtvater) in Ausübung ihrer Religion»; b. Vertraulichkeit des seelsorgerischen Gesprächs, auch, um als Geistlicher «nicht in eine Kollision zwischen verschiedenen Pflichten gegenüber Kirche, Staat und Beichtenden zu geraten»; c. Berufsfreiheit des Geistlichen; d. Schutz der Religionsausübung als Rechtsgut; e. als «Allgemeininteresse» «die Möglichkeit eines geschützten Gesprächs, in dem der Seelsorger die Menschen ethisch berät. Wer auf die Vertrauenswürdigkeit des Pfarrers baut, sich ihm öffnet, kann auch von Taten und Verhaltensmustern abgebracht werden oder jedenfalls auf die Verwerflichkeit seines Tuns aufmerksam gemacht werden.»

962 So bereits BGE 83 IV 194 S. 197. Vgl. OBERHOLZER, Vorbemerkung zu Art. 321 StGB; SUTER, Buch, S. 16.

963 OBERHOLZER, N. 4 zu Art. 321 StGB; SUTER, Buch, S. 37.

964 Oben, 3.2.2. Zu den übrigen Berufsangehörigen DONATSCH/THOMMEN/WOHLERS, S. 588–590; OBERHOLZER, N. 7–9 zu Art. 321 StGB.

ärzte, Sozialarbeiter oder Treuhänder fallen nicht darunter, selbst wenn sie gesetzlich oder vertraglich zur Verschwiegenheit verpflichtet sind.[965] Damit ist nicht jede Verschwiegenheitspflicht des privaten oder öffentlichen Rechts, beruhe sie auf Gesetz oder auf Vertrag, strafrechtlich geschützt.[966] Gleichwohl finden sich in Spezialgesetzen weitere strafbewehrte Geheimhaltungspflichten, die dem StGB vorgehen (*lex specialis derogat legi generali*, das besondere Gesetz geht dem allgemeinen vor),[967] vorliegend aber nicht weiter interessieren. Zu bemerken bleibt, dass der Personenkreis in Art. 321 Ziff. 1 StGB «durchaus aleatorische Züge» hat und «geprägt [ist] von Partikularinteressen einzelner Berufsstände, die sich im Gesetzgebungsprozess mehr oder weniger deutlich durchsetzen konnten».[968]

Da es sich bei Art. 321 StGB um ein echtes Sonderdelikt handelt, müssen die Hilfspersonen und ebenso die Studenten ausdrücklich genannt werden; sie unterstehen derselben Strafandrohung.[969] Im Umkehrschluss bedeutet dies, wer weder zum abschliessend geregelten Kreis der Berufsangehörigen zählt noch deren Hilfsperson oder aber Student ist, fällt nicht unter die Strafbestimmung und wird nicht bestraft, selbst wenn er ein (z.B. zufällig vernommenes) Geheimnis offenbart.

---

965 Dies gilt zumindest so lange, wie sie selbständig tätig und nicht Hilfsperson bzw. Dienstleister einer Person sind, die dem strafbewehrten Berufsgeheimnis untersteht. Sind sie in amtlicher Funktion tätig, fallen sei unter Umständen jedoch unter das Amtsgeheimnis (Art. 320 StGB): OBERHOLZER, N. 11 zu Art. 321 StGB.

966 Man denke etwa an die Verschwiegenheitspflicht des Beauftragten gemäss Art. 398 Abs. 1 OR oder des Arbeitnehmers gemäss Art. 321a Abs. 4 OR: OBERHOLZER, N. 3 f. zu Art. 321 StGB mit Hinweis auf BGE 95 I 439 E. 2c S. 447 f.; 83 IV 194 S. 196 («Die Strafnorm auf bloss vertragliche Pflichten solcher Art ausdehnen, hiesse ihren Anwendungsbereich in einer durch den klaren Text des Gesetzes nicht mehr gedeckten Weise erweitern.»).

967 Zu nennen sind hier die sozialversicherungsrechtlichen Berufsgeheimnisse wie die Schweigepflicht gemäss Art. 87 Abs. 5 AHVG, die mittels Verweises in Art. 70 IVG auch für die Invalidenversicherung gilt, die Schweigepflicht gemäss Art. 11 OHG oder das Bankgeheimnis gemäss Art. 47 BankG: OBERHOLZER, N. 12 zu Art. 321 StGB. Daneben ist Art. 62 DSG betreffend die Verletzung der beruflichen Schweigepflicht zu erwähnen, wobei hier nicht auf die Zugehörigkeit zu einer bestimmten Berufsgruppe abgestellt wird, sondern auf den Zusammenhang mit der Berufsausübung: OBERHOLZER, N. 13 zu Art. 321 StGB (jedoch noch zum alten Datenschutzrecht bzw. zu Art. 35 a.F. DSG).

968 OBERHOLZER, N. 3 zu Art. 321 StGB.

969 Vgl. OBERHOLZER, N. 4 zu Art. 321 StGB; SUTER, Buch, S. 37. Zu den Hilfspersonen oben, 3.2.3.

4.2.1.1.3 Tatobjekt

Tatobjekt ist ein Geheimnis.[970] Dieses Geheimnis muss dem Berufsangehörigen infolge seines Berufes anvertraut worden sein oder er muss es in dessen Ausübung wahrgenommen haben.[971] Folglich muss ein Kausalzusammenhang bestehen zwischen der Kenntnisnahme einerseits und der Berufstätigkeit andererseits.[972] Was der Berufsangehörige als Privatperson erfahren hat oder hätte erfahren können, fällt nicht unter das Berufsgeheimnis, ausser, es wäre erkennbar nur deswegen offenbart worden, weil er Angehöriger eines bestimmten Berufs ist.[973] Bedeutungslos ist dabei, ob das Geheimnis direkt vom Geheimnisherrn selbst oder indirekt von einem Dritten erfahren wurde.[974] Das Geheimnis muss jedoch nicht anvertraut sein, womit genügt, wenn der Berufsangehörige dieses bei seiner Berufsausübung wahrgenommen hat.[975]

4.2.1.1.4 Tathandlung

Die Tathandlung besteht im Offenbaren des Geheimnisses gegenüber einem unbefugten, d.h. nicht ermächtigten Dritten.[976] Das Offenbaren besteht in einem In-Kenntnis-Setzen oder in der Ermöglichung, Kenntnis zu nehmen.[977] Die Art und Weise des Offenbarens ist dabei bedeutungslos.[978] Ebenfalls be-

---

970 Zum Geheimnis oben, 2.1.3.3.

971 SUTER, Buch, S. 36. Abgrenzungsschwierigkeiten ergeben sich dann, wenn die Tätigkeit des Berufsträgers über die berufsspezifische Tätigkeit hinausgeht, beispielsweise, wenn ein Anwalt auch im Verwaltungsrat einer Aktiengesellschaft sitzt. Dort ist zu fragen, in welcher Funktion er vom Geheimnis erfuhr, d.h., ob berufsspezifisch als Anwalt oder aber als jemand, der für die Tätigkeit nicht Anwalt sein muss – dies liegt regelmässig bei einem Verwaltungsratsmandat vor: OBERHOLZER, N. 17 zu Art. 321 StGB. Diese Problematik wurde bereits oben, 3.2.2.4, hinsichtlich des Geistlichen erläutert, wobei der Geistliche vorsichtiger als der Anwalt sein muss, will er eine Geheimnisverletzung vermeiden.

972 KUMRAL, S. 199; OBERHOLZER, N. 16 zu Art. 321 StGB («Zwischen der Kenntnis der vertraulichen Tatsache und der beruflichen Funktion muss ein Kausalzusammenhang bestehen.»); SUTER, Buch, S. 36.

973 BGE 101 Ia 10 E. 5c S. 11 (hinsichtlich eines Arztes); KUMRAL, S. 199; OBERHOLZER, N. 15 zu Art. 321 StGB.

974 OBERHOLZER, N. 16 zu Art. 321 StGB; SUTER, Buch, S. 36.

975 Vgl. OBERHOLZER, N. 15 f. zu Art. 321 StGB; SUTER, Buch, S. 15 und 36.

976 OBERHOLZER, N. 19 zu Art. 321 StGB; SUTER, Buch, S. 36.

977 OBERHOLZER, N. 19 zu Art. 321 StGB; SUTER, Buch, S. 36.

978 Das Offenbaren kann etwa in der direkten Preisgabe der Information oder im Weiterleiten von geheimhaltungspflichtigen Unterlagen bestehen. Ein Offenbaren ist bereits zu bejahen, wenn der geheimhaltungspflichtige Berufsangehörige

deutungslos ist, ob der Dritte die geoffenbarte geheime Tatsache bereits vermutete (Gerücht) oder sogar kannte, «weil dadurch seine unsicheren oder unvollständigen Kenntnisse ergänzt oder verstärkt werden».[979]

Unbeachtlich ist, welcher Art der Dritte ist d.h., ob er seinerseits dem Amts- oder Berufsgeheimnis untersteht:[980] Der Geheimnisherr hat einem bestimmten Geheimnisträger – und nicht einer abstrakten Berufsgruppe – ein Geheimnis anvertraut, das er gewahrt wissen will.[981] Hinsichtlich der Geistlichen heisst dies, dass auch ein Geistlicher bzw. Seelsorger gegenüber anderen Geistlichen bzw. Seelsorgern an das Berufsgeheimnis gebunden ist.[982] Dies gilt unabhängig von dienstlichen oder arbeitsrechtlichen Subordinationsverhältnissen, womit der Geistliche auch gegenüber seinen kirchen- oder staatskirchenrechtlichen bzw. seinen vereins- oder gesellschaftsrechtlichen (Freikirchen etc.) Vorgesetzten das Berufsgeheimnis zu wahren hat.[983] Folglich sind auch die Informationsrechte der vorgesetzten Stelle oder Behörde eingeschränkt in demjenigen Umfang, wie das Berufsgeheimnis gilt.[984] Eine Ausnahme liegt vor, wenn der Geheimnisherr damit einverstanden ist, dass der Geheimnisträger das Geheimnis offenbart, oder dies sachlich gerechtfertigt und für die Erfüllung des Auftrags notwendig ist.[985]

Akten unzureichend aufbewahrt, sofern er zumindest in Kauf nimmt, dass ein unbefugter Dritter diese einsieht: OBERHOLZER, N. 19 zu Art. 321 StGB.

979 OBERHOLZER, N. 19 zu Art. 321 StGB; SUTER, Buch, S. 36. Vgl. bereits BGE 75 IV 71 E. 2 S. 74 f. («Schon die Bestätigung dessen, was sie [die Dritten] bereits wussten, brauchte sich der Berechtigte nicht gefallen zu lassen.»); daneben KUMRAL, S. 200.

980 KUMRAL, S. 200; OBERHOLZER, N. 20 zu Art. 321 StGB.

981 OBERHOLZER, N. 20 zu Art. 321 StGB; SUTER, Buch, S. 36 f.

982 SUTER, Buch, S. 36.

983 SUTER, Buch, S. 37. Vgl. allgemeiner auch OBERHOLZER, N. 20 zu Art. 321 StGB.

984 OBERHOLZER, N. 20 zu Art. 321 StGB.

985 Eine solche Rechtfertigung liegt insbesondere bei arbeitsteiligen Organisationsstrukturen vor, etwa im Gesundheitswesen, wo es im Interesse des Patienten liegt, wenn die verschiedenen Ärzte miteinander sprechen (einweisender und behandelnder Arzt, Konsiliararzt, Ärzte im Rahmen der Weiter- und Nachbehandlung etc.) – hier ist eine stillschweigende (konkludente) Einwilligung des Geheimnisherrn zu vermuten. Bei einer Abteilung in einem Spital sind sämtliche Ärzte, Pflegefachleuten etc. über die jeweiligen Schicht- und Fachgebietsgrenzen hinweg als Geheimnisträger anzusehen, womit auch hier keine Geheimnisverletzung vorliegt, wenn der eine Arzt am Ende der Schicht dem anderen etwas über den Patienten mitteilt. Demgegenüber greift das Berufsgeheimnis gegenüber Ärzten, Pflegefachleuten, Verwaltungsangehörigen etc. ausser-

Die Notwendigkeit, personenidentifizierende Angaben zu machen, ist bei Geistlichen nicht schnell zu bejahen, womit sie rasch Gefahr laufen, das Berufsgeheimnis zu verletzen. Vielmehr wird der Geistliche – wenn er einen Fall mit Kollegen besprechen möchte oder von anderen Geistlichen Rat benötigt – den Fall nichtpersonenbezogen (anonymisiert) schildern müssen. Dies ist umso naheliegender, als die genaue Kenntnisgabe von identifizierenden Personendaten (Name, Adresse, Arbeitgeber, exaktes Lebensjahr etc.) regelmässig nicht notwendig ist. Sind die Angaben vage und entsprechen dem Schema ‹ein Mann um die 50, seit vielen Jahren als Eisenleger tätig, wohnhaft im Bezirk Dietikon/in der Stadtzürcher Agglomeration›, kann sich der Ansprechpartner immer noch ein für Ratschläge genügend genaues Bild machen. Um sicher zu gehen, wird der Geistliche dabei vorgängig abwägen, welche Angaben wirklich für die Beantwortung notwendig und damit zu offenbaren sind (spielt das Alter eine Rolle; falls ja, muss man sagen ‹um die 50›, oder genügt ‹zwischen 40 und 60›; muss man ihn als ‹Eisenleger› oder ‹Maurer› bezeichnen oder genügt ‹Bauarbeiter›, oder kann man sogar gänzlich auf Berufsangaben verzichten; ist der ungefähre Wohnort oder die Wohnsituation bedeutsam; etc.). Je kleinräumiger die Begebenheiten vor Ort sind, desto vorsichtiger sollte der Geistliche sein, welche Angaben er macht. Diese Vorsicht hat der Geistliche auch gegenüber den ihm nahestehenden Personen zu beachten,[986] obschon es nicht unüblich ist, dass man mit Nahestehenden auch über seine beruflichen Erlebnisse spricht.

4.2.1.1.5 Subjektiver Tatbestand

Beim subjektiven Tatbestand ist Vorsatz (Wissen und Willen) erforderlich, wobei Eventualvorsatz (billigende Inkaufnahme) genügt (vgl. Art. 12 Abs. 2 StGB).[987] Erforderlich ist, dass der Täter um den Geheimnischarakter und seine Schweigepflicht weiss und das Geheimnis offenbaren will bzw. dies zu-

---

halb der eigenen Abteilung, selbst wenn es sich um Abteilungen desselben Spitals handelt, ausser, sie seien auch in das Behandlungsgeschehen eingebunden: OBERHOLZER, N. 20 zu Art. 321 StGB. Eine solche Arbeitsteilung dürfte bei Geistlichen nur selten vorkommen.

986 Vgl. SUTER, Buch, S. 37, der darauf hinweist, dass «auch die Weitergabe des Geheimnisses an die Ehefrau des Pfarrers den Straftatbestand erfüllen» kann.

987 KUMRAL, S. 200; OBERHOLZER, N. 21 zu Art. 321 StGB; SUTER, Buch, S. 38.

mindest in Kauf nimmt.[988] Fahrlässigkeit[989] genügt demgegenüber nicht (vgl. Art. 12 Abs. 1 StGB).[990]

4.2.1.1.6 Dauer

Die Verletzung des Berufsgeheimnisses ist auch nach Beendigung der Berufsausübung oder der Studien strafbar (Art. 321 Ziff. 1 Abs. 3 StGB). Die Umstände und Gründe, die zur Beendigung der Beziehung zwischen Geheimnisherrn und Geheimnisträger führen, sind dabei bedeutungslos (Erfüllung, Kündigung, Widerruf etc.).[991]

Hinsichtlich des Geheimnisherrn – hier desjenigen, der sich an den Geistlichen wandte – gilt das Berufsgeheimnis weiter, auch wenn der Geheimnisherr stirbt, und der Geheimnisträger (der Geistliche) ist auch gegenüber den Erben des Geheimnisherrn zur Verschwiegenheit verpflichtet, ausser, es wären ausschliesslich Fragen der vertraglich verpflichtenden Rechenschaftsablegung betroffen.[992]

Aufseiten des Geheimnisträgers – hier des Geistlichen – besteht das Berufsgeheimnis über die Beendigung der Berufstätigkeit hinaus bis zu seinem Tod.[993] Der Geistliche kann zwar nach seinem Tod nicht mehr verurteilt wer-

---

[988] KUMRAL, S. 200; OBERHOLZER, N. 21 zu Art. 321 StGB («Der Täter muss in Kenntnis des Geheimnischarakters und im Wissen um seine Schweigepflicht die Tatsache offenbaren oder dies zumindest in Kauf nehmen.»).

[989] Fahrlässig begeht ein Verbrechen oder Vergehen, wer die Folge seines Verhaltens aus pflichtwidriger Unvorsichtigkeit nicht bedenkt oder darauf nicht Rücksicht nimmt; pflichtwidrig ist die Unvorsichtigkeit, wenn der Täter die Vorsicht nicht beachtet, zu der er nach den Umständen und nach seinen persönlichen Verhältnissen verpflichtet ist (Art. 12 Abs. 3 StGB).

[990] Vgl. SUTER, Buch, S. 38.

[991] OBERHOLZER, N. 18 zu Art. 321 StGB.

[992] BGE 135 III 597 E. 3.3 S. 601; BGer 2C_1035/2016 E. 4.2.1; 2C_586/2015 E. 3.2 («Anders als bei rein auf vertraglicher Grundlage beruhenden höchstpersönlichen und damit ebenfalls unvererblichen Rechten und Pflichten [...] führt die durch den Tod verursachte Unmöglichkeit, weiterhin für die Wahrung der Vertraulichkeit der dem Anwaltsgeheimnis unterliegenden Informationen besorgt zu sein, nicht zu dessen Untergang. Das Anwaltsgeheimnis als ein im öffentlichen Interesse geschaffenes, für einen funktionierenden und den Zugang zur Justiz garantierenden Rechtsstaat unerlässliches Institut [...] überdauert den Tod des Klienten und ist auch dessen Erben entgegen zu halten»; nicht publ. in BGE 142 II 307); OBERHOLZER, N. 18 zu Art. 321 StGB.

[993] BGer 2C_586/2015 E. 3.2 (nicht publ. in BGE 142 II 307); OBERHOLZER, N. 18 zu Art. 321 StGB, mit Hinweis auf BGE 123 IV 75 E. 2a S. 76 f., der zwar das

den, wenn unberechtigte Dritte aus seinem Nachlass Geheimnisse zur Kenntnis nehmen, weil der Tod ein Verfahrenshindernis darstellt. Ist er aber verantwortungsbewusst,[994] wird er Vorsorge treffen, sei es, indem er seine Hilfspersonen dementsprechend unterrichtet, sei es, indem er beizeiten Mitschriften und Notizen vernichtet oder erhaltene Unterlagen an den Berechtigten zurückgibt.

4.2.1.1.7 Rechtfertigungs- und Schuldausschliessungsgründe

Im vorliegenden Zusammenhang besonders bedeutsam[995] ist die Entbindung vom Berufsgeheimnis entweder durch Einwilligung des Geheimnisherrn oder durch die zuständige Behörde, daneben gesetzliche Melderechte und -pflichten, wodurch eine Geheimnisverletzung eine gesetzlich erlaubte Handlung (vgl. Art. 14 StGB) darstellt. Auf diese ist unten gesondert einzugehen (4.2.1.2 f. und 4.2.4 f.).

Daneben bestehen auch bei der Verletzung des Berufsgeheimnisses die gewöhnlichen, geschriebenen und ungeschriebenen Rechtfertigungs- und Schuldausschliessungsgründe, d.h. die rechtfertigende und entschuldbare Notwehr (Art. 15 f. StGB), der rechtfertigende und entschuldbare Notstand bzw. die Notstandshilfe (Art. 17 f. StGB), die tatsächliche oder mutmassliche Einwilligung des Verletzten, die Wahrung berechtigter Interessen und die Pflichtenkollision.[996]

Erfährt ein Geistlicher im Rahmen eines Beicht- oder Seelsorgegesprächs von einem Täter, dass dieser Kinder missbraucht, sind die Rechtfertigungsgründe hinsichtlich des Berufsgeheimnisses wie folgt zu konkretisieren:

Amtsgeheimnis (Art. 320 StGB) betrifft, aber in dieser Hinsicht genauso auf das Berufsgeheimnis (Art. 321 StGB) zutrifft.

994 Vgl. BGer 2C_586/2015 E. 3.2 («Ebenso schützt [das Berufsgeheimnis] den Klienten vor der Preisgabe vertraulicher Informationen über den Tod der Anwältin oder des Anwalts hinaus, weshalb zeitig die zu dessen Schutz notwendigen Vorkehrungen zu treffen sind»; nicht publ. in BGE 142 II 307).

995 Vgl. OBERHOLZER, N. 22 zu Art. 321 StGB.

996 MARANTA, N. 16 zu Art. 443 ZGB; OBERHOLZER, N. 22 zu Art. 321 StGB.

- Die rechtfertigende Not(wehr)hilfe (Art. 15 StGB[997]) kommt für eine Befreiung vom Berufsgeheimnis wohl kaum in Frage.[998] Würde der Geistliche Zeuge eines gerade stattfindenden Missbrauchs, müsste er unmittelbar und notfalls gewaltsam gegen den Täter einschreiten und nicht erst später das Berufsgeheimnis verletzen.[999] Hier dürfte das Beichtsiegel aber keine Rolle spielen, womit kein Widerspruch zwischen staatlichem und kirchlichem Recht droht.[1000]
- Die rechtfertigende Notstandshilfe (Art. 17 StGB[1001]) dürfte hinsichtlich einer Strafanzeige ebenfalls kaum vorliegen, weil die Subsidiarität nicht gegeben ist.[1002]

---

997 Art. 15 StGB besagt hinsichtlich Notwehr und Nothilfe: Wird jemand ohne Recht angegriffen oder unmittelbar mit einem Angriff bedroht, ist der Angegriffene und jeder andere berechtigt, den Angriff in einer den Umständen angemessenen Weise abzuwehren.

998 Ausführlich KUMRAL, S. 210–214: Erfährt der Geistliche davon, liegt kein aktueller oder unmittelbar drohender Angriff (in die Rechtsgüter eines Kindes) vor. Würde man annehmen, es läge ein Dauerangriff vor, würde die Notwehrsituation zeitlich überdehnt.

999 Vgl. KUMRAL, S. 214, die daraus zu folgern scheint, eine zwangsweise durchsetzbare Anzeigepflicht für Geistliche helfe hier weiter. Gestützt auf die unten aufzuführenden Melderechte (4.2.5) erscheint dies aber überflüssig. Zudem wird ein Täter, der gerade ein Kind missbraucht, sich kaum auf das Berufsgeheimnis berufen können, denn er hat dieses Geheimnis nicht anvertraut. Selbst wenn der Täter sich auf das Berufsgeheimnis beriefe, wäre eine Entbindung durch die zuständige Behörde leichthin möglich, denn der Täter als vermeintlicher Geheimnisherr hat kein schützenswertes Interesse an der Geheimhaltung.

1000 Kaum ein Pönitent wird während einer jetzt gerade unmittelbar stattfindenden (!) Einzelbeichte, im engen Beichtstuhl oder in einem Beichtzimmer, und dies in unmittelbarer Anwesenheit oder sogar im Angesicht des Beichtvaters, ein Kind missbrauchen. Demnach kann das Beichtsiegel nicht betroffen sein, sondern höchstens das Seelsorgegeheimnis, welches kirchlicherseits nur in Ausnahmefällen (oben, 4.1.5) geschützt ist. Von diesem kann zudem staatlicherseits entbunden werden (dazu 4.2.1.2).

1001 Art. 17 StGB betreffend rechtfertigenden Notstand bzw. rechtfertigende Notstandshilfe besagt Folgendes: Wer eine mit Strafe bedrohte Tat begeht, um ein eigenes oder das Rechtsgut einer anderen Person aus einer unmittelbaren, nicht anders abwendbaren Gefahr zu retten, handelt rechtmässig, wenn er dadurch höherwertige Interessen wahrt.

1002 Ausführlich KUMRAL, S. 214–219: Zwar geht von einem Triebtäter eine dauerhafte Gefahr aus und eine sichere Abwehr der erst später eintretenden Verwirklichung der drohenden Gefahr ist nur gegenwärtig möglich. Die Gefahr darf aber nicht anders abwendbar sein. Sie wäre aber anders abwendbar als durch eine Strafanzeige, nämlich durch eine Meldung an die Kindesschutzbehörde, für welche es keiner Entbindung durch die zuständige Behörde gemäss Art. 321

- Die Wahrung berechtigter Interessen ist hinsichtlich einer Strafanzeige nur sehr zurückhaltend anzunehmen, weswegen eher eine Gefährdungsmeldung bei der Kindesschutzbehörde (Art. 314c ZGB) angezeigt ist.[1003]
- Eine Pflichtenkollision im rechtlichen Sinn besteht nicht, denn ein Geistlicher ist nicht zur Strafanzeige oder zur Meldung verpflichtet.[1004]

Das Vorliegen von entschuldbarer Notwehr (Art. 16 StGB[1005]) und entschuldbarem Notstand (Art. 18 StGB[1006]) wurde von KUMRAL nicht geprüft; sie sind zu verneinen, da eine Notwehr- oder Notstandssituation zu verneinen ist. Putativnotwehr oder Putativnotstand sind ebenfalls zu verneinen, weil diese auf einem Sachverhaltsirrtum (Art. 13 StGB[1007]) fussen,[1008] und nicht auf

---

Ziff. 2 StGB bedarf (Art. 314c Abs. 2 ZGB). Entgegen KUMRAL lässt sich gleichwohl aus Sicht der Praxis und der allgemeinen Lebenserfahrung fragen, ob tatsächlich ein Berufsgeheimnisträger und Nichtjurist, der unvermittelt mit einem Triebtäter konfrontiert ist, daran denkt, dass er sich an die Kindesschutzbehörde und nicht an Strafverfolgungsbehörden wie die Polizei zu wenden hat.

1003 Ausführlicher KUMRAL, S. 220 f., mit dem Hinweis, dass für die Wahrung berechtigter Interessen nur geringfügige Gesetzesverstösse in Frage kommen, wogegen eine Verletzung von Art. 321 StGB kaum als geringfügig zu werten ist.

1004 Ausführlicher KUMRAL, S. 221 f.

1005 Überschreitet der Abwehrende die Grenzen der Notwehr nach Art. 15 StGB, mildert das Gericht die Strafe (Art. 16 Abs. 1 StGB). Überschreitet er die Grenzen in entschuldbarer Aufregung oder Bestürzung über den Angriff, handelt er nicht schuldhaft (Abs. 2).

1006 Wer eine mit Strafe bedrohte Tat begeht, um sich oder einen anderen aus einer unmittelbaren, nicht anders abwendbaren Gefahr für Leib, Leben, Freiheit, Ehre, Vermögen oder andere hochwertige Güter zu retten, wird milder bestraft, wenn ihm zuzumuten war, das gefährdete Gut preiszugeben (Art. 18 Abs. 1 StGB). War dem Täter nicht zuzumuten, das gefährdete Gut preiszugeben, handelt er nicht schuldhaft (Abs. 2).

1007 Handelt der Täter in einer irrigen Vorstellung über den Sachverhalt, beurteilt das Gericht die Tat zugunsten des Täters nach dem Sachverhalt, den der Täter sich vorgestellt hat (Art. 13 Abs. 1 StGB). Hätte der Täter den Irrtum bei pflichtgemässer Vorsicht vermeiden können, ist er wegen Fahrlässigkeit strafbar, wenn die fahrlässige Begehung der Tat mit Strafe bedroht ist (Abs. 2).

1008 Vgl. zur Putativnotwehr BGer 6B_1454/2020 E. 2.3 («Ein Fall von Putativnotwehr ist gegeben, wenn der Täter einem Sachverhaltsirrtum unterliegt, indem er irrtümlich annimmt, es sei ein rechtswidriger Angriff im Sinne von Art. 15 StGB gegenwärtig oder unmittelbar bevorstehend [...]. Handelt der Täter in einer irrigen Vorstellung über den Sachverhalt, so beurteilt das Gericht die Tat zugunsten des Täters nach dem Sachverhalt, den er sich vorgestellt hat (Art. 13 StGB). Die blosse Vorstellung von der Möglichkeit eines Angriffs genügt nicht für die Annahme einer Putativnotwehrsituation [...]. Der vermeintlich Angegriffene muss vielmehr Umstände glaubhaft machen, die bei ihm den Glauben erwecken konnten, er befinde sich in einer Notwehrlage; demgegenüber ist in

einem Rechts- bzw. Verbotsirrtum (Art. 21 StGB). Dieser Irrtum über die Rechtswidrigkeit (Art. 21 StGB) dürfte bei Berufsangehörigen nach Art. 321 StGB aber kaum je in Frage kommen, denn dies setzte voraus, dass der Täter bei Begehung der Tat nicht weiss und nicht wissen kann (!), dass er sich rechtswidrig verhält, womit er nicht schuldhaft handelt; war der Irrtum vermeidbar, mildert das Gericht die Strafe. Die besondere Ausbildung, welche diese Berufsangehörigen – und auch Geistliche – zu bestehen haben, lassen es als ausgeschlossen erscheinen, dass diese nichts von ihren Geheimnispflichten gewusst haben.[1009] Auch eine Schuldunfähigkeit oder eine verminderte Schuldfähigkeit – weil der Täter zur Zeit der Tat nicht oder nur teilweise fähig ist, das Unrecht seiner Tat einzusehen oder gemäss dieser Einsicht zu handeln (Art. 19 StGB) – dürfte bei der Verletzung des Berufsgeheimnisses auszuschliessen sein.

4.2.1.1.8 Antragserfordernis

Bei der Verletzung des Berufsgeheimnisses handelt es sich um eines der – im StGB eher selten anzutreffenden – Antragsdelikte («werden, auf Antrag, [...] bestraft»; Art. 321 Ziff. 1 StGB). Damit handelt es sich bei der Berufsgeheimnisverletzung, anders als bei der Amtsgeheimnisverletzung (Art. 320 StGB), nicht um ein Offizialdelikt, das von Amtes wegen zu verfolgen wäre.[1010] Vielmehr ist für die Strafverfolgung zwingend erforderlich (vgl. Art. 303

---

einer Putativnotwehrsituation kein eigentlicher Nachweis solcher Umständen durch den vermeintlich Angegriffenen zu verlangen [...].») und zum Putativnotstand BGer 6B_794/2010 E. 2.7 («Ein solcher Fall [von Putativnotstand] liegt vor, wenn der Täter einem Sachverhaltsirrtum (Art. 13 Abs. 1 StGB) unterliegt, indem er irrtümlich annimmt, es drohe eine nicht anders abwendbare unmittelbare Gefahr im Sinne von Art. 17 StGB [...].»).

1009 Denkbar wäre dies höchstens bei Beichtvätern im Rahmen der Migrantenseelsorge, welche eigens vor Hochfesten in die Schweiz geflogen werden, um dort für einige Tage Beichten zu hören, ansonsten aber keinerlei Bezug zur Schweiz oder zum Schweizerischen Rechtssystem haben. Je nach ausländischer Rechtsordnung gibt es kein Seelsorgegeheimnis, und sie kennen, aufgrund ihrer Ausbildung, nur das (kirchliche) Beichtsiegel. Erführen sie ausserhalb der Beichte aber im Rahmen ihrer seelsorgerischen Tätigkeit von Geheimnissen, offenbarten diese noch in der Schweiz (vgl. Art. 3 Abs. 1 StGB), und sie kennen das Berufsgeheimnis nicht, könnten sie tatsächlich gestützt auf Art. 21 StGB straffrei ausgehen oder zumindest zu einer milderen Strafe verurteilt werden.

1010 Vgl. OBERHOLZER, N. 34 zu Art. 321 StGB; SUTER, Artikel, S. 54.

StPO),[1011] dass jemand der von der Tat Verletzten die Bestrafung des Täters beantragt (Art. 30 Abs. 1 StGB).[1012] Er gilt strafprozessual als Geschädigter (Art. 115 Abs. 2 StPO) und ist als Privatkläger konstituiert (Art. 118 Abs. 2 StPO).[1013] Damit ist der Geheimnisherr antragsberechtigt, welcher regelmässig auch der Auftraggeber ist.[1014]

4.2.1.1.9 Verfahrensablauf

Juristen kennen den Verfahrensablauf. Um ein Gespräch zwischen den Disziplinen zu ermöglichen und ebenso, um Unsicherheiten zu vermeiden, soll dieser für Theologen und v.a. für Seelsorger im Folgenden skizziert werden.

Der Strafantrag ist bei der Polizei, der Staatsanwaltschaft oder der Übertretungsstrafbehörde schriftlich einzureichen oder mündlich zu Protokoll zu geben (Art. 304 Abs. 1 StPO). Die Antragsfrist beträgt drei Monate und beginnt mit dem Tag, an welchem dem Antragsberechtigten der Täter bekannt wird (Art. 31 StGB). Wird diese Frist versäumt, hat die Staatsanwaltschaft eine Nichtanhandnahmeverfügung zu erlassen (Art. 310 StPO), welche vom

1011 Bei Straftaten, die nur auf Antrag oder nach Ermächtigung verfolgt werden, wird ein Vorverfahren erst eingeleitet, wenn der Strafantrag gestellt oder die Ermächtigung erteilt wurde (Art. 303 Abs. 1 StPO), wobei die zuständige Behörde schon vorher die unaufschiebbaren sichernden Massnahmen treffen kann (Abs. 2).

1012 Dieser Grundsatz gilt, sofern der Verletzte lebt sowie handlungs- und urteilsfähig ist. Ist der Verletzte handlungsunfähig, ist sein gesetzlicher Vertreter zum Antrag berechtigt (Art. 30 Abs. 2 Satz 1 StGB). Steht der handlungsunfähige Verletzte unter Vormundschaft oder unter umfassender Beistandschaft, steht das Antragsrecht auch der Erwachsenenschutzbehörde zu (Satz 2). Ist der Verletzte minderjährig oder steht er unter umfassender Beistandschaft, ist auch er zum Antrag berechtigt, insofern er urteilsfähig ist (Abs. 3). Stirbt der Verletzte, ohne dass er den Strafantrag gestellt oder auf den Strafantrag ausdrücklich verzichtet hat, steht das Antragsrecht jedem seiner Angehörigen zu (Abs. 4). Angehörige einer Person sind ihr Ehegatte, ihre eingetragene Partnerin oder ihr eingetragener Partner, ihre Verwandten gerader Linie, ihre vollbürtigen und halbbürtigen Geschwister sowie ihre Adoptiveltern, -geschwister und -kinder (Art. 110 Abs. 1 StGB).

1013 Er kann jedoch jederzeit schriftlich oder mündlich zu Protokoll erklären, er verzichte auf die ihm zustehenden Rechte eines Privatklägers; der Verzicht aber ist endgültig (Art. 120 Abs. 1 StPO).

1014 Wobei Konstellationen denkbar sind, dass der Geheimnisträger das Geheimnis von einem Dritten erfahren hat. In diesen Fällen ist nur der Dritte verletzt und damit antragsberechtigt, weil hinsichtlich der geheimhaltungspflichtigen Tatsache ihm selbst die Stellung eines Geheimnisherrn zukommt: OBERHOLZER, N. 34 zu Art. 321 StGB. Vgl. auch KUMRAL, S. 223.

Antragsteller mittels Beschwerde bei der Beschwerdeinstanz[1015] angefochten werden kann (Art. 393 Abs. 1 lit. a StPO).[1016]

Bei Verletzungen durch Geistliche ist zu vermuten, dass es sich hierbei um Einzeltäter handelt, ausser, ein Geheimnisherr spricht mit dem Geheimnisträger und eine Hilfsperson ist zugegen (etwa Dolmetscher) oder bekommt das Gespräch mit (z.B. Sekretär).[1017]

Hat der Antragsberechtigte ausdrücklich darauf verzichtet, einen Strafantrag zu stellen, ist sein Verzicht endgültig (Art. 30 Abs. 5 StGB).[1018] Damit empfiehlt es sich für den Verletzten, nicht vorschnell (‹War nicht so schlimm, kann ja mal passieren.›) auf den Strafantrag zu verzichten, sondern die dreimonatige Antragsfrist auch als Bedenkzeit zumindest teilweise zu beanspruchen. Der Antragsberechtigte kann auch später noch seinen Strafantrag zurückziehen, solange das Urteil der zweiten kantonalen Instanz noch nicht eröffnet ist (Art. 33 Abs. 1 StGB).[1019] Wer seinen Strafantrag zurückgezogen hat, kann ihn indes nicht nochmals stellen (Art. 33 Abs. 2 StGB).

[1015] Wer Beschwerdeinstanz nach Art. 13 lit. c StPO ist, ist von der kantonalen Gerichtsorganisation abhängig (vgl. Art. 14 Abs. 2 StPO) und im jeweiligen Gerichts(organisations)gesetz ersichtlich. Im Kanton Zürich ist dies das Obergericht (§ 49 GOG), in Luzern das Kantonsgericht (§ 16 JusG) als die oberste richterliche Behörde des Kantons in Zivil-, Straf- und Verwaltungssachen (§ 14 Abs. 1 JusG).

[1016] Gegen den Entscheid der kantonalen Beschwerdeinstanz ist die Beschwerde in Strafsachen an das Bundesgericht zulässig (Art. 80 f. BGG).

[1017] Diesfalls sind alle Beteiligten zu verfolgen, selbst wenn ein Antragsberechtigter nur gegen einen der an der Tat Beteiligten Strafantrag stellt (Unteilbarkeit; Art. 32 StGB). Zieht der Antragsberechtigte seinen Strafantrag gegenüber einem Beschuldigten zurück, gilt der Rückzug für alle Beschuldigten (Art. 33 Abs. 3 StGB). Erhebt ein Beschuldigter gegen den Rückzug des Strafantrags Einspruch, gilt der Rückzug für ihn nicht (Abs. 4).

[1018] Der Verzicht auf einen Strafantrag bedarf der gleichen Form wie der Strafantrag selbst, d.h. er ist bei der Polizei, der Staatsanwaltschaft oder der Übertretungsstrafbehörde schriftlich einzureichen oder mündlich zu Protokoll zu geben (Art. 304 Abs. 2 in Verbindung mit Abs. 1 StPO).

[1019] Der Rückzug ist im Vorverfahren bei der Polizei, der Staatsanwaltschaft oder der Übertretungsstrafbehörde schriftlich einzureichen oder mündlich zu Protokoll zu geben (Art. 304 Abs. 2 in Verbindung mit Abs. 1 StPO), danach der Verfahrensleitung des zuständigen Gerichts. Im Rahmen des staatsanwaltschaftlichen Untersuchungsverfahrens bewirkt der Rückzug die Einstellung des Verfahrens; im Rahmen des Hauptverfahrens vor dem erstinstanzlichen Gericht und des Berufungsverfahrens vor dem zweitinstanzlichen Gericht ist bei Rückzug

Bis zur Einstellung oder Anklageerhebung liegt die Verfahrensleitung bei der Staatsanwaltschaft (Art. 61 lit. a StPO). Damit hat sie die Anordnungen zu treffen, die eine gesetzmässige und geordnete Durchführung des Verfahrens gewährleisten (Art. 62 Abs. 1 StPO). Im vorliegend interessierenden Zusammenhang kann die Staatsanwaltschaft

- den Antragsteller und den Beschuldigten zu einer Verhandlung vorladen, um einen Vergleich zu erzielen (Art. 316 StPO), an welcher der Antragsteller unbedingt teilnehmen sollte, will er am Strafantrag festhalten.[1020] Kommt es zu einem Vergleich und der Antragsteller zieht in diesem Rahmen den Strafantrag zurück, trägt in der Regel der Bund oder der Kanton die Verfahrenskosten (Art. 427 Abs. 3 StPO).
- das Verfahren nicht an die Hand nehmen und eine Nichtanhandnahmeverfügung erlassen, wenn aufgrund der Strafanzeige oder des Polizeirapports feststeht (Art. 310 Abs. 1 Einleitungssatz StPO), dass der fragliche Straftatbestand oder die Prozessvoraussetzungen eindeutig nicht erfüllt sind (lit. a), Verfahrenshindernisse bestehen (lit. b) oder auf eine Strafverfolgung zu verzichten ist (lit. c).[1021] Dies ist bei der Verletzung von Berufsgeheimnissen nicht leichthin zu vermuten.
- das Verfahren sistieren (Art. 314 StPO), was vorliegend am ehesten zu erwarten ist, wenn ein Vergleichsverfahren hängig ist und es angebracht erscheint, dessen Ausgang abzuwarten (Abs. 1 lit. c).[1022] Fällt der Sistie-

---

des Strafantrags das Verfahren als gegenstandslos vom Geschäftsprotokoll abzuschreiben.

1020 Bleibt der Antragssteller an der Verhandlung aus, d.h. erscheint er nicht, gilt der Strafantrag als zurückgezogen (Art. 316 Abs. 1 Satz 2 StPO), und ein zurückgezogener Strafantrag kann nicht nochmals gestellt werden (Art. 33 Abs. 2 StGB).

1021 Auf eine Strafverfolgung kann aus den in Art. 8 StPO genannten Gründen verzichtet werden, namentlich, weil das Strafbedürfnis nach Art. 52 StGB fehlt oder der Täter Wiedergutmachung nach Art. 53 StGB geleistet hat (Art. 310 Abs. 1 lit. c in Verbindung mit Art. 8 Abs. 1 StPO).

1022 Diesfalls ist die Sistierung auf drei Monate zu befristen, wobei sie einmal um drei Monate verlängert werden kann (Art. 314 Abs. 2 StPO). Weitere, beispielhafte («namentlich wenn») Sistierungsgründe liegen vor, wenn der Täter oder sein Aufenthalt unbekannt ist oder andere vorübergehende Verfahrenshindernisse bestehen (lit. a), der Ausgang des Strafverfahrens von einem anderen Verfahren abhängt und es angebracht erscheint, dessen Ausgang abzuwarten (lit. b), oder wenn ein Sachentscheid von der weiteren Entwicklung der Tatfolgen abhängt (lit. d).

rungsgrund weg, nimmt die Staatsanwaltschaft von Amtes wegen eine sistierte Untersuchung wieder an die Hand (Art. 315 Abs. 1 StPO).

- das Verfahren einstellen (Art. 319–323 StPO), wenn etwa kein Tatverdacht erhärtet ist, der eine Anklage rechtfertigt (Art. 319 Abs. 1 lit. a StPO), oder Rechtfertigungsgründe einen Straftatbestand unanwendbar machen (lit. c). Diesfalls hat die Staatsanwaltschaft eine Einstellungsverfügung zu erlassen (Art. 320 StPO) und mitzuteilen (Art. 321 StPO). Die Einstellungsverfügung kann innert 10 Tagen bei der Beschwerdeinstanz angefochten werden (Art. 322 Abs. 2 StPO). Wird sie nicht angefochten, sondern erwächst sie in Rechtskraft, kommt sie einem freisprechenden Endentscheid gleich (Art. 320 Abs. 4 StPO). Eine Wiederaufnahme des eingestellten Verfahrens bleibt möglich (Art. 323 StPO).[1023]
- das Strafbefehlsverfahren (Art. 352–356 StPO) beschreiten und einen Strafbefehl erlassen, wenn der Sachverhalt vom Beschuldigten eingestanden oder anderweitig ausreichend geklärt ist, und die Staatsanwaltschaft als Strafe ausreichend hält (Art. 352 Abs. 1 Einleitungssatz StPO): Eine Busse (lit. a), eine Geldstrafe von höchstens 180 Tagessätzen (lit. b) oder eine Freiheitsstrafe von höchstens 6 Monaten (lit. d).[1024] Aus Sicht des Beschuldigten besteht im Strafbefehlsverfahren der Vorteil, dass dieses – anders als Gerichtsverhandlungen üblicherweise[1025] – nicht öffentlich ist

---

1023 Die Staatsanwaltschaft verfügt die Wiederaufnahme eines durch Einstellungsverfügung rechtskräftig beendeten Verfahrens, wenn ihr neue Beweismittel oder Tatsachen bekannt werden, die (kumulativ) für eine strafrechtliche Verantwortlichkeit des Beschuldigten sprechen und sich zudem nicht aus den früheren Akten ergeben (Art. 323 Abs. 1 StPO). Sie teilt die Wiederaufnahme denjenigen Personen und Behörden mit, denen zuvor die Einstellung mitgeteilt worden ist (Abs. 2).

1024 Geld- und Freiheitsstrafe können miteinander verbunden werden, sofern die insgesamt ausgesprochene Strafe einer Freiheitsstrafe von höchstens 6 Monaten entspricht; eine Verbindung mit Busse ist immer möglich (Art. 352 Abs. 3 StPO).

1025 Ebenfalls nicht öffentlich sind das Vorverfahren sowie das Verfahren vor dem Zwangsmassnahmengericht, der Beschwerdeinstanz und, soweit es schriftlich durchgeführt wird, des Berufungsgerichts (Art. 69 Abs. 3 lit. a–c StPO). Ansonsten sind die Verhandlungen vor dem erstinstanzlichen Gericht und dem Berufungsgericht sowie die mündliche Eröffnung von Urteilen und Beschlüssen dieser Gerichte mit Ausnahme der Beratung öffentlich (Art. 69 Abs. 1 StPO; vgl. Art. 30 Abs. 3 BV). Das Gericht kann jedoch die Öffentlichkeit einschränken oder ausschliessen (Art. 70 StPO).

(Art. 69 Abs. 3 lit. d StPO). Gegen den Strafbefehl[1026] kann der Beschuldigte, der Privatkläger und weitere Betroffene Einsprache erheben (Art. 354 Abs. 1 StPO),[1027] der Privatkläger jedoch nicht hinsichtlich der ausgesprochenen Sanktion (Abs. 1bis).[1028] Ohne gültige Einsprache wird der Strafbefehl zum rechtskräftigen Urteil (Abs. 4). Wird Einsprache erhoben, hat die Staatsanwaltschaft weitere Beweise abzunehmen (Art. 355 Abs. 1 StPO)[1029] und hernach zu entscheiden, ob sie am Strafbefehl festhält, das Verfahren einstellt, einen neuen Strafbefehl erlässt oder Anklage beim erstinstanzlichen Gericht erhebt (Abs. 3). Hält die Staatsanwaltschaft am Strafbefehl fest, überweist sie die Akten unverzüglich dem erstinstanzlichen Gericht zur Durchführung des Hauptverfahrens, und der Strafbefehl gilt als Anklageschrift (Art. 356 Abs. 1 StPO).

- Anklage beim erstinstanzlichen Gericht erheben (Art. 324–327 StPO), wenn sie aufgrund der Untersuchung die Verdachtsgründe als hinreichend erachtet und keinen Strafbefehl erlassen kann (Art. 324 Abs. 1 StPO). Auf das erstinstanzliche Hauptverfahren ist nicht weiter einzugehen (hierzu Art. 328–351 StPO). Gegen das erstinstanzliche Urteil ist die Berufung zulässig (Art. 398–409 StPO) und gegen das Urteil des Berufungsgerichts die Beschwerde in Strafsachen beim Bundesgericht (Art. 80 f. BGG).

Da es sich bei der Verletzung des Berufsgeheimnisses um ein Vergehen handelt, ist vorliegend auch ein abgekürztes Verfahren (Art. 358–362 StPO) denkbar.[1030] Voraussetzung ist, dass der Beschuldigte dies der Staatsanwaltschaft bis zur Anklageerhebung beantragt, er den Sachverhalt, der für die

---

1026 Zum Inhalt und zur schriftlichen Eröffnung des Strafbefehls ausführlich Art. 353 StPO.

1027 Die Einsprachen sind zu begründen; ausgenommen ist die Einsprache des Beschuldigten (Art. 354 Abs. 2 StPO).

1028 Die Einschränkung, dass der Privatkläger den Strafbefehl nicht hinsichtlich der Sanktion anfechten kann (Art. 354 Abs. 1 lit. a^{bis} und Abs. 1bis StPO), besteht seit dem 1. Januar 2024 (AS 2023 468; BBl 2019 6697).

1029 Zu den abzunehmenden Beweisen kann auch die Einvernahme des Einsprechers gehören. Bleibt dieser trotz Vorladung einer Einvernahme unentschuldigt fern, gilt seine Einsprache als zurückgezogen (Art. 355 Abs. 2 StPO).

1030 Die Strafandrohung von Art. 321 Ziff. 1 StGB beträgt Freiheitsstrafe bis zu drei Jahren oder Geldstrafe, womit es sich um ein Vergehen handelt (Art. 10 Abs. 3 StGB). Das abgekürzte Verfahren ist erst dann ausgeschlossen, wenn die Staatsanwaltschaft eine Freiheitsstrafe von mehr als fünf Jahren verlangt (Art. 358 Abs. 2 StPO), was im vorliegenden Fall nicht möglich ist.

rechtliche Würdigung wesentlich ist, eingesteht und die Zivilansprüche zumindest im Grundsatz anerkennt (Art. 358 Abs. 1 StPO). Hier muss der Beschuldigte zwar zwingend von einem Anwalt verteidigt werden (notwendige Verteidigung; Art. 130 lit. e StPO), jedoch ist die Hauptverhandlung deutlich kürzer (vgl. Art. 361 StPO).

Neben diesen strafrechtlichen Folgen drohen einem Geistlichen, der das Berufsgeheimnis verletzt, vermutlich weniger disziplinarrechtliche[1031], v.a. aber arbeitsrechtliche Massnahmen. So dürfte ein Anstaltsseelsorger, der das Seelsorgegeheimnis verletzt hat und rechtskräftig wegen der Verletzung des Berufsgeheimnisses verurteilt worden ist, kaum weiterhin als Seelsorger einsetzbar sein. Vielmehr wäre eine Kündigung durch den Arbeitgeber zu erwarten.[1032] Entzöge der Bischof die Missio canonica, welche er dem Seelsorger erteilt hat, kann ebenfalls die Beendigung des Arbeitsverhältnisses folgen.[1033] Wegen des Strafregistereintrags bei einer Verurteilung (vgl. Art. 18 Abs. 1 lit. c Ziff. 1 StReG) dürfte ein solcher Seelsorger auch anderweitig Schwierigkeiten haben, eine neue Stelle zu finden, insofern ein möglicher neuer Arbeitgeber einen Strafregisterauszug verlangt.

4.2.1.2 Entbindung (Ziff. 2)

Der Täter ist nicht strafbar, wenn er das Geheimnis aufgrund einer Einwilligung des Berechtigten oder einer auf Gesuch des Täters erteilten schriftlichen Bewilligung der vorgesetzten Behörde oder Aufsichtsbehörde offenbart hat (Art. 321 Ziff. 2 StGB).

1031 Bei Anwälten ist die Verletzung des Berufsgeheimnisses nicht nur strafrechtlich verankert (Art. 321 Ziff. 1 StGB), sondern auch disziplinarrechtlich (Art. 13 BGFA). Disziplinarmassnahmen nach Art. 17 BGFA reichen von einer Verwarnung (Abs. 1 lit. a) oder einem Verweis (lit. b) über eine Busse bis zu 20 000 Franken (lit. c) bis zu einem befristeten (längstens zwei Jahre, lit. d) oder einem dauernden Berufsausübungsverbot (lit. e).

1032 Diese Kündigung dürfte vermutlich sogar fristlos ausgesprochen werden (vgl. für den Kanton Zürich bzw. die dortige Körperschaft, die RKK, § 18 AO).

1033 Vgl. für den Kanton Zürich bzw. die dortige Körperschaft § 14 Abs. 2 AO: Der sachlich begründete Entzug der kirchlichen Ernennung oder der Missio canonica hat, sofern diese für die Anstellung erforderlich sind und vor dem Entzug eine Anhörung durch den Bischof oder seinen Personalverantwortlichen stattfand (rechtliches Gehör), zwingend die Kündigung des Arbeitsverhältnisses zur Folge.

4.2.1.2.1 Einwilligung

Der Regelfall für die Entbindung vom Berufsgeheimnis ist die Einwilligung des Berechtigten, d.h. des Geheimnisherrn, in die Preisgabe des Geheimnisses, wodurch die Geheimnisverletzung nicht strafbar ist.[1034] Die Einwilligung ist gültig, wenn der Geheimnisherr a) urteilsfähig ist und er sie b) vor dem Eingriff c) in Kenntnis aller wesentlichen Umstände d) freiwillig e) äussert.[1035] Die Einwilligung selbst ist an keine besondere Form gebunden, womit sie auch stillschweigend (konkludent) erfolgen kann.[1036] Fällt die Einwilligung vorbehaltlos und gegenüber jedermann aus, besteht mangels Geheimhaltungswillens überhaupt kein Geheimnis, womit die Tatbestandsmässigkeit (Art. 321 Ziff. 1 StGB) entfällt.[1037] Partiell fällt die Einwilligung aus, wenn sie nur hinsichtlich bestimmter Personen, Institutionen oder Behörden erfolgt.[1038] Für die vorliegende Fragestellung – jemand will nicht, dass eine von ihm preisgegebene (gebeichtete) Straftat bekannt wird – ist nicht zu vermuten, dass er den Geheimnisträger entbindet.

4.2.1.2.2 Bewilligung

Die Bewilligung durch die vorgesetzte Behörde oder Aufsichtsbehörde muss schriftlich erteilt werden (vgl. Art. 321 Ziff. 2 StGB). Mündlichkeit genügt demnach nicht bzw. eine mündlich erteilte Entbindung ist wertlos.[1039] Gibt der Geheimnisträger gestützt auf die Entbindung Geheimnisse preis, ist die Preisgabe nicht rechtswidrig und es tritt Straflosigkeit ein.[1040] Grundsätzlich

---

1034 OBERHOLZER, N. 22 zu Art. 321 StGB; SUTER, Artikel, S. 54.

1035 OBERHOLZER, N. 22 zu Art. 321 StGB.

1036 BGE 98 IV 217 E. 2 S. 217 f. (mit Hinweis auf die Urteilsfähigkeit als Voraussetzung); 97 II 369 S. 370 (wonach nur der Patient befugt ist, den Arzt vom Berufsgeheimnis zu entbinden, und die Befreiung schon in der Anrufung des Arztes als gerichtlichen Zeugen enthalten ist); KUMRAL, S. 200; OBERHOLZER, N. 22 zu Art. 321 StGB.

1037 OBERHOLZER, N. 22 zu Art. 321 StGB.

1038 OBERHOLZER, N. 22 zu Art. 321 StGB.

1039 Vgl. jedoch das von SUTER, Buch, S. 9, geschilderte Beispiel einer mündlichen Entbindung, zu finden in Fn. 42.

1040 BGE 142 II 307 E. 4.1 S. 309; BGer 2C_1045/2021 E. 4.2; 2C_439/2017 E. 3.3 («Die Entbindung vom Anwaltsgeheimnis hat keinerlei materielle Rechtswirkungen, sondern ermöglicht es dem gesuchstellenden Anwalt bloss, ohne Verletzung des disziplinar- und strafrechtlich geschützten Berufsgeheimnisses die behauptete Honorarforderung auf dem Klageweg geltend zu machen. Sie präjudiziert einen späteren Zivilprozess über die Honorarforderung in keiner Weise. Die einzige unmittelbare Rechtswirkung, welche der Entbindungsentscheid für

hat der Geheimnisträger aber zuerst den Geheimnisherrn um Entbindung zu ersuchen, bevor er die zuständige Behörde angeht.[1041] Berechtigt, das Gesuch zu stellen, ist grundsätzlich nur der Geheimnisträger, mithin weder der Geheimnisherr noch ein Dritter,[1042] denn es liegt in seinem eigenen Interesse, sich bei der Preisgabe des Geheimnisses nicht strafbar zu machen.[1043] Damit hat das Entbindungsgesuch vor der Preisgabe des Geheimnisses zu erfolgen, denn eine nachträgliche Entbindung ist nicht möglich.[1044] Auf ein Entbindungsgesuch kann nur verzichtet werden, wenn eine Entbindung aus Zeitgründen nicht möglich ist, was aber nur in ganz besonderen Einzelfällen denkbar ist (zeitliche Dringlichkeit als Rechtfertigungsgrund, etwa bei unmittelbarer Gefahr in Verzug).[1045] Das Entbindungsgesuch ist hinlänglich zu begründen und hat die tatsächlichen Verhältnisse dergestalt darzulegen, dass es der zuständigen Behörde einen Entscheid ermöglicht.[1046] Dem Geheimnisherrn ist dabei das rechtliche Gehör zu gewähren (vgl. Art. 29 Abs. 2 BV), auch, damit er die Entbindung selbst erteilen kann. An die Begründungserfordernisse des Geheimnisherrn dürfen «keine allzu hohen Anforderungen gestellt werden, würde doch der in Art. 321 [Ziff.] 1 StGB verankerte Rechtsschutz durch eine eigentliche Substantiierungspflicht geradezu unterlaufen.»[1047] Jedenfalls untauglich im Entbindungsverfahren ist das Vorbringen

---

den betroffenen (möglichen) Mandanten hat, liegt darin, dass dieser im Umfang, in dem es für die Geltendmachung der Honorarforderung notwendig ist, des ihm ansonsten zustehenden Schutzes durch das Anwaltsgeheimnis verlustig geht […].»); 6B_545/2016, E. 2.3; 2C_1127/2013 E. 3.3.1; OBERHOLZER, N. 23 zu Art. 321 StGB; SUTER, Artikel, S. 54.

1041 Vgl. BGer 2C_151/2022 E. 3.1 («[v]erweigert der Mandant die Entbindung vom Anwaltsgeheimnis, so hat sich der Anwalt mit einem entsprechenden Begehren an die Aufsichtsbehörde zu wenden»); 2C_704/2016 E. 3.1 («Zu den Tatsachen, die unter den Schutz des Anwaltsgeheimnisses fallen, gehört schon der Umstand des Bestehens eines Mandats zwischen dem Rechtsanwalt und seinem Klienten. Die klageweise Einforderung einer Honorarforderung setzt daher eine vorgängige Befreiung des Anwalts von seiner Schweigepflicht voraus. Verweigert der Mandant die Entbindung vom Anwaltsgeheimnis, so hat sich der Rechtsanwalt, der sein Honorar auf dem Rechtsweg einzutreiben sucht, mit einem entsprechenden Begehren an die Aufsichtsbehörde zu wenden […].»).

1042 OBERHOLZER, N. 23 zu Art. 321 StGB.

1043 OBERHOLZER, N. 23 zu Art. 321 StGB.

1044 BGer 6B_545/2016 E. 2.3; OBERHOLZER, N. 23 zu Art. 321 StGB.

1045 Ausführlich und mit Abwägung BGer 6B_545/2016 E. 2.3 f. (zeitliche Dringlichkeit verneint).

1046 BGer 2C_151/2022 E. 4.4; OBERHOLZER, N. 23 zu Art. 321 StGB.

1047 BGE 142 II 307 E. 4.3.3 S. 312. Vgl. BGer 2C_439/2017 E. 3.4; 2C_704/2016 E. 3.2; 2C_1127/2013 E. 3.1.

eines Geheimnisherrn, es bestehe gar kein Mandatsverhältnis, denn dann bedürfte es keines Schutzes.[1048] Auch die Einrede, der Geheimnisträger habe den Auftrag schlecht erfüllt, ist im Entbindungsverfahren unbeachtlich.[1049]

Die Behörde hat sämtliche auf dem Spiel stehenden Interessen, die für und die gegen eine Entbindung sprechen, sorgsam und gründlich abzuwägen.[1050] Dabei muss, aufgrund der institutionellen und individualrechtlichen Bedeutung des Berufsgeheimnisses, das öffentliche oder private Interesse an einer Entbindung dasjenige an der Geheimhaltung deutlich überwiegen.[1051] Regelmässig kann erst entbunden werden, wenn auch die Voraussetzungen für einen strafrechtlichen Rechtfertigungsgrund vorliegen.[1052] Demnach ist die

---

1048 BGer 2C_1127/2013 E. 3.3.2 (betreffend die Entbindung vom Anwaltsgeheimnis).

1049 BGer 2C_439/2017 E. 3.3 («Ob und wann der Beschwerdeführer vom Beschwerdegegner erfolglos die Stellung einer Vorschuss-Rechnung verlangt hat, betrifft die Art und Weise der Mandatserledigung (Qualität der Auftragserfüllung) und damit eine materiell-rechtliche Frage, welche im vorliegenden Verfahren bezüglich Entbindung vom Anwaltsgeheimnis nicht zu prüfen ist. Dem Beschwerdeführer bleibt es unbenommen, entsprechende Einwendungen in der zivilrechtlichen Auseinandersetzung um das Honorar geltend zu machen.»).

1050 BGE 142 II 307 E. 4.3.3 S. 311; BGer 2C_151/2022 E. 3.2; 2C_439/2017 E. 3.4; 2C_704/2016 E. 3.2; KUMRAL, S. 203; OBERHOLZER, N. 23 zu Art. 321 StGB.

1051 BGE 142 II 307 E. 4.3.3 S. 311 f.; BGer 2C_151/2022 E. 3.2; 2C_1045/2021 E. 4.3; OBERHOLZER, N. 23 zu Art. 321 StGB.

1052 «Zu berücksichtigen ist jedoch, dass berufsrechtlich nicht erlaubt sein kann, was strafrechtlich verboten ist [...]. Obwohl das Strafrecht und das anwaltliche Berufsrecht durchaus zwei voneinander unabhängige sachliche Anwendungsbereiche haben [...], kann eine im Sinne des Berufsrechts zulässige Weitergabe von vertraulichen Klienteninformationen an grundsätzlich unbefugte Dritte von vornherein nur vorliegen, wenn sie im Lichte des Strafrechts rechtmässig ist. Der strafrechtliche Rechtfertigungsgrund stellt damit eine Minimalvorgabe auch für das Berufsrecht dar; dies bedeutet jedoch nur, dass das Berufsrecht den Tatbestand der Berufsgeheimnisverletzung nicht enger fassen kann als das Strafrecht [...]. Soll ein Entbindungsentscheid seinen Zweck – Ermöglichung der Preisgabe einer dem Berufsgeheimnis unterliegenden Information ohne disziplinar- oder strafrechtliche Sanktion [...] – erfüllen, müssen somit mindestens die Kriterien für das Vorliegen des strafrechtlichen Rechtfertigungsgrundes im Sinne von Art. 321 Ziff. 2 StGB gegeben sein»: BGE 142 II 307 E. 4.3.2 S. 310 f. Vgl. OBERHOLZER, N. 23 zu Art. 321 StGB (mit dem Hinweis, dass die Wahrheitsfindung im Prozess oder die Abklärung, ob eine mit Strafe bedrohte Gesetzesübertretung durch den Mandanten vorliegt, in der Regel kein höheres Interesse begründet), daneben KUMRAL, S. 204 (mit Hinweis auf Art. 319 Abs. 2 StPO, der Verfahrenseinstellung im Interesse des Kindes, als «Begründungshilfe»).

Entbindung nur zurückhaltend zu erteilen.[1053] Unzumutbar wäre dem Geheimnisträger indes, an der Verschwiegenheitspflicht festzuhalten, wenn er sich nicht gegen Vorwürfe in einem durch den Geheimnisherrn angestrengten Straf- oder Disziplinarverfahren wehren könnte bzw. er seine Ehre nicht verteidigen oder bedeutende, ungerechtfertigte Vermögensnachteile nicht abwenden dürfte.[1054] Bei der Einforderung des offenen Honorars, das der Geheimnisherr zu bezahlen sich weigert, besteht in der Regel kein schutzwürdiges Interesse daran, das Geheimnis aufrechtzuerhalten.[1055] Honorarfragen dürften indes im Bereich des Seelsorgegeheimnisses selten anzutreffen sein.

Die unterliegende Partei – sei es der Geheimnisherr, wenn die Entbindung erteilt wird, sei es der Geheimnisträger, wenn sie verweigert wird – ist befugt, gegen den für sie nachteiligen Entscheid Beschwerde zu erheben.[1056] In Ausnahmefällen sind sogar Dritte zur Ergreifung von Rechtsmitteln befugt, insofern sie besonders berührt sind und ein schützenswertes Interesse vorweisen können.[1057]

1053 OBERHOLZER, N. 23 zu Art. 321 StGB; SUTER, Artikel, S. 55, mit dem Hinweis, dass die Aufhebung des Geheimnisses eine absolute Ausnahme darstellt, weil «ansonsten Sinn und Zweck der Bestimmung ausgehöhlt wird.» Vgl. auch KUMRAL, S. 203.

1054 BGer 2C_503/2011 E. 2.2 («Der Rechtsanwalt kann sich somit grundsätzlich von der Schweigepflicht entbinden lassen, wenn seine persönlichen Interessen an der Bekanntgabe jene des Auftraggebers an der Geheimhaltung derart überwiegen, dass die Schweigepflicht nicht mehr zumutbar ist. Die Schweigepflicht ist insbesondere unzumutbar, wenn sie den Rechtsanwalt daran hindert, sich in einem gegen ihn geführten Straf- oder Disziplinarverfahren zu verteidigen, Angriffe gegen seine Ehre zurückzuweisen oder einen ungerechtfertigten erheblichen Vermögensnachteil abzuwenden […].»); OBERHOLZER, N. 23 zu Art. 321 StGB. Vgl. auch BGer 2C_215/2015 E. 5.2 (nicht publ. in BGE 142 II 256).

1055 Betreffend das Anwaltshonorar: BGE 142 II 307 E. 4.3.3 S. 311 f.; BGer 2C_439/2017 E. 3.2 und 3.5; 2C_704/2016 E. 3.3 f.; betreffend das Arzthonorar: BGer 2C_215/2015 E. 5.2 («Analoges gilt für die Entbindung des Arztes, wenn es darum geht, seine eigenen Forderungen gegenüber Patienten durchzusetzen oder umgekehrt Schadenersatzforderungen von Patienten abzuwehren»; nicht publ. in BGE 142 II 256). Vgl. auch OBERHOLZER, N. 23 zu Art. 321 StGB.

1056 BGE 142 II 256 E. 1.2.2 S. 257 f. Vgl. BGer 2C_1143/2016 E. 1 (betreffend die ärztliche Schweigepflicht); 2C_1127/2013 E. 1 (betreffend die Entbindung vom Anwaltsgeheimnis) – gäbe es kein Rechtsmittel, gäbe es auch nicht die anderen, im Zusammenhang mit der Entbindung zitierten Bundesgerichtsentscheide; OBERHOLZER, N. 23 zu Art. 321 StGB.

1057 BGE 142 II 256 E. 1.2.2 S. 258 betreffend eine Ärztin, gegen welche ein Haftpflichtprozess angestrengt wurde. In diesem Verfahren wünschte sie, einen Berufskollegen als Zeugen einvernehmen zu lassen; die Entbindung wurde verwei-

Erteilt die zuständige Behörde die Bewilligung, bleibt es weiterhin im Ermessen des Geheimnisträgers, ob er hiervon Gebrauch macht und die Auskunft erteilt oder nicht, vorbehältlich gesetzlicher Aussagepflichten (wie in Art. 170 Abs. 2 StPO; hierzu unten, 4.2.3).[1058]

Untersteht ein Geheimnisträger sowohl dem Amts- (Art. 320 StGB) als auch dem Berufsgeheimnis (Art. 321 StGB), ist von beiden Aufsichtsbehörden eine Entbindung einzuholen.[1059] Dies müssen insbesondere Geistliche – seien sie aus kirchenrechtlicher Sicht Kleriker oder Laien! – berücksichtigen, die im Bereich der Anstaltsseelsorge (namentlich Spital oder Gefängnis) tätig sind.

4.2.1.2.3 Beispiel Kanton Zürich

Hinsichtlich katholischer Geistlicher, die bei einer kantonalen Körperschaft angestellt sind, ist beispielhaft auf die Rechtslage im Kanton Zürich hinzuweisen:[1060]

Eine Offenlegung von Geheimnissen, die Seelsorgern und ihren Hilfspersonen aufgrund ihres Berufs anvertraut worden sind, ist nur bei ausdrücklicher Entbindung gestattet (§ 40a Abs. 1 AO). Eine Entbindung vom Seelsorgegeheimnis ist nur mit Bewilligung des Anvertrauenden (d.h. des Geheimnisherrn) oder eines vom Synodalrat (Exekutive der Körperschaft) und vom Generalvikar bezeichneten Gremiums möglich (Abs. 2). Das Gremium entbindet den Seelsorger auf dessen Gesuch hin vom Seelsorgegeheimnis, wenn ein überwiegendes Interesse an der Offenlegung besteht (Abs. 3 Satz 1). Dieses besteht insbesondere, wenn die ernsthafte Gefahr besteht, dass der Anvertrauende sich selbst oder Dritte gefährdet oder eine Straftat begeht, mit der er jemanden körperlich, seelisch oder materiell schwer schädigt (Satz 2). Besagte Bestimmung wurde durch Beschluss vom 5. November 2020 eingefügt und

---

gert. «Sie ist von der dem Zeugen verweigerten Entbindung betroffen und daher legitimiert zur Beschwerde, auch wenn sich der potentielle Zeuge selber dagegen nicht zur Wehr gesetzt hat.»

1058 BGer 2C_586/2015 E. 2.2 (nicht publ. in BGE 142 II 307); OBERHOLZER, N. 23 zu Art. 321 StGB.

1059 Dies ist namentlich bei Spitalärzten der Fall: OBERHOLZER, N. 22 zu Art. 321 StGB.

1060 Sämtliche Kantone zu berücksichtigen, würde den Rahmen dieser Abhandlung sprengen.

trat am 1. März 2021 in Kraft.[1061] Damit wiederholt die AO im Wesentlichen die bereits skizzierte Rechtlage.

Bemerkenswert ist, dass der Synodalrat bereits eine gute Woche vorher, am 26. Oktober 2020,[1062] ein Reglement über die Entbindung vom Seelsorgegeheimnis (nachfolgend: «RES») erlassen hat, im Einvernehmen mit dem Delegierten des Apostolischen Administrators für die Diözesanregion («Bistumsregion») Zürich und Glarus (§ 11 Satz 1 RES), ebenfalls mit Inkrafttreten auf den 1. März 2021 (§ 12 RES). Dieses Reglement regelt die Umsetzung der Bestimmungen über die Entbindung vom Seelsorgegeheimnis, bezeichnet das für die Entbindung zuständige Gremium und das Verfahren, das von den Beteiligten beachtet werden muss (§ 1 Abs. 1 RES). Anwendbar ist das RES auf Priester und Diakone, Pastoralassistenten, Religionspädagogen und weitere Seelsorger (§ 1 Abs. 2 Satz 2 RES).[1063] Überflüssig ist, zumindest in strafrechtlicher Hinsicht,[1064] dabei der Verweis auf Religionspädagogen, denn diese unterstehen – anders als Priester und «weitere Seelsorger», mitunter auch Diakone und Pastoralassistenten – nicht dem Berufsgeheimnis nach Art. 321 Ziff. 1 StGB, indem sie nicht seelsorgerisch im Rechtssinn tätig sind, womit sie auch nicht nach dortiger Ziff. 2 entbunden werden müssen.[1065] Ebenfalls überflüssig ist die Bestimmung, dass Katecheten vom Reglement nicht betroffen sind (§ 1 Abs. 3 RES), denn diese unterstehen ebenso wenig wie Religionspädagogen dem Berufsgeheimnis nach Art. 321 Ziff. 1 StGB. Zutreffend ist demgegenüber die Einschränkung des Geltungsbereichs, indem das Beichtsiegel bzw. -geheimnis nicht unter das RES fällt (§ 1 Abs. 4 RES).

Das Gremium zur Entbindung vom Seelsorgegeheimnis setzt sich zusammen aus dem Generalvikar, dem Präsidenten des Synodalrates und dem Bereichs-

---

[1061] Vgl. OS 76, 31; ABl 2020-11-20.

[1062] Damit hat die Exekutive eine Verordnung erlassen, bevor die Legislative überhaupt die diesbezügliche Rechtsgrundlage geschaffen hat. Dies ist umso bemerkenswerter, als § 1 Abs. 1 RES schreibt, sie setze die Bestimmungen über die Entbindung vom Seelsorgegeheimnis um (§ 40a AO), welche zu diesem Zeitpunkt aber noch gar nicht bestand; Recht, das nicht besteht, kann aber gar nicht umgesetzt werden.

[1063] Genauerhin Angestellte der Kirchgemeinden, der RKK und von kirchlichen Institutionen, für welche die AO anwendbar ist, sofern sie eine kirchliche Ernennung oder eine kirchliche Beauftragung (mit oder ohne Missio) haben (§ 1 Abs. 2 Satz 1 RES).

[1064] Denkbar sind jedoch arbeitsrechtliche Folgen wie etwa eine drohende Kündigung (vgl. §§ 14 Abs. 2 und 18 AO).

[1065] Ausführlich oben, 3.2.2.

leiter Präsidiales des Synodalrates (§ 2 Abs. 1 RES).[1066] Besagtes Gremium kann «gemäss Art. 321 des Schweizerischen Strafgesetzbuches [...] entscheiden» (§ 3 Abs. 1 RES), was dahingehend auszulegen ist, dass dieses Gremium die für die Entbindung zuständige Behörde gemäss Art. 321 Ziff. 2 StGB ist. Nur der Geheimnisträger, mithin der Geistliche, ist zur Gesuchseinreichung befugt (ebd.), und eine Entbindung setzt einen einstimmigen, bejahenden Entscheid des Gremiums voraus (Abs. 2), der auch auf dem Zirkularweg erfolgen kann (Abs. 3).[1067]

Das Entbindungsverfahren selbst (§§ 6–10 RES) ist wie folgt geregelt:

- Der Geheimnisträger hat zunächst zu versuchen, das Einverständnis des Geheimnisherrn einzuholen, wenn es ihm notwendig erscheint, das anvertraute Geheimnis gegenüber Dritten offenzulegen (§ 6 Abs. RES). Er kann auf das vorgängige Einholen dieses Einverständnisses verzichten bei besonderer Dringlichkeit, insbesondere bei Gefahr von Eigen- oder Drittgefährdung, oder wenn die Einwilligung offenkundig verweigert würde (Abs. 2).
- Gelingt es dem Geheimnisträger nicht, vom Geheimnisherrn entbunden zu werden, hat er dem Gremium die Entbindung vom Seelsorgegeheimnis zu beantragten (§ 7 Abs. 1 Satz 1 RES). Der Antrag muss begründet werden und es sind die Umstände aufzuführen, die eine Entbindung rechtfertigen (Sätze 2 und 3). Nur der Geheimnisträger ist berechtigt, diesen Antrag zu stellen, nicht aber ein an der Offenlegung des Geheimnisses interessierter Dritter (Abs. 2).
- In acht Absätzen werden die Grundsätze für die Entbindung (Marginalie zu § 8 RES) behandelt:
  - Das Gremium hat das Interesse an der Offenlegung gegenüber dem Bedürfnis des Geheimnisherrn an der Geheimhaltung abzuwägen (Abs. 1) und unter Beachtung des Verhältnismässigkeitsprinzips zu bestimmen, inwieweit und gegenüber wem geheime Tatsachen offenbart werden dürfen (Abs. 2);

[1066] Die Kompetenz, die Zusammensetzung des Gremiums festzulegen und zu ändern, kommt dem Generalvikar und dem Synodalrat zu (§ 2 Abs. 2 RES).

[1067] Die Beschlüsse des Gremiums sind zu protokollieren und vom Generalvikar und vom Präsidenten des Synodalrates zu unterzeichnen (§ 4 RES), und das Gremium erstattet in anonymisierter Form jährlich einen Bericht an den Synodalrat über die Anzahl an Gesuchen und die Entbindungen vom Seelsorgegeheimnis (§ 5 RES).

- sodann wird § 40a Abs. 3 Satz 2 AO wiederholt,[1068] wonach ein überwiegendes Interesse an der Offenlegung insbesondere besteht, wenn die ernsthafte Gefahr besteht, dass der Geheimnisherr sich selbst oder Dritte gefährdet oder eine Straftat begeht, mit welcher er jemanden körperlich, seelisch oder materiell schwer schädigt (Abs. 3);
- dem Geheimnisherrn ist vor der Entbindung vom Seelsorgegeheimnis in der Regel das rechtliche Gehör zu gewähren, wovon in dringenden Fällen abgesehen werden kann (Abs. 4);
- die Bewilligung ist immer auf den Einzelfall bezogen, eine generelle Entbindung ist nicht möglich (Abs. 5), was sich indes bereits aus den bundesrechtlichen Vorgaben ergibt;
- rückwirkende Entscheide seien zulässig (Abs. 6), was die Frage aufwirft, ob dies zumindest in strafrechtlicher Hinsicht[1069] nicht bundesrechtswidrig ist und damit Seelsorger, die das RES befolgen, in einer trügerischen, weil vermeintlichen Sicherheit wiegt, indem eine Entbindung zufolge Art. 321 Ziff. 2 StGB zeitlich vor der Geheimnisverletzung zu erfolgen hat, und es im Nachhinein vielmehr der staatlichen Strafgerichtsbarkeit zukommt zu entscheiden, ob im Zeitpunkt der Preisgabe Rechtfertigungsgründe vorlagen, die eine Geheimnisverletzung ohne eine (zu diesem Zeitpunkt bestehende) Entbindung zu rechtfertigen vermögen;
- die Entbindung begründet ein Recht auf Offenlegung, verpflichtet den Geheimnisträger aber nicht dazu; «er entscheidet letztlich selber, ob das Geheimnis preisgegeben wird» (Abs. 7) – angesichts von Art. 171 Abs. 2 und 3 StPO[1070] ist diese Bestimmung wohl zum Teil bundesrechtswidrig und hätte zur Folge, dass der Geheimnisträger nötigenfalls mit strafprozessualem Zwang zur Aussage gebracht wird (vgl. Art. 176 StPO), womit einem Geheimnisträger, vertraute

---

[1068] Die Wiederholung übergeordneten Rechts in untergeordneten Erlassen ist aus Sicht der Erlassredaktion zu vermeiden. Erstens ist es überflüssig, zweitens kann es das untere Organ zur Annahme verleiten, es selbst dürfte diesen Regelungsinhalt ändern, obschon es ihm verwehrt ist.

[1069] Denkbar ist, dass hier nachträglich ein arbeitsrechtlicher Kündigungsgrund (vgl. §§ 14–18 AO) ausgeschlossen werden soll. Dies müsste jedoch ausdrücklich in einem Nebensatz festgehalten werden, indem man § 8 Abs. 6 RES etwa wie folgt formuliert: «Rückwirkende Entscheide sind zulässig, [neu:] soweit sie personalrechtlich bedeutsam sind.»

[1070] Unten, 4.2.3.2.2.

er blindlings auf diese Bestimmung, mit dieser Formulierung geschadet würde;

- o verweigert das Gremium die Bewilligung, handelt der Geheimnisträger auf eigene Gefahr, wenn er das Geheimnis trotzdem offenlegt (Abs. 8) – diese Bestimmung ist einerseits überflüssig, denn jeder handelt «auf eigene Gefahr», wenn er etwas tut, wovon er nicht weiss, ob er dies darf,[1071] andererseits hat dies nichts mit den Entbindungsgrundsätzen zu tun, sondern gehört in systematischer Sicht zu § 9 Abs. 1 RES.

- Hinsichtlich des Rechtswegs gilt Folgendes (§ 9 RES):
  - o Verweigert das Gremium die Bewilligung, teilt sie dies dem Geheimnisträger mittels einer beschwerdefähigen Verfügung mit (Abs. 1).
  - o Hinsichtlich der Gutheissung des «Antrags auf Entbindung» (recte wohl: Gesuch um Entbindung) scheint zumindest zufolge der grammatikalischen (wörtlichen) Auslegung zu gelten, dass dem Geheimnisherrn und dem Geheimnisträger die beschwerdefähige Verfügung erst nach Bewilligung und nach Preisgabe des Geheimnisses mitgeteilt wird (Abs. 2).[1072] Dies erscheint aber wenig sinnvoll, denn damit wäre die Preisgabe des Geheimnisses ebenfalls Voraussetzung für die Mitteilung an den betroffenen Geheimnisherrn. Diesfalls würde dem Geheimnisherrn ein effektiver Rechtsschutz verunmöglicht, selbst wenn keine zeitliche Dringlichkeit vorläge, denn das Geheimnis wäre offenbart schon bevor er überhaupt Kenntnis

---

1071 Denkbar wäre namentlich, dass aus strafrechtlicher Sicht andere Rechtfertigungsgründe vorliegen; vgl. hierzu oben, 4.2.1.1.7.

1072 Abs. 2 von § 9 RES lautet wörtlich wie folgt: «Falls das Gremium dem Antrag der Geheimnisträgerin oder des Geheimnisträgers auf Entbindung vom Seelsorgegeheimnis stattgegeben und die Geheimnisträgerin oder der Geheimnisträger das Geheimnis gegenüber Dritten offengelegt hat, wird der zustimmende Entscheid des Gremiums mittels einer beschwerdefähigen Verfügung sowohl der Geheimnisherrin oder dem Geheimnisherrn als auch der Geheimnisträgerin oder dem Geheimnisträger mitgeteilt.» Die Formulierung: «Falls das Gremium dem Antrag [...] stattgegeben und [...] der Geheimnisherr das Geheimnis [...] offengelegt hat, wird der zustimmende Entscheid [...] mitgeteilt», lässt sich nach der grammatikalischen Auslegung so verstehen, als erfolgte die Mitteilung tatsächlich erst und nur dann, wenn kumulativ zwei Voraussetzungen erfüllt sind, nämlich nicht nur die erste bzw. eigentliche Voraussetzung (Bewilligung durch Gremium als zuständige Behörde), sondern zusätzlich auch noch eine zweite (bereits erfolgte Preisgabe des Geheimnisses).

vom Entscheid erhielte. Der Geheimnisträger wiederum hat bei vollumfänglicher Gutheissung seines Gesuchs überhaupt kein Rechtsschutzinteresse an einer Überprüfung durch eine Rechtsmittelinstanz, womit auf seine Beschwerde nicht einzutreten wäre (fehlende materielle Beschwer). Nach Sinn und Zweck (teleologische Auslegung) sowie in grundrechtskonformer Auslegung[1073] ist folglich davon auszugehen, dass der Geheimnisherr bei Gutheissung des Entbindungsgesuchs nicht abwarten muss, bis der Geheimnisträger irgendwann tatsächlich das Geheimnis preisgegeben hat, sondern vielmehr, dass das Gremium unmittelbar nach seinem Entscheid beiden Parteien gleichzeitig die besagte Verfügung zukommen lässt. Dies ergibt sich auch aus dem logischen Zeitablauf: Wäre die bereits erfolgte Preisgabe des Geheimnisses ebenfalls Voraussetzung für die Mitteilung der Verfügung an (den Geheimnisherrn und) den Geheimnisträger, wüsste dieser nicht, dass die Entbindung bewilligt worden ist, weswegen er das Geheimnis nicht preisgeben dürfte, weswegen ihm (und dem Geheimnisherrn) die Verfügung nicht mitgeteilt werden könnte etc.

- Beschwerdeinstanz ist jedenfalls die Rekurskommission (Judikative der Körperschaft), wobei einer Beschwerde die aufschiebende Wirkung entzogen ist (Abs. 3). Folglich kann der Geheimnisträger das Geheimnis sofort offenbaren und muss nicht den Rechtsmittelentscheid abwarten.[1074] Es steht dem unterlegenen und damit beschwer-

[1073] Zu denken ist hier an die allgemeinen Verfahrensgarantien: Art. 29 Abs. 1 BV, wonach jede Person in Verfahren vor Gerichts- und Verwaltungsinstanzen Anspruch auf gleiche und gerechte Behandlung sowie auf Beurteilung innert angemessener Frist hat, und dies gilt auch für die RKK als öffentlich-rechtlich anerkannte Körperschaft, und Abs. 2, dem Anspruch auf rechtliches Gehör, daneben Art. 29a BV betreffend die Rechtsweggarantie, wonach jede Person bei Rechtsstreitigkeiten Anspruch auf Beurteilung durch eine richterliche Behörde – hier der Rekurskommission – hat, welche Garantie inhaltlich entleert würde, wenn kein effektiver Rechtsschutz erlangt werden könnte, weil der Schaden – die Preisgabe des Geheimnisses – sich stets schon ereignet hätte.

[1074] Es fragt sich, ob diese Regelung auch in Fällen angemessen ist, in denen ohne Schwierigkeiten der Endentscheid abgewartet werden kann, weil keine zeitliche Dringlichkeit besteht. Es wäre jedenfalls der Bewilligungsbehörde möglich, die aufschiebende Wirkung in der Verfügung zu entziehen, genauso wie es der Rechtsmittelinstanz möglich ist, die aufschiebende Wirkung zu erteilen, was der Rechtsmittelkläger am besten superprovisorisch, d.h. ohne Anhörung der Gegenseite, zu beantragen hätte.

ten Geheimnisherrn jedenfalls frei, bei der Rechtsmittelinstanz die Wiedererteilung der aufschiebenden Wirkung als vorsorgliche, ggf. sogar superprovisorisch zu erlassende, Massnahme zu beantragen.

Änderungen des Reglements bedürfen der Schriftform und der vorgängigen Zustimmung des Synodalrates und des Generalvikars für die Diözesanregion Zürich und Glarus (§ 11 Satz 2 RES).

Auch wenn das RES nicht immer stringent und aus legistischer Sicht teilweise etwas unbedarft formuliert ist, ist doch anzuerkennen, dass es einigermassen Rechtssicherheit gewährt, den Geistlichen in der Praxis bei Unsicherheit einen Leitfaden an die Hand gibt und, im Grossen und Ganzen, die bundesrechtlichen Vorschriften auf einfache und nachvollziehbare Weise wiedergibt. Vor diesem Hintergrund kann das RES, mit den notwendigen Anpassungen an die Bundesgesetzgebung und die jeweilige Situation vor Ort, auch für die Körperschaften in anderen Kantonen als Vorbild dienen.

4.2.1.3 Vorbehalte (Ziff. 3)

Vorbehalten bleiben die eidgenössischen und kantonalen Bestimmungen über die Melde- und Mitwirkungsrechte, über die Zeugnispflicht und über die Auskunftspflicht gegenüber einer Behörde (Art. 321 Ziff. 3 StGB). Damit ist Bund wie Kantonen möglich, für Berufsangehörige nach Art. 321 StGB abweichende Regelungen zu erlassen, die vom Bundesgericht nur hinsichtlich der Verhältnismässigkeit geprüft werden.[1075] Dies wird unten zu vertiefen sein (4.2.4 und 4.2.5).

[1075] KUMRAL, S. 205.

4.2.2 Zivilrechtlicher Schutz (ZGB, PartG)

Im Eherecht kann jeder Ehegatte vom andern Auskunft über dessen Einkommen, Vermögen und Schulden verlangen (Auskunftspflicht; Art. 170 Abs. 1 ZGB), was er auch gerichtlich durchsetzen kann (Abs. 2). Vorbehalten bleibt jedoch das Berufsgeheimnis der Rechtsanwälte, Notare, Ärzte, Geistlichen und ihrer Hilfspersonen (Abs. 3). Folglich kann z.B. die Ehefrau des reformierten, orthodoxen oder ostkatholischen Pfarrers hierüber keine Auskünfte einfordern, insofern sein Seelsorgegeheimnis betroffen wäre. Dasselbe gilt für den Ehemann einer evangelischen oder christkatholischen Pfarrerin.

Seit dem 1. Juli 2022 können auch zwei gleichgeschlechtliche Personen eine Ehe im Sinne des ZGB eingehen.[1076] In altrechtlichen[1077], nicht in Ehen umgewandelten,[1078] eingetragenen Partnerschaften gleichgeschlechtlicher Paare müssen die Partnerinnen und Partner einander weiterhin auf Verlangen über Einkommen, Vermögen und Schulden Auskunft geben (Art. 16 Abs. 1 PartG), welchen Anspruch sie gerichtlich durchsetzen können (Abs. 2). Auch hier bleibt das Berufsgeheimnis der Rechtsanwälte, Notare, Ärzte, Geistlichen und ihrer Hilfspersonen vorbehalten (Abs. 3). Das soeben Geschriebene gilt somit auch z.B. für die Ehefrau bzw. die eingetragene Partnerin einer reformierten Pfarrerin oder den Ehemann bzw. den eingetragenen Partner eines christkatholischen Pfarrers.

[1076] Vgl. Art. 94 ZGB betreffend die Ehefähigkeit, wonach die Ehe von zwei Personen eingegangen werden kann, die das 18. Altersjahr zurückgelegt haben und urteilsfähig sind. Vor Inkrafttreten des Bundesgesetzes vom 18. Dezember 2020 («Ehe für alle»; AS 2021 747; BBl 2019 8595, 2020 1273) lautete aArt. 94 Abs. 1 ZGB: «Um die Ehe eingehen zu können, müssen die Brautleute das 18. Altersjahr zurückgelegt haben und urteilsfähig sein.» Die Brautleute bestanden aus der Braut und dem Bräutigam (vgl. u.a. aArt. 102 Abs. 2 ZGB, wonach der Zivilstandsbeamte an die Braut und an den Bräutigam einzeln die Frage richtet, ob sie miteinander die Ehe eingehen wollen).

[1077] Vgl. die Gegenstandsbestimmung in Art. 1 PartG, wonach das PartG die Wirkungen, die Auflösung und die Umwandlung in eine Ehe der vor der abschliessenden Inkraftsetzung der Bundesgesetzes vom 18. Dezember 2020 («Ehe für alle») begründeten eingetragenen Partnerschaft gleichgeschlechtlicher Paare regelt.

[1078] Vgl. zur Umwandlungserklärung Art. 35 PartG, welche die eingetragenen Partnerinnen oder Partner jederzeit gemeinsam vor jedem Zivilstandsbeamten erklären können (Abs. 1). Sobald die Umwandlungserklärung vorliegt, gelten die bisherigen eingetragenen Partnerinnen oder Partner als verheiratet (Art. 35a Abs. 1 PartG; zu den übrigen Wirkungen der Umwandlungserklärung vgl. die dortigen Abs. 2–4).

4.2.3 Prozessrechtlicher Schutz

Das Aussage- bzw. Zeugnisverweigerungsrecht von Klerikern in Gerichtsverfahren besteht hinsichtlich des Beichtsiegels bzw. -geheimnisses seit alters her.[1079] Im geltenden Recht erwächst aus dem strafrechtlichen Schutz des Berufsgeheimnisses die grundsätzliche Anerkennung der Geheimhaltungspflicht in Prozessen, mit entsprechenden Zeugnis- und Herausgabeverweigerungsrechten.[1080] Im Einzelnen gilt Folgendes:

4.2.3.1 Zivilprozess (ZPO)

Im Zivilprozess trifft die Parteien und Dritte grundsätzlich eine Mitwirkungspflicht bei der Beweiserhebung (Art. 160 ZPO).

Eine Partei kann die Mitwirkung berechtigterweise[1081] verweigern (Art. 163 Abs. 1 Einleitungssatz ZPO), wenn sie dadurch eine ihr besonders nahestehende Person[1082] der Gefahr strafrechtlicher Verfolgung oder zivilrechtlicher Verantwortlichkeit aussetzen würde (Abs. 1 lit. a) oder sich wegen Verletzung eines Geheimnisses nach Art. 321 StGB strafbar machen würde (lit. b, 1. Teilsatz).[1083] Die Partei – ausser, sie ist Anwalt oder Geistlicher – hat jedoch mitzuwirken, wenn sie einer Anzeigepflicht unterliegt oder wenn sie von der Geheimhaltungspflicht entbunden worden ist, es sei denn, sie macht glaubhaft, dass das Geheimhaltungsinteresse das Interesse an der Wahrheitsfindung überwiegt (Art. 163 Abs. 1 lit. b, 3. Teilsatz, in Verbindung mit Art. 166 Abs. 1 lit. b, 3. Teilsatz ZPO). Bei der Verweigerung der Mitwirkung

---

1079 SUTER, Buch, S. 16; vgl. SCHMOECKEL, S. 235 f.

1080 OBERHOLZER, N. 24 zu Art. 321 StGB.

1081 Ist die Verweigerung berechtigt, darf das Gericht daraus nicht auf die zu beweisende Tatsache schliessen (Art. 162 ZPO). Verweigert eine Partei die Mitwirkung indes unberechtigterweise, berücksichtigt das Gericht dies bei der Beweiswürdigung (Art. 164 ZPO).

1082 Durch Verweis in Art. 163 Abs. 1 lit. a ZPO auf Art. 165 ZPO sind dies diejenigen Dritte, denen ein umfassendes Verweigerungsrecht zukommt; hierzu sogleich.

1083 Von diesem Privileg sind Revisoren nach Art. 321 Ziff. 1 StGB ausgenommen (Art. 163 lit. b, 2. Teilsatz ZPO). Daneben können die Träger anderer gesetzlich geschützter Geheimnisse die Mitwirkung verweigern, wenn sie glaubhaft machen, dass das Geheimhaltungsinteresse das Interesse an der Wahrheitsfindung überwiegt (Abs. 2).

muss jedoch ein Zusammenhang zwischen dem Verfahrensgegenstand und der Eigenschaft als Geheimnisträger bestehen.[1084]

Verweigert ein (nicht Partei darstellender) Dritter berechtigterweise die Mitwirkung, darf das Gericht daraus nicht auf die zu beweisende Tatsache schliessen (Art. 162 ZPO).[1085] Dritte können die Mitwirkung vollumfänglich verweigern, wenn sie einer Partei besonders nahe stehen (Art. 165 ZPO).[1086] Ein beschränktes Mitwirkungsverweigerungsrecht haben Dritte u.a. analog einer Partei[1087], d.h., soweit sie sich wegen Verletzung eines Geheimnisses nach Art. 321 StGB strafbar machen würden (Art. 166 Abs. 1 lit. b, 1. Teilsatz ZPO).[1088] Mit Ausnahme der Anwälte und der Geistlichen haben Dritte jedoch mitzuwirken, wenn sie einer Anzeigepflicht unterliegen oder wenn sie von der Geheimhaltungspflicht entbunden worden sind, es sei denn, sie ma-

---

1084 Bei einem Nachbarschaftsstreit (vgl. Art. 679 ZGB), der sich an überragenden Ästen und eindringenden Wurzeln (Art. 687 Abs. 1 ZGB), an der Unterschreitung des kantonal geregelten Mindestabstands zwischen Anpflanzung und Grundstückgrenze (vgl. Art. 688 ZGB) oder an mangelhaften Vorkehren über den Wasserablauf (Art. 689 Abs. 1 ZGB) entzündete, wird ein Geistlicher vor Gericht – sei er Kläger oder Beklagter – sich kaum auf das Berufsgeheimnis berufen und damit die Mitwirkung berechtigterweise verweigern können. Vielmehr wird das Gericht die fehlende Mitwirkung zum Nachteil des Geistlichen würdigen (vgl. Art. 162 ZPO), womit der Geistliche das Verfahren zu verlieren droht, unter Kosten- und Entschädigungsfolgen zu seinen Lasten (vgl. Art. 106 Abs. 1 ZPO).

1085 Bei unberechtigter Verweigerung erwachsen dem Dritten Nachteile (Art. 167 ZPO): Das Gericht kann eine Ordnungsbusse bis zu 1000 Franken anordnen (lit. a), die Strafdrohung nach Art. 292 StGB (Ungehorsamsstrafe: Busse bis 10 000 Franken [vgl. Art. 106 Abs. 1 StGB]) aussprechen (lit. b), die zwangsweise Durchsetzung anordnen (lit. c), oder ihm die Prozesskosten auferlegen, die durch die Verweigerung verursacht worden sind (lit. d). Das Säumnis eines Dritten hat die gleichen Folgen wie die unberechtigte Verweigerung der Mitwirkung (Abs. 2). Der Dritte kann die gerichtliche Anordnung mit Beschwerde anfechten (Abs. 3).

1086 Wer mit einer Partei verheiratet ist oder war oder eine faktische Lebensgemeinschaft führt (Art. 165 Abs. 1 lit. a ZPO), wer mit einer Partei gemeinsame Kinder hat (lit. b), wer mit einer Partei in gerader Linie oder in der Seitenlinie bis und mit dem dritten Grad verwandt oder verschwägert ist (lit. c), wer Pflegeelter, -kind oder -geschwister einer Partei ist (lit. d), und, wer für eine Partei zur Vormundschaft oder zur Beistandschaft eingesetzt ist (lit. e). Die eingetragene Partnerschaft ist dabei der Ehe (Abs. 2) und die Stiefgeschwister den Geschwistern gleichgestellt (Abs. 3).

1087 D.h. Art. 163 Abs. 1 lit. b ZPO.

1088 Hiervon sind ebenfalls die Revisoren nach Art. 321 Ziff. 1 StGB ausgenommen (Art. 166 lit. b, 2. Teilsatz ZPO).

chen glaubhaft, dass das Geheimhaltungsinteresse das Interesse an der Wahrheitsfindung überwiegt (3. Teilsatz). Damit haben auch hier Geistliche nicht mitzuwirken. Beamte[1089] und Behördenmitglieder haben ebenfalls ein beschränktes Mitwirkungsverweigerungsrecht,[1090] neben weiteren Personen.[1091]

4.2.3.2 Erwachsenenstrafprozess (StPO)

4.2.3.2.1 Vorbemerkung

Im Strafprozess ist zu unterscheiden zwischen den Parteien (Art. 104 StPO[1092]) und den anderen Verfahrensbeteiligten (Art. 105 StPO[1093]). Dane-

---

1089 Es sind, kraft Gesetzesverweis, die «Beamten» nach Art. 110 Abs. 3 StGB, d.h. Beamte und Angestellte einer öffentlichen Verwaltung und der Rechtspflege sowie Personen, die provisorisch ein Amt bekleiden oder provisorisch bei einer öffentlichen Verwaltung oder der Rechtspflege angestellt sind oder vorübergehend amtliche Funktionen ausüben.

1090 Das Mitwirkungsverweigerungsrecht gilt hinsichtlich der Feststellung von Tatsachen, die ihnen in ihrer amtlichen Eigenschaft anvertraut worden sind oder die sie bei Ausübung ihres Amts oder ihrer Hilfstätigkeit für einen Beamten oder eine Behörde wahrgenommen haben (Art. 166 Abs. 1 lit. c, 1. Teilsatz ZPO). Sie haben jedoch auszusagen, wenn sie einer Anzeigepflicht unterliegen oder wenn sie von ihrer vorgesetzten Behörde zur Aussage ermächtigt worden sind (2. Teilsatz).

1091 Zu nennen ist ein Dritter, der sich oder einem ihm Nahestehenden der Gefahr strafrechtlicher Verfolgung oder zivilrechtlicher Verantwortlichkeit aussetzen würde (Art. 166 Abs. 1 lit. a ZPO), der als Ombudsmann, Ehe- oder Familienberater oder Mediator über Tatsachen aussagen müsste, die er im Rahmen der betreffenden Tätigkeit wahrgenommen hat (lit. d), oder betreffend die Identität des Autors oder den Inhalt und die Quellen seiner Informationen, wenn er sich beruflich oder als Hilfsperson mit der Veröffentlichung von Informationen im redaktionellen Teil eines periodisch erscheinenden Mediums befasst (lit. e). Träger anderer gesetzlich geschützter Geheimnisse können die Mitwirkung verweigern, wenn sie glaubhaft machen, dass das Geheimhaltungsinteresse das Interesse an der Wahrheitsfindung überwiegt (Abs. 2). Vorbehalten bleiben die besonderen Bestimmungen des Sozialversicherungsrechts über die Datenbekanntgabe (Abs. 3).

1092 Parteien sind der Beschuldigte (Art. 104 Abs. 1 lit. a StPO), der Privatkläger (lit. b) und, im Haupt- und im Rechtsmittelverfahren, die Staatsanwaltschaft (lit. c). Bund und Kantone können weiteren Behörden, die öffentliche Interessen zu wahren haben, volle oder beschränkte Parteirechte einräumen (Abs. 2).

1093 Andere Verfahrensbeteiligte sind (Art. 105 Abs. 1 Einleitungssatz StPO) der Geschädigte (lit. a), der Anzeigeerstatter (lit. b), der Zeuge (lit. c), die Auskunftsperson (lit. d), der Sachverständige (lit. e), und der durch Verfahrenshandlungen beschwerte Dritte (lit. f). Ihnen stehen die zur Wahrung ihrer Interessen

ben kann eine Person von Ermittlungen betroffen sein, die nicht gegen sie, sondern gegen einen Dritten gerichtet sind. Dies wirkt sich auf die Frage aus, ob und wie sich ein Geheimnisträger – wie etwa ein Geistlicher – auf das Berufsgeheimnis berufen kann.

4.2.3.2.2 Geistliche als «andere Verfahrensbeteiligte»

In aller Regel treten Geistliche in einem Strafverfahren als «andere Verfahrensbeteiligte» (Art. 105 StPO) auf, etwa als Geschädigte[1094] bzw. Opfer[1095] oder als Zeugen[1096].

Wird ein Geistlicher während der Berufsausübung **Geschädigter oder Opfer**, ist davon auszugehen, dass der Täter zumindest implizit auf den Geheimnisschutz verzichtet; er hätte jedenfalls kein Rechtschutzinteresse an der Aufrechterhaltung des Geheimnisses.[1097] Wenn folglich ein Ratsuchender während des Seelsorgegesprächs die Seelsorgerin anfällt, kann er sich nicht auf das Berufsgeheimnis der Seelsorgerin berufen, damit er straffrei bleibt. Eine Entbindung durch die zuständige Stelle kann dem Opfer (d.h. in diesem Beispiel: der Seelsorgerin) hierbei schwerlich zugemutet werden. In Fällen von Gewalt- oder Sexualdelinquenz würde sich ein Entbindungserfordernis sogar strafvereitelnd auswirken, weil die Tatspuren (DNA etc.) unverzüglich zu sichern sind, da sie ansonsten zerstört würden.

---

erforderlichen Verfahrensrechte einer Partei zu, wenn sie in ihren Rechten unmittelbar betroffen sind (Abs. 2).

1094 Als Geschädigter gilt derjenige, der durch die Straftat in seinen Rechten unmittelbar verletzt worden ist (Art. 115 Abs. 1 StPO). Der zur Stellung eines Strafantrags Berechtigte gilt in jedem Fall als Geschädigter (Abs. 2).

1095 Als Opfer gilt ein Geschädigter, der durch die Straftat in seiner körperlichen, sexuellen oder psychischen Integrität unmittelbar beeinträchtigt worden ist (Art. 116 Abs. 1 StPO). Als Angehörige des Opfers gelten sein Ehegatte, seine Kinder und Eltern sowie diejenigen Personen, die ihm in ähnlicher Weise nahe stehen (Abs. 2). Dem Opfer stehen besondere Rechte zu, die nicht weiter zu vertiefen sind (hierzu Art. 117 StPO).

1096 Zeuge ist eine an der Begehung einer Straftat nicht beteiligte Person, die der Aufklärung dienende Aussagen machen kann und nicht Auskunftsperson ist (Art. 162 StPO). Vgl. zum Sammelbegriff der Auskunftsperson Art. 178 StPO.

1097 Die Konstellation ist ähnlich wie diejenige, bei welcher der Mandant sich weigert, seinem Anwalt das ihm zustehende Honorar zu zahlen (oben, 4.2.1.2.2).

Jede zeugnisfähige[1098] Person ist zum wahrheitsgemässen **Zeugnis** verpflichtet, vorbehältlich der Zeugnisverweigerungsrechte (Art. 163 Abs. 2 StPO). Zeugnisverweigerungsrechte im Strafverfahren bestehen aufgrund persönlicher Beziehungen (Art. 168 StPO), zum eigenen Schutz oder zum Schutz Nahestehender (Art. 169 StPO), aufgrund eines Amtsgeheimnisses (Art. 170 StPO) oder eines Berufsgeheimnisses (Art. 171 StPO), wegen des Quellenschutzes der Medienschaffenden (Art. 172 StPO) und bei weiteren Geheimhaltungspflichten (Art. 173 StPO). Die einvernehmende Behörde muss den Zeugen zu Beginn jeder Einvernahme auf die Zeugnis- und die Wahrheitspflichten und auf die Strafbarkeit eines falschen Zeugnisses (Art. 307 StGB[1099]) aufmerksam machen; unterbleibt diese Belehrung, ist die Einvernahme ungültig (Art. 177 Abs. 1 StPO). Ein Zeuge kann sich jederzeit auf sein Zeugnisverweigerungsrecht berufen oder den Verzicht darauf widerrufen (Art. 175 Abs. 1 StPO).[1100] Die Zeugnisverweigerung muss jedoch berechtigt sein. [1101] Über die Zulässigkeit der Zeugnisverweigerung entscheidet im Vorverfahren die einvernehmende Behörde und nach Anklageerhebung das Gericht (Art. 174 Abs. 1 StPO).[1102]

1098 Zeugnisfähig ist, wer älter als 15 Jahre und hinsichtlich des Gegenstands der Einvernahme urteilsfähig ist (Art. 163 Abs. 1 StPO). Bei Geistlichen ist von Zeugnisfähigkeit auszugehen, insofern sie urteilsfähig sind, d.h. ihnen nicht wegen ihres Kindesalters, infolge geistiger Behinderung, psychischer Störung, Rausch oder ähnlicher Zustände die Fähigkeit mangelt, vernunftgemäss zu handeln (Art. 16 ZGB). Insbesondere Kindesalter ist bei Geistlichen auszuschliessen.

1099 Freiheitsstrafe bis zu fünf Jahren oder Geldstrafe (Art. 307 Abs. 1 StGB). Bezieht sich die falsche Äusserung auf Tatsachen, die für die richterliche Entscheidung unerheblich sind, folgt Geldstrafe (Abs. 3).

1100 Aussagen, die ein Zeuge nach Belehrung über das Zeugnisverweigerungsrecht gemacht hat, können jedoch als Beweis verwertet werden, wenn sich der Zeuge zu einem späteren Zeitpunkt auf das Zeugnisverweigerungsrecht beruft oder den Verzicht auf das Zeugnisverweigerungsrecht widerruft (Art. 175 Abs. 2 StPO).

1101 Wer das Zeugnis verweigert, ohne dazu berechtigt zu sein, kann mit Ordnungsbusse bestraft und zur Tragung der Kosten und Entschädigungen verpflichtet werden, die durch die Verweigerung verursacht worden sind (Art. 176 Abs. 1 StPO). Beharrt der zum Zeugnis Verpflichtete auf seiner Weigerung, wird er unter Hinweis auf Art. 292 StGB (Ungehorsamsstrafe; Busse bis 10 000 Franken [vgl. Art. 106 Abs. 1 StGB]) nochmals zur Aussage aufgefordert; bei erneuter Verweigerung wird ein Strafverfahren eröffnet (Art. 176 Abs. 2 StPO).

1102 Der Zeuge kann sofort nach der Eröffnung des Entscheids die Beurteilung durch die Beschwerdeinstanz verlangen (Art. 174 Abs. 2 StPO); bis zu deren Entscheid hat der Zeuge ein Zeugnisverweigerungsrecht (Abs. 3).

Vorliegend interessiert das Zeugnisverweigerungsrecht aufgrund eines Berufsgeheimnisses (Art. 171 StPO). Geistliche, Rechtsanwälte, Verteidiger, Notare, Patentanwälte, Ärzte, Zahnärzte, Chiropraktoren, Apotheker, Psychologen sowie ihre Hilfspersonen können das Zeugnis über Geheimnisse verweigern, die ihnen aufgrund ihres Berufs anvertraut worden sind oder die sie in dessen Ausübung wahrgenommen haben (Abs. 1). Seit dem 1. Juli 2024 gehören nun auch Pflegefachleute, Physiotherapeuten, Ergotherapeuten, Hebammen, Ernährungsberater, Optometristen und Osteopathen zu diesem Kreis.[1103] Damit kann ein Geistlicher hinsichtlich Berufsgeheimnissen grundsätzlich die Aussage verweigern.

Die Angehörigen besagter Berufsgruppen haben aber auszusagen (Abs. 2 Einleitungssatz), wenn sie entweder einer Anzeigepflicht unterliegen (lit. a)[1104] oder nach Art. 321 Ziff. 2 StGB vom Geheimnisherrn oder schriftlich von der zuständigen Stelle von der Geheimnispflicht entbunden worden sind (lit. b). Ein Geistlicher hat keine Anzeigepflichten, weswegen nur die Entbindung vom Geheimnisherrn bzw. von der zuständigen Stelle in Frage kommt. Zudem beachtet die Strafbehörde das Berufsgeheimnis auch bei Entbindung von der Geheimnispflicht, wenn der Geheimnisträger glaubhaft macht, dass das Geheimhaltungsinteresse des Geheimnisherrn das Interesse an der Wahrheitsfindung überwiegt (Abs. 3). Wird der Geistliche vom Geheimnisherrn entbunden, ist er grundsätzlich zur Aussage verpflichtet, ausser, er könne glaubhaft machen, das Interesse an der Geheimhaltung überwiege dasjenige an der Wahrheitsfindung.[1105]

Vorbehalten bleibt einzig das Anwaltsgeheimnis nach BGFA (Art. 171 Abs. 4 StPO). Damit geht der Schutz von Anwälten in diesem Bereich weiter als derjenige von Geistlichen.

Dabei ist selbstredend, dass ein Geistlicher nur dann das Zeugnis verweigern darf, wenn das Berufsgeheimnis betroffen ist. Nicht betroffen ist das Berufsgeheimnis insbesondere dann, wenn die Wahrnehmungen nicht im Rahmen der Berufsausübung erfolgten, so etwa, wenn der Geistliche auf dem Nachhauseweg sieht, dass ein Auto einen Velofahrer an- oder überfährt, die eine Person der anderen einen Faustschlag in das Gesicht verpasst etc. Hier wäre

[1103] Nebenänderung zum AFGP, das am 1. Juli 2024 in Kraft trat (dortiger Anhang, Ziff. 1, zu finden unter AS 2024 212).

[1104] Diese Anzeigepflichten sind v.a. im medizinischen Bereich bedeutsam. Vgl. BGE 147 IV 27 E. 4.6–4.8 S. 33 f.; 141 IV 77 E. 4.4 S. 82.

[1105] KUMRAL, S. 201.

höchstens ein Zeugnisverweigerungsrecht denkbar, wenn der Geistliche sich in einer besonderen persönlichen Beziehung zum Täter befindet (Art. 168 StPO).

4.2.3.2.3 Geistliche als «Partei»

Ein Geistlicher kann jedoch auch als **Partei** (Art. 104 StPO) an einem Strafverfahren beteiligt sein, sei es als Privatkläger[1106] oder als Beschuldigter[1107].

Ist der Geistliche als **Privatkläger** am Verfahren gegen den Täter beteiligt, setzt dies voraus, dass er Geschädigter bzw. Opfer ist (vgl. Art. 118 Abs. 1 StPO). Hier ist dem Geistlichen nach vorliegender Auffassung nicht zuzumuten, zu seinen eigenen Ungunsten an das Berufsgeheimnis gefesselt zu sein. Vielmehr ist, ähnlich wie oben, von einer impliziten Einwilligung des Geheimnisherrn auszugehen. Die Pflicht, eine Entbindung durch die zuständige Stelle einzuholen, kann bei Licht betrachtet auch nicht zugemutet werden. Ginge man nämlich von einer Pflicht aus, dürfte der geschädigte Geistliche sich nicht mit vollen Verfahrensrechten am Verfahren gegen den ihn verletzt habenden Täter beteiligen, insofern die zuständige Behörde eine Entbindung verweigerte. Dies aber wäre grotesk, und die Mitglieder der Entbindungsbehörde könnten sich sogar des Verdachts der Begünstigung (Art. 305 StGB) oder des Amtsmissbrauchs (Art. 312 StGB) aussetzen.

Ist der Geistliche **Beschuldigter** in einem gegen ihn gerichteten Verfahren, stehen ihm alle Verteidigungsrechte zu, die ohnehin jedem Beschuldigten zukommen. Dazu gehören zunächst die menschenrechtlichen[1108] und verfas-

---

[1106] Als Privatkläger bzw. Privatklägerschaft gilt der Geschädigte, der ausdrücklich erklärt, sich am Strafverfahren als Straf- oder Zivilkläger zu beteiligen (Art. 118 Abs. 1 StPO). Der Strafantrag ist dieser Erklärung gleichgestellt (Abs. 2). In der Erklärung, sich als Privatkläger zu beteiligen, kann der Geschädigte kumulativ oder alternativ (Art. 119 Abs. 2 Einleitungssatz StPO) die Verfolgung und Bestrafung des für die Straftat Verantwortlichen verlangen (Strafklage, lit. a) und/ oder adhäsionsweise privatrechtliche Ansprüche geltend machen, die aus der Straftat abgeleitet werden (Zivilklage, lit. b; zu dieser ausführlich Art. 122–126 StPO).

[1107] Als Beschuldigter gilt derjenige, der in einer Strafanzeige, einem Strafantrag oder von einer Strafbehörde in einer Verfahrenshandlung einer Straftat verdächtigt, beschuldigt oder angeklagt wird (Art. 111 Abs. 1 StPO).

[1108] Verbot der Folter (Art. 3 EMRK), Recht auf Freiheit (Art. 5 EMRK) und Recht auf ein faires Verfahren (Art. 6 EMRK).

sungsmässigen[1109] Verfahrensrechte. Insbesondere gilt jede Person und damit auch ein Geistlicher bis zur rechtskräftigen – und nicht bloss bis zur vorläufigen, weil noch anfechtbaren[1110] – Verurteilung als unschuldig (Unschuldsvermutung; Art. 6 Abs. 2 EMRK; Art. 32 Abs. 1 BV; Art. 10 Abs. 1 StPO). Er muss sich nicht selbst belasten und er hat namentlich das Recht, die Aussage und seine Mitwirkung im Strafverfahren zu verweigern (*nemo tenetur*-Grundsatz[1111]; Art. 113 Abs. 1 Sätze 1 und 2 StPO). Er ist nicht verpflichtet, Gegenstände oder Vermögenswerte herauszugeben, die beschlagnahmt werden sollen (Art. 165 Abs. 2 lit. a StPO).[1112] Der Beschuldigte darf auch lügen, um sich selbst zu begünstigen, solange er jedoch weder einen Nichtschuldigen wider besseres Wissen bei der Behörde beschuldigt, in der Absicht, eine Strafverfolgung gegen ihn herbeizuführen (falsche Anschuldigung, Art. 303 StGB), noch bei einer Behörde wider besseres Wissen anzeigt, es sei eine strafbare Handlung begangen worden, bzw. er sich selbst fälschlicherweise bei der Behörde einer strafbaren Handlung beschuldigt (Irreführung der Rechtspflege, Art. 304 StGB). Verweigert der Beschuldigte seine Mitwirkung, wird das Verfahren gleichwohl fortgeführt (Art. 113 Abs. 2 StPO). Zudem hat der Beschuldigte sich den gesetzlich vorgesehenen Zwangsmassnahmen (Art. 196–298d StPO) zu unterziehen (Art. 113 Abs. 1 Satz 3 StPO). Diese bestehen aus Vorladung, Vorführung und Fahndung (Art. 201–211 StPO), Freiheitsentzug, Untersuchungs- und Sicherheitshaft (Art. 212–240 StPO), Durchsuchungen und Untersuchungen (Art. 241–254 StPO), DNA-Analysen (Art. 255–259 StPO), erkennungsdienstlicher Erfassung, Schrift-

---

1109 Recht auf persönliche Freiheit und Verbot der Folter und anderer unmenschlicher Behandlung und Bestrafung (Art. 10 BV), daneben die allgemeinen Verfahrensgarantien (Art. 29 BV), die Rechtsweggarantie (Art. 29a BV), die allgemeinen Garantien im gerichtlichen Verfahren (Art. 30 BV) sowie die Garantien bei Freiheitsentzug (Art. 31 BV) und diejenigen im Strafverfahren (Art. 32 BV).

1110 Urteile und andere verfahrenserledigende Entscheide werden rechtskräftig, wenn (Art. 437 Abs. 1 Einleitungssatz StPO) die Rechtsmittelfrist unbenützt abgelaufen ist (lit. a), der Berechtigte erklärt, auf ein Rechtsmittel zu verzichten, oder er ein ergriffenes Rechtsmittel zurückzieht (lit. b), oder die Rechtsmittelinstanz auf das Rechtsmittel nicht eintritt oder es abweist (lit. c). Die Rechtskraft tritt rückwirkend auf den Tag ein, an dem der Entscheid gefällt worden ist (Abs. 2). Zu denken ist zudem an die Möglichkeit, ein Strafurteil mit Beschwerde in Strafsachen beim Bundesgericht anzufechten (hierzu Art. 78–81 BGG).

1111 *Nemo tenetur se ipsum (prodere vel) accusare*, niemand ist gehalten, sich selbst (zu verraten oder) anzuklagen.

1112 Grundsätzlich ist ein Inhaber verpflichtet, Gegenstände und Vermögenswerte, die beschlagnahmt werden sollen, herauszugeben (Art. 165 Abs. 1 StPO).

und Sprachproben (Art. 260–262 StPO), Beschlagnahmen (Art. 263–268 StPO) und geheimen Überwachungsmassnahmen (Art. 269–298d StPO).

Nun könnte ein beschuldigter Geistlicher geltend machen, wegen des Berufsgeheimnisses seien seine Räumlichkeiten nicht einer Hausdurchsuchung zu unterziehen (vgl. Art. 244 f. StPO) und seine Aufzeichnungen seien weder zu durchsuchen (vgl. Art. 246–248a StPO) noch zu beschlagnahmen (vgl. Art. 263–267 StPO). Mit solchen Vorbingen stösst der Geistliche indes grundsätzlich ins Leere: Ein Berufsgeheimnisträger kann in einem gegen ihn gerichteten Strafverfahren keine Zeugnis- oder Editionsverweigerungsrechte geltend machen, die über diejenigen gewöhnlicher Beschuldigter hinausgehen.[1113] Ebenso wenig kann er sich einer Beschlagnahme von Aufzeichnungen widersetzen, die sich in seinem Besitz befinden.[1114] Befinden sich in seinem Aufzeichnungen indes Geheimnisse von Dritten, hat er dies der Strafbehörde mitzuteilen und eine Siegelung (Art. 248 StPO) zu verlangen, und das Zwangsmassnahmengericht hat bei der Entsiegelung (Art. 248a StPO) die Geheimnisschutzinteressen ausreichend zu berücksichtigen.[1115] Demgegenüber nicht beschlagnahmt werden dürfen, ungeachtet des Orts, wo sie sich befinden, und des Zeitpunkts, in welchem sie geschaffen worden sind (Art. 264 Abs. 1 Einleitungssatz StPO) Unterlagen aus dem Verkehr des Beschuldigten mit seinem Verteidiger (lit. a), persönliche Aufzeichnungen und Korrespondenz des Beschuldigten, wenn sein Interesse am Schutz der Persönlichkeit das Strafverfolgungsinteresse überwiegt (lit. b), Gegenstände und Unterlagen aus dem Verkehr des Beschuldigten mit Personen, die nach

---

1113 BGE 130 II 193 E. 2.3 S. 196 (betreffend die Entsiegelung und Durchsuchung von rechtshilfeweise beschlagnahmten und versiegelten Anwaltsakten); 126 II 495 E. 5e/dd S. 504 (mit dem Hinweis auf die Gefahr des Rechtsmissbrauchs und der Verfahrensverschleppung in internationalen Strafsachen, könnten Anwälte oder andere Geheimnisträger selbständig Zwischenverfügungen anfechten); OBERHOLZER, N. 25 zu Art. 321 StGB.

1114 BGE 102 IV 210 E. 4 S. 214–216 (E. 4a S. 214: «[f]ür seine eigenen Verfehlungen kann niemand ein Privileg aufgrund eines Berufsgeheimnisses verlangen»); OBERHOLZER, N. 25 zu Art. 321 StGB (wonach sich ein Geheimnisherr der Beschlagnahme von Unterlagen in seinem Besitz nur dann widersetzen kann, wenn er als Zeuge, nicht aber auch dann, wenn er als Beschuldigter in Frage kommt).

1115 Ausführlich BGE 141 IV 77 E. 5.2 S. 83; BGer 1B_269/2017 E. 3.2; 1B_110/2016 E. 2; 1B_36/2016 E. 6.2. Vgl. OBERHOLZER, N. 25 zu Art. 321 StGB.

Art. 170–173 StPO[1116] das Zeugnis verweigern können und im gleichen Sachzusammenhang nicht selber beschuldigt sind (lit. c), oder Gegenstände und Unterlagen aus dem Verkehr eines Anderen mit seinem Anwalt, sofern der Anwalt nach dem BGFA zur Vertretung vor schweizerischen Gerichten berechtigt ist und im gleichen Sachzusammenhang nicht selber beschuldigt ist (lit. d).[1117] Hier steht der Geistliche aber einem gewöhnlichen Beschuldigten gleich.

Auch denkbar ist, dass geheime Überwachungsmassnahmen gegen einen Geistlichen angeordnet werden (Art. 269–298d StPO). Die Überwachung des Post- und des Fernmeldeverkehrs (Art. 269–279 StPO) ist an enge Grenzen gebunden,[1118] nur hinsichtlich bestimmter Katalogtaten erlaubt,[1119] und sie

---

1116 D.h. wegen eines Amts- (Art. 170 StPO) oder eines Berufsgeheimnisses (Art. 171 StPO), des Quellenschutzes der Medienschaffenden (Art. 172 StPO) oder aufgrund weiterer Geheimhaltungspflichten (Art. 173 StPO).

1117 Vgl. OBERHOLZER, N. 27 zu Art. 321 StGB.

1118 Es muss der dringende Verdacht bestehen, dass eine Katalogstraftat begangen wurde, deren Schwere die Überwachung rechtfertigt, und daneben müssen die bisherigen Untersuchungshandlungen erfolglos geblieben sein oder die Ermittlungen wären sonst aussichtslos bzw. würden unverhältnismässig erschwert (Art. 269 Abs. 1 StPO). Zur Überwachung des Fernmeldeverkehrs können, wenn die Voraussetzungen erfüllt sind, besondere technische Geräte (Art. 269bis StPO) oder besondere Informatikprogramme (Art. 269ter StPO) eingesetzt werden, wobei die Informatikprogramme besonderen Anforderungen genügen müssen (Art. 269^{quater} StPO).

1119 Ausführich zu diesen Art. 269 Abs. 2 StPO. Im Zusammenhang mit Geistlichen erwähnenswert sind: Vorsätzliche Tötungsdelikte (Art. 111–113 StGB), schwere Körperverletzung (Art. 112 StGB), strafbarer Schwangerschaftsabbruch ohne Einwilligung der Frau (Art. 118 Abs. 2 StGB), Verstümmelung weiblicher Genitalien (Art. 124 StGB), Gewaltdarstellung (Art. 135 StGB), Veruntreuung (Art. 138 StGB), Diebstahl (Art. 139 StGB) und Raub (Art. 140 StGB), schwere Sachbeschädigung (Art. 144 Abs. 3 StGB), Betrugstatbestände (Art. 146–148 StGB), Erpressung (Art. 156 StGB), ungetreue Geschäftsbesorgung mit unrechtmässiger Bereicherungsabsicht (Art. 158 Ziff. 1 Abs. 3 und Ziff. 2 StGB), schwere Delikte gegen die Freiheit (Art. 180–185bis StGB), sexuelle Handlungen mit Kindern (Art. 187 StGB) oder Abhängigen (Art. 188 Ziff. 1 StGB), sexuelle Nötigung (Art. 189 StGB), Vergewaltigung (Art. 190 StGB), Schändung (Art. 191 StGB), sexuelle Handlungen mit Anstaltspfleglingen, Gefangenen oder Beschuldigten (Art. 192 Abs. 1 StGB), sexuelle Handlungen mit Minderjährigen gegen Entgelt (Art. 196 StGB), Pornographie (Art. 197 StGB), Urkundenfälschung (Art. 251 Ziff. 1 StGB), strafbare Vorbereitungshandlungen (Art. 260bis StGB), kriminelle und terroristische Organisationen (Art. 260ter StGB), Finanzierung des Terrorismus (Art. 260^{quinquies} StGB), Anwerbung, Ausbildung und Reisen im Hinblick auf eine terroristische Straftat (Art. 260^{sexies}

muss zielgerichtet erfolgen.[1120] Sie muss durch das Zwangsmassnahmengericht genehmigt werden (Art. 272 Abs. 1 StPO), wobei die Staatsanwaltschaft sich im Genehmigungsverfahren ausdrücklich dazu zu äussern hat, welche Vorkehren zum Schutz von Berufsgeheimnissen getroffen werden müssen (Art. 274 Abs. 4 lit. a StPO).[1121] Wird dann der Post- oder Fernmeldeverkehr des Berufsgeheimnisträgers überwacht, sind Informationen, die mit dem Gegenstand der Ermittlungen und dem Grund, aus dem diese Person überwacht wird, nicht in Zusammenhang stehen, unter der Leitung eines Gerichts auszusondern (Art. 271 Abs. 1 Satz 1 StPO). Dabei dürfen der Strafverfolgungsbehörde keine Berufsgeheimnisse zur Kenntnis gelangen (Satz 2). Die ausgesonderten Daten sind sofort zu vernichten; sie dürfen nicht ausge-

---

StGB), Diskriminierung und Aufruf zu Hass (Art. 261bis StGB; bis zur Revision durch das Bundesgesetz vom 14. Dezember 2018 betreffend Diskriminierung und Aufruf zu Hass aufgrund der sexuellen Orientierung, in Kraft getreten am 1. Juli 2020, hiess diese Bestimmung Rassendiskriminierung), Völkermord, Verbrechen gegen die Menschlichkeit und Kriegsverbrechen (Art. 264–264n StGB), Gewalt und Drohung gegen Behörden und Beamte (Art. 285 StGB), falsche Anschuldigung (Art. 303 Ziff. 1 StGB), Begünstigung (Art. 305 StGB), schwere Geldwäscherei (Art. 305bis Ziff. 2 StGB), Befreiung von Gefangenen (Art. 310 StGB), Bestechung schweizerischer (Art. 322ter StGB) oder fremder Amtsträger (Art. 322^{septies} StGB), Förderung der rechtswidrigen Ein- und Ausreise sowie des rechtswidrigen Aufenthalts, sofern dies mit unrechtmässiger Bereicherungsabsicht oder als Teil einer kriminellen Organisation erfolgt (Art. 116 Abs. 3 AIG) sowie die Täuschung einer das AIG vollziehenden Behörden auf nämlicher Weise (Art. 118 Abs. 3 AIG).

1120 Die Überwachung des Post- und Fernmeldeverkehrs darf grundsätzlich nur den Beschuldigten treffen (Art. 270 lit. a StPO), und Dritte nur, wenn aufgrund bestimmter Tatsachen angenommen werden muss (lit. b Einleitungssatz), dass der Beschuldigte die Postadresse oder den Fernmeldedienst des Dritten benutzt (Ziff. 1), oder der Dritte für den Beschuldigten bestimmte Mitteilungen entgegennimmt oder von diesem stammende Mitteilungen an eine weitere Person weiterleitet (Ziff. 2).

1121 Das Zwangsmassnahmengericht kann ausnahmsweise die Überwachung aller identifizierten Dienste bewilligen, über welche der zu Überwachende seinen Fernmeldeverkehr abwickelt, wenn die Ermittlungen ergeben, dass der zu Überwachende in rascher Folge den Fernmeldedienst wechselt, ohne dass jedes Mal eine Genehmigung im Einzelfall nötig ist (sog. Rahmenbewilligung; Art. 272 Abs. 2 Satz 1 StPO). Die Staatsanwaltschaft unterbreitet dem Zwangsmassnahmengericht monatlich und nach Abschluss der Überwachung einen Bericht zur Genehmigung (Satz 2). Erfordert die Überwachung eines Diensts im Rahmen einer Rahmenbewilligung Vorkehren zum Schutz von Berufsgeheimnissen, und sind die Vorkehren in der Rahmenbewilligung nicht enthalten, ist diese einzelne Überwachung dem Zwangsmassnahmengericht zur Genehmigung zu unterbreiten (Abs. 3).

wertet werden (Satz 3). Auf die vorgängige Aussonderung kann nur verzichtet werden, wenn der dringende Tatverdacht gegen den Träger des Berufsgeheimnisses selbst besteht und besondere Gründe es erfordern (Abs. 2).

Bei der Eigenschaft eines Geistlichen als Beschuldigten ist nicht nur an Sexualdelinquenz zu denken, sondern namentlich auch an Vermögensdelinquenz, wie zwei Beispiele aus der Zentralschweiz zeigen:

- Seelisberg UR hatte einen Pfarrer, der kurz vor Weihnachten 2007 besagtes Hochfest in der Lokalpresse reflektierte,[1122] und sogar vom Schweizer Fernsehen schon porträtiert worden war.[1123] Ende März 2008 war der Pfarrer nicht mehr auffindbar – es wurden ihm Kollektendiebstähle in Seelisberg, aber auch in Bürglen UR vorgeworfen, wo er in Teilzeit als Vikar angestellt war.[1124] Zeitgleich kam heraus, dass die Erzdiözese Köln dem entlassenen Pfarrer vorwarf, dort 60 000 Euro (damaliger Wechselkurs: 93 000 Franken) unterschlagen zu haben, die für angebliche Entwicklungsprojekte in Nigeria gedacht gewesen waren.[1125] Für einigen Unmut sorgte in Seelisberg und Bürglen, dass der zuständige Generalvikar der Diözese Chur schon im Sommer 2007 von den Vorwürfen aus Köln wusste.[1126] Im Mai 2008 wurde vermutet, dass der Priester sich in Frankfurt am Main aufhalte, wo er angeblich doktorieren wollte.[1127] Im Oktober 2008 wusste seine Vertraute – eine 88-jährige Rentnerin aus Fürigen NW, die das Trinkwasser-Projekt des Priesters in Nigeria mit 11 000 Franken unterstützte, ihm für dessen Studium 50 000 Franken geliehen hatte und überzeugt war, besagtes Darlehen zurückzuerhalten («Glauben Sie, dass Sie dieses Geld wieder erhalten?» «Natürlich.») –,

---

1122 URNER WOCHENBLATT, 21. Dezember 2007.

1123 LUZERNER ZEITUNG, 14. Oktober 2008, mit Hinweis auf die Sendung «Reporter».

1124 LUZERNER ZEITUNG, 7. Mai 2008; URNER WOCHENBLATT, 1. April 2008 (mit dem Hinweis, dass man in Seelisberg am 30. März 2008 noch davon ausging, der Pfarrer habe aufgrund der Zeitumstellung auf Sommerzeit verschlafen, als er am Weissen Sonntag nicht zum Gottesdienst erschien; da der Pfarrer aber auch eine Stunde später nicht erschienen war, übernahm ein anderer, zufällig anwesender, 87-jähriger Priester die Feier der Erstkommunion).

1125 URNER WOCHENBLATT, 1. April 2008. Vgl. LUZERNER ZEITUNG, 14. Oktober 2008.

1126 URNER WOCHENBLATT, 1. April 2008.

1127 LUZERNER ZEITUNG, 7. Mai 2008.

dass besagter Priester in seine Heimat nach Nigeria zurückgekehrt sei.[1128] Im Übrigen seien, so die Vertraute, alle Vorwürfe unwahr, auch derjenige, sie wolle ihm ihr Haus schenken – der Priester sei «sehr krank [geworden], weil ihn die Medien kaputtgemacht haben».[1129] Mangels rechtskräftiger Verurteilung gilt der Priester als unschuldig (Unschuldsvermutung; Art. 6 Abs. 2 EMRK; Art. 32 Abs. 1 BV; Art. 10 Abs. 1 StPO).

- Bis in die NEUE ZÜRCHER ZEITUNG schaffte es der Fall des langjährigen und beliebten Pfarrers von Küssnacht SZ, der «ein guter Pfarrer – aber ein schlechter Spieler» war.[1130] Er lieh sich von Gläubigen zwischen 2009 und 2018 Darlehen über ca. 3,2 Mio. Franken, die er im Casino verlor,[1131] vornehmlich im deutschen Konstanz bei Blackjack und Roulette.[1132] Er wurde als Pfarrer von Küssnacht SZ und Pfarradministrator von Immensee SZ abgesetzt,[1133] liess sich wegen Spielsucht therapieren,[1134] er musste Privatkonkurs anmelden und sich einer Vermögensbeistandschaft unterziehen.[1135] Das Kriminalgericht Luzern verurteilte ihn 2022 im abgekürzten Verfahren wegen gewerbsmässigen Betrugs, mehrfacher Urkundenfälschung und mehrfacher Veruntreuung zu drei Jahren Freiheitsstrafe, davon sechs Monate unbedingt, bei vier Jahren Probezeit, ausserdem wurden ihm die Verfahrenskosten auferlegt und er

---

1128 LUZERNER ZEITUNG, 14. Oktober 2008. Aus der Todesanzeige (vgl. TODESANZEIGENPORTAL) geht hervor, dass besagte Vertraute nach längerer, mit Geduld ertragener Krankheit in einer Altersresidenz in Sarnen OW am 20. September 2012, fast 92-jährig, starb. Ob zu Lebzeiten sie oder nach ihrem Tod ihre Erbmasse bzw. ihre Erben das Darlehen zurückerhielt(en), ist dem Verfasser unbekannt.

1129 LUZERNER ZEITUNG, 14. Oktober 2008.

1130 NEUE ZÜRCHER ZEITUNG, 5. Oktober 2018; vgl. LUZERNER ZEITUNG, 27. November 2018; KATH.CH, 11. August 2022.

1131 20 MINUTEN, 8. August 2022; LUZERNER ZEITUNG, 19. Mai 2022; vgl. noch NEUE ZÜRCHER ZEITUNG, 25. September 2018 und 5. Oktober 2018 («mehr als 2,1 Millionen Franken»), daneben KATH.CH, 11. August 2022 («3,3 Millionen Franken Schulden»).

1132 20 MINUTEN, 8. August 2022; KATH.CH, 27. Juni 2022 (mit dem Hinweis, dass sich besagter Priester schon vor 2009 in allen Schweizer Casinos hat sperren lassen) und 11. August 2022.

1133 Vgl. LUZERNER ZEITUNG, 27. November 2018; NEUE ZÜRCHER ZEITUNG, 18. April 2019 (wonach der Pfarrer zurückgetreten sei).

1134 KATH.CH, 27. Juni 2022; LUZERNER ZEITUNG, 19. Mai 2022; NEUE ZÜRCHER ZEITUNG, 18. April 2019.

1135 LUZERNER ZEITUNG, 19. Mai 2022; NEUE ZÜRCHER ZEITUNG, 18. April 2019.

wurde dazu verpflichtet, sich einer Therapie wegen Spielsucht zu unterziehen.[1136]

Bei besagten beiden Fallbeispielen ist kaum denkbar, dass das Berufsgeheimnis der Geistlichen eine wesentliche Rolle gespielt haben könnte.

4.2.3.2.4 Bei Ermittlungen gegen Dritte

Schliesslich ist denkbar, dass Zwangsmassnahmen gegen einen Dritten angewendet werden, der zufällig auch Rat bei einem Geistlichen suchte oder sucht, ohne dass der Geistliche im gleichen Sachzusammenhang selber beschuldigt ist.

Der Dritte kann geltend machen, dass Gegenstände und Unterlagen aus seinem Verkehr mit einem Geistlichen stammen, womit diese – ungeachtet des Orts, an dem sie sich befinden, und des Zeitpunkts, in welchem sie geschaffen worden sind – nicht beschlagnahmt werden dürfen (Art. 264 Abs. 1 lit. c StPO).[1137] Während ein gewöhnlicher Inhaber verpflichtet ist, Gegenstände und Vermögenswerte herauszugeben, die beschlagnahmt werden sollen (Art. 265 Abs. 1 StPO), ist der Geistliche von dieser Herausgabepflicht ausgenommen (Abs. 2 lit. b). Das Beschlagnahmeverbot erstreckt sich im gleichen Umfang wie das Zeugnisverweigerungsrecht des Geistlichen, mithin auf die Herausgabe von Schriftstücken, Aufzeichnungen (Ton, Bild, etc.), von Datenträgern sowie Informationsverarbeitungs- und -speicherungsanlagen.[1138] Dies alles gilt jedoch nur für Gegenstände und Unterlagen, die dem Geistlichen bei der Ausübung seines Berufs zugekommen sind; sind die Gegenstände dem Geistlichen einzig deswegen übergegeben worden, um sie vor behördlichem Zugriff zu schützen, fallen sie nicht unter das Berufsgeheimnis und der Geistliche hat sie herauszugeben.[1139]

[1136] 20 MINUTEN, 8. August 2022; KATH.CH, 27. Juni 2022. Zur Anklage (Schuldspruch wegen gewerbsmässigen Betrugs, Antrag auf Freiheitsstrafe von drei Jahren und Therapie wegen Spielsucht) LUZERNER ZEITUNG, 19. Mai 2022.

[1137] Diesfalls haben die Strafbehörden nach den Vorschriften über die Siegelung (Art. 248 f. StPO) vorzugehen (Art. 164 Abs. 3 StPO).

[1138] OBERHOLZER, N. 27 zu Art. 321 StGB.

[1139] BGE 102 IV 210 E. 4b S. 214 f. (betreffend einen Anwalt, der «schriftliche geheime Verständigungen zwischen Gefangenen unter sich oder zwischen Gefangenen und aussenstehenden Komplizen oder Angehörigen», sog. Kassiber, entgegennahm): «Das dem Zeugnisverweigerungsrecht eines Rechtsanwalts entsprechende Recht zur Verweigerung der Aktenherausgabe kann sich nur auf seine persönlichen Schriften und Aufzeichnungen sowie auf solche Aktenstücke

Bei den geheimen Überwachungsmassnahmen (Art. 269–298d StPO) gegen einen beschuldigten Dritten kann das Berufsgeheimnis eines Geistlichen im Rahmen der Überwachung des Post- und Fernmeldeverkehrs (Art. 269–279 StPO) und bei der Überwachung mit technischen Überwachungsgeräten (Art. 280 f. StPO) betroffen sein:[1140]

- Wird der Post- oder Fernmeldeverkehr eines Dritten überwacht, sind die Informationen zur Kommunikation mit einem Geistlichen (oder einer anderen Person nach Art. 170–173 StPO[1141]) auszusondern, sobald dies feststeht (Art. 271 Abs. 3 Satz 1 StPO). Informationen, über welche der Geistliche (oder jemand nach Art. 170–173 StPO) das Zeugnis verweigern kann, sind aus den Verfahrensakten auszusondern und sofort zu vernichten; sie dürfen nicht ausgewertet werden (Satz 2).
- Die Überwachung mit technischen Überwachungsgeräten bezweckt, das nicht öffentlich gesprochene Wort abzuhören oder aufzuzeichnen, Vorgänge an nicht öffentlichen oder nicht allgemein zugänglichen Orten zu beobachten oder aufzuzeichnen, bzw. den Standort von Personen oder Sachen festzustellen (Art. 280 StPO). Der Einsatz von technischen Überwachungsgeräten darf grundsätzlich nur gegenüber einem Beschuldigten angeordnet werden (Art. 281 Abs. 1 StPO). Räumlichkeiten oder Fahr-

---

beziehen, die ihm in seiner beruflichen Eigenschaft, d.h. bei der oder zur Ausübung seines Amtes übergeben worden sind. Hinsichtlich Schriftstücken, die nicht für den Anwalt selbst, sondern für einen Dritten bestimmt sind, beurteilt sich die Frage, ob und inwieweit sie von den Strafverfolgungsbehörden herausverlangt werden können, nach der Herausgabepflicht desjenigen, an den sie effektiv gerichtet sind. Der Anwalt ist höchstens berechtigt, das Zeugnis darüber zu verweigern, ob er Papiere solcher Art in seinem Gewahrsam habe. Wissen die Untersuchungsbehörden aber bereits, dass ein Verteidiger solche Papiere besitzt, können sie deren Herausgabe verlangen, sofern die fraglichen Papiere auch bei ihrem wirklichen Adressaten beschlagnahmt werden dürften[. ...] Mit seinem Verteidiger kann ein Beschuldigter in der Regel schriftlich und mündlich unbeaufsichtigt verkehren, so dass es für Mitteilungen, die er ihm machen will, keiner Kassiber bedarf.» Vgl. auch OBERHOLZER, N. 28 zu Art. 321 StGB.

1140 Weniger Reibungen mit dem Berufsgeheimnis dürfte bei den übrigen geheimen Überwachungsmassnahmen vorliegen, d.h. der Observation (Art. 282 f. StPO), der Überwachung von Bankbeziehungen (Art. 284 f. StPO), der verdeckten Ermittlung (Art. 285a–298 StPO) und der verdeckten Fahndung (Art. 298a–298d StPO).

1141 D.h. Personen, denen ein Zeugnisverweigerungsrecht zukommt aufgrund eines Amts- (Art. 170 StPO) oder eines Berufsgeheimnisses (Art. 171 StPO), des Quellenschutzes der Medienschaffenden (Art. 172 StPO) oder aufgrund weiterer Geheimhaltungspflichten (Art. 173 StPO).

zeuge von Dritten dürfen nur überwacht werden, wenn aufgrund bestimmter Tatsachen angenommen werden muss, dass der Beschuldigte sich in diesen Räumlichkeiten aufhält oder dieses Fahrzeug benutzt (Abs. 2). Nicht angeordnet werden darf der Einsatz aber, um Räumlichkeiten oder Fahrzeuge eines Dritten zu überwachen, welcher einer der Berufsgruppen nach Art. 170–173 StPO angehört (Abs. 3 lit. b). Damit dürfen die Räumlichkeiten oder die Fahrzeuge von Geistlichen mit technischen Geräten nicht überwacht werden, selbst wenn sich der Beschuldigte darin aufhält.

4.2.3.3 Verwaltungsstrafprozess (VStrR)

Das VStrR findet Anwendung auf Fälle, in welchen die Verfolgung und Beurteilung von Widerhandlungen einer Verwaltungsbehörde des Bundes übertragen ist (Art. 1 VStrR). Berufsgeheimnisse nach Art. 171–173 StPO sind bei der Rechtshilfe durch andere Behörden zu wahren (Art. 30 Abs. 2 VStrR). Bei der Anwendung von Zwangsmassnahmen (Art. 45–60 VStrR)[1142] sind Papiere nur zurückhaltend und mit grösster Schonung der Privatgeheimnisse zu durchsuchen (Art. 50 Abs. 1 VStrR).[1143] Bei der Durchsuchung sind das Amtsgeheimnis sowie Geheimnisse zu wahren, die Geistlichen, Rechtsanwälten, Notaren, Ärzten, Apothekern, Hebammen und ihren beruflichen Gehilfen in ihrem Amt oder Beruf anvertraut wurden (Abs. 2). Es kann auf das zum Erwachsenenstrafprozess Ausgeführte verwiesen werden.

4.2.3.4 Militärstrafprozess (MStP)

Im Militärstrafprozess ist grundsätzlich jedermann verpflichtet, als Zeuge vor dem Richter zu erscheinen und Zeugnis abzulegen (Zeugnispflicht; Art. 74 MStP). Das Zeugnis können u.a. aber Geistliche[1144] über Geheimnisse ver-

---

[1142] Zu den Zwangsmassnahmen gehören die Beschlagnahme (Art. 46 f. VStrR), die Durchsuchung von Wohnungen und Personen (Art. 48 f. VStrR) sowie von Papieren (Art. 50 VStrR), die vorläufige Festnahme und Vorführung vor den Richter (Art. 51 VStrR) sowie die Verhaftung (Art. 52–60 VStrR).

[1143] Dem Inhaber der Papiere ist, wenn immer möglich, Gelegenheit zu geben, sich vor der Durchsuchung über ihren Inhalt auszusprechen (Art. 50 Abs. 3 Satz 1 VStrR). Erhebt er gegen die Durchsuchung Einsprache, werden die Papiere versiegelt und verwahrt, und es entscheidet die Beschwerdekammer des Bundesstrafgerichts über die Zulässigkeit der Durchsuchung (Satz 2).

[1144] Daneben Anwälte, Verteidiger, Notare, Patentanwälte, Ärzte, Zahnärzte, Chiropraktoren, Apotheker, Psychologen sowie deren berufliche Hilfspersonen. Dieser Kreis wurde mit einer Nebenänderung zum AFGP, das am 1. Juli 2024

weigern, die ihnen aufgrund ihres Berufs anvertraut worden sind oder die sie bei ihrer Berufstätigkeit wahrgenommen haben; soweit sie vom Berechtigten von der Geheimhaltung entbunden werden, haben sie auszusagen, wenn nicht das Interesse an der Geheimhaltung überwiegt (Art. 75 lit. b MStP). Die Durchsuchung von Schriftstücken sowie Bild- und Tonträgern ist mit grösster Schonung des Privatgeheimnisses und unter Beachtung des Berufsgeheimnisses durchzuführen (Art. 67 Abs. 1 MStP). Bei der Überwachung des Fernmeldeverkehrs sind Berufsgeheimnisse ebenfalls geschützt (Art. 70b, 70c Abs. 3 und 70e Abs. 4 lit. a MStP). Es kann auf die Ausführungen zum Erwachsenenstrafprozess verwiesen werden.

4.2.3.5 Jugendstrafprozess (JStPO)

Im Jugendstrafprozess gilt subsidiär die StPO, d.h. dann, wenn die JStPO keine besondere Regelung beinhaltet (Art. 3 Abs. 1 JStPO). Für die Anwendung der JStPO sind der Schutz und die Erziehung der Jugendlichen wegleitend, Alter und Entwicklungsstand sind angemessen zu berücksichtigen (Art. 4 Abs. 1 JStPO). Kinder und Jugendliche sind kaum Geheimnisträger; vielmehr wird ein Geheimnisträger in solch ein Verfahren hineingezogen. Es kann folglich auf die Ausführungen zum Erwachsenenstrafprozess verwiesen werden.[1145] Erwähnenswert ist im Übrigen nur die Zusammenarbeit bei der Abklärung der persönlichen Verhältnisse des beschuldigten Jugendlichen, wo die Instanzen, Einrichtungen und Personen verpflichtet sind, die verlangten Auskünfte zu erteilen, unter Vorbehalt des Berufsgeheimnisses (Art. 31 Abs. 2 JStPO).[1146]

---

in Kraft trat (dortiger Anhang, Ziff. 2, zu finden unter AS 2024 212), auf den 1. Juli 2024 erweitert. Nun gehören auch Pflegefachleute, Physiotherapeuten, Ergotherapeuten, Hebammen, Ernährungsberater, Optometristen und Osteopathen dazu.

1145 Gewisse Bestimmungen der StPO sind für den Bereich des Jugenstrafprozesses ausgenommen (Art. 3 Abs. 2 JStPO), jedoch finden sich keine, die oben besprochen wurden.

1146 Ansonsten arbeitet die Untersuchungsbehörde bei besagten Abklärungen mit allen Instanzen der Straf- und Zivilrechtspflege, mit den Verwaltungsbehörden, mit öffentlichen und privaten Einrichtungen und mit Personen aus dem medizinischen und sozialen Bereich zusammen, und sie holt bei ihnen die nötigen Auskünfte ein (Art. 31 Abs. 1 JStPO).

4.2.4 Anzeigerechte und Anzeigepflichten

Anzeigerechte und -pflichten finden sich nur im Strafrecht:

- Das Anzeigerecht (Art. 301 StPO) besagt, dass jeder berechtigt ist, Straftaten bei einer Strafverfolgungsbehörde schriftlich oder mündlich anzuzeigen (Art. 301 Abs. 1 StPO). Dem Anzeiger stehen, wenn er weder Geschädigter noch Privatkläger ist, keine weitergehenden Verfahrensrechte zu (Abs. 3).[1147] Geheimnisträger nach Art. 320, 321 und 321bis StGB haben kein Anzeigerecht, insofern sie sich nicht auf einen Rechtfertigungsgrund berufen können.[1148]
- Es gibt keine allgemeine, d.h. alle Personen treffende, Anzeigepflicht.[1149] Strafbehörden sind verpflichtet, alle Straftaten, die sie bei ihrer amtlichen Tätigkeit festgestellt haben oder die ihnen gemeldet worden sind, der zuständigen Behörde anzuzeigen, soweit sie für die Verfolgung nicht selber zuständig sind (Art. 302 Abs. 1 StPO). Diese Anzeigepflicht ergibt sich aus dem Strafverfolgungszwang (Art. 7 StPO)[1150] und besteht bereits, wenn ein einfacher Tatverdacht nach Art. 299 Abs. 2 StPO vorliegt.[1151] Wird die Pflicht verletzt, kann neben personal- bzw. disziplinarrechtlichen Massnahmen ebenfalls Begünstigung (Art. 305 StGB) vorliegen.[1152] Wird infolge widerrechtlicher Unterlassung weiter delinquiert, kann gegebenenfalls der Staat den Opfern der weiteren Delikte gegenüber haftbar werden.[1153] Bund und Kantone regeln die Anzeigepflicht der Mitglieder anderer Behörden (Art. 302 Abs. 2 StPO), womit sie klarerweise nur Behördenmitglieder verpflichten können. In der Literatur findet sich vereinzelt die Meinung, öffentlich-rechtlich anerkannte Religionsgemeinschaften seinen als Behörde nach Art. 302 Abs. 2 StPO zu sehen,[1154] was den Behördenbegriff indes überdehnt, denn dann müssten

---

1147 Die Strafverfolgungsbehörde teilt dem Anzeiger auf dessen Anfrage – und damit nicht von sich aus – mit, ob ein Strafverfahren eingeleitet und wie es erledigt wird (Art. 301 Abs. 2 StGB). Seit dem 1. Januar 2024 kann der Anzeiger von der Strafverfolgungsbehörde eine Bestätigung der mündlich zu Protokoll gegebenen Anzeige verlangen (Abs. 1bis).

1148 KUMRAL, S. 16.

1149 KUMRAL, S. 17.

1150 KUMRAL, S. 16 f.

1151 KUMRAL, S. 17.

1152 KUMRAL, S. 17.

1153 KUMRAL, S. 17.

1154 So KUMRAL, S. 77–81, die damit ausdrücklich darauf abzielt, eine Anzeigepflicht für Geistliche «zu etablieren, so dass kirchliche Würdenträger zu

bald alle öffentlich-rechtlichen Körperschaften, Anstalten und wohl sogar öffentlich-rechtliche einfache Gesellschaften, möglicherweise sogar Konkordatsorgane, als «Behörden» gelten, und zudem würde tiefgreifend in die kantonsverfassungsrechtlich verankerte Autonomie der betreffenden Körperschaften eingegriffen. Mangels gesetzlicher Grundlage haben Geistliche, *ex negativo* und aufgrund ihrer übrigen Zeugnisverweigerungsrechte, folglich keine Anzeigepflicht. Im Übrigen entfällt die Anzeigepflicht für Personen, die nach Art. 113 Abs. 1, 168, 169 und 180 Abs. 1 StPO zur Aussage- oder Zeugnisverweigerung berechtigt sind (Art. 302 Abs. 3 StPO).

4.2.5 Melderechte und Meldepflichten

4.2.5.1 Im Allgemeinen

Melderechte und -pflichten beziehen sich, anders als die Anzeigerechte und -pflichten, nicht zwingend auf strafrechtlich relevante Sachverhalte, und die Meldestelle ist nicht unbedingt eine Strafbehörde.[1155] Bei Melderechten und -pflichten ist der Geheimnisträger von Gesetzes wegen von seiner Geheimhaltungspflicht entbunden.[1156] Genauerhin handelt es sich dann um den Rechtfertigungsgrund der gesetzlich erlaubten Handlung (Art. 14 StGB).[1157] Wer einer Meldepflicht unterliegt und dieser nicht nachkommt, macht sich nicht allein dadurch strafbar,[1158] weil regelmässig die Strafandrohung fehlt (keine Strafe ohne Gesetz [*nulla poena sine lege*]). Er läuft aber Gefahr, wegen Verstosses gegen besagte Vorschriften, disziplinarisch bzw. berufsrechtlich und gegebenenfalls sogar wegen pflichtwidrigen Untätigbleibens (Unterlas-

‹Bürdenträgern› gemacht werden könnten, denen eine Anzeigepflicht auferlegt wird.» Dass freilich ein sehr grosser Anteil an «Geistlichen» gemäss staatlicher Sicht, die hiervon getroffen würden, nicht «Würdenträger», d.h. Kleriker und insbesondere *sacerdotes*, nach kirchlicher oder kirchenrechtlicher Sicht sind, sondern vielmehr zumeist Laien, insbesondere Frauen, mithin nicht Angehörige der ‹Amtskirche›, fällt dabei unter den Tisch; bei alledem kann offengelassen werden, ob das Wortspiel von «Würdenträger[n]» und «Bürdenträgern» dem wissenschaftlichen Stil einer juristischen Dissertation angemessen ist. Die Frage von *sacerdos* und *facultas* wurde im Übrigen oben, 3.1.3, beleuchtet. Mit solchen Intentionen jedenfalls kann kaum ein befriedigendes Gespräch zwischen Staat und Kirche gelingen (vgl. hierzu auch unten, 4.4).

1155 KUMRAL, S. 18 f.

1156 OBERHOLZER, N. 32 zu Art. 321 StGB. Vgl. auch KUMRAL, S. 97.

1157 OBERHOLZER, N. 32 zu Art. 321 StGB. Vgl. auch KUMRAL, S. 194.

1158 MARANTA, N. 41 zu Art. 443 ZGB.

sungsdelikt; Art. 11 StGB) oder wegen Begünstigung (Art. 305 StGB) belangt zu werden.[1159] Ebenfalls denkbar sind Haftungsansprüche gegen den Meldepflichtigen bzw. das Gemeinwesen, bei dem der Meldepflichtige angestellt ist.[1160]

4.2.5.2 Altes Recht

Das StGB kannte im Dritten Buch, Einführung und Anwendung des Gesetzes, einen fünften Titel, Mitteilung bei strafbaren Handlungen gegen Unmündige, bestehend aus aArt. 363 f. StGB:

- Bis zum 31. Dezember 2010 und dem Inkrafttreten der eidgenössischen StPO am 1. Januar 2011[1161] regelte aArt. 363 StGB eine Meldepflicht, wonach die zuständige Behörde sofort die vormundschaftliche Behörde informierte, wenn sie bei der Strafverfolgung strafbare Handlungen gegenüber Unmündigen feststellte.
- Bis zum 31. Dezember 2018 und dem Inkrafttreten neuer Kindesschutzbestimmungen am 1. Januar 2019[1162] regelte aArt. 364 StGB ein Mitteilungsrecht, indem die zur Wahrung des Amts- und Berufsgeheimnisses (Art. 320 und 321 StGB) verpflichteten Personen berechtigt waren, eine strafbare Handlung an einem Unmündigen der vormundschaftlichen Behörde zu melden, wenn dies in seinem Interesse lag.[1163] Bis zu diesem Zeitpunkt lautete auch der Vorbehalt in Art. 321 Ziff. 3 (a.F.) StGB anders, wonach nicht – wie heute – die eidgenössischen und kantonalen Bestimmungen über die Melde- und Mitwirkungsrechte, über die Zeugnispflicht und über die Auskunftspflicht gegenüber einer Behörde vorbehalten waren, sondern (nur) die eidgenössischen und kantonalen Be-

---

1159 BGE 147 IV 27 E. 4.8 S. 34; 142 II 307 E. 4.1 S. 309; BGer 1B_96/2013 E. 5.3; KUMRAL, S. 99; MARANTA, N. 41 zu Art. 443 ZGB; OBERHOLZER, N. 32 zu Art. 321 StGB.

1160 MARANTA, N. 41 zu Art. 443 ZGB.

1161 Anhang 1 Ziff. II.8 StPO (AS 2010 1881; BBl 2006 1085); berichtigt durch die Redaktionskommission der Bundesversammlung am 20. Februar 2013 (AS 2013 845).

1162 Anhang Ziff. 1 des Bundesgesetzes vom 15. Dezember 2017 (Kindesschutz; AS 2018 2947; BBl 2015 3431).

1163 Vgl. zu aArt. 364 StGB auch KUMRAL, S. 95–97, mit dem Hinweis, dass lediglich drohende Straftaten nicht vom Mitteilungsrecht erfasst wurden, selbst wenn sie kindswohlgefährdend waren.

stimmungen über die Zeugnispflicht und über die Auskunftspflicht gegenüber einer Behörde.[1164]

Meldepflichtig waren bei Taten gegen Unmündige (Minderjährige) damit grundsätzlich nur Behörden, mitteilungsberechtigt jedoch Amts- und Berufsangehörige. Verletzten diese Mitteilungsberechtigte ihr Amts- oder Berufsgeheimnis gestützt auf aArt. 363 f. StGB, entfiel die Strafbarkeit (Art. 14 bzw. 321 Ziff. 3 StGB).

4.2.5.3 Geltendes Recht

4.2.5.3.1 Im Allgemeinen

Mit Inkrafttreten des Bundesgesetzes vom 15. Dezember 2017 (Kindesschutz) wurden im Kindesschutz Bestimmungen neu eingeführt über Melderechte (Art. 314c ZGB), Meldepflichten (Art. 314d ZGB), Mitwirkung und Amtshilfe (Art. 314e ZGB). Im Erwachsenenschutz wurde bei Art. 443 ZGB (Melderechte und -pflichten) Abs. 2 revidiert und Abs. 3 neu eingefügt sowie bei Art. 448 ZGB (Mitwirkungspflichten und Amtshilfe) Abs. 2 revidiert. Unverändert blieb Art. 453 ZGB (Zusammenarbeitspflicht).

4.2.5.3.2 Kindesschutz

Im Bereich des Kindesschutzes gilt im Einzelnen heute Folgendes:

- Melderechte regelt Art. 314c ZGB.
  - Jede Person kann der Kindesschutzbehörde Meldung erstatten, wenn die körperliche, psychische oder sexuelle Integrität eines Kindes gefährdet erscheint (Abs. 1).
  - Liegt eine Meldung im Interesse des Kindes, sind ebenfalls Personen meldeberechtigt, die dem Berufsgeheimnis nach Art. 321 StGB unterstehen (Abs. 2 Satz 1), was aufseiten des Geheimnisträgers eine (in der Praxis nicht immer einfache) Interessensabwägung erfordert.[1165] Ein Geistlicher als Hauptgeheimnisträger ist unter diesen Voraussetzungen somit zur Meldung berechtigt, ohne sich strafbar zu machen (gesetzlich erlaubte Handlung, Art. 14 StGB). Das Mel-

---

1164 Vgl. zu Art. 321 Ziff. 3 a.F. StGB auch KUMRAL, S. 97.

1165 BREITSCHMID, N. 1 zu Art. 314c–314e ZGB; KUMRAL, S. 97 und 206–209.

derecht gilt jedoch nicht für die nach Art. 321 StGB an das Berufsgeheimnis gebundenen Hilfspersonen (Abs. 2 Satz 2).[1166]

- Meldepflichten regelt Art. 314d ZGB.
  - Folgende Personen, soweit sie nicht dem Berufsgeheimnis nach Art. 321 StGB unterstehen, sind zur Meldung verpflichtet, wenn konkrete Hinweise dafür bestehen, dass die körperliche, psychische oder sexuelle Integrität eines Kindes gefährdet ist und sie der Gefährdung nicht im Rahmen ihrer Tätigkeit abhelfen können (Abs. 1 Einleitungssatz):
    - Fachpersonen aus den Bereichen Medizin, Psychologie, Pflege, Betreuung, Erziehung, Bildung, Sozialberatung, Religion und Sport, die beruflich regelmässig Kontakt zu Kindern haben (Abs. 1 Ziff. 1)[1167] – hier fallen Geistliche, quasi als ‹Fachperson› aus dem Bereich ‹Religion›, nicht darunter, weil sie dem Berufsgeheimnis nach Art. 321 StGB unterstehen (Vorbehalt);
    - sowie wer in amtlicher Tätigkeit von einem solchen Fall erfährt (Abs. 1 Ziff. 2).
  - Erfüllt ist die Meldepflicht auch, wenn der Verpflichtete die Meldung an den Vorgesetzten richtet (Abs. 2).
  - Die Kantone können weitere Meldepflichten vorsehen (Abs. 3).
- Die Mitwirkung und Amtshilfe regelt Art. 314e ZGB.
  - Die am Verfahren Beteiligten sowie Dritte sind zur Mitwirkung bei der Abklärung des Sachverhalts verpflichtet. Die Kindesschutzbehörde trifft die zur Wahrung schutzwürdiger Interessen erforderlichen Anordnungen. Nötigenfalls ordnet sie die zwangsweise Durchsetzung der Mitwirkungspflicht an (Abs. 1).
  - Personen, die dem Berufsgeheimnis nach Art. 321 StGB unterstehen, sind zur Mitwirkung berechtigt, ohne sich vorgängig vom Berufsgeheimnis entbinden zu lassen (Abs. 2): Diese Bestimmung gilt damit ausdrücklich nicht für die nach dem StGB an das Berufs-

---

[1166] So auch BREITSCHMID, N. 3 zu Art. 314c–314e ZGB.

[1167] BREITSCHMID, N. 2 zu Art. 314c–314e ZGB, weist darauf hin, dass die in Art. 314d Abs. 1 Ziff. 1 ZGB genannten Fachpersonen einen Kreis «unterschiedlich qualifizierter und in unterschiedlicher Intensität mit dem Kind Befasster» bilden, und zudem offen ist, ab wann ein «regelmässiger» Kontakt vorliegt: «Die wöchentliche Nachhilfestunde wird oft kaum Einblicke ermöglichen, welche einigermassen triftige Schlüsse zulassen, während ein einmaliges Trainingswochenende möglicherweise privatere Kontakte schafft».

geheimnis gebundenen Hilfspersonen[1168] – gestützt hierauf sind folglich Geistliche ausdrücklich zur Mitwirkung berechtigt, ohne sich strafbar zu machen.

- Personen, die dem Berufsgeheimnis nach Art. 321 StGB unterstehen, sind zur Mitwirkung verpflichtet, wenn der Geheimnisberechtigte sie dazu ermächtigt hat oder die vorgesetzte Behörde oder die Aufsichtsbehörde sie auf Gesuch der Kindesschutzbehörde vom Berufsgeheimnis entbunden hat, vorbehältlich Art. 13 BGFA (Abs. 3). Eine solche Pflicht trifft damit zwar grundsätzlich auch Geistliche. In der vorliegenden Fallkonstellation aber – wenn der Pönitent dem Beichtvater z.B. sexuellen Kindesmissbrauch bekennt – wird eine Einwilligung des Geheimnisherrn auszuschliessen sein, denn der Pönitent könnte sich beiweitem einfacher selbst anzeigen. Eine Entbindung käme (nach staatlichem Recht) wohl auch nicht ernstlich in Frage, weil das Entbindungsgesuch von der Kindesschutzbehörde stammen muss, und schleierhaft wäre, wie sie von einem Seelsorgegespräch erfahren soll, insbesondere von einer Beichte, bei welcher das Opfer nicht physisch anwesend ist. Die Mitwirkungspflicht nach Art. 314e Abs. 3 ZGB dürfte im vorliegenden Zusammenhang folglich wenig praxisrelevant sein.
- Verwaltungsbehörden und Gerichte geben die notwendigen Akten heraus, erstatten Bericht und erteilen Auskünfte, soweit nicht schutzwürdige Interessen entgegenstehen (Abs. 4).

Diese Bestimmung (Art. 315e ZGB) ist in Zusammenhang zu sehen mit Art. 317 ZGB, wonach die Kantone durch geeignete Vorschriften die zweckmässige Zusammenarbeit der Behörden und Stellen auf dem Gebiet des zivilrechtlichen Kindesschutzes, des Jugendstrafrechts und der übrigen Jugendhilfe sichern.[1169]

In der Kommentarlandschaft werden die Art. 314c–314e ZGB als «gutgemeinte[r], aber wohl doch etwas hilflose[r] Versuch» bezeichnet,

> «mit Gesetzesartikeln eine Lösung für Probleme schaffen zu wollen, die sich kaum mit Gesetzesartikeln lösen lassen: Kommunikation über ‹Verdacht›, das Abwägen von ‹Gefährdung› (Art. 314c Abs. 1) bzw. ‹konkreten Hinweisen› (Art. 314d Abs. 1) bedingt Ausbildung, Gespür, aber auch Rücksprache in ei-

---

1168 Vgl. BREITSCHMID, N. 3 zu Art. 314c–314e ZGB.

1169 Ausführlicher BREITSCHMID, N. 5 zu Art. 314c–314e ZGB und N. 2 zu Art. 317 ZGB.

nem Team zur Verifizierung (bzw. allenfalls Falsifizierung) eigener Wahrnehmungen. Auch was einerseits durchaus ‹konkret› erscheinen mag, wird andererseits noch diffus bleiben und ein eher verstörendes Gefühl zurücklassen – soll und darf oder muss gar dieses Gefühl schon die Meldung auslösen? Immerhin wird nämlich auch eine Meldung, die sich dann im Zuge weiterer Abklärungen erfreulicherweise als gegenstandslos erweist, doch erhebliche Unruhe und je nach persönlicher Situation des betroffenen Kindes ebenfalls eine nicht vernachlässigbare Belastung bewirken. Während im einen Fall Zögern klug ist, wäre im andern Fall höchste Dringlichkeit geboten; welche Reaktion die richtige war bzw. richtig gewesen wäre, wird sich immer erst im Nachhinein ergeben. So kann die mit verordnungsgesetzgeberischer Akribie redigierte detailreiche Regelung im Ergebnis wenig bewirken. Dass das Abwägen, ob eine Meldung geboten sei oder nicht, schwierig ist, räumt die Novelle im Grunde selbst ein: Der zweite Absatz sowohl von Art. 314c und 314e macht die Meldung bei Berufsgeheimnisträgern gewissermassen zur ‹Chefsache› und bindet Hilfspersonen explizit ans Berufsgeheimnis. Man wird allerdings auch in diesem Punkt allfällige Verstösse gegen die komplizierte Ordnung ggf. nach Massgabe von Art. 17 StGB zu würdigen haben. Ob weitere kantonale Meldepflichten (Art. 314d Abs. 3) die Sachlage nicht eher komplizieren, bleibe dahingestellt: Um des Kindeswohles willen haben alle Beteiligten nach Art. 4 [...[1170]] die Situation und ihr adäquates Verhalten zu reflektieren und abzuwägen.»[1171]

4.2.5.3.3 Erwachsenenschutz

Im Bereich des Erwachsenenschutzes gilt heute Folgendes:

- Melderechte und -pflichten regelt Art. 443 ZGB.
  - Jede Person kann der Erwachsenenschutzbehörde Meldung erstatten, wenn eine Person hilfsbedürftig erscheint (Abs. 1 Satz 1); dies

[1170] Wo das Gesetz das Gericht auf sein Ermessen oder auf die Würdigung der Umstände oder auf wichtige Gründe verweist, hat es seine Entscheidung nach Recht und Billigkeit zu treffen (Art. 4 ZGB).

[1171] BREITSCHMID, N. 3 zu Art. 314c–314e ZGB, der in N. 4 fortfährt: «Dieser ambivalenten Ausgangslage ist Rechnung zu tragen; insb[esondere] wird man sich zu hüten haben, dass nicht Ängste vor haftungsmässigen Sanktionen und sonstige sachfremde Beweggründe (Weiterreichen der ‹heissen Kartoffel›; Flucht vor eigener Verantwortung) die vor einer Meldung immer gebotene Abwägung beeinflussen. Wer noch zu stark zweifelt und noch nicht gemeldet hatte, ist nicht per se Kindeswohlgefährder, und wer gemeldet hat, obwohl man besser auf möglicherweise entlastende Signale stärker abgestellt hätte, ist nicht übellauniger Petzer, obwohl es beides geben mag und trotz dieser Normen weiter bestehen wird.»

stellt den Grundsatz des allgemeinen Melderechts dar.[1172] Vorbehalten bleiben die Bestimmungen über das Berufsgeheimnis (Abs. 1 Satz 2), mithin auch dasjenige nach Art. 321 StGB, womit sich ein Berufsgeheimnisträger vor einer Meldung an die Erwachsenenschutzbehörde zuerst entbinden lassen muss, anders, als dies nach Art. 314 Abs. 2 ZGB im Kindesschutz gilt, wo es keiner Entbindung bedarf.[1173] Aber auch eine Entbindung verpflichtet den Geheimnisträger nicht zu einer Meldung, ausser, er sei dies aufgrund eines Rechtsverhältnisses zum Betroffenen, womit es in seinem freien Ermessen steht, ob er die Behörde über das allfällige Schutzbedürfnis informiert oder nicht.[1174] Diese Bestimmung erfuhr keine Veränderung im Vergleich zum vorherigen Recht.

- Wer in amtlicher Tätigkeit von einer solchen Person erfährt und der Hilfsbedürftigkeit im Rahmen seiner Tätigkeit nicht abhelfen kann, ist meldepflichtig (Abs. 2[1175] Satz 1). Hierbei handelt es sich um eine bundesrechtliche Meldepflicht hinsichtlich der amtlichen Tätigkeit; wer in der Freizeit von einer Hilfsbedürftigkeit erfährt, ist nicht meldepflichtig, aber nach Art. 443 Abs. 1 ZGB meldeberechtigt.[1176] Auch hier sind die Bestimmungen über das Berufsgeheimnis vorbehalten (Abs. 2 Satz 2). Damit geht das Berufsgeheimnis nach Art. 321 StGB der Meldepflicht nach Art. 443 Abs. 2 ZGB vor, auch wenn dies «der allgemeinen Wertung von Art. 321 Ziff. 3 StGB [widerspricht], wonach die Meldepflicht dem Berufsgeheimnis vorgeht» – der Geheimnisträger hat sich folglich vorgängig entbinden zu lassen.[1177]

1172 Vgl. MARANTA, N. 7 zu Art. 443 ZGB, der unter N. 8a darauf hinweist, dass sich aus dem allgemeinen Melderecht keine allgemeine Meldepflicht ergibt. Indes kann sich die Pflicht, das Melderecht auszuüben, «aus dem Rechtsverhältnis zwischen der betroffenen und der meldenden Person ergeben: Will z.B. ein Ehegatte nicht das gesetzliche Vertretungsrecht gem. Art. 374 [ZGB] ausüben, ist er aufgrund der ehelichen Beistandspflicht (Art. 159 Abs. 3 [ZGB]) verpflichtet, eine Meldung betr[effend] den anderen Ehegatten vorzunehmen.»

1173 MARANTA, N. 9 f. zu Art. 443 ZGB.

1174 MARANTA, N. 11 zu Art. 443 ZGB.

1175 Diese Bestimmung lautete in der a.F.: «Wer in amtlicher Tätigkeit von einer solchen Person erfährt, ist meldepflichtig. Die Kantone können weitere Meldepflichten vorsehen.»

1176 MARANTA, N. 17 zu Art. 443 ZGB, mit ausführlicher Erläuterung der «amtlichen Tätigkeit» in N. 18.

1177 MARANTA, N. 20 zu Art. 443 ZGB.

- o Die Kantone können weitere Meldepflichten vorsehen (Abs. 3[1178]). Zufolge KUMRAL könnten Kantone damit für Geistliche solche Meldepflichten einführen, da das Verhältnis zu den Religionsgemeinschaften von ihnen zu regeln ist (vgl. Art. 72 Abs. 1 BV).[1179] Dem scheint MARANTA indes zu widersprechen: «Trotz Art. 321 Ziff. 3 StGB stehen die[se] kantonalen Meldepflichten unter dem Vorbehalt des strafrechtlichen Berufsgeheimnisses».[1180] Dieser Einwand bestätigt sich auch aus Art. 49 Abs. 1 BV, wonach Bundesrecht (hier: Berufsgeheimnis nach Art. 321 StGB) entgegenstehendem kantonalen Recht (hier: allfällige Meldepflichten) vorgeht. Damit erscheint KUMRALs Auffassung als latent verfassungswidrig. Selbst wenn man sich trotz verfassungsrechtlicher Bedenken KUMRALs Auffassung anschlösse, erscheint eine Meldepflicht für Geistliche überdies kaum praktikabel.[1181] Jedenfalls ist die kantonalrechtliche Meldepflicht aufgrund des Territorialitätsprinzips nur auf Sachverhalte anwendbar, die sich im betreffenden Kanton zugetragen haben.[1182]

- Die Mitwirkungspflichten und die Amtshilfe regelt Art. 448 ZGB.
  - o Die am Verfahren Beteiligten sowie Dritte sind zur Mitwirkung bei der Abklärung des Sachverhalts verpflichtet; die Erwachsenenschutzbehörde trifft die zur Wahrung schutzwürdiger Interessen erforderlichen Anordnungen; nötigenfalls ordnet sie die zwangsweise Durchsetzung der Mitwirkungspflicht an (Abs. 1). Diese Regelung betrifft den Grundsatz der allgemeinen Mitwirkungspflicht der Ver-

---

1178 Der jetzige Abs. 3 entspricht Satz 2 von aAbs. 2.

1179 KUMRAL, S. 20 und 236–239.

1180 Nach MARANTA, N. 32 zu Art. 443 ZGB, ergibt sich dies aus der systematischen Auslegung: «Wäre das strafrechtliche Berufsgeheimnis bei kantonalen Meldepflichten nicht einschlägig, könnten kantonale Meldepflichten unter erleichterten Umständen als bundesrechtliche Meldepflichten ausgeübt werden.»

1181 Die Frage bleibt nämlich unbeantwortet, wie diese Meldepflicht zu überwachen und durchzusetzen wäre, insbesondere bei Vier-Augen-Konstellationen wie namentlich Seelsorgegesprächen in vertraulicher Umgebung. Ethisch-moralische Appelle ohne rechtliche Durchsetzbarkeit sollten jedoch nicht in normative Texte (Gesetze) verankert werden. Eine solche Meldepflicht bliebe damit zumeist toter Buchstabe und folglich symbolische Gesetzgebung, die in Spannung zum Rechtsstaatlichkeitsprinzip stünde (Art. 5 Abs. 1 BV).

1182 Ausführlich MARANTA, N. 32 zu Art. 443 ZGB, mit weiteren Hinweisen.

fahrensbeteiligten,[1183] der sogleich hinsichtlich Berufsgeheimnisträgern zu präzisieren ist.[1184]

- o Ärzte, Zahnärzte, Apotheker, Hebammen und Entbindungspfleger, Chiropraktoren, Psychologen sowie ihre Hilfspersonen sind nur dann zur Mitwirkung verpflichtet, wenn der Geheimnisberechtigte sie dazu ermächtigt hat oder die vorgesetzte Behörde oder die Aufsichtsbehörde sie auf eigenes Gesuch oder auf Gesuch der Erwachsenenschutzbehörde vom Berufsgeheimnis entbunden hat (Abs. 2[1185]), womit nur Personen aus dem Gesundheitsbereich betroffen sind. Hierbei handelt es sich um relative Verweigerungsrechte; ist eine dieser Personen ermächtigt oder entbunden worden, muss sie mitwirken, selbst wenn die zuständige Behörde sie gegen (!) ihren Willen entbunden hat.[1186]
- o Nicht zur Mitwirkung verpflichtet sind Geistliche, Rechtsanwälte, Verteidiger, Mediatoren sowie ehemalige Beistände, die für das Verfahren ernannt wurden (Abs. 3).[1187] Aufgrund dieses absoluten Verweigerungsrechts sind die Angehörigen dieser Berufsgruppen unter keinen Umständen zur Mitwirkung verpflichtet.[1188] Dieser Regelung liegt die durch den Gesetzgeber vorweggenommene Güterabwägung zugrunde, bei der er diesen Personen «dem notwendigen besonderen Vertrauensverhältnis zur Erfüllung ihrer Aufgaben den

---

1183 Zum Ganzen MARANTA, N. 6–8 und 29 zu Art. 448 ZGB, der ausführlich abwägt, wie weit eine Mitwirkungspflicht geht bei Sachverhalten, die sich zu Ungunsten des Verpflichteten auswirken. Zum eigentlichen Verfahren EBD., N. 28–34.

1184 Daneben kann, auch wenn dies nicht ausdrücklich im Gesetz verankert ist, auch der Betroffene seine Mitwirkung teilweise verweigern, so namentlich seine Aussage. Indes ist er zum persönlichen Erscheinen vor der Erwachsenenschutzbehörde verpflichtet: MARANTA, N. 9 f. zu Art. 448 ZGB.

1185 Nach der a.F. von Abs. 2 waren Ärzte, Zahnärzte, Apotheker und Hebammen «sowie ihre Hilfspersonen […] nur dann zur Mitwirkung verpflichtet, wenn die geheimnisberechtigte Person sie dazu ermächtigt hat oder die vorgesetzte Stelle sie auf Gesuch der Erwachsenenschutzbehörde vom Berufsgeheimnis entbunden hat.»

1186 Ausführlich MARANTA, N. 11–17 zu Art. 448 ZGB.

1187 Daneben geben Verwaltungsbehörden und Gerichte die notwendigen Akten heraus, erstatten Bericht und erteilen Auskünfte, soweit nicht schutzwürdige Interessen entgegenstehen (Abs. 4). Zur Amtshilfe ausführlich MARANTA, N. 35–41 zu Art. 448 ZGB.

1188 MARANTA, N. 18 f. zu Art. 448 ZGB.

Vorrang vor der Mitwirkungspflicht eingeräumt» hat.[1189] Besagten Personen kommt zwar kein Mitwirkungsrecht, aber ein Melderecht zu, wenn sie durch den Geheimnisherrn oder die zuständige Behörde entbunden worden sind.[1190]

- Die Zusammenarbeitspflicht regelt Art. 453 ZGB.
  - Besteht die ernsthafte Gefahr, dass ein Hilfsbedürftiger sich selbst gefährdet oder ein Verbrechen oder Vergehen begeht, mit dem er jemanden körperlich, seelisch oder materiell schwer schädigt, arbeiten die Erwachsenenschutzbehörde, die betroffenen Stellen und die Polizei zusammen (Abs. 1). Primärer Normadressat ist die Erwachsenenschutzbehörde, da diese aber nicht mit sich selbst zusammenarbeiten kann, sondern auf Austausch angewiesen ist, fallen unter die Bestimmung ebenso «alle möglichen beteiligten, öffentlichen und privaten Einrichtungen, wie etwa die Sozial- oder Psychiatriedienste, Opferhilfestellen, Spitex, Spitäler und ihre Sozialdienste, Schuldenberatungsstellen, Sozialversicherungsträger, Gerichte, Strafverfolgungs- und Strafvollzugsbehörden usw.»[1191] Geistliche werden regelmässig nicht hierunter fallen, wie sich auch aus Abs. 2 ergibt:
  - Personen, die dem Amts- oder Berufsgeheimnis unterstehen, sind in einem solchen Fall berechtigt, der Erwachsenenschutzbehörde Mitteilung zu machen (Abs. 2). In diesem Fall bedarf es somit keiner Entbindung vom Amts- oder Berufsgeheimnis.[1192] Vorausgesetzt ist freilich, dass die drohende Schädigung erheblich und die Eintretenswahrscheinlichkeit hoch ist,[1193] und zudem, dass die Mitteilung überhaupt geeignet ist.[1194] Damit haben Geistliche das Recht, Mitteilungen zu machen, sie sind aber nicht dazu verpflichtet.

1189 MARANTA, N. 20 zu Art. 448 ZGB.

1190 MARANTA, N. 24 zu Art. 448 ZGB.

1191 GEISER, N. 6 f. zu Art. 453 ZGB.

1192 GEISER, N. 9 («Ausnahme von den strafrechtlichen Geheimhaltungspflichten») und N. 17 zu Art. 453 ZGB; MARANTA, N. 12 zu Art. 443 ZGB.

1193 GEISER, N. 13–15 zu Art. 453 ZGB (mit dem Hinweis, dass bei Fremdgefährdung die Hürden tiefer liegen und dort – im Gegensatz zur Selbstgefährdung – auch wirtschaftliche Interessen mit einbezogen werden, wodurch es um «körperliche, seelische oder materielle Schädigungen» geht); MARANTA, N. 13 zu Art. 443 ZGB.

1194 Geheimnisträger haben, aufgrund des Verhältnismässigkeitsgrundsatzes (vgl. Art. 5 Abs. 2 BV), «auch hier bezüglich der Zusammenarbeit eine Interessenab-

4.2.5.3.4 Übrige Bereiche

Im Zusammenhang mit der persönlichen Waffe von Armeeangehörigen sind Bundes-, Kantons- und Gemeindebehörden, Ärzte, Seelsorger, Psychologen, Sozialarbeiter sowie Angehörige der Betreuungsdienste der Armee ohne Rücksicht auf die Bindung an das Amts- oder Berufsgeheimnis ermächtigt, Anzeichen, Hinweise oder einen entsprechenden Verdacht den zuständigen Stellen des Eidgenössischen Departements für Verteidigung, Bevölkerungsschutz und Sport (VBS) zu melden, dass ein Armeeangehöriger sich selbst oder Dritte mit der persönlichen Waffe gefährden bzw. er oder Dritte die persönliche Waffe missbrauchen könnte (Art. 113 Abs. 7 MG).

Gesetzlich bestehen weitere Melderechte und -pflichten, die den Geistlichen aber nicht treffen und daher nicht zu vertiefen sind.[1195]

---

wägung vorzunehmen und namentlich zu klären, ob das angestrebte Ziel nicht auch mit einer für die betroffene Person weniger belastenden Massnahme erreicht werden kann. Bei dieser Interessenabwägung ist vom Zweck der Norm auszugehen, nämlich dem Schutz der hilfsbedürftigen Person und dem Schutz der öffentlichen Sicherheit»: GEISER, N. 11 f. zu Art. 453 ZGB, hier N. 11.

1195 Diese stammen zunächst aus dem medizinischen Bereich und entbinden von der ärztlichen Schweigepflicht. Zu nennen sind die anonymisierte Meldung von Schwangerschaftsabbrüchen zu statistischen Zwecken an die zuständige Gesundheitsbehörde (Art. 119 Abs. 5 StGB), die Pflicht von kantonal zu bestimmenden Medizinalpersonen, aussergewöhnliche Todesfälle den Strafbehörden zu melden (Art. 253 Abs. 4 StPO), die Meldebefugnis von Amtsstellen und Fachleuten im Erziehungs-, Sozial-, Gesundheits-, Justiz- und Polizeiwesen gegenüber den zuständigen Behandlungs- oder Sozialhilfestellen bei vorliegenden oder drohenden suchtbedingten Störungen (Art. 3c BetmG), das Melderecht von Ärzten direkt an die zuständige kantonale Strassenverkehrsbehörde oder an die Aufsichtsbehörde, dass eine Person wegen einer körperlichen oder psychischen Krankheit, wegen eines Gebrechens oder wegen einer Sucht Motorfahrzeuge nicht sicher führen kann (Art. 15d Abs. 3 in Verbindung mit Abs. 1 lit. e SVG) oder die Meldepflichten über Beobachtungen und laboranalytische Befunde zu übertragbaren Krankheiten (Art. 12 EpG). Im Finanzwesen besteht eine Meldepflicht bei Geldwäschereiverdacht (Art. 9 GwG) und ein Melderecht, der Meldestelle für Geldwäscherei im Bundesamt für Polizei Wahrnehmungen zu melden, die darauf schliessen lassen, dass Vermögenswerte aus einem Verbrechen oder aus einem qualifizierten Steuervergehen nach Art. 305bis Ziff. 1bis StGB herrühren (Art. 305ter Abs. 2 StGB). Daneben sind im Zivilrecht einschlägig: Art. 365 Abs. 2 ZGB, wonach der Vorsorgebeauftragte unverzüglich die Erwachsenenschutzbehörde zu benachrichtigen hat, wenn Geschäfte besorgt werden müssen, die vom Vorsorgeauftrag nicht erfasst sind, oder der Beauftragte in einer Angelegenheit Interessen hat, die denen des Betroffenen widersprechen; Art. 386 Abs. 2 ZGB, wonach die Wohn- oder Pflegeeinrichtung

4.2.6 Zum Vergleich: Amts- und Dienstgeheimnis

4.2.6.1 Amtsgeheimnis (Art. 320 StGB)

Das Amtsgeheimnis verletzt, wer ein Geheimnis offenbart, das ihm in seiner Eigenschaft als Mitglied einer Behörde oder als Beamter anvertraut worden ist oder das er in seiner amtlichen oder dienstlichen Stellung oder als Hilfsperson eines Beamten oder einer Behörde wahrgenommen hat; er wird mit Freiheitsstrafe bis zu drei Jahren oder Geldstrafe bestraft (Art. 320 Ziff. 1 Satz 1 StGB). Die Verletzung des Amtsgeheimnisses ist auch nach Beendigung des amtlichen oder dienstlichen Verhältnisses oder der Hilfstätigkeit strafbar (Satz 2). Der Täter ist nicht strafbar, wenn er das Geheimnis mit schriftlicher Einwilligung seiner vorgesetzten Behörde offenbart hat (Ziff. 2).

Die Tathandlung der Amtsgeheimnisverletzung entspricht derjenigen der Berufsgeheimnisverletzung,[1196] vorrangig ändert die Tätereigenschaft (Mitglied

---

die Erwachsenenschutzbehörde benachrichtigt, wenn sich niemand von ausserhalb der Einrichtung um den Betroffenen kümmert; Art. 414 ZGB, wonach der Beistand die Erwachsenenschutzbehörde unverzüglich über Umstände informiert, die eine Änderung der Massnahme erfordern oder eine Aufhebung der Beistandschaft ermöglichen; Art. 449c ZGB, wonach der Erwachsenenschutzbehörde umfangreiche Mitteilungspflichten an andere Behörden zukommen (g.F. in Kraft seit dem 1. Januar 2024); Art. 397a OR, wonach der Beauftragte die Erwachsenenschutzbehörde am Wohnsitz des Auftraggebers benachrichtigt, wenn der Auftraggeber voraussichtlich dauernd urteilsunfähig wird und eine solche Meldung zur Interessenwahrung angezeigt erscheint (Meldepflicht). Aus dem Prozessrecht ist ferner noch hinzuweisen u.a. auf Art. 69 ZPO, der das Unvermögen einer Partei regelt, einen Zivilprozess selbst zu führen; das Gericht benachrichtigt die Erwachsenen- und Kindesschutzbehörde, wenn es Schutzmassnahmen für geboten hält (Abs. 2). Die Strafbehörden informieren die Sozialbehörden sowie die Kindes- und Erwachsenenschutzbehörden über eingeleitete Strafverfahren sowie über Strafentscheide, wenn dies zum Schutz eines Beschuldigten oder Geschädigten oder seiner Angehörigen erforderlich ist (Art. 75 Abs. 2 StPO). Stellen sie bei der Verfolgung von Straftaten, an denen Minderjährige beteiligt sind, fest, dass weitere Massnahmen erforderlich sind, informieren sie unverzüglich die Kindesschutzbehörden (Abs. 3). Schliesslich ist auch auf Art. 62c Abs. 5 StGB zu verweisen; wird demnach eine strafrechtliche Massnahme aufgehoben und hält die zuständige Behörde eine Massnahme des Erwachsenenschutzes für angezeigt, teilt sie dies der Erwachsenenschutzbehörde mit. Vgl. hierzu BGE 147 IV 27 E. 4.7 S. 33 f.; BGer 1B_96/2013 E. 5.2; MARANTA, N. 14 und 25–31 zu Art. 443 ZGB, N. 25 f. zu Art. 448 ZGB und N. 1–45 zu Art. 449c ZGB; OBERHOLZER, N. 31 zu Art. 321 StGB.

1196 OBERHOLZER, N. 19 zu Art. 321 StGB; dazu oben, 4.2.1.1.4.

einer Behörde oder Beamter anstelle der Angehörigkeit zu einer bestimmten Berufsgruppe).

Während das Berufsgeheimnis vorrangig die Privatsphäre des Einzelnen schützt, schützt das Amtsgeheimnis das Interesse der Öffentlichkeit, aber auch dasjenige des Einzelnen, der Informationen aus seiner Privatsphäre gegenüber Verwaltungsbehörden oder Rechtspflegeorganen preisgegeben hat, sei dies freiwillig oder zwangsweise.[1197]

Unter Umständen werden Personen aus dem Bereich der Anstaltsseelsorge (Spitäler, Straf- und Massnahmenvollzug) auch unter das Amtsgeheimnis fallen, womit sie diesfalls von beiden Aufsichtsbehörden zu entbinden sind (vgl. oben, 4.2.1.2.2, am Ende).

4.2.6.2 Dienstgeheimnis (Art. 77 MStG)

Das Militärstrafrecht kennt zudem die Verletzung des Dienstgeheimnisses (Marginalie zu Art. 77 MStG). Demnach wird mit Freiheitsstrafe bis zu drei Jahren oder Geldstrafe bestraft, wer ein Geheimnis offenbart, das ihm in dienstlicher oder amtlicher Eigenschaft anvertraut wird oder das er in seiner dienstlichen oder amtlichen Stellung oder als Hilfsperson eines solchen Geheimnisträgers wahrnimmt (Art. 77 Ziff. 1 al. 1 MStG). In leichten Fällen erfolgt disziplinarische[1198] Bestrafung (al. 2). Die Verletzung des Dienst- oder Amtsgeheimnisses ist auch nach Beendigung des dienstlichen oder amtlichen Verhältnisses oder der Hilfstätigkeit strafbar (Ziff. 2).

Ein umsichtiger Armeeseelsorger wird folglich (auch) um das Dienstgeheimnis nach Art. 77 MStG wissen und dieses beachten. Im Zusammenhang mit der persönlichen Waffe von Armeeangehörigen ist er jedoch ohne Rücksicht auf die Bindung an das Amts- oder Berufsgeheimnis zur Meldung an die entsprechenden Stellen ermächtigt, wenn er Anzeichen sieht bzw. Hinweise oder einen entsprechenden Verdacht hat, dass ein Armeeangehöriger sich selbst oder Dritte mit der persönlichen Waffe gefährden bzw. er oder Dritte die persönliche Waffe missbrauchen könnte (Art. 113 Abs. 7 MG).[1199]

1197 OBERHOLZER, N. 1 zu Art. 321 StGB.

1198 Zur Disziplinarstrafordnung Art. 180–214 MStG.

1199 Vgl. oben, 4.2.5.3.4.

Die Dienstgeheimnisverletzung nach Art. 77 MStG ist zudem zu unterscheiden von der Verletzung militärischer Geheimnisse nach Art. 106 MStG,[1200] das für den vorliegenden Zusammenhang weniger bedeutsam und damit nicht zu vertiefen ist.

[1200] Der Verletzung militärischer Geheimnisse strafbar macht sich, wer vorsätzlich Akten oder Gegenstände, Vorkehren, Verfahren oder Tatsachen, die mit Rücksicht auf die Landesverteidigung oder aufgrund vertraglicher Abmachungen geheim zu halten sind, weil deren Aufdeckung die Auftragserfüllung von wesentlichen Teilen der Armee gefährden würde, veröffentlicht oder auf andere Weise Unbefugten bekannt oder zugänglich macht, solche Akten oder Gegenstände widerrechtlich an sich nimmt, abbildet oder vervielfältigt; er wird mit Freiheitsstrafe bis zu fünf Jahren oder Geldstrafe bestraft (Art. 106 Abs. 1 MStG). Im Fall aktiven Diensts ist die Strafe Freiheitsstrafe (Abs. 2). Handelt der Täter fahrlässig, ist die Strafe Freiheitsstrafe bis zu drei Jahren oder Geldstrafe (Abs. 3), in leichten Fällen erfolgt disziplinarische Bestrafung (Abs. 4).

4.3 Dritte Zusammenschau

Beide Rechtsordnungen schützen das Geheimnis: Im Kirchenrecht ist die Preisgabe von Beichtwissen verboten (c. 983 CIC) und wird bestraft (c. 1386 CIC), Beichtwissen darf nicht zur äusseren Leitung verwendet werden (c. 984 CIC) und Beichtväter sind zeugnisunfähig (c. 1550 CIC). Das staatliche Recht kennt ähnliche Regelungen. Auch dort wird das Geheimnis grundsätzlich geschützt (Art. 321 StGB), der Seelsorger kann fast ausnahmslos die Aussage verweigern. Staatlich-rechtlich wird nur das Anwaltsgeheimnis etwas mehr geschützt als das Seelsorgegeheimnis. Das staatliche Recht berechtigt jedoch unter gewissen Umständen Seelsorger, das Geheimnis zu verletzen, insbesondere durch eine Entbindung, was im Kirchenrecht nicht vorgesehen ist. Sieht sich aber ein Beichtvater aus schwerwiegenden Gründen gezwungen, das Beichtsiegel zu verletzen – insbesondere, um andere, besonders verletzliche Menschen vor grosser Übelszufügung zu bewahren –, darf der Beichtvater kirchenrechtlich nicht (eventualiter: nur äusserst milde) bestraft werden,[1201] worauf die kirchliche Strafbehörde hinzuweisen ist (wenn sie nicht von sich aus darauf kommt, was zu hoffen wäre). Dies gilt umso mehr, wenn ein Gewohnheitsverbrecher wie namentlich ein Missbrauchstäter nicht recht disponiert ist (fehlende Reue), jedoch seine Disposition arglistig vortäuscht mit dem Ziel, eine Absolution zu erhalten, und dabei den Beichtvater ggf. sogar noch bedrängt, womit er ein Sakrileg in Form der Verunehrung eines Sakraments begeht. Der Geheimnisschutz würde pervertiert und entgegen seinem Zweck verstanden, verböte man einem Beichtvater, künftige Opfer zu schützen und zu retten, indem er das Beichtsiegel gegenüber staatlichen Behörden ausnahmsweise und aus wichtigem Grund bricht.

Das kirchenrechtliche Beichtgeheimnis geht einerseits weiter als das staatliche Berufsgeheimnis, indem ihm nicht nur Hilfspersonen wie Dolmetscher unterworfen sind, sondern jeder, der Beichtinhalte erfährt, und sei es zufällig.

[1201] Der Beichtvater gerät dann durch den Pönitenten oder einen Dritten unverschuldet in eine schwerwiegende Notsituation, sei es durch physische Gewalt (c. 1323, 3° CIC), schwere Furcht (c. 1323, 4° bzw. c. 1324 § 1, 5° CIC), Notlage in Form der *necessitas absoluta spiritualis* (Normkonflikt; c. 1323, 4° bzw. c. 1324 § 1, 5° CIC) oder Erforderlichmachen von Massnahmen der Nothilfe (c. 1323, 5° bzw. c. 1324 § 1, 6° CIC), selbst dann, wenn der Beichtvater einem Irrtum unterläge (c. 1323, 7° bzw. c. 1324 § 1, 8° CIC). Zudem liegt, gestützt auf c. 1341 CIC, keine Notwendigkeit eines Strafverfahrens vor. Hierzu oben, 4.1.4.3.5.

Bekommt im Rahmen des staatlichen Berufsgeheimnisses – aus welchen Gründen auch immer – ein Dritter Kenntnis vom Inhalt eines Seelsorgegesprächs, macht er sich nicht strafbar, verbreitet er die Inhalte weiter.[1202]

Die kirchenrechtliche Geheimhaltungspflicht geht andererseits weniger weit, indem die Örtlichkeit der Beichte den Geheimnisbereich bemisst: Das, was der Beichtvater im Beichtstuhl, eventuell im Beichtzimmer, hört, gehört zum *forum internum*, untersteht dem Beichtsiegel und ist damit geschützt. Alles andere, was der Beichtvater ausserhalb (*in foro externo*) hört, untersteht nicht dem Beichtsiegel. Weniger scharf ist die Trennung für Geistliche im staatlichen Recht, die bald im Rahmen eines eigentlichen Seelsorgegesprächs Geheimnisse erfahren – sei es formalisiert wie die Einzelbeichte, sei es in freie(re)m Rahmen –, bald aber in Gespräche verwickelt werden, die sich (auch) zu Seelsorgegesprächen entwickeln. Aus diesen unterschiedlichen Geltungsbereichen können sich für einen Priester Probleme ergeben, dann nämlich, wenn er denkt, er dürfe *in foro externo* erfahrene Inhalte uneingeschränkt weitergeben, weil diese nicht dem Beichtsiegel unterstehen – er untersteht jedoch dem Berufsgeheimnis nach staatlichem Recht, womit er sich staatlich-rechtlich strafbar macht. Auch wenn das Kirchenrecht kein eigentliches Geheimnis hinsichtlich Seelsorgegesprächen kennt, ist doch unter bestimmten Umständen gleichwohl von einer Strafbarkeit auszugehen, dann nämlich, wenn der Seelsorger aus Bosheit oder ähnlichen Beweggründen Inhalte weitergibt (c. 1399 CIC).

Betrachtet man genauer das jeweilige Verständnis der Geheimnisse, sieht der Staat im Seelsorgegeheimnis in der Regel[1203] ein Berufsgeheimnis – die Kirche hingegen ein Amtsgeheimnis: Auf rein formaler Ebene verpflichtet das Kirchenrecht den Pönitenten, schwere Sünden zu bekennen (cc. 988 § 1 und 989 CIC), mithin, der Amtskirche in Form des Beichtvaters gegenüberzutreten.[1204] Besagte Inhalte werden dem Beichtvater offenbart, der in amtli-

---

1202 Auch wenn dies nicht strafbar ist, weil er nicht dem Berufsgeheimnis untersteht, bleibt es ethisch fragwürdig bis verwerflich. Zudem wäre abzuklären, oder der Geheimnisträger genügend Vorkehrungen getroffen hat, damit nicht unbefugte Dritte das Gespräch hören.

1203 Eine Ausnahme besteht wohl hinsichtlich der Anstalts- und der Armeeseelsorge, wenn mithin Seelsorger in einem Spital oder Gefängnis eingebunden sind bzw. Militärdienst leisten. Sie unterstehen sowohl dem Berufs- als auch dem Amts- bzw. Dienstgeheimnis.

1204 Daran ändert nichts, dass der Beichtvater materiell Vertreter der Kirche (ἐκκλησία) und weniger der Amtskirche ist, denn die Kirche (ἐκκλησία) feiert die Eincher Tätigkeit die Beichte entgegennimmt, weil er in den meisten Fällen ein diesbezügliches Amt (*officium*) bekleidet.[1205] Dieser Amts(geheimnis)charakter wird teils – vielleicht sogar zufällig – ausdrücklich benannt,[1206] teils schwingt er implizit mit.[1207] Wenn aber der Pönitent verpflichtet ist, schwere Sünden wahrheitsgemäss nach Art und Zahl vollständig gegenüber einem Amtsträger anzugeben,[1208] muss er auch sicher sein dürfen, dass diese Inhalte nicht an beliebige äussere Stellen weitergegeben werden. Von daher erklärt sich die Härte, mit welcher das Beichtsiegel geschützt wird, und es verschärft den Konflikt bei einem Beichtvater, der beiden Rechtsordnungen unterworfen ist. Im Gegensatz zum staatlichen Recht (Art. 320 Ziff. 2 bzw. 321 Ziff. 2 StGB) ist eine Entbindung durch eine höhere Stelle im Kirchenrecht nicht

---

zelbeichte mit dem Pönitenten, im Angesichte Gottes. Ebenso materiell ist der Pönitent nicht im eigentlichen Sinne extrinsisch verpflichtet, sondern vielmehr wird er infolge wirklicher Reue intrinsisch das Sakrament der Versöhnung feiern wollen – so ist zumindest zu hoffen.

1205 Vgl. zur Beichtbefugnis von Amtes wegen (*vi officii*) oben, 3.1.3.1.2, und c. 968 CIC, zum Amt c. 145 CIC. Vgl. für den staatlichen Bereich Art. 110 Abs. 3 StGB, wonach als «Beamte» die Beamten und Angestellten einer öffentlichen Verwaltung und der Rechtspflege sowie diejenigen gelten, die provisorisch ein Amt bekleiden oder provisorisch bei einer öffentlichen Verwaltung oder der Rechtspflege angestellt sind oder vorübergehend amtliche Funktionen ausüben.

1206 Aufschlussreich ist FEIER DER BUSSE, Nr. 10d, wo das Amtsgeheimnis ausdrücklich erwähnt wird: «Der Beichtvater muß sich bewußt sein, daß er als Diener Gottes vom Gewissenszustand seines Bruders Kenntnis erhält. Er ist daher von Amtes wegen [sic] verpflichtet, das Beichtgeheimnis unverbrüchlich zu bewahren.»

1207 So OHLY, S. 1188, wonach der Beichtvater handelt «sowohl *in persona Christi capitis* (und das heißt mit sakramental bevollmächtigter geistlicher Vollmacht) als auch im amtlichen Auftrag der Kirche (und das heißt in Konkretisierung ihrer heilsvermittelnden Funktion)».

1208 Es zeigt sich hier eine gewisse Parallelität zum staatlichen Recht: Dort ist es einem Ratsuchenden grundsätzlich erlaubt, den Geheimnisträger (Anwalt, Arzt, Geistlichen; Art. 321 StGB) anzulügen; er schadet sich ggf. selbst. Demgegenüber Personen anzulügen, die dem Amtsgeheimnis (Art. 320 StGB) unterstehen, kann Strafbarkeit nach sich ziehen. Zu denken ist an die Erschleichtung einer falschen Beurkundung (Art. 253 StGB) sowie verschiedene Verbrechen und Vergehen gegen die Rechtspflege wie falsche Anschuldigung (Art. 303 StGB), Irreführung der Rechtspflege (Art. 304 StGB), falsche Beweisaussage der Partei (Art. 306 StGB) sowie falsches Zeugnis, falsches Gutachten und falsche Übersetzung (Art. 307 StGB). Auf letztgenannte Bestimmung und die Strafbarkeit eines falschen Zeugnisses ist der Zeuge im Strafverfahren (Art. 163 Abs. 2 in Verbindung mit Art. 177 Abs. 1 StPO) und im Zivilverfahren (Art. 160 Abs. 1 lit. a in Verbindung mit Art. 171 Abs. 1 ZPO) hinzuweisen.

möglich,[1209] auch wenn sich fragen lässt, ob dies tatsächlich das ursprüngliche Verständnis der mittelalterlichen Kanonistik und des TRIDENTINUM ist.[1210] Damit unterscheiden sich die Verständnisse zwischen staatlichem und kirchlichem Recht grundlegend, und je auf ihre Art auf nachvollziehbare Weise.

1209 Oben, 4.1.2.2.2.
1210 Oben, 4.1.2.2.3.

4.4 Misslungene Gespräche zwischen Staat und Kirche

Nachdem dreimal das staatliche und das kirchliche Verständnis bzw. Recht zusammengebracht wurden,[1211] sollen drei Beispiele vertieft werden, bei denen das Gespräch nicht funktioniert hat – einmal ein politischer Vorstoss und einmal eine Meinung aus der juristischen Literatur, deren Inhalt Jahre später abermals politisch aufgegriffen wurde.

4.4.1 Politischer Vorstoss auf teilweise Aufhebung des Berufsgeheimnisses für Geistliche bzw. Beichtväter

4.4.1.1 Parlamentarische Initiative 10.540

Mit Parlamentarischer Initiative 10.540 («Berufsgeheimnis von Geistlichen», im französischen Original «Secret professionnel des ecclésiastiques») vom 17. Dezember 2010 beantragte der damalige Nationalrat (und heutige Ständerat) Carlo Sommaruga (Sozialdemokratische Fraktion/Genf), es sei zu prüfen, ob Geistliche künftig dazu verpflichtet werden können, den Strafbehörden Angriffe auf die sexuelle Freiheit Unmündiger zu melden. Mit einer Änderung von Art. 321 StGB solle bewirkt werden, dass Angriffe auf die sexuelle Freiheit Unmündiger nicht länger durch das Berufsgeheimnis von Geistlichen geschützt seien. Er begründete dies damit, dass im Laufe der vergangenen Jahre in der Schweiz und im Ausland öffentlich bekanntgeworden sei, dass Geistliche Kinder missbraucht haben, um ihre sexuellen Bedürfnisse zu befriedigen, worüber andere Geistliche wiederum geschwiegen hätten. Dabei könnten sie sich auf das Berufsgeheimnis berufen, welches dann nicht mehr dem Schutz der Gläubigen diene, sondern dem Schutz des Images und der Legitimität der Kirche als Institution. Deswegen müssten Geistliche im Zusammenhang mit sexuellen Straftaten und Verbrechen an Kindern vom Berufsgeheimnis unbedingt entbunden werden, und Kirchenvertreter seien aufgefordert, den Strafbehörden pädophile Handlungen, die ihnen zur Kenntnis gelangen, zu melden, wozu insbesondere Vorkommnisse gehörten, die Kollegen betreffen. «Um dies zu erreichen, soll das Berufsgeheimnis für Geistliche im Zusammenhang mit Handlungen, die einen Angriff gegen die sexuelle Freiheit Unmündiger darstellen und die den Bestimmungen des Strafgesetzbuches unterstellt sind, aufgehoben werden. Ausserdem haben die

[1211] Oben, 2.4, 3.3 und 4.3.

Geistlichen Vorkommnisse, die unter die Bestimmungen des Strafgesetzbuches fallen, den Justizbehörden zu melden.»[1212]

Besagter Vorstoss ist im Zusammenhang mit der Interpellation 10.3246 vom 19. März 2010 betreffend «Aggiornamento oder Aufarbeitung in der katholischen Kirche in Zusammenhang mit sexuellem Missbrauch» zu sehen, ebenfalls von Carlo Sommaruga eingereicht.[1213]

4.4.1.2 Vorberatende Kommission

Die vorberatende Kommission für Rechtsfragen des Nationalrates beantragte in ihrem Bericht vom 2. Februar 2012 mit 13 zu 5 Stimmen bei 2 Enthaltungen, dass der parlamentarischen Initiative keine Folge zu geben sei. Die Kommissionmehrheit begründete ihre Ablehnung wie folgt:

- Die Entbindung vom Berufsgeheimnis müsse, wenn schon, dann auch auf andere Verbrechen, z.B. auf Mord, ausgedehnt werden; die Einengung auf eine einzige Deliktskategorie leuchte nicht ein.
- Zudem sei nicht begründbar, weswegen nur eine Berufsgruppe (Geistliche) entbunden würde, nicht aber andere wie Ärzte oder Anwälte. Dies käme der Aufhebung des Beichtgeheimnisses gleich. Damit würde ein religiöser Beruf reguliert, was dem Prinzip der Trennung zwischen Staat und Kirche widerspreche.
- Von der Initiative nicht erfasst seien Erkenntnisse, die Berufsangehörige als Privatpersonen oder ausserhalb ihrer beruflichen Tätigkeit gewonnen hätten.
- Man sei nicht überzeugt, dass durch die Initiative tatsächlich Sexualdelikte besser aufgeklärt werden könnten. Personen, die beruflich von Sexualdelikten gegen Minderjährige erführen, müssten selbstverantwortlich entscheiden, wie sie solche Informationen handhabten.
- «Weil die Beichte in der katholischen Kirche aber meist global [sic] gespendet werde, bleibt es fraglich, ob der Vorstoss überhaupt erreicht, was er verfolgt.» [1214]

1212 PI SOMMARUGA, Abschnitte «Eingereichter Text» und «Begründung».

1213 Der Bundesrat nahm hierzu am 12. Mai 2010 Stellung, der Nationalrat verschob die Diskussion am 18. Juni 2010, und am 16. März 2012 wurde die Interpellation schliesslich abgeschrieben, weil sie nicht innert zwei Jahren abschliessend im Rat behandelt worden ist. Ausführlich zum Ganzen Ip. SOMMARUGA.

1214 PI SOMMARUGA, Bericht RK-N.

Die Kommissionsminderheit sah demgegenüber Handlungsbedarf und sprach sich aus folgenden Gründen für die Unterstützung der Initiative aus:

- Nur durch politischen Druck könne man die Katholische Kirche zwingen, die Missbräuche aufzuarbeiten. «Das herrschende Schweigen der Kirche über Vorfälle in der Vergangenheit soll durchbrochen werden, damit zukünftige Fälle besser verhindert werden können.»
- Durch die Einschränkung des Berufsgeheimnisses könnten sexuelle Übergriffe besser aufgeklärt werden, denn ohne Kenntnis von Delikten könnten Strafverfolgungsbehörden keine Untersuchung einleiten.
- Im Zusammenhang mit der Initiative sei ebenfalls zu prüfen, ob man Geistlichen bei Sexualdelikten gegen Minderjährige eine Meldepflicht auferlegen könnte.[1215]

4.4.1.3 Verlauf im Nationalrat

Anlässlich seiner Sitzung vom 7. März 2012 behandelte der Nationalrat vorprüfungsweise, ob der Initiative in einem ersten Schritt überhaupt Folge zu geben sei, damit sie in einem zweiten Schritt behandelt werden kann. Die Vertreter der Kommission wiederholten im Wesentlichen die Ausführungen gemäss Kommissionsbericht.[1216]

Der Nationalrat beschloss mit 121 Ja zu 47 Nein bei 5 Enthaltungen, der Initiative keine Folge zu geben, mithin nicht weiterzuverfolgen. Bemerkenswert ist, dass Sommarugas Initiative ausschliesslich von seiner eigenen Fraktion unterstützt wurde, wobei die Grüne Fraktion und die Grünliberale Fraktion die Initiative einstimmig ablehnten, während sich bei der Fraktion der Schweizerischen Volkspartei immerhin fünf Abweichler fanden (vier für die PI SOMMARUGA bei einer Enthaltung).[1217]

1215 PI SOMMARUGA, Bericht RK-N.

1216 Es sprachen zuerst der Initiant auf Französisch, dann seine Fraktionskollegin Margret Kiener-Nellen (Bern), die der Kommissionsminderheit angehörte, auf Deutsch, gefolgt von Oskar Freysinger (Fraktion der Schweizerischen Volkspartei/Wallis), dem französischsprachigen Sprecher der Kommissionsmehrheit, und seinem Fraktionskollegen Luzi Stamm (Aargau), dem deutschsprachigen Sprecher der Kommissionsmehrheit. Ausführlich PI SOMMARUGA, Beratung.

1217 Die Abstimmungsfrage lautete, ob man der Kommissionsmehrheit zustimmen, d.h. der Initiative keine Folge leisten wolle. Wer «Ja» stimmte, wollte somit keine Folge geben, wer «Nein» stimmte, stimmte Sommarugas Initiative zu. Grünliberale Fraktion [GL]: 9 Ja zu 0 Nein bei 0 Enthaltungen [9:0:0]; CVP/EVP Fraktion [CE]: 26:1:4; BDP-Fraktion [BD]: 6:1:0; Grüne Fraktion [G]: 13:0:0;

4.4.1.4 Würdigung

Die Einschränkung des Berufsgeheimnisses hinsichtlich ganz bestimmter Straftaten (Sexualdelinquenz) gegen eine ganz bestimmte Personengruppe (Minderjährige) in einem ganz bestimmten Umfeld (kirchlich) und hinsichtlich einer einzigen Kategorie von Geheimnisträgern (katholische Beichtväter) erscheint tatsächlich aus staatlich-rechtlicher fragwürdig:

- Hinsichtlich des Umfelds strebte der Initiant an, den sexuellen Missbrauch in der Katholischen Kirche aufzuklären. Es darf jedoch keine Rolle spielen, ob ein Opfer in katholisch-kirchlichem Rahmen, im Rahmen einer anderen Religions- und Weltanschauungsgemeinschaft oder im nichtreligiösen Rahmen (Schule, Vereine) missbraucht wurde, denn Missbrauch ist Missbrauch, unabhängig davon, in welchem Rahmen oder bei welcher Gelegenheit dieser stattfindet. Wäre die Initiative umgesetzt worden, hätte es damit zwei Klassen von Kindsopfern gegeben: Diejenigen, die im katholischen Rahmen missbraucht wurden und für welche das Berufsgeheimnis nicht gegolten hätte, ggf. mit Anzeigepflicht des Geheimnisträgers, und die übrigen Opfer, für welche dies nicht gegolten hätte. Der Initiant wird dies nicht angestrebt haben, jedoch wäre zu fragen, ob die Kindsopfer der zweiten Kategorie nicht sogar zweifach traumatisiert worden wären, nämlich nicht nur aufgrund des erlittenen sexuellen Missbrauchs an sich, sondern auch und überdies aufgrund des Umstands, dass ihr Leid anscheinend nicht genügt hätte, das Berufsgeheimnis aufzuheben.
- Hinsichtlich der Opfergruppe ist es nicht nachvollziehbar, weswegen die Initiative nur Unmündige bzw. Kinder nannte,[1218] nicht jedoch andere Personengruppen mit ähnlicher Verletzlichkeit und damit Schutzbedürftigkeit unabhängig ihres Alters, z.B. Schändung (Art. 191 StGB: Urteilsunfähige oder eine zum Widerstand unfähige Person), sexuelle Handlungen mit Anstaltspfleglingen, Gefangenen und Beschuldigten

---

FDP-Liberale Fraktion [RL]: 22:0:0; Sozialdemokratische Fraktion [S]: 0:41:0; Fraktion der Schweizerischen Volkspartei [V] 44:4:1. Ausführlich, auch unter Namensnennung: PI SOMMARUGA, Abstimmungsergebnis.

1218 Geht man von «Unmündigen» aus, d.h. Minderjährigen, spielt es keine Rolle, ob der Straftatbestand sexuelle Handlungen mit Kindern betrifft (Art. 187 Ziff. 1 StGB: «Kind unter 16 Jahren») oder sexuelle Handlungen mit Abhängigen (Art. 188 Ziff. 1 StGB: «minderjährige Person von mehr als 16 Jahren, die von ihm [dem Täter] durch ein Erziehungs-, Betreuungs- oder Arbeitsverhältnis oder auf andere Weise abhängig ist»).

(Art. 192 StGB: Ausnützung der Abhängigkeit) oder Ausnützung der Notlage (Art. 193 StGB: Ausnützung der Notlage oder einer durch ein Arbeitsverhältnis oder auf andere Weise begründeten Abhängigkeit).

- Hinsichtlich der Deliktskategorie (Sexualdelinquenz) fragt sich, ob es nicht folgerichtiger gewesen wäre, auf das Strafmass anstelle des geschützten Rechtsguts abzustellen. So wäre das Berufsgeheimnis bzw. Beichtsiegel aufgehoben worden in Fällen selbst geringerer Intensität (Exhibitionismus, Art. 194 StGB; sexuelle Belästigung, Art. 198 StGB), insofern bloss das Rechtsgut der sexuellen Integrität betroffen ist, nicht jedoch bei massivster Verletzung anderer Rechtsgüter wie Leib und Leben, z.B. bei einem bestialischen Foltermord an einem 4jährigen oder 15jährigen Kind (Art. 112 StGB: 10–20 Jahre oder lebenslängliche Freiheitsstrafe), solange der Mord nicht mit sexueller Konnotation erfolgt wäre. Nähme man die Initiative wörtlich, wäre der Beichtvater bei (auch) sexuell motiviertem Mord zur Anzeige verpflichtet gewesen, bei einem nicht sexuell motivierten Mord hingegen nicht. Ebenfalls fragwürdig erscheint, dass ein sexuell motivierter Mord an einem Minderjährigen, der einen Tag vor seinem 18. Geburtstag steht, noch zur Aufhebung des Berufsgeheimnisses geführt hätte, der bestialische Lustmord am 18. Geburtstag des Opfers aber nicht mehr. Solche Distinktionen sind einem Geheimnisträger nicht zuzumuten und geraten zumindest in Spannung zum Grundsatz *nulla poena sine lege certa* (vgl. Art. 1 StGB).
- Hinsichtlich des Täters bzw. Pönitenten schien die Initiative auf Kirchenvertreter, v.a. Kleriker, zugeschnitten zu sein, d.h. ohne Nähebezug des Täters zur (Katholischen) Kirche hätte es keine Aufhebung des Berufsgeheimnisses gegeben. Es mutet aber wenig sachdienlich an, wenn der Beichtvater zum Beichtsiegelbruch nur dann gezwungen werden soll, wenn Kleriker, Ordenschristen oder allenfalls kirchliche Mitarbeiter Missbrauch beichten, nicht jedoch, wenn andere Personen dies beichten, denn Tathandlung, Taterfolg und Tatopfer sind identisch.
- Hinsichtlich des Beichtvaters als gegebenenfalls Meldeverpflichteten hätte es sich nicht nur um den gesetzlichen Ausnahmefall eines echten Unterlassungsdelikts gehandelt (Art. 11 StGB – Nichtmeldung trotz Pflicht) und gleichzeitig um den gesetzlichen Ausnahmefall eines echten Sonderdelikts (Eigenschaft als Beichtvater; vgl. Art. 27 StGB), sondern überdies um eine merkwürdig qualifizierte Form eines Sonderdelikts mit dem Qualifikationsmerkmal, dass dem beichtenden Pönitenten ebenfalls Sondereigenschaften zukommen müssen (Kleriker, Ordenschrist, kirch-

licher Mitarbeiter). Eine solche Konstruktion erscheint umständlich und auch ungewohnt.

Betrachtet man die Initiative zusätzlich aus theologischer bzw. kirchenrechtlicher Sicht, sind folgende Punkte zu hinterfragen:

- Der Beichtvater müsste den Pönitenten nicht nur durch das Gitter des Beichtstuhls (vgl. c. 964 § 2 CIC) erkennen können, sondern auch so weit, dass er ihn benennen, mithin mit Namen identifizieren kann.
- Der Beichtvater selbst hat nicht missbraucht; er erhält zufällig Kenntnis von diesen Delikten und gerät so zwischen staatlichem Hammer und kirchlichen Amboss. Dies sollte aber nicht der Sinn sein.

Was die Kommissionsmehrheit mit ihrer Ausführung meinte, «Weil die Beichte in der katholischen Kirche aber meist global gespendet werde, bleibt es fraglich, ob der Vorstoss überhaupt erreicht, was er verfolgt», ist nicht leicht nachzuvollziehen. Klammert man Begriffsungenauigkeiten aus (nicht die Beichte wird gespendet, sondern die Absolution), ist darauf hinzuweisen, dass die Absolution hinsichtlich schwerer Sünden – und um diese handelt es sich bei sexuellem Kindesmissbrauch – nicht «global» gespendet werden kann, sondern nur hinsichtlich derjenigen Sünden, die nach Art und Zahl vollständig angegeben wurden, nicht aber hinsichtlich solcher, die überhaupt nicht im Bekenntnis enthalten sind.

Dass der damalige Initiant der Katholischen Kirche (wohl vornehmlich im Sinne der Amtskirche) nicht überbordend wohlwollend gegenübersteht, zeigt sich nicht nur an seiner bereits erwähnten Interpellation 10.3246 vom 19. März 2010,[1219] sondern auch an seiner Motion[1220] 23.4302 vom 29. September 2023, in welcher Carlo Sommaruga «[f]ür einen offiziellen Bericht über den Missbrauch in der katholischen Kirche» plädierte.[1221] Der Bundesrat

---

1219 Ausführlich Ip. SOMMARUGA.

1220 Die Motion beauftragt den Bundesrat, einen Entwurf zu einem Erlass der Bundesversammlung vorzulegen oder eine Massnahme zu treffen (Art. 120 Abs. 1 ParlG).

1221 Besagte Motion wollte den Bundesrat beauftragen, «einen ausführlichen Bericht über die Gewalttaten und sexuellen Missbräuche vorzulegen, die in den Einrichtungen der katholischen Kirche in der Schweiz an Kindern begangen wurden. Der Bericht soll sich auf Ergebnisse einer offiziellen Kommission, eines nationalen Forschungsprogramms (NFP) oder einer wissenschaftlichen Forschung stützen, die unabhängig von der katholischen Kirche im Auftrag des Bundes durchgeführt wird. Der Bericht soll nicht nur die Verantwortung der katholischen Kirche und ihrer Mitglieder für die Taten oder deren Verschleiebeantragte in seiner Stellungnahme vom 29. November 2023, die Motion abzulehnen, mit Hinweis auf Art. 72 BV und die Kompetenzverteilung zwischen Bund und Kantonen hinsichtlich des Verhältnisses zwischen Staat und Kirchen bzw. Religionsgemeinschaften, äusserte dabei aber die Erwartung, dass die Kantone aktiv würden.[1222] Am 20. Dezember 2023 lehnte der Ständerat die Motion mit 8 befürwortenden zu 33 ablehnenden Stimmen ab, bei 3 Enthaltungen.[1223] Damit war das Geschäft erledigt (vgl. Art. 121 Abs. 2 Satz 1 ParlG).

Vor dem Hintergrund der bereits geschilderten Möglichkeiten, wie der Staat sein Verhältnis zu (einer oder mehreren) Religionsgemeinschaften ausgestaltet, scheint Carlo Sommaruga damit ein konfrontatives Verhältnis zu vertreten, wie man es aus dem 19. Jahrhundert und dem Kulturkampf kennt.

4.4.2 Kommentarliteratur

Vereinzelt wurde in der Literatur geprüft, ob man Geistliche – eigentlich gemeint sind Beichtväter, denn Beichtsiegel wie -geheimnis sind an die sakramentale Feier von Umkehr und Versöhnung in Form der Einzelbeichte und nicht an irgendwelche weiteren Seelsorgegespräche oder an andere, nichtsakramentale Formen von Umkehr und Versöhnung gebunden – einer staatlichen Anzeigepflicht an Strafverfolgungsbehörden unterwerfen könne. Zwar sieht man den Konflikt, in welchen ein Beichtvater geworfen würde,[1224]

rung vor der zivilen Strafjustiz darlegen, sondern auch die allfällige Verantwortung der Kantone und des Bundes, nicht die angemessenen Massnahmen zum Schutz der Kinder getroffen und die Verantwortlichen vor Gericht gebracht zu haben. Der Bericht soll Empfehlungen enthalten, insbesondere wie den sexuellen Missbräuchen in der katholischen Kirche sofort ein Ende gesetzt werden kann, wie sexuelle Übergriffe auf Kinder besser verhindert werden können und die Arbeit der zivilen Strafjustiz erleichtert werden kann»: Mo. SOMMARUGA, Abschnitt «Eingereichter Text».

1222 Mo. SOMMARUGA, Abschnitte «Stellungnahme des Bundesrates vom 29.11. 2023» und «Antrag des Bundesrates vom 29.11.2023».

1223 Mo. SOMMARUGA, Abschnitt «Chronologie».

1224 KUMRAL, S. 101: «Eine Anzeigepflicht würde einem Geistlichen zwar eine Pflicht zur Anzeigeerstattung auferlegen, jedoch käme er notgedrungen in einen Gewissenskonflikt: er müsste sich entscheiden zwischen einer Verletzung des kirchlichen oder des staatlichen Rechts. Dieser Konflikt ist grundsätzlich zugunsten des staatlichen Rechts zu lösen. Ein Vorbehalt besteht nur insofern, als der Religionsfreiheit Rechnung zu tragen ist.»

scheint aber die Tragweite dieses Konfliktes zu unterschätzen,[1225] und kommt dann in rechtlicher Hinsicht verhältnismässig leichtfüssig zum Schluss, dass der Geistliche (bzw. Beichtvater) sich schlicht dem staatlichen Recht zu unterwerfen habe.[1226] Immerhin wird zu bedenken gegeben, dass eine Anzeigepflicht auch mehr schaden statt nutzen kann.[1227] Ein Melderecht namentlich an Kindesschutzbehörden ändert hieran nichts Grundlegendes,[1228] sondern nur die adressierte Behörde.

Selbst wenn man auf theoretischer Ebene eine Anzeigepflicht bejahte, muss man bedenken, dass ein Seelsorgegespräch im Allgemeinen und die Einzelbeichte im Besonderen von Vertraulichkeit geprägt ist. Mithörer gibt es grundsätzlich nicht. Damit besteht eine Aussage-gegen-Aussage-Konstellation. Wenn ein Geistlicher folglich Dinge gegen den Geheimnisherrn aussagt, kann er dies grundsätzlich nicht beweisen, sondern nur behaupten (Hörensagen). Gleichwohl kann der Geistliche Hinweise vorbringen, die den Geheimnisherrn überführen (Versteck der Tatwerkzeuge, Tatort, Vorgehens-

---

1225 Man muss sich gewahr werden, in welche Notlage ein Beichtvater gerät, der unverschuldet zwischen staatlichen und kirchlichen (und damit auch arbeitsrechtlichen) Vorgaben zermahlen wird, und, egal wie er sich entscheidet, entweder staatlicherseits oder kirchlicherseits der Zerstörung seines Lebens ins Auge sehen muss. Wie Kierkegaard schrieb (vgl. oben, Fn. 48): «Erhänge dich, du wirst es bereuen; erhänge dich nicht, du wirst es auch bereuen».

1226 KUMRAL, S. 193 f.: «Zusammenfassend kann festgehalten werden, dass eine Anzeigepflicht für Geistliche mit dem Grundrecht der Religionsfreiheit [recte: Glaubens- und Gewissensfreiheit, vgl. die Marginalie von Art. 15 BV] vereinbart werden kann, da es möglich ist, die Rechtsgüterabwägung zugunsten des Staates vorzunehmen bzw. dessen Interessen höher zu werten als diejenigen einzelner Gläubiger oder der Religionsgemeinschaften. Damit würde eine Anzeigepflicht für Geistliche als staatliche Normen dem kirchlichen Recht und insbesondere dem kanonischen Beichtgeheimnis vorgehen. Auch die Vereinbarkeit einer Anzeigepflicht für Geistliche mit der Gemeindeautonomie und dem Recht auf Schutz der Privatsphäre kann bejaht werden. Daraus lässt sich ein Argument für die Etablierung einer Anzeigepflicht für Geistliche ableiten.»

1227 KUMRAL, S. 251–253, sieht Gefahren, dass die Aufgabenerfüllung der Geistlichen behindert wird, namentlich, indem sich Rat- und Hilfesuchende nicht mehr einem Beichtvater anvertrauen, daneben aber auch die Kollision mit dem Opferschutz, insbesondere, wenn das Opfer zwar erlittenen Missbrauch schildern, aber ausdrücklich keine Anzeige wünscht, und ein Beichtvater aufgrund der Anzeigepflicht gleichwohl anzeigen müsste, ohne ein Ermessen zu haben und dadurch dem Opfer schadete. Verstärkt wird dieses Problem, indem ein Opfer dann auch am Strafverfahren beteiligt und insbesondere einvernommen werden müsste.

1228 Vgl. KUMRAL, S. 255–257.

muster etc.). Dies ist jedoch – aus staatlicher Sicht – bereits heute möglich infolge der Melderechte gemäss Art. 314c ZGB. Eine Pflicht muss zudem durchsetzbar sein (!), ansonsten bliebe sie Symbolgesetzgebung. Die Frage ist nun, wie eine Melde- bzw. Anzeigepflicht in der Praxis umzusetzen wäre:

- Zunächst müsste mittels Kontrollen sichergestellt werden, dass die Pflicht tatsächlich umgesetzt wird. Es ist schleierhaft, wie dies im Allgemeinen kontrolliert werden könnte, ohne auf technische Überwachungsmassnahmen zurückzugreifen.[1229] Auch simulierte Beichten, in welchem ein vermeintlicher Pönitent vermeintliche, weil erfundene Taten bekennt, um hernach zu kontrollieren, ob der arglose Beichtvater diese anzeigt oder meldet, erscheinen kaum rechtmässig.[1230]
- Zudem müsste eine solche Pflicht strafbewehrt sein und die Strafandrohung durchgesetzt werden. Sollte der Täter dem Geistlichen etwas offenbaren, und der Geistliche verletzt seine Anzeigepflicht, indem er den Täter nicht anzeigt, und
    - o beide schweigen, fragt sich, wie die Verletzung der Anzeigepflicht herausgefunden und der Geistliche dann bestraft werden soll. Damit hätte die Anzeigepflicht eher den Charakter einer ethischen Ermahnung; Appellatives ist jedoch nicht normativ und hat nichts in einem normativem Text (Gesetz) verloren.
    - o der Täter sagt später, er habe es ja dem Geistlichen in einem Seelsorgegespräch (bzw. in einer Einzelbeichte) offenbart,

---

1229 Anders als z.B. bei Lebensmittelkontrollen gibt es bei Seelsorgegesprächen regelmässig keine physischen Beweisstücke, sondern nur das gesprochene, damit flüchtige Wort.

1230 Ein solcher vermeintlicher Pönitent wäre als *agent provocateur* zu sehen, womit man im Bereich der verdeckten Ermittlung wäre (Art. 285a–298 StPO). Das Mass der erlaubten Einwirkung auf den Beichtvater wäre wohl überschritten, denn verdeckte Ermittler haben sich auf die Konkretisierung eines bereits vorhandenen Tatentschlusses zu beschränken (Art. 293 Abs. 1 StPO), und ein solcher Tatentschluss wird bei arglosen Beichtvätern kaum zu vermuten sein, und die Tätigkeit verdeckter Ermittler darf für den Entschluss zu einer konkreten Straftat nur von untergeordneter Bedeutung sein (Abs. 2), wohingegen das vermeintliche Geständnis des vermeintlichen Pönitenten die einzige Ursache dafür wäre, dass ein Beichtvater nicht seiner Anzeige- oder Meldepflicht nachkommt. Zudem steht ein solches Vorgehen in Widerspruch zur Unschuldsvermutung (Art. 6 Abs. 2 EMRK; Art. 32 Abs. 1 BV; Art. 10 Abs. 1 StPO), denn der arglose Beichtvater stünde – ohne konkrete Anhaltspunkte – zumindest im Verdacht, er könnte seine Pflichten verletzen, womit eine solches Vorgehen menschenwie grundrechtswidrig wäre.

- kann der Geistliche dies bestreiten. Gestützt auf den Grundsatz *negativa non sunt probanda* (das Nichtbestehen von Tatsachen muss nicht bewiesen werden) und der Unschuldsvermutung – wonach der Staat die Schuld, nicht der Beschuldigte seine Unschuld beweisen muss – kann die Bestreitung sogar pauschal ausfallen, indem der Geistliche sagt, das stimme nicht oder er könne sich daran nicht erinnern. Es wird – ausser der Aussage des Täters – kaum Beweismittel geben, mit welchen die Bestreitung widerlegt und der Geistliche überführt werden könnte. Damit bestünde eine Aussage-gegen-Aussage-Konstellation, und der Geistliche wäre *in dubio pro reo* (im Zweifel für den Angeklagten) freizusprechen, unter Kosten- und Entschädigungsfolgen zulasten des Staates, d.h. des Steuerzahlers.
- und der Täter kann dies sogar nachweisen, weil er heimlich und ohne Einwilligung des Beichtvaters eine Tonbandaufnahme des Beichtgesprächs angefertigt hat, macht er sich strafbar wegen unbefugten Aufnehmens von Gesprächen (Art. 179ter StGB). Rechtswidrig, weil auf strafbare Weise beschaffte Beweismittel sind jedoch, auch wenn sie durch Private beschafft wurden, unverwertbar, ausser, dies sei zur Aufklärung schwerer Straftaten unerlässlich (Beweisverwertungsverbot; Art. 141 Abs. 2 StPO).[1231] Bei der Verletzung solcher Anzeigepflichten handelt es sich aber kaum um eine schwere (!) Straftat, womit auch die ausnahmsweise Verwertung wegfällt. Insbesondere gilt zu berücksichtigen, dass auch die Strafverfolgungsbehörden diesen Beweis nicht rechtmässig hätten beschaffen können,[1232] denn solche Aufnahmen hätte das Zwangsmassnahmengericht vorgängig bewilligen müssen (Art. 281 Abs. 4 in Verbindung mit Art. 272 StPO).[1233]

1231 Ausführlich BGer 6B_323/2013 E. 3.2–3.5.

1232 Bei BGer 6B_983/2013; 6B_995/2013 E. 3.3, hätten nicht nur die Strafverfolgungsbehörden das fragliche Beweismittel rechtmässig erlangen können (E. 3.3.1), sondern auch die Interessenabwägung sprach für die Verwertbarkeit des umstrittenen Beweismittels.

1233 Es handelte sich hier um eine Überwachung mit technischen Überwachungsgeräten, um ein nicht öffentlich gesprochenes Wort abzuhören oder aufzuzeichnen (Art. 280 lit. a StPO), was aber voraussetzt, dass der Beichtvater bereits Beschuldigter ist (Art. 281 Abs. 1 StPO), und zwar einer Katalogtat nach Art. 269 StPO (Art. 281 Abs. 4 StPO); die Verletzung einer Anzeigepflicht müsste folg-

  - und der Geistliche gesteht dies ein, kann er sich unter Umständen auf einen Nötigungsnotstand berufen, indem er durch die Kirche (Amtskirche) genötigt worden ist – mithin durch Androhung ernstlicher Nachteile (Nötigung, Art. 181 StGB: Exkommunikation, Entzug Missio canonica, Verlust des Arbeitsplatzes und damit einer Zukunftsperspektive) dazu gezwungen war –, die staatliche Anzeigepflicht zu verletzen, und er dadurch in einen entschuldbaren – nicht aber rechtfertigenden! – Notstand (Art. 18 StGB) geraten ist. Kommt das Gericht zum Schluss, dass dem Beichtvater zuzumuten gewesen sei, diese gefährdeten Güter preiszugeben, wäre die Strafe zu mildern (Art. 18 Abs. 1 StGB). Da aber angesichts der schwerwiegenden Konsequenzen (Exkommunikation, Verlust Arbeitsplatz etc.) dem Beichtvater eine Preisgabe des gefährdeten Guts kaum zuzumuten ist, handelt er schuldlos (vgl. Abs. 2), womit er nicht bestraft werden darf (*nulla poena sine culpa*).[1234]

- Im katholischen Kontext, insbesondere bei der Feier einer Einzelbeichte, ist zudem daran zu erinnern,
  - dass Beichtvater und Pönitent im Beichtstuhl durch ein Gitter getrennt sind (c. 964 § 2 CIC), damit eben jener diesen nicht erkennen kann. Wenn aber der Beichtvater den Pönitenten nicht erkennt, ist eine Anzeigepflicht sinnlos, weil eine Strafverfolgungsbehörde diesfalls nur weiss, dass irgendjemand Straftaten gebeichtet hat, nicht aber, wer.
  - dass nicht mehr die Rechtslage des LATERANENSE IV (1215) gilt, wonach der Pönitent beim eigenen Pfarrer zu beichten hat, sondern es eine freie Beichtvaterwahl gibt (c. 991 CIC), womit der Beichtvater nicht einmal weiss, ob er dem Pönitenten vorher jemals über

---

lich in diesen Katalog aufgenommen worden sein, wobei sich fragt, ob sie tatsächlich diese Schwere erreichen kann. Zumindest wäre diese Überwachung aber vom Zwangsmassnahmengericht zu bewilligen gewesen (Art. 281 Abs. 4 in Verbindung mit Art. 272 StPO).

1234 Zwar ist zu hoffen, dass ein Beichtvater kirchenrechtlich sehr milde bestraft (d.h. aus staatlicher Sicht: religionsgemeinschaftlich diszipliniert) wird, jedoch fragt sich, ob einem Beichtvater ein solches Vabanque-Spiel zuzumuten ist, und dies umso mehr, als ein gewöhnlicher Beichtvater kaum eine mehrjährige, tiefgreifende Ausbildung in Kirchenrecht haben dürfte. Es bleibt somit das Problem, dass die Preisgabe des Gutes dem Beichtvater nicht zuzumuten ist.

den Weg gelaufen ist. Hier hilft eine Anzeigepflicht ebenso wenig weiter.

Auch solche Begebenheiten sind zu berücksichtigen, wenn man sich mit einer Anzeigepflicht beschäftigt; es zeigt sich auch hier, dass keine Verständigung gelungen ist, insofern überhaupt eine angestrebt war. Daran ändert nichts, dass es zwar durchaus zutrifft, dass das staatliche Recht dem kirchlichen vorgeht.[1235] Trotzdem sollte aber auch der Glaube der Kirche (ἐκκλησία) berücksichtigt werden, insofern man ein konstruktives Gespräch wünscht und nicht bloss konfrontativen Zwang anstrebt.[1236]

Gleichwohl ist das hinter den Anzeige- bzw. Meldepflichten stehende Interesse mehr als berechtigt: Der Schutz von verletzlichen Menschen; dies muss aber anders als mit (kaum durchsetzbaren) Anzeige- bzw. Meldepflichten geschehen. Ebenso wenig dürfen unschuldige Menschen – und Beichtväter sind auch Menschen – nicht unverschuldet zwischen den zwangs- und strafbewehrten Pflichten des staatlichen und des kirchlichen Gesetzgebers zermahlen werden, sei es unter dem Titel «Anzeigepflicht» oder unter dem Titel «Meldepflicht».[1237] Deswegen sind im nächsten Kapitel (5.) Lösungsmöglichkeiten zu besprechen.

1235 Oben, 2.2.1.1.

1236 So sieht KUMRAL nicht, dass die Feier der Einzelbeichte mehr ist als bloss eine «in ritueller Form geäussert[e] Glaubensbezeugung» und «äussere Manifestation des Glaubens» (dortige S. 171). Vielmehr betreffen Reue, Umkehr und Versöhnung tiefste Dimensionen des menschlichen (Zusammen-) Lebens und damit des Menschseins selbst (vgl. oben, 2.3). Damit sind nicht nur das Recht auf Privatsphäre (Art. 13 BV) und die Glaubens- und Gewissensfreiheit (Art. 15 Abs. 1 und 2 BV) berührt, sondern vielmehr die geistige Unversehrtheit als Teilgehalt der persönlichen Freiheit (Art. 10 Abs. 2 BV), und dies jeweils in einem Mass, das von der Kerngehaltsgarantie geschützt wird (Art. 36 Abs. 4 BV).

1237 Beide Pflichten müssen notfalls mit strafrechtlichem Zwang durchgesetzt werden, denn sonst bleiben sie toter Buchstabe, was kaum mit dem Legalitätsprinzip vereinbar ist (vgl. Art. 5 Abs. 1 BV).

4.4.3 Ein politischer Wiedergänger

Unerwartet wiedererweckt wurde die Frage nach einer Anzeigepflicht im April 2024 durch das von Nationalrat Fabian Molina (Sozialdemokratische Fraktion/Zürich) und fünf Mitunterzeichnern[1238] eingereichte Postulat[1239] 24.3461 betreffend «Straflosigkeit bei Missbrauch in der römisch-katholischen Kirche und anderen Religionsgemeinschaften verhindern». Das Postulat verlangte vom Bundesrat darzulegen, «wie die Schutzpflichten der als öffentlich-rechtlichen Körperschaften oder Landeskirchen organisierten Religionen durch eine Anzeigepflicht im Strafrecht oder andere geeignete Massnahmen bei Straftaten gegen die sexuelle Integrität verbessert werden können».[1240] Das Postulat zielt zwar nicht unmittelbar auf das Beichtsiegel bzw. das Berufsgeheimnis von Geistlichen, wie noch die Parlamentarische Initiative 10.540, sie tut es aber indirekt, und es fusst ebenfalls auf Ressentiments insbesondere gegen die Katholische Kirche, wie sich aus seiner Begründung ergibt:[1241]

- «Die Kirchen geniessen dank der Religionsfreiheit und einem gewohnheitsrechtlich verankertem Selbstbestimmungsrecht die Möglichkeit, ihre inneren Angelegenheiten selbst zu regeln» (Begründung, Abs. 1 Satz 1). Dies trifft indes zweifach nicht zu: Erstens geniessen grundsätzlich alle Religionsgemeinschaften «Religionsfreiheit», nicht bloss die «Kirchen». Zweitens fusst dies nicht auf Gewohnheits-, sondern auf Verfassungsrecht (Regelung der inneren Angelegenheiten wie insbesondere die eigene Glaubenslehre und die eigene Organisation, gestützt auf die von Bundesrechts wegen bestehende religiöse Neutralität des Staates und die zumeist kantonsverfassungsrechtlich gewährleistete Autonomie).
- «Bei öffentlich-rechtlich anerkannten Religionsgemeinschaften wird dies geregelt durch das kantonale Recht sowie das jeweilige Religionsrecht. Im Falle der römisch-katholischen Kirche wäre dies das kanonische Recht» (ebd., Sätze 2 und 3). Ein «jeweilige[s] Religionsrecht» – gemeint

---

1238 Po. MOLINA, Abschnitt «Eingereichter Text».

1239 Das Postulat ist eine Form des politischen Vorstosses (Art. 118 Abs. 1 lit. b ParlG). Es beauftragt den Bundesrat zu prüfen und Bericht zu erstatten, ob ein Entwurf zu einem Erlass der Bundesversammlung vorzulegen oder eine Massnahme zu treffen sei (Art. 123 Satz 1 ParlG).

1240 Po. MOLINA, Abschnitt «Eingereichter Text».

1241 Zum Nachfolgenden Po. MOLINA, Abschnitt «Begründung».

ist das Binnenrecht einer Religionsgemeinschaft – kennen indes nicht nur die öffentlich-rechtlich anerkannten Religionsgemeinschaften, sondern ebenso nicht öffentlich-rechtlich anerkannte. Das Binnenrecht einer Religionsgemeinschaft besteht mit anderen Worten unabhängig davon, ob die Gemeinschaft in einem bestimmten Kanton öffentlich-rechtlich anerkannt ist oder nicht. So ist selbst die Katholische Kirche nur in 24 der 26 Kantone öffentlich-rechtlich anerkannt bzw., präziser, besteht nur in 24 der 26 Kantone eine öffentlich-rechtlich verfasste, kantonale katholische Körperschaft.

- «Das Kirchenrecht findet jedoch klarerweise seine Grenzen im Ordre public» (ebd., Satz 4). Diese Aussage trifft in ihrer Selbstverständlichkeit zu, gilt aber nicht nur für das «Kirchenrecht», d.h. das Binnenrecht der Katholischen Kirche, sondern für jegliche Binnenrechtsordnungen sämtlicher Religions- und Weltanschauungsgemeinschaften. Der Postulant stellt aber einzig das katholische Kirchenrecht in die Nähe der Ordre-public-Widrigkeit.
- «Gemäss geltendem Recht besteht bei Straftaten gegen die sexuelle Integrität für Angestellte der Kirche keine allgemeine Anzeigepflicht» (ebd., Satz 5). Mit «Kirche» (im Singular) kann in diesem Zusammenhang nur die Katholische gemeint sein. Die Aussage trifft zu; es kann hinsichtlich der Bedenken auf das bereits Ausgeführte verwiesen werden.[1242]
- «Dadurch sind Bischöfe und andere Kirchenvertreter grundsätzlich frei, ob sie sexuelle Missbräuche, Nötigungen und Misshandlungen bei weltlichen Strafverfolgungsbehörden zur Anzeige bringen wollen» (ebd., Satz 6). Dies trifft ebenfalls zu, gilt jedoch für die meisten anderen Menschen auch, namentlich auch für Leitungspersonen übriger Religions- und Weltanschauungsgemeinschaften oder für Mitglieder von anderweitigen privatrechtlichen Organisationen. Insbesondere gilt zu bedenken, dass der Bischof bzw. dass die (in der Regel mehrere Kantone umfassende) Diözese nicht öffentlich-rechtlich anerkannt ist, sondern die (kantonale) Körperschaft durch den jeweiligen Kanton. Pointiert ausgedrückt, gibt es die Diözese für den Staat nicht, und vorrangiger Ansprechpartner für den Staat ist die staatlich-rechtlich verfasste katholische Körperschaft, nicht die kirchenrechtlich verfasste Diözese.
- «Gängige Praxis der Schweizer Bischofskonferenz ist es, dies grundsätzlich nicht zu tun. Zahlreiche Fälle von sexuellem Missbrauch in der rö-

---

1242 Soeben, 4.4.2.

misch-katholischen Kirche zeigen, dass dies zu einer Kultur der Straflosigkeit geführt hat. Dies ist insbesondere deshalb stossend, da auch innerhalb der Kirche die Täter/innen keine Repressionen erfahren, sondern in den meisten Fällen geschützt werden» (ebd., Sätze 7–9). Es ist zumindest zu hoffen, dass dies nicht gängige «Praxis der Schweizerischen Bischofskonferenz» ist, denn dies würde voraussetzen, dass sich die Mitglieder der SBK heimlich oder mindestens konkludent bzw. implizit dazu abgesprochen hätten. Tatsächlich aber ist scharf zu rügen, dass Missbrauchstäter über lange Zeit nicht kirchenrechtlich bestraft (Exkommunikation, c. 1331 CIC) sowie Kleriker nicht aus dem Klerikerstand («laisiert»; vgl. c. 290, 2° CIC) und Täter nicht ggf. aus dem Ordens- oder Säkularinstitut (vgl. cc. 694–696 bzw. 729 CIC) entlassen worden sind.

- «Der Bundesrat soll deshalb aufzeigen, mit welchen Massnahmen sichergestellt werden kann, dass Religionsgemeinschaften, welche durch ihre öffentlich-rechtliche Anerkennung staatliche Hoheits- und Zwangsgewalt besitzen, ihren Schutzpflichten zum Schutz der sexuellen Integrität vollumfänglich nachkommen» (Begründung, Abs. 2). Die Formulierung «Hoheits- und Zwangsgewalt» suggeriert, als habe die Kirche – bzw. als hätten auch ausserhalb des Steuerrechts die katholischen Körperschaften – einen weltlichen Arm (*brachium saeculare*), dessen sie sich bedienen dürfe, womit man gedanklich in die Zeiten des *ius publicum ecclesiasticum* zurückgekehrt wäre.[1243]

Der Bundesrat beantragte dem Nationalrat, das Postulat abzulehnen,[1244] und begründet dies zusammengefasst wie folgt:[1245] Die Zuständigkeit, eine Anzeigepflicht oder andere Schutzmassnahmen zu treffen, liegt in erster Linie bei den Kantonen, gestützt auf die Kompetenzaufteilung in Religionssachen (Art. 72 BV), bei der Kriminalprävention und im Opferschutz (Art. 124 BV). Die Kantone können Melde- und Mitwirkungsrechte, eine Zeugnis- oder eine Auskunftspflicht gegenüber einer Behörde erlassen (Art. 321 Ziff. 3 StGB). Daneben bestehen im Kindesschutzrecht Melderechte und -pflichten (Art. 314c ff. ZGB), die aber «auf den individuellen Schutz einzelner Kinder vorab in der Beziehung Eltern-Kind ausgerichtet [sind] und […] die Stärkung,

---

1243 Vgl. oben, 2.2.1.2., daneben MÜLLER L., S. 20.
1244 Po. MOLINA, Abschnitt «Antrag des Bundesrates vom 19.06.2024».
1245 Zum Nachfolgenden Po. MOLINA, Abschnitt «Stellungnahme des Bundesrates vom 19.06.2024».

Ergänzung und notfalls Ersetzung des elterlichen Schutzes und Beistands mit Blick auf die Zukunft zum Ziel» haben. Nicht Aufgabe des Kindesschutzes, sondern der Strafbehörden (vgl. Art. 12 f. StPO) ist, Straftaten generalpräventiv zu verhindern und Straftäter zu verfolgen. «Die Kindesschutzbehörde muss oder kann aber im Einzelfall, nach den kantonalen Anzeigeregelungen oder aus rechtfertigendem Notstand (Art. 17 StGB), Strafanzeige erstatten, sollte sie Kenntnis von einem institutionellen Missbrauchsfall, z.B. in einer Kinderpflegeinstitution oder einem Internat, erhalten.» Der Bundesrat verwies zudem auf die Pilotstudie von DOMMANN/MEIER, die mit einer neuen Studie von 2024 bis 2026 fortgesetzt wird, und auf das Postulat 24.3472 der Kommission für Rechtsfragen des Nationalrates (RK-N) betreffend «Sexueller Missbrauch in Organisationen mit einem Auftrag in der Betreuung von vulnerablen Personen in der Schweiz» vom 3. Mai 2024, auf dessen Grundlage der Bundesrat sich mehr erhofft als vom vorliegenden Postulat Fabian Molinas. Ergänzend ist daran zu erinnern, dass das Berufsgeheimnis vorbehalten ist.

Besagtes Postulat der RK-N vom 3. Mai 2024 wünscht vom Bundesrat einen Bericht,

> «inwiefern Organisationen mit einem Auftrag in der Betreuung von vulnerablen Personen wie etwa Jugendlichen oder Personen, die der Seelsorge bedürfen (z.B. Kirchen, Sportverbände oder Religionsgemeinschaften etc.) in der Schweiz vergangene interne Fälle von sexuellem Missbrauch aufarbeiten und die zuständigen Strafbehörden einschalten sowie welche Massnahmen getroffen wurden, um künftige Missbrauchsfälle zu verhindern. Auf der Grundlage dieser Untersuchung soll ferner ermittelt werden, ob gesetzgeberischer Handlungsbedarf zur Verbesserung der Verhältnisse besteht und welche Handlungsoptionen zu diesem Zweck zur Verfügung stehen.»[1246]

Der Bundesrat beantragte dem Nationalrat, das Postulat der RK-N anzunehmen.[1247]

Wie der Nationalrat über die beiden Postulate abgestimmt hat, war zum Zeitpunkt, da diese Abhandlung abgeschlossen wurde, unbekannt.

1246 Po. RK-N, Abschnitt «Eingereichter Text».

1247 Po. RK-N, Abschnitt «Stellungnahme des Bundesrates vom 19.06.2024».

5. Lösungsmöglichkeiten

Während in den beiden vorangegangenen Kapiteln jeweils zuerst die kirchenrechtliche und dann die staatlich-rechtliche Sicht vorgestellt wurden, bietet sich bei den Lösungsmöglichkeiten an, zuerst den Staat, dann die Kirche zu behandeln. Dies liegt im staatlichen Primat begründet und in der Aufgabe des Staates, den religiösen Frieden sicherzustellen.

5.1 Aufseiten des Staates

5.1.1 Im Allgemeinen

Nimmt man den Staat in den Blick, besteht eine Lösungsmöglichkeit darin, vorhandenes Misstrauen abzubauen, das besonders deutlich in der PI SOMMARUGA zutage tritt, jedoch auch zumindest in Teilen der Gesellschaft herrscht, wenn etwa gesagt wird, Katholiken hätten es ja gut, sie könnten machen, was sie wollten, sie könnten ja zur Beichte gehen, die Absolution abholen und dann sei ihnen alles verziehen, worauf sie weiter handeln könnten, wie sie wollten.[1248] Misstrauen und vielleicht sogar Befremden über das Busssakrament in Form der Einzelbeichte kann abgebaut werden, indem man Sinn, Ziel und Zweck dieses religiösen Instituts darlegt und aufzeigt, dass es hierbei nicht um staatszersetzende oder gesellschaftsschädigende Geheimniskrämerei geht und ebenso wenig darum, einem gewohnheitsmässigen Übeltäter kosten- und gegenleistungslos ein gutes Gewissen zu verschaffen. Deswegen fiel der Abschnitt über die Beichte[1249] länger aus als eigentlich, für die Beurteilung einzig des Beichtsiegels bzw. -geheimnisses, erforderlich gewesen wäre.

Aufgrund seiner religiösen und weltanschaulichen Neutralität[1250] kann (und darf) der Staat nicht beurteilen, ob der Glaube der Kirche (ἐκκλησία) oder die Verkündigung des Lehramts über das Sakrament der Busse und insbesondere

[1248] So ist es schon sinngemäss dem Verfasser gegenüber gesagt worden.
[1249] Oben, 3.1.
[1250] Oben, 2.2.1.1.

über die Einzelbeichte wahr sind oder nicht. Er kann aber beurteilen, ob es sich hierbei um einen völlig unregulierten Bereich handelt, in welchem jeder das macht, worauf er Lust hat, oder aber, ob zumindest der Wille einer Religionsgemeinschaft erkennbar ist, mit diesem binnenreligiösen Institut nicht zu schaden, sondern zu nützen, und insbesondere, keine Parallelstrukturen aufzubauen, welche den Primat des Staates konkurrenzieren. Aus Sicht der Glaubensgemeinschaft (ἐκκλησία) und der Amtskirche ist damit bereits viel gewonnen, wenn der Staat folgende Punkte zumindest zur Kenntnis nimmt:

- Religiöser Funktionsträger (Beichtvater) darf nur werden, wer hierzu besonders befähigt (Eigenschaft als *sacerdos* und Beichtbefugnis), mithin besonders ausgebildet und auch geprüft ist (Eignungsprüfung oder Amt, das eine Prüfung voraussetzt). Der Funktionsträger ist eingebunden in hierarchische Strukturen, in welchen Höherrangige nötigenfalls Massnahmen ergreifen können, sollten sie später an der Eignung zweifeln oder würde der Funktionsträger seine Stellung missbrauchen (Untersagung im Einzelfall, Widerruf, Amtsenthebung).
- Ziel der Kulthandlung (Beichte und Absolution) ist nicht, eine parallele, religionsgemeinschaftliche Geheimjustiz aufzubauen, mit welcher die Religionsgemeinschaft die staatliche Justiz verspottet. Aufgrund des binnenreligiösen Verständnisses (ekklesiale Dimension der Busse, d.h. von Umkehr und Versöhnung mit dem Ziel der Heilung) zeigt sich im Gegenteil, dass das Ziel ist, einen Menschen, der Fehler begangen hat, mit sich, Gott und der Gesellschaft[1251] zu versöhnen.
- Die Amtskirche ist nicht Feindin des Staates, sondern Partnerin, und die in der Schweiz lebenden Glieder der Kirche (ἐκκλησία) sind tragender Teil der Gesellschaft.

[1251] Bei Licht betrachtet versöhnt er sich nicht nur mit der Kirche (ἐκκλησία), sondern mit der Gesellschaft, denn die ἐκκλησία ist Teil der Gesellschaft.

5.1.2 Beim Geständnis von sexuellem Missbrauch

Der Staat ist im Weiteren darauf hinzuweisen, dass eine Absolution bei Missbrauchstätern in der Regel nicht das bringt, was der Pönitent sich erhofft: Lossprechung und Wiedereingliederung in die Kirche (ἐκκλησία). Da er nicht wirklich bereut, empfängt er das Sakrament der Busse nicht fruchtbringend, und er empfängt auch weitere Sakramente wie insbesondere die Eucharistie nicht fruchtbringend. Er täuscht sich letztlich selbst. Wird das Kirchenrecht richtig angewandt, darf der Beichtvater einem solchen Täter auch keine Absolution erteilen, da die hierfür notwendige Disposition fehlt (c. 980 CIC). Hier wäre gleichwohl wünschenswert, wenn der Staat uneingeschränkt darauf vertrauen darf, dass diese kirchenrechtlichen Regelung in der Praxis auch umgesetzt wird.

Entgegen dem landläufigen Bild ist der kirchliche Gesetzgeber weniger untätig geblieben als vermutet, nur weiss der Staat hiervon vermutlich nichts. Heute[1252] besteht *in foro externo* bereits hinsichtlich bestimmter schwerwiegender Taten, zu denen sexueller Missbrauch zählt,[1253] eine Meldepflicht an den zuständigen Ordinarius (vgl. c. 134 CIC), sofern ein Kleriker oder ein Or-

---

[1252] Genauerhin seit dem 7. Mai 2019; vgl. FRANZISKUS, Vos estis lux mundi, Schlussformel.

[1253] Nach FRANZISKUS, Vos estis lux mundi, Art. 1 § 1, sind dies: Straftaten gegen das sechste Gebot des Dekalogs, die mit Gewalt oder durch Drohung oder durch Missbrauch der Autorität begangen werden, oder indem jemand gezwungen wird, sexuelle Handlungen zu vollziehen oder zu erleiden (lit. a, al. 1); Straftaten gegen das sechste Gebot des Dekalogs, die mit einem Minderjährigen oder einer Person, die dauernd einen unvollständigen Vernunftgebrauch besitzt, oder mit einem schutzbedürftigen Erwachsenen begangen wurden (al. 2); der sittenwidrige Erwerb, die Aufbewahrung, die Darbietung oder die Verbreitung von pornographischen Bildern von Minderjährigen oder von Personen, die dauernd einen unvollständigen Vernunftgebrauch besitzen, in jedweder Form und mit jeglichen Mitteln (al. 3); sowie das Anwerben oder das Verleiten eines Minderjährigen oder einer Person, die dauernd einen unvollständigen Vernunftgebrauch besitzt, oder eines schutzbedürftigen Erwachsenen, sich pornographisch darzustellen oder an echten oder simulierten pornographischen Darbietungen teilzunehmen (al. 4). Diesen Straftaten gleichgestellt sind Verhaltensweisen, die von Klerikern, Ordenschristen und in kirchlichen Diensten stehenden Laien (vgl. Art. 6) verwirklicht werden und in Handlungen oder Unterlassungen bestehen, die darauf gerichtet sind, die zivilen Untersuchungen oder kirchenrechtlichen Untersuchungen verwaltungsmässiger oder strafrechtlicher Natur gegenüber einer besonders schutzbedürftigen Person (vgl. zu diesen Art. 1 § 2) bezüglich der genannten Vergehen zu beeinflussen oder zu umgehen (lit. b).

denschrist davon erfährt,[1254] und ein Melderecht für jedermann, insbesondere für Laien, die ein Amt oder einen Dienst in der Kirche ausüben.[1255] Ebenso möglich ist eine direkte Mitteilung solcher Fälle an das zuständige[1256] Dikasterium.[1257] Die verfahrensrechtlichen Bestimmungen über die Untersuchung sind vorliegend nicht zu vertiefen.[1258] Der zuständige Metropolit (Erzbischof) ist nach erfolgter Untersuchung verpflichtet, die Originalakten mitsamt seinem Untersuchungsbericht dem zuständigen Dikasterium, mithin dem Apostolischen Stuhl, zuzustellen.[1259] Das Dikasterium verfährt schliesslich nach Massgabe des Rechts entsprechend dem, was für den spezifischen Fall vorgesehen ist, ausser es verfügt eine zusätzliche Untersuchung.[1260] Bei alledem sind die staatlichen Gesetze einzuhalten, d.h. «ohne die jeweils von den staatlichen Gesetzen festgelegten Rechte und Pflichten zu beeinträchtigen, insbesondere diejenigen in Bezug auf allfällige Meldepflichten an die zuständigen zivilen[[1261]] Behörden.»[1262] Die beschriebene Regelung dürfte im Zusammenhang gesehen werden mit dem neu eingeführten[1263] c. 1371 § 6 CIC, wonach, wer die Weitergabe einer Strafanzeige versäumt, zu der er vom kirchlichen Recht verpflichtet ist, mit Geboten, Verboten oder Rechtsentzügen (c. 1336 §§ 2–4 CIC) bestraft werden soll; je nach Schwere der Straftat werden andere Strafen hinzugefügt.

Durch die eingangs erwähnte Meldepflicht für Kleriker und Ordenschristen ist damit auch ein Teil der erwähnten PI SOMMARUGA[1264] erfüllt, da hierun-

---

1254 FRANZISKUS, Vos estis lux mundi, Art. 3 § 1.

1255 FRANZISKUS, Vos estis lux mundi, Art. 3 § 2.

1256 Zuständig ist das Dikasterium für die Glaubenslehre (Glaubensdikasterium) hinsichtlich der ihm von den geltenden Normen reservierten Straftaten. Hinzu kommen in allen anderen Fällen, je nach Zuständigkeit aufgrund des Eigenrechts der Römischen Kurie, entweder das Dikasterium für die Orientalischen Kirchen, das Dikasterium für die Bischöfe, das Dikasterium für die Evangelisierung, das Dikasterium für den Klerus, das Dikasterium für die Institute des geweihten Lebens und die Gesellschaften des apostolischen Lebens oder das Dikasterium für die Laien, die Familie und das Leben: FRANZISKUS, Vos estis lux mundi, Art. 7 § 1.

1257 FRANZISKUS, Vos estis lux mundi, Art. 3 § 3.

1258 Hierzu FRANZISKUS, Vos estis lux mundi, Art. 8–17.

1259 FRANZISKUS, Vos estis lux mundi, Art. 18.

1260 FRANZISKUS, Vos estis lux mundi, Art. 19.

1261 Mit «zivilen» Behörden sind die staatlichen gemeint.

1262 FRANZISKUS, Vos estis lux mundi, Art. 20.

1263 HALLERMANN, Kontinuität, S. 41 f.

1264 Ausführlich oben, 4.4.1.

ter auch Sachverhalte fallen dürften, die staatlich dem Berufsgeheimnis unterstehen. Nicht erfüllt ist freilich die Forderung, dass auch Taten, die im Rahmen einer Einzelbeichte (*in foro interno*) bekannt wurden, der Meldepflicht unterstehen; vielmehr gilt die Meldepflicht ausschliesslich für das *forum externum*.[1265] Bei alledem ist zu betonen, dass die Kirche dem Staat ausdrücklich nicht den Rechtsprimat streitig macht, sondern vielmehr das staatliche dem kirchlichen Recht vorgeht, indem dieses jenes nicht beeinträchtigen darf.[1266]

5.1.3 Zusammenhängend mit dem Beichtsiegel und -geheimnis

Dass Beichtsiegel und -geheimnis nicht einzig dem Täterschutz dienen, wird am deutlichsten, wenn man dem Staat in Erinnerung ruft, was – aus katholisch-theologischer Sicht – überhaupt deren Rolle im Rahmen des Busssakraments ist und was das Beichtsiegel eigentlich bezweckt: Die sakramentale Feier der Einzelbeichte eröffnet einen Heilsraum, in welchem ein um seine Fehler- und Sündhaftigkeit wissender, umkehr- und versöhnungswilliger Mensch sich öffnet, um als Geschöpf die Barmherzigkeit und Liebe seines Schöpfers zu erfahren, um sich mit der Kirche (ἐκκλησία) zu versöhnen und, um diejenigen Verletzungen heilen zu lassen, die er verursacht hat, und zwar nicht selten an denjenigen Menschen, die ihm am nähesten stehen. Im Heilsraum dieses Sakraments der Umkehr und Versöhnung öffnet sich der Pönitent bedingungslos. Er entkleidet sich aller Schutzschichten und legt sein innerstes Wesen offen, und zwar nicht im Vorteilhaften, sondern in all seiner Erbärmlichkeit, Schäbigkeit und Fehlerhaftigkeit. Vollkommen nackt liegt nun der sündenfällige und deswegen von Seelenschmerz zerschundene und zermarterte Pönitent, hilflos, einsam und verlassen, nach Gottes Barmherzigkeit dürstend und nach dessen Erbarmen sich sehnend, vor dem Beichtvater. Wenn das Kirchenrecht, das höchste Lehramt und die Tradition sagen, das Beichtsiegel sei unverletzlich, ist dies nicht Selbstzweck oder pervertierter

---

1265 FRANZISKUS, Vos estis lux mundi, Art. 3 § 1, schränkt die Meldepflicht von Klerikern und Ordenschristen ein, dass diese gilt «[a]ußer im Falle der Kenntnisnahme der Nachricht durch einen Kleriker in Ausübung seines Dienstes im *forum internum*».

1266 FRANZISKUS, Vos estis lux mundi, Art. 20 (Überschrift «Einhaltung der staatlichen Gesetze»): «Die vorliegenden Normen finden Anwendung, ohne die jeweils von den staatlichen Gesetzen festgelegten Rechte und Pflichten zu beeinträchtigen, insbesondere diejenigen in Bezug auf allfällige Meldepflichten an die zuständigen zivilen Behörden.»

Täterschutz, sondern zwingend notwendige Voraussetzung, damit ein Mensch sich überhaupt auf diese Weise öffnen kann. Damit dient das Beichtsiegel unmittelbar dem Seelenheil, das im Kirchenrecht immer das oberste Gesetz sein muss,[1267] hier des Pönitenten. Wäre das Beichtsiegel nicht unverletzlich, bestünde die Gefahr, dass ein umkehr- und versöhnungswilliger Mensch aus Furcht vor Offenlegung seines Innersten sich nicht so weit öffnen könnte, wie dies erforderlich wäre, um zu heilen, zu versöhnen und dem Seelenheil zu dienen, weil er infolge einer allfälligen Bekanntgabe fremdem Spott und öffentlicher Beschämung ausgeliefert zu sein drohte. Mit anderen Worten drohte eine Beichte ohne unverletzliches Beichtsiegel zu einem entleerten Ritualtheater zu erstarren, beraubt ihrer Sinnhaftigkeit und ihrer ekklesialen und damit gesamtgesellschaftlich bedeutsamen Dimension.

Die Kirche (Amtskirche) hat dafür gründlich Sorge zu tragen, dass dieser Heilsraum auch auf diese Weise deutlich wird, insbesondere, dass der Beichtvater hierfür hinlänglich ausgebildet ist.

[1267] Vgl. c. 1752 CIC.

5.2 Aufseiten der Kirche

Aufgrund des Primats des Staates hat die Kirche sich anzupassen; die Amtskirche hat bedacht zu sein, Missbräuche zu verhindern, und die Gemeinschaft der Gläubigen (ἐκκλησία), sich Sinn und Zweck zu vergegenwärtigen.

5.2.1 Eher nicht in Betracht kommende Möglichkeiten

Folgende Möglichkeiten kommen wohl eher nicht in Betracht:

5.2.1.1 Gänzliche Aufhebung des Beichtsiegels

Die gänzliche Aufhebung von Beichtsiegel oder -geheimnis erscheint nicht zielgerichtet. Gälte das Beichtsiegel nicht mehr, dürfte ein Beichtvater aus kirchenrechtlicher Sicht sämtliche Inhalte ausplaudern, wofür er nach staatlichem Recht bestraft würde (Art. 321 StGB); ein solches Auseinanderklaffen ist zu vermeiden, und es würde mehr Schaden angerichtet als Nutzen gestiftet, weil niemand mehr Sünden bekennen würde, seien sie leicht oder schwer.

5.2.1.2 Wiederholenlassen des *in foro interno* Gesagten *in foro externo*

Man könnte sich fragen, ob der Beichtvater nicht, nach der Beichte, den Pönitenten im äusseren Bereich (*in foro externo*) dazu bringen könnte, seine im inneren Bereich (*in foro interno*) getätigte Aussage bzw. sein Bekenntnis zu wiederholen, womit er – zumindest nach kanonischem Recht – befugt wäre, dies den Strafverfolgungsbehörden mitzuteilen. Dabei gilt Folgendes zu bedenken:

- Sollte der Beichtvater dem Pönitenten offen sagen, er wolle diesen das Bekenntnis *in foro externo* wiederholen lassen, um ihn dann der Strafverfolgung anheimzustellen, wird ein Pönitent, der von einer Selbstanzeige absieht und eine Strafverfolgung ablehnt, sich kaum dafür begeistern können, mithin ablehnen. Inskünftig wäre der Pönitent argwöhnisch gegenüber jeglichen Angeboten der Kirche (Amtskirche, möglicherweise auch ἐκκλησία), womit auch nicht in vorteilhafter Weise seelsorgerisch auf seine Lebensführung eingewirkt werden könnte. Ist der Pönitent demgegenüber von wirklicher Reue ergriffen, hätte er sich bereits selbst angezeigt oder er machte dies nach der Beichte und unabhängig von einer Absolution von allein. Zudem rät die Kommentarlandschaft von Wiederholungen des *in foro interno* Gesagten *in foro externo* ab, denn es könnte der Eindruck entstehen, der Beichtvater habe das Beichtsiegel verletzt.

- Sollte der Beichtvater den Pönitenten über seine Absichten täuschen, stellt sich die Frage, ob der Getäuschte das Gefühl gewinnt, er sei (abermals) in einer Feier des Busssakraments, und sei es nur schon, weil er mit der Liturgie nicht sonderlich vertraut ist. Eine Beichte kann schliesslich auch ausserhalb des Beichtstuhls stattfinden. Diesfalls besteht für den Beichtvater die Gefahr, dass er (abermals) dem Beichtsiegel untersteht, denn dieses beabsichtigt, den Pönitenten und sein Vertrauensverhältnis zum Beichtvater sowie die Integrität des Busssakraments zu schützen.
  Stellt sich diese Frage nicht und der Pönitent wähnt sich nicht in einer (simulierten) Feier des Busssakraments, handelt der Beichtvater zwar nicht *in persona Christi capitis*, und Christus ist der Weg und die Wahrheit und das Leben (Joh 14,6). Der Leib Christi (vgl. 1 Kor 12) würde aber trotzdem abermals verwundet, diesmal nicht durch das eine Glied (Pönitent), sondern durch ein anderes Glied (Beichtvater), weil der Beichtvater mit seiner (sicherlich gut gemeinten) Lüge einen anderen, ihm vertrauenden Menschen in die Irre führt. Ob dies (theologisch-) ethisch zulässig ist, kann nicht im Rahmen der vorliegenden Abhandlung beantwortet werden. Teilte der Beichtvater zumindest das nun *in foro externo* Wiederholte den Strafverfolgungsbehörden mit, verletzte er zwar aus staatlich-rechtlicher Sicht das Berufsgeheimnis (Art. 321 StGB), weil gleichwohl ein Seelsorgegespräch stattfindet, er kann sich dann aber, gegebenenfalls, auf die gesetzlich erlaubte Handlung (Art. 14 StGB) berufen, womit er staatlicherseits keine eigene Strafverfolgung zu befürchten hätte. Gleichwohl fragt sich, ob ihm aufgrund der angewandten Täuschung vonseiten der Kirche (Amtskirche) der Widerruf der Beichtbefugnis, der Entzug der Missio oder die Amtsenthebung droht.

Die Lösung, den Pönitenten *in foro externo* das von ihm *in foro interno* Bekannte wiederholen zu lassen, erscheint somit, aufgrund der Nachteile, die dem Beichtvater drohen, als wenig empfehlenswert.

5.2.1.3 Anwendung bei äusserer Leitung

Was der Beichtvater aus der Beichte ihm Untergebener weiss, darf er auf keine Weise (*nullo modo*) bei der äusseren Leitung gebrauchen (c. 984 § 2 CIC). Daraus folgt:

- Ist ein Bischof Beichtvater eines Priesters, der ihm während der Einzelbeichte Kindsmissbrauch bekennt, darf er den Priester nicht (einzig) wegen des Kindsmissbrauchs absetzen,[1268] denn sonst machte er Gebrauch von Wissen, das er aus der Entgegennahme einer Beichte erlangt hatte (c. 984 §§ 1 und 2 CIC). Der Bischof dürfte wohl nicht einmal darüber nachforschen, ob dem Priester auch andere, nicht dem Beichtsiegel unterstehende Taten vorgeworfen werden können, die einen Entzug der Missio rechtfertigten, denn selbst die Nachforschungen hätten ihre Wurzel in der Kenntnis derjenigen Sünden, die der Priester beichtete.
- Erfährt ein anderer Beichtvater (Priester) während der Beichte von einem Priester das nämliche, kann er dem Bischof nicht einmal indirekt anraten, den Priestertäter abzusetzen, denn auch hier würde er *in foro interno* erworbenes Wissen *in foro externo* verwenden.

Eine solche Regelung kann dem Staat auf den ersten Blick pervers erscheinen, indem der Bischof sein Wissen nicht verwenden darf, obwohl er es eigentlich wollte. Indes kennt der Staat selbst, in seinem eigenen (!) Strafrecht, eine ähnliche Regelung: Gemäss der *fruit of the poisonous tree*-Regel (vgl. Art. 141 Abs. 4 StPO)[1269] dürfen Folgebeweise nicht verwertet werden, die nur wegen eines vorhergehenden Beweises erhoben werden konnten, insofern dieser vorhergehende Beweis auf verbotene Weise erhoben wurde und damit unverwertbar ist (Art. 141 Abs. 1 und 2 StPO)[1270]; mit anderen Worten sind die Fol-

---

[1268] Es kommt wenn, dann nur eine Absetzung und eine Entlassung aus dem Klerikerstand in Frage, aber keine Versetzung (in eine andere Pfarrei), wie dies früher häufig vorkam.

[1269] Ermöglichte ein Beweis, der nach Abs. 1 oder 2 – hierzu in der nächsten Fussnote – nicht verwertet werden darf, die Erhebung eines weiteren Beweises, ist dieser nur dann verwertbar, wenn er auch ohne die vorhergehende Beweiserhebung möglich gewesen wäre (Art. 141 Abs. 4 StPO). Die Aufzeichnungen über unverwertbare Beweise werden aus den Strafakten entfernt, bis zum rechtskräftigen Abschluss des Verfahrens unter separatem Verschluss gehalten und danach vernichtet (Abs. 5).

[1270] Beweise, die in Verletzung von Art. 140 StPO erhoben wurden, sind in keinem Fall verwertbar; dasselbe gilt, wenn die StPO sonst einen Beweis als unverwertbar bezeichnet (Art. 141 Abs. 1 StPO). Bei Beweisen nach Art. 140 StPO hangebeweise für das Strafverfahren vergiftet, weil sie auf vergifteten Vorgängerbeweisen beruhen.

5.2.2 In Betracht kommende Möglichkeiten

Es fragt sich folglich, welche Lösungsmöglichkeiten bestehen, sei es gemäss geltender Rechtslage (*de lege lata*), die sofort umgesetzt werden können, sei es durch Rechtsänderungen (*de lege ferenda*), für die der Gesetzgeber tätig werden muss.

5.2.2.1 Nach bestehender Rechtslage (*de lege lata*)

5.2.2.1.1 Sinn und Zweck der Einzelbeichte beleuchten

Die Einzelbeichte, wie sie heute gelebt wird – insofern sie überhaupt noch gefeiert wird –, ist überladen: Sie soll nicht nur den Pönitenten mit Gott und der Kirche (ἐκκλησία) versöhnen, sie soll auch erzieherisch wirken und als Werkzeug der Seelenführung dienen. Nein: Die Einzelbeichte ist nur notwendig und sinnvoll bei schweren Sünden, mithin Todsünden, die aber kaum vorkommen. Leichte, alltägliche Sünden können anderweitig gesühnt werden, im Rahmen eines Kranzes von Möglichkeiten der alltäglichen Umkehr und Versöhnung (*paenientia quotidiana*).[1271] Für eine wirkliche Glaubens-

---

delt es sich um solche, die mit Zwangsmitteln, Gewaltanwendung, Drohungen, Versprechungen, Täuschungen und Mittel, welche die Denkfähigkeit oder die Willensfreiheit einer Person beeinträchtigen können, erhoben wurden (Abs. 1), selbst wenn der Betroffene zugestimmt hätte, dass solche Methoden angewendet werden (Abs. 2). Daneben dürfen Beweise, die Strafbehörden in strafbarer Weise oder unter Verletzung von Gültigkeitsvorschriften erhoben haben, nicht verwertet werden, es sei denn, ihre Verwertung sei zur Aufklärung schwerer Straftaten unerlässlich (Art. 141 Abs. 2 StPO).

1271 Ähnlich JEGGLE-MERZ, S. 119 f., wonach es «eine Aufgabe der Kirche in der Schweiz [bleibt], neu zu fragen, wie die für den christlichen Glauben so zentrale Dimension von Umkehr und Versöhnung wieder stärker profiliert, theologisch fundiert und liturgisch gefeiert werden kann. Dabei sind die vielfältigen Formen eine[r] *paenitentia quotidiana* (Gebet, Hören des Wortes Gottes, Almosen geben, Arme besuchen ...) ebenso wie eine Vielgestalt einer sakramentlichen Feier von Umkehr und Versöhnung mit zu bedenken.» Daneben VOLGGER, Dienst, S. 30, der dafür plädiert, «die Vielfalt der Möglichkeiten ins Auge zu fassen, wie sie die biblische und kirchliche Tradition vor Augen stellt und nicht allein auf das eigentliche *Sakrament der Versöhnung für Einzelne* [= Einzelbeichte] zu setzen.»

erziehung[1272] und ein Glaubenswachstum bedarf es Zeit, und die hat es bei der seelsorglichen Begleitung eines Menschen in der gewöhnlichen Pastoral, ausserhalb der Einzelbeichte.

Im Weiteren dürfte bei nicht wenigen Gläubigen der Eindruck entstehen, bei der Einzelbeichte handle es sich entweder um ein amtskirchliches Quasi-Gericht bzw. ein quasistaatsanwaltschaftliches Verhör, in welchem man einem Priester seine Taten bekennen muss, [1273] oder um einen sinnentleerten Vorgang. Die Einzelbeichte ist eine Feier der gesamten Kirche (ἐκκλησία), kein Zweiergeschehen zwischen Laie und Kleriker. Und sie ist für die schweren Sünden da, nicht für die leichten. Dies ist in der Gemeinde in Erinnerung zu rufen. Damit wird ein gewöhnlicher Gläubiger sehr selten beichten müssen; es wird aber heute schon, ohnehin, kaum gebeichtet. Soweit das Lehramt versucht, die Häufigkeit der Einzelbeichten zu erhöhen, fragt sich, aus welchem Grund. Die Einzelbeichte ist für schwere Sünden zuständig – wenn häufiger gebeichtet werden sollte, müsste mehr schwer gesündigt werden; dies dürfte aber kaum vom Lehramt beabsichtigt sein. Zudem kann Barmherzigkeit auch ausserhalb des Beichtstuhls gelebt und Gott ausserhalb einer Einzelbeichte begegnet werden. Umkehr und Versöhnung gehören zum christlichen Grundsein und haben damit das ganze Leben zu prägen, und sich nicht bloss auf einige wenige Minuten im Beichtstuhl zu beschränken.

Von der Begrifflichkeit her fragt sich zudem, ob der theologische Gehalt des Busssakraments nicht besser wiedergegeben werden könnte, indem man vermehrt die Dimensionen von Umkehr, Versöhnung, Heilung und Barmherzigkeit hervorhebt, wie dies schon andere theologische Disziplinen tun.[1274]

1272 Die Begriffe Glaubenserziehung und Seelenführung wirken paternalistisch, als seien Laien Mündel, die von Klerikern erzogen und geführt werden müssten. Angebrachter wäre wohl, von einer Glaubensbegleitung oder -beratung zu sprechen.

1273 Nur schon der weiterhin im Deutschen bestehende Begriff «Pönitent» lässt an die *poena* (Strafe) erinnern, nicht an die *paenitentia*.

1274 Folglich sollte auch der Wandel, den die lateinische Begrifflichkeit vollzogen hat (*paenitens* statt *poenitens*), im Deutschen nachvollzogen und von Pänitent (statt Pönitent) gesprochen werden. Der Begriff «Büsser» indes wäre zwar kein Fremdwort, aber das zugrundliegende Verb «büssen» ist belastet (vgl. die Redeweise ‹dafür soll/wird X. büssen›).

5.2.2.1.2 Vielfalt der Formen betonen (und Generalabsolutionen erlauben)

Bei der Generalabsolution handelt es sich um ein kirchenrechtlich erlaubtes, weil gesetzlich vorgesehenes, Mittel. Das Lehramt hat aber die Feier der Generalabsolution derart stark eingeschränkt, dass es auf ein Verbot hinausläuft, mit verheerenden Folgen für das Glaubensleben und die Pastoral.[1275]

Der lehramtliche Verweis, das ordentliche Sakrament der Busse sei die Einzelbeichte, trifft zu – insofern es um schwere Sünden geht; dies wird aber auch nirgends bestritten. Gerade für leichte, alltägliche Sünden wäre die Generalabsolution neben den übrigen Formen von Umkehr und Versöhnung ein wirkungsvolles Mittel, in welchem sich der einzelne Gläubige getragen von der Kirche (ἐκκλησία) wissen könnte. Selbst wenn jemand mit schwerer Sünde zufällig an einer Generalabsolution anwesend wäre, wäre er immer noch verpflichtet, diese zu einem späteren Zeitpunkt in einer Einzelbeichte zu bekennen, womit weder Lehre noch Kirchenrecht einen Nachteil erleiden. Mit dem Verbot der Generalabsolution schadet das Lehramt (Amtskirche) somit (ungewollt) unmittelbar der Kirche (ἐκκλησία), denn es beraubt sie einer legitimen, jahrhundertealten Feierform. Betrachtet man die Ausführungen des jetzigen Lehramts, wäre eine Rückkehr zur Generalabsolution eigentlich möglich.[1276] Dann erst wäre es wirklich so, dass «[i]m gesamten sakramenta-

---

1275 So schreibt JEGGLE-MERZ, S. 119: «Hatte noch die als ‹Bussfeier› bezeichnete ‹Gemeinschaftliche Feier der Versöhnung mit allgemeinem Bekenntnis und Generalabsolution› (Form C) einen Sitz im Leben der Pfarreien, so kam das Aus für die Generalabsolution in der Schweiz auch einem Ende der Beichtpraxis gleich.» Diesen Kollateralschaden hat das Lehramt wohl kaum beabsichtigt.

1276 FRANZISKUS, Evangelii Gaudium, Nr. 24 (die Kirche «empfindet einen unerschöpflichen Wunsch, Barmherzigkeit anzubieten»); DERS., Misericordia et Misera, Nr. 11 (jedoch im Zusammenhang bloss mit der Einzelbeichte: «Das Sakrament der Versöhnung muss seinen zentralen Platz im christlichen Leben wiederfinden; darum verlangt es Priester, die ihr Leben in den ‹Dienst der Versöhnung› [2 Kor 5,18] stellen. Auf diese Weise soll niemandem, der ernsthaft bereut, der Zugang zur Liebe des Vaters, der auf seine Rückkehr wartet, verwehrt werden und allen die Möglichkeit offen stehen, die befreiende Kraft der Vergebung zu erfahren.» – hier könnte das Lehramt die Anregungen aus der Liturgiewissenschaft betreffend die Sakramentalität aufnehmen und weniger strikt zwischen Sakrament und Sakramentalie unterscheiden [vgl. hierzu die Einleitung zu 2.3.2], womit das «Sakrament der Versöhnung» nicht mehr nur die Einzelbeichte meinte); DERS., Misericordiae Vultus («Angesichts einer Sicht der Gerechtigkeit als der bloßen Einhaltung von Gesetzen, die in der Folge Menschen einteilt in Gerechte und Sünder, versucht Jesus die große Gabe der Barmherzigkeit aufzuzeigen, die Barmherzigkeit, die den Sünder sucht und ihm Vergebung und Heil anbietet. Man versteht, warum Er aufgrund einer solchen befreienden

len Leben [...] uns die Barmherzigkeit reichlich geschenkt» würde,[1277] denn die Generalabsolution gehört hierzu.

5.2.2.1.3 Augenmerk auf Priesterauswahl und -ausbildung legen

Bei der Unterstellung, das Beichtsiegel diene vorrangig dem Täterschutz, schwingt der Anwurf mit, Beichtväter seien charakterlich ungeeignet und/ oder schlecht ausgebildet.

Wer den Diakonat und den Presbyterat, d.h. eine Weihe, anstrebt, ist durch eine sorgfältige Vorbereitung nach Massgabe des Rechts auszubilden (c. 1027 CIC; vgl. auch c. 1032 CIC). Es muss feststehen, dass ein Weihebewerber über die für den Weiheempfang erforderlichen Eigenschaften verfügt, näherhin über die Rechtgläubigkeit des Kandidaten, seine echte Frömmigkeit, seinen guten Lebenswandel, seine Eignung für die Ausübung des Dienstes und ebenso, aufgrund einer gehörigen Untersuchung, über seinen physischen und psychischen Gesundheitszustand (c. 1051, 1° CIC). Für die Übernahme eines Pfarramts muss die Eignung feststehen (c. 521 § 3 CIC), und für das Busssakrament wird ausdrücklich darauf hingewiesen, dass die Befugnis zur Entgegennahme von Beichten nur Priestern verliehen werden darf, die in einer Prüfung für geeignet befunden worden sind oder deren Eignung auf andere Weise feststeht (c. 970 CIC).

Damit steht formalgesetzlich fest, dass die eingangs erwähnte Unterstellung zu Unrecht erfolgt. Nichtsdestotrotz kam es schon vor, dass Beichtväter Kleriker absolvierten, obschon diese ihnen Missbrauch bekannt haben. Es besteht – oder bestand zumindest – ein Widerspruch zwischen formalgesetzlichen Vorgaben und ihrer Umsetzung. Die beste Ausbildung nützt nichts, wenn eine Person charakterlich nicht geeignet ist, ein solches Amt auszuüben. Damit ist, auch im Interesse der Amtskirche selbst, den Bischöfen anzuraten, zu Beginn der Priesterausbildung in ihren Seminaren eine gründliche psychologische Aufnahmeprüfung (Assessment) einzuführen, und sich ggf. von Fachleuten aus den Bereichen Forensik, Psychologie und Psychiatrie beraten zu lassen. Wenn zweifelsfrei feststeht, dass jeder Priester und jeder

---

Vision, die Quelle der Erneuerung ist, von den Pharisäern und Schriftgelehrten abgelehnt wird. Diese legten in ihrer Gesetzestreue den Menschen lediglich Lasten auf die Schultern, blendeten aber die Barmherzigkeit des Vaters aus. Der Ruf nach der Einhaltung des Gesetzes darf nicht die Aufmerksamkeit für die Bedürfnisse behindern, die die Würde der Menschen ausmachen.»).

1277 FRANZISKUS, Misericordia et Misera, Nr. 5.

Beichtvater nicht nur fachlich, sondern auch menschlich geeignet ist, kann er wirklich in gleicher Weise die Stelle eines Richters wie die eines Arztes einnehmen und von Gott zugleich zum Diener der göttlichen Gerechtigkeit wie auch Barmherzigkeit bestellt sein, der der Ehre Gottes und dem Heil der Seelen dient (c. 978 § 1 CIC). Dies hat das Lehramt selbst schon anfangs der 1970er Jahre festgehalten.[1278] Hat auch die Öffentlichkeit keinen Zweifel an der charakterlichen Eignung und der Ausbildung eines Beichtvaters, sinkt der Druck auf das Beichtsiegel von selbst.

5.2.2.1.4 Sich Disposition vor Absolution vergewissern

Das Beichtsiegel steht vornehmlich unter Druck, weil es wahrgenommen wird als Werkzeug des Täterschutzes. Dabei ist die Rechtslage eigentlich erstaunlich einfach:

Wenn der Beichtvater keinen Zweifel (*dubium non est*) an der Disposition des Pönitenten hat und dieser um die Absolution bittet, darf diese weder verweigert noch aufgeschoben werden (c. 980 CIC). Ein Pönitent, der Taten begeht und über sie im Rechtssinn (!) Reue empfindet, zeigt sich unmittelbar an, weil nur so eine Versöhnung mit Gott und der Kirche (ἐκκλησία) sowie eine Heilung möglich ist. Man muss folglich den Ablauf vom Kopf auf die Füsse stellen: Zuerst die Selbstanzeige, dann die Absolution, und nicht die Absolution und dann als Busswerk – das ohnehin nicht umgesetzt wird – die Selbstanzeige. Hat sich der Pönitent nicht selbst angezeigt, ist er nicht recht disponiert (c. 987 CIC), womit die Absolution nicht erteilt werden kann und darf (c. 980 *e contrario* CIC).

Es wird vorgekommen sein, dass ein Pönitent statt ausdrücklich sexuellen Kindesmissbrauch vage einen Ehebruch gebeichtet hat. Dann ist aber das Be-

---

[1278] So steht in FEIER DER BUSSE, Nr. 10a: «Damit der Beichtvater seine Aufgabe sachgerecht erfüllen, d.h. die Krankheiten der Seele erkennen, geeignete Hilfsmittel anwenden und sein richterliches Amt weise ausüben kann, muß er sich das dazu notwendige Wissen und die erforderliche Klugheit erwerben. Das soll er durch eifriges Studium unter der Leitung des kirchlichen Lehramtes tun, vor allem aber auch durch Gebet. Denn bei der Unterscheidung der Geister geht es um eine tiefe Erkenntnis des Wirkens Gottes im Herzen der Menschen; sie ist eine Gabe des Heiligen Geistes und die Frucht der Liebe [vgl. Phil 1,9 f.].» Hinsichtlich der Unterscheidung der Geister, von welcher die FEIER DER BUSSE spricht, ist mit WOLBERT, namentlich S. 36 f., zudem auf die «Barmherzigkeitsfalle» hinzuweisen, mithin auf die Frage, ob die Barmherzigkeit echt oder falschverstanden ist; vgl. hierzu oben, 3.1.4.4.

kenntnis nicht vollständig, denn er hat die schwere Sünde nicht nach Art und Zahl gebeichtet (c. 988 § 1 CIC). Folglich kommt eine Versöhnung mit Gott und der Kirche (ἐκκλησία) nicht in Frage, weil diese nicht durch Lügen erwirkt werden kann. Damit ist die Absolution nichtig (im Gegensatz zu anderen Sakramenten betrifft die Disposition die Gültigkeit, nicht bloss die Erlaubtheit!).

Sollte der Beichtvater unsicher sein, ob die Disposition vorliegt, hat er mit Klugheit und Behutsamkeit Fragen zu stellen (c. 979 CIC). Klug sind Fragen dann, wenn sie dazu führen, dass der Beichtvater ein Bild über die Seelenlage und das Vorliegen der Disposition gewinnt. Die Behutsamkeit darf dabei nicht mit furchtsamer Skrupulosität verwechselt werden. Vielmehr sind die Fragen klar und unmissverständlich zu stellen, sodass der Pönitent sich nicht herausreden kann. Wenn sich aus den Antworten ergibt, dass der Pönitent Trieb- oder Wiederholungstäter ist, ist ein Besserungsvorsatz zu verneinen (c. 987 CIC), womit die Disposition fehlt und eine Absolution verweigert werden muss (c. 980 *e contrario* CIC). Lügt oder vernebelt der Pönitent, ist weder das Bekenntnis vollständig (c. 988 § 1 CIC) noch sind Reue und Besserungsvorsatz gegeben (c. 987 CIC), womit eine Absolution nichtig ist.

In solchen, seltenen Fällen darf der Beichtvater nicht skrupulös sein, und er darf insbesondere nicht der «Barmherzigkeitsfalle»[1279] erliegen und aus falschverstandener Barmherzigkeit die Absolution erteilen. Ein Pönitent, der arglistig versucht, die Absolution zu erschleichen, ist nicht zu Christus Jesus umgekehrt, sondern er verunehrt das Sakrament der Busse (Sakrileg), er zersetzt die Kirche (ἐκκλησία) und erregt für die Gesellschaft ein Ärgernis (*scandalum*).

Auch eine Absolution aus Mitleid bzw. aus dem Grund, dass der Beichtvater in die «Barmherzigkeitsfalle» geraten ist, ändert nichts an der Situation, selbst wenn der Pönitent wirklich verzweifelt wäre, weil er ansonsten die Eucharistie nicht mehr feiern oder die Kommunion nicht mehr empfangen dürfte. Das Bekenntnis und die Reue mögen schmerzhaft sein, sie müssen es aber, weil der Pönitent selbst Unschuldigen Schmerzen bereitet hat. Ist der Pönitent nicht mit Gott und der Kirche (ἐκκλησία) versöhnt, empfängt er auch die anderen Sakramente nicht in fruchtbringender Weise. Mit anderen Worten mag er äusserlich, mechanisch, die Kommunion empfangen – sie bewirkt

---

[1279] Oben, 3.1.4.4, und WOLBERT, S. 35–63.

jedoch nichts. Mit einem solchen Theaterstück wird der Seele des Pönitenten nicht geholfen, sondern vielmehr das Allerheiligste verunehrt (Sakrileg).

Sollten Beichtväter hiervon nichts wissen, haben die Bischöfe sie darauf und ebenso unmissverständlich auf die Folgen bei Nichtbeachtung hinzuweisen (Widerruf der Beichtbefugnis, c. 974 § 1 CIC, und Amtsenthebung, c. 1740 CIC).

Ist die Öffentlichkeit sicher, dass das bereits geltende Kirchenrecht umgesetzt wird, sinkt ebenfalls der Druck auf das Beichtsiegel, denn dann ist dessen Missbrauch ausgeschlossen.

5.2.2.1.5 Strafrechtliches Augenmass walten lassen

Ist ein Beichtvater gezwungen, aus schwerwiegendem Grund das Beichtsiegel direkt zu verletzen (c. 1386 § 1 CIC) – namentlich, um weitere Opfer vor einem Missbrauchstäter zu retten –, dann tritt nicht (!) und nie (!) die Tatstrafe der Exkommunikation ein (c. 1324 § 3 CIC). Die Strafe ist mindestens zu mildern (c. 1324 § 1 CIC), nach vorliegender Auffassung bleibt der Beichtvater sogar straffrei (c. 1323 CIC). Bei der Strafbefreiung oder -milderung handelt es sich nicht um einen ungeschuldeten Gnadenakt, sondern sie ist rechtlich verpflichtend (!). Ebenfalls in Frage käme in einem solchen Fall, gänzlich auf ein Strafverfahren zu verzichten (c. 1341 CIC).

Da es sich hierbei um einen zentralen Punkt handelt, ist dies in aller Ausführlichkeit oben, 4.1.4.3.5, beschreiben worden.

5.2.2.2 Durch Gesetzesänderungen (*de lege ferenda*)

5.2.2.2.1 Pneumatische Dimension im CIC verdeutlichen

Papst JOHANNES PAUL II. bezeichnete CIC und CCEO als «gleichsam [die] beiden Lungenflügel des Ostens und des Westens», mit welchen die Kirche atmet, «und damit ihr [d.i. der Kirche] eines Herz gleichsam mit zwei Kammern in der Barmherzigkeit Christi leuchtet» (*quasi duobus pulmonibus Orientis et Occidentis respiret atque uno corde quasi duos ventriculos habente in caritate Christi ardeat*).[1280] Der CCEO, als der andere Lungenflügel und die andere Herzkammer, weist in seinem c. 718 auf die pneumatische Dimension hin (die Gläubigen, «vom Heiligen Geist zu Gott geführt»), betont die biblisch grundgelegte Umkehr (die Gläubigen, die «sich im Herzen wandeln und, vom Schmerz über die Sünden bewegt, den Vorsatz zu einem neuen Leben fassen») und führt dadurch sachlogisch zur Versöhnung. Ebenfalls betont c. 718 CCEO, dass das Busssakrament «sehr viel zur Förderung des christlichen Lebens bei[trägt] und [...] zum Empfang der Göttlichen Eucharistie» disponiert. Diese Dimensionen finden sich in c. 959 CIC zumindest nicht ausdrücklich, wodurch die Bestimmung weitaus blutleerer wirkt, obschon, vom theologischen Inhalt des Busssakraments her, kein wesentlicher Unterschied zwischen CCEO und CIC besteht. Auch das Lehramt betont die pneumatische Dimension der Umkehr.[1281]

Es wäre wünschbar, würde auch der CIC bereits in seinem Eingangskanon (c. 959 CIC) die Dimensionen entfalten, wie dies der CCEO bereits heute tut (c. 718 CCEO).

5.2.2.2.2 Regelung der Beichtbefugnis vereinfachen

Die Beichtbefugnis (*facultas*) ist im CIC ebenso ausführlich wie umständlich geregelt, was die praktische Anwend- und Handhabbarkeit erschwert und überdies Nichtkatholiken kaum vermittelbar ist.[1282] Es fragt sich folglich, ob die Regelung der Befugnis nicht einfacher, rechtssicherer und leichter nachvollziehbar geregelt werden könnte:

1280 JOHANNES PAUL II., Sacri Canones.

1281 Oben, 2.3.1 und 3.1.4.4; daneben KATECHISMUS, Nr. 1098, 1426 und 1433, u.a. mit Hinweis auf JOHANNES PAUL II., Dominum et Vivificantem, Nr. 27–43; FEIER DER BUSSE, Nr. 6.

1282 Ausführlich dazu oben, 3.1.3.1.

- Erstens ist zu überlegen, die von Rechts oder von Amtes wegen bestehende Befugnis zur Entgegennahme der Beichte zumindest im Rahmen der territorialen Kirchenverfassung ersatzlos aufzuheben:
  - Auf Stufe des Presbyterats ist eine solche Befugnis zwar nachvollziehbar, denn ein pfarrliches Seelsorgeamt beinhaltet auch die Notwendigkeit, sakramentale Beichten entgegenzunehmen. Die Entgegennahme von Beichten bildet aber regelmässig einen Nebenpunkt und nicht den Hauptbestandteil der seelsorgerischen Tätigkeit eines Pfarrers (*parochus*) oder eines ihm gleichgestellten Priesters (*presbyter*). Zudem muss ein Pfarrer, als Hirte seiner Gemeinde, über bestimmte menschliche und geistliche Fähigkeiten verfügen, um sein Amt sinnvoll und für das Seelenheil (*salus animarum*; vgl. c. 1752 CIC) der Gläubigen zuträglich ausgestalten zu können. Wer nicht über die Gabe verfügt, das Sakrament der Busse würdig und nutzbringend zu feiern, wird vermutlich ebenso wenig in der Lage sein, andere Sakramente würdig und nutzbringend zu feiern. Folglich wäre ein solcher Priester nicht nur nicht als Beichtvater, sondern auch als Pfarrer kaum geeignet, denn er wäre nicht Arzt und Diener der Gerechtigkeit und Barmherzigkeit (c. 978 § 1 CIC). Eine Fähigkeitsprüfung gemäss c. 970 CIC wäre somit weitaus besser geeignet um festzustellen, ob ein Priester (ohne Befugnis) als Pfarrer (mit Befugnis) geeignet ist. Bereits das geltende Recht legt fest, dass die Eignung auf eine vom Diözesanbischof festgelegte Weise, auch durch ein Examen, sicher feststehen muss, um jemandem das Pfarramt übertragen zu können (c. 521 § 3 CIC). In dieses Pfarrexamen kann ohne Weiteres die Fähigkeitsprüfung gemäss c. 970 CIC einfliessen.[1283] Ein Priester ohne hinlängliche Eignung wäre folglich nicht als Pfarrer einzusetzen, sondern in anderen Bereichen, die weniger mit Seelsorge verbunden sind. Biblischen Rückhalt findet dies in 1 Kor 12, der eine Geist (*τὸ ἓν καὶ τὸ αὐτὸ πνεῦμα*) und die vielen Gaben (*χαρίσματα*), der eine Leib (*ἓν σῶμα*) und die vielen Glieder (*πάντα τὰ μέλη*), und in 1 Kor 7,7b: Jeder hat eine eigene Gnadengabe (*χάρισμα*) von Gott, der eine so, der andere so. Wenn jemand also die geistgewirkte Gnadengabe (*χάρισμα*) nicht hat, Pfarrer zu

---

[1283] Dies wäre grundsätzlich bereits *de lege lata*, d.h. nach geltendem Recht, durch den Ortsordinarius möglich. Gleichwohl hat ein Vikar, der das Pfarrexamen noch nicht absolviert hat, meistens ebenfalls schon die Beichtbefugnis erhalten.

sein, hat er andere geistgewirkte Gnadengaben, die er zu entfalten hat; der Geist teilt die Gaben zu, wie er will und nicht unbedingt so, wie der Mensch es will, und der Mensch sollte diese Zuteilung nicht unnötig bekämpfen.

Gleiches wie für den Pfarrer gilt sinngemäss auch für den Busskanoniker.

- Auch auf Stufe des Episkopats – die Bischöfe als Nachfolger der Apostel (c. 330 CIC) und als Oberhirten einer Diözese – ist zwar nachvollziehbar, dass Bischöfen eine Beichtbefugnis zukommt. Indes wird kaum ein Priester (*presbyter*) Bischof und Oberhirte, wenn er nicht vorher wenigstens Hirte in einer Pfarrei war und sich als geeignet erwiesen hat. Bereits nach geltendem Recht muss ein Kandidat für das Bischofsamt sich u.a. durch gute Sitten, Lebensweisheit, Klugheit sowie menschliche Tugenden und die übrigen Eigenschaften auszeichnen, die für die Wahrnehmung des Amts, um das es geht, geeignet machen (c. 378 § 1, 1° CIC), und er muss, u.a., bereits seit fünf Jahren Priester (*in presbyteratus ordine*) sein (4°). Indem folglich besagter Bischofsamtskandidat bereits vor der Priesterweihe bzw. vor Amtsantritt als Pfarrer geprüft worden ist und er sich über mindestens fünf Jahre hinweg im Pfarreialltag hat bewähren müssen, kann ihm ohne Weiteres die Fähigkeit zugesprochen werden, auch als Bischof Beichtvater zu sein. Anders ausgedrückt: Wenn ein *sacerdos* (vgl. c. 965 CIC) schon als Priester (*presbyter*; Weihe [*ordo*], c. 1008 CIC) bzw. Pfarrer (*parochus*; Amt [*officium*], c. 145 CIC) nicht geeignet war, auch Beichtvater zu sein, wird er dies als Bischof (*episcopus*) ebenso wenig sein.
- Das Kardinalat ist kein Amt, sondern eine Würde. Kardinäle sind in aller Regel Bischöfe, womit bereits von daher die Eignung feststünde; wären Kardinalskandidaten nicht fähig, Gläubigen als Beichtväter zur Seite zu stehen, wären sie wohl ebenso wenig würdig, zum Kardinal kreiert zu werden. Wenn von FRANZISKUS mitunter gefordert wird, auch Frauen zum Kardinalat zuzulassen,[1284]

[1284] So beispielsweise SCHWEINSBERG: «Problemlos könnte der Papst nun auch einen Schritt weitergehen und das Kardinalsgremium (wieder) für Laien und damit auch für Frauen öffnen. Die Bestimmung, dass nur Priester in den Kardinalsrang erhoben werden können, ist sehr jung. Erst ab 1917 nennt das Kirchenrecht den Priesterstand als bindende Voraussetzung für das Kardinalat. Und erst 1962 wurde das Kirchenrecht dahingehend verschärft, dass Kardinäle

bestünde ein Widerspruch einerseits zwischen dem Umstand, dass Frauen nicht zur Priesterweihe zugelassen sind (vgl. c. 1024 CIC) und folglich Beichten weder erlaubt noch gültig entgegennehmen dürfen, sondern sich hierbei vielmehr strafbar machten (vgl. c. 1379 § 1, 2° CIC), und andererseits dem Umstand, dass Kardinäle dies, aufgrund ihrer Würde, nach heutigem Recht ohne Weiteres dürfen (c. 967 § 1 CIC). Wird die Befugnis von der Kardinalswürde abgekoppelt, erübrigt sich dies.

- Der Papst, als Bischof der Kirche von Rom, Nachfolger Petri, Haupt des Bischofskollegiums, Stellvertreter Christi und Hirte der Gesamtkirche hier auf Erden, verfügt kraft seines Amtes in der Kirche über höchste, volle, unmittelbare und universale ordentliche Gewalt, die er immer frei ausüben kann (c. 331 CIC). Es versteht sich von selbst, dass er die Beichtbefugnis hat, weswegen dies nicht eigens hervorzuheben ist (vgl. jedoch den heutigen c. 967 § 1 CIC).

Damit wäre, im Vergleich zum heutigen Recht und mit Ausnahme der päpstlichen Befugnis, immer eine Verleihung nach Feststellung der Eignung der Ausgangspunkt, gleichsam als Eintrittspforte in die sakramentale Entgegennahme der Beichte und damit auch der seelsorglichen Tätigkeit als Hirte. Dadurch kann insbesondere auch sichergestellt werden, dass nur geeignete Personen Beichtväter sind (vgl. c. 970 CIC). Dies wird ohne Weiteres das Vertrauen der Öffentlichkeit nicht nur in die Einzelbeichte, sondern auch in das Beichtsiegel stärken, weil damit die Gefahr seines Missbrauchs verringert wird.

- Zweitens wäre *de lege ferenda* zu erwägen, ob nicht die Reichweite der verliehenen, auf Dauer erteilten (unbefristeten) Befugnis und deren Widerruf zumindest im Bereich der territorialen Kirchenverfassung ver-

---

zusätzlich auch die Bischofsweihe brauchen. Nach dem Kirchenrecht ist der Papst auch heute noch grundsätzlich in seiner ‹Kardinalspolitik› frei und kann nach eigenem Ermessen den Purpur vergeben. Bis auf den heutigen Tag erteilt der Papst immer wieder Dispense[n], wenn beispielsweise angehende Kardinäle die Bischofsweihe nicht empfangen wollen, sondern lieber einfache Priester bleiben. Warum sollte er also nicht auch von der Priesterweihe dispensieren können und einfach wieder jene diesbezügliche kirchenrechtliche Norm und Praxis revitalisieren, die in den vielen Jahrhunderten bis 1917 galt? [...] Dass es eine Vielzahl von geeigneten Kandidatinnen und Kandidaten aus dem Laienstand für das Kardinalat gibt, steht wohl ausser Zweifel. In der katholischen Kirche gibt es herausragende Frauengestalten in den sozialen Diensten, in den Klöstern und in der Wissenschaft.»

einheitlicht werden sollte. Die heutige Situation erscheint unbefriedigend bis verwirrend und damit dem Staat nicht leichthin vermittelbar, wenn ein einziger Beichtvater gestützt auf Verleihungen verschiedener Ordinarien über mehrere Befugnisse verfügt, die sich teils oder sogar gänzlich überlagern, insbesondere hinsichtlich ihrer Reichweite. Hinterfragenswert ist die geltende Rechtslage, wonach ein Beichtvater eine weltweite Befugnis durch den Inkardinations- und/oder Wohnortordinarius besitzt, ein anderer Ordinarius die Befugnis aber für seinen Bereich, etwa seine Diözese, widerruft, womit der Beichtvater dann überall auf der Welt, mit Ausnahme besagten Bereichs, gültig Beichten entgegennehmen kann. Genauso schwer wird dem Staat vermittelbar sein, wenn der Wohnortordinarius seine verliehene Befugnis widerruft, die Befugnis des Inkardinationsordinarius aber weiterhin weltweit gilt oder umgekehrt. Hieran ändert die Mitteilungspflicht an den Inkardinationsordinarius nur wenig. Nachvollziehbarer und wohl einfacher handzuhaben wäre die Lösung, dass jede unbefristete Befugnis weltweit gilt, wie dies auch heute schon der Fall ist (c. 967 § 2 CIC). Widerruft aber ein Ortsordinarius – welcher dies ist, ist dabei bedeutungslos – die Befugnis, sei es eine von ihm selbst, sei es eine von einem anderen Ordinarius erteilte, dann gilt dieser Widerruf ebenfalls weltweit.[1285]

Zwar kann man einwenden, dass ein solcher Vorschlag anfällig für Willkür ist. Der erste Schutz liegt aber darin, dass ein solcher Widerruf bereits nach heutigem Recht nur aus schwerwiegendem Grund (*causa gravis*; c. 974 § 1 CIC) möglich ist, ein zweiter Schutz darin, dass dies zudem dem Inkardinationsordinarius mitzuteilen ist (c. 974 § 3 CIC), und ein dritter darin, dass ein hierarchischer Rekurs möglich ist. Der Inkardinationsordinarius kann, aufgrund einer als verpflichtend vorzuschreibenden Begründung des Widerrufs, selbst entscheiden, ob der Widerruf zurecht erteilt wurde oder nicht. Dies bedarf gegebenenfalls Anpassungen beim Begründungszwang hoheitlicher Anordnungen. Insbesondere kann der Inkardinationsordinarius, in Kenntnis des Widerrufs und seiner Begründung, erneut eine Befugnis erteilen, die abermals weltweit gilt und den Widerruf des anderen Ortsordinarius faktisch aufhebt. Sollten

---

1285 Eine solche Regelung dürfte intuitiv einleuchten, wie folgender Vergleich zeigt: Wenn das Strassenverkehrsamt des Kantons X. eine Fahrerlaubnis entzieht, gilt der Entzug schweizweit und damit auch im Kanton Y. Erteilt die Aufsichtskommission über die Anwälte des Kantons Y. ein befristetes Berufsausübungsverbot, gilt dieses schweizweit und folglich auch im Kanton Z.

beide Ordinarien zu keiner einvernehmlichen Lösung gelangen, etwa, wenn der fremde Ordinarius beständig die Beichtbefugnis widerruft, der Inkardinationsordinarius diese hernach jeweils wieder erteilt, ist ein Streitlösungsmechanismus zu finden, der z.B. auf nationaler Ebene bei der jeweiligen Bischofskonferenz oder einem überdiözesanen (nationalen) Gericht und bei internationalen Sachverhalten beim Apostolischen Stuhl liegt.[1286]

Man könnte sich nun fragen, wie es aussähe, wenn ein gutgläubiger Pönitent zu einem bösgläubigen Priester geht, um zu beichten und die Absolution zu empfangen, wobei der Priester arglistig verschweigt, dass ihm die Beichtbefugnis entzogen worden ist, weswegen er – eigentlich – nicht gültig lossprechen kann. Hier sollte der Grundsatz greifen, dass die Kirche (ἐκκλησία) dies suppliert (*Ecclesia supplet*; c. 144 § 2 in Verbindung mit § 1 und c. 966 CIC). Bei Todesgefahr eines Pönitenten verfügt ohnehin jeder Priester über die Befugnis, selbst ein aus dem Klerikerstand entlassener (c. 976 CIC).

Im ordensrechtlichen Bereich wäre zu prüfen, ob nicht gleichwohl weiterhin eine an die Ordensgemeinschaft gebundene Beichtbefugnis – anstelle der weltweit gegenüber jedem Gläubigen gültigen Befugnis – festzuhalten ist. Begründet werden könnte diese Unterschiedlichkeit in der spezifischen Ordensspiritualität, die Ausnahmen sinnvoll erscheinen lassen könnte.

- Drittens erscheint es als Missstand, wenn ein Priester nach heutiger Rechtslage seine Befugnis «also ohne weiteres [...] über längere Zeit in einem fremden Territorium ausüben [kann], ohne daß er verpflichtet wäre, den Ortsordinarius davon in Kenntnis zu setzen.»[1287] Durch diesen, auch mit subversiven Hintergedanken anwendbaren, Umstand wird der Diözesanbischof in der Leitung seiner eigenen Diözese eingeschränkt bzw. seine Autorität untergraben (entgegen c. 381 § 1 CIC).[1288] Um den Ortsordinarius zu schützen und um Ärgernis zu vermeiden, sollte zu den Pflichten eines mit Beichtbefugnis versehenen *sacerdos* gehören,

---

1286 Als zuständige Behörde böten sich das Dikasterium für den Klerus oder das Dikasterium für den Gottesdienst und die Sakramentenordnung an, wobei freilich auch das Dikasterium für die Glaubenslehre denkbar ist.

1287 ALTHAUS, N. 7 zu c. 967 CIC.

1288 Dies ändert nichts an der Gültigkeit der Sakramentenspendung. Damit liegt das Augenmerk auf dem Sakrament, nicht auf den Grundrechten von Opfern, seien sie katholisch oder nicht.

dass er ab einer gewissen Aufenthaltsdauer verpflichtet ist, den jeweiligen Ortsordinarius über seine Tätigkeit zu informieren, unter Straffolgen im Unterlassungsfall. Die Aufenthaltsdauer wäre entweder im billigen Ermessen des Ortsordinarius oder aber des Gesetzgebers zu stellen. Zumindest wäre kaum zuzumuten, wenn ein sich auf der Durchreise befindlicher Beichtvater jeweils umgehend und umständlich melden müsste, dass er einem einzelnen Pönitenten bei treffender Gelegenheit das Busssakrament gespendet hat.

Die soeben skizzierten Lösungswege könnten dazu beitragen, dass

- die Eignung jedes einzelnen Beichtvaters bestmöglich sichergestellt ist,
- das Busssakrament in Form der Einzelbeichte stets würdig und dem Seelenheil auf zuträgliche Weise gefeiert wird,
- eine Absolution erst und auch nur dann erteilt wird, wenn die Voraussetzungen tatsächlich erfüllt sind,
- das Beichtsiegel vor dem Hintergrund der ekklesialen Dimension von Umkehr, Versöhnung und Heilung weder zweckentfremdet noch für reinen Täterschutz missbraucht wird, und dabei trotzdem vollumfänglich geschützt ist,
- der jeweilige Ortsordinarius in seinem Bereich seinen Aufgaben nachkommen und seine Aufträge erfüllen kann.

Bei diesen Massnahmen ist zwar der Bezug zum Untersuchungsgegenstand nicht unmittelbar ersichtlich – aber je einfacher, rechtssicherer und nachvollziehbarer die Einzelbeichte (und mit ihr verbunden das Beichtsiegel) geregelt ist, desto weniger hat der Staat den Eindruck, es handle sich um eine Dunkelkammer oder die katholische Regelung sei willkürlich.

5.2.2.2.3 *Erstbeichte von Kindheit auf Adoleszenz verschieben*

Kinder haben vor ihrer Erstkommunion ihre Erstbeichte abzulegen (c. 914 CIC), was nicht nur in der pastoralen Theologie hinterfragt wird, sondern auch bei nicht wenigen Erwachsenen Befremden auslöst,[1289] womit Misstrauen gegen die Einzelbeichte als solche geweckt wird.

Zwar ist nachvollziehbar, dass man frei von schwerer Sünde das Herrenmahl feiert und das Allerheiligste entgegennimmt (vgl. c. 916 CIC). Kinder sind aber nicht in der Lage, schwere Sünden im Rechtssinn, d.h. Todsünden, zu begehen,[1290] weil ihnen noch die Einsichtsfähigkeit fehlt, und nur für schwere Sünden ist die Einzelbeichte verpflichtend. Sinnvoller wäre demnach, vor der Erstkommunion andere Formen von Umkehr und Versöhnung zu feiern sowie die Möglichkeiten der *paenitentia quotidiana* einzuüben, und erst vor der Firmung die Erstbeichte zu feiern. Firmlinge sind einerseits intellektuell eher in der Lage, schwere Sünden zu begehen, und andererseits geht es bei der Firmung als zeitlich[1291] zuletzt gefeierten Initiationssakrament darum, den Getauften vollkommener mit der Kirche zu verbinden, ihn zu stärken und ihn noch mehr dazu zu verpflichten, sich in Wort und Tat als Zeugen Christi zu erweisen sowie den Glauben auszubreiten und zu verteidigen (c. 879 CIC). Als volles Glied der Kirche, mithin als Gefirmter, muss man damit volle Verantwortung übernehmen, auch hinsichtlich der Umkehr und Versöhnung, weswegen dort der passende Platz für die Erstbeichte zu finden ist – sei es nicht, weil bereits schwere Sünden begangen worden sind, so doch, um dies zumindest einmal eingeübt zu haben.

[1289] Dem Verfasser gegenüber schilderten nicht wenige, wie überflüssig sie die Beichten vor der Erstkommunion fanden; man habe Sachen erfunden, etwa, dass man dem Geschwister das Lineal gestohlen oder man nicht auf die Eltern gehört habe etc. Vor dem Hintergrund der Missbrauchsskandale dürfte mittlerweile bei nicht wenigen Eltern zudem Misstrauen auch deswegen herrschen, weil das eigene Kind in intimem Rahmen einem Geistlichen anvertraut ist.

[1290] Damit eine schwere Sünde vorliegt, muss eine Tat kumulativ (!) eine schwerwiegende Materie (*materia gravis*) zum Gegenstand haben, begangen mit vollem Bewusstsein (*plena cognitio*) und mit voller Zustimmung (*plenus consensus*). Das volle Bewusstsein und die volle Zustimmung ist bei einem Kind zu verneinen. Vgl. zum Ganzen oben, 2.1.4.

[1291] Wobei zu berücksichtigen ist, dass eigentlich «nicht die Firmung den Abschluss der Eingliederung in die Kirche darstellt, sondern die Eucharistie, also die Eingliederung in die Altargemeinschaft, den Höhepunkt im Prozess der Christwerdung»: JEGGLE-MERZ, S. 110.

5.2.2.2.4 Tatstrafe für sexuellen Missbrauch einführen

Nicht nur aus der PI SOMMARUGA, sondern allgemein entsteht der Eindruck, dass nicht die Beichte und das Beichtsiegel bzw. -geheimnis an sich problematisiert wird, sondern, dass man die Gefahr sieht, sie dienten dazu, sexuellen Missbrauch in der Katholischen Kirche zu verheimlichen. Das Misstrauen gegen die Beichte ist somit Symptom, nicht Ursache.

Hinsichtlich des sexuellen Missbrauchs sind folgende Straftatbestände einschlägig:

- Nach c. 1395 § 3 CIC soll ein Kleriker, der mit Gewalt oder durch Drohungen oder Missbrauch seiner Autorität eine Straftat gegen das sechste Gebot des Dekalogs begangen oder jemand gezwungen hat, sexuelle Handlungen vorzunehmen oder zu ertragen, mit einer gerechten Strafen belegt werden, wenn erforderlich, die Entlassung aus dem Klerikerstand nicht ausgenommen.
- Nach c. 1398 § 1 CIC soll ein Kleriker mit der Amtsenthebung und anderen gerechten Strafen, wenn es die Schwere des Falles nahelegt, die Entlassung aus dem Klerikerstand nicht ausgenommen, bestraft werden (Einleitungssatz),
    - der eine Straftat gegen das sechste Gebot des Dekalogs mit einem Minderjährigen oder mit einer Person begeht, deren Vernunftgebrauch habituell eingeschränkt ist oder der das Recht einen gleichen Schutz zuerkennt (1°);
    - der eine solche Person dazu verführt oder verleitet, an echten oder simulierten pornographischen Darstellungen teilzunehmen oder diese umzusetzen (2°);
    - der für sich gegen die guten Sitten in jedweder Form und mit jedwedem Mittel pornographische Bilder von Minderjährigen oder Personen, deren Vernunftgebrauch habituell eingeschränkt ist, erwirbt, aufbewahrt oder verbreitet (3°).
- Haben Ordenschristen oder Gläubige, die in der Kirche eine Würde bekleiden oder ein Amt oder eine Funktion ausüben, eine solche Straftat (cc. 1395 § 3 und 1398 § 1 CIC) begangen, sollen sie mit einer Sühnestrafe (c. 1336 §§ 2–4 CIC) bestraft werden, wobei je nach Schwere der Straftat andere Strafen hinzugefügt werden sollen (c. 1398 § 2 CIC).

Es fragt sich, warum diese Taten nur als Spruchstrafen und nicht als Tatstrafen ausgestaltet sind, mit *ipso facto* eintretender Exkommunikation: Zwar ist

c. 1318 CIC zu beachten, wonach Tatstrafen nicht aufgestellt werden sollen, es sei denn für einzelne, arglistig begangene Straftaten (*delicta dolosa*), die ein schwereres Ärgernis (*graviori … scandalo*) hervorrufen können oder denen durch Spruchstrafe nicht wirksam begegnet werden kann (1. Teilsatz), und Beugestrafen aber, insbesondere die Exkommunikation, nur mit allergrösster Zurückhaltung und nur für Straftaten besonderer Schwere aufgestellt werden dürfen (2. Teilsatz). Bei den erwähnten Straftaten – Vergewaltigung und sexuelle Nötigung (c. 1395 § 3 CIC), Kindsmissbrauch bzw. Schändung (c. 1398 § 1, 1° CIC), Herstellung von Kinderpornographie (2°) und Besitz derselben (3°) – handelt es sich aber um einzelne Straftaten, die kaum anders als arglistig (*dolosus*) begangen werden können, nämlich (auch) durch Missbrauch der Stellung innerhalb des Leibes Christi (vgl. c. 207 CIC) und des Vertrauens. Wie die seit mittlerweile Jahrzehnten andauernde Missbrauchskrise zeigt, sorgen diese Taten auch – zurecht – nicht nur für ein «schwereres», sondern sogar für ein schwerstes Ärgernis, und dies nicht nur in der Gesellschaft, wie die kollabierenden Mitgliederzahlen und der allgemeine Vertrauensverlust zeigen. Spruchstrafen sind offensichtlich nicht geeignet, diesem Problem abzuhelfen, sondern sie verstärken eher den Eindruck und das Misstrauen der Kirche (Amtskirche) gegenüber, sie wolle verbergen und beuge sich nicht dem staatlichen Strafrecht (vgl. c. 1318 Teilsatz 1 CIC).

Beugestrafen wie insbesondere die Exkommunikation sind zwar zurecht nur äusserst zurückhaltend aufzustellen (c. 1318 Teilsatz 2 CIC). Wenn aber ein Kleriker, ein Ordenschrist oder ein in kirchlichen Diensten stehender Laie Straftaten nach cc. 1395 § 3 und 1398 § 1 CIC begeht, dann begeht er eine Todsünde, welche die Verbindung zu Gott und Kirche (ἐκκλησία) zerstört. Mit anderen Worten hat er sich bereits mit der Tatbegehung exkommuniziert. Dies sollte der Gesetzgeber dementsprechend auch im Codex klarstellen.

5.2.2.2.5 Reservation von Sünden wiedereinführen

Das alte Recht (CIC 1917) kannte das Institut der «reservierten Sünden» (*peccata reservata*), womit nicht jeder Beichtvater jede Sünde absolvieren durfte, sondern gewisse Sünden einer höheren Stelle vorbehalten waren; der CCEO kennt reservierte Sünden noch heute.[1292] Es fragt sich, ob es nicht sinnvoll wäre, die Absolution gewisser Sünden – insbesondere sexueller Missbrauch – z.B. dem Apostolischen Stuhl vorzubehalten.

Wie erwähnt,[1293] gilt *in foro externo* u.a. hinsichtlich von Sexualdelikten eine Meldepflicht für Kleriker und Ordenschristen[1294] sowie ein Melderecht für jedermann, insbesondere für Laien, die ein Amt oder einen Dienst in der Kirche ausüben.[1295] Besagte Taten werden als «reservierte Straftaten» (*delicta reservata*) bezeichnet.[1296] Die Meldepflicht für Kleriker und Ordenschristen gilt ausdrücklich nicht *in foro interno*.[1297] Eine solche Einschränkung leuchtet hinsichtlich von Straftaten (*delicta*) ein, denn *in foro interno* gewonnenes Wissen darf nicht *in foro externo* (Meldepflicht) verwendet werden. Davon unabhängig wären jedoch reservierte Sünden (*peccata*),[1298] denn hier verbleibt das Wissen *in foro interno*.

Vor dem Hintergrund der «reservierten Straftaten» *in foro externo* böte sich folglich an, eine entsprechende Regelung hinsichtlich «reservierter Sünden» *in foro interno* zu erlassen und dieses erst auf Ende 1983 abgeschaffte Rechtsinstitut[1299] wiederzubeleben. Dies entspräche zudem der päpstlichen Stossrichtung, Fälle von Sexualdelinquenz möglichst an den Apostolischen Stuhl zu ziehen, würde ferner den CIC dem CCEO als dem anderen Lungenflügel

---

1292 Oben, 3.1.5.4.2.

1293 Oben, 5.1.2.

1294 FRANZISKUS, Vos estis lux mundi, Art. 3 § 1.

1295 FRANZISKUS, Vos estis lux mundi, Art. 3 § 2.

1296 FRANZISKUS, Vos estis lux mundi, Art. 7 § 1.

1297 FRANZISKUS, Vos estis lux mundi, Art. 3 § 1, schränkt die Meldepflicht von Klerikern und Ordenschristen ein, dass diese gilt «[a]ußer im Falle der Kenntnisnahme der Nachricht durch einen Kleriker in Ausübung seines Dienstes im *forum internum*».

1298 Dabei sind die in FRANZISKUS, Vos estis lux mundi, Art. 1 § 1, beschriebenen *delicta* (Straftaten) zweifelsohne gleichzeitig auch *peccata* (Sünden).

1299 Der CIC wurde am 25. Januar 1983 promulgiert und trat am 1. Adventssonntag (27. November) 1983 in Kraft: JOHANNES PAUL II., Sacrae disciplinae leges.

und der anderen Herzkammer der Kirche[1300] angleichen und diente überdies dem Seelenheil der Opfer.

Dadurch kann dem Staat vermittelt werden, dass eine gewöhnliche Einzelbeichte nicht dazu dienen kann, bestimmte Straftaten zu verheimlichen. Dann aber hat die Öffentlichkeit kein Interesse mehr, das Beichtsiegel in der staatlich-rechtlichen Form als Berufsgeheimnis aufzuheben.

5.2.2.2.6 Partikularrechtliche Möglichkeiten ergreifen?

Wenn der universalkirchliche Gesetzgeber nicht oder nur verzögert tätig wird, fragt sich, ob ein untergeordneter Gesetzgeber einschreiten kann. Gemäss c. 1327[1301] Satz 1 CIC kann das Partikulargesetz den in den cc. 1323–1326 CIC vorgesehenen Fällen[1302] andere, Strafe ausschliessende, mildernde oder erschwerende Umstände festlegen, sei es durch allgemeine Norm, sei es für einzelne Straftaten.[1303] Diese Bestimmung ist inhaltlich mit c. 1315 CIC verwandt.[1304] Der untergeordnete Gesetzgeber kann

- Strafen durch allgemeine Norm ändern, unabhängig von einzelnen Straftatbeständen, z.B., indem er die Vermögensverhältnisse des Täters berücksichtigt;
- Strafen für einzelne, bestimmte Taten ändern, z.B., indem er die Strafandrohung hinsichtlich bestimmter Umstände der Tatbegehung anpasst – nicht erlaubt ist ihm jedoch, in allgemeiner Weise die Strafandrohung für einzelne Taten zu mildern oder zu beseitigen; für eine allgemeine Erhöhung kann er auf c. 1315 § 3 CIC zurückgreifen.[1305]

1300 JOHANNES PAUL II., Sacri Canones.

1301 Der c. 1327 CIC entspricht, mit einer redaktionellen Präzisierung, dem alten Recht: HALLERMANN, Kommentar zu c. 1327 CIC.

1302 Ausführlich dazu oben, 4.1.4.3.5. Es handelt sich hierbei um Strafbefreiung (c. 1323 CIC), Strafmilderung (c. 1324 CIC), Unbeachtlichkeit bewusster Unkenntnis (c. 1325 CIC) und Strafverschärfung (c. 1326 CIC).

1303 Nach Satz 2 können in einem Strafbefehl gemäss c. 1319 CIC ebenso Umstände festgelegt werden, die von der im Strafbefehl festgesetzten Strafe befreien, sie mildern oder verschärfen. Da es hier um Gesetze und nicht um Strafbefehle geht, ist dieser Aspekt nicht weiter zu vertiefen. Hierzu HALLERMANN, Kommentar zu cc. 1319 § 1 und 1327 CIC; LÜDICKE, N. 4 zu c. 1327 a.F. CIC.

1304 Der c. 1317 CIC knüpft dahingehend an c. 1315 CIC an, als er wie dessen § 3 die Strafandrohung eines allgemeinen Gesetzes ändert, jedoch nicht, indem er die angedrohte Strafe ändert, sondern, indem er strafändernde Umstände festlegt: LÜDICKE, N. 2 zu c. 1327 a.F. CIC.

1305 LÜDICKE, N. 3 zu c. 1327 a.F. CIC.

Verletzt der Beichtvater das Beichtsiegel, drohen ihm Exkommunikation als Tatstrafe (direkte Verletzung) oder Bestrafung je nach Schwere (indirekte Verletzung; c. 1386 § 1 CIC). Verletzt ein Dritter das Beichtgeheimnis, droht eine gerechte Strafe, die Exkommunikation nicht ausgenommen (§ 2). Bei der Aufnahme durch technische Hilfsmittel und/oder bei der Verbreitung durch soziale Kommunikationsmittel droht eine Strafe je nach Schwere des Verbrechens, bei Klerikern die Entlassung aus dem Klerikerstand nicht ausgenommen (§ 3). Da die Strafandrohungen ausser bei der direkten Verletzung des Beichtsiegels durch den Beichtvater vage gehalten sind, erscheint eine Strafmilderung schwierig.[1306] Demgegenüber «[u]nproblematisch ist der gänzliche Ausschluß der Strafbarkeit aufgrund partikularrechtlich festzusetzender Umstände.»[1307]

Sollte der Verfasser c. 1327 CIC richtig verstehen – und er ist sich dessen nicht sicher –, dann müsste es jedem Diözesanbischof erlaubt sein, für ganz bestimmte Fälle der Verletzung des Beichtsiegels oder -geheimnisses eine Strafbefreiung vorzusehen, namentlich, wenn ein Beichtvater oder Dritter das Siegel oder Geheimnis verletzt, nachdem ein Pönitent schwere Fälle von sexuellen Missbrauch gebeichtet hat, wie insbesondere die in cc. 1395 § 3 und 1398 CIC festgeschriebenen. Die Partikularnorm könnte lauten:

> [1] Bekennt ein Pönitent während der Feier der Einzelbeichte Taten gemäss cc. 1395 § 3 und 1398 CIC, bleibt der Beichtvater straffrei gemäss c. 1323 CIC, wenn er Täter und Tat den Strafverfolgungs- oder ähnlichen staatlichen Behörden anzeigt (c. 1386 § 1 CIC).
>
> [2] Dasselbe gilt für den Dolmetscher und für Dritte (c. 1386 § 2 CIC).

1306 Es lassen sich kirchenrechtlich angedrohte Strafen nicht nur kaum verschärfen (vgl. hierzu oben, 2.2.2.2 und 4.1.4.3.5, und LÜDICKE, N. 2 zu c. 1326 a.F. CIC), sondern ebenso schwer mildern. Lautet die Strafe auf eine «gerechte Strafe» (c. 1386 § 2 CIC), worunter sinngemäss auch eine Bestrafung je nach Schwere (§§ 1 und 3) fallen dürfte, fehlt die Bezugsgrösse, nach welcher man die Strafe anpassen könnte. Bei den Beugestrafen (cc. 1331–1335 CIC) bestehen nur «begrenzte Stufungen, etwa zwischen Interdikt und Exkommunikation oder bei der inhaltlichen Bestimmung der Suspension». Bei den Sühnestrafen (cc. 1336–1338 CIC) «gibt es keinen gesetzlich angedrohten Strafrahmen, der sich quantitativ verändern ließe. Am leichtesten ist die Androhung differenzierter Strafen in einem Strafbefehl möglich, der die konkrete Problemlage am ehesten erfassen kann»: LÜDICKE, N. 5 zu c. 1327 a.F. CIC.

1307 LÜDICKE, N. 5 zu c. 1327 a.F. CIC.

> [3] Nimmt ein Mitglied einer Strafverfolgungs- oder ähnlichen staatlichen Behörde die Feier einer Einzelbeichte mittels technischer Hilfsmittel auf und untersteht er kirchlicher Strafgewalt (cc. 1 und 11 CIC), geht er bei der Aufklärung von Taten gemäss cc. 1395 § 3 und 1398 CIC straffrei gemäss c. 1323 CIC aus (c. 1386 § 3 CIC).[1308]

Hierdurch würde – insofern dies c. 1327 CIC tatsächlich erlaubt – zunächst Rechtssicherheit geschaffen, weil partikularrechtlich das verankert wird, was sich – je nach Auslegung – ohnehin aus cc. 1323, 3°–5° (Strafbefreiung) oder 1324 § 1, 5° f. CIC (Strafmilderung) ergibt. Sodann würde es dem Beichtvater sowie dem Dolmetscher und Dritten den Gewissenskonflikt nehmen zwischen Anzeige und allfälliger kirchlicher Strafverfolgung einerseits und Nichtanzeige und allfälliger fortgesetzter Delinquenz eines Triebtäters andererseits. Insbesondere würde ihnen nur ermöglicht, gemäss ihrem Gewissen anzuzeigen (Anzeigerecht); sie wären aber nicht verpflichtet, entgegen ihrem Gewissen und Glaubenssinn das Siegel oder Geheimnis zu brechen (Anzeigepflicht); dies freilich unter dem Vorbehalt, dass sie trotz aller Schutzmassnahmen (z.B. Gitter im Beichtstuhl, c. 964 § 2 CIC) den Pönitenten überhaupt identifizieren können. Schliesslich nähme eine solche Partikularnorm auch Druck von der sakramentalen Feier der Einzelbeichte, weil diese auch staatlicherseits nicht mehr als Dunkelkammer wahrgenommen werden könnte.

Man könnte nun zwar einwenden, dass demzufolge ein Missbrauchstäter nicht mehr seine Taten beichtete, weil er wüsste, dass man ihn verraten könnte, womit ein Beichtvater nicht mehr in der Lage wäre, pastoral auf den Pönitenten einzuwirken. Gerade bei Fällen wie den in c. 1398 CIC genannten ist eine solche Einwirkungsmöglichkeit aber kaum gegeben. Schliesslich hat der Täter bereits das Band zur Kirche (ἐκκλησία) zerschnitten und schwer gesündigt; nur eine Selbstanzeige mit anschliessendem (staatlichen) Strafverfahren und (staatlichen) Strafvollzug können die durch ihn geschlagenen Wunden annähernd wieder schliessen.

Es bietet sich folglich für die Diözesanbischöfe an, den skizzierten Lösungsvorschlag zu überprüfen und gegebenenfalls dementsprechende Partikularnormen zu erlassen.

1308 Ein Verbreiten des Beichtgesprächs über soziale Kommunikationsmittel ist nicht schutzwürdig und damit von einer Strafbefreiung auszunehmen.

5.2.2.2.7 *Dispensationsmöglichkeit von Beichtsiegel erwägen*

Christus Jesus sagte: *τὸ σάββατον διὰ τὸν ἄνθρωπον ἐγένετο καὶ οὐχ ὁ ἄνθρωπος διὰ τὸ σάββατον,* der Schabbat wurde für den Menschen gemacht, nicht der Mensch für den Schabbat (Mk 2,27), *ὥστε κύριός ἐστιν ὁ υἱὸς τοῦ ἀνθρώπου καὶ τοῦ σαββάτου*, deshalb ist der Menschensohn Herr auch über den Schabbat (Mk 2,28). Papst FRANZISKUS schrieb im Zusammenhang mit dem Busssakrament: «Nur bei dem Gesetz stehen zu bleiben bedeutet, den Glauben und das göttliche Erbarmen zu vereiteln.»[1309]

Auch das Beichtsiegel ist für den Menschen gemacht, nicht der Mensch für das Beichtsiegel. So, wie die Feier des Busssakraments in Form der Einzelbeichte Zeichen und Mittel bzw. Werkzeug des Heils sein muss, muss es auch das Beichtsiegel sein. Greift man die Tradition der mittelalterlichen und frühneuzeitlichen Kanonistik auf und berücksichtigt, dass die Normativität von Rechtsnormen bis in das 19. Jahrhundert hinein schwächer ausgeprägt war als heute,[1310] sollte es unter ganz bestimmten Umständen möglich sein, vom Beichtsiegel zu dispensieren. Dadurch wird auch dem Seelenheil (c. 1752 CIC) des Beichtvaters gedient, indem ihm ein ansonsten nicht auflösbarer Gewissenskonflikt erspart bleibt, und ebenso wird der Kirche (ἐκκλησία) und dem Seelenheil des Opfers gedient.

[1309] FRANZISKUS, Misericordia et Misera, Nr. 11.

[1310] Vgl. oben, 4.1.2.2.3.

6. Schlussbetrachtung

Betrachtet man einzig die PI SOMMARUGA, gewinnt man den Eindruck, das Beichtsiegel schütze Täter und die Beichte sei Paralleljustiz. Ohne die drei Zusammenschauen (2.4, 3.3 und 4.3) zu wiederholen, kann dieser Eindruck als irreführend zurückgewiesen werden. Die Beichte ist genauso wenig wie das Beichtsiegel oder -geheimnis ein Mittel des Täterschutzes. Gleichwohl entbindet dies die Amtskirche nicht davon, sich zu überlegen, was im Rahmen der Beichte und des Beichtsiegelschutzes zu verbessern ist (5.2.2).

Die Abhandlung hatte drei Zielsetzungen:

- Erstens, eine Brücke zu schlagen und ein Gespräch zu ermöglichen. Aus diesem Grund waren gewisse Teile ausführlich – wenn man sich nicht gegenseitig versteht, kann man nicht miteinander ins Gespräch kommen. Dabei sollte sich gezeigt haben, dass die Kirche nicht Feindin, sondern Partnerin des Staates ist.
- Zweitens, die Geheimnisse je nach kirchlichem und staatlichem Verständnis herauszuschälen. Bei aller Ähnlichkeit ist das kirchliche Beichtsiegel enger, weil auf den Beichtstuhl beschränkt, während das staatliche Berufsgeheimnis sämtliche berufsmässigen seelsorgerischen Gespräche umfasst. Ein Beichtvater muss folglich bedacht sein, dass er sich auch dann strafbar macht, wenn er Geheimnisse preisgibt, die er ausserhalb des Beichtstuhls erfahren hat.
- Drittens sollten tragfähige Lösungen entwickelt werden. Die zwei wichtigsten Lösungen sind:
    - Zum Einen hat der Beichtvater in Fällen sexuellen Missbrauchs einem Pönitenten bzw. Missbrauchstäter erst dann die Absolution zu erteilen, wenn dieser wirkliche Reue zeigt, und wirkliche Reue liegt erst dann vor, wenn der Missbrauchstäter sich selbst bei staatlichen Strafverfolgungsbehörden angezeigt hat.[1311] Solange dies nicht der Fall ist, bleibt der Missbrauchstäter von der Kirche getrennt, und er empfängt auch die Kommunion nicht fruchtbringend, sondern vergebens.[1312]
    - Zum Anderen ist ein Beichtsiegelbruch aus schwerwiegendem Grund – namentlich, um künftige Opfer eines Serientäters vor Über-

[1311] Oben, namentlich 3.1.4.4 und 5.2.2.1.4.

[1312] Vgl. u.a. oben, 2.3.1, 3.1.4.2.3, 3.1.4.4 und 3.1.5.2.

> griffen zu retten – nicht strafbar oder höchstens milde zu bestrafen, insofern überhaupt ein kirchliches Strafverfahren zu eröffnen ist; die Tatstrafe der Exkommunikation tritt in solchen Fällen nicht ein.[1313]

Zuletzt sollte sich aber auch das Lehramt wieder in Erinnerung rufen, weswegen es die Einzelbeichte gibt: Als Mittel, um Menschen mit Gott und der Kirche zu versöhnen, die sich durch schwere (!) Sünde von ihnen getrennt haben. Solche schweren Sünden kommen ausserordentlich selten vor. Für leichte Sünden sind die übrigen, sakramentalen und nichtsakramentalen Formen von Umkehr und Versöhnung bestimmt – deswegen sollte das Lehramt auch wieder die Generalabsolution erlauben.

[1313] Oben, namentlich 4.1.4.3.5 und 5.2.2.1.5.

Literaturverzeichnis

ALTHAUS, RÜDIGER:

- Kommentar zu cc. 834–1054 CIC. In: Münsterischer Kommentar zum Codex Iuris Canonici, unter besonderer Berücksichtigung der Rechtslage in Deutschland, Österreich und der Schweiz, Band 4 (zit. «Kommentar»).
- Zugehörigkeit zur Kirche. In: Stephan Haering/Wilhelm Rees/Heribert Schmitz (Hgg.), Handbuch des katholischen Kirchenrechts. Regensburg 3. A. 2015, S. 268–288 (zit. «Zugehörigkeit»).

AMANN, THOMAS A.:

- Der ökumenische Auftrag. In: Stephan Haering/Wilhelm Rees/Heribert Schmitz (Hgg.), Handbuch des katholischen Kirchenrechts. Regensburg 3. A. 2015, S. 944–963 (zit. «Auftrag»).
- Die Beichtbefugnis, eine erneute Anfrage. In: Stephan Haering/Johann Hirnsperger/Gerlinde Katzinger/Wilhelm Rees (Hgg.), In mandatis meditari, Festschrift für Hans Paarhammer zum 65. Geburtstag. Berlin 2012, S. 537–559 (zit. «Beichtbefugnis»).
- Ökumenische Gottesdienstgemeinschaft. In: Stephan Haering/Wilhelm Rees/Heribert Schmitz (Hgg.), Handbuch des katholischen Kirchenrechts. Regensburg 3. A. 2015, S. 1095–1106 (zit. «Gemeinschaft»).

AYMANS, WINFRIED / MÖRSDORF, KLAUS: Kanonisches Recht, Lehrbuch aufgrund des Codex Iuris Canonici, Band III, Verkündigungsdienst und Heiligungsdienst. Paderborn etc. 2007.

BAUMGARTNER, KONRAD: «Die Feier der Buße», liturgie-pastorale Entwicklungen und Optionen seit der Studienausgabe von 1974. In: Ewald Volgger/Albert Urban (Hgg.), Liturgie und Versöhnung, Wege des Heils. Trier 2011, S. 33–56.

BERNHARD, FELIX: Das Beichtgeheimnis im Zeitalter der Transparenz und Whistleblower, Anmerkungen zum Schutz des Beichtgeheimnisses im katholischen Kirchenrecht und in der deutschen Rechtsordnung. In: Bernhard Sven Anuth/Bernd Dennemarck/Stefan Ihli, «Von Barmherzigkeit und Recht will ich singen», Festschrift für Andreas Weiß. Regensburg 2020, S. 105–114 (= Eichstädter Studien, Neue Folge, Band 84).

BRÄGGER, BENJAMIN F.: Lücken und Tücken des Anstaltsseelsorgerechts im Freiheitsentzug. In: René Pahud de Mortanges/Erwin Tanner (Hgg.), Kooperation zwischen Staat und Religionsgemeinschaften nach schweizerischem Recht. Zürich etc. 2005, S. 307–328 (= Freiburger Veröffentlichungen zum Religionsrecht [FVRR], Band 15).

BREITSCHMID, PETER: Kommentar zu Art. 307–327 ZGB. In: Basler Kommentar Zivilgesetzbuch I. Basel 7. A. 2022.

BROSI, URS: Recht, Strukturen, Freiräume. Zürich 2. A. 2016.

BUSER, DENISE: Dürfen Religionsgemeinschaften Frauen beim Zugang zu religiösen Ämtern diskriminieren? Zur Anwendbarkeit des CEDAW-Übereinkommens bei diskriminierenden religiösen Praktiken in der Ämterbesetzung. In: Julia Hänni/Sebastian Heselhaus/Adrian Loretan (Hgg.), Religionsfreiheit im säkularen Staat, Aktuelle Auslegungsfragen in der Schweiz, in Deutschland und weltweit. Zürich/St. Gallen 2019, S. 111–136.

CAVELTI, URS JOSEF † / KLEY, ANDREAS: Art. 72 BV. In: Bernhard Ehrenzeller/Benjamin Schindler/Rainer J. Schweizer/Klaus A. Vallender (Hgg.), St. Galler Kommentar Bundesverfassung, Band 1. Zürich/St. Gallen 3. A. 2014, S. 1468–1482.

DANNECKER, KLAUS PETER: Versöhnt in Gemeinschaft leben, Impulse aus der Liturgiegeschichte für neue Formen gemeinschaftlicher Versöhnung. In: Ewald Volgger/Albert Urban (Hgg.), Liturgie und Versöhnung, Wege des Heils. Trier 2011, S. 146–169.

DOMMANN, MONIKA / MEIER, MARIETTA (Leitung): Bericht zum Pilotprojekt zur Geschichte sexuellen Missbrauchs im Umfeld der römisch-katholischen Kirche in der Schweiz seit Mitte des 20. Jahrhunderts. Zürich 2. A. 2023 (= Res gestae, Band 1).

DONATSCH, ANDREAS / THOMMEN, MARC / WOHLERS, WOLFGANG: Strafrecht IV, Delikte gegen die Allgemeinheit. Zürich etc. 5. A. 2017.

ENGI, LORENZ:

- Kann es sich der Staat noch leisten, neutral zu sein? Über Sein und Sollen der staatlichen Neutralität vor der Herausforderung einer pluralistischen Gesellschaft. In: René Pahud de Mortanges (Hg.), Staat und Religion in der Schweiz des 21. Jahrhunderts, Beiträge zum Jubiläum des Instituts für Religionsrecht. Zürich etc. 2020, S. 221–242 (= Freiburger Veröffent-

lichungen zum Religionsrecht [FVRR], Band 40; zit. «Herausforderung»).
- Die religiöse und ethische Neutralität des Staates. Zürich etc. 2017 (Habil. iur. St. Gallen; zit. «Neutralität»).

GEISER, THOMAS: Kommentar zu Art. 451–453 ZGB. In: Basler Kommentar Zivilgesetzbuch I. Basel 7. A. 2022.

GRAULICH, MARKUS:
- Kommentar zum erneuerten Strafrecht, cc. 1354–1399 CIC. In: Ders./ Heribert Hallermann, Das neue kirchliche Strafrecht, Einführung und Kommentar. Münster 2021, S. 169–216 (= Kirchen- und Religionsrecht [KRR], Band 35; zit. «Kommentar»).
- Der lange Weg zum erneuerten Strafrecht. In: Ders./Heribert Hallermann, Das neue kirchliche Strafrecht, Einführung und Kommentar. Münster 2021, S. 13–17 (= Kirchen- und Religionsrecht [KRR], Band 35; zit. «Weg»).

GRAULICH, MARKUS / HALLERMANN, HERIBERT: Synopse lateinisch (Textus recognitus 2021 / CIC/1983) und Synopse deutsch (Erneuerter Text 2021 / CIC/1983). In: Dies., Das neue kirchliche Strafrecht, Einführung und Kommentar. Münster 2021, S. 217–278 (= Kirchen- und Religionsrecht [KRR], Band 35).

HÄFELIN, ULRICH † / HALLER, WALTER / KELLER, HELEN / THURNHERR, DANIELA: Schweizerisches Bundesstaatsrecht. Zürich etc. 10. A. 2020 (zit. «HÄFELIN ET AL.»).

HALLERMANN, HERIBERT:
- Kommentar zum erneuerten Strafrecht, cc. 1311–1353 CIC. In: Markus Graulich/Ders., Das neue kirchliche Strafrecht, Einführung und Kommentar. Münster 2021, S. 107–169 (= Kirchen- und Religionsrecht [KRR], Band 35; zit. «Kommentar»).
- Kontinuität und Reform, Ein erster Einblick in den textus recognitus des Liber VI. In: Markus Graulich/Ders., Das neue kirchliche Strafrecht, Einführung und Kommentar. Münster 2021, S. 19–52 (= Kirchen- und Religionsrecht [KRR], Band 35; zit. «Kontinuität»).

HANGARTNER, YVO: Rechtlicher Grundrahmen der Kooperation von Staat und Religionsgemeinschaften. In: René Pahud de Mortanges/Erwin Tanner (Hgg.), Kooperation zwischen Staat und Religionsgemeinschaften nach schweizerischem Recht. Zürich etc. 2005, S. 91–112 (= Freiburger Veröffentlichungen zum Religionsrecht [FVRR], Band 15).

HÄNNI, JULIA: Glaubens- und Gewissensfreiheit, Überblick über die aktuelle Auslegung von Art. 15 BV. In: Dies./Sebastian Heselhaus/Adrian Loretan (Hgg.), Religionsfreiheit im säkularen Staat, Aktuelle Auslegungsfragen in der Schweiz, in Deutschland und weltweit. Zürich/St. Gallen 2019, S. 1–18.

HEINZ, ANDREAS: Zeiten der Buße, die Quadragesima. In: Ewald Volgger/Albert Urban (Hgg.), Liturgie und Versöhnung, Wege des Heils. Trier 2011, S. 57–78.

HENSELER, RUDOLF: Der Ablass. In: Stephan Haering/Wilhelm Rees/Heribert Schmitz (Hgg.), Handbuch des katholischen Kirchenrechts. Regensburg 3. A. 2015, S. 1206–1211.

JEGGLE-MERZ, BIRGIT: Gebet, Gottesdienst und Sakramente im Leben der Gemeinde. In: Salvatore Loiero/François-Xavier Amherdt/Mariano Delgado (Hgg.), Synode 72 – im Heute gelesen. Basel 2023, S. 91–126 (= Praktische Theologie im Dialog, Band 60).

KLÖCKENER, MARTIN: «Durch die barmherzige Liebe unseres Gottes...», Die Rede von der Barmherzigkeit in der Liturgie. In: Salvatore Loiero/François-Xavier Amherdt (Hgg.), Das Prinzip Barmherzigkeit und die Theologie. Basel 2021, S. 157–180 (= Praktische Theologie im Dialog, Band 56).

KUMRAL, EYLEM: Anzeigepflicht von Geistlichen mit Blick auf das Verhältnis zwischen Staat und Religionsgemeinschaften. Zürich/St. Gallen 2020 (Diss. iur. Basel).

LEDERHILGER, SEVERIN J.: Die Missionare der Barmherzigkeit und ihre Sondervollmachten, Ein neues Amt der Versöhnung für den Strafnachlass im *forum internum*. In: Bernhard Sven Anuth/Bernd Dennemarck/Stefan Ihli, «Von Barmherzigkeit und Recht will ich singen», Festschrift für Andreas Weiß. Regensburg 2020, S. 325–342 (= Eichstädter Studien, Neue Folge, Band 84).

LENZ, HUBERT: Ein neuer pfarrlicher Weg der Umkehr, Buße und Versöhnung. In: Ewald Volgger/Albert Urban (Hgg.), Liturgie und Versöhnung, Wege des Heils. Trier 2011, S. 170–183.

LORETAN, ADRIAN:

- Grundrechte innerhalb der Religionsgemeinschaften – oder: Individuum contra Kollektiv. In: Julia Hänni/Sebastian Heselhaus/Ders. (Hgg.): Religionsfreiheit im säkularen Staat, Aktuelle Auslegungsfragen in der Schweiz, in Deutschland und weltweit. Zürich/St. Gallen 2019, S. 167–192 (zit. «Grundrechte»).
- Demokratische versus religiöse Vernunft? Eine Einleitung. In: Ders. (Hg.), Die Würde der menschlichen Person, Zur Konzilserklärung über die Religionsfreiheit Dignitatis humanae. Wien 2017, S. 11–14 (= ReligionsRecht im Dialog, Band 21; zit. «Vernunft»).
- «Die Würde der menschlichen Person», Zur Konzilserklärung über die Religionsfreiheit «Dignitatis humanae [personae]» (DH). In: Ders. (Hg.), Die Würde der menschlichen Person, Zur Konzilserklärung über die Religionsfreiheit Dignitatis humanae. Wien 2017, S. 15–34 (= Religions-Recht im Dialog, Band 21; zit. «Würde»).

LORETAN, ADRIAN / TOLLKÜHN, MARTINA: Planung der Seelsorge in der Schweiz. In: Salvatore Loiero/François-Xavier Amherdt/Mariano Delgado (Hgg.), Synode 72 – im Heute gelesen. Basel 2023, S. 171–195 (= Praktische Theologie im Dialog, Band 60).

LÜDECKE, NORBERT: Warum erst 2010? Hinweise und Anfragen zur Vorgeschichte eines Skandaljahres der Kirche in Deutschland. In: Bernhard Sven Anuth/Bernd Dennemarck/Stefan Ihli, «Von Barmherzigkeit und Recht will ich singen», Festschrift für Andreas Weiß. Regensburg 2020, S. 353–380 (= Eichstädter Studien, Neue Folge, Band 84).

LÜDICKE, KLAUS: Kommentar zu Buch VI. In: Münsterischer Kommentar zum Codex Iuris Canonici, unter besonderer Berücksichtigung der Rechtslage in Deutschland, Österreich und der Schweiz, Band 6.

LUF, GERHARD: Rechtsphilosophische Grundlagen des Kirchenrechts. In: Stephan Haering/Wilhelm Rees/Heribert Schmitz (Hgg.), Handbuch des katholischen Kirchenrechts. Regensburg 3. A. 2015, S. 42–56.

MAIER, EVA MARIA: Was ist Rechtstheologie? In: Österreichisches Archiv für Recht und Religion [ÖARR] 2004, S. 211–220.

MARANTA, LUCA: Kommentar zu Art. 443–449c ZGB. In: Basler Kommentar Zivilgesetzbuch I. Basel 7. A. 2022.

MEẞNER, REINHARD, Feiern der Umkehr und Versöhnung. In: Ders./Reiner Kaczynski, Sakramentliche Feiern I/2, S. 9–22 und 49–240. Regensburg 1992 (=Gottesdienst der Kirche, Handbuch der Liturgiewissenschaft, Teil 7,2).

MUCKEL, STEFAN: Die Lehre der Kirche über das Verhältnis von Kirche und Staat. In: Stephan Haering/Wilhelm Rees/Heribert Schmitz (Hgg.), Handbuch des katholischen Kirchenrechts. Regensburg 3. A. 2015, S. 1769–1790.

MÜCKL, STEFAN: Grundmodelle einer möglichen Zuordnung von Kirche und Staat. In: Stephan Haering/Wilhelm Rees/Heribert Schmitz (Hgg.), Handbuch des katholischen Kirchenrechts. Regensburg 3. A. 2015, S. 1791–1802.

MÜLLER, LUDGER: Recht und Kirchenrecht. In: Stephan Haering/Wilhelm Rees/Heribert Schmitz (Hgg.), Handbuch des katholischen Kirchenrechts. Regensburg 3. A. 2015, S. 12–31 (zit. «MÜLLER L.»).

MÜLLER, MARKUS: Religion – Kirche – Politik, (K)ein harmonischer Dreiklang? In: René Pahud de Mortanges (Hg.), Staat und Religion in der Schweiz des 21. Jahrhunderts, Beiträge zum Jubiläum des Instituts für Religionsrecht. Zürich etc. 2020, S. 57–85 (= Freiburger Veröffentlichungen zum Religionsrecht [FVRR], Band 40; zit. « MÜLLER M.»).

OBERFORCHER, ROBERT: Sühneliturgie und Bussfeier im Alten Testament und im Frühjudentum. In: Reinhard Meßner/Reiner Kaczynski, Sakramentliche Feiern I/2, S. 23–48. Regensburg 1992 (=Gottesdienst der Kirche, Handbuch der Liturgiewissenschaft, Teil 7,2).

OBERHOLZER, NIKLAUS: Kommentar zu Art. 320–321ter StGB. In: Basler Kommentar Strafrecht Bd. II, Basel 4. A. 2019.

OHLY, CHRISTOPH: Das Bußsakrament. In: Stephan Haering/Wilhelm Rees/Heribert Schmitz (Hgg.), Handbuch des katholischen Kirchenrechts. Regensburg 3. A. 2015, S. 1184–1205.

PESCH, OTTO HERMANN: Umkehr und Buße verstehen und feiern. Stuttgart 2013.

PUZA, RICHARD: Die Entstehung des Codex Iuris Canonici 1917, das gleichzeitige Werden des neuen Kirchenrechts sowie die Bedeutung der can. 1–6 CIC/1917. In: Bernhard Sven Anuth/Bernd Dennemarck/Stefan Ihli, «Von Barmherzigkeit und Recht will ich singen», Festschrift für Andreas Weiß. Regensburg 2020, S. 433–451 (= Eichstädter Studien, Neue Folge, Band 84).

REBER, CHRISTIAN: Die Weiterentwicklung des staatlichen Anerkennungs- und Unterstützungssystems für Religionsgemeinschaften. In: René Pahud de Mortanges (Hg.), Staat und Religion in der Schweiz des 21. Jahrhunderts, Beiträge zum Jubiläum des Instituts für Religionsrecht. Zürich etc. 2020, S. 167–199 (= Freiburger Veröffentlichungen zum Religionsrecht [FVRR], Band 40).

REHAK, MARTIN: Zum Begriff der Seelsorge im staatlichen Recht. In: Bernhard Sven Anuth/Bernd Dennemarck/Stefan Ihli, «Von Barmherzigkeit und Recht will ich singen», Festschrift für Andreas Weiß. Regensburg 2020, S. 493–547 (= Eichstädter Studien, Neue Folge, Band 84).

REINHARDT, HEINRICH J. F.: Die Sakramentalien. In: Stephan Haering/Wilhelm Rees/Heribert Schmitz (Hgg.), Handbuch des katholischen Kirchenrechts. Regensburg 3. A. 2015, S. 1433–1436.

REISER, FRANZ: «Mit der Erfahrung des Heils beschenken», Über Schuld und Schuldgefühle. In: Ewald Volgger/Albert Urban (Hgg.), Liturgie und Versöhnung, Wege des Heils. Trier 2011, S. 106–125.

RÖHL, MARTIN: Entflechtung von Staat und Kirchen im Kanton Zürich – ein Rückblick und Ausblick. In: René Pahud de Mortanges (Hg.), Staat und Religion in der Schweiz des 21. Jahrhunderts, Beiträge zum Jubiläum des Instituts für Religionsrecht. Zürich etc. 2020, S. 201–219 (= Freiburger Veröffentlichungen zum Religionsrecht [FVRR], Band 40).

SABERSCHINSKY, ALEXANDER: Wenn Menschen sich versündigen – Hilfestellungen, die der Alltag kennt, Nachtgebet und Gewissenserforschung. In: Ewald Volgger/Albert Urban (Hgg.), Liturgie und Versöhnung, Wege des Heils. Trier 2011, S. 202–216.

SALADIN, GERHARD M.: Armeeseelsorge – im Umbruch? In: René Pahud de Mortanges/Erwin Tanner (Hgg.), Kooperation zwischen Staat und Religionsgemeinschaften nach schweizerischem Recht. Zürich etc. 2005, S. 329–356 (= Freiburger Veröffentlichungen zum Religionsrecht [FVRR], Band 15).

SCHMOECKEL, MATHIAS: Grundfragen des evangelischen Kirchenrechts. Tübingen 2023.

SCHWEINSBERG, KLAUS: Die katholische Kirche braucht die Frauen – der Papst könnte problemlos einen Schritt weitergehen. Gastkommentar, in: Neue Zürcher Zeitung vom 11. Mai 2022 (https://www.nzz.ch/meinung/pragmatismus-statt-dogmatik-in-der-katholischen-kirche-ld.1682067; zuletzt besucht am 10. Juli 2024).

SCHWINDT, RAINER: Sühne und Versöhnung aus biblischer Sicht. In: Ewald Volgger/Albert Urban (Hgg.), Liturgie und Versöhnung, Wege des Heils. Trier 2011, S. 79–105.

SEBOTT, REINHOLD: Geheiligte Zeiten. In: Stephan Haering/Wilhelm Rees/Heribert Schmitz (Hgg.), Handbuch des katholischen Kirchenrechts. Regensburg 3. A. 2015, S. 1115–1119.

STOFFEL, OSKAR: Kommentar zu cc. 431–459 CIC. In: Münsterischer Kommentar zum Codex Iuris Canonici, unter besonderer Berücksichtigung der Rechtslage in Deutschland, Österreich und der Schweiz, Band 3.

SUTER, STEFAN:
- Das Berufs- und Beichtgeheimnis kirchlicher Seelsorger. In: Schweizerisches Jahrbuch für Kirchenrecht [SJKR] 23 (2018), S. 51–55 (zit. «Artikel»).
- Das Berufs- und Beichtgeheimnis kirchlicher Seelsorger, Art. 321 StGB und CIC. Zürich/St. Gallen 2009 (zit. «Buch»).

TONGENDORFF, MARIUS:
- Schwyzer Strafrecht im 18. und 19. Jahrhundert, Einblicke in die damalige Rechtsprechung und Rechtspraxis. In: Mitteilungen des Historischen Vereins des Kantons Schwyz [MHVS] 109 (2017), S. 31–57 (zit. «Einblicke»).
- Schwyzerische Strafrechtspraxis 1772–1851, Kantonale Rechtsprechung zwischen Mittelalter und Moderne, Tradition und Kodifikation, Rechtsgewohnheit und Gesetz. Zürich etc. 2015 (= Luzerner Beiträge zur Rechtswissenschaft [LBR], Band 99; Diss. iur. Luzern; zit. «Strafrechtspraxis»).

VOLGGER, EWALD OT:

- Die vielfältigen Wege zur Versöhnung, Zusammenfassender Vortrag. In: Ders./Albert Urban (Hgg.), Liturgie und Versöhnung, Wege des Heils. Trier 2011, S. 232–251 (zit. «Wege»).

- Wesen und Auftrag der sogenannten Bußfeier. In: Ders./Albert Urban (Hgg.), Liturgie und Versöhnung, Wege des Heils. Trier 2011, S. 126–145 (zit. «Wesen»).
- Zum Dienst der Versöhnung in der Liturgie, in der Kirche und im Leben der Menschen. In: Ders./Albert Urban (Hgg.), Liturgie und Versöhnung, Wege des Heils. Trier 2011, S. 11–32 (zit. «Dienst»).

WINZELER, CHRISTOPH: Einführung in das Religionsverfassungsrecht der Schweiz. Zürich etc. 2. A. 2009 (=Freiburger Veröffentlichungen zum Religionsrecht [FVRR], Band 16).

WOLBERT, WERNER: Barmherzigkeitsfallen, Über Barmherzigkeit und den falschen Schein von Barmherzigkeit. In: Salvatore Loiero/François-Xavier Amherdt (Hgg.), Das Prinzip Barmherzigkeit und die Theologie. Basel 2021, S. 35–63 (= Praktische Theologie im Dialog, Band 56).

Quellen- und Materialverzeichnis

(Staatliche und kirchliche Erlasse werden, um Doppeleinträge zu vermeiden, ausschliesslich im Abkürzungsverzeichnis aufgeführt.)

Lehramt

Papst BENEDIKT XVI.:
- Ansprache an die Teilnehmer eines Kurses der Apostolischen Pönitentiarie in der Aula delle Benedizioni vom 25. März 2011.
- Deus caritas est, Enzyklika über die christliche Liebe vom 25. Dezember 2005.
- Generalaudienz auf dem Petersplatz vom 30. Juni 2010.

Die FEIER DER BUSSE nach dem neuen Rituale Romanum, Studienausgabe, herausgegeben von den Liturgischen Instituten Salzburg – Trier – Luzern. Einsiedeln etc. 1974.

FLORENTINUM (Konzil von Florenz): Exsultate Deo, Bulle über die Union mit den Armeniern vom 22. November 1439 (Armenierdekret). In: DENZH 1310–1328.

Papst FRANZISKUS:
- Evangelii Gaudium, Apostolisches Schreiben über die Verkündigung des Evangeliums in der Welt von heute vom 24. November 2013.
- Fratelli tutti, Enzyklika über die Geschwisterlichkeit und die soziale Freundschaft vom 3. Oktober 2020.
- Misericordia et Misera, Apostolisches Schreiben zum Abschluss des außerordentlichen heiligen Jahres der Barmherzigkeit vom 20. November 2016.
- Misericordiae Vultus, Apostolisches Schreiben, Verkündigungsbulle des ausserordentlichen Jubiläums der Barmherzigkeit, vom 11. April 2015.
- Pascite Gregem Dei, Apostolische Konstitution, mit der das Buch VI des Codex des kanonischen Rechts erneuert wird, vom 23. Mai 2021.
- Schreiben an das Volk Gottes vom 20. August 2018.
- Vos estis lux mundi, Apostolisches Schreiben in Form eines Motu proprio vom 25. März 2023.

GLAUBENSKONGREGATION (Kongregation für die Glaubenslehre):
- Dominus Iesus, Erklärung über die Einzigkeit und die Heilsuniversalität Jesu Christi und der Kirche vom 6. August 2000.
- Responsa, Antworten auf Fragen zu einigen Aspekten bezüglich der Lehre über die Kirche vom 29. Juni 2007.
- Sacramentum paenitentiae, Normae pastorales circa absolutionem sacramentalem generali modo impertiendam vom 16. Juni 1972.

Papst JOHANNES PAUL II.:
- Centesimus Annus, Enzyklika zum hundertsten Jahrestag von Rerum Novarum vom 1. Mai 1991.
- Dominum et Vivificantem, Enzyklika über den Heiligen Geist im Leben der Kirche und der Welt vom 18. Mai 1986.
- Misericordia Dei, Apostolisches Schreiben, als Motu Proprio erlassen, über einige Aspekte der Feier des Sakramentes der Buße vom 7. April 2002.
- Ordinatio Sacerdotalis, Apostolisches Schreiben über die nur Männern vorbehaltene Priesterweihe vom 22. Mai 1994.
- Reconciliatio et Paenitentia, Apostolisches Schreiben im Anschluß an die Bischofssynode über die Versöhnung und Buße in der Sendung der Kirche heute vom 2. Dezember 1984.
- Redemptor Hominis, Enzyklika zum Beginn seines päpstlichen Amtes vom 4. März 1979.
- Sacrae disiplinae leges, Apostolische Konstitution zur Promulgation des neuen kirchlichen Gesetzbuches vom 25. Januar 1983.
- Sacri Canones, Apostolische Konstitution, mit welcher der Codex Canonum Ecclesiarum Orientalium promulgiert wird, vom 18. Oktober 1990.

KATECHISMUS der Katholischen Kirche, Neuübersetzung aufgrund der Editio typica latina [1997]. München 2005.

LATERANENSE IV (Viertes Laterankonzil): Kapitel 21, Die Ablegung der Beichte, ihre Geheimhaltung durch den Priester und der Empfang der Kommunion an Ostern, vom November 1215. In: DENZH 812–814.

ORDO PAENITENTIAE: siehe FEIER DER BUSSE.

Papst PAUL VI.:
- Gaudete in Domino, Apostolisches Schreiben über die christliche Freude vom 9. Mai 1975.
- Paenitemini, Apostolische Konstitution über die kirchliche Fasten- und Bußdisziplin vom 17. Februar 1966.
- Pastorale munus, Apostolisches Schreiben, als Motu Proprio erlassen, über die Gewährung von Vollmachten und Privilegien an die Bischöfe vom 28. November 1964.

Papst PIUS IX.:
- Quanta cura, Enzyklika vom 8. Dezember 1984. In: DENZH 1890–2896.
- Syllabus bzw. Sammlung von Irrtümern (Syllabus errorum), die in verschiedenen Verlautbarungen geächtet wurden, vom 8. Dezember 1984. In: DENZH 2901–2980.

RAT GESETZESINTERPRETATION (Päpstlicher Rat für die Interpretation von Gesetzestexten): Authentische Interpretation von c. 964 § 2 CIC vom 16. Juni 1998.

TRIDENTINUM (Konzil von Trient):
- 13. Sitzung vom 11. Oktober 1551 (Dekret über das Sakrament der Eucharistie). In: DENZH 1635–1661.
- 14. Sitzung vom 25. November 1551 (Lehre über das Sakrament der Busse, Lehre über das Sakrament der Letzten Ölung, Kanones zu beiden Lehren). In: DENZH 1667–1719 (1667–1693, 1694–1700 und 1701–1719).

VAT. II (Zweites Vatikanisches Konzil):
- Apostolicam actuositatem, Dekret über das Laienapostolat vom 18. November 1965 (zit. «AA»).
- Christus Dominus, Dekret über die Hirtenaufgabe der Bischöfe vom 28. Oktober 1965 (zit. «CD»).
- Dignitate humanae, Erklärung über die Religionsfreiheit vom 7. Dezember 1965 (zit. «DH»).
- Gaudium et spes, Pastorale Konstitution über die Kirche in der Welt von heute vom 7. Dezember 1965 (zit. «GS»).
- Lumen gentium, Dogmatische Konstitution über die Kirche vom 21. November 1964 (zit. «LG»).
- Nostra aetate, Erklärung über das Verhältnis der Kirche zu den nichtchristlichen Religionen vom 28. Oktober 1965 (zit. «NA»).

- Presbyterorum ordinis, Dekret über Dienst und Leben der Priester vom 7. Dezember 1965 (zit. «PO»).
- Sacrosanctum Concilium, Konstitution über die heilige Liturgie vom 4. Dezember 1963 (zit. «SC»).
- Unitatis redintegratio, Dekret über den Ökumenismus vom 21. November 1964 (zit. «UR»).

Bundesgerichtsentscheide

BGE 75 IV 71 in Sachen X. gegen Staatsanwaltschaft des Kantons Zürich, Kassationshof, vom 13. Mai 1949.

BGE 83 IV 194 in Sachen de Perrot gegen Staatsanwaltschaft des Kantons Zürich sowie Gamper und Ochsé, Kassationshof, vom 6. September 1957.

BGE 87 IV 105 in Sachen Y. gegen die Staatsanwaltschaft des Gerichtsbezirks Sottoceneri, Kassationshof, vom 21. April 1961.

BGE 95 I 439 in Sachen N. gegen Vereinigte Staaten von Amerika, Bezirksanwaltschaft Zürich und Staatsanwaltschaft des Kantons Zürich, vom 1. Oktober 1969.

BGE 97 II 369 in Sachen Bühlmann gegen Bühlmann, II. Zivilabteilung, vom 9. Dezember 1971.

BGE 98 IV 217 in Sachen Wild gegen X., Kassationshof, vom 4. September 1972.

BGE 101 Ia 10 in Sachen Dr. X. gegen Obergericht des Kantons Zürich vom 5. Februar 1975.

BGE 102 IV 210 in Sachen Schweizerische Bundesanwaltschaft gegen Dr. X., Anklagekammer, vom 11. Oktober 1976.

BGE 112 Ib 606 in Sachen Dr. X. gegen Bundesamt für Polizeiwesen, I. öffentlich-rechtliche Abteilung, vom 29. Dezember 1986.

BGE 117 Ia 341 in Sachen B. und X. gegen die Generalstaatsanwaltschaft des Kantons Genf, Öffentlich-rechtliche Abteilung, vom 11. September 1991.

BGE 123 IV 75 in Sachen K. gegen Eidg. Untersuchungsrichter, Anklagekammer, vom 19. Februar 1997.

BGE 126 II 495 in Sachen X. gegen Bezirksgericht Zürich sowie Bezirksanwaltschaft, Staatsanwaltschaft und Obergericht des Kantons Zürich, I. öffentlich-rechtliche Abteilung, 17. November 2000.

BGE 130 II 193 in Sachen Schweizerische Bundesanwaltschaft gegen A., B. und C., I. öffentlich-rechtliche Abteilung, vom 11. Februar 2004 (1A.153/2003).

BGE 134 I 75 in Sachen X. gegen Katholische Kirchgemeinde Luzern sowie Römisch-katholische Landeskirche des Kantons Luzern, II. öffentlich-rechtliche Abteilung, vom 16. November 2007 (2P.321/2006).

BGE 135 III 597 in Sachen A.X. gegen Y., I. Zivilrechtliche Abteilung, vom 15. September 2009 (4A_15/2009).

BGE 141 IV 77 in Sachen A. gegen Staatsanwaltschaft Innerschwyz, I. öffentlich-rechtliche Abteilung, vom 21. November 2014 (1B_330/2014).

BGE 142 II 256 in Sachen Dr. med. A. gegen C.B., II. öffentlich-rechtliche Abteilung, vom 16. Juni 2016 (2C_215/2015).

BGE 142 II 307 in Sachen A. gegen C., II. öffentlich-rechtliche Abteilung, vom 9. Mai 2016 (2C_586/2015).

BGE 147 IV 27 in Sachen A. gegen Staatsanwaltschaft des Kantons Schaffhausen, I. öffentlich-rechtliche Abteilung, vom 14. Oktober 2020 (1B_545/2019).

BGer 6B_794/2010 in Sachen X. gegen Staatsanwaltschaft des Kantons Aargau, Strafrechtliche Abteilung, vom 28. Februar 2011.

BGer 2C_503/2011 in Sachen X. gegen Y. und Aufsichtskommission über die Rechtsanwälte des Kantons Zug, II. öffentlich-rechtliche Abteilung, vom 21. September 2011.

BGer 1B_96/2013 in Sachen Staatsanwaltschaft Basel-Landschaft und Z. gegen X. und Y., I. öffentlich-rechtliche Abteilung, vom 20. August 2013.

BGer 6B_323/2013 in Sachen X. gegen Oberstaatsanwaltschaft des Kantons Zürich und Y., Strafrechtliche Abteilung, vom 3. Juni 2013.

BGer 6B_983/2013; 6B_995/2013 in Sachen A.X. gegen Oberstaatsanwaltschaft des Kantons Zürich, Strafrechtliche Abteilung, vom 24. Februar 2014.

BGer 2C_1127/2013 in Sachen A.A. und B.A. gegen B. und Aufsichtskommission über die Anwältinnen und Anwälte im Kanton Zürich, II. öffentlich-rechtliche Abteilung, vom 7. April 2014.

BGer 1B_447/2015 in Sachen A. gegen B. und die Staatsanwaltschaft der Republik und des Kantons Genf, I. öffentlich-rechtliche Abteilung, vom 25. April 2016.

BGer 2C_586/2015 in Sachen Dr. A. gegen Dr. C., Dr. D. sel. und Aufsichtskommission über die Rechtsanwälte des Kantons Zug, II. öffentlich-rechtliche Abteilung, vom 9. Mai 2016.

BGer 1B_36/2016 in Sachen Oberstaatsanwaltschaft des Kantons Zürich gegen A., I. öffentlich-rechtliche Abteilung, vom 8. Juni 2016.

BGer 1B_110/2016 in Sachen A., B. und C. AG gegen Staatsanwaltschaft des Kantons St. Gallen, Untersuchungsamt Gossau, I. öffentlich-rechtliche Abteilung, vom 20. Juli 2016.

BGer 2C_704/2016 in Sachen A. gegen C. und Anwaltsaufsichtsbehörde des Kantons Bern, II. öffentlich-rechtliche Abteilung, vom 6. Januar 2017.

BGer 2C_1035/2016 in Sachen C. und Dr. D. gegen Kantonales Amt für Gesundheit und Soziales, Regierungsrat des Kantons Schwyz und Dr. E., II. öffentlich-rechtliche Abteilung, vom 20. Juli 2017.

BGer 2C_1143/2016 in Sachen B. gegen Dr. med. A. und Gesundheitsdirektion des Kantons Zürich, II. öffentlich-rechtliche Abteilung, vom 15. Dezember 2016.

BGer 6B_545/2016 in Sachen X. gegen Oberstaatsanwaltschaft des Kantons Zürich, Strafrechtliche Abteilung, vom 6. Februar 2017.

BGer 1B_269/2017 in Sachen A. gegen Staatsanwaltschaft des Kantons St. Gallen, I. öffentlich-rechtliche Abteilung, vom 25. Oktober 2017.

BGer 2C_439/2017 in Sachen A. gegen B. und Aufsichtskommission über die Rechtsanwälte des Kantons Graubünden, II. öffentlich-rechtliche Abteilung, vom 16. Mai 2018.

BGer 6B_1454/2020 in Sachen Oberstaatsanwaltschaft des Kantons Zürich und A. gegen B., Strafrechtliche Abteilung, vom 7. April 2022.

BGer 2C_1045/2021 in Sachen A. gegen die Rechtsanwälte B., C. und D. sowie die Anwaltskommission der Republik und des Kantons Genf, II. öffentlich-rechtliche Abteilung, vom 29. April 2022.

BGer 2C_151/2022 in Sachen A. gegen Aufsichtskommission über die Anwältinnen und Anwälte im Kanton Zürich, II. öffentlich-rechtliche Abteilung, vom 2. Juni 2022.

Parlamentarische Vorstösse

Ip. SOMMARUGA: Interpellation 10.3246 («Aggiornamento oder Aufarbeitung in der katholischen Kirche in Zusammenhang mit sexuellem Missbrauch» [Aggiornamento de l'Eglise catholique en matière d'abus sexuels]), eingereicht von Nationalrat Carlo Sommaruga, vom 19. März 2010 (AB 2010 N 1154 bzw. online unter https://www.parlament.ch/de/ratsbetrieb/suche-curia-vista/geschaeft?AffairId=20103246; zuletzt besucht am 9. Juli 2024).

Mo. SOMMARUGA: Motion 23.4302 («Für einen offiziellen Bericht über den Missbrauch in der katholischen Kirche» [Pour un rapport officiel sur les abus dans l'Eglise catholique]), eingereicht von Ständerat Carlo Sommaruga, vom 29. September 2023 (AB 2023 S, Beilage zur Wintersession 2023, S. 361 f., und AB 2023 S 1254–1256 bzw. online unter https://www.parlament.ch/de/ratsbetrieb/suche-curia-vista/geschaeft?AffairId=20234302; zuletzt besucht am 8. Juli 2024).

PI SOMMARUGA: Parlamentarische Initiative 10.540 («Berufsgeheimnis von Geistlichen» [Secret professionnel des ecclésiastiques]), eingereicht von Nationalrat Carlo Sommaruga, vom 17. Dezember 2010 (AB 2012 N, Beilage zur Frühjahrssession, S. 278 f., bzw. online unter https://www.parlament.ch/de/ratsbetrieb/suche-curia-vista/geschaeft?AffairId=20100540; zuletzt besucht am 9. Juli 2024).

- Abstimmungsergebnis im Nationalrat (online unter https://www.parlament.ch/poly/Abstimmung/49/out/vote_49_7016.pdf; zuletzt besucht am 9. Juli 2024).
- Bericht RK-N: Kommissionsbericht der Kommission für Rechtsfragen des Nationalrates vom 2. Februar 2012 (zu finden online unter: https://www.parlament.ch/centers/kb/Documents/2010/Kommissionsbericht_RK-N_10.540_2012-02-02.pdf; zuletzt besucht am 9. Juli 2024).

- Beratung im Nationalrat vom 7. März 2012 (AB 2012 N 301–303 bzw. online unter https://www.parlament.ch/de/ratsbetrieb/amtliches-bulletin/amtliches-bulletin-die-verhandlungen?SubjectId=20091; zuletzt besucht am 9. Juli 2024).

Po. MOLINA: Postulat 24.3461 («Straflosigkeit bei Missbrauch in der römisch-katholischen Kirche und anderen Religionsgemeinschaften verhindern»), eingereicht von Nationalrat Fabian Molina, vom 17. April 2024 (online unter https://www.parlament.ch/de/ratsbetrieb/suche-curia-vista/geschaeft?AffairId=20243461; zuletzt besucht am 9. Juli 2024).

Po. RK-N: Postulat 24.3472 («Sexueller Missbrauch in Organisationen mit einem Auftrag in der Betreuung von vulnerablen Personen in der Schweiz»), eingereicht von der Kommission für Rechtsfragen des Nationalrates, vom 3. Mai 2024 (online unter https://www.parlament.ch/de/ratsbetrieb/suche-curia-vista/geschaeft?AffairId=20243472; zuletzt besucht am 9. Juli 2024).

Zeitungsartikel

20 MINUTEN:
- 4. Februar 2004: «Mehr Sünder in den Tempo-30-Zonen» (Christian Degen; online unter https://www.20min.ch/story/mehr-suender-in-den-tempo-30-zonen-750538702226; zuletzt besucht am 8. Juli 2024).
- 17. November 2007: «Datenbank zeigt grösste CO2-Sünder» (Autor «dapd»; online unter https://www.20min.ch/story/datenbank-zeigt-groesste-co2-suender-491439979164; zuletzt besucht am 8. Juli 2024).
- 28. April 2011: «Die Liste der grössten Klimasünder» (Autor «sas»; online unter https://www.20min.ch/story/die-liste-der-groessten-klimasuender-717071074759; zuletzt besucht am 8. Juli 2024).
- 21. Januar 2014: «Zivile Fahnder auf der Jagd nach Zigi-Sündern» (Mirjam Boss; online unter https://www.20min.ch/story/zivile-fahnder-auf-der-jagd-nach-zigi-suendern-229341933325; zuletzt besucht am 8. Juli 2024).

- 4. April 2014: «Jetzt hagelts überall Bussen für Licht-Sünder» (Autoren «jbu/num»; online unter https://www.20min.ch/story/jetzt-hagelts-ueberall-bussen-fuer-licht-suender-616722068764; zuletzt besucht am 8. Juli 2024).
- 20. Mai 2014: «Polizist will Zigi-Sünder im Nachhinein büssen» (Alexandra Graber; online unter https://www.20min.ch/story/polizist-will-zigi-suender-im-nachhinein-buessen-806986903742; zuletzt besucht am 8. Juli 2024).
- 23. Februar 2015: «Das sind die Licht-Sünder am Morgestraich 2015» (Autor «jd»; online unter https://www.20min.ch/story/das-sind-die-licht-suender-am-morgestraich-2015-477154148838; zuletzt besucht am 8. Juli 2024).
- 17. Juli 2015: «Bademeister jagen Unterhosen-Sünder» (Autor «gbr»; online unter https://www.20min.ch/story/bademeister-jagen-unterhosen-suender-990793462017; zuletzt besucht am 8. Juli 2024).
- 25. Februar 2016: «Neuer Radar blitzt Rollstopp-Sünder» (Autor «vro»; online unter https://www.20min.ch/story/neuer-radar-blitzt-rollstopp-suender-776862910003; zuletzt besucht am 8. Juli 2024).
- 25. März 2016: «Umweltsünder, ab zum Ökobeichtstuhl!» (Autor «jlm»; online unter https://www.20min.ch/story/umweltsuender-ab-zum-oeko-beichtstuhl-826755841252; zuletzt besucht am 8. Juli 2024).
- 28. März 2016: ««Solche Kerosin-Sünder sollen eine Strafe zahlen»» (D. Pomper; online unter https://www.20min.ch/story/solche-kerosin-suender-sollen-eine-strafe-zahlen-569661597033; zuletzt besucht am 8. Juli 2024).
- 24. März 2017: «Auto filmt Fahrverbots-Sünder» (Autor «rom»; online unter https://www.20min.ch/story/auto-filmt-fahrverbots-suender-598748700539; zuletzt besucht am 8. Juli 2024).
- 27. April 2017: «1600 Fahrverbots-Sünder dank Kameras überführt» (Autor «ced»; online unter https://www.20min.ch/story/1600-fahrverbots-suender-dank-kameras-ueberfuehrt-475276090263; zuletzt besucht am 8. Juli 2024).
- 30. Juni 2017: «Kamera ertappt Hunderte Fahrverbot-Sünder» (Autor «ced»; online unter https://www.20min.ch/story/kamera-ertappt-hunderte-fahrverbot-suender-323170534283; zuletzt besucht am 8. Juli 2024).

- 2. März 2018: «Cannabis-Sünder in zwei Minuten überführt» (Daniela Gigor; online unter https://www.20min.ch/story/cannabis-suender-in-zwei-minuten-ueberfuehrt-614232422635; zuletzt besucht am 8. Juli 2024).
- 12. Oktober 2018: «Diese Händler sind die grössten Plastik-Sünder» (Autor «DK»; Print-Version, S. 11).
- 8. August 2022: «Pfarrer war beruflich oder zumindest im Nebenerwerb als Betrüger tätig» (ohne Autorenangabe; online unter https://www.20min.ch/story/pfarrer-war-beruflich-oder-zumindest-im-nebenerwerb-als-betrueger-taetig-644624697915; zuletzt besucht am 15. Juli 2024).
- 17. Januar 2024: «Südtirol jagt Hundekot-Sünder mit DNA-Proben: Vorbild für die Schweiz?» (Reto Bollmann; Print-Version, Titelseite und S. 8).
- 5. Februar 2024: «1 Million Schwarzfahrer – nun soll es für Sünder echt teuer werden» (Autor «trx»; online unter https://www.20min.ch/story/stetige-zunahme-1-million-schwarzfahrer-nun-soll-es-fuer-suender-echt-teuer-werden-103036948; zuletzt besucht am 8. Juli 2024).
- 13. März 2024: «Tankstellensünder stehlen jährlich Benzin und Diesel in Millionenhöhe» (Thomas Sennhauser; Print-Version, S. 2).

KATH.CH:
- 27. Juni 2022: «Spielsüchtiger Priester muss von Mariastein in den Knast: ‹Es tut mir wirklich unendlich leid›» (Wolfgang Holz; online unter https://www.kath.ch/newsd/spielsuechtiger-priester-muss-von-mariastein-in-den-knast-es-tut-mir-wirklich-unendlich-leid/; zuletzt besucht am 15. Juli 2024).
- 11. August 2022: «Gläubigerin des spielsüchtigen Pfarrers: ‹Das Geld ist futsch!›» (Wolfgang Holz; online unter https://www.kath.ch/newsd/glaeubigerin-des-spielsuechtigen-pfarrers-das-geld-ist-futsch/; zuletzt besucht am 15. Juli 2024).

LUZERNER ZEITUNG:
- 7. Mai 2008: «Seelisberg: Pfarrer Chidi schickt Post – aus Deutschland» (Sven Aregger; online unter https://www.luzernerzeitung.ch/zentralschweiz/uri/seelisberg-pfarrer-chidi-schickt-post-aus-deutschland-ld.73082; zuletzt besucht am 15. Juli 2024).

- 14. Oktober 2008: «Seelisberg: ‹Leonard Chidi ist wieder in Nigeria›» (Sven Aregger; online unter https://www.luzernerzeitung.ch/zentral schweiz/uri/seelisberg-leonard-chidi-ist-wieder-in-nigeria-ld.72909; zuletzt besucht am 15. Juli 2024).
- 27. November 2018: «Ehemaliger Küssnachter Pfarrer entschuldigt für seine Spielsucht – mit einem emotionalen Brief» (ohne Autorenangabe; online unter: https://www.luzernerzeitung.ch/schweiz/ehemaliger-kussnachter-pfarrer-entschuldigt-fur-seine-spielsucht-mit-einem-emotio nalen-brief-ld.1329711; zuletzt besucht am 15. Juli 2024).
- 19. Mai 2022: «Ehemaliger Pfarrer muss vor Gericht» (Autor «em»; online unter https://www.luzernerzeitung.ch/zentralschweiz/schwyz/kuessnacht-ehemaliger-pfarrer-muss-vor-gericht-ld.2293398; zuletzt besucht am 15. Juli 2024).

NEUE ZÜRCHER ZEITUNG:
- 25. September 2018: «Bistum Chur schafft wegen spielsüchtigen Ex-Pfarrers Anlaufstelle» (sda; online unter https://www.nzz.ch/schweiz/bistum-chur-schafft-wegen-spielsuechtigen-ex-pfarrers-anlaufstelle-ld.14 23018; zuletzt besucht am 15. Juli 2024).
- 5. Oktober 2018: «Wieso die Küssnachter ihren Pfarrer zurückwollen, obwohl er sie belogen und ihr Geld verspielt hat» (Michael Schilliger; online unter https://www.nzz.ch/vertrauen/vertrauen-missbraucht-ein-gottesmann-in-der-spielhoelle-ld.1425230; zuletzt besucht am 15. Juli 2024).
- 18. April 2019: «Spielsüchtiger Küssnachter Ex-Pfarrer wird Privatkonkurs beantragen» (sda; online unter https://www.nzz.ch/panorama/spielsuechtiger-kuessnachter-ex-pfarrer-wird-privatkonkurs-beantragen-ld.1476221; zuletzt besucht am 15. Juli 2024).

URNER WOCHENBLATT:
- 21. Dezember 2007: «Die Suche nach dem Wesentlichen» (Harry Tresch; online unter https://www.urnerwochenblatt.ch/artikel/die-su che-nach-dem-wesentlichen; zuletzt besucht am 15. Juli 2024).
- 1. April 2008: «Pfarrer Chidi ist spurlos verschwunden» (Harry Tresch; online unter https://www.urnerwochenblatt.ch/artikel/pfarrer-chidi-ist-spurlos-verschwunden; zuletzt besucht am 15. Juli 2024).

Hilfsmittel

DENZINGER, HEINRICH / HÜNERMANN, PETER: Kompendium der Glaubensbekenntnisse und kirchlichen Lehrentscheidungen, Enchiridion symbolorum definitionum et declarationum de rebus fide et morum. Freiburg etc. 45. A. 2017.

DUDEN, Deutsches Universalwörterbuch. Berlin etc. 8. A. 2015.

KASSÜHLKE, RUDOLF: Kleines Wörterbuch zum Neuen Testament, Griechisch-Deutsch. Stuttgart 6. A. 2013.

TERMDAT, Terminologiedatenbank der Bundesverwaltung (https//www.termdat.bk.admin.ch).

SLEUMER, ALBERT: Kirchenlateinisches Wörterbuch. Limburg an der Lahn 1926.

Sonstige Online-Quellen

REZEPTE:

- «Französische Apfeltarte – oder ‹Süße Sonntags Sünde›» (online unter https://deckschonmaldentisch.wordpress.com/2013/01/20/franzosische-apfeltarte-oder-suse-sonntags-sunde/; zuletzt besucht am 8. Juli 2024; zit. «Apfeltarte»).
- «Osterküchlein mit Morgensünde, Mit wunderbarer Füllung» (online unter https://www.gottlieber.ch/de/ueber-uns/rezepte-entwurf/osterkuechlein-mit-morgensuende; zuletzt besucht am 8. Juli 2024; zit. «Osterküchlein»).

TODESANZEIGENPORTAL (https://www.todesanzeigenportal.ch/).